EL PERIQUILLO
SARNIENTO

JOSÉ JOAQUÍN FERNÁNDEZ DE LIZARDI

EL PERIQUILLO
SARNIENTO

PRÓLOGO DE

JEFFERSON REA SPELL

DECIMOCTAVA EDICION

EDITORIAL PORRÚA, S. A.
AV. REPÚBLICA ARGENTINA, 15
MEXICO, 1984

Primera edición: México, 1816
Primera edición en "Colección de Escritores Mexicanos", 1949
Primera edición en "Sepan Cuantos...", 1959

ISBN 968-432-070-1

PRÓLOGO

JOSÉ JOAQUÍN FERNÁNDEZ DE LIZARDI goza de la fama de ser el primer escritor que ensayó con éxito la novela en la América española; pero lo fue, no por sus propias inclinaciones, sino por ciertas circunstancias del período en que le tocó vivir. En desacuerdo con la época, por su índole natural, tenía una rara pasión por las reformas, ya fuesen sociales o políticas, y empleaba el folleto como forma literaria predilecta para difundir sus ideas. En la exaltación que le causaran en 1812 las libertades concedidas por la Constitución de Cádiz, fundó un periódico, *El Pensador Mexicano* (1812-1814) —de cuyo nombre deriva su seudónimo—, y dejándose llevar por el arrebato, denunció en los primeros nueve números las injusticias del gobierno español, el cual no tardó en cortarle las alas. Se le encarceló por unos meses, y aunque siguió publicando su periódico, bajó de tono y cambió de tema. En 1815, cuando ya había regresado a España Fernando VII y con él el antiguo régimen, El Pensador publicó otro periódico, *Alacena de frioleras;* pero surgieron nuevas trabas de los censores, y hacia fines de año, dándose cuenta de que tendría que abandonar su proyecto periodístico —como en realidad lo hizo en marzo siguiente— empezó su primera novela, EL PERIQUILLO SARNIENTO, publicada por entregas, de la que salieron tres tomos en 1816. El cuarto, y último, no vio la luz, debido a la prohibición de la censura, a la que no agradaban las ideas que la obra contenía contra la esclavitud. Durante los tres años siguientes —o sea hasta 1820, cuando, establecido el segundo período constitucional de nuevo, El Pensador vio expedita la senda y pudo volver a sus folletos— se dedicó casi exclusivamente a la novela, publicando en 1818 *Noches tristes,* la única de sus novelas que salió impresa en su totalidad; y en 1819, hizo imprimir dos volúmenes —aproximadamente la mitad de la obra— de *La Quijotita y su prima.* Durante el mismo año escribió también *Don Catrín de la Fachenda,* que no fue impreso hasta después de su muerte.

De estas cuatro novelas, su obra maestra es la primeriza, señaladamente picaresca, aunque ciertamente no sea, como se ha dicho infundadamente, una imitación del *Guzmán de Alfarache* de Alemán. Su forma, de acuerdo con su género novelesco, es autobiográfica. Un pícaro relata las peripecias de su vida, como escolar y estudiante universitario y como jugador; esta última "carrera" le conduce en primer término al hospital, y luego a la cárcel. A la vez retrata con maestría realista a un sinnúmero de personajes —sus padres, sus maestros y los amos a quienes sirve—. Sus aventuras se desarrollan principalmente en la capital de la Nueva España y sus inmediaciones (entre ellas, Cuautitlán, Ixtacalco, Ixtapalapa, San Agustín de las Cuevas y San

Ángel.[1] Vagabundeando por la ciudad, que conocía tan bien, el pícaro hace frecuente mención de sus calles, plazas, conventos, iglesias, cárceles, mesones, etc., dándoles siempre sus nombres propios, todos auténticos y fáciles de localizar en los mapas de la época, entre otros los del cartógrafo García Conde. Sus andanzas lo llevan también a otros lugares del país —Tula, Tixtla, Acapulco, Río Frío, cuya vida refleja admirablemente— y a tierras que no conocía —las Filipinas y una isla fantástica donde llegó como náufrago; su relato en este momento se convierte en propaganda o moralización.

Porque EL PERIQUILLO, típicamente dentro de su género, no carece de digresiones —largos pasajes moralizadores, que contrastan fuertemente con el asunto principal, y novelas intercaladas. Pero estas últimas —y hay que decirlo en defensa de la arquitectura técnica de EL PERIQUILLO— encajan perfectamente en el enredo, y por cierto no lo interrumpen, como sucede casi siempre en las novelas picarescas anteriores.

Casi todos los críticos que se han ocupado de EL PERIQUILLO, tanto los contemporáneos del autor como otros posteriores y mucho más ilustres —por ejemplo, Alfonso Reyes, en un artículo que apareció en 1914 en la *Revue Hispanique*— lo han censurado por sus disertaciones morales. "Tal como lo estampó entonces —dice Valbuena Prat, refiriéndose a la crítica de Reyes, en *La novela picaresca* (Madrid, 1943, pág. XXV)— me parece injusto para una obra tan curiosa y rica en elementos costumbristas interesantísimos como EL PERIQUILLO."

Verdad es que la novela, estéticamente, peca menos por su moralización que por su erudición, de donde resulta muchas veces pesada e indigesta; porque Lizardi, insaciable lector, vertió en su obra maestra todo el fruto de su extensa y variada lectura, que incluía, además de libros puramente morales, tratados sobre educación, teología, filosofía natural, física experimental, medicina, farmacia y derecho.

Tenía a la mano ciertas obras que le servían de consulta, de las cuales sacó —indicando sus fuentes en algunos casos, pero no siempre— útiles datos informativos: la traducción al español (París, 1753),[2] en diez volúmenes, del *Grand Dictionnaire Historique* (Lyon, 1674) de Luis Moreri; el *Dictionnaire Historique Portatif* (París, 1752), de Jean-Baptiste Ladvocat; las *Riflessioni sopra il buon gusto intorno le scienze e le arte* (Venecia, 1708), de Muratori; *De charlataneria eruditorum declamationes auae* (Leipzig, 1715), de Johann Burck-

---

[1] Véase mi estudio "The Historical and Social Background of *El Periquillo Sarniento*", en *The Hispanic American Historical Review*, XXXVI, núm. 4 (1956), págs. 447-470.

[2] Debe sobrentenderse, de aquí en adelante, que las obras extranjeras citadas en este Prólogo son las que, traducidas utilizó Lizardi. Para más detalles, véase mi estudio "The Intellectual Background of Lizardi as Reflected in *El Periquillo Sarniento*", en *Publications of the Modern Language Association of America*, LXXXI, núm. 3 (1956), págs. 414-432.

hard Mencke, representado en EL PERIQUILLO por el Buchardo o el Menckenio, porque su nombre aparece así en la traducción (Madrid, 1787) de su obra; y *Le fruit de mes lectures* (París, 1776) de Jamin, libro de citas de autores griegos y romanos, del cual sacó Lizardi una gran parte de las que se hallan en EL PERIQUILLO.

Dichas citas y las bíblicas —que tanto abundan en la novela, tomadas principalmente de los *Proverbios* y el *Eclesiástico*— tienen un fin moral. Además, para reforzar sus disertaciones morales, El Pensador se vale de cuentos, ejemplos y sentencias de ciertos libros que tenía a la vista, entre ellos los dísticos de Dionisio Catón; el *Catecismo o Instrucción cristiana* (Madrid, 1752), de Pedro Murillo Velarde; una historia de los papas *(Romanorum pontificum brevis notitia,* Malinas, 1675), de Guilielmus Burius, de la cual hubo muchísimas reimpresiones; la *Vida cristiana* (Salamanca, 1718), de Jerónimo Dutari; y la *Luz de verdades católicas* de Juan Martínez de la Parra, impresa por primera vez a fines del siglo XVII y repetidas veces en el siguiente. Aparte de los libros puramente de moral, El Pensador hace mención de autores (Billuart, Cliquet, Ferrer) de textos teológicos, y siendo enemigo de los estudiantes que procuraban abreviar sus estudios, descarga su bilis contra el *vademécum* de éstos, el *Prontuario de la teología moral,* del padre Lárraga, apoyándose al mismo tiempo, al argumentar contra la ignorancia del clero, en citas de las actas del Concilio de Trento y del *Origen, progreso y estado de toda la literatura* (1784-1806), del erudito jesuita expulsado padre Juan Andrés.

Igualmente preocupaban a Lizardi otras fases de la educación. En rigor, para él, la cuestión más urgente era el mejoramiento de todo el sistema de enseñanza de su país; y, con este fin, se hizo en su PERIQUILLO el portaestandarte de ciertas nuevas ideas procedentes de Francia y España en aquel entonces: por ejemplo, las que expresan Ballexerd, en su *Dissertation sur l'éducation physique* (París, 1762), y Blanchard, en *L'école des moeurs* (Lyon, 1782), en cuanto a la crianza y la instrucción de los niños; las referentes a la enseñanza del latín, de Ignacio Rodríguez, en su *Discernimiento filosófico de ingenios* (Madrid, 1795); las que manifiesta Feijoo en ciertos discursos de su *Teatro crítico,* en contra de la lógica y la metafísica, que eran los estudios que predominaban en las universidades; y en general, las de otros enemigos del escolasticismo, como Díaz de Guevara y Antonio Alzate en México; el portugués Almeida y los franceses Pluche, Brisson, Buffon y otros, todos los cuales se encargaron de difundir noticias de historia natural y de física experimental, ciencias que a la sazón estaban en sus albores.

No menos críticas son las observaciones del Pensador sobre la medicina y la farmacia. Entre los amos de Periquillo, uno era médico y boticario el otro, y él mismo, como charlatán, practicó la medicina en Tula. Menciona los autores cuyos tratados se encontraban en las bibliotecas de los que ejercían estas dos profesiones en aquel tiempo:

en farmacia, Palacios, Fuller, Linné y Lavoisier; y en medicina,
1. Para remedios caseros, Buchan, Madame Fouquet, Gregorio López y
Juan Venegas; 2. Para la anatomía, Porras, Willis y Juan de Dios
López; 3. Para la cirugía, Lafaye; 4. Para enfermedades diversas,
Boerhaave, Gerard van Swieten, Etmüller y Lazare Rivière. En general critica a los boticarios por los engaños que hacen para vender a
altos precios sus drogas, y a los médicos por su charlatanería, respecto
a la cual recuerda unos párrafos de *L'avis au peuple sur sa santé*
(Liège, 1763), de Tissot. El Pensador se atreve incluso a meterse en
la cuestión de tratamientos médicos, afirmando —y en esto sigue a su
predilecto Feijoo, quien, aunque no médico, sabía mucha medicina—
que los médicos debían fiarse más de la Naturaleza que de sus remedios, que éstos muchas veces, sobre todo las purgas y las sangrías, eran
dañosos, y que admiraba el sistema médico de los chinos, según el
cual los que ejercían la medicina eran boticarios y médicos a la vez,
que preparaban y aplicaban sus remedios, recibiendo pago solamente
si el paciente sanaba.

Entre la pluralidad de temas del PERIQUILLO no deja de figurar el
de las leyes, en las que, particularmente las notariales, su autor estaba
más que medianamente versado. De la *Librería de escribanos* (Madrid,
1769), de José Febrero, editada varias veces y revisada después por
Marcos Gutiérrez, cita, además de pasajes de la crítica de estos autores contra las leyes que permitían el mayorazgo y otras vinculaciones
de bienes, ciertas leyes referentes a los aprendices y a los excesivos
gastos en casamientos y funerales; y —cosa extraña en una novela—
reproduce una escritura, la de una viuda que vendía una propiedad,
que había copiado Periquillo según una muestra dada a él por su amo
Chanfaina, para exponer la ignorancia de éste, así como la de los
escribanos en general. Además, para corroborar sus afirmaciones en
cuanto a las leyes destinadas a castigar ciertos crímenes, tiene a la vista
la *Práctica criminal...* (Valencia, 1749), de Berni y Catalá; para
explicar los deberes respectivos del fiscal y del defensor así como otras
cosas, utiliza la *Práctica criminal...* (Madrid, 1805), de Marcos Gutiérrez; y pone en boca de un personaje secundario, testigo de los crueles suplicios infligidos a los reos en la isla a que había llegado náufrago
Periquillo, la teoría que expresa Lardizábal en su *Discurso sobre las
penas...* (Madrid, 1782), según la cual "no es la crueldad de las
penas el mejor freno para contener los delitos, sino la infalibilidad
del castigo".

Lucha también contra el atraso económico de España y sus colonias, recomendando, para la extirpación de la mendicidad, los medios
propuestos por Peñaranda en su *Resolución universal sobre el sistema
económico más conveniente a España* (Madrid, 1789), y por Rafael
Macanaz en un artículo sobre el mismo asunto en el tomo VII del *Semanario erudito* de Madrid; y partidario de la teoría de que la agricultura era mejor fuente de prosperidad en un país que sus minas de

plata y oro, pone en boca del sabio coronel, uno de los amos de Periquillo, esta sentencia: "Si la felicidad y la abundancia no viene del
campo, dice un sabio inglés, es en vano esperarla de otra parte" —idea
que Feijoo había expresado ya, pero que procede probablemente del
compendio de la obra inglesa intitulada *Riqueza de las Naciones*
(Palma, 1814), que es más o menos una traducción de la célebre
obra de Adam Smith.

En citas como ésta, de libros doctrinales o polémicos, se ve el
determinado fin que tenía El Pensador de mejorar su país, combatien-
do la ignorancia, la decadencia y la rutina. A la vez no deja de mos-
trar sus aficiones literarias, que él tiene sobre todo por los autores
del siglo xviii —Torres Villarroel, Feijoo, padre Isla, Gerardo Lobo,
Cadalso y Fernández de Velasco *(Deleite de la discreción)*— a quienes
se refiere en EL PERIQUILLO, aunque parcamente o sólo de paso. En
cuanto a obras o autores anteriores, recuerda unos cuantos incidentes
de *El Quijote* y asimismo unos pasajes referentes a la literatura en las
Empresas políticas, de Saavedra Fajardo; cita unos versos de Manuel
Villegas y de Bocángel; glosa el cuarteto "Aprended flores de mí. . .",
de Góngora, imitando, sin admitirlo, la glosa del mismo asunto de
Lope de Vega, en *La moza del cántaro* (II, vi, 1273-1280); y se refiere
brevemente a Quevedo, Calderón, Francisco Santos, María de Zayas,
Cristóbal Lozano, Sor Juana Inés de la Cruz y Melchor de Santa Cruz
(Floresta española).

Indicios hay también de su conocimiento de ciertas obras extranjeras. Menciona el *Bertoldo* del italiano Croce, muy popular en España
desde su primera traducción en 1745, y los *Night thoughts* de Edward
Young; alude a un cuento en *Les veillées du chateau,* de Mme. de
Genlis, y cita ciertas sentencias u opiniones de Pascal, de La Rochefoucauld y de Boileau.

Todos estos autores, así como otros no mencionados, contribuyeron indudablemente a la cultura general de El Pensador. En lo literario,
sin embargo, éste no es imitador, ni en la invención ni en el lenguaje.
EL PERIQUILLO, como se ha dicho, es típicamente una novela picaresca, pero no es calco de ninguna. Los detalles de la intriga son crea-
ciones de su autor; la vida que refleja es peculiarmente mexicana, y
su vocabulario es original y pintoresco. A pesar de sus disertaciones
morales y de su propaganda —por las cuales tantos lectores habrán
recordado el dictamen del crítico de las obras de Feijoo, que se le
debiera erigir una estatua y quemar al pie de ella sus escritos—, la
historia central de EL PERIQUILLO ha dado a la novela, como lo atesti-
guan sus muchas reimpresiones, no poca aceptación.

De este libro, que refleja tan abundantemente las costumbres y
el pensamiento de su época, es lástima que no poseamos aún una edición crítica, aclarando no sólo la procedencia de las ideas regenera-
doras que expresa el autor, sino también estudiando el texto, que no
deja de ofrecer sus problemas. Para esta última tarea son indispen-

sables las primeras cuatro ediciones: la primera (1816), que salió incompleta; la segunda (1825), que tiene sólo una cuarta parte de la obra, en que se puede ver que el autor acorta o elimina algunas disertaciones morales; la tercera (1830-31), que, aunque publicada unos tres años después de la muerte del autor, es probablemente la más fiel y la cuarta (1842), que es la que siguen, directa o indirectamente, todas las ediciones posteriores, si bien su editor, además de rectificar la ortografía y de añadir algunos comentarios, hizo otras modificaciones en el texto, que en algunos casos lo vician.

J. R. S.

DATOS BIOGRÁFICOS

JOSÉ JOAQUÍN FERNÁNDEZ DE LIZARDI nació en la ciudad de México el 15 de noviembre de 1776, de padres criollos —su madre era hija de un librero de Puebla, y su padre, originario de la capital, se recibió ya tarde de médico—. La familia, aunque corta de recursos, parece haber disfrutado de cierta reputación profesional. Recibió el niño sus primeras impresiones de la vida en Tepotzotlán, pequeño pueblo cercano a la capital. Para hacer sus estudios secundarios y universitarios, fue enviado a la ciudad de México. Se matriculó en el Colegio de San Ildefonso en 1793, pero lo dejó en 1798 sin haberse graduado. Se casó en 1805 con Dolores Orendáin, que le trajo una pequeña dote. En 1808 apareció la primera de sus obras, un poema trivial en celebración del advenimiento de Fernando VII al trono de España. En 1811, en México, aparecieron otros versos suyos, de género satírico, que ridiculizan a varios tipos de la sociedad de la capital de ese tiempo. Estas poesías, con títulos llamativos, las publicaba en folletos, que se vendían a unos cuantos centavos el ejemplar. A fines de este mismo año parece que Lizardi ocupaba el puesto de teniente de justicia de Tasco, en la época en que este pueblo fue asaltado por los insurgentes; y, acusado de haber entregado las armas y municiones a éstos, fue prendido y llevado a la capital, en donde, sin embargo, pronto recobró su libertad. Seguía publicando sus folletos, del género ya dicho, hasta la promulgación de la Constitución de Cádiz, fecha en que fundó su primer periódico, *El Pensador Mexicano* (1812-1814). En los ocho primeros números se manifestó como abogado ardiente de la libertad de imprenta, en la que vio un medio de atacar muchos males políticos de entonces. Con motivo del noveno número, que es una sátira contra el virrey Venegas, se revocó la libertad de imprenta, y Lizardi fue encarcelado. Durante los seis meses que estuvo en prisión continuó escribiendo y logró seguir publicando su periódico, pero con un notable cambio de tono; aun elogió al virrey recién llegado, Calleja, quien lo puso en libertad. Restablecido, a fines de 1814, el antiguo régimen absolutista, Lizardi fue acusado por la Inquisición, pero no se le encarceló, ni siquiera se le enjuició. Durante una parte de 1815 y 1816, publicó, aunque con mucha dificultad por las restricciones de la censura, dos periódicos que aparecían simultáneamente, la *Alacena de frioleras* y el *Caxoncito de la alacena;* a partir de esta última fecha hasta 1820, se dedicó a la composición de sus cuatro novelas, que le han elevado a un alto nivel en la literatura hispanoamericana. En mayo de 1820 cambios de gobierno de España restablecieron en México el gobierno constitucional y la libertad de la imprenta. La Inquisición y la Junta de Censura fueron nuevamente abolidas. Entonces vio Lizardi que ya la novela no servía a su propósito, y no volvió a entrar en el campo de la literatura como escritor de obras de ficción. Decidió fundar un nuevo periódico, *El Conductor Eléctrico,* con el cual trató de combatir a los que se opo-

nían a la Constitución. Declarado el Plan de Iguala, pasó francamente
a las fuerzas mandadas por Iturbide, y se le puso al frente de una prensa
insurgente de Tepotzotlán, donde se publicaban folletos que incitaban la
adhesión al movimiento de Independencia. Después del triunfo de Iturbide, no tardó El Pensador en desilusionarse, porque comprendió con
amargura que la facción de aquél se oponía tenazmente a todas las reformas políticas y religiosas por las cuales abogaba él con tanto ahínco.
Dejando al punto sus filas, comenzó a atacarla independientemente, publicando en febrero de 1822 su *Defensa de los francmasones,* que motivó
su excomunión por las autoridades eclesiásticas. Hizo, sin embargo —después de unos cuantos meses en que era víctima de toda clase de detrac-
ciones— paces con la Iglesia; pero no admitió delito ni pidió absolución,
ni se retractó de errores, que no había cometido. Otra desilusión para él,
fue el artículo III de la Constitución de 1824, el cual legalizó a la Iglesia Católica. Durante este año y el siguiente publicó una hoja quincenal
(Conversaciones del payo y el sacristán) en que discutían un rústico y
un sacristán asuntos de la Iglesia y del Estado. Como compensación por
sus servicios durante la guerra de Independencia, no sólo se le concedió,
en 1825, el grado de capitán retirado, sino que se le hizo editor de *La
Gazeta del Gobierno,* órgano oficial. En 1826 fundó su último periódico,
Correo Semanario de México; y, a fines del año siguiente, publicó su
Testamento y despedida, célebre folleto en que da remate a su trabajo
de reformador de abusos sociales y políticos. Su muerte ocurrió el 27 de
junio de 1827.

BIBLIOGRAFÍA

NOVELAS. (1) *El Periquillo Sarniento*. En la oficina de don Alejandro Valdés, México, 1816, 3 v. (El cuarto, y último tomo no llegó a publicarse por la prohibición del gobierno español); (2) Oficina de don Mariano Ontiveros, México, 1825 (parece que se publicó sólo un tomo, que consta de los 12 primeros capítulos y de 286 [8] págs.); (3) Imprenta de Galván, a cargo de Mariano Arévalo, México, 1830-1831, 5 v.; (4) Imprenta de V. García Torres, México, 1842, 4 v.; (5) Imprenta de M. Murguía y Cía., México, 1853, 4 v.; (6) Imprenta de Luis Inclán, México, 1865, 4 v.; (7) Tipografía Literaria de Filomeno Mata, México, 1884, 4 v.; (8) Tip. Clarke y Macías, México, 1884, 4 v.; (9) *La Ilustración de México*, México, 1896, 4 v.; (10) J. Ballescá y Compañía, Sucesor, Tipo-Litográfico de Espasa y Compañía (Barcelona), México, 1897, 4 t. en 2 v.; (11) Maucci Hermanos e Hijos, Tip. Casa Editorial Sopena (Barcelona), Buenos Aires, México, La Habana, 1903 (?), 2 v.; (12) Casa Editorial Sopena, en la Serie Biblioteca de Grandes Novelas, Barcelona, 1908; IV; (13) Casa Editorial Sopena, en la Serie Biblioteca de Grandes Novelas, Barcelona, 1909; IV; (14) Editorial Sopena, S., Biblioteca de Grandes Novelas, Barcelona, 1933; (15) Ramón Sopena, Editor. Biblioteca de Grandes Novelas, Barcelona, s. f.; (16) IV; Editorial Stylo, México, 1942, 2 v.; (17) Ediciones Cicerón, México, s. f., 2 v; (18) Ediciones Cicerón, México, s. f., 2 t. en 1 v.; (19) Editorial Porrúa; Colección de "Escritores Mexicanos", México, 1949, 3 v.; Colección "Sepan Cuantos...", número 1. México, 1959, 1 v.— (1) *La Quijotita y su prima*. Historia muy cierta con apariencia de novela, don Mariano Ontiveros, México, 1818-1819, 2 v. (El tomo II fue publicado por don Alejandro Valdés en 1819. La edición está trunca, pues de la obra sólo se imprimió la mitad; (2) Imprenta de Altamirano, México, 1831-1832, 4 v.; (3) *La educación de las mujeres, o la Quijotita y su prima*, Imprenta de Vicente García Torres, México, 1842; (4) M. Murguía y Cía., Editores, México, 1853, 2 v.; (5) J. Ballescá y Cía., Sucesor. Establecimiento Tipográfico de José Espasa (Barcelona), México 1897; (6) Cámara Mexicana del libro, Imprenta M. León Sánchez, México, 1942; "Sepan Cuantos...", núm. 71 (Introducción de María del C. Ruiz Castañeda). Editorial Porrúa, S. A., México, 1967 —*Noches tristes*. (1) En la Oficina de don Mariano de Zúñiga y Ontiveros, México, 1818; (2) Oficina de don Alejandro Valdés, México, 1819. (Esta edición es el t. II de la Colección titulada *Ratos entretenidos*); (3) *Noches tristes y Día alegre*, Oficina de la calle del Espíritu Santo, núm. 2, a cargo del C. José Uribe y Alcalde, 1831; (4) *Las noches tristes*, Reimpresas por Antonio Díaz, México, 1843. (Están incluidas en esta edición las siguientes obras de Lizardi: *Día alegre*, las fábulas, *Don Catrín de la Fachenda*, y la *Muerte y funeral del gato.)* (5) *Noches tristes y Día alegre,* Edición Mensaje, México, 1943; (6) Imprenta Universitaria, México, 1944.— (1) *Vida y hechos del famoso caballero Don Catrín de la Fachenda,* Imprenta del C. Alejandro Valdés, México, 1832; (2) Se halla también en *Las noches tristes* del año 1843; (3) Editorial Cultura, México, 1944. (En núm. 5 de los *Clásicos de América* del Instituto de Literatura Iberoamericana.) *Don Catrín de la Fachenda* y *Noches tristes* y *Día alegre.* Edición y prólogo de Jefferson Rea Spell. "Col. de Escritores Mexicanos", núm. 81. Editorial Porrúa S. A. México, 1959.

Fábulas del Pensador Mexicano, en la Oficina de don Mariano Ontiveros, México, 1817; (2) Imprenta de Altamirano, a cargo de Daniel Barquera, México, 1831; (3) Se incluyen en *Las noches tristes* del año 1843; (4) Imprenta La Luz, México, 1886; (5) Corregidas, explicadas y anotadas por Miguel Salinas. Tip. José Ballescá, México, 1918.

PIEZAS TEATRALES. (1) *Auto mariano para recordar la milagrosa aparición de Nuestra Madre y Señora.* (Hay, en la Colección Genaro García de la Universidad de Texas, una copia manuscrita de esta pieza que lleva la fecha del 30 de septiembre de 1817); (2) Imprenta de J. M. Lara, 1842; *Pastorela en dos actos,* S. p. i. n. f.—*El unipersonal de don Agustín de Iturbide,* Imprenta de don Mariano Ontiveros, 1823.— *El negro sensible.* Primera y segunda parte. Hecha la última por El Pensador Mexicano. Oficina del finado Ontiveros, 1825.—*La tragedia del padre Arenas,* Puebla, 1827.— *La noche más venturosa,* Imprenta de Abadiano, México, 1895.

VERSOS. *Ratos entretenidos,* o miscelánea útil y curiosa, compuesta de varias piezas ya impresas. Reimpreso en la oficina de don Alejandro Valdés, México, 1819. (En el t. I de esta colección, que consta de dos tomos, Lizardi incluye selecciones no sólo de poesías suyas sino de sus contemporáneos.)

De los centenares de folletos que escribió Lizardi desde 1811 hasta su muerte nos quedan hoy día unos doscientos cincuenta.

Para el texto de esta edición hemos seguido, principalmente, la de 1842, incluyendo también las notas que añadió su editor, las cuales, para distinguirlas de las de El Pensador, van seguidas de una E; pero donde dicha edición contiene errores evidentes, hemos introducido enmiendas, consultando las de 1816, 1825 y 1830-31. Además, hemos tenido a la vista todas las ediciones posteriores.

...Nadie crea que es suyo el retrato, sino que hay muchos diablos que se parecen unos a otros. El que se hallare tiznado, procure lavarse, que esto le importa más que hacer crítica y examen de mi pensamiento, de mi locución, de mi idea, o de los demás defectos de la obra.

TORRES VILLARROEL.
En su prólogo de la
Barca de Aqueronte.

PRÓLOGO, DEDICATORIA Y ADVERTENCIAS A LOS LECTORES

SEÑORES MÍOS: Una de las cosas que me presentaba dificultad para dar a luz la VIDA DE PERIQUILLO SARNIENTO era elegir persona a quien dedicársela, porque yo he visto infinidad de obras, de poco y mucho mérito, adornadas con sus dedicatorias al principio.

Esta continuación, o esta costumbre continuada, me hizo creer que algo bueno tenía en sí, pues todos los autores procuraban elegir mecenas o patronos a quienes dedicarles sus tareas, creyendo que el hacerlo así no podía menos que granjearles algún provecho.

Me confirmé más en esta idea cuando leí en un librito viejo que ha habido quienes han pactado dedicar una obra a un sujeto, si le daba tanto; otro que dedicó su trabajo a un potentado y después lo consagró a otro con distinto nombre; Tomás Fuller, famoso historiador inglés, que dividía sus obras en muchos tomos, y a cada tomo le solicitaba un magnate; otros que se han dedicado a sí mismos sus producciones, y otros, en fin, que han consentido que el impresor de sus obras se las dedique.

En vista de esto decía yo a un amigo:

—No, mi obra no puede quedarse sin dedicatoria; eso no, viviendo Carlos. ¿Qué dijera de mí el mundo, al ver que mi obrita no tenía al frente un excelentísimo, ilustrísimo, o, por lo menos, un señor usía que la hubiera acogido bajo su protección? Fuera de que no puede menos que tener cuenta el dedicar un libro a algún grande o rico señor; porque ¿quién ha de ser tan sinvergüenza que deje dedicarse una obra; desempolvar los huesos de sus abuelos; levantar testimonios a sus ascendientes; rastrear sus genealogías; enredarlos con los Pelayos y Guzmanes; mezclar su sangre con la de los reyes del Oriente; ponderar su ciencia aun cuando no sepa leer; preconizar sus virtudes, aunque no las conozca; separarlo enteramente de la común masa de los hombres y divinizarlo en un abrir y cerrar de ojos? Y, por último, ¿quién será —repetía yo al amigo— tan indolente, que viéndose lisonjeado a roso y a velloso *ante faciem populi* [1] y no menos que en letras de molde, se maneje con tanta mezquindad que no me costee la impresión, que no me consiga un buen destino, o, cuando todo turbio corra, que no me manifieste su gratitud con una docenita de onzas de oro para una capa, pues no merece menos el ímprobo trabajo de inmortalizar el nombre de un mecenas?

—¿Y a quién piensas dedicar tu obrita? —me preguntó mi amigo.

—A aquel señor que yo considerase se atreviera a costearme la impresión.

—¿Y a cuánto podrán abordar sus costos? —me dijo.

—A cuatro mil y ciento y tantos pesos, por ahí, por ahí.

—¡Santa Bárbara! —exclamó mi amigo, todo azorado—. ¿Una obrita de cuatro tomitos en cuarto cuesta tanto?

[1] A la faz del mundo.

1

—Sí, amigo —le dije—, y ésta es una de las trabas más formidables
que han tenido y tendrán los talentos americanos para no lucir, como
debieran, en el teatro literario. Los grandes costos que tiene en el reino
que lastarse en la impresión de las obras abultadas retraen a muchos de
emprenderlas, considerando lo expuestos que están no sólo a no lograr
el premio de sus fatigas, sino tal vez a perder hasta su dinero, quedándose
inéditas en los estantes muchas preciosidades que darían provecho al
público y honor a sus autores. Esta desgracia hace que no haya exporta-
ción de ninguna obra impresa aquí; porque haz de cuenta que mi obrita,
ya impresa y encuadernada, tiene de costo por lo menos ocho o diez
pesos; pues aunque fuera una obra de mérito, ¿cómo había yo de mandar
a España un cajón de ejemplares, cuando si aquí es cara, allí lo sería
excesivamente? Porque si a diez pesos de costos se agregaban otros dos
o tres de fletes, derechos y comisión, ya debería valer sobre trece pesos;
para ganar algo en este comercio, era preciso vender los ejemplares a
quince o dieciséis pesos, y entonces ¿quién la compraría allá?

—¡Válgame Dios! —dijo mi amigo—; ésa es una verdad; pero eso
mismo debe retraerte de solicitar mecenas. ¿Quién ha de querer arriesgar
su dinero para que imprimas tu obrita? Vamos, no seas tonto, guárdala
o quémala, y no pienses en hallar protección, porque primero perderás el
juicio. Ya parece que veo que gastas el dinero que no tienes en hacer
poner en limpio y con mucha curiosidad tus cuadernos; que echas el ojo
para dedicarlos al conde H, creyendo que porque es conde, que porque
es rico, que porque es liberal, que porque gasta en un coche cuatro mil
pesos, en un caballo quinientos, en un baile mil, en un juego cuanto quiere,
admitirá benigno tu agasajo, te dará las gracias, te ofrecerá su protección,
te facilitará la imprenta, o te dará, cuando menos, una buena galita, como
dijiste. Fiado en esto, vas a su casa, rastreas a sus parientes, indagas su
origen, buscas en el diccionario de Moreri alguna gran casa que tenga alusión con su apellido, lo encajas en ella quiera que no quiera, levantas
mil testimonios a sus padres, lo haces descender de los godos, y le metes
en la cabeza que es de sangre real y pariente muy cercano de los *Sigericos,
Turismundos, Theudiselos* y *Athanagildos;* a bien que él no los conoció,
ni nadie se ha de poner a averiguarlo. Últimamente, y para decirlo de
una vez y bien claro, trabajas cuanto puedas para hacerle una *barba* de
primera clase; y ya concluida la dedicatoria, vas muy fruncido y se la
pones a sus plantas. Entonces el señor, que ve aquel celemín de papel
escrito, y que sólo por no leerlo, si se lo mandaran, daría cualquier dinero,
se ríe de tu simpleza. Si está de mal humor, o no te permite entrar a
verlo, o te echa noramala luego que penetra tu designio; pero si está
de buenas, te da las gracias y te dice que hagas lo que quieras de la dedicatoria; pero que los insurgentes... que las guerras y las actuales críticas
circunstancias no le permiten serte útil por entonces para nada. Sales
tú de allí todo mohíno, pero no desesperado. Vas y acometes con las
mismas diligencias al marqués K, y te pasa lo mismo; ocurres al rico G,
y te acontece lo propio; solicitas al canónigo T, *ídem;* hasta que cansado
de andar por todo el alfabeto, y de trabajar inútilmente mil dedicatorias,
te aburres y desesperas, y das con tu pobre trabajo en una tienda de
aceite y vinagre. Es gana, hijo; los pobres no debemos ser escritores, ni
emprender ninguna tarea que cueste dinero.

Cabizbajo estaba yo oyendo a mi amigo con demasiada confusión y tristeza, y luego que acabó le dije, arrancando un suspiro de lo más escondido de mi pecho:

—¡Ay, hermano de mi alma! Tú me has dado un desengaño, pero al mismo tiempo una gran pesadumbre. Sí, tú me has abierto los ojos estrellándome en ellos una porción de verdades que por desgracia son irrefragables; y lo peor es que todo ello para en que yo pierdo mi trabajo; pues aunque soy limitado y, por lo mismo, de mis tareas no se puede esperar ninguna cosa sublime, sino bastante humilde y trivial, créeme, esta obrita me ha costado algún trabajo, y tanto más cuanto que soy un *chambón* y la he trabajado sin herramienta.

—Esto lo dirás por la falta de libros.

—Por eso lo digo; ya verás que esto ha multiplicado mis afanes; y será buen dolor que después de desvelarme, de andar buscando un libro prestado por allí y otro por acullá, después de tener que consultar esto, que indagar aquello, que escribir, que borrar algo, etc., cuando yo esperaba socorrer de algún modo mis pobrerías con esta obrita, se me quede en el cuerpo por falta de protección... ¡voto a los diablos!, más valía que se me hubieran quedado treinta purgas y veinte lavativas...

—Calla —me dijo mi amigo—, que yo te voy a proponer unos mecenas que seguramente te costearán la impresión.

—¡Ay, hombre! ¿Quiénes son? —preguntéle lleno de gusto.

—Los lectores —me respondió el amigo—. ¿A quiénes con más justicia debes dedicar tus tareas, sino a los que leen las obras a costa de su dinero? Pues ellos son los que costean la impresión, y por lo mismo sus mecenas más seguros. Conque aliéntate, no seas bobo, dedícales a ellos tu trabajo y saldrás del cuidado.

Le di las gracias a mi amigo; él se fue; yo tomé su consejo, y me propuse, desde aquel momento, dedicaros, señores lectores, la VIDA del tan mentado PERIQUILLO SARNIENTO, como lo hago.

Pero, a usanza de las dedicatorias y a fuer de lisonjero o agradecido, yo debo tributaros los más dignos elogios, asegurado de que no se ofenderá vuestra modestia.

Y entrando al ancho campo de vuestros timbres y virtudes, ¿qué diré de vuestra ilustrísima cuna, sino que es la más antigua y llena de felicidades en su origen, pues descendéis no menos que del primer monarca del universo?

¿Qué diré de vuestras gloriosas hazañas, sino que son tales, que son imponderables e insabibles?

¿Qué, de vuestros títulos y dictados, sino que sois y podéis ser, no sólo tú ni vos, sino usías, ilustrísimos, reverendísimos, excelentísimos y qué sé yo, si eminentísimos, serenísimos, altezas y majestades? Y, en virtud de esto, ¿quién será bastante a ponderar vuestra grandeza y dignidad? ¿Quién elogiará dignamente vuestros méritos? ¿Quién podrá hacer ni aun el diseño de vuestra virtud y vuestra ciencia? ¿Ni quién, por último, podrá numerar los retumbantes apellidos de vuestras ilustres casas, ni las águilas, tigres, leones, perros y gatos que ocupan los cuarteles de vuestras armas?

Muy bien sé que descendéis de un ingrato, y que tenéis relaciones de parentesco con los Caínes fratricidas, con los idólatras Nabucos, con las prostitutas Dalilas, con los sacrílegos Baltasares, con los malditos Canes, con los traidores Judas, con los pérfidos Sinones, con los Cacos ladrones, con los herejes Arrios, y con una multitud de pícaros y pícaras que han vivido y aún viven en el mismo mundo que nosotros.

Sé que acaso seréis, algunos, plebeyos, indios, mulatos, negros, viciosos, tontos y majaderos.

Pero no me toca acordaros nada de esto, cuando trato de captar vuestra benevolencia y afición a la obra que os dedico; ni menos trato de separarme un punto del camino trillado de mis maestros *los dedicadores*, a quienes observo desentenderse de los vicios y defectos de sus mecenas, y acordarse sólo de las virtudes y lustre que tienen para repetírselos y exagerárselos.

Esto es, ¡oh serenísimos lectores!, lo que yo hago al dedicaros esta pequeña obrita que os ofrezco como tributo debido a vuestros *reales...* méritos.

Dignáos, pues, acogerla favorablemente, comprando, cada uno, seis o siete capítulos cada día [2] y suscribiéndoos por cinco o seis ejemplares a lo menos, aunque después os déis a Barrabás por haber empleado vuestro dinero en una cosa tan friona y fastidiosa; aunque me critiquéis de arriba abajo, y aunque hagáis cartuchos o servilletas con los libros; que como costeéis la impresión con algunos polvos de añadidura, jamás me arrepentiré de haber seguido el consejo de mi amigo; antes desde ahora, para entonces y desde entonces para ahora, os escojo y elijo para únicos mecenas y protectores de cuantos mamarrachos escribiere, llenándoos de alabanzas como ahora, y pidiendo a Dios que os guarde mucho años, os dé dinero, y os permita emplearlo en beneficio de los autores, impresores, papeleros, comerciantes, encuadernadores y demás dependientes de vuestro gusto.

Señores... etc.

Vuestro... etc.

EL PENSADOR.

---

[2] En la primera edición salió la obra por capítulos sueltos.—E.

EL PRÓLOGO DE PERIQUILLO SARNIENTO

CUANDO ESCRIBO mi vida, es sólo con la sana intención de que mis hijos se instruyan en las materias sobre que les hablo.

No quisiera que salieran estos cuadernos de sus manos, y así se los encargo; pero como no sé si me obedecerán, ni si se les antojará andar prestándolos a éste y al otro, me veo precisado (para que no anden royendo mis podridos huesos, ni levantándome falsos testimonios) a hacer yo mismo, y sin fiarme de nadie, una especie de *Prólogo*; porque los prólogos son tapaboca de los necios y maliciosos, y al mismo tiempo son, como dijo no sé quién, unos remedios anticipados de los libros, y en virtud de esto digo: que esta obrita no es para los sabios, porque éstos no necesitan de mis pobres lecciones; pero sí puede ser útil para algunos muchachos que carezcan, tal vez, de mejores obras en que aprender, o también para algunos jóvenes (o no jóvenes) que sean amigos de leer novelitas y comedias; y como pueden faltarles o no tenerlas a mano algún día, no dejarán de entretenerse y pasar el rato con la lectura de mi vida descarriada.

En ella presento a mis hijos muchos de los escollos en donde más frecuentemente se estrella la mocedad cuando no se sabe dirigir o desprecia los avisos de los pilotos experimentados.

Si les manifiesto mis vicios no es por lisonjearme de haberlos contraído, sino por enseñarles a que los huyan pintándoles su deformidad; y del mismo modo, cuando les refiero tal o cual acción buena que he practicado, no es por granjearme su aplauso, sino por enamorarlos de la virtud.

Por iguales razones expongo a su vista y a su consideración vicios y virtudes de diferentes personas con quienes he tratado, debiendo persuadirse a que casi todos cuantos pasajes refiero son ciertos, y nada tienen de disimulado y fingido sino los nombres, que los he procurado disfrazar por respeto a las familias que hoy viven.

Pero no por esto juzgue ninguno que yo lo retrato; hagan cuenta en hora buena que no ha pasado nada de cuanto digo, y que todo es ficción de mi fantasía; yo les perdonaré de buena gana el que duden de mi verdad, con tal que no me calumnien de un satírico mordaz. Si se halla en mi obrita alguna sátira picante, no es mi intención zaherir con ella más que al vicio, dejando inmunes las personas, según el amigo Marcial:

Hunc servare modum nostri novere libelli.
Parcere personis, dicere de vitiis

Así pues, no hay que pensar que cuando hablo de algún vicio retrato a persona alguna, ni aun con el pensamiento, porque el único que tengo es de que deteste el tal vicio la persona que lo tenga, sea cual fuere, y hasta aquí nada le hallo a esta práctica ni a este deseo de reprensible. Mucho menos que no escribo para todos, sino sólo para mis hijos, que son los que más me interesan, y a quienes tengo obligación de enseñar.

Pero aun cuando todo el mundo lea mi obra, nadie tiene que mosquearse cuando vea pintado el vicio que comete, ni atribuir entonces a malicia mía lo que en la realidad es perversidad suya.

Este modo de criticar o, por mejor decir, de murmurar a los autores, es muy antiguo, y siempre ejercitado por los malos. El Padre San Jerónimo se quejaba de él, por las imposturas de Onaso, a quien decía: *Si yo hablo de los que tienen las narices podridas y hablan gangoso, ¿por qué habéis de reclamar luego y decir que lo he dicho por vos?*

De la misma manera digo: si en esta mi obrita hablo de los *malos* jueces, de los escribanos *criminalistas*, de los abogados *embrolladores*, de los médicos *desaplicados*, de los padres de familia *indolentes*, etc., ¿por qué al momento han de saltar contra mí los jueces, escribanos, letrados, médicos y demás, diciendo que hablo mal de ellos o de sus facultades? Esto será una injusticia y una bobería, pues al que se queja algo le duele, y en este caso, mejor es no darse por entendido, que acusarse, sin que haya quien le pregunte por el pie de que cojea.

Comencé al principio a mezclar en mi obrita algunas sentencias y versos latinos; y sin embargo de que los doy traducidos a nuestro idioma, he procurado economizarlos en lo restante de mi dicha obra; porque pregunté sobre esto al señor Muratori, y me dijo que los latines son los tropezones de los libros para los que no los entienden.

El método y el estilo que observo en lo que escribo es el mío natural y el que menos trabajo me ha costado, satisfecho de que la mejor elocuencia es la que más persuade, y la que se conforma más naturalmente con la clase de la obra que se trabaja.

No dudo que así por mi escaso talento, como por haber escrito casi *currente cálamo*, abundará la presente en mil defectos, que darán materia para ejercitarse la crítica menos escrupulosa. Si así fuere, yo prometo escuchar a los sabios con resignación, agradeciéndoles sus lecciones a pesar de mi amor propio, que no quisiera dar obra alguna que no mereciera las más generales alabanzas; aunque me endulza este sinsabor saber que pocas obras habrá en el orbe literario que carezcan de lunares en medio de sus más resplandecientes bellezas. En el astro más luminoso que nos vivifica, encuentran manchas los astrónomos.

En fin, tengo un consuelo, y es que mis escritos precisamente agradarán a mis hijos, para quienes, en primer lugar, los trabajé, si a los demás no les acomodare, sentiré que la obra no corresponda a mis deseos, pudiendo decir a cada uno de mis lectores lo que Ovidio a su amigo Pisón: "Si mis escritos no merecen tu alabanza, a lo menos yo quise que fueran dignos de ella. De esta buena intención me lisonjeo, que no de mi obra."

*Quod si digna tua minus est mea pagina laude
At voluisse sat est: animum, non carmina, jacto.*

ADVERTENCIAS GENERALES
A LOS LECTORES

Estamos entendidos de que no es uso adornar con notas ni textos de esta clase de obras *romancescas*, en las que debe tener más parte la acción que la moralidad explicada, no siendo, además, susceptibles de una frecuente erudición; pero como la idea de nuestro autor no sólo fue contar su vida, sino instruir cuanto pudiera a sus hijos, de ahí es lo que no escasea las digresiones que le parecen oportunas en el discurso de su obra, aunque (a mi parecer) no son muy repetidas, inconexas ni enfadosas.

Yo, coincidiendo con su modo de pensar, y en obsequio de la amistad que le profesé, he procurado ilustrarla con algunas que pienso concurren a su misma intención. Al propio tiempo, para ahorrar a los lectores menos instruidos los tropezones de los latines, como él recuerda, dejo la traducción castellana en su lugar, y unas veces pongo el texto original entre las notas; otras sólo las citas, y algunas veces lo omito enteramente. De manera, que el lector en romance nada tiene que interrumpir con la secuela de la lectura, y el lector latino acaso se agradará de leer lo mismo en su idioma original.

Periquillo, sin embargo de la economía que ofrece, no deja de corroborar sus opiniones con la doctrina de los poetas y filósofos paganos.

En uso de las facultades que él me dio para que corrigiera, quitara o añadiera lo que me pareciera en su obrita, pude haberle suprimido todos los textos y autoridades dichas; pero cuando batallaba con la duda de lo que debía de hacer, leí un párrafo del eruditísimo Jamin que vino a mi propósito, y dice así: "He sacado mis reflexiones de los filósofos profanos, sin omitir tampoco el testimonio de los poetas, persuadido a que el testimonio de éstos... aunque voluptuosos por lo común, establecía la severidad de las costumbres de un modo más fuerte y victorioso que el de los filósofos, de quienes hay motivo de sospechar que sola la vanidad les ha movido a establecer la austeridad de las máximas en el seno de una religión supersticiosa, que al mismo tiempo lisonjeaba todas las pasiones. En efecto, al oír a un escritor voluptuoso hablar con elogio de la pureza de las costumbres, se evidenciará que únicamente la fuerza de la verdad ha podido arrancar de su boca tan brillante testimonio."

Hasta aquí el célebre autor citado, en el párrafo XX del prefacio a su libro titulado *El fruto de mis lecturas*. Ahora digo: si un joven voluptuoso, o un viejo apelmazado con los vicios, ve estos mismos reprendidos, y las virtudes contrarias elogiadas, no en boca de los anacoretas y padres del yermo, sino en la de unos hombres sin religión perfecta, sin virtud sólida y sin la luz del Evangelio, ¿no es preciso que forme un concepto muy ventajoso de las virtudes morales? ¿No es creíble que se

7

avergüence al ver reprendidos y ridiculizados sus vicios, no ya por los Pablos, Crisóstomos, Agustinos ni demás padres y doctores de la Iglesia, sino por los Horacios, Juvenales, Sénecas, Plutarcos y otros ciegos semejantes del paganismo? Y el amor a la sana moral, o el aborrecimiento al vicio que produzca el testimonio de los autores gentiles, ¿no debe ser de un interés recomendable, así para los lectores como para la misma sociedad? A mí, a lo menos, así me lo parece, y por tanto no he querido omitir las autoridades de que hablamos.

VIDA Y HECHOS DE PERIQUILLO SARNIENTO, ESCRITA POR ÉL PARA SUS HIJOS

CAPÍTULO I

COMIENZA PERIQUILLO ESCRIBIENDO EL MOTIVO QUE TUVO PARA DEJAR A
SUS HIJOS ESTOS CUADERNOS, Y DA RAZÓN DE SUS PADRES, PATRIA,
NACIMIENTO Y DEMÁS OCURRENCIAS DE SU INFANCIA

POSTRADO EN UNA CAMA muchos meses hace, batallando con los médicos y enfermedades, y esperando con resignación el día en que, cumplido el orden de la divina Providencia, hayáis de cerrar mis ojos, queridos hijos míos, he pensado dejaros escritos los nada raros sucesos de mi vida, para que os sepáis guardar y precaver de muchos de los peligros que amenazan y aun lastiman al hombre en el discurso de sus días.

Deseo que en esta lectura aprendáis a desechar muchos errores que notaréis admitidos por mí y por otros, y que, prevenidos con mis lecciones, no os expongáis a sufrir los malos tratamientos que yo he sufrido por mi culpa; satisfechos de que mejor es aprovechar el desengaño en las cabezas ajenas que en la propia.

Os suplico encarecidamente que no os escandalicéis con los extravíos de mi mocedad, que os contaré sin rebozo y con bastante confusión; pues mi deseo es instruiros y alejaros de los escollos donde tantas veces se estrelló mi juventud, y a cuyo mismo peligro quedáis expuestos.

No creáis que la lectura de mi vida os será demasiado fastidiosa, pues como yo sé bien que la variedad deleita el entendimiento, procuraré evitar aquella monotonía o igualdad de estilo, que regularmente enfada a los lectores. Así es que unas veces me advertiréis tan serio y sentencioso como un Catón, y otras tan trivial y bufón como un Bertoldo. Ya leeréis en mis discursos retazos de erudición y rasgos de elocuencia; y ya veréis seguido un estilo popular mezclado con los refranes y paparruchadas del vulgo.

También os prometo que todo esto será sin afectación ni pedantismo, sino según me ocurra a la memoria, de donde pasará luego al papel, cuyo método me parece el más análogo con nuestra natural veleidad.

Últimamente, os mando y encargo, que estos cuadernos no salgan de vuestras manos, porque no se hagan el objeto de la maledicencia de los necios o de los inmorales; pero si tenéis la debilidad de prestarlos alguna vez, os suplico no los prestéis a esos señores, ni a las viejas hipócritas, ni a los curas interesables y que saben hacer negocio con sus feligreses vivos y muertos, ni a los médicos y abogados chapuceros, ni a los escribanos, agentes, relatores y procuradores ladrones, ni a los comerciantes usureros, ni a los albaceas herederos, ni a los padres y madres indolentes en la educación de su familia, ni a las beatas necias y supersticiosas, ni a los jueces venales, ni a los corchetes pícaros, ni a los alcaides tiranos, ni a los poetas y escritores remendones como yo, ni a los oficiales de la guerra y soldados fanfarrones hazañeros, ni a los ricos avaros, necios, soberbios y tiranos de los hombres, ni a los pobres que lo son por flojera, inutilidad o mala conducta, ni a los mendigos fingidos; ni los prestéis tampoco a las muchachas que se alqui-

lan, ni a las mozas que se corren, ni
a las viejas que se afeitan, ni...
pero va larga esta lista. Basta deciros que no los prestéis ni por un
minuto a ninguno de cuantos advirtiereis que les tocan las generales
en lo que leyeren; pues sin embargo
de lo que asiento en mi prólogo, al
momento que vean sus interiores re-
tratados por mi pluma, y al punto
que lean alguna opinión, que para
ellos sea nueva o no conforme con
sus extraviadas o depravadas ideas,
a ese mismo instante me calificarán
de un necio, harán que se escandalizan de mis discursos, y aun habrá
quien pretenda quizá que soy hereje,
y tratará de delatarme por tal, aunque ya esté convertido en polvo.
¡Tanta es la fuerza de la malicia,
de la preocupación o de la ignorancia!

Por tanto, o leed para vosotros
solos mis cuadernos, o en caso de
prestarlos sea únicamente a los verdaderos hombres de bien, pues éstos, aunque como frágiles yerren o
hayan errado, conocerán el peso de
la verdad sin darse por agraviados,
advirtiendo que no hablo con ninguno determinadamente, sino con todos los que traspasan los límites de
la justicia; mas a los primeros (si
al fin leyeren mi obra), cuando se
incomoden o se burlen de ella, podréis decirles, con satisfacción de
que quedarán corridos: "¿De qué te
alteras? ¿Qué mofas, si con distinto nombre de ti habla la vida de
este hombre desarreglado?" [1]

Hijos míos, después de mi muerte
leeréis por primera vez estos escritos. Dirigid entonces vuestros votos
por mí al trono de las misericordias;
escarmentad en mis locuras; no os
dejéis seducir por las falsedades de
los hombres; aprended las máximas
que os enseño, acordándoos que las
aprendí a costa de muy dolorosas
experiencias; jamás alabéis mi obra,
pues ha tenido más parte en ella
el deseo de aprovecharos; y empapados en estas consideraciones, co-
menzad a leer.

[1] Quid rides? Mutato nomine, de
te fabella narratur.

MI PATRIA, PADRES, NACIMIENTO Y PRIMERA EDUCACIÓN

Nací en México, capital de la
América Septentrional, en la Nueva
España. Ningunos elogios serían
bastantes en mi boca para dedicarlos a mi cara patria; pero, por serlo, ningunos más sospechosos. Los
que la habitan y los extranjeros que
la han visto pueden hacer su panegírico más creíble, pues no tienen
el estorbo de la parcialidad, cuyo
lente de aumento puede a veces disfrazar los defectos, o poner en grande las ventajas de la patria aun
a los mismos naturales; y así, dejando la descripción de México
para los curiosos imparciales, digo:
que nací en esta rica y populosa
ciudad por los años de 1771 a 73,
de unos padres no opulentos, pero
no constituidos en la miseria; al
mismo tiempo que eran de una limpia sangre, la hacían lucir y conocer
por su virtud. ¡Oh, si siempre los
hijos siguieran constantemente los
buenos ejemplos de sus padres!

Luego que nací, después de las
lavadas y demás diligencias de aquella hora, mis tías, mis abuelas y
otras viejas del antiguo cuño querían amarrarme las manos, y fajar-
me o liarme como un cohete, alegando que si me las dejaban sueltas,
estaba yo propenso a espantarme, a
ser muy *manilargo* [2] de grande, y
por último, y como la razón de
más peso y el argumento más incontrastable, decían que éste era el
modo con que a ellas las habían
criado, y que por tanto era el mejor y el que se debía seguir como
más seguro, sin meterse a disputar
para nada del asunto, porque los
viejos eran en todo más sabios que
los del día, y pues ellos amarraban
las manos a sus hijos, se debía seguir su ejemplo a ojos cerrados.

A seguida sacaron de un canastito una cincha de listón que llamaban *faja de dijes*, guarnecida con

[2] Suele darse a entender con esta
palabra, un atrevido dispuesto a dar
golpes por motivos ligeros.—E.

manitas de azabache, el *ojo del venado*, *colmillo de caimán* y otras baratijas de esta clase, dizque para engalarme con estas reliquias del supersticioso paganismo el mismo día que se había señalado para que en boca de mis padrinos fuera yo a profesar la fe y santa religión de Jesucristo.

¡Válgame Dios, cuánto tuvo mi padre que batallar con las preocupaciones de las benditas viejas! ¡Cuánta saliva no gastó para hacerles ver que era una quimera y un absurdo pernicioso el liar y atar las manos a las criaturas! ¡Y qué trabajo no le costó persuadir a estas ancianas inocentes a que el azabache, el hueso, la piedra, ni otros amuletos de ésta ni ninguna clase, no tienen virtud alguna contra el aire, rabia, mal de ojos, y semejantes faramallas!

Así me lo contó su merced muchas veces, como también el triunfo que logró de todas ellas, que a fuerza o de grado accedieron a no aprisionarme, a no adornarme sino con un rosario, la santa cruz, un relicario y los cuatro evangelios, y luego se trató de bautizarme.

Mis padres ya habían citado los padrinos, y no pobres, sencillamente persuadidos a que en el caso de orfandad me servirían de apoyo.

Tenían los pobres viejos menos conocimiento de mundo que el que yo he adquirido, pues tengo muy profunda experiencia de que los más de los padrinos no saben las obligaciones que contraen respecto a los ahijados, y así creen que hacen mucho con darles medio real cuando los ven, y si sus padres mueren, se acuerdan de ellos como si nunca los hubieran visto. Bien es verdad que hay algunos padrinos que cumplen con su obligación exactamente, y aun se anticipan a sus propios padres en proteger y educar a sus ahijados. ¡Gloria eterna a semejantes padrinos!

En efecto, los míos, ricos, me sirvieron tanto como si jamás me hubieran visto; bastante motivo para que no me vuelva a acordar de ellos.

Ciertamente que fueron tan mezquinos, indolentes y mentecatos, que por lo que toca a lo poco o nada que les debí ni de chico ni de grande, parece que mis padres los fueron a escoger de los más miserables del hospicio de pobres. Reniego de semejantes padrinos, y más reniego de los padres que, *haciendo comercio del Sacramento del bautismo*, no solicitan padrinos virtuosos y honrados, sino que posponen éstos a los compadres ricos o de rango, o ya por el rastrero interés de que les den alguna friolera a la hora del bautismo, o ya neciamente confiados en que quizá, pues, por una contingencia o extravangancia del orden o desorden común, serán útiles a sus hijos después de sus días. Perdonad, pedazos míos, estas digresiones que rebosan naturalmente de mi pluma, y no serán muy de tarde en tarde en el discurso de mi obra.

Bautizáronme, por fin, y pusiéronme por nombre *Pedro*, llevando después, como es uso, el apellido de mi padre, que era *Sarmiento*.

Mi madre era bonita, y mi padre la amaba con extremo; con esto y con la persuasión de mis discretas tías, se determinó *nemine discrepante*,[3] a darme nodriza, o chichigua como acá decimos.

¡Ay, hijos! Si os casareis algún día y tuviereis sucesión, no la encomendéis a los cuidados mercenarios de esta clase de gentes: lo uno, porque regularmente son abandonadas y al menor descuido son causas de que se enfermen los niños, pues como no los aman y sólo los alimentan por su mercenario interés, no se guardan de hacer cóleras, de comer mil cosas que dañan su salud, y de consiguiente la de las criaturas que se les confían, ni de cometer otros excesos perjudiciales, que no digo por no ofender vuestra modestia; y lo otro, porque es una cosa que escandaliza a la naturaleza que una madre racional haga lo que no hace una burra, una

3 Esta fórmula, usada en la Universidad, quiere decir en castellano *sin oposición, unánimemente.*—E.

gata, una perra, ni ninguna hembra puramente animal y destituida de razón.

¿Cuál de éstas fía el cuidado de sus hijos a otro bruto, ni aun al hombre mismo? ¿Y el hombre dotado de razón ha de atropellar las leyes de la naturaleza, y abandonar a sus hijos en los brazos alquilados de cualquier india, negra o blanca, sana o enferma, de buenas o depravadas costumbres, puesto que en teniendo leche de nada más se informan los padres, con escándalo de la perra, de la gata, de la burra y de todas las madres irracionales?

¡Ah! Si estas pobres criaturas de quienes hablo tuvieran sindéresis, al instante que se vieran las inocentes abandonadas de sus madres, cómo dirían llenas de dolor y entusiasmo: "Mujeres crueles, ¿por qué tenéis el descaro y la insolencia de llamaros madres? ¿Conocéis, acaso, la alta dignidad de una madre? ¿Sabéis las señales que la caracterizan? ¿Habéis atendido alguna vez a los afanes que le cuesta a una gallina la conservación de sus pollitos? ¡Ah! No. Vosotras nos concebisteis por apetito, nos paristeis por necesidad, nos llamáis hijos por costumbre, nos acariciáis tal cual vez por cumplimiento, y nos abandonáis por un demasiado amor propio o por una execrable lujuria. Sí, nos avergonzamos de decirlo; pero señalad con verdad, si os atrevéis, la causa por qué os somos fastidiosos. A excepción de un caso gravísimo en que se interese vuestra salud, y cuya certidumbre es preciso que la autorice un médico sabio, virtuoso y no forjado a vuestro gusto, decidnos: ¿Os mueven a este abandono otros motivos más paliados que el de no enfermaros y aniquilar vuestra hermosura? Ciertamente no son otros vuestros criminales pretextos, madres crueles, indignas de tan amable nombre; ya conocemos el amor que nos tenéis, ya sabemos que nos sufristeis en vuestro vientre por la fuerza, y ya nos juzgamos desobligados del precepto de la gratitud,

pues apenas podéis, nos arrojáis en los brazos de una extraña, cosa que no hace el bruto más atroz." Así se produjeran estos pobrecillos si tuvieran expeditos los usos de la razón y de la lengua.

Quedé, pues, encomendado al cuidado o descuido de mi *chichigua*, quien seguramente carecía de buen natural, esto es, de un espíritu bien formado; porque si es cierto que los primeros alimentos que nos nutren nos hacen adquirir alguna propiedad de quien nos los ministra, de suerte que el niño a quien ha criado una cabra no será mucho que salga demasiado travieso y saltador, como se ha visto; si es cierto esto, digo: que mi primera nodriza era de un genio maldito, según que yo salí de mal intencionado, y mucho más cuando no fue una sola la que me dio sus pechos, sino hoy una, mañana otra, pasado mañana otra, y todas, o las más, a cual peores: porque la que no era borracha, era golosa; la que no era golosa, estaba gálica; la que no tenía este mal, tenía otro; y la que estaba sana, de repente resultaba encinta, y esto era por lo que toca a las enfermedades del cuerpo, que por lo que toca a las del espíritu, rara sería la que estaría aliviada. Si las madres advirtieran, a lo menos, estas resultas de su abandono, quizá no fueran tan indolentes con sus hijos.

No sólo consiguieron mis padres hacerme un mal genio con su abandono, sino también enfermizo con su cuidado. Mis nodrizas comenzaron a debilitar mi salud, y hacerme resabido, soberbio e impertinente con sus desarreglos y descuidos, y mis padres la acabaron de destruir con su prolijo y mal entendido cuidado y cariño; porque luego que me quitaron el pecho, que no costó poco trabajo, se trató de criarme demasiado regalón y delicado, pero siempre sin dirección ni tino.

Es menester que sepáis, hijos míos (por si no os lo he dicho), que mi padre era de mucho juicio, nada vulgar, y por lo mismo se oponía a todas las candideces de mi madre; pero algunas veces, por no decir las más, flaqueaba en cuanto la veía afligirse o incomodarse demasiado, y ésta fue la causa porque yo me crié entre bien y mal, no sólo con perjuicio de mi educación moral, sino también de mi constitución física.

Bastaba que yo manifestara deseo de alguna cosa, para que mi madre hiciera por ponérmela en las manos, aunque fuera injustamente. Supongamos: quería yo su rosario, el dedal con que cosía, un dulcecito que otro niño de casa tuviera en la mano, o cosa semejante, se me había de dar en el instante, y cuenta como se me negaba, porque aturdía yo el barrio a gritos; y como me enseñaron a darme cuanto gusto quería, porque no llorara, yo lloraba por cuanto se me antojaba para que se me diera pronto.

Si alguna criada me incomodaba, hacía mi madre que la castigaba, como para satisfacerme, y esto no era otra cosa que enseñarme a ser soberbio y vengativo.

Me daban de comer cuanto quería, indistintamente a todas horas, sin orden ni regla en la cantidad y calidad de los alimentos, y con tan bonito método lograron verme dentro de pocos meses cursiento, barrigón y descolorido.

Yo, a más de esto, dormía hasta las quinientas, y cuando me despertaban, me vestían y envolvían como un tamal de pies a cabeza; de manera que, según me contaron, yo jamás me levantaba de la cama sin zapatos, ni salía del *jonuco* sin la cabeza entrapajada. A más de esto, aunque mis padres eran pobres, no tanto que carecieran de proporciones para no tener sus vidrieritas; teníanlas en efecto, y yo no era dueño de salir al corredor o al balcón sino por un raro accidente, y eso ya entrado el día. Me economizaban los baños terriblemente, y cuando me bañaban por campanada de vacante, era en la recámara muy abrigada y con una agua bien caliente.

De esta suerte fue mi primera educación física; ¿y qué podía resultar de la observancia de tantas preocupaciones juntas, sino el criarme demasiado débil y enfermizo? Como jamás, o pocas veces, me franqueaban el aire, ni mi cuerpo estaba acostumbrado a recibir sus saludables impresiones, al menor descuido las extrañaba mi naturaleza, y ya a los dos y tres años padecía catarros y constipados con frecuencia, lo que me hizo medio raquítico. ¡Ah!, no saben las madres el daño que hacen a sus hijos con semejante método de vida. Se debe acostumbrar a los niños a comer lo menos que puedan, y alimentos de fácil digestión proporcionados a la tierna elasticidad de sus estómagos; deben familiarizarlos con el aire y demás intemperies, hacerlos levantar a una hora regular, andar descalzos, con la cabeza sin pañuelos ni aforros, vestir sin ligaduras para que sus fluidos corran sin embarazo, dejarlos travesear cuanto quieran, y siempre que se pueda al aire fresco, para que se agiliten y robustezcan sus nerviecillos, y por fin, hacerlos bañar con frecuencia, y si es posible en agua fría, o cuando no, tibia o quebrantada, como dicen. Es increíble el beneficio que resultaría a los niños con este plan de vida. Todos los médicos sabios lo encargan, y en México ya lo vemos observado por muchos señores de proporciones y despreocupados, y ya notamos en las calles multitud de niños de ambos sexos vestidos muy sencillamente, con sus cabecitas al aire, y sin más abrigo en las piernas que el túnico o pantaloncito flojo. ¡Quiera Dios que se haga general esta moda para que las criaturas logren ser hombres robustos y útiles por esta parte a la sociedad!

Otra candidez tuvo la pobrecita de mi madre, y fue llenarme la fantasía de *cocos, viejos y macacos*, con cuyos extravagantes nombres me intimidaba cuando estaba enojada y yo no quería callar, dormir o cosa semejante. Esta corruptela me formó un espíritu cobarde y afeminado, de manera que aún ya de ocho o diez años, yo no podía oír un ruidito a medianoche sin espantarme, ni ver un bulto que no distinguiera, ni un entierro, ni entrar en un cuarto oscuro, porque todo me llenaba de pavor; y aunque no creía entonces en el *coco*, pero sí estaba persuadido de que los muertos se aparecían a los vivos cada rato, que los diablos salían a rasguñarnos y apretarnos el pescuezo con la cola cada vez que estaban para ello, que había bultos que se nos echaban encima, que andaban las ánimas en pena mendigando nuestros sufragios, y creía otras majaderías de esta clase más que los artículos de la fe. ¡Gracias a un puñado de viejas necias que, o ya en clase de criadas o de visitas, procuraban entretener al niño con cuentos de sus espantos, visiones y apariciones intolerables! ¡Ah, qué daño me hicieron estas viejas! ¡De cuántas supersticiones llenaron mi cabeza! ¡Qué concepto tan injurioso formé entonces de la divinidad, y cuán ventajoso y respetable hacia los diablos y los muertos! Si os casareis, hijos míos no permitáis a los vuestros que se familiaricen con estas viejas supersticiosas, a quienes yo vea quemadas con todas sus fábulas y embelecos en mis días; ni les permitáis tampoco las pláticas y sociedades con gente idiota, pues lejos de enseñarles alguna cosa de provecho, los imbuirán en mil errores y necedades que se pegan a nuestra imaginación más que unas garrapatas, pues en la edad pueril aprenden los niños lo bueno y lo malo con la mayor tenacidad, y en la adulta, tal vez no bastan ni los libros ni los sabios para desimpresionarlos de aquellos primeros errores con que se nutrió su espíritu.

De aquí proviene que todos los días vemos hombres en quienes respetamos alguna autoridad o carácter, y en quienes reconocemos bastante talento y estudio; y sin embargo, los notamos caprichosamente adheridos a ciertas vulgaridades ridículas, y lo peor es que están más aferrados a ellas que el codicioso Creso a sus tesoros; y así suelen morir abrazados con sus envejecidas ignorancias; siendo esto como natural, pues, como dijo Horacio: *La vasija guarda por mucho tiempo el olor del primer aroma en que se infurtió cuando nueva.*

Mi padre era, como he dicho, un hombre muy juicioso y muy prudente; siempre se incomodaba con estas boberías; era demasiadamente opuesto a ellas; pero amaba a mi madre con extremo, y este excesivo amor era causa de que por no darle pesadumbre, sufriera y tolerara, a su pesar, casi todas sus extravagantes ideas, y permitiera, sin mala intención, que mi madre y mis tías se conjuraran en mi daño. ¡Válgame Dios, y qué consentido y mal criado me educaron! ¿A mí negarme lo que pedía, aunque fuera una cosa ilícita en mi edad o perniciosa a mi salud? Era imposible. ¿Reñirme por mis primeras groserías? De ningún modo. ¿Refrenar los ímpetus primeros de mis pasiones? Nunca. Todo lo contrario. Mis venganzas, mis glotonerías, mis necedades y todas mis boberías pasaban por gracias propias de la edad, como si la edad primera no fuera la más propia para imprimirnos las ideas de la virtud y del honor.

Todos disculpaban mis extravíos y canonizaban mis toscos errores con la antigua y mal repetida cantinela de: *déjelo usted; es niño; es propio de su edad; no sabe lo que hace. ¿Cómo ha de comenzar por donde nosotros acabamos?*, y otras tonterías de este jaez, con cuyas indulgencias me pervertía más mi madre; y mi padre tenía que ceder a su impertinente cariño. ¡Qué mal hacen los hombres que se dejan dominar de sus mujeres, especialmente acerca de la crianza o educación de sus hijos!

Finalmente, así viví en mi casa los seis años primeros que vi el mundo. Es decir, viví como un mero animal, sin saber lo que me importaba saber y no ignorando mucho de lo que me convenía ignorar.

Llegó, por fin, el plazo de separarme de casa por algunos ratos; quiero decir, me pusieron en la escuela, y en ella ni logré saber lo que debía, y supe, como siempre, lo que nunca había de haber sabido, y todo esto por la irreflexiva disposición de mi querida madre; pero los acontecimientos de esta época, os los escribiré en el capítulo siguiente.

CAPÍTULO II

HIZO SUS MOHINAS mi padre, sus pucheritos mi madre, y yo un montón de alharacas y berrinches revueltos con mil lágrimas y gritos; pero nada valió para que mi padre revocara su decreto. Me encajaron en la escuela mal de mi grado.

El maestro era muy hombre de bien, pero no tenía los requisitos necesarios para el caso. En primer lugar era un pobre, y emprendió este ejercicio por mera necesidad, y sin consultar su inclinación y habilidad; no era mucho que estuviera disgustado como estaba y aun avergonzado en el destino.

Los hombres creen (no sé por qué) que los muchachos, por serlo, no se entretienen en escuchar sus conversaciones ni las comprenden; y fiados en este error, no se cuidan de hablar delante de ellos muchas cosas que alguna vez les salen a la cara, y entonces conocen que los niños son muy curiosos, fisgones y observativos.

Yo era uno de tantos, y cumplía con mis deberes exactamente. Me sentaba mi maestro junto a sí, ya por especial recomendación de mi padre, o ya porque era yo el más bien tratadito de ropa que había entre sus alumnos. No sé qué tiene un buen exterior que se respeta hasta en los muchachos.

Con esta inmediación a su persona no perdía yo palabra de cuantas profería con sus amigos. Una vez le oí decir platicando con uno de ellos: "Sólo la maldita pobreza me puede haber metido a escuelero; ya no tengo vida con tanto muchacho condenado; ¡qué traviesos que son y qué tontos! Por más que hago, no puedo ver uno aprovechado. ¡Ah, *fucha* en el oficio tan maldito! ¡Sobre que ser maestro de escuela es la última droga que nos puede hacer el diablo!..." Así se producía mi buen maestro, y por sus palabras conoceréis el candor de su corazón, su poco talento y el concepto tan vil que tenía tomado de un ejercicio tan noble y recomendable por sí mismo, pues el enseñar y dirigir la juventud es un cargo de muy alta dignidad, y por eso los reyes y los gobiernos han colmado de honores y privilegios a los sabios profesores; pero mi pobre maestro ignoraba todo esto, y así no era mucho que formara tan vil concepto de una tan honrada profesión.

En segundo lugar carecía, como dije, de disposición para ella, o de lo que se dice genio. Tenía un corazón muy sensible, le era repugnante el afligir a nadie, y este suave carácter le hacía ser demasiado indulgente con sus discípulos. Rara vez les reñía con aspereza, y más rara los castigaba. La palmeta y disciplina tenían poco que hacer por su dictamen; con esto los muchachos estaban en sus glorias, y yo entre ellos, porque hacíamos lo que se nos antojaba impunemente.

Ya ustedes verán, hijos míos, que este hombre, aunque bueno de por sí, era malísimo para maestro y padre de familias, pues así como no se debe andar todo el día sobre los

18

niños con el azote en la mano como cómitre de presidio, así tampoco se les debe levantar del todo. Bueno es que el castigo sea de tarde en tarde, que sea moderado, que no tenga visos de venganza, que sea proporcionado al delito, y siempre después de haber probado todos los medios de la suavidad y la dulzura para la enmienda; pero si éstos no valen, es muy bueno usar del rigor según la edad, la malicia y condición del niño. No digo que los padres y maestros sean unos tiranos, pero tampoco unos apoyos o consentidores de sus hijos o encargados. Platón decía que "no siempre se han de refrenar las pasiones de los niños con la severidad, ni siempre se han de acostumbrar a los mimos y caricias".[1] La prudencia consiste en poner medio entre los extremos.

Por otra parte, mi maestro carecía de toda la habilidad que se requiere para desempeñar este título. Sabía leer y escribir, cuando más, para entender y darse a entender, pero no para enseñar. No todos los que leen saben leer. Hay muchos modos de leer, según los estilos de las escrituras. No se han de leer las oraciones de Cicerón como los anales de Tácito, ni el panegírico de Plinio como las comedías de Moreto. Quiero decir que el que lee debe saber distinguir los estilos en que se escribe, para animar con su tono la lectura, y entonces manifestará que entiende lo que lee, y que sabe leer.

Muchos creen que leer bien consiste en leer aprisa, y con tal método hablan mil disparates. Otros piensan (y son los más) que en leyendo conforme a la ortografía con que se escribe, quedan perfectamente. Otros leen así, pero escuchándose, y con tal pausa que molestan a los que los atienden. Otros, por fin, leen todo género de escritos con mucha afectación, pero con cierta monotonía o igualdad de tono que fastidia. Éstos son los modos más comunes de leer, y vosotros

iréis experimentando mi verdad, y veréis que no son los buenos lectores tan comunes como parece.

Cuando oyereis a uno que lee un sermón como quien predica, una historia como quien refiere, una comedia como quien representa, etc., de suerte que si cerráis los ojos os parece que estáis oyendo a un orador en el púlpito, a un individuo en un estrado, a un cómico en un teatro, etc., decid: éste sí lee bien: mas si escucháis a uno que lee con sonsonete, o mascando las palabras, o atropellando los renglones, o con una misma modulación de voz de manera que lo mismo lea *Las noches de Young* que el *Todo fiel cristiano* del catecismo, decid sin el menor escrúpulo, Fulano no sabe leer, como lo digo ahora de mi primer maestro. Ya se ve, era de los que deletreaban c, a, ca; c, e, que; c, i, qui; etc., ¿qué se podía esperar?

Y si esto era por lo tocante a leer, por lo que respecta a escribir, ¿qué tal sería? Tantito peor, y no podía ser de otra suerte; porque sobre cimientos falsos no se levantan jamás fábricas firmes.

Es verdad que tenía su tintura en aquella parte de la escritura que se llama *caligrafía*, porque sabía lo que eran trazos, finales, perfiles, distancias, proporciones, etc.; en una palabra, pintaba muy bonitas letras; pero en esto de *ortografía* no había nada. Él adornaba sus escritos con puntos, comas, interrogaciones y demás señales de éstas, mas sin orden, método, ni instrucción; con esto salían algunas cosas suyas tan ridículas, que mejor le hubiera sido no haberlas puesto ni una coma. El que se mete a hacer lo que no entiende acertará una vez, como el burro que tocó la flauta, *por casualidad;* pero las más ocasiones echará a perder todo lo que haga, como le sucedía a mi maestro en ese particular, que donde había de poner dos puntos, ponía coma; en donde ésta tenía lugar, la omitía, y donde debía poner dos puntos, solía poner punto final: razón clara para cono-

[1] Lib. VII de legibus.

cer desde luego que erraba cuanto escribía; y no hubiera sido lo peor que sólo hubieran resultado disparates ridículos de su maldita puntuación, pero algunas veces salían unas blasfemias escandalosas.

Tenía una hermosa imagen de la Concepción, y le puso al pie una redondilla que desde luego debía decir así:

> Pues del Padre celestial
> fue María la hija querida.
> ¿No había de ser concebida
> sin pecado original?

Pero el infeliz hombre erró de medio a medio la colocación de los caracteres ortográficos, según que lo tenía de costumbre, y escribió un desatino endemoniado y digno de una mordaza, si lo hubiera hecho con la más leve advertencia, porque puso:

> ¿Pues del Padre celestial
> fue María la hija querida?
> No, había de ser concebida
> sin pecado original.

Ya ven ustedes qué expuesto está a escribir mil desatinos el que carece de instrucción en la ortografía, y cuán necesario es que en este punto no os descuidéis con vuestros hijos.

Es una lástima la poca aplicación que se nota en este ramo en nuestro reino. No se ven sino mil groseros barbarismos todos los días escritos públicamente en las velerías, chocolaterías, estanquillos, papeles de las esquinas, y aun en el cartel del coliseo. Es corriente ver una mayúscula entremetida en la mitad de un nombre o verbo, unas letras por otras, etc. Como (v. gr.) *Chocola-Tería famosa.—Rial estanquiyo de puros y sigaros.—El Barbero de Cebilla.—La Horgullosa.—El Sebero Dictador,* y otras impropiedades de este tamaño, que no sólo manifiestan a legua la ignorancia de los escribientes, sino lo abandonado de la policía de la capital en esta parte.

¿Qué juicio tan mezquino formará un extranjero de nuestra ilustración cuando vea semejantes despilfarros escritos y consentidos públicamente, no ya en un pueblo, sino nada menos que en México, en la capital de las Indias Septentrionales, y a vista y paciencia de tanta respetable autoridad, y de un número de sabios tan acreditados en todas facultades? ¿Qué ha de decir, ni qué concepto ha de formar, sino de que el común del pueblo (y eso si piensa con equidad) es de lo más vulgar e ignorante, y que está enteramente desatendido el cuidado de su ilustración por aquellos a quienes está confiada?

Sería de desear que no se permitiera escribir estos públicos barbarismos que contribuyen no poco a desacreditarnos.[2]

Pues aún no es esto todo lo malo que hay en el particular, porque es una lástima ver que este defecto de ortografía se extiende a muchas personas de fina educación, de talentos no vulgares, y que tal vez han pasado su juventud en los colegios y universidades, de manera que no es muy raro oír un bello discurso a un orador, y notar en este mismo discurso escrito por su mano sesenta mil defectos ortográficos; y a mí me parece que esta falta se debe atribuir a los maestros de primeras letras, que o miran este punto tan principal de la escritura como mera curiosidad, o como requisito no necesario, y por eso se descuidan de enseñarlo a sus discípulos, o enteramente lo ignoran, como mi maestro, y así no lo pueden enseñar.

Ya ustedes verán ¿qué aprendería yo con un maestro tan hábil? Nada seguramente. Un año estuve

[2] En todas partes se ha quejado el buen gusto de los insultos que le ha hecho la barbarie. Hablando sobre esto mismo, don Antonio Ponz, en sus viajes fuera de España, con relación a iguales barbarismos que notó públicamente escritos en su patria, celebra la policía de muchas ciudades de Europa, en las que vio escritos los rótulos públicos con la mayor exactitud ortográfica y curiosidad calográfica; proponiendo a sus paisanos estos modelos de ilustración, con el deseo de que los imitaran, que es el mismo que nos anima a la presente.

en su compañía, y en él supe leer
de *corrido*, según decía mi cándido
preceptor, aunque yo leía hasta ga-
lopado; porque como él no repara-
ba en niñerías de enseñarnos a leer
con puntuación, saltábamos nosotros los puntos, paréntesis, admi-
raciones y demás cositas de éstas
con más ligereza que un gato; y esto
nos celebraban mi maestro y otros
sus iguales.

También olvidé en pocos días
aquellas tales cuales máximas de
buena crianza que mi padre me había enseñado en medio del consentimiento de mi madre; pero en cambio de lo poco que olvidé, aprendí
otras cosillas de gusto, como (v. gr.)
ser desvergonzado, malcriado, plei-
tista, tracalero, hablador y jugadorcillo.

La tal escuela era, a más de pobre, mal dirigida; con esto sólo la
cursaban los muchachos ordinarios
con cuya compañía y ejemplo, ayudado del abandono de mi maestro y
de mi buena disposición para lo
malo, salí aprovechadísimo en las
gracias que os he dicho. Una de
ellas fue el acostumbrarme a poner
malos nombres no sólo a los muchachos mis condiscípulos, sino a cuantos conocidos tenía por mi barrio,
sin exceptuar a los viejos más respetables. ¡Costumbre o corruptela
indigna de toda gente bien nacida!, pero vicio casi generalmente
introducido en las más escuelas, en
los colegios, cuarteles y otras casas
de comunidad; y vicio tan común
en los pueblos, que nadie se libra de
llevar su mal nombre a retaguardia. En mi escuela se nos olvidaban
nuestros nombres propios por llamarnos con los injuriosos que nos
poníamos. Uno se conocía por el
tuerto, otro por el corcovado, éste
por el lagañoso, aquél por el roto.
Quien había que entendía muy bien
por loco, quien por burro, quien por
guajolote, y así todos.

Entre tantos padrinos no me podía yo quedar sin mi pronombre.
Tenía cuando fui a la escuela una
chupita verde y calzón amarillo. Estos colores, y el llamarme mi maes-

tro algunas veces por cariño *Pedrillo*, facilitaron a mis amigos mi mal
nombre, que fue *Periquillo;* pero me
faltaba un adjetivo que me distinguiera de otro *Perico* que había entre nosotros, y este adjetivo o apellido no tardé en lograrlo. Contraje
una enfermedad de sarna, y apenas
lo advirtieron, cuando acordándose
de mi legítimo apellido me encajaron el retumbante título de *Sarniento,* y heme aquí ya conocido no
sólo en la escuela ni de muchacho,
sino ya hombre y en todas partes,
por *Periquillo Sarniento.*

Entonces no se me dio cuidado,
contentándome con corresponder a
mis nombradores con cuantos apo-
dos podía; pero cuando en el discurso de mi vida eché de ver qué
cosa tan odiosa y tan mal vista es
tener un mal nombre, me daba a
Barrabás, reprochaba este vicio y
llenaba de maldiciones a los muchachos: mas ya era tarde.

Sin embargo, no dejarán de aprovecharos estas lecciones para que
a vuestros hijos jamás les permitáis
poner nombres; advirtiéndoles que
esta burda manía, cuando menos,
arguye un nacimiento ordinario y
una educación muy grosera; y digo
cuando menos, porque si no se hace
por mera corruptela y chanzoneta,
sino que estos nombres son injuriosos de por sí, o se dicen con ánimo
de injuriar, entonces prueban en el
que los pone o los dice una alma
baja o corrompida, y será pecaminosa la tal corruptela, de más o menos gravedad según el espíritu con
que se use.

Entre los romanos fue costumbre
conocerse con sobrenombres que de-
notaban los defectos corporales de
quien los tenía: así se distinguie-
ron los *Cocles*, los *Manos largas*, los
Cicerones, los *Nasones* y otros; pero
lo que entonces fue costumbre
adoptada para inmortalizar la memoria de un héroe, hoy es grosería
entre nosotros. Las leyes de Castilla
imponen graves penas a los que injurian a otros de palabra, y el mismo Cristo dice que *será reo del*

*fuego eterno el que le dijere a su
hermano tonto o fatuo.*

Y si aun con los iguales debemos
abstenernos de este vicio, ¿qué será
respecto a nuestros mayores en
edad, saber y gobierno? Y a pesar
de esto, ¿cuál es el superior, sea de
la clase o carácter que sea, que no
tenga su mal nombre en la comunidad o en el pueblo que gobierna?
Pues éste es un osado atrevimiento,
porque debemos respetarlos en lo
público y en lo privado.

Sólo el ser viejo ya es un motivo
que debe ejercitar nuestro respeto.
Las canas revisten a sus dueños de
cierta autoridad sobre los mozos.
Tan conocida ha sido esta verdad
y tan antigua, que ya en el *Levítico*
se lee: *Reverencia la persona del
anciano, y levántate a la presencia
de los que tienen canas.* Aun a los
mismos paganos no se ocultó la
justicia de este respeto; Juvenal
nos dice *que hubo tiempo en que
se tenía por un crimen digno de
muerte, que no se levantara un joven a la presencia de un viejo, o un
niño a la de un hombre barbado.*[3]
Entre los lacedemonios se mandaba
*que los niños reverenciaran pública-
mente a los ancianos, y les cedieran
el lugar en todas ocasiones.*

¿Qué dijeran estos antiguos si
vieran hoy a los muchachos burlarse de los pobres viejos a merced
de su cansada edad? Cuarenta y dos
muchachos perecieron en los brazos
y dientes de dos osos: ¿y por qué?
Porque se burlaron del profeta Eli-
seo gritándole *calvo.* ¡Oh, qué bueno fuera que siempre hubiera un
par de osos a la mano para que castigaran la insolencia de tanto muchacho atrevido y malcriado que
crecen entre nosotros!

No digo a los viejos, pero ni a los
asimplados o dementes se debe burlar por ningún caso. El defecto espiritual de estos infelices debe servir para dar gracias al Creador de
que nos ha librado de igual fatalidad; debe contener nuestra soberbia,
haciéndonos reflexionar que mañana
u otro día podemos padecer igual

[3] Sat. XIII.

trastorno como que somos de la misma masa y, por último, debe excitar nuestra compasión hacia ellos,
porque el miserable trae en su misma miseria una carta de recomendación de Dios para sus semejantes.
Ved, pues, qué crueldad no será el
burlarse de cualquiera de estos pobrecillos, en vez de compadecerlos
y socorrerlos como debía ser. Aprended todo esto para inspirarlo a vuestros hijos, y no tengáis por importunas mis digresiones.

Volviendo a mis adelantamientos
en la escuela, digo que fueron ningunos, y así hubieran sido siempre,
si un impensado accidente no me
hubiera librado de mi maestro. Fue
el caso, que un día entró un padre
clérigo con un niño a encomendarlo
a su dirección; después que hubo
contestado con él, al despedirse observó el versito que os he dicho, lo
miró atentamente, sacó un anteoji-
to, lo volvió a leer con él, procuró
limpiar las interrogaciones y la
coma que tenía el *no,* creyendo fuesen suciedades de moscas; y cuando
se hubo satisfecho de que eran caracteres muy bien pintados, preguntó:

—¿Quién escribió esto?

A lo que mi buen maestro respondió diciendo que él mismo lo había escrito y que aquélla era su letra. Indignóse el eclesiástico, y le
dijo:

—Y usted ¿qué quiso decir en
esto que ha escrito?

—Yo, padre —respondió mi maestro tartamudeando—, lo que quise
decir, es: que María Santísima fue
concebida en gracia original, porque
fue la hija querida de Dios Padre.

—Pues amigo —repuso el clérigo—, usted eso querría decir; mas
aquí lo que se lee es un disparate
escandaloso; pero pues sólo es efecto de su mala ortografía, tome usted
el palo del tintero y todos sus algodones juntos, y borre ahora mismo
y antes que me vaya este verso perversamente escrito, y si no sabe usar
de los caracteres ortográficos, no los
pinte jamás, pues menos malo será
que sus cartas y todo lo que escriba

lo fíe a la discreción de los lectores, sin gota de puntuación, que no que, por hacer lo que no sabe, escriba injurias o blasfemias como la presente.

El pobre de mi maestro, todo corrido y lleno de vergüenza, borró el verso fatal, delante del padre y de nosotros. Luego que concluyó su tácita retracción, prosiguió el eclesiástico:

—Me llevo a mi sobrino porque él es un ciego por su edad, y usted otro ciego por su ignorancia; y si un ciego es el lazarillo de otro ciego, ya usted habrá oído decir que los dos van a dar al precipicio. Usted tiene buen corazón y buena conducta; mas estas cualidades de por sí no bastan para ser buenos padres, buenos ayos, ni buenos maestros de la juventud. Son necesarios requisitos, para desempeñar estos títulos, *ciencia, prudencia, virtud y disposición.* Usted no tiene más que virtud, y ésta sólo lo hará bueno para mandadero de monjas o sacristán, no para director de niños. Conque procure usted, solicitar otro destino, pues si vuelvo a ver esta escuela abierta, avisaré al maestro mayor para que le recoja a usted las licencias, si las tiene. Adiós.

Consideren ustedes cómo quedaría mi maestro con semejante panegírico. Luego que se fue el padre clérigo, se sentó y reclinó la cabeza sobre sus brazos, lleno de confusión y guardando un profundo silencio.

Ese día no hubo planas, ni lección, ni rezo, ni doctrina, ni cosa que lo valiera. Nosotros participamos de su pesadumbre e hicimos el duelo a su tristeza en el modo que pudimos, pues arrinconamos las planas y los libros, y no osamos levantar la voz para nada. Bien es, que por no perder la costumbre, retozamos y charlamos en secreto hasta que dieron las doce, a cuya primera campanada volvió mi maestro en sí; rezó con nosotros, y luego que nos echó su bendición, nos dijo, con un tono bastante tierno:

—Hijos míos, yo no trato de proseguir en un destino que, lejos de darme qué comer, me da disgusto.

Ya habéis visto el lance que me acaba de pasar con ese padre; Dios le perdone el mal rato que me ha dado; pero yo no me expondré a otro igual, y así no vengáis a la tarde; avisad a vuestros padres que estoy enfermo y ya no abro la escuela. Conque hijos, vayan norabuena y encomiéndenme a Dios.

No dejamos de afligirnos algún tanto, ni dejaron nuestros ojos de manifestar nuestro pesar, porque, en efecto, sentíamos a mi maestro como que, magüer tontos, conocíamos que no podíamos encontrar maestro más suave si lo mandábamos hacer de mantequilla o mazapán: pero, en fin, nos fuimos.

Cada muchacho haría en su casa lo que yo en la mía, que fue contar al pie de la letra todo el pasaje, y la resolución de mi maestro de no volver a abrir la escuela.

Con esta noticia tuvo mi padre que solicitarme nuevo maestro, y lo halló al cabo de cinco días. Llevóme a su escuela y entregóme bajo su terrible férula.

¡Qué instable es la fortuna en esta vida! Apenas nos muestra un día su rostro favorable para mirarnos con ceño muchos meses. ¡Válgame Dios, y cómo conocí esta verdad en la mudanza de mi escuela! En un instante me vi pasar de un paraíso a un infierno, y del poder de un ángel al de un diablo atormentador. El mundo se me volvió de arriba abajo.

Éste mi nuevo maestro era alto, seco, entrecano, bastante bilioso e hipocondríaco, hombre de bien a toda prueba, arrogante lector, famoso pendolista, aritmético diestro y muy regular estudiante; pero todas estas prendas las deslucía su genio tétrico y duro.

Era demasiado eficaz y escrupuloso. Tenía muy pocos discípulos, y a cada uno consideraba como el único objeto de su instituto. ¡Bello pensamiento si lo hubiera sabido dirigir con prudencia! Pero unos pecan por uno y otros por otro extremo donde falta aquella virtud. Mi primer maestro era nimiamente compasivo y condescendiente; y el segundo era nimiamente severo y escrupuloso. El uno nos consentía mucho; y el otro no nos disimulaba lo más mínimo. Aquél nos acariciaba sin recato; éste nos martirizaba sin caridad.

Tal era mi nuevo preceptor, de cuya boca se había desterrado la risa para siempre, y en cuyo cetrino semblante se leía toda la gravedad de un Areopagita. Era de aquellos que llevan como infalible el cruel y vulgar axioma de que *la letra con sangre entra,* y bajo este sistema era muy raro el día que no nos atormentaba. La disciplina, la palmeta, las orejas de burro y todos los instrumentos punitorios estaban en continuo movimiento sobre nosotros; y yo, que iba lleno de vicios, sufría más que ninguno de mis condiscípulos los rigores del castigo.

Si mi primer maestro no era para el caso por indulgente, éste lo era menos por tirano; si aquél era bueno para mandadero de monjas, éste era mejor para cochero o mandarín de obrajes.

Es un error muy grosero pensar que el temor puede hacernos adelantar en la niñez, si es excesivo. Con razón decía Plinio que *el miedo es un maestro muy infiel.* Por milagro acertará en alguna cosa el que la emprenda prevenido del miedo y del terror; el ánimo contur-

bado, decía Cicerón, no es a propósito para desempeñar sus funciones. Así me sucedía, que cuando iba o me llevaban a la escuela, ya entraba ocupado de un temor imponderable; con esto mi mano trémula y mi lengua balbuciente ni podían formar un renglón bueno ni articular una palabra en su lugar. Todo lo erraba, no por falta de aplicación, sino por sobra de miedo. A mis yerros seguían los azotes, a los azotes más miedo, y a más miedo más torpeza en mi mano y en mi lengua, la que me granjeaba más castigo.

En este círculo horroroso de yerros y castigo viví dos meses bajo la dominación de aquel sátrapa infernal. En este tiempo ¡qué diligencias no hizo mi madre, obligada de mis quejas, para que mi padre me mudara de escuela! ¡Qué disgustos no tuvo! ¡Y qué lágrimas no le costó! Pero mi padre estaba inexorable, persuadido a que todo era efecto de su consentimiento, y no quería en esto condescender con ella, hasta que por fortuna fue un día a casa de visita un religioso que ya tenía noticia del pan que amasaba el señor maestro susodicho, y ofreciéndose hablar de sus crueldades, peroró mi madre con tanto ahínco, y atestiguó el religioso con tanta solidez a mi favor que, convencido mi padre, se resolvió a ponerme en otra parte, como veréis en el capítulo que sigue.

CAPÍTULO III

LLEGÓ EL APLAZADO DÍA en que mi padre acompañado del buen religioso determinó ponerme en la tercera escuela. Iba yo cabizbajo, lloroso y lleno de temor, creyendo encontrarme con el segundo tomo del viejo cruel, de cuyo poder me acababan de sacar; sin embargo de que mi padre y el reverendo me ensanchaban el ánimo a cada paso.

Entramos por fin a la nueva escuela: pero ¡cuál fue mi sorpresa cuando vi lo que no esperaba ni estaba acostumbrado a ver! Era una sala muy espaciosa y aseada, llena de luz y ventilación, que no embarazaban sus hermosas vidrieras; las pautas y muestras colocadas a trechos eran sostenidas por unos genios muy graciosos que en la siniestra mano tenían un festón de rosas de la más halagüeña y exquisita pintura. No parece sino que mi maestro había leído al sabio Blanchard en su *Escuela de las costumbres,* y que pretendió realizar los proyectos que apunta dicho sabio en esta parte, porque la sala de la enseñanza rebosaba luz, limpieza, curiosidad y alegría.

Al primer golpe de vista que recibí con el agradable exterior de la escuela, se rebajó notablemente el pavor con que había entrado, y me serené del todo cuando vi pintada la alegría en los semblantes de los otros niños, de quienes iba a ser compañero.

Mi nuevo maestro no era un viejo adusto y saturnino, según yo me lo había figurado; todo lo contrario: era un semijoven como de treinta y dos a treinta y tres años, de un cuerpo delgado y de regular estatura; vestía decente, al uso del día y con mucha limpieza; su cara manifestaba la dulzura de su corazón; su boca era el depósito de una prudente sonrisa; sus ojos vivos y penetrantes inspiraban la confianza y el respeto; en una palabra, este hombre amable parece que había nacido para dirigir la juventud en sus primeros años.

Luego que mi padre y el religioso se retiraron, me llevó mi maestro al corredor; comenzó a enseñarme las macetas, a preguntarme por las flores que conocía, a hacerme reflexionar sobre la varia hermosura de sus colores, la suavidad de sus aromas y el artificioso mecanismo con que la Naturaleza repartía los jugos de la tierra por las ramificaciones de las plantas.

Después me hizo escuchar el dulce canto de varios pintados pajarillos que estaban pendientes en sus jaulitas como los de la sala, y me decía: "¿Ves, hijo, qué primores encierra la Naturaleza, aun en cuatro hierbecitas y unos animalitos que aquí tenemos? Pues esta Naturaleza es la ministra del Dios que creemos y adoramos. La mayor maravilla de la Naturaleza que te sorprenda, la hizo el Creador con un acto simple de su suprema voluntad. Ese globo de fuego que está sobre nuestras cabezas, que arde sin consumirse muchos miles de años hace, que mantiene sus llamas sin saberse con qué pábulo, que no sólo alegra, sino que da vida al hombre, al bruto, a la planta y a la piedra; ese sol, hijo mío, esa antorcha del día, ese ojo del cielo, esa alma de la Naturaleza que con sus benéficos resplandores ha deslumbrado a muchos pueblos, granjeándose adoraciones de deidad, no es otra cosa, para que me entiendas, que un juguete de la soberana Omnipotencia. Considera ahora cuál será el poder, la sabiduría y el amor de este tu gran Dios, pues ese sol que te admira, esos cielos que te alegran, esos pajarillos que te divierten, esas flores que te halagan, este hombre que te enseña, y todo cuanto te rodea en la Naturaleza, salió de sus divinas manos sin el menor trabajo, con toda perfección y destinado a su servicio. Y qué ¿tú serás tan poco para que no lo conozcas? O ya que lo conozcas, ¿serás tan indigno que no agradezcas tantos favores al Dios que te los ha hecho sin merecerlos? Yo no lo puedo creer de ti. Pues mira: el mejor modo de mostrarse agradecida una persona a su bienhechor es servirlo en cuanto pueda, no darle ningún disgusto y hacer cuanto le mande. Esto debes practicar con tu Dios, pues es tan bueno. Él te manda que le ames y que observes sus mandamientos. En el cuarto de ellos te ordena que obedezcas y respetes a tus padres, y después de ellos a tus superiores, entre los que tienen un lugar muy distinguido tus maestros. Ahora me toca serlo tuyo, y a ti te toca obedecerme como buen discípulo. Yo te debo amar como hijo y enseñarte con dulzura, y tú debes amarme, respetarme y obedecerme lo mismo que a tu padre. No me tengas miedo, que no soy tu verdugo; trátame con miramiento, pero al mismo tiempo con confianza, considerándome como padre y como amigo.

"Acá hay disciplinas, y de alambre, que arrancan los pedazos: hay palmetas, orejas de burro, cormas, grillos y mil cosas feas; pero no las verás muy fácilmente, porque están encerradas en una covacha. Esos instrumentos horrorosos que anuncian el dolor y la infamia no se hicieron para ti ni esos niños que has visto, pues estáis criados en cunas no ordinarias, tenéis buenos padres, que os han dado muy bella educación y os han inspirado los mejores sentimientos de virtud, honor y ver-

güenza, y no creo ni espero que jamás me pongáis en el duro caso de usar de tan repugnantes castigos.

"El azote, hijo mío, se inventó para castigar afrentando al racional, y para avivar la pereza del bruto que carece de razón; pero no para el niño decente y de vergüenza que sabe lo que le importa hacer y lo que nunca debe ejecutar, no amedrentado por el rigor del castigo, sino obligado por la persuasión de la doctrina y el convencimiento de su propio interés.

"Aun los irracionales se docilitan y aprenden con sólo la continuación de la enseñanza, sin necesidad de castigo. ¿Cuántos azotes te parece que les habré dado a estos inocentes pajaritos para hacerlos trinar como los oyes? Ya supondrás que ni uno; porque ni soy capaz de usar tal tiranía, ni los animalitos son bastantes a resistirla. Mi empeño en enseñarlos y su aplicación en aprender los han acostumbrado a gorjear en el orden que los oyes.

"Conque si unas avecitas no necesitan azote para aprender, un niño como tú, ¿cómo lo habrá menester...? ¡Jesús...!, ni pensarlo. ¿Qué dices? ¿Me engaño? ¿Me amarás? ¿Harás lo que te mande?"

—Sí, señor —le dije todo enternecido y le besé la mano, enamorado de su dulce genio. Él entonces me abrazó, me llevó a su recámara, me dio unos bizcochitos, me sentó en su cama y me dijo que me estuviera allí.

Es increíble lo que domina el corazón humano un carácter dulce y afable, y más en un superior. El de mi maestro me docilitó tanto con su primera lección, que siempre lo quise y venéré entrañablemente, y por lo mismo le obedecía con gusto.

Dieron las doce, me llamó mi maestro a la escuela para que las rezara con los niños; acabamos, y luego nos permitió estar saltando y enredando todos en buena compañía, pero a su vista, con cuyo respeto eran nuestros juegos inocentes. Entre tanto fueron llegando los criados y criadas por sus respectivos niños, hasta que llegó la de mi casa y me llevó; pero advertí que mi maestro le volvió el libro que yo tenía para leer, y le dio una esquelita para mi padre, la que se reducía a decirle que llevara yo primeramente los compendios de Fleuri o Pintón, y cuando ya estuviera bien instruido en aquellos principios, sería útil ponerme en las manos *El hombre feliz, Los niños célebres, Las recreaciones del hombre sensible,* u otras obritas semejantes; pero que nunca convenía que yo leyera *Soledades de la vida, las novelas de Zayas, Guerras civiles de Granada, La historia de Carlo Magno y doce pares,* ni otras boberas de éstas, que, lejos de formar, cooperan a corromper el espíritu de los niños, o disponiendo su corazón a la lubricidad, o llenando su cabeza de fábulas, valentías y patrañas ridículas.

Mi padre lo hizo según quería mi maestro, y con tanto más gusto cuanto que conocía que no era nada vulgar.

Dos años estuve en compañía de este hombre amable, y al cabo de ellos salí medianamente aprovechado en los rudimentos de leer, escribir y contar. Mi padre me hizo un vestidito decente el día que tuve mi examen público. Se esforzó para darle una buena gala a mi maestro, y en efecto la merecía demasiado. Le dio las debidas gracias, y yo también con muchos abrazos, y nos despedimos.

Acaso os habrá hecho fuerza, hijos míos, que, habiendo yo sido de tan mal natural por mi educación física y moral sin culpa, sino por un excesivo amor de mi madre, y habiéndome corrompido más con el perverso ejemplo de los muchachos de mi primera escuela, hubiera transformádome en un instante de malo en regular (porque bueno jamás lo he sido) bajo la dirección de mi verdadero maestro; pero no lo extrañéis, porque tanto así puede la buena educación reglada por un talento superior y una prudencia vigilante, y lo que es más, por el buen ejemplo, que es la pauta sobre que

los niños dirigen sus acciones casi siempre.

Así que, cuando tengáis hijos, cuidad no sólo de instruirlos con buenos consejos, sino de animarlos con buenos ejemplos. Los niños son los monos de los viejos, pero unos monos muy vivos; cuanto ven hacer a sus mayores, lo imitan al momento, y por desgracia imitan mejor y más pronto lo malo que lo bueno. Si el niño os ve rezar, él también rezará, pero las más veces con tedio y durmiéndose. No así si os oye hablar palabras torpes e injuriosas; si os advierte iracundos, vengativos, lascivos, ebrios o jugadores; porque esto lo aprenderá vivamente, advertirá en ello cierta complacencia, y el deseo de satisfacer enteramente sus pasiones lo hará imitar con la mayor prolijidad vuestros desarreglos; y entonces vosotros no tendréis cara para reprenderlos; pues ellos os podrán decir: esto nos habéis enseñado, vosotros habéis sido nuestros maestros, y nada hacemos que no hayamos aprendido de vosotros mismos.

Los cangrejos son unos animalitos que andan de lado; pues como advirtiesen esta deformidad algunos cangrejos civilizados, trataron de que se corrigiera este defecto; pero un cangrejo machucho dijo: "Señores, es una torpeza pretender que en nosotros se corrija un vicio que ha crecido con la edad. Lo seguro es instruir a nuestra juventud en el modo de andar derechos, para que enmendando ellos este despilfarro enseñen después a sus hijos y se logre desterrar para siempre de nuestra posteridad este maldito modo de andar." Todos los cangrejos *nemine discrepante* [1] celebraron el arbitrio. Encargóse su ejecución a los cangrejos padres, y éstos, con muy buenas razones, persuadían a sus hijos a andar derechos; pero los cangrejitos decían: "¿A ver cómo, padres?" Aquí era ello. Se ponían a andar los cangrejos y andaban de lado, contra todos los preceptos que les acababan de dar con la boca. Los cangrejillos, como que es na-

[1] De común acuerdo.—E.

tural, hacían lo que veían y no lo que oían, y de este modo se quedaron andando como siempre. Ésta es una fábula respecto a los cangrejos, mas respecto a los hombres es una verdad evidente; porque, como dice Séneca, *se hace largo y difícil el camino que conduce a la virtud por los preceptos; breve y eficaz por el ejemplo.*

Así, hijos míos, debéis manejaros delante de los vuestros con la mayor circunspección, de modo que jamás vean el mal, aunque lo cometáis alguna vez por vuestra miseria. Yo, a la verdad, si habéis de ser malos (lo que Dios no permita), más os quisiera hipócritas que escandalosos delante de mis nietos, pues menos daño recibirán de ver virtudes fingidas que de aprender vicios descarados. No digo que la hipocresía sea buena ni perdonable, pero del mal el menos.

No sólo los cristianos sabemos que nos obliga este buen ejemplo que se debe dar a los hijos. Los mismos paganos conocieron esta verdad. Entre otros es digno de notarse Juvenal cuando dice en la *Sátira* XIV lo que os traduciré al castellano de este modo:

Nada indigno del oído o de la vista
el niño observe en vuestra propia casa.
De la doncella tierna esté muy lejos
la seducción que la haga no ser casta,
y no escuche jamás la voz melosa
de aquél que se desvela en arruinarla.
Gran reverencia al niño se le debe,
y si a hacer un delito te preparas,
no desprecies sus años por ser pocos,
que la malicia en muchos se adelanta;
antes si quieres delinquir, tu niño
te debe contener aun cuando no habla,
pues tú eres su censor, y tus enojos,
por tus ejemplos, moverá mañana.
(Y has de advertir que tu hijo en las
                              [costumbres
se te ha de parecer como en la cara.)
Cuando él cometa crímenes horribles
no perdiendo de vista tus pisadas,
tú querrás corregirlo y castigarlo,
y llenarás el barrio de alharacas.
Aún más harás, si tienes facultades,
lo desheredarás lleno de saña;
¿pero con qué justicia en ese caso,
la libertad de padre le alegaras
cuando tú, que eres viejo, a su presen-
                              [cia
tus mayores maldades no recatas?

Después que pasaron unos cuantos días que me dieron en mi casa de asueto y como de gala, se trató de darme destino.

Mi padre, que, como os he dicho, era un hombre prudente y miraba las cosas más allá de la cáscara, considerando que ya era viejo y pobre, quería ponerme a oficio, porque decía que en todo caso más valía que fuera yo mal oficial que buen vagabundo; mas apenas comunicó su intención con mi madre, cuando... ¡Jesús de mi alma! ¡Qué aspavientos y qué extremos no hizo la santa señora! Me quería mucho, es verdad, pero su amor estaba mal ordenado. Era muy buena y arreglada, mas estaba llena de vulgaridades. Decía a mi padre:

—¿Mi hijo a oficio? No lo permita Dios. ¿Qué dijera la gente al ver al hijo de don Manuel Sarmiento aprendiendo a sastre, pintor, platero u otra cosa?

—¿Qué ha de decir? —respondía mi padre—. Que don Manuel Sarmiento es un hombre decente, pero pobre, y muy hombre de bien, y no teniendo caudal que dejarle a su hijo, quiere proporcionarle algún arbitrio útil y honesto para que solicite su subsistencia sin sobrecargar a la república de un ocioso más, y este arbitrio no es otro que un oficio. Esto pueden decir y no otra cosa.

—No, señor —replicaba mi madre toda electrizada—; si usted quiere dar a Pedro algún oficio mecánico, atropellando con su nacimiento, yo no, pues, aunque pobre, me acuerdo que por mis venas y por las de mi hijo corre la ilustre sangre de los Ponces, Tagles, Pintos, Velascos, Zumalacárreguis y Bundiburis.

—Pero, hija —decía mi padre—, ¿qué tiene que ver la sangre ilustre de los Ponces, Tagles, Pintos, ni de cuantos colores y alcurnias hay en el mundo, con que tu hijo aprenda un oficio para que se mantenga honradamente, puesto que no tiene ningún vínculo que afiance su subsistencia?

—¿Pues qué —instaba mi madre—, le parece a usted bueno que un niño noble sea sastre, pintor, platero, tejedor o cosa semejante?

—Sí, mi alma —respondía mi padre con mucha flema—; me parece bueno y muy bueno, que el niño noble, si es pobre y no tiene protección, aprenda cualquier oficio, por mecánico que sea, para que no ande mendigando su alimento. Lo que me parece malo es que el niño noble ande sin blanca, roto o muerto de hambre por no tener oficio ni beneficio. Me parece malo que para buscar qué comer ande de juego en juego, mirando dónde se arrastra un muerto,[2] dónde dibuja una apuesta, o logra por favor una gurupiada.[3] Me parece más malo que el niño noble ande al mediodía espiando dónde van a comer para echarse, como dicen, de apóstol, y yo digo de gorrón o sinvergüenza, porque los apóstoles solían ir a comer a las casas ajenas después de convidados y rogados, y estos tunos van sin que los conviden ni les rueguen; antes a trueque de llenar el estómago son el hazmerreír de todos, sufren mil desaires, y después de tanto, permanecen más pegados que unas sanguijuelas, de suerte que a veces es necesario echarlos noramala con toda claridad. Esto sí me parece malo en un noble; y me parece peor que todo lo dicho, y malísimo en extremo de la maldad imaginable, que el joven ocioso, vicioso y pobre ande estafando a éste, petardeando a aquél y haciendo a todos las trácalas que puede, hasta quitarse la máscara, dar en ladrón público y parar en un suplicio ignominioso o en un presidio. Tú has oído decir varias de estas pillerías, y aun has visto algunos cadáveres de estos nobles, muertos a manos de verdugos en esta plaza de México. Tú conociste a otro caballerito noble y muy

noble, hijo de una casa solariega, sobrino nada menos que de un primer ministro y secretario de Estado; pero era un hombre vicioso, abandonado y sin destino (por calavera); consumó sus iniquidades matando a un pobre maromero en la cuesta del Platanillo, camino de Acapulco, por robarle una friolera que había adquirido a costa de mil trabajos. Cayó en manos de La Acordada, se sentenció a muerte, estuvo en la capilla, lo sacó de ella un señor virrey por respeto del tío; permaneció preso en aquella cárcel una porción de años hasta que el conde de Revilla lo desterró para siempre a las islas Marianas. He aquí el triste cuadro que presenta un hombre noble, vicioso y sin destino. Nada perdió el lustre de su casa por el villano proceder de un deudo pícaro. Si lo hubieran ahorcado, el tío hubiera quedado como quedó, en el candelero; porque así como nadie es sabio por lo que supo su padre, ni valiente por las hazañas que hizo, así tampoco nadie se infama ni se envilece por los pésimos procederes de sus hijos. He traído a la memoria este caso horrendo, y ¡ojalá no sucedieran otros semejantes!, para que veas a lo que está expuesto el noble que, fiado en su nobleza, no quiere trabajar, aunque sea pobre.

—Pero ¿luego ha de dar en un ojo? —decía mi madre—, ¿luego ha de ser Pedrito tan atroz y malvado como D. N. R.?

—Sí, hijita —respondía mi padre—, estando en el mismo predicamento, lo propio tiene Juan que Pedro; es una cosa muy natural, y el milagro fuera no sucediera del mismo modo, mediando las propias circunstancias. ¿Qué privilegio goza Pedro para que, supuesta su pobreza e inutilidad, no sea también un vicioso y un ladrón, como Juan y como tantos Juanes que hay en el mundo? ¿Ni qué firma tenemos del Padre Eterno que nos asegure que nuestro hijo ni se empapará en los vicios, ni correrá la desgraciada suerte de otros sus iguales, mayor-

---

[2] Así se llama en los juegos hurtarse una parada a sombra del descuido de su legítimo dueño.

[3] Llaman los jugadores *gurupié* al que ayuda al banquero, montero, etc., a barajar, pagar las apuestas que ganan, recoger las que pierden, etc.—E.

mente mirándose oprimido de la necesidad, que casi siempre ciega a los hombres y los hace prostituirse a los crímenes más vergonzosos?

—Todo esto está muy bueno —decía mi madre—; ¿pero qué dirán sus parientes al verlo con oficio?

—Nada, ¿qué han de decir? —respondía mi padre—; lo más que dirán es: mi primo el sastre, mi sobrino el platero o lo que sea; o tal vez dirán: no tenemos parientes sastres, etcétera; y acaso no le volverán a hablar; pero ahora dime tú: ¿qué le darán sus parientes el día que lo vean sin oficio, muerto de hambre y hecho pedazos? Vamos, ya yo te dije lo que dirían en un caso, dime tú lo que dirán en el contrario.

—Puede —decía mi buena madre—, puede que lo socorran, siquiera porque no los desdore.

—Ríete de eso, hija —respondía mi padre—; como él no los desplatee, poca fuerza les hará que los desdore. Los parientes ricos, por lo común, tienen un expediente muy ensayado para librarse de un golpe de la vergüencilla que les causan los andrajos de sus parientes pobres, y éste es negarlos por tales redondamente. Desgáñate; si Pedro tuviere alguna buena suerte o hiciere algún viso en el mundo, no sólo lo reconocerán sus verdaderos parientes, sino que se le aparecerán otros mil nuevos, que lo serán lo mismo que el Gran Turco, y tendrá continuamente a su lado un enjambre de amigos que no lo dejarán mover; pero si fuere un pobre, como es regular, no contará más que con el peso que adquiera. Ésta es una verdad, pero muy antigua y muy experimentada en el mundo; por eso nuestros viejos dijeron sabiamente, que *no hay más amigo que Dios, ni más pariente que un peso.* ¿Tú ves ahora que nos visitan y nos hacen mil expresiones tu tío el capitán, mi sobrino el cura, las primas Delgados, la tía Rivera, mamá Manuela y otros? Pues es porque ven que, aunque pobres, a Dios gracias no nos falta qué comer, y los sirvo en lo que puedo. Por eso nos visi-

tan, por eso y nada más, créelo. Unos vienen a pedirme prestado, otros a que les saque de este o aquel empeño, quién a pasar el rato, quién a inquirir los centros de mi casa, y quién a almorzar o tomar chocolate; pero si yo me muero, como que quedas pobre, verás, verás cómo se disipan los amigos y los deudos, lo mismo que los mosquitos con la incomodidad del humo. Por estos conocimientos deseara que mi Pedro aprendiera oficio, ya que es pobre, para que no hubiera menester a los suyos ni a los extraños después de mis días. Y te advierto, que muchas veces suelen los hombres hallar más abrigo entre los segundos que entre los primeros; mas con todo eso, bueno es atenerse cada uno a su trabajo y a sus arbitrios y no ser gravoso a nadie.

—Tú medio me aturdes con tantas cosas —decía mi madre—; pero lo que veo es que un hidalgo sin oficio es mejor recibido y tratado con más distinción en cualquiera parte decente, que otro hidalgo sastre, batihoja, pintor, etc.

—Ahí está la preocupación y la vulgaridad —respondía mi padre—. Sin oficio puede ser; pero no sin destino o arbitrio honesto. A un empleado en una oficina, a un militar o cosa semejante, le harán mejor tratamiento que a un sastre o a cualquiera otro oficial mecánico, y muy bien hecho; razón es que las gentes se distingan; pero al sastre y aun al zapatero, lo estimarán más en todas partes, que no al hidalgo tuno, ocioso, trapiento y petardista, que es lo que quiero que no sea mi hijo. A más de esto, ¿quién te ha dicho que los oficios envilecen a nadie? Lo que envilece son las malas acciones, la mala conducta y la mala educación. ¿Se dará destino más vil que guardar puercos? Pues esto no embarazó para que un Sixto V fuera pontífice de la Iglesia Católica...

Pero esta disputa paró en lo que leeréis en el capítulo cuarto.

CAPÍTULO IV

MI MADRE, sin embargo de lo dicho, se opuso de pie firme a que se me diera oficio, insistiendo en que me pusiera mi padre en el colegio. Su merced le decía:

"No seas cándida; y si a Pedro no le inclinan los estudios, o no tiene disposición para ellos, ¿no será una barbaridad dirigirlo por donde no le gusta? Es la mayor simpleza de muchos padres pretender tener a pura fuerza un hijo letrado o eclesiástico, aun cuando no sea de su vocación tal carrera ni tenga talento a propósito para las letras; causa funesta, cuyos perniciosos efectos se lloran diariamente en tantos abogados firmones,[1] médicos asesinos y eclesiásticos ignorantes y relajados como advertimos.

"Todavía para dar oficio a los niños es menester consultar su genio y constitución física, porque el que es bueno para sastre o pintor, no lo será para herrero o carpintero, oficios que piden, a más de inclinación, disposición de cuerpo y unas robustas fuerzas.

"No todos los hombres han nacido útiles para todo. Unos son buenos para las letras, y no generalmente, pues el que es bueno para teólogo, no lo será para médico; y

el que será un excelente físico, acaso será un abogado de a docena, si no se le examina el genio; y así de todos los letrados. Otros son buenos para las armas e ineptos para el comercio. Otros excelentes para el comercio y topos para las letras. Otros, por último, aptísimos para las artes liberales y negados para las mecánicas, y así de cuantos hombres hay.

"En efecto, hombres generales y a propósito para todas las ciencias y artes se consideran o como fenómenos de la Naturaleza, o como testimonios de la Omnipotencia divina, que puede hacer cuanto quiera.

"Sin embargo, yo creo firmemente que estos *omniscios,* que una que otra vez ha celebrado el mundo, han sido sólo unos monstruos (si puede decirse así) de entendimiento, de aplicación y de memoria, y han admirado a las generaciones por cuanto han adquirido el conocimiento de muchas más ciencias que el común de los sabios sus coetáneos, y las han poseído, tal vez en un grado más superior; pero, en mi concepto, no han pasado de unos fenómenos de talento, rarísimos en verdad; mas limitados todavía infinitamente, y no han merecido ni merecen jamás el sagrado renombre de omniscios, pues si omniscio quiere decir el que todo lo sabe, digo que no hay más que un omniscio dentro y fuera de la Naturaleza, que es Dios. Este Ente Supremo es sí, el único y verdadero omniscio, porque es el que única y verdaderamente

[1] Se llaman así a los abogados que, teniendo pocos negocios en sus bufetes, ocurren a los oficios de los escribanos, y antiguamente a los bancos de los procuradores, a poner su firma por cuatro reales o un peso en los escritos, que, según las leyes, no podían correr sin este requisito.—E.

sabe todo cuanto se puede saber; y en este sentido, conceder un hombre omniscio, fuera conceder otro Dios, de cuyo absurdo están muy lejos aún los que honraron al profundo Leibnitz con tan pomposo título.

"Acaso este grande hombre no sería capaz de ensuelar un zapato, de bordar una sardineta, ni de hacer otras mil cosas que todos vemos como meras frioleras y efectos de un puro mecanismo; y sin acaso, este ingenio célebre, si resucitara, tendría que abjurar muchos de sus preceptos y axiomas, desengañado con los nuevos descubrimientos que se han hecho.

"Todo esto te digo, hija mía, para que reflexiones que todos los hombres somos finitos y limitados, que apenas podemos acertar en una u otra cosa; que los ingenios más célebres no han pasado de grandes; pero ni remotamente han sido universales, pues ésta es prerrogativa del Creador, y que, según esto, debemos examinar la inclinación y talento de nuestros hijos para dirigirlos.

"No me acuerdo dónde he leído que los lacedemonios, para destinar a los suyos con acierto, se valían de esta estratagema. Prevenían en una gran sala diferentes instrumentos pertenecientes a las ciencias y artes que conocían; supón tú que en aquella sala ponían instrumentos de música, de pintura, de escultura, de arquitectura, de astronomía, de geografía, etc., sin faltar tampoco armas y libros; hecho esto, disponían con disimulo que varios niños se juntasen allí solos, y que jugasen a su arbitrio con los instrumentos que quisiesen, y entre tanto, sus padres estaban ocultos y en observación de las acciones de sus hijos, y notando a qué cosa se inclinaba cada uno de por sí; y cuando advertían que un niño se inclinaba con constancia a las armas, a los libros, o a cualquiera ciencia o arte, de aquellas cuyos instrumentos tenían a la vista, no dudaban aplicarlos a ellos, y casi siempre corres-

pondía el éxito a su prudente examen.

"Siempre me ha gustado esta bella industria para rastrear la inclinación de los niños, así como he reprobado la general corruptela de muchos padres que a tontas y a locas encajan a los muchachos en los colegios, sin indagar ni aun ligeramente si tienen disposición para las letras.

"Hija mía, éste es un error tan arraigado como grosero. El niño que tenga un entendimiento somero y tardo, jamás hará progresos en ciencia alguna, por más que curse las aulas y manosee los libros. Ni éstos ni los colegios dan talento a quien nació sin él. Los burritos entran todos los días a los colegios y universidades cargados de carbón o de piedra, y vuelven a salir tan burros como entraron; porque así como las ciencias no están aisladas en los recintos de las universidades o gimnasios, así tampoco éstos son capaces de comunicar un adarme de ciencia al que carezca de talento para aprenderla.

"Fuera de esto, hay otra razón harto poderosa para que yo no me resuelva a poner a mi hijo en el colegio, aun cuando supiera que tenía una bella disposición para estudiante, y ésta es mi pobreza. Apenas alcanzo para comer con mi corto destino, ¿de dónde voy a coger diez pesos para la pensión mensual y toda aquella ropa decente que necesita un colegial?, y ya ves tú aquí un embarazo insuperable."

—No —dijo mi madre, que hasta entonces sólo había escuchado sin despegar sus labios para nada—, no, ésa no es razón ni menos embarazo; porque con ponerlo de capense ya se remedió todo.

—Muy bien —dijo mi padre—, me has quinado; pero vamos a ver qué salida me das a esta otra dificultad. Yo ya estoy viejo, soy pobre, no tengo qué dejarte; mañana me muero, te hallas viuda, sola, sin abrigo ni qué comer, con un mocetón a tu lado que cuando mucho sabrá hablar tal cual latinajo y aturdir al mundo entero con cuatro *ergos* y pedanterías que el mismo que las dice no las entiende; pero que en realidad de nada vale todo eso, porque el muchacho, como no tiene quién lo siga fomentando, se queda varado en la mitad de la carrera sin poder ser ni clérigo, ni abogado, ni médico, ni cosa alguna que le facilite su subsistencia ni tus socorros por las letras; siendo lo peor que en ese caso tampoco es útil ya para las artes, pues no se dedicará a aprender un oficio por tres fortísimas razones. La primera, por ciertos humorcillos de vanidad que se pegan en el colegio a los muchachos, de modo que cualquiera de ellos sólo con haber entrado al colegio (y más si vistió la beca) y saber mascar el Cicerón o el *Breviario*, ya cree que se envilecería si se colocara tras de un mostrador, o si se pusiera a aprender un oficio en un taller. Esto es aun siendo un triste gramatiquillo, ¿qué será si ha logrado el altisonante y colorado título de bachiller? ¡Oh! Entonces se persuade que la tierra no lo merece. ¡Pobres muchachos! Ésta es la primera razón que lo inutiliza para las artes. La segunda es, que como ya son grandes, se les hace pesado el trabajo material, al paso que vergonzoso el ponerse de aprendices en una edad en que los demás son oficiales, y aun se dificultaría bastante que hubiera maestro que quisiera encargarse de la enseñanza y manutención de tales jayanes. La tercera razón es, que como en tal caso ya los muchachos tienen el colmillo duro, esto es, ya han probado a lo que sabe la libertad, de manera ninguna se quieren sujetar a lo que tan fácilmente se hubieran sujetado de más niños; y cátate ahí el estado de tu Pedro si lo ponemos a estudiar y muero dejándolo, como es factible, en la mitad de la carrera; pues se queda en el aire sin poder seguir adelante ni volver atrás. Y cuando tú veas que en vez de contar con un báculo en qué apoyarte en la vejez, sólo tienes a tu lado un haragán inútil que de nada te sirve (pues en las tiendas

no fían sobre silogismos ni latines), entonces darás a Judas los estudios y las bachillerías de tu hijo. Conque, hija mía, hagamos ahora lo que quisieras haber hecho después de mis días. Pongamos a oficio a Pedro. ¿Qué dices?

—¿Qué he de decir? —respondió mi madre—; sino que tú te empeñas en mortificarme y en hacer infeliz a esa pobre criatura, tratando de ordinarlo poniéndolo de artesano, y por eso hablas y ponderas tanto. Pues qué, ¿ya sabes que es un tonto? ¿Ya sabes que te vas a morir en la mitad de sus estudios? ¿Y ya sabes, por fin, que porque tú te mueras se cierran todos los recursos? Dios no se muere; parientes tiene y padrinos que lo socorran; ricos hay en México harto piadosos que lo protejan y yo que soy su madre pediré limosna para mantenerlo hasta que se logre. No, sino que tú no quieres al pobre muchacho; pero ni a mí tampoco, y por eso tratas de darme esta pesadumbre. ¿Qué he de hacer? Soy infeliz y también mi hijo...

Aquí comenzó a llorar el alma mía de mi madre, y con sus cuatro lágrimas dio en tierra con toda la constancia y solidez de mi buen padre; pues éste, luego que la vio llorar la abrazó, como que la amaba tiernamente, y la dijo:

—No llores, hijita, no es para tanto. Yo lo que te he dicho es lo que me enseña la razón y la experiencia; pero si es de tu gusto que estudie Pedro, que estudie norabuena; ya no me opongo; quizá querrá Dios prestarme vida para verlo logrado, o cuando no, Su Majestad te abrirá camino, como que conoce tus buenas intenciones.

Consolóse mi madre con esta receta, y desde entonces sólo se trató de ponerme a estudiar, y me empezaron a habilitar de ropa negra, arte de la lengua latina y demás necesarias menudencias.

No parece sino que hablaba mi padre en profecía, según que todo sucedió como lo dijo. En efecto, tenía mucho conocimiento de mundo y un juicio perspicaz; pero estas cualidades se perdían, las más veces, por condescender nimiamente con los caprichos de mi madre.

Muy bueno y muy justo es que los hombres amen a sus mujeres y que les den gusto en todo cuanto no se oponga a la razón; pero no que las contemplen tanto que, por no disgustarlas, atropellen con la justicia, exponiéndose ellos y exponiendo a sus hijos a recoger los frutos de su imprudente cariño, como me sucedió a mí. Por eso os prevengo para que viváis sobre aviso, de manera que améis a vuestras esposas tiernamente según Dios os lo manda y la Naturaleza arreglada os lo inspira; mas no os afeminéis como aquel valientísimo Hércules, que después que venció leones, jabalíes, hidras y cuanto se le puso por delante, se dejó avasallar tanto del amor de Omfale que ésta lo desnudó de la piel del león Nemeo, lo vistió de mujer, lo puso a hilar, y aun le reñía y castigaba cuando quebraba algún huso o no cumplía la tarea que le daba. ¡Qué vergonzosa es semejante afeminación aun en la fábula!

Las mujeres saben muy bien aprovecharse de esta loca pasión, y tratan de dominar a semejantes maridos de mantequilla.

Cólera da ver a muchos de éstos que no conociendo ni sabiendo sostener su carácter y superioridad, se abaten hasta ser los criados de sus mujeres. No tienen secreto, por importante que sea, que no les revelan, no hacen cosa sin tomarles parecer ni dan un paso sin su permiso. Las mujeres no han menester tanto para querer salirse de su esfera, y si conocen que este rendimiento del hombre se lo han granjeado con su hermosura, entonces desenrollan de una vez todo su espíritu dominante, y ya tenéis en cada una de éstas una Omfale, y en cada hombre abatido un Hércules marica y sinvergüenza. En este caso, cuando las mujeres hacen lo que se les antoja a su arbitrio, cuando tienen a los hombres en nada,

cuando los encuernan, cuando los mandan, los injurian y aun les ponen las manos, como lo he visto muchas veces, no hacen más sino cumplir con su inclinación natural y castigar la vileza de sus maridos o amantes sin prevenirlo.

Dios nos libre de un hombre que tiene miedo a su mujer, que es preciso que le tome su parecer para ir a hacer esto o aquello, que sabe que le ha de dar razón de adónde fue y de dónde viene, y que si su mujer grita y se altera, él no tiene más recurso que apelar a los mimos y caricias para contentarla. Estos hombres, indignos de nombre tan superior, están siempre dispuestos a ser unos descendientes del cabrío y unos padres de familia ineptísimos, porque ellos no dirigen a sus hijos, sino ellas. Los mismos muchachos advierten temprano la superioridad de las madres, y no tienen a sus padres el menor miramiento, y más cuando notan que si cometen alguna picardía por la que el padre los quiere castigar, con acogerse a la madre, ésta los defiende, y si se ofrece, arma una pendencia al padre, y se queda cometida la culpa y eludida la pena.

No sin razón dijo Terencio que las madres ayudan a sus hijos en las iniquidades y estorban el que sus padres los corrijan. Lo que os pondré en una estrofita para que la tengáis en la memoria:

Suelen ayudar las madres
a la maldad de sus hijos,
impidiendo que los padres
les den el justo castigo.

Es verdad que ni mi padre ni mi madre eran de los hombres afeminados, ni de las mujeres altivas que he dicho. Mi padre algunas veces se sostenía, y mi madre jamás se alteraba ni se alzaba, como dicen, con el santo y la limosna; lo que sucedía era que cuando no le valían sus insinuaciones y sus ruegos para hacer desistir a mi padre de su intento, apelaba a las lágrimas, y entonces era como milagro que no se saliera con la suya, porque las lágrimas de una mujer hermosa y amada son armas eficacísimas para vencer al hombre más circunspecto.

Sin embargo, algunas ocasiones se sostenía con el mayor vigor. Era bueno que siempre hubiera conservado igual carácter; mas los hombres no somos dueños de nuestro corazón a todas horas, aunque siempre debiéramos serlo.

Finalmente, llegó el día en que me pusieron al estudio, y éste fue el de don Manuel Enríquez, sujeto bien conocido en México, así por su buena conducta como por su genial disposición y asentada habilidad para la enseñanza de la gramática latina, pues en su tiempo nadie le disputó la primacía entre cuantos preceptores particulares había en esta ciudad; mas por una tenaz y general preocupación que hasta ahora domina, nos enseñaba mucha gramática y poca latinidad. Ordinariamente se contentan los maestros con enseñar a sus discípulos una multitud de reglas que llaman *palitos,* con que hagan unas cuantas oracioncillas, y con que traduzcan el *Breviario,* el Concilio de Trento, el catecismo de San Pío V, y por fortuna algunos pedacillos de la *Eneida* y Cicerón. *Con semejante método salen los muchachos habladores y no latinos,* como dice el padre Calasanz en su *Discernimiento de ingenios.* Tal salí yo, y no podía salir mejor. Saqué la cabeza llena de reglitas, adivinanzas, frases y equivoquillos latinos; pero en esto de inteligencia en la pureza y propiedad del idioma, ni palabra. Traducía no muy mal y con alguna facilidad las homilías del *Breviario* y los párrafos del catecismo de los curas; pero Virgilio, Horacio, Juvenal, Persio, Lucano, Tácito y otros semejantes hubieran salido vírgenes de mi inteligencia si hubiera tenido la fortuna de conocerlos, a excepción del primer poeta que he nombrado, pues de éste sabía alguna cosita que le había oído traducir a mi sabio maestro. También supe medir mis versos, y lo que era hexámetro, pentámetro,

etcétera; pero jamás supe hacer un dístico.

A pesar de esto, y al cabo de tres años, acabé mis primeros estudios a satisfacción, pues me aseguraban que era yo un buen gramático, y yo lo creía más que si lo viese. ¡Válgate Dios por amor propio, y cómo nos engañas a ojos vistas! Ello es que yo hice mi oposición a toda gramática, y quedé sobre las espumas, mi maestro y convidados muy contentos, y mis amados padres más huecos que si me hubiera opuesto a la magistral de México y la hubiera obtenido.

Siguiéronse a esta función las galas, los abrazos, los agradecimientos a mi maestro, y mi salida del estudio; aunque yo no debo salirme sin deciros otras cositas que aprendí y repasé en aquellos tres años. Como allí no había un corto número de niños, como en mi buena escuela, sino que había infinidad de muchachos entre pupilos y capenses, todos hijos de sus madres, y de tan diferentes genios y educaciones, y yo siempre fui un maleta de primera, tuve la maldita atingencia de escoger para mis amigos a los peores, y me correspondieron fielmente y con la mayor facilidad; ya se ve que cada oveja ama su pareja, y esto es corriente; el asno no se asocia con el lobo, ni la paloma con el cuervo; cada uno ama su semejante. Así yo no me juntaba con los niños sensatos, pundonorosos y de juicio, sino con los maliciosos y extraviados, con cuyas amistades y compañías cada día me remataba más, como os sucederá a vosotros y a vuestros hijos, si, despreciando mis lecciones, no procuráis o hacerlos que tengan buenos amigos, o que no tengan ninguno, pues es infalible el axioma divino que nos dice: *con el santo serás santo, y te pervertirás con el perverso.* Así me sucedió puntualmente; bien que yo ya estaba pervertido, pero con la compañía de los malos estudiantes me acabé de perder enteramente.

Paréceme que al leer estos renglones exclamáis: ¿cómo se mudó tan presto nuestro padre? Pues en la última escuela en que estuvo, ¿no había olvidado las malas propiedades que había adquirido en la primera? ¿Cómo fue esta metamorfosis tan violenta? Hijos míos: las buenas o malas costumbres que se imprimen en la niñez echan muy profundas raíces, por eso importa tanto el dirigir bien a las criaturas en los primeros años. Los vicios que yo adquirí en los míos, ya por el chiqueo de mi madre, las adulaciones de las viejas mis parientas, el indolente método de mi maestro, el pésimo ejemplo y compañía de tanto muchacho desreglado, y, sobre todo esto, por mi natural perverso y mal inclinado, profundizaron mucho en mi espíritu, me costó demasiado trabajo irme deshaciendo de ellos a costa de no pocas reprensiones y caricias de mi buen maestro, y del continuo buen ejemplo que me daban los otros niños. Me parece que si nunca me hubieran faltado semejantes preceptos y condiscípulos, no me hubiera vuelto a extraviar, sino que hubiera asentado una conducta acendrada y religiosa; pero, ¡ah!, que no hay que fiar en enmiendas forzadas o pasajeras, porque en faltando el respeto o el fervor, se lleva el diablo esta clase de enmiendas, y quedamos con nuestro vestido antiguo o tal vez peores.

Así lo experimenté yo, bien a mi costa. Estaban mis pasiones sofocadas, no muertas; mi perversa inclinación estaba como retirada; pero aún permanecía en mi corazón como siempre; mi mal genio no se había extinguido, estaba oculto solamente como las brasas debajo de la ceniza que las cubre; en una palabra, yo no obraba tan mal y con el descaro que antes, por el amor y respeto que tenía a mi prudente maestro, y por la vergüencilla que me imponían los demás niños con sus buenas acciones, pero no porque me faltaran ganas ni disposición.

En efecto, luego que me separé de estos testigos, a quienes respetaba, y me uní otra vez a otros com-

pañeros tan disipados como yo, volví a soltar la rienda a mis pasiones; corrieron éstas con el desenfreno propio de la edad, y se salieron del círculo de la razón, así como un río se sale de madre cuando le faltan los diques que lo contienen.

Sin duda era el muchacho más maldito entre los más relajados estudiantes, porque yo era el *Non plus ultra* [2] de los bufones y chocarreros. Esta sola cualidad prueba que no era mi carácter de los buenos, pues en sentir del sabio Pascal, *hombre chistoso, ruin carácter.* Ya sabéis que en los colegios estas frases, *parar la bola, pandorguear, cantaletear,* y otras, quieren decir: *mofar, insultar, provocar, zaherir, injuriar, incomodar y agraviar* por todos los modos posibles a otro pobre; y lo más injusto y opuesto a las leyes de la virtud, buena crianza y hospitalidad es que estos graciosos hacen lucir su habilidad infame sobre los pobres niños nuevos que entran al colegio. He aquí cuán recomendables son estos truhanes majaderos para que atados a un pilar del colegio sufrieran cien azotes por cada *pandorga* de éstas; pero lo sensible es que los *catedráticos, pasantes, sotaministros* y demás personas de autoridad en tales comunidades se desentienden del todo de esta clase de delito, que lo es, sin duda, grave, y pasa por *muchachada,* aun cuando se quejan los agraviados, sin advertir que esta su condescendencia autoriza esta depravada corruptela, y ella ayuda a acabar de formar los espíritus crueles de los estragadores como yo, que veía llorar a un niño de estos desgraciados, a quienes afligía sumamente con las injurias y befa que les hacía, y su llanto, que me debía enternecer y refrenar, como que era el fruto del sentimiento de

---

[2] Alusión a la inscripción de las columnas de Hércules en Cádiz, que después del descubrimiento de América enmendó España poniendo *Plus ultra* en dos columnas, entre las que colocó su escudo de armas.—E.

unas criaturas inocentes, me servía de entremés y motivo de risa, y de redoblar mis befas con más empeño.

Considerad por aquí cuál sería mi bella índole, cuando tenía la fama de ser el mejor *pandorguista* de todo el colegio, y decían mis compañeros que yo le *paraba la bola* a cualquiera, que era lo mismo que decir que yo era el más indigno de todos ellos, y que ninguno, bueno o malo, dejaría de incomodarse si escuchaba en su contra mi maldita lengua. ¿Os parece, hijos míos, esta circunstancia algo favorable? ¿Con ella sola no advertís mi depravado espíritu y condición? Porque el hombre que se complace en afligir a otro su semejante no puede menos que tener un alma ruin y un corazón protervo. Ni valga decir que lo hacen unos muchachos, pues esto lo que prueba es que si aún desde muchachos son malos, de grandes serán peores, si Dios y la razón no los modera, lo que no es muy común. Yo tuve una multitud de condiscípulos, y por observación he visto que es raro el que ha salido bueno de entre estos genios burlones con exceso, y lo peor es que hay mucho de esto en nuestros colegios.

Por estos principios conoceréis que era perverso en todo. En fin, entré a estudiar filosofía.

CAPÍTULO V

ACABÉ MI GRAMÁTICA, como os dije, y entré al máximo y más antiguo colegio de San Ildefonso a estudiar filosofía, bajo la dirección del doctor don Manuel Sánchez y Gómez, que hoy vive para ejemplar de sus discípulos. Aún no se acostumbraba en aquel ilustre colegio, seminario de doctos y ornamento en ciencias de su metrópoli, aún no se acostumbraba, digo, enseñar la filosofía moderna en todas sus partes; todavía resonaban en sus aulas los *ergos* de Aristóteles. Aún se oía discutir sobre el *ente de razón, las cualidades ocultas y la materia prima,* y esta misma se definía con la explicación de la nada, *nec est quid,* etc. Aún la física experimental no se mentaba en aquellos recintos, y los grandes nombres de *Cartesio, Newton, Muschembreck* y otros eran poco conocidos en aquellas paredes que han depositado tantos ingenios célebres y únicos, como el de un Portillo. En fin, aún no se abandonaba enteramente el sistema peripatético que por tantos siglos enseñoreó los entendimientos más sublimes de la Europa, cuando mi sabio maestro se atrevió el primero a manifestarnos el camino de la verdad sin querer parecer singular, pues escogió lo mejor de la lógica de Aristóteles y lo que le pareció más probable de los autores modernos en los rudimentos de física que nos enseñó; y de este modo fuimos unos verdaderos eclécticos, sin adherir caprichosamente a ninguna opinión, ni deferir a sistema alguno, sólo por inclinación al autor.

A pesar de este prudente método, todavía aprendimos bastantes despropósitos de aquellos que se han enseñado por costumbre, y los que convenía quitar, según la razón y hace ver el ilustrísimo Feijóo, en los discursos X, XI y XII del tomo séptimo de su *Teatro crítico.*

Así como en el estudio de la gramática aprendí varios equivoquillos impertinentes, según os dije, como *Caracoles comes; pastorcito come adobes; non est peccatum mortale occidere patrem suum,* y otras simplezas de éstas; así también, en el estudio de las súmulas, aprendí luego luego mil sofismas ridículos, de los que hacía mucho alarde con los condiscípulos más cándidos, como por ejemplo: *besar la tierra es acto de humildad: la mujer es tierra, luego,* etc. *Los apóstoles son doce, San Pedro es apóstol, ergo,* etc.; y cuidado, que echaba yo un *ergo* con más garbo que el mejor doctor de la Academia de París, y le empataba una negada a la verdad más evidente; ello es, que yo argüía y disputaba sin cesar, aun lo que no podía comprender, pero sabía fiar mi razón de mis pulmones, en frase del padre Isla. De suerte que por más quinadas que me dieran mis compañeros, yo no cedía. Podía haberles dicho: a entendimiento me ganarán, pero a gritón no; cumpliéndose en mí, cada rato, el común refrán de que *quien mal pleito tiene, a voces lo mete.*

¡Pues qué tal sería yo de tenaz y tonto después que aprendí las reducciones, reduplicaciones, equipolencias y otras baratijas, especialmente ciertos desatinados versos que os he de escribir solamente porque veáis a lo que llegan los hombres por las letras! Leed y admirad:

Barbara, Celarent, Darii, Ferio, Baralipton. Celantes, Dabitis, Fapesmo, Frisesomorum. Cesare, Camestres, Festino, Baroco, Darapti. Felapton, Disamis, Datisi, Bocardo, Ferison.

¡Qué tal! ¿No son estos versos estupendos? ¿No están más propios para adornar redomas de botica que para enseñar reglas sólidas y provechosas? Pues, hijos míos, yo percibí inmediatamente el fruto de su invención; porque desatinaba con igual libertad por *Barbara* que por *Ferison*, pues no producía más que barbaridades a cada palabra. Primero aprendí a hacer sofismas que a conocerlos y desvanecerlos; antes supe oscurecer la verdad que indagarla; efecto natural de las preocupaciones de las escuelas y de la pedantería de los muchachos.

En medio de tanta barahúnda de voces y terminajos exóticos, supe qué cosa eran silogismo, entimema, sorites y dilema. Este último es argumento terrible para muchos señores casados, porque lastima con dos cuernos, y por eso se llama bicornuto.

Para no cansaros, yo pasé mi curso de lógica con la misma velocidad que pasa un rayo por la atmósfera, sin dejarnos señal de su carrera y así, después de disputar harto y seguido sobre las operaciones del entendimiento, sobre la lógica natural, artificial y utente; sobre su objeto formal y material; sobre los modos de saber; sobre si Adán perdió o no la ciencia por el pecado (cosa que no se le ha disputado al demonio); sobre si la lógica es ciencia o arte, y sobre treinta mil cosicosas de éstas, yo quedé tan lógico como sastre; pero eso sí, muy contento y satisfecho de que sería capaz de concluir con el *ergo* al mismo Estagirita.

Ignoraba yo que por los frutos se conoce el árbol, y que, según esto, lo mismo sería meterme a disputar en cualquier materia que dar a conocer a todo el mundo mi insuficiencia. Con todo eso, yo estaba más hueco que un calabazo, y decía a boca llena que era *lógico* como casi todos mis condiscípulos.

No corrí mejor suerte en la física. Poco me entretuve en distinguir la particular de la universal; en saber si ésta trataba de todas las propiedades de los cuerpos, y si aquélla se contraía a ciertas especies determinadas. Tampoco averigüé qué cosa era física experimental o teórica; ni en distinguir el experimento constante del fenómeno raro, cuya causa es incógnita; ni me detuve en saber qué cosa era mecánica; cuáles las leyes del movimiento y la quietud; qué significaban las voces *fuerza*, *virtud*, y cómo se componían o descomponían estas cosas; menos supe qué era *fuerza centrípeta, centrífuga, tangente, atracción, gravedad, peso, potencia, resistencia* y otras friolerillas de esta clase; y ya se debe suponer que si esto ignoré, mucho menos supe qué cosa era *estática, hidrostática, hidráulica, aerometría, óptica* y trescientos palitroques de éstos; pero, en cambio, disputé fervorosamente sobre si la esencia de la materia estaba conocida o no; sobre si la trina dimensión determinada era su esencia o el agua; sobre si repugnaba el vacío en la Naturaleza; sobre la divisibilidad en infinito, y sobre otras alharacas de este tamaño, de cuya ciencia o ignorancia maldito el daño o provecho que nos resulta. Es cierto que mi buen preceptor nos enseñó algunos principios de geometría, de cálculo y de física moderna; mas fuérase por la cortedad del tiempo, por la superficialidad de las pocas reglas que en él cabían, o por mi poca aplicación, que sería lo más cierto, yo no entendí palabra de esto; y, sin embargo, decía, al concluir este curso, que era *físico*, y no era más que un ignorante patarato; pues después que sustenté un actillo de física, de memoria, y después que hablaba de esta enorme ciencia con tanta satisfacción en cualquiera concurrencia, temo que me mochen si hubiera sabido explicar en qué consiste que el chocolate dé espuma, mediante el movimiento del molinillo; por qué la llama hace figura cónica, y no de otro modo; por qué se enfría una taza de caldo u otro licor soplándola, ni otras cosillas de éstas que traemos todos los días entre manos.

Lo mismo y no de mejor modo, decía yo que sabía metafísica y ética, y por poco aseguraba que era un nuevo Salomón después que concluí, o concluyó conmigo, el curso de artes.

En esto se pasaron dos años y medio, tiempo que se aprovechara mejor con menos reglitas de súmulas, algún ejercicio en cuestiones útiles de lógica, en la enseñanza de lo muy principal de metafísica, y cuanto se pudiera de física, teórica y experimental.

Mi maestro creo que así lo hubiera hecho si no hubiera temido singularizarse y tal vez hacerse objeto de la crítica de algunos zoilos, si se apartaba de la rutina antigua enteramente.

Es verdad, y esto ceda siempre en honor de mi maestro, es verdad que, como dejo dicho, ya nosotros no disputábamos sobre el *ente de razón, cualidades ocultas, formalidades, hecceidades, quididades, intenciones,* y todo aquel enjambre de voces insignificantes con que los aristotélicos pretendían explicar todo aquello que se escapaba a su penetración. Es verdad (diremos con Juan Buchardo Mecknio) que "no se oyen ya en nuestras escuelas estas cuestiones con la frecuencia que en los tiempos pasados; pero ¿se han aniquilado del todo? ¿Están enteramente limpias las universidades de las heces de la barbarie? Me temo que dura todavía en algunas la tenacidad de las antiguas preocupaciones, si no del todo, quizá arraigada en cosas que bastan para detener los progresos de la verdadera

sabiduría." Ciertamente que la declamación de este crítico tiene mucho lugar en nuestro México.

Llegó, por fin, el día de recibir el grado de bachiller en artes. Sostuve mi acto a satisfacción, y quedé grandemente, así como en mi oposición a toda gramática; porque como los réplicas no pretendían lucir, sino hacer lucir a los muchachos no se empeñaban en sus argumentos, sino que a dos por tres se daban por muy satisfechos con la solución menos nerviosa, y nosotros quedábamos más anchos que verdolaga en huerta de indio, creyendo que no tenían instancia que oponernos. ¡Qué ciego es el amor propio!

Ello es que así que asado, yo quedé perfectamente, o a lo menos así me lo persuadí, y me dieron el grande, el sonoroso y retumbante título de *baccalaureo*, y quedé aprobado *ad omnia*.[1] ¡Santo Dios! ¡Qué día fue aquél para mí tan plausible, y qué hora la de la ceremonia tan dichosa! Cuando yo hice el juramento de instituto, cuando, colocado frente de la cátedra en medio de dos señores bedeles con mazas al hombro, me oí llamar bachiller en concurso pleno, dentro de aquel soberbio general, y nada menos que por un señor doctor, con su capelo y borla de limpia y vistosa seda en la cabeza, pensé morirme, o a lo menos volverme loco de gusto. Tan alto concepto tenía entonces formado de la bachillería, que aseguro a ustedes que en aquel momento no hubiera trocado mi título por el de un brigadier o mariscal de campo. Y no creáis que es hiperbólica esta proposición, pues cuando me dieron mi título en latín y autorizado formalmente, creció mi entusiasmo de manera, que si no hubiera sido por el respeto de mi padre y convidados

---

[1] Para todo; con esta frase se designan en el título los que pueden a virtud de él seguir cursando cualquiera de las facultades mayores; a distinción de cuando no es la aprobación general, pues entonces no se pueden cursar sino las facultades expresadas en el título.—E.

que me contenía, corro las calles, como las corrió el Ariosto cuando lo coronó por poeta Maximiliano I. ¡Tanto puede en nosotros la violenta y excesiva excitación de las pasiones, sean las que fueren, que nos engaña y nos saca fuera de nosotros mismos como febricitantes o dementes!

Llegamos a mi casa, la que estaba llena de viejas y mozas, parientas y dependientes de los convidados, los cuales, luego que entré, me hicieron mil zalemas y cumplidos. Yo correspondí más esponjado que un guajolote; ya se ve, tal era mi vanidad. La inocente de mi madre estaba demasiado placentera; el regocijo le brotaba por los ojos.

Desnudéme de mis hábitos clericales y nos entramos a la sala donde se había de servir el almuerzo, que era el centro a que se dirigían los parabienes y ceremonias de aquellos comedidísimos comedores. Creedme, hijos míos, los casamientos, los bautismos, las cantamisas y toda fiesta en que veáis concurrencia, no tienen otro mayor atractivo que la *mamuncia*, la *coca*, la *coca* es la campana que convoca tantas visitas, y la bandera que recluta tantos amigos en momentos. Si estas fiestas fueran a secas, seguramente no se vieran tan acompañadas.

Y no penséis que sólo en México es esta pública gorronería. En todas partes se cuecen habas, y en prueba de ello, en España es tan corriente, que allá saben un versito que alude a esto. Así dice:

A la raspa venimos,
Virgen de Illescas,
a la raspa venimos,
que no a la fiesta.

Así es, hijos, a la raspa va todo el mundo y por la raspa, que no por dar días ni parabienes. Pero ¿qué más? Si yo he visto que aun en los pésames no falta la raspa; antes suelen comenzar con suspiros y lamentos y concluir con bizcochos, queso, aguardiente, chocolate o almuerzo, según la hora; ya se ve, que habrán oído decir que los due-

los con pan son menos, y que a barriga llena, corazón contento.

No os disgustéis con estas digresiones, pues a más de que os pueden ser útiles, si os sabéis aprovechar de su doctrina, os tengo dicho desde el principio que serán muy frecuentes en el discurso de mi obra, y que ésta es fruto de la inacción en que estoy en esta cama, y no de un estudio serio y meditado; y así es que voy escribiendo mi vida según me acuerdo, y adornándola con los consejos, crítica y erudición que puedo en este triste estado; asegurándoos sinceramente que estoy muy lejos de pretender ostentarme sabio, así como deseo seros útil como padre, y quisiera que la lectura de mi vida os fuera provechosa y entretenida, y bebierais el saludable amargo de la verdad en la dorada copa del chiste y de la erudición. Entonces sí estaría contento y habría cumplido cabalmente con los deberes de un sólido escritor, según Horacio, y conforme mi libre traducción:

De escritor el oficio desempeña,
quien divierte al lector y quien lo
[enseña.

Mas, en fin, yo hago lo que puedo, aunque no como lo deseo.

Sentámonos a la mesa, comenzamos a almorzar alegremente, y como yo era el santo de la fiesta, todos dirigían hacia mí su conversación. No se hablaba sino del niño bachiller, y conociendo cuán contentos estaban mis padres, y yo cuán envanecido con el tal título, todos nos daban, no por donde nos dolía, sino por donde nos agradaba. Con esto no se oía sino: "tenga usted, bachiller"; "beba usted, bachiller"; "mire usted, bachiller"; y torna bachiller y vuelve bachiller a cada instante.

Se acabó el almuerzo; después siguió la comida y a la noche el bailecito, y todo ese tiempo fue un continuo *bachilleramiento*. ¡Válgame Dios y lo que me *bachillerearon* ese día! Hasta las viejas y criadas de casa me daban mis *bachillerea-*

das de cuando en cuando. Finalmente, quiso la Majestad Divina que concluyera la frasca, y con ella tanta bachillería. Fuéronse todos a sus casas. Mi padre quedó con sesenta o setenta pesos menos, que le costó la función; yo con una presunción más, y nos retiramos a dormir, que era lo que faltaba.

A otro día nos levantamos a buena hora; y yo, que pocas antes había estado tan ufano con mi título, y tan satisfecho con que me estuvieran regalando las orejas con su repetición, ya entonces no le percibía ningún gusto. ¡Qué cierto es que el corazón del hombre es infinito en sus deseos, y que únicamente la sólida virtud puede llenarlo!

No entendáis que ahora me hago el santucho y os escribo estas cosas por haceros creer que he sido bueno. No; lejos de mí la vil hipocresía.

Siempre he sido perverso, ya os lo he dicho, y aun postrado en esta cama, no soy lo que debía; mas esta confesión os ha de asegurar mejor mi verdad, porque no sale empujada por la virtud que hay en mí, sino por el conocimiento que tengo de ella, y conocimiento que no puede esconder el mismo vicio, de suerte, que si yo me levanto de esta enfermedad y vuelvo a mis antiguos extravíos (lo que Dios no permita), no me desdeciré de lo que ahora os escribo, antes os confesaré que hago mal; pero conozco el bien, según se expresaba Ovidio.

Volviendo a mí, digo, que a los dos o tres días de mi grado, determinaron mis padres enviarme a divertir a unos herraderos que se hacían en una hacienda de un su amigo, que estaba inmediata a esta ciudad. Fuíme, en efecto...

CAPÍTULO VI

EN EL QUE NUESTRO BACHILLER DA RAZÓN DE LO QUE LE PASÓ EN LA HACIENDA, QUE ES ALGO CURIOSO Y ENTRETENIDO

LLEGUÉ A LA HACIENDA en compañía del amigo de mi padre, que era no menos que el amo o dueño de ella. Apeámonos y todos me hicieron una acogida favorable.

Con ocasión del divertimiento que había de los herraderos, estaba la casa llena de gente lucida, así de México como de los demás pueblos vecinos.

Entramos a la sala, me senté en buen lugar en el estrado, porque jamás me gustó retirarme a largo trecho de las faldas, y después que hablaron de varias cosas de campo, que yo no entendía, la señora grande, que era esposa del dueño de la dicha hacienda, trabó conversación conmigo y me dijo:

—Conque, señorito, ¿qué le han parecido a usted esos campos por donde ha pasado? Le habrán causado su novedad, porque es la primera vez que sale de México, según noticias.

—Así es, señora —la dije—, y los campos me gustan demasiado.

—Pero no como la ciudad, ¿es verdad? —me dijo.

Yo, por política, le respondí:

—Sí, señora, me han gustado, aunque, ciertamente, no me desagrada la ciudad. Todo me parece bueno en su línea; y así estoy contento en el campo como en el campo, y divertido en la ciudad como en la ciudad.

Celebraron bastante mi respuesta, como si hubiera dicho alguna sentencia catoniana, y la señora prosiguió el elogio, diciendo:

—Sí, sí, el colegial tiene talento, aunque luciera mejor si no fuera tan travieso, según nos ha dicho Januario.

Este Januario era un joven de dieciocho a diecinueve años, sobrino de la señora, condiscípulo y grande amigo mío. Tal salí yo, porque era demasiado burlón y gran bellaco, y no le perdí pisada ni dejé de aprovecharme de sus lecciones. Él se hizo mi íntimo amigo desde aquella primera escuela en que estuve, y fue mi eterno ahuizote [1] y mi sombra inseparable en todas partes, porque fue a la segunda y tercera escuela en que me pusieron mis pa-

[1] Parece que esta frase tuvo origen desde el tiempo de la gentilidad entre los indígenas, a los que gobernó desde el año de 1482 hasta el de 1502 el emperador Ahuitzotl, cuya palabra mexicana quiere decir *agüero*. Este hombre cruel y sanguinario hizo morir en la dedicación del templo principal de México más de 64,000 víctimas humanas, según dicen varios autores; pero el padre Torquemada asegura que en los cuatro días que duró la fiesta fueron sacrificados 72,344 prisioneros. Esta matanza causó tan horrorosa impresión en los mexicanos sus súbditos, que desde aquel tiempo llamaron *ahuitzotl* al perseguidor, o al que causa daño de cualquier género.

Para consuelo de la humanidad, la sana crítica no carece de razones para persuadir que si este hecho (que no tiene semejante en los anales de la barbaridad) no es fabuloso, es a lo menos muy exagerado, debiendo sospecharse que se ha cometido algún error o en la numeración de los MS. que tuvieron presentes los AA., o en la interpretación de las cifras y jeroglíficos de los mexicanos, o en la significación de las voces de su idioma. Pero este asunto no es de este lugar, y siempre es cierto que el espantoso número de víctimas que sacrificó Ahuitzotl en esta ocasión debió de escandalizar a sus vasallos, dando origen a la frase.—E.

dres; salió conmigo, y conmigo entró y estudió gramática en la casa de mi maestro Enríquez; salí de allí, salió él; entré a San Ildefonso, entró él también; me gradué, y se graduó en el mismo día.

Era de un cuerpo gallardo, alto y bien formado; pero como en mi consabida escuela era constitución que nadie se quedara sin su mal nombre, se lo cascábamos a cualquiera, aunque fuera un Narciso o un Adonis; y según esta regla, le pusimos a don Januario *Juan Largo,* combinando de este modo el sonido de su nombre y la perfección que más se distinguía en su cuerpo. Pero, después de todo, él fue mi maestro y mi más constante amigo; y cumpliendo con estos deberes tan sagrados, no se olvidó de dos cosas que me interesaron demasiado y me hicieron muy buen provecho en el discurso de mi vida, y fueron: inspirarme sus malas mañas y publicar mis prendas y mi sobrenombre de PERIQUILLO SARNIENTO por todas partes; de manera, que por su amorosa y activa diligencia lo conservé en gramática, en filosofía y en el público cuando se pudo. Ved, hijos míos, si no sería yo un ingrato si dejara de nombrar en la historia de mi vida con la mayor efusión de gratitud a un amigo tan útil, a un maestro tan eficaz, y al pregonero de mis glorias; pues todos estos títulos desempeñó a satisfacción el grande y benemérito *Juan Largo.*

No sabía, con todo eso, si aquellas señoras tenían larga relación de mí, ni si sabían mi retumbante nombrecillo. Estaba muy ufano en el estrado dando taba, como dicen, con la señora y una porción de niñas, entre las cuales no era la menos viva y platiconcilla la hija de la señora mi panegirista, que no me pareció tercio de paja, porque sobre no haber quince años feos y estar ella en sus quince, era demasiado bonita e interesante su figura: motivo poderoso para que yo procurara manejarme con cierta afabilidad y circunspección lo mejor que podía para agradarla; y ya había notado que cuando decía yo alguna facetada colegialuna, ella se reía la primera y celebraba mi genialidad de buena gana.

Estaba yo, pues, quedando bien y en lo mejor de mi gusto, cuando en esto que escuché ruido de caballos en el patio de la hacienda, y antes de preguntar quién era, se fue presentando en medio de la sala, con su buena manga, paño de sol, botas de campana, y demás aderezos de un campista decente... ¿Quién piensan ustedes que sería? ¡Quién había de ser, por mis negros pecados, sino el demonio de Juan Largo, mi caro amigo y favorecedor! Al instante que entró me vio, y saludando a todos los concurrentes en común y sobre la marcha, se dirigió a mí con los brazos abiertos y me halagó las orejas de esta suerte:

—¡Oh, mi querido Periquillo Sarniento! ¡Tanto bueno por acá! ¿Cómo te va, hermano? ¿Qué haces? Siéntate...

No puedo ponderar la enojada que me di al ver cómo aquel maldito, en un instante, había descubierto mi sarna y mi periquería delante de tantos señores decentes, y lo que yo más sentía, delante de tantas viejas y muchachas burlonas, las que luego que oyeron mis dictados comenzaron a reírse a carcajadas con la mayor impudencia y sin el menor miramiento de mi personita. Yo no sé si me puse amarillo, verde, azul o colorado; lo que sí me acuerdo es que la sala se me oscureció de la cólera, y los carrillos y orejas me ardían más que si los hubiese estregado con chile. Miré al condenado Juan Largo, y le respondí no sé qué con mucho desdén y gravedad, creyendo con este entono corregir la burla de las muchachas y la insolencia de mi amigo; pero nada menos que eso conseguí, pues mientras yo me ponía más serio, las muchachas reían de mejor gana, de modo que parecía que les hacían cosquillas a las muy puercas, y el pícaro de Juan Largo añadía nuevas facetadas con que redoblaban sus caquinos. Viéndome yo en tal apuro, hube de ceder a la violencia de mi estrella y disimular la bola que tenía, riéndome con todos; aunque si va a decir verdad, mi risa no era muy natural, sino algo más que forzada.

En fin, después que me periquearon bastante y disecaron el hediondo cadáver de su sarnosa etimología, ya que no tenían bazo para reír, ni aquel bribón bufonada con qué insultarme, cesó la escena, y calmó, gracias a Dios, la tempestad.

Entonces fue la primera vez que conocí cuán odioso era tener un mal nombre, y qué carácter tan vil es el de los truhanes y graciosos, que no tienen lealtad ni con su camisa; porque son capaces de perder el mejor amigo por no perder la facetada que les viene a la boca en la mejor ocasión; pues tienen el arte de herir y avergonzar a cualquiera con sus chocarrerías, y tan a mala hora para el agraviado, que parece que les pagan, como me sucedió a mí con mi buen condiscípulo, que me fue a hacer quedar mal, justamente cuando estaba yo queriendo quedar bien con su prima. Detestad, hijos míos, las amistades de semejante clase de sujetos.

Llegó la hora de comer, pusieron la mesa, y nos sentamos todos según la clase y carácter de cada uno. A mí me tocó sentarme frente a un sacerdote vicario de Tlalnepantla, a cuyo lado estaba el cura de Cuautitlán (lugar a siete leguas de México), que era un viejo gordo y harto serio.

Comieron todos alegremente, y yo también, que, como muchacho al fin, no era rencoroso, y más cuando trataban de complacerme con abundancia de guisados exquisitos y sabrosos dulces; porque don Martín, que así se llamaba el amo, era bastante liberal y rico.

Durante la comida hablaron de muchas cosas que yo no entendí; pero después que alzaron los manteles, preguntó una señora si habíamos visto la cometa.

—El cometa, dirá usted, señorita —dijo el padre vicario.

—Eso es —respondió la madama.

—Sí, lo hemos visto estas noches en la azotea del curato y nos hemos divertido bastante.

—¡Ay! ¡Qué diversión tan fea! —dijo la madama.

—¿Por qué, señorita?

—¿Por qué? Porque ese cometa es señal de algún daño grande que quiere suceder aquí.

—Ríase usted de eso —decía el cleriguito—; los cometas son unos astros como todos; lo que sucede es, que se ven de cuando en cuando porque tienen mucho que andar, y así son tardones, pero no maliciosos. Si no, ahí está nuestro amigo don Januario, que sabe bien qué cosa son los cometas y por qué se dan tanto a desear de nuestros ojos, y él nos hará favor de explicarlo con claridad para que ustedes se satisfagan.

—Sí, Januario, anda, dinos cómo está eso —dijo la prima.

Mas el demonio de Juan Largo sabía tanto de cometas como de pirotecnia, pero no era muy tonto; y así, sin cortarse, respondió:

—Prima, ese encargo se lo puedes hacer a mi amigo Perico por dos razones, una, porque es muchacho muy hábil, y la dos, porque siendo esta súplica tuya, propia para hacer lucir una buena explicación cometal, por regla de política debemos obsequiar con estos lucimientos a los huéspedes. Conque, vamos, suplícale al Sarnientito que te lo explique; verán ustedes qué pico de muchacho. Así que él no esté con nosotros yo te explicaré, no digo qué cosa son cometas y por dónde caminan, que es lo que ha apuntado el padrecito, sino que te diré cuántos son todos los luceros, cómo se llama cada uno, por dónde andan, qué hacen, en qué se entretienen, con todas las menudencias que tú quieras saber, satisfecho que tengo de contentar tu curiosidad por prolija que seas, sin que haya miedo que no me creas, pues, como dijo tío Quevedo:

El mentir de las estrellas
es un seguro mentir,
porque ninguno ha de ir
a preguntárselo a ellas.

Conque ya quedamos, Poncianita, que te explicará el cometa al derecho y al revés mi amigo Perucho, mientras yo, con licencia de estos señores, voy a ensillar mi caballo.

Y diciendo y haciendo se disparó fuera de la sala sin atender a que yo decía, que estando allí los señores padres, ellos satisfarían el gusto de la señorita mejor que yo. No valió la excusa; el vicario de Tlalnepantla me había conocido el juego, y porfiaba en que fuera yo el explicador.

—Yo —decía—, no, señores; fuera una grosería que yo quisiera lucir donde están mis mayores.

El cura, que era tan socarrón como serio, al oír ésta mi urbanidad, se sonrió al modo de conejo y dijo:

—Sabrán ustedes, para bien saber, que en tiempo de marras había en mi parroquia un cura muy tonto y vano, entre los que eran más tontos; él, pues, un día estaba predicando lleno de satisfacción cuantas majaderías se le venían a la cabeza a unos pobres indios, que eran los que únicamente podían tener paciencia de escucharlo. Estaba en lo más fervoroso del sermón cuando fue entrando en la iglesia el arzobispo mi señor, que iba a la santa visita. Al instante que entró alborotóse el auditorio y turbóse el predicador, siendo su sorpresa mayor que si hubiese visto al diablo. Callóse la boca, quitóse el bonete, y diciéndole Su Ilustrísima que continuara, exclamó: —"¡Cómo era capaz, señor Ilustrísimo, que estando presente mi prelado, fuera yo tan grosero que me atreviera a seguir mi sermón! Eso no, suba Usía Ilustrísima y acábelo, mientras acabo yo la misa *pro populo*." El arzobispo no pudo contener la risa de ver la grande urbanidad de este cura ignorante, y lo bajó del púlpito y del curato. Apliquen ustedes.

Calló el padre gordo diciendo esto. Sonriéronse el vicario y las mujeres, y yo no dejé de correrme, aunque me cabía cierta duda en si lo diría por mi política o por la de Juan Largo; mas no duré mucho en esta suspensión, porque el zaragate del padre vicario probó de una vez todo su arbitrio diciendo a la Poncianita:

—Usted, niña, elija quién ha de explicar lo que es cometa, el colegial o yo; y si la elección recae en mí, lo haré con mucho gusto, porque no me agrada que me ruegen, ni sé hacer desaire a las señoras.

Sin duda la guiñó el ojo, porque al instante me dijo la prima de Largo:

—Usted, señor, quisiera me hiciese ese favor.

No me pude escapar; me determiné a darle gusto; mas no sabía ni por dónde comenzar, porque maldito si yo sabía palabra de cometas, ni cometos; sin embargo, con algún orgullo (prenda esencialísima de todo ignorante), dije:

—Pues, señores, los cometas o las cometas, como otros dicen, son unas estrellas más grandes que todas las demás, y después que son tan grandes, tienen una cola muy larguísima...

—¿Muy larguísima? —dijo el vicario.

Y yo, que no conocía que se admiraba de que ni castellano sabía hablar, le respondí lleno de vanidad:

—Sí, padre, muy larguísima; ¿pues qué, no lo ha visto usted?

—Vaya, sea por Dios —me contestó.

Yo proseguí:

—Estas colas son de dos colores, o blancas o encarnadas; si son blancas, anuncian paz o alguna felicidad al pueblo, y si son coloradas, como teñidas de sangre, anuncian guerras o desastres; por eso *la* cometa que vieron los reyes magos tenía su cola blanca, porque anunció el nacimiento del Señor y la paz general del mundo, que hizo por esta razón el rey Octaviano, y esto no se puede negar, pues no hay nacimiento alguno en la Nochebuena que no tenga su cometita con la cola blanca. El que no los veamos muy seguido es porque Dios los tiene allá retirados, y sólo los deja acercarse a nuestra vista cuando han de anunciar la muerte de algún rey, el nacimiento de algún santo, o la paz o la guerra en alguna ciudad, y por eso no los vemos todos los días; porque Dios no hace milagros sin necesidad. El cometa de este tiempo tiene la cola blanca, y seguramente, anuncia la paz. Esto es —dije yo muy satisfecho—, esto es lo que hay acerca de los cometas. Está usted servida, señorita.

—Muchas gracias —dijo ella.

—No, no muchas —dijo el vicario—; porque el señorito, aunque me dispense, no ha dicho palabra en su lugar, sino un atajo de disparates endiablados. Se conoce que no ha estudiado palabra de astronomía, y por lo propio ignora qué cosas son estrellas fijas, qué son planetas, cometas, constelaciones, dígitos, eclipses, etc., etc. Yo tampoco soy astrónomo, amiguito, pero tengo alguna tintura de una que otra cosilla de éstas; y aunque es muy superficial, me basta para conocer que usted tiene menos, y así habla tantas barbaridades; y lo peor es que las habla con vanidad, y creyendo que entiende lo que dice y que es como lo entiende; pero, para otra vez, no sea usted cándido. Sepa usted que los cometas no son estrellas, ni se ven por milagro, ni anuncian guerras, ni paces, ni la estrella que vieron los reyes del Oriente cuando nació el Salvador era cometa, ni Octaviano fue rey, sino césar o emperador de Roma; ni éste hizo la paz general con el mundo por aquel divino natalicio, sino que el príncipe de la paz, Jesucristo, quiso nacer cuando reinaba en el universo una paz general, que fue en tiempo de Augusto César Octaviano, ni crea usted, finalmente, ninguna de las demás vulgaridades que se dicen de los cometas; y porque no piense

usted que esto lo digo a tintín de boca, le explicaré en breve lo que es cometa. Oiga usted. Los cometas son planetas como todos los demás, esto es: lo mismo que la *Luna, Mercurio, Venus,* la *Tierra, Marte, Júpiter, Saturno* y *Herschel,* los cuales son unos cuerpos esféricos (esto es, perfectamente redondos, o, como vulgarmente decimos, unas bolas), son opacos, no tienen ninguna luz de por sí, así como no la tiene la Tierra, pues la que reflectan o nos envían, se la comunica el sol. La causa de que los veamos de tarde en tarde es porque su curso es irregular respecto a los demás planetas; quiero decir: aquéllos hacen sus giros sobre el sol, esférica, y éstos, elípticamente, pues unos dan su vuelta redonda y otros (los cometas) larga; y ésta es la causa porque teniendo más camino que andar, nos tardamos nosotros más en verlos; así como más pronto verá usted al que haya de ir y venir de aquí a México, que al que haya de ir y venir de aquí a Guatemala; porque el primero tiene menos que andar que el segundo. Esas colas que se les advierten, no son, según los que entienden, otra cosa más que unos vapores que el sol les extrae e ilumina, así como ilumina la ráfaga de átomos cuando entra por una ventana; y este mismo sol, conforme la disposición en que comunica su luz a este vapor, hace que estas colas de los cometas nos presenten un color blanco o rojo, para cuya persuasión no necesitamos atormentar el entendimiento, pues todos los días advertimos las nubes iluminadas con una luz blanca o roja, según su posición respecto al sol.[2] En virtud de esto, nada tenemos que esperar favorable del color blanco de las colas de los cometas, ni que temer adverso por su color rojo. Esto es lo más fundado y probable por los físicos en esta materia; lo demás son vulgaridades que ya todo el mundo desprecia. Si usted quisie-

[2] Estas explicaciones del padre vicario indican que tampoco él estaba muy instruido en el asunto.—E.

re imponerse a fondo de estas cosas, lea al padre Almeida, al Brisson y a otros autores traducidos al castellano que tratan de la materia *pro famotiori*, esto es, con extensión. La que yo he tenido para explicar este asunto, ha sido demasiada, y verdaderamente tiene visos de pedantería, pues estas materias son ajenas y tal vez ininteligibles a las personas que nos escuchan, exceptuando al señor cura; pero la ignorancia y vanidad de usted me han comprometido a tocar una materia singular entre semejantes sujetos, y que por lo mismo conozco habré quebrantado las leyes de la buena crianza; mas la prudencia de estos señores me dispensará, y usted me agradecerá o no mis buenas intenciones, que se reducen a hacerle ver no se meta jamás a hablar en cosas que no entiende.

Contemplen ustedes cómo quedaría yo con semejante responsorio. Al instante conocí que aquel padre decía muy bien, por más que yo sintiera su claridad, pues aunque he sido ignorante, no he sido tonto, ni he tenido cabeza de *tepeguaje;* fácilmente me he docilitado a la razón, porque en la realidad hay verdades tan demostradas y penetrantes que se nos meten por los ojos a pesar de nuestro amor propio. ¡Infelices de aquellos cuyos entendimientos son tan obtusos que no les entran las verdades más evidentes! ¡Y más infelices aquellos cuya obstinación es tal que les hace cerrar los ojos para no ver la luz! ¡Qué pocas esperanzas dan unos y otros de prestarse dóciles a la razón en ningún tiempo! Quedéme confuso, como iba diciendo, y creo que mi vergüenza se conocía por sobre de mi ropa; porque no me atreví a hablar una palabra, ni tenía qué. Las señoras, el cura y demás sujetos de la mesa, sólo se miraban y me miraban de hito en hito, y esto me corría más y más.

Pero el mismo padre vicario, que era un hombre muy prudente, me quitó de aquella media naranja con el mejor disimulo, diciendo:

—Señores, hemos parlado bastante; yo voy a rezar vísperas, y es regular que las señoritas quieran reposar un poco para divertirnos esta tarde con los toritos.

Levantóse luego de la mesa, y todos hicieron lo mismo. Las señoras se retiraron a lo interior de la casa, y los hombres, unos se tiraron sobre los canapés, otros cogieron un libro, otros se pusieron a divertir a los juegos de naipes, y otros, por fin, tomaron sus escopetas y se fueron a pasar el rato a la huerta.

Sólo yo me quedé de non, aunque muchos señores me brindaron con su compañía; pero yo les di las gracias, y me excusé con el pretexto de que estaba cansado del camino, y que acostumbraba dormir un rato de siesta.

Cuando vi que todos estaban o procurando dormir, o divertidos, me salí al corredor, me recosté en una banca, y comencé a hacer las más serias reflexiones entre mí acerca del chasco que me acaba de pasar.

Ciertamente, decía yo, ciertamente que este padre me ha avergonzado; pero, después de todo, yo he tenido la culpa en meterme a dar voto en lo que no entiendo. No hay duda, yo soy un necio, un bárbaro y un presumido. ¿Qué he leído yo de planetas, de astros, cometas, eclipses, ni nada de cuanto el padre me dijo? ¿Cuándo he visto, ni por el forro, los autores que me nombró, ni he oído siquiera hablar de éstos antes que ahora? ¿Pues quién diablos me metió en la cabeza ser explicador de cosa que no entiendo, y luego explicador tan sandio y orgulloso? ¿En qué estaría yo pensando? Ya se ve, soy bachiller en filosofía, soy físico. Reniego de mi física y de cuantos físicos hay en el mundo si todos son tan pelotas como yo. ¡Voto a mis pecados! ¿Qué dirá este padre? ¿Qué dirá el señor cura? ¿Y qué dirán todos? Pero, ¿qué han de decir, sino que soy un burro? Para más fue que yo, el tuno de Juan Largo, que no se atrevió a manifestar su ignorancia. No hay remedio; saber callar es un principio de aprender, y el silencio es una buena tapadera de la poca instrucción. Juan Largo, no hablando, dejó a todos en duda de si sabe o no sabe lo que son cometas; y yo, con hablar tanto, no conseguí sino manifestar mi necedad y ponerme a una vergüenza pública. Pero ya sucedió, ya no hay remedio. Ahora, para que no se pierda todo, es preciso satisfacer al mismo padre, que es quien entiende mi tontera mejor que los demás, y suplicarle me dé un apunte de los autores físicos que yo pueda estudiar; porque, ciertamente, la física no puede menos que ser una ciencia, a más de utilísima, entretenida, y yo deseo saber algo de ella.

Con esta resolución me levanté de la banca y me fui a buscar al vicario, que ya había acabado de rezar, y redondamente le canté la palinodia.

—Padrecito —le dije—: ¿qué habrá usted dicho de la nueva explicación del cometa que me ha oído? Vamos, que usted no esperaba tan repentino entremés sobremesa; pero, la verdad, yo soy un majadero y lo conozco. Como cuando aprendí en el colegio unos cuantos preliminares de física y algunas propiedades de los cuerpos en general, me acostumbré a decir que era físico, lo creí firmísimamente, y pensé que no había ya más que saber en esa facultad. A esta preocupación se siguió el ver que había quedado bien en mis actillos, que me alabaron los convidados y me dieron mis galas; y después de esto, no habrá ocho días que me he graduado de bachiller en filosofía, y me dijeron que estaba yo aprobado *para todo;* pensé que era yo filósofo de verdad, que el tal título probaba mi sabiduría, y que aquel pasaporte que me dieron *para todo,* me facultaba para

disputar de todo cuanto hay, aunque fuera con el mismo Salomón; pero usted me ha dado ahora una lección de que deseo aprovecharme; porque me gusta la física, y quisiera saber los libros donde pueda aprender algo de ella; pero que la enseñen con la claridad que usted.

—Esa es una buena señal de que usted tiene un talento no vulgar —me dijo el padre—; porque cuando un hombre conoce su error, lo confiesa y desea salir de él, da las mejores esperanzas, pues esto no es propio de entendimientos arrastrados que yerran y lo conocen, pero su soberbia no les permite confesarlos; y así ellos mismos se privan de la luz de la enseñanza, semejantes al enfermo imprudente que por no descubrir su llaga al médico, se priva de la medicina y se empeora. Pero ¿dónde aprendió usted ese montón de vulgaridades que nos contó de los cometas? Porque en el colegio seguramente no se las enseñaron.

—Ya se ve que no —le respondí—. Esa copia de lucidísima erudición que he vaciado se la debo a las viejas y cocineras de mi casa.

—No es usted el primero —dijo el padre— que mama con la primera leche semejantes absurdos. Verdaderamente que todas ésas son patrañas y cuentos de viejas. Usted, lo que debe hacer es aplicarse, que aún es muchacho y puede aprovechar. Yo le daré el apuntito que me pide de los autores en que puede leer a gusto estas materias, y le daré también, algunas leccioncitas mientras estemos aquí.

Le di las gracias, quedando prendado de su bello carácter; iba a pedirle un favor de muchacho, cuando nos llamaron para que nos fuéramos a divertir al corral del herradero.

CAPÍTULO VII

PROSIGUE NUESTRO AUTOR CONTANDO LOS SUCESOS QUE LE PASARON EN LA HACIENDA

Sin embargo de que nos llamaron, el padre vicario continuó diciéndome:

—Por lo que toca a lo que usted me pide acerca de que le instruya de los mejores autores físicos, le digo que no es menester apuntito, porque son muy pocos los que he de aconsejar a usted que lea, y fácilmente los puede encomendar a la memoria. Procure usted leer la *Física experimental* de los abates Para y Nollet, las *Recreaciones filosóficas* del padre don Teodoro de Almeida, el *Diccionario de física* y el *Tratado de física* de Brisson. Con esto que usted lea con cuidado tendrá bastante para hablar con acierto de esta ciencia en donde se le ofrezca, y si a este estudio quisiere añadir el de la historia natural, como que es tan análogo al anterior, podrá leer con utilidad el *Espectáculo de la Naturaleza* por Pluche, y con más gusto y fruto la *Historia natural* del célebre Conde de Buffon, llamado por antonomasia el *Plinio de Francia*. Estos estudios, amiguito, son útiles, amenos y divertidos, porque el entendimiento no encuentra en ellos lo abstracto de la teología, la incertidumbre de la medicina, lo intrincado de las leyes, ni lo escabroso de las matemáticas. Todo llena, todo deleita, todo embelesa y todo enseña, así en la física como en la historia natural. Es estudio que no fatiga y ocupación que no cansa. La doctrina que ministra es dulce, y el vaso en que se brinda es de oro. Los que miran el universo por la parte de afuera, se sorprenden con su primorosa perspectiva; pero no hacen más que sorprenderse como los niños cuando ven la primera vez una cosa bonita que les divierte. El filósofo, como ve el universo con otros ojos, pasa más allá de la simple sorpresa: conoce, observa, escudriña y admira cuanto hay en la Naturaleza. Si eleva su entendimento a los cielos, se pierde en la inmensidad de esos espacios llenos de la majestad más soberana; si detiene su consideración en el sol, mira una mole crecidísima de un fuego vivísimo, penetrante e inextinguible, al paso que benéfico e interesante a toda la Naturaleza; si observa la luna, sabe que es un globo que tiene montes, mares, valles, ríos, como el globo que pisa, y que es un espejo que refleja la brillante luz del sol para comunicárnosla con sus influencias; si atiende a los planetas como Venus, Mercurio, Marte y la restante multitud de astros, ya fijos, ya errantes, no contempla sino una prodigiosa infinidad de mundos, ya luminosos, ya iluminados, ya soles, ya lunas que observan constantemente los movimientos y giros en que la sabia Omnipotencia les prescribió desde el principio; si su consideración desciende a este planeta que habitamos, admira la economía de su hechura; mira el agua pendiente sobre la tierra, contenida sólo con un débil polvillo de arena, los montes elevados, las cascadas estrepitosas, las risueñas fuentes, los arroyos mansos, los caudalosos ríos, los árboles, las plantas, las flores, las frutas, las selvas, los valles, los collados, las aves, las fieras, los peces, el hombre y hasta los despreciables insectillos que se arrastran; y todo, todo le franquea teatro a su curiosidad e investigación. La atmósfera, las nubes, las lluvias, el rocío, el granizo, los fuegos fatuos, las auroras boreales, los truenos, los relámpagos, los rayos y cuantos meteoros tiene la Naturaleza, presentan un vastísimo campo a su prolijo y estudioso examen; y después que admira, contempla, examina, discurre, pondera y acicala su entendimiento sobre un caos tan prodigioso de entes heterogéneos, tan admirables como incomprensibles, reflexiona que el conocimiento o ignorancia que tiene de estos mismos seres lo llevan como por la mano hasta la peana del trono del Creador. Entonces el filósofo verdadero no puede menos que anonadarse y postrarse ante el solio de la Deidad Suprema, confesar su poder, alabar su providencia, reconocer en silencio lo sublime de su sabiduría y darle infinitas gracias por el diluvio de beneficios que ha derramado sobre sus criaturas, siendo entre las terrestres la más noble, la más excelsa, la más privilegiada y la más ingrata, el hombre, bajo cuyos pies (nos dice la voz de la verdad) sujetó todo lo creado: *Omnia subjecisti sub pedibus ejus;* y lo mismo será llegar el filósofo a estos sublimes y necesarios conocimientos que comenzar a ser teólogo contemplativo, pues así como todos los rayos de la rueda de un coche descansan sobre la maza que es su centro, así las criaturas reconocen su punto céntrico en el Creador; por manera que los impíos ateístas que niegan la existencia de un Dios creador y conservador del universo proceden contra el testimonio común de las naciones, pues las más bárbaras y salvajes han reconocido este soberano principio; porque los mismos cielos proclaman la gloria de Dios, el firmamento anuncia sus obras maravillosas, y las criaturas todas que se nos manifiestan a la vista son las conductoras que nos llevan a adorar las maravillas que no vemos. Pero, ya se ve, los ateístas son unos brutos que parecen hombres, o unos hombres que voluntariamente quieren ser menos que los brutos. Ello es evidente...

En esto, viendo que nos tardábamos, salieron a llamarnos otra vez las niñas y señores de la hacienda para que fuéramos a ver las travesuras de los payos y caporales, y tuvimos que suspender o, por mejor decir, cortar enteramente una conversación tan dulce para mí; porque en la realidad me entretenía más que todos los herraderos.

Admiráronse de vernos tan unidos al padre y a mí, creyendo que yo conservara algún resentimiento por el sonrojillo que me había hecho pasar sobre mesa; y aun entre chanzas nos descubrieron su pensamiento; pero yo, en medio de mis desbaratos, he debido a Dios dos prendas que no merezco. La una, un entendimiento dócil a la razón, y la otra, un corazón noble y sensible, que no me ha dejado prostituir fácilmente a mis pasiones. Lo digo así porque cuando he cometido algunos excesos, me ha costado dificultad sujetar el espíritu a la carne. Esto es, he cometido el mal conociéndolo y atropellando los gritos de mi conciencia y con plena advertencia de la justicia, lo que acaece a todo hombre cuando se desliza al crimen. Por estas buenas cualidades que digo he visto brillar en mi alma, jamás he sido rencoroso, ni aun con mis enemigos; mucho menos con quien he conocido que me ha aconsejado bien, tal vez con alguna aspereza, lo que no es común, porque nuestro amor propio se resiente de ordinario de la más cariñosa corrección, siempre que tiene visos de regaño; y por eso los de la hacienda se admiraban de la amistosa armonía que observaban entre mí y el padre.

Fuímonos, por fin, al circo de la diversión, que era un gran corral, en el que estaban formados unos cómodos tabladitos. Sentámonos el padre vicario y yo juntos, y entretuvimos la tarde mirando herrar los becerros y ganado caballar y mular que había. Mas advertí que los espectadores no manifestaban tanta complacencia cuando señalaban a los animales con el fuego, como cuando se toreaban los becerrillos o se jineteaban los potros, y mucho más cuando un torete tiraba a un muchacho de aquéllos, o un muleto desprendía a otro de sobre sí; porque entonces eran desmedidas las risadas, por más que el golpeado inspirara la compasión con la aflicción que se pintaba en su semblante

Yo, como hasta entonces no había presenciado semejante escena, no podía menos que conmoverme al ver a un pobre que se levantaba rengueando de entre las patas de una mula o las astas de un novillo. En aquel momento sólo consideraba el dolor que sentiría aquel infeliz, y esta genial compasión no me permitía reír cuando todos reventaban a caquinos. El juicioso vicario, que ¡ojalá hubiera sido mi mentor toda la vida!, advirtió mi seriedad y silencio, y leyéndome el corazón, me dijo:

—¿Usted ha visto toros en México alguna vez?

—No, señor —le contesté—; ahora es la primera ocasión que veo esta clase de diversiones, que consisten en hacer daño a los pobres animales, y exponerse los hombres a recibir los golpes de la venganza de aquéllos, la que juzgo se merecen bien por su maldita inclinación y barbarie.

—Así es, amiguito —me dijo el vicario—; y se conoce que usted no ha visto cosas peores. ¿Qué dijera usted si viera las corridas de toros que se hacen en las capitales, especialmente en las fiestas que llaman *Reales?* Todo lo que usted ve en éstas son frutas y pan pintado; lo más que aquí sucede es que los toretes suelen dar sus revolcadillas a estos muchachos, y los potros y mulas sus caídas, en las que ordinariamente quedan molidos y estropeados los jinetes, mas no heridos o muertos, como sucede en aquellas fiestas públicas de las ciudades que dije; porque allí, como se torean toros escogidos por feroces, y están puntales, es muy frecuente ver los intestinos de los caballos enredados en sus astas; hombres gravemente lastimados y algunos muertos.

—Padre —le dije yo—, ¿y así exponen los racionales sus vidas para sacrificarlas en las armas enojadas de una fiera? ¿Y así concurren todos de tropel a divertirse con ver derramar la sangre de los brutos, y tal vez de sus semejantes?

—Así sucede —me contestó el vicario—, y sucederá siempre en los dominios de España hasta que no se olvide esta costumbre tan repugnante a la Naturaleza, como a la ilustración del siglo en que vivimos. Conversamos largo rato sobre esto, como que es materia muy fértil, y cuando mi amigo el vicario hubo concluido, le dije:

—Padre, estoy pensando que ese *demontre* de Januario o Juan Largo, mi condiscípulo, luego que sepa los disparates que yo dije del cometa y la justa represión de usted, me ha de burlar altamente y en la mesa delante de todos, porque es muy *pandorguista*, y tiene su gusto en pararle la bola, como dicen, a cualquiera en la mejor concurrencia; y yo, ciertamente, no quisiera pasar otro bochorno como el de a mediodía, o ya que él sea tan mal amigo y tan imprudente, que padeciera el mismo tártago que yo, haciéndolo usted quedar mal con alguna preguntita de física, pues estoy seguro que entiende tanto de esto como de hacer un par de zapatos; y así le encargo a usted que me haga este favor y le saque los colores a la cara por faceto.

—Mire usted —me dijo el padre—; a mí me es fácil desempeñar a usted, pero ésa es una venganza, cuya vil pasión debe usted refrenar toda la vida; la venganza denota una alma baja que no sabe ni es capaz de disimular el más mínimo agravio. El perdonar las injurias no es sólo señal característica de un buen cristiano, sino también de un alma noble y grande. Cualquiera, por pobre, por débil y cobarde que sea, es capaz de vengar una ofensa; para esto no se necesita religión, ni talento, ni prudencia, ni nobleza, cuna, educación ni nada bueno; sobra con tener una alma vil, y dejar que la ira corra por donde se le antoje para suscribir fácilmente a los sanguinarios sentimientos que inspira. Pero para olvidar un agravio, para perdonar al que nos lo infiere, y para remunerar la maldad con acciones benéficas, es menester no solamente saber el Evangelio, aunque esto debía ser suficiente, sino tener una alma heroica, un corazón sensible, y esto no es común; tampoco lo es ver unos héroes como Trajano, de quien se cuenta que dando audiencia pública llegó al trono un zapatero fingiendo iba a pedir justicia; acercóse al emperador, y aprovechando un descuido, le dio una bofetada. Alborotóse el pueblo, y los centinelas querían matarlo en el acto; pero Trajano lo impidió para castigarlo por sí mismo. Ya asegurado el alevoso, le preguntó: "¿Qué injuria te he hecho, o qué motivo has tenido para insultarme?" El zapatero, tan necio como vano, le contestó: "Señor, el pueblo bendice vuestro amable carácter; nada tengo que sentir de vos; mas he cometido este sacrílego delito, sabiendo que he de morir, sólo porque las generaciones futuras digan que un zapatero tuvo valor para dar una bofetada al emperador Trajano." "Pues bien —dijo éste—; si ése ha sido el motivo, tú no me has de exceder en valor. Yo también quiero que diga la posteridad, que si un zapatero se atrevió a dar una bofetada al emperador Trajano, Trajano tuvo valor para perdonar al zapatero. Anda libre." Esta acción no necesita ponderarse; ella sola se recomienda, y usted puede deducir de ella y de miles de iguales que hay en su línea, que para vengarse es menester ser vil y cobarde; y para no vengarse es preciso ser noble y valiente; porque el saber vencerse a sí mismo y sujetar las pasiones es el más difícil vencimiento, y por eso es la victoria más recomendable, y la prueba más inequívoca de un corazón magnánimo y generoso. Por todo esto, me parece que será bueno que usted olvide y desprecie la injuria del señor Januario.

—Pues, padrecito —le dije—, si más valor se necesita para perdonar una injuria que para hacerla, yo, desde ahora, protesto no vengarme ni de Juan Largo ni de cuantos me agravien en esta vida.

—¡Oh, don Pedrito! —me contestó el vicario—. ¡Cuán apreciable fuera esta clase de protestas en el mundo si todas se llevasen a cabo! Pero no hay que protestar en esta vida con tanta arrogancia, porque somos muy débiles y frágiles, y no podemos confiar en nuestra propia virtud, ni asegurarnos en nuestra sola palabra. A la hora de la tempestad hacen los marineros mil promesas, pero llegando al puerto se olvidan como si no se hubieran hecho. Cuando la tierra tiembla no se oyen sino plegarias, actos de contrición y propósitos de enmienda; mas luego que se aquieta, el ebrio se dirige al vaso, el lascivo a la dama, el tahúr a la baraja, el usurero a sus lucros, y todos a sus antiguos vicios. Una de las cosas que más perjudican al hombre es la confianza que tienen en sí mismo. Ésta pone en ocasión de prostituirse a los jóvenes, de extraviar a las almas timoratas, de abandonarse a los que ministran la justicia, y de ser delincuentes a los más sabios y santos. Salomón prevaricó; y San Pedro, que se tenía por el más valiente de los apóstoles, fue el primero y aun el único que negó a su divino Maestro. Conque no hay que fiar mucho en nuestras fuerzas, ni que charlar sobre nuestra palabra, porque mientras no llega la ocasión, todos somos rocas; pero, puestos en ella, somos unas pajitas miserables que nos inclinamos al primer vientecillo que nos impele.

Poco más duró nuestra conversación cuando se acabó la tarde y con ella aquella diversión, siéndonos preciso trasladarnos a la sala de la hacienda.

Como en aquella época no se trataba sino de pasar el rato, todos fueron entreteniéndose con lo que más les gustaba, y así fueron tomando sus naipes y bandolones, y comenzaron a divertirse unos con otros. Yo entonces ni sabía jugar (o no tenía qué, que es lo más cierto) ni tocar, y así me fui por una cabecera del estrado para oír cantar a las muchachas, las que me molieron la paciencia a su gusto; porque se acercaban hacia mí dos o tres, y una decía:

—Niña, cuéntame un cuento, pero que no sea el de Periquillo Sarniento.

Otra me decía:

—Señor, usted ha estudiado, díganos, ¿por qué hablan los pericos como la gente?

Otra decía:

—Ay, niña, ¡qué comezón tengo en el brazo! ¿Si tendré sarna?

Así me estuvieron chuleando estas madamas toda la noche hasta que fue hora de cenar.

Púsose la mesa, sentámonos todos y con todos mi amiguísimo Juan Largo, que hasta entonces se había estado jugando malilla, o no sé qué.

Mientras duró la cena se trataron diversos asuntos. Yo, en uno que otro, metía mi cucharada; pero después de provocado, y siempre con las salvas de: *según me parece, yo no tengo inteligencia, dicen, he oído asegurar,* etc., pero ya no hablé con arrogancia, como al mediodía; ya se ve, tal me tenía de acobardado el sermón que me espetó el vicario en mis bigotes. ¡Oh, cuánto aprovecha una lección a tiempo!

Se alzó la mesa, y mi buen amigo Juan Largo, dirigiendo a mí la palabra, comenzó a desahogar su genio bufón, lo mismo que yo me había pensado.

—Conque, Periquillo —me dijo—, ¿las cometas son una cosa a modo de trompetas? ¡Vamos, que tú has quedado lucido en el acto del mediodía! Sí, ya sé tus gracias; no sabía yo que tenía por condiscípulo un tan buen físico como tú, y a más de físico, astrónomo. Seguramente que con el tiempo serás el mejor almanaquero del reino. A hombre que

sabe tanto de cometas, ¿qué cosa se le podrá ocultar de todos los astros habidos y por haber?

Las mujeres, como casi siempre obran según lo que primero advierten, y en esta rechifla no veían otra cosa que una burleta, comenzaron a reír y a verme más de lo que yo quería; pero el padre vicario, que ya me amaba y conocía mi vergüenza, procuró libertarme de aquel chasco, y dijo a don Martín (que ya dije era dueño de la hacienda) :

—¿Conque pasado mañana tiene usted eclipse de sol?

—Sí, señor —dijo don Martín—, y estoy tamañito.

—¿Por qué? —preguntó el vicario.

—¿Cómo por qué? —dijo el amo—; porque los *eclises* son el diablo. Ahora dos años me acordé que estaba ya viniéndose mi trigo, y por el maldito *eclis* nació todo chupado y ruincísimo, y no sólo, sino que toda la cría de ganado que nació en aquellos días se maleó y se murió la mayor parte. Vea usted si con razón les tengo tanto miedo a los *eclises.*

—Amigo don Martín —dijo el vicario—, yo creo que no es tan bravo el león como lo pintan; quiero decir que no son los pobres eclipses tan perversos como usted los supone.

—¿Cómo no, padre? —dijo don Martín—. Usted sabrá mucho, pero tengo mucha *esperencia,* y ya ve que la *esperencia* es madre de la *cencia.* No hay duda, los *eclises* son muy dañinos a las sementeras, a los ganados, a la *salú* y hasta a las mujeres preñadas. *Ora* cinco años me acordé que estaba encinta mi mujer, y no lo ha de creer, pues hubo *eclis* y nació mi hijo Polinario *tencuitas.*

—¿Pero por qué fue esa desgracia? —preguntó el cura.

—¿Cómo por qué señor? —dijo don Martín—, porque se lo comió el *eclis.*

—No se engañe usted —dijo el vicario—; el eclipse es muy hombre de bien, a nadie se come ni perjudica, y si no, que lo diga don Januario. ¿Qué dice usted, señor bachiller?

—No hay remedio —contestó lleno de satisfacción, porque le habían tomado su parecer—; no, no hay remedio —decía—; el eclipse no puede comer la carne de las criaturas encerradas en el vientre de sus madres; pero sí puede dañarlas por su maligna influencia, y hacer que nazcan *tencuas* o *corcovadas*, y mucho mejor puede con la misma malignidad matar las crías y chuparse el trigo, según ha dicho mi tío, atestiguando con la experiencia, y ya ve usted, padre mío que *quod ab experientia patet non indiget probatione.* Esto es: no necesita de prueba lo que ya ha manifestado la experiencia.

—No me admiro —dijo el padre— que su tío de usted piense de esa manera, porque no tiene motivo para otra cosa; pero me hace mucha fuerza oír producirse de igual modo a un señor colegial. Según eso, dígame usted, ¿qué son los eclipses?

—Yo creo —dijo Januario— que son aquellos choques que tienen el sol y la luna, en los que uno u otro salen perdiendo siempre, conforme es la fuerza del que vence; si vence el sol, el eclipse es de la luna, y si vence ésta, se eclipsa el sol. Hasta aquí no tiene duda; porque mirando el eclipse en una bandeja de agua, materialmente se ve cómo pelea el sol con la luna; y se advierte lo que uno u otro se comen en la lucha; y si tienen virtud estos dos cuerpos para hacerse tanto daño siendo solidísimos, ¿cómo no podrán dañar a las tiernas semillas y a las débiles criaturas del mundo?

—Eso es lo que yo digo —repuso el bueno de don Martín—. Vea usted, padre, si digo bien o mal. No hay que hacer, mi sobrino es muy sabido; ansí mesmo según y como él explica el eclis, lo explicaba su padre, mi difunto hermano, que era hombre de muchas letras, y allá en la Huasteca, nuestra tierra, decían todos que era un pozo de *cencia*.

¡Ah, mi hermano! Si él viviera, ¡qué gusto tuviera de ver a su hijo Januarito tan adelantado!

—No mucho, aunque me perdone —dijo el vicario—; porque el señor no entiende palabra de cuanto ha dicho; antes es un blasfemo filosófico. ¿Qué pleitos, qué choques, influencias fatales ni malditas quiere usted que produzcan los eclipses? Sepa usted, señor don Martín, que el mayor eclipse no le puede hacer a usted ni a sus siembras ni ganado más daño que quitarles una poca de luz por un rato. No hay tal pleito del sol y la luna ni tales faramallas. ¿Se pudiera usted pelear de manos desde aquí con uno que estuviera en México?

—Ya se ve que no —dijo don Martín.

—Pues lo propio sucede al sol respecto de la luna —prosiguió el vicario—; porque dista un astro de otro muchísimas leguas.

—Pues en resumidas cuentas —preguntó don Martín—, ¿qué es *eclis?*

—No es otra cosa —respondió el padre vicario— que la interposición de la luna entre nuestra vista y el sol, y entonces se llama eclipse de sol, o la interposición de la Tierra entre la luna y el sol, y entonces se dice eclipse de luna.

—¿Ya ve usted todo eso? —dijo el payo—, pues no lo entiendo.

—Pues yo haré que lo perciba usted clarísimamente —dijo el padre—. Sepa usted que siempre que un cuerpo opaco se opone entre nuestra vista y un cuerpo luminoso, el opaco nos embaraza ver aquella porción de luz que cubre con su disco.

—*Agora* lo entiendo menos —decía don Martín.

—Pues me ha de entender usted —replicó el padre—. Si usted pone su mano enfrente de sus ojos y la luz de la vela, claro es que no verá la llama.

—Eso sí entiendo.

—Pues ya entendió usted el eclipse.

—¿Es posible, padre —decía don

Martín muy admirado—, es posible que tan poco tienen que entender los *eclises?*

—Sí, amigo mío —decía el vicario—. Lo que sucede es, que como su mano de usted es mayor que la llama de la vela, siempre que la ponga frente de ella, la tapará toda y hará un eclipse total; pero si la pone frente de una luminaria de leña, seguramente no la tapará toda sino un pedazo; porque la luminaria es más grande que la mano de usted, y entonces puede usted decir que hizo un eclipse parcial, esto es, que tapó una parte de la llama de la luminaria. ¿Lo entiende usted?

—Y muy bien —respondió el payo—. Pero ¿qué tan fácilmente *ansí* se entienden los *eclises* del sol y de la luna?

—Sí, señor —dijo el padre—. Ya dije a usted que el sol está a muchas leguas distante de la luna; es mucho mayor que ella, lo mismo que la luminaria es mucho más grande que su mano de usted, y así cuando la luna pasa por entre el sol y nuestros ojos, tapa un pedazo de éste, que es lo que no vemos, y lo que al señor Januario, a usted y a otros les parece comido no es otra cosa que la mano que pasa frente de la luminaria. ¿Lo entiende usted?

—Completamente —dijo don Martín—, y según eso nunca habrá *eclises* totales de sol, porque es la luna mucho más chica, y no lo puede tapar todo.

—Así debía ser —dijo el vicario—, si siempre la luna pasara a una misma distancia respecto del sol y nuestra vista; pero como algunas veces pasa quedando muy cerca de nosotros,[1] nos lo cubre totalmente, así como siempre que usted se ponga la mano junto de los ojos, no verá nada de la luminaria, sin embargo de que su mano de usted es mucho más chica que la luminaria; y ahora sí creo que me ha entendido usted.

—¿Y los de la luna cómo son? —preguntó el payo.

—Del mismo modo —dijo el padre—; así como la luna tapa u oscurece un pedazo de sol[2] cuando se pone entre él y nosotros, así la Tierra tapa u oscurece un pedazo de luna o toda, cuando se pone entre ella y el sol.

—*Ansí* debe ser —dijo don Martín—, y *ora* reflejo que he visto algunos *eclises* del sol y luna totales como usted les llama, o que se ha tapado toda, de modo que hemos estado *oscuras* totalísimamente. Sobre que no le hace que la luminaria sea más grande que la mano. ¿Y es posible que no son otra cosa los *eclises?*

—Sí, señor —dijo el padre—, no son otra cosa, y teniendo el año trescientos sesenta y cinco o sesenta y seis días, si es bisiesto, tenemos nosotros otros tantos eclipses del sol, y totales, que es más gracia.

—¡Cómo, padre! —decía don Martín.

—Ya se ve que sí —dijo el vicario—. ¿Ve usted de noche el sol?

—No, señor, ni una pizca —respondió don Martín.

—Pues ahí tiene usted que se le eclipsa el sol todo entero, y para que usted no me vea, tanto tiene que yo me meta a la recámara, como que usted cierre los ojos.

—Es verdad —decía don Martín—; pero según que usted me ha dicho, y según lo que *agora* me dice, creo que el mundo es mucho más grandísimo que el sol, que no puede menos, sobre que lo estamos mirando.

—Pues sí puede menos, amigo —dijo el vicario—, y en efecto, es tan pequeño respecto al sol, como lo es una avellana respecto a un coco.

—Pues entonces —replicó don Martín—, salimos con lo que usted me dijo, pues aunque mi mano sea más chica que la luminaria, me la

[1] No es la distancia de la luna respecto de nosotros lo que hace que sean totales los eclipses, sino su completa interposición.—E.

[2] Bien sabía el vicario que lo que se oscurece no es el sol, sino la Tierra que recibe la sombra; pero se explicó así porque lo entendiera don Martín.

puede tapar toda en estando muy cerca de mis ojos.

—Así es —dijo el vicario—; puede o no puede taparla toda, según la distancia en que usted la pusiere respecto a sus ojos. Si la pone lejos de ellos, no tapará toda la luminaria, algo verá usted de ella; pero si se la pone en las narices, no verá nada.

—Ya se ve que así ha de ser —decía don Martín—, y no solamente no veré la luminaria, pero ni la puerta de la hacienda que es más grande, ni cosa alguna, y eso será porque casi me tapo los ojos con la mano poniéndola tan cerca.

—Pues vea usted la razón —dijo el padre— porqué se suelen ver algunos eclipses totales de sol causados por la luna, porque ésta, aunque mucho más pequeña que él, si se pasa muy cerca de nosotros, como en realidad pasa algunas veces, hace el efecto de la mano frente de la luminaria, y lo mismo hace la Tierra, sin embargo de su pequeñez, eclipsándonos el sol todas las noches por estar pegada a nosotros.[3]

—Perfectamente entendí todo el asunto de los eclises, padre vicario —dijo don Martín—, y creo que cualquiera lo entenderá, por negado que sea. ¿Lo entendistes hija? ¿Lo han entendido, muchachas?

Todas a una voz respondieron que sí, y que muy bien, que ya sabían que podían hacer eclipses de sol, de luna o de luminarias, cada vez que se les antojara; pero el buen don Martín volvió a preguntar:

—Dígame usted, padre, ya que los eclises no son más que eso, ¿por qué son tan dañinos que nos pierden las siembras, los ganados, y hasta nos enferman y sacan imperfectos los muchachos?

—Ésa es la vulgaridad —respon-

dió el vicario—. Los eclipses en nada se meten, ni tienen la culpa de esas desgracias. Las siembras se pierden, o porque les ha faltado cultivo a su tiempo, o han escaseado las aguas, o la semilla estaba dañada, o era ruin, o la tierra carece de jugos, o está cansada, etc. Los ganados malparen, o las crías nacen enfermas, ya porque se lastiman las hembras, o padecen alguna enfermedad particular que no conocemos, o han comido alguna hierba que las perjudica, etc.; últimamente, nosotros nos enfermamos o por el excesivo trabajo, o por algún desorden en la comida o bebida, o por exponernos al aire sin recato estando el cuerpo muy caliente, o por otros mil achaques que no faltan; y las criaturas nacen *tencuas,* raquíticas, defectuosas o muertas, por la imprudencia de sus madres en comer cosas nocivas, por travesear, corretear, alzar cosas pesadas, trabajar mucho, tener cóleras vehementes, o recibir golpes en el vientre. Conque vea usted cómo no tienen los pobres eclipses la culpa de nada de esto.

—Bien —dijo don Martín—, pero ¿cómo suceden estas desgracias puntualmente cuando hay *eclis?*

—La desgracia de los eclipses —dijo el vicario—, consiste en que suceda algo de esto en su tiempo; porque los pobres que no entienden de nada, luego luego echan la culpa a los eclipses de cuantas averías hay en el mundo. Así como cuando uno se enferma, lo primero que hace es buscar achaque a su enfermedad, y tal vez cree que se la ocasionó lo más inocente. Conque, amigo, no hay que ser vulgares, ni que quitar el crédito a los pobrecitos eclipses, que es pecado de restitución.

Celebraron todos al padre vicario, y le pegaron un buen tabardillo al amigo Juan Largo, de modo que se levantó de allí chillándole las orejas. A poco rato nos fuimos a acostar.

[3] Esto coincide con la explicación anteriormente anotada, que no es exacta.—E.

CAPÍTULO VIII

EN EL QUE ESCRIBE PERIQUILLO ALGUNAS AVENTURAS QUE LE PASARON EN
LA HACIENDA Y LA VUELTA A SU CASA

A OTRO DÍA nos levantamos muy contentos; el señor cura hizo poner su coche, y el padre vicario mandó ensillar su caballo para irse a sus respectivos destinos. El padre vicario se despidió de mí con mucho cariño, y yo le correspondí con el mismo, porque era un hombre amable, benéfico y no soberbio ni necio.

Fuéronse, por fin, y yo quedé sin tan útil compañía. El hermano Juan Largo, tan tonto y sinvergüenza como siempre (porque es propiedad del necio no dársele nada de cosa alguna de esta vida), a la hora del almuerzo me comenzó a burlar con la cometa; pero yo le rebatí defendiéndome con los disparates que él había hablado acerca del eclipse, con cuya diligencia lo dejé corrido, y él debía de haber advertido que es una majadería ponerse a apedrear el tejado del vecino el que tiene el suyo de vidrio.

Fuérase porque yo era nuevo en la casa, o porque tenía un genio más prudente y jovial, las señoras, las muchachas y todos me querían más que a Juan Largo, que era naturalmente tosco y engreído. Con esto, cuando yo decía alguna facetada, la celebraban infinito, y de esto mondaba mi rival Januario, y trataba de vengarse siempre que hallaba ocasión, sin poder yo librarme de sus maldades, porque las tramaba con la capa de la amistad. ¡Abominable carácter de almas viles, qué fabrican la traición a la sombra de la misma virtud!

Como yo por una parte lo amaba, y él por otra tenía un genio intrigante, me disimulaba sus malas intenciones, y yo me entregaba sin recelo a sus dictámenes.

Todas las tardes salíamos a pasear a caballo. Ya se deja entender qué buen jinete sería yo, que no había montado sino los caballos de alquiler barato de México; animales flacos, trabajados y de una zoncería y mansedumbre imponderable. No eran así los de la hacienda, porque casi todos estaban lozanos y eran briosos; motivo bastante para que yo les tuviera harto miedo; por esto me ensillaban los de la señora y de la niña su hija, y todas las tardes, como dije, salíamos a pasear Januario, yo y dos hijos del administrador, que eran muy buenas maulas.

De todos los cuatro yo era el menos jinete, o como dicen, el más colegial; con esto, me hacían mil travesuras en el campo, como colearme los caballos, maneármelos, espantármelos, y cuanto podían para que, a pesar de ser mansos, se alborotasen y me echaran al suelo, como lo hacían sin mucha dificultad a cada instante; de suerte que aunque los golpes que yo llevaba eran ligeros y de poco riesgo por ser en las hierbas, o en la arena, sin embargo fueron tantos que no sé cómo no bastaron a acobardarme. Bien que mis buenos amigos, después que reían a mi costa cuanto querían, me consolaban contándome las caídas que habían llevado para aprender, y añadían: "No te apures, hombre, esto no es nada; pero aunque en cada caída te quebraras una pierna, o se te sumiera una costilla, lo debías tener a mucha dicha cuando vieras lo que aprovechan estas lecciones de los caballos para tenerse bien en ellos; porque, amigo, no hay remedio, los golpes hacen jinete; y tú mismo advertirás que ya no estás tan lerdo como antes; no, ya te tienes más y te sientas mejor, y si duras otro poco en la hacienda, nos has de dar a todos ancas vueltas."

¿Quién creerá que estas frívolas lisonjas eran las bilmas medicinales que aquellos tunantes aplicaban a mis golpes y magullones? ¿Y quién creerá que yo me daba por muy bien servido con ellas, y se me olvidaba la jácara que me hacían al caer, y los pugidos que me costaba levantarme algunas veces? Mas, ¿quién lo ha de creer, sino aquel que sepa que la adulación se hace tanto lugar en el corazón humano, que nos agrada aun cuando viene dirigida por nuestros propios enemigos?

El picarón de Januario no se saciaba de hacerme mal por cuantos medios podía, y siempre fingiéndome una amistad sincera. Una tarde de un día domingo en que se toreaban unos becerros, me metió en la cabeza que entrara yo a torear con él al corral; que eran los becerros chicos; que estaban despuntados; que él me enseñaría; que era una cosa muy divertida; que los hombres debían saber de todo, especialmente de cosas de campo; que el tener miedo se quedaba para las mujeres, y qué sé yo qué otros desatinos, con los que echó por tierra todo aquel escándalo que yo manifesté al vicario la vez primera que vi la tal zambra de hombres y brutos. Se me disipó el horror que me inspiraron al principio estos juegos, falté a mi antigua circunspección en este punto, y atropellando con todo, me entré al corral a pie; porque me juzgué más seguro.

A los principios llamaba al becerro a distancia de diez o doce varas, con cuya ventaja me escapaba fácilmente de su enojo subiéndome a las trancas del corral; mas como en esta vida no hay cosa a que no se le pierda el miedo con la repetición de actos, poco a poco se lo fui perdiendo a los becerros, viendo que me libraba de ellos sin dificultad, y ayudado con los estímulos de mis buenos amigos y camaradas, que a cada momento me gritaban: "arrímese, colegial; arrímate hombre, no seas collón; anda, Coquita",[1] y otras incitaciones de esta clase, me fui acercando más y más a sus testas respetables, hasta que en una de ésas se me puso por detrás de puntillas el señor Juan Largo, y cuando yo quise huir no pude, porque él me embarazó la carrera haciendo que tropezaba conmigo, con cuyo auxilio tan a tiempo, me alcanzó el becerro, y levantándome en el aire con su mollera, me hizo caer en tierra como un zapote, mal de mi grado, y a la distancia de cuatro a cinco varas. Yo quedé todo desguarnido del susto y del porrazo; pero con todo esto, como el miedo es ligerísimo y yo temía la repetición del lance, pues el becerro aún esperaba concluir su triunfo, me levanté al momento sin advertir que al golpe se me habían reventado los botones y las cintas de los calzones, y así habiéndoseme bajado a los talones quedé engrillado, sin poder dar un paso y en la más vergonzosa figura; pero el maldito novillo, aprovechando mi ineptitud para correr, repitió sobre mí un segundo golpe, más con tal furia que a mí me pareció que me habían quebrado las costillas con una de las torres de Catedral, y que había volado más allá de la órbita de la luna; pero al dar en el suelo tan furioso costalazo como el que di, no volví a saber de cosa alguna de esta vida.

Quedé privado; subiéronme cubierto con unas *mangas,* y se acabó la diversión con el susto, creyeron todas las señoras que me había dado golpe mortal en el cerebro.

Quiso Dios que no pasó de una ligera suspensión del uso de los sentidos; pues con los auxilios de la lana prieta,[2] el álcali, ligaduras y otras cosas, volví en mí al cabo de

[1] Lo mismo que marica o mariquita.—E.

[2] La gente vulgar cree que esta lana y no la blanca es la que tiene virtud de hacer volver en sí al que está privado de sentidos, y a esta vulgaridad alude el autor.—E.

media hora, sin más novedad que un dolorcillo en el hueso *cóccix,* que no dejaba de molestarme más de lo que yo quería.

Pero cuando estuve en mi entero acuerdo y me vi rodeado de todos los señores que estaban en la hacienda, tendido en una cama, muy abrigado, y llenos todos de sobresalto, preguntándome unos: "¿Cómo se siente usted?" Otros: "¿Qué tiene usted?" Y todos: "¿Qué le duele?" Y en medio de esta concurrencia advertí mis calzones sueltos, por haberse reventado la pretina, y me acordé de las faldas de mi camisa y del lance que me acababa de pasar, me llené de vergüenza (pasión que no me ha faltado del todo), y hubiera querido haber caído honestamente como César cuando lo asesinó Bruto.

Les di gracias por su cuidado, contestándoles que no me había hecho mayor mal; mas con todo eso, la señora de la hacienda me hizo tomar un vaso de vinagre aguado, y a poco rato una poción de calahuala, con lo que a otro día estaba enteramente restablecido.

Mi buen amigo Januario en aquel primer rato de mi mal, y cuando todos estaban temiendo no fuera cosa grave, se manifestó bien apesadumbrado con toda aquella hipocresía que sabía usar; mas al siguiente día que me vio fuera de riesgo, me cogió a cargo y comenzó a desahogar todas sus bufonadas, haciéndome poner colorado a cada momento delante de las muchachas, con el vergonzoso recuerdo de mi pasada aventura, insistiendo en mi desnudez, en la posición de mi camisa y en el indecente modo de mi caída.

Como él con sus truhanadas excitaba la risa de las niñas, y yo no podía negarlo, me avergonzaba terriblemente, y no hallaba más recurso que suplicarle no me sonrojara en aquellos términos; pero mi súplica sólo servía de espuela a su maldita verbosidad, y esto me añadía más vergüenza y más enojo.

Para serenarme me decía:

—No seas tonto, hermano, si esto es chanza. Esta tarde nos iremos a pasear a Cuamatla, verás qué hacienda tan bonita. ¿Qué caballo quieres que te ensillen? ¿El Almendrillo o el Grullo de tía?

Yo le contesté la primera vez que me lo dijo:

—Amigo, yo te agradezco tu cariño; pero excúsate de que me ensillen ningún caballo, porque yo no pienso volver a montar en mi vida grullos ni grullas, ni pararme delante de una vaca, cuanto menos delante de los toros o becerros.

—Anda, hombre —decía él—, no seas tan cobarde: no es jinete el que no cae, y el buen toreador muere en las astas del toro.

—Pues muere tú, norabuena —le respondía yo—, y cae cuantas veces quisieras, que yo no he reñido con mi vida. ¿Qué necesidad tengo de volver a mi casa con una costilla menos o una pierna rota? No, Juan Largo, yo no he nacido para caporal ni vaquero.

En dos palabras: yo no volví a montar a caballo en su compañía, ni a ver torear siquiera, y desde aquel día comencé a desconfiar un poco de mi amigo. ¡Feliz quien escarmienta en los primeros peligros!, pero más "feliz el que escarmienta en los peligros ajenos", como dijo un antiguo: *Felix quem faciunt aliena pericula cautum.* Esto se llama saber sacar fruto de las mismas adversidades.

A los tres días de este suceso se acabaron las diversiones, y cada huésped se fue para su casa. El malvado Januario había advertido que yo veía con cariño a su prima y que ella no se incomodaba por esto, y trató de pegarme otro chasco que estuvo peor que el del becerro.

Un día que no estaba en casa don Martín, porque se había ido a otra hacienda inmediata, me dijo Januario:

—Yo he notado que te gusta Ponciana, y que ella te quiere a ti. Vamos, dime la verdad; ya sabes que soy tu amigo y que jamás me has reservado secreto. Ella es bonita; tú tienes buen gusto, y yo te lo pregunto porque sé que puedo servir a tus deseos. La muchacha es mi prima y no me puedo yo casar con ella; y así me alegrara que disfrutara de su amor un amigo a quien yo quisiera tanto como a ti.

¿Quién había de pensar que ésta era la red que me tendía este maldito para burlarse de mí a costa de mi honor? Pues así fue, porque yo, tan fácil como siempre, lo creí, y le dije:

—Que tu prima es de mérito, es evidente; que yo la quiero, no te lo puedo negar, pero tampoco puedo saber si ella me quiere o no, pues no tengo por dónde saberlo.

—¿Cómo no? —dijo Januario—. ¿Pues qué, nunca le has dicho tu sentimiento?

—Jamás le he hablado de eso —le respondí.

—¿Y por qué? —instó él.

—¿Cómo por qué? —le dije yo—; porque le tengo vergüenza; dirá que soy un atrevido, lo avisará a su madre, o me echará noramala. A más de eso, tu tía es muy celosa, jamás nos da lugar de hablar, ni la deja sola un momento; conque, ¿cómo quieres que tenga yo lugar para tratar con esa niña unas conversaciones de esta clase?

Rióse Januario grandemente, burlóse de mi temor y recato y me dijo:

—Eres un pazguato; no te juzgaba yo tan zonzo y para nada; ¡miren qué dificultades tan grandes tienes que vencer! Quita allá, collón. Todas las mujeres se pagan de que las quieran, y aunque no correspondan, agradecen el que se lo digan. Ahora, ¿no has oído decir que al que no habla nadie le oye? Pues habla, salvaje, y verás cómo alcanzas. Si temes a la vieja de mi tía, yo te haré juego, yo te proporcionaré que le hables a solas, despacio y a tu satisfacción. ¿Qué dices? ¿Quieres? Habla; verás que yo sólo soy tu verdadero amigo.

Con semejantes consejos, viendo que la ocasión me brindaba con lo mismo que yo apetecía, no tardé mucho en admitir su obsequiosa oferta y le di más agradecimientos que si me hubiera hecho un verdadero favor.

El bribón se apartó de mí por un corto rato, al cabo del cual volvió muy contento y me dijo:

—Todo está hecho. He dado un vomitorio a Poncianita y me ha desembuchado todo; ha cantado redondamente y me ha confesado que te quiere bien. Yo le dije que tú mueres por ella y que deseas hablarle a solas. Ella quisiera lo mismo, pero me puso el embarazo de su madre que la trae todo el día como un llavero. La dificultad, al parecer, es grande; mas yo he discurrido el arbitrio mejor para que ustedes logren sus deseos sin zozobra, y es éste: el tío no ha de venir hasta mañana; ya tú sabes la recámara donde ella duerme con su madre, y sabes que su cama está a la derecha luego que se entra; y así, esta misma noche puedes, entre las once y doce, ir a hablarla todo cuanto quieras, en la inteligencia de que la vieja a esa hora está en lo más pesado de su sueño. Poncianita está corriente; sólo me encargó que entraras con cuidado y sin hacer ruido, y que si no está despierta, le toques la almohada, que ella tiene un sueño muy ligero. Conque, mire usted, señor Periquillo, y qué pronto se han vencido todas las dificultades que te acobardaban; y así no hay que ser zonzo, logra la ocasión antes que se pase, ya yo hice por ti cuanto he podido.

Repetí las gracias a mi grande amigo por sus buenos oficios, y me quedé haciendo mi composición de lugar, pensando qué le diría yo a esa niña (pues a la verdad mi malicia no se extendía a más que a hablar), y deseando que corrieran las horas para hacer mi visita de lechuza.

Entre tanto, el traidor Juan Largo, que ni palabra había hablado a su prima acerca de mis amorcillos, fue a ver a su tía y le dijo que tuviera cuidado con su hija, porque yo era un completo zaragate; que él ya había notado que yo le hacía mil señas en la mesa, y que ella me las correspondía; que algunas noches me había buscado en mi cama y no estaba yo en ella; y así que mudara a Poncianita a otra recámara con una criada, y que ella se acostara en la misma cama que su prima aquella noche y estuviera con cuidado a ver si él se engañaba. Todo le pareció muy bien a la señora; lo creyó como si lo viera, agradeció a Januario el celo que manifestaba por el honor de su casa, prometió tomar el consejo que le acaba de dar, y sin más averiguación se encerró en un cuarto con la inocente muchacha y le dio una vuelta del demonio, según me contó a los dos meses una criada suya que se fue a acomodar a mi casa, y ésta oyó el chisme del pícaro primo y advirtió el injusto castigo de Ponciana.

Dos lecciones os da este suceso, hijos míos, de que os deberéis de aprovechar en el discurso de vuestra vida. La primera es para no ser fáciles en descubrir vuestros secretos a cualquiera que se os venda por amigo; lo uno, porque puede no serlo, sino un traidor, como Januario, que trate de valerse de vuestra simplicidad para perderos; y lo otro, porque aun cuando sea un amigo, quizá llegará el caso de no serlo, y entonces, si es un vil como muchos, descubrirá vuestros defectos que le hayáis comunicado en secreto, para vengarse. En todo caso, mejor es no manifestar el secreto que aventurarlo: *si quieres que tu secreto esté oculto*, decía Séneca, *no lo digas a nadie, pues si tú mismo no lo callas, ¿cómo quieres que los demás lo tengan en silencio?*

La otra lección que os proporciona este pasaje es, que no os llevéis de las primeras ideas que os inspire cualquiera. El creer lo primero que nos cuentan sin examinar su posibilidad, ni si es veraz o no el mensajero que nos trae la noticia, arguye una ligereza imperdonable, que debe graduarse de necedad, y necedad que puede ser y ha sido muchas veces causa de unos daños irreparables. Por un chisme del perverso Amán iban a perecer todos los judíos en poder del engañado Asuero, y por otro chisme y calumnia del maldito Juan Largo, sufrió la niña su prima un castigo y un descrédito injusto.

En el discurso de aquel día, la señora me mostró bastante ceño o mal modo; pero como muchacho, no presumí que yo era la causa de él, atribuyéndolo a alguna enfermedad o indisposición con la familia sirviente. Sí extrañé que la niña no asistió a la mesa, pero no pasó de echarla de menos.

Llegó la noche, cenamos, me acosté, y me quedé dormido sin acordarme de la consabida cita; cuando a las horas prevenidas, el perro de Januario, que se desvelaba por mi daño, viendo que yo roncaba alegremente, se levantó y fue a despertarme, diciéndome:

—Flojo, condenado, ¿qué haces? Anda, que son las once y te estará esperando Poncianita.

Era mi sueño mayor que mi malicia, y así, más de fuerza que de gana, me levanté en paños menores; descalzo y temblando de frío y de miedo, me fui para la recámara de mi amada, ignorante de la trama que me tenía urdida mi grande y generoso amigo. Entré muy quedito; me acerqué a la cama, donde yo pensaba que dormía la inocente niña; toqué la almohada, y cuando menos lo pensé, me plantó la vieja madre tan furioso zapatazo en la cara, que me hizo ver el sol a medianoche. El susto de no saber quién me había dado, me decía que callara; pero el dolor del golpe me hizo dar un grito más recio que el mismo zapatazo. Entonces la buena vieja me afianzó de la camisa, y sentándome junto a sí me dijo:

—Cállese usted, mocoso atrevido, ¿qué venía a buscar aquí? Ya sé sus gracias. ¿Así se honra a sus padres? ¿Así se pagan los favores que le hemos hecho? ¿Éste es el modo de portarse un niño bien nacido y bien criado? ¿Qué deja usted para los payos ordinarios y sin educación? Pícaro, indecente, osado, que se atreve a arrojarse a la cama de una niña doncella, hija de unos señores que lo han favorecido. Agradezca que, por respeto a sus buenos padres, no hago que lo majen a palos mis criados; pero mañana vendrá mi marido, y en el día haré que se lleve a usted a México, que yo no quiero pícaros en mi casa.

Yo, lleno de temor y confusión, me le hinqué, lloré y supliqué tanto que no le avisara a don Martín, que al fin me lo prometió. Fuime a mi cama y observé que reía bastante el indigno Januario debajo de la sábana; pero no me di por entendido.

Al día siguiente vino don Martín, y la señora, pretextando no sé qué diligencia precisa en la capital, hizo poner el coche, y sin volver a ver a la pobre muchacha, me condujeron a la casa de mis padres, sin darse la señora por entendida con su marido según me lo prometió.

CAPÍTULO IX

LLEGAMOS A MI CASA, donde fui muy bien recibido de mis padres, especialmente de mi madre, que no se hartaba de abrazarme, como si acabara de llegar de luengas tierras y de alguna expedición muy arriesgada. El señor don Martín estuvo en casa dos o tres días mientras concluyó su negocio, al cabo de los cuales se retiró a su hacienda, dejándome muy contento porque se había quedado en silencio mi desorden.

El señor mi padre un día me llamó a solas y me dijo:

"Pedro, ya has entrado en la juventud sin saber en dónde dejaste la niñez, y mañana te hallarás en la virilidad o en la edad consistente, sin saber cómo se te acabó la juventud. Esto quiere decir, que hoy eres muchacho y mañana serás un hombre; tienes en tu padre quien te dirija, quien te aconseje y cuide de tu subsistencia; pero mañana, muerto yo, tú habrás de dirigirte y mantenerte a costa de tu sudor o tus arbitrios, so pena de perecer, si no lo haces así; porque ya ves que yo soy un pobre y no tengo más herencia que dejarte que la buena educación que te he dado, aunque tú no la has aprovechado como yo quisiera.

"En virtud de esto, pensemos hoy lo que ha de ser mañana. Ya has estudiado gramática y filosofía; estás en disposición de continuar la carrera de las letras, ya sea estudiando teología o cánones, ya leyes o medicina. Las dos primeras facultades dan honor y aseguran la subsistencia a los que se dedican a ellas con talento y aplicación; mas es como preciso que sean eclesiásticos para que logren el fruto de su trabajo y sean útiles en su carrera, pues un secular, por buen teólogo o canonista que sea, ni podrá orar en un púlpito, ni resolver un caso de conciencia en un confesionario; y así es que estas facultades son estériles para los seculares, y sólo se pueden estudiar por ilustrarse, en caso de no necesitar los libros para comer.

"La medicina y la abogacía son facultades útiles para los seculares. Todas son buenas en sí y provechosas, como el que las profese sea bueno en ellas, esto es, como salga aprovechado en su estudio; y así sería una necedad muy torpe que el teólogo adocenado, el médico ignorante, el leguleyo o rábula acusaran a estas ciencias del poco crédito que ellos tienen, o les echaran la culpa de que nadie los ocupe; porque nadie los juzga útiles, ni quieren fiar su alma, su salud, ni sus haberes en unas manos trémulas e insuficientes.

"Esto es decirte, hijo mío, que tienes cuatro caminos que te ofrecen la entrada a las ciencias más oportunas para subsistir en nuestra patria; pues aunque hay otras, no te las aconsejo, porque son estériles en este reino, y cuando te sirvan de ilustración, quizá no te aprovecharán como arbitrio. Tales son la física, la astronomía, la química, la botánica, etc., que son parte de la primera ciencia que te dije.

"Tampoco te persuado que te dediques a otros estudios que se llaman bellas letras, porque son más deleitables al entendimiento que útiles a la bolsa. Supongamos que eres un gran retórico y más elocuente que Demóstenes: ¿De qué te servirá si no puedes lucir tu oratoria en una cátedra o en unos estrados?, que es como decirte, si no eres sacerdote o abogado. Supón también que te dedicas al estudio de las lenguas, ya vivas, ya muertas, y que sabes con primor el idioma griego, el hebreo, el francés, el inglés, el italiano y otros, esto solo no te proporcionará subsistir.

"Pero con más eficacia te apartara yo de la poesía si la quisieras emprender como arbitrio; porque el trato con las musas es tan encantador cómo infructuoso. Comúnmente cuando alguno está muy pobre, dicen que *está haciendo versos*. Parece que estas voces *poeta* y *pobre* son sinónimas, o que el tener la habilidad de poetizar es un anatema para perecer. Algunos familiares del Pindo han logrado labrar su fortuna por su numen; pero han sido pocos en realidad. Virgilio fue uno de ellos, que fue protegido de Augusto; pero no se hallan fácilmente Augustos ni Mecenas que patrocinen Virgilios; antes muchos otros que han tenido las dos circunstancias que Horacio requiere para la poesía, que son *numen* y *arte*, han pedido limosna cuando se han atenido a esta habilidad, y otros más prudentes se han apartado de ella, mirándola como un comercio pernicioso a su mejor colocación; tal fue don Esteban Manuel Villegas, cuyas *Eróticas* tenemos. Por esto te aconsejo en esta parte con las mismas palabras de Bocángel:

Si hicieres versos, haz pocos,
por más que te asista el genio,
que aunque te lo aplauda el gusto,
ha de reñirlo el talento.

"Que es como decirte: aunque tengas gusto de hacer versos, aunque éstos sean buenos y te los celebren, haz pocos, no te embeleses ni te distraigas en este ejercicio, de suerte que no hagas otra cosa, porque entonces, si no eres rico, ha de reñirlo el talento; pues la bolsa lo ha de sentir, y la moneda andará reñida contigo como con casi todos los poetas. El padre del gran Ovidio le decía que no se dedicara a las musas, poniéndole por causal la pobreza que se podía esperar de ellas, pues le acordaba que Homero, siendo tan celebrado poeta, murió pobre. *Nullas reliquit opes.*

"No es esto decirte que son inútiles la poesía y las demás ciencias que te he dicho; antes muchas de ellas son no sólo útiles, sino necesarias, a ciertos profesores. Por ejemplo: la dialéctica, la retórica y la historia eclesiástica son necesarísimas al teólogo; la química, botánica y toda la física son también precisa para el médico; la lógica, la oratoria y la erudición en la historia profana son también no sólo adornos, sino báculos forzosos para el que quiera ser buen abogado. Últimamente, el estudio de las lenguas ministra a los literatos una exquisita y copiosa erudición en sus respectivas facultades, que no se logra sino bebiéndose en las fuentes originales, y la dulce poesía les sirve como de sainete o refrigerio que les endulza y alegra el espíritu fatigado con la prolija atención con que se dedican a los asuntos serios y fastidiosos; pero estos estudios, considerados con separación de las principales facultades (si se deben separar), sólo serán un mero adorno; podrán dar de comer alguna vez, pero no siempre, a lo menos en América, donde faltan proporción, estímulos y premios para dedicarse a las ciencias.

"Conque de todo esto sacamos en conclusión, que un pobre como tú, que sigue la carrera de las letras para tener con qué subsistir, se ve en necesidad de ser o sacerdote teólogo o canonista; o siendo secular, médico o abogado; y así ya puedes elegir el género de estudio que te agrade, advirtiendo antes que en el acierto de la elección consistirá la buena fortuna que te hará feliz en el discurso de tu vida.

"Yo no exijo de ti una resolución violenta ni despremeditada. No, hijo mío, ésta no es puñalada de cobarde. Ocho días te doy de plazo para que lo pienses bien. Si tienes algunos amigos sabios y virtuosos, comunícales las dudas que te ocurran, aconséjate con ellos, aprovéchate de sus lecciones, y sobre todo consúltate a ti mismo; examina tu talento e inclinación, y después que hagas estas diligencias, resolverás con prudencia la carrera literaria que pienses abrazar. En inteligencia que si de tus consultas y examen deduces que no serás buen letrado, ni sacerdote, ni secular, no te apures ni te avergüences de decírmelo, que por la gracia de Dios, no soy un padre ridículo que he de incomodarme porque me participes el desengaño que saques por fruto de tus reflexiones. No, Pedro mío; dime, dime con toda franqueza tú nuevo modo de pensar; yo te puse el arte de Nebrija en la mano por contemporizar con tu madre; mas ahora que ya eres grande, quiero contemporizar contigo, porque tú eres el héroe de esta escena, tú eres el más interesado en tu logro, y así tu inclinación y tu aptitud para esto o aquello se debe consultar, y no la de tu madre ni la mía.

"No soy yo de los padres que quieren que sus hijos sean clérigos, frailes, doctores o licenciados, aun cuando son ineptos para ello o les repugna tal profesión. No; yo bien sé que lo que importa es que los hijos no se queden flojos y haraganes, que se dediquen a ser útiles a sí y al Estado, sin sobrecargar la sociedad contándose entre los vagos, y que esto no solamente las ciencias lo facilitan; también hay artes liberales y ejercicios mecánicos con que adquirir el pan honradamente.

"Y así, hijo mío, si no te agradan las letras, si te parece muy escabroso el camino para llegar a ellas, o si penetras que por más que te apliques has de avanzar muy poco, viniendo a serte infructuoso el trabajo que emprendas en instruirte, no te aflijas, te repito. En ese caso tiende la vista por la pintura o por la música o bien por el oficio que te acomode. Sobran en el mundo sastres, plateros, tejedores, herreros, carpinteros, batihojas, carroceros, canteros y aun zurradores y zapateros que se mantienen con el trabajo de sus manos. Dime, pues, qué cosa quieres ser, a qué oficio tienes inclinación y en qué giro te parece que lograrás una honrada subsistencia; y créeme que con mucho gusto haré porque lo aprendas, y te fomentaré mientras Dios me diere vida; entendido que no hay oficio vil en las manos de un hombre de bien, ni arte más ruin, oficio o ejercicio más abominable que no tener arte, oficio ni ejercicio alguno en el mundo. Sí, Pedro, el ser ocioso e inútil es el peor destino que pueda tener el hombre; porque la necesidad de subsistir y el no saber cómo ni de qué, lo ponen como con la mano en la puerta de los vicios más vergonzosos, y por eso vemos tantos drogueros, tantos rufianes de sus mismas hijas y mujeres, y tantos ladrones; y por esta causa también se ha visto y se ven tan pobladas las cárceles, los presidios, las galeras y las horcas.

"Así pues, hijo mío, consulta tu genio e inclinación con espacio, para abrazar éste o el otro modo con que juzgues prudentemente que subsistirás los días que el cielo te conceda, sin hacerte odioso ni gravoso a los demás hombres tus hermanos, a quienes debes ser benéfico en cuanto puedas, que esto exige la legítima sociedad en que vivimos.

"Pero también debes advertir que aunque tú has de ser el juez que te examine, por la misma razón has de ser muy recto, sin dejarte gobernar por la lisonja, pues entonces perderás el tiempo; tus especulaciones serán vanas, y te engañarás a ti mismo si no pruebas tu capacidad y analizas tu genio como si fuera el de un extraño, y sin hacerte el más mínimo favor. El gran Horacio aconseja en su *Art. Poet.* a los escritores *que para escribir elijan aquella materia que sea más conforme a sus fuerzas, y vean el peso que puedan tolerar sus hombros, y el que resistan.*

"Pues es cierto que si las fuerzas exceden a la carga, ésta se sobrellevará; mas si la carga es mayor que las fuerzas, rendirá al hombre, quien vergonzosamente caerá bajo su peso.

"Es una verdad que se introduce sin violencia dentro de nuestros corazones, que *no todos lo podemos todo;* pero la lástima es que aunque conocemos su evidencia, la conocemos respecto de los demás, mas no respecto de nosotros mismos. Cuando alguno emprende hacer esto o aquello y le sale mal, luego decimos:
—¡Oh!, pues si se mete a lo que no entiende, ¿no es preciso que yerre?— Pero cuando nosotros emprendemos, creemos que somos capaces de salirnos con la nuestra, ¿y si erramos? ¡Oh!, entonces nos sobran mil disculpas a nuestro favor para cubrirnos de las notas de imperitos o atolondrados.

"Por esto no me cansaré de repetirte, hijo mío, que antes de abrazar ésta o la otra facultad literaria, ésta o aquella profesión mecánica, etcétera, lo pienses bien, veas si eres o no a propósito para ello; pues aun cuando te sobre inclinación, si te falta talento, errarás lo que emprendas sin ambas cosas, y te expondrás a ser objeto de la más severa crítica.

"Cicerón fue el depósito de la elocuencia romana; tenía inclinación a la poesía; pero no aquel talento propio para ella que llaman *estro;* lo que fue causa de que cometiese una ridícula cacofonía, o mal sonido de palabras en aquel verso que censuró con otros Quintiliano:

O fortunatam natam me consule
[Roman

"Y Juvenal dijo que si las *Filípicas* con que irritó el ánimo de Antonio las hubiera dicho con tan mala poesía, nunca hubiera muerto degollado.

"El célebre Cervantes fue un grande ingenio, pero desgraciado poeta; sus escritos en prosa le granjearon una fama inmortal (aunque en esto de pesetas, murió pidiendo limosna; al fin fue de nuestros escritores); pero de sus versos, especialmente de sus comedias, no hay

quien se acuerde. Su grande obra del *Quijote* no le sirvió de parco para que no le acribillaran por mal poeta; a lo menos Villegas, en su séptima elegía, dice hablando con su amigo:

Irás del Helicón a la conquista
mejor que el mal poeta de Cervantes,
donde no le valdrá ser Quijotista.

"Este par de ejemplitos te asegurará de las verdades que te he dicho. Conque anda, hijo, piénsalas bien y resuelve qué es lo que has de ser en el mundo; porque el fin es que no te quedes vago y sin arbitrio."

Fuese mi padre y yo me quedé como tonto en vísperas, porque no percibía entonces toda la solidez de su doctrina. Sin embargo, conocí bien que su merced quería que yo eligiera un oficio o profesión que me diera de comer toda la vida; mas no me aproveché de este conocimiento.

En los siete días de los ocho concedidos de plazo para que resolviera, no me acordé sino de visitar a los amigos y pasear, como lo tenía de costumbre, apadrinado del consentimiento de mi cándida madre; pero en el octavo me dio mi padre un recordoncito, diciéndome: "Pedrillo, ya sabrás bien lo que has de decir esta noche acerca de lo que te pregunté hoy hace ocho días." Al momento me acordé de la cita, y fui a buscar un amigo con quien consultar mi negocio.

En efecto, lo hallé; pero ¡qué amigo!, como todos los que yo tenía, y los que regularmente tienen los muchachos desbaratados, como yo era entonces. Llamábase este amigo Martín Pelayo, y era un bicho punto menos maleta que Juan Largo. Su edad sería de diecinueve a veinte años; jugadorcillo más que Birján; enamorado más que Cupido; más bailador que Batilo; más tonto que yo, y más zángano que el mayor de la mejor colmena. A pesar de estas nulidades, estaba estudiando para *padre,* según decía, con tanta vocación en aquel tiempo para ser sacerdote como la que yo tenía para verdugo. Sin embargo, ya estaba tonsurado y vestía los hábitos clericales, porque sus padres lo habían encajado al estado eclesiástico a fuerza, lo mismo que se encaja un clavo en la pared a martillazos, y esto lo hicieron por no perder el rédito de un par de capellanías gruesas que había heredado. ¡Qué mal estoy y estaré toda mi vida con los mayorazgos y las capellanías heredadas!

Pero de cualquier modo, éste fue el eximio doctor, el hombre provecto y el sabio virtuoso que yo elegí para consultar mi negocio, y ya ustedes verán qué bien cumpliría con las buenas intenciones de mi padre. Así salió ello.

Luego que yo le informé de mis dudas y le dije algo de lo que mi padre me predicó, se echó a reír y me dijo:

—Eso no se pregunta. Estudia para clérigo como yo, que es la mejor carrera, y cierra los ojos. Mira: un clérigo es bien visto en todas partes; todos lo veneran y respetan aunque sea un tonto, y le disimulan sus defectos; nadie se atreve a motejarlos ni contradecirlos en nada; tiene lugar en el mejor baile, en el mejor juego, y hasta en los estrados de las señoras no parece despreciable; y, por último, jamás le falta un peso, aunque sea de una misa mal dicha en una carrera. Conque así estudia para clérigo y no seas bobo. Mira tú: el otro día, en cierta casa de juego, se me antojó no perder un albur, a pesar de que vino el as contrario delante de mi carta, y me afiancé con la apuesta, esto es, con el dinero mío y con el ajeno. El dueño reclamaba y porfiaba con razón que era suyo; pero yo grité, me encolericé, juré, me cogí el dinero y me salí a la calle, sin que hubiera uno que me dijera *esta boca es mía*, porque el menos me juzgaba diácono, y ya tú ves que si este lance me hubiera sucedido siendo médico o abogado secular, o me salgo sin blanca, o se arma una campaña de que tal vez no hubiera sacado las

costillas en su lugar. Conque otra vez te digo que estudies para clérigo y no pienses en otra cosa.

Yo le respondí:

—Todo eso me gusta y me convence demasiado, pero mi padre me ha dicho que es preciso que estudie teología, cánones, leyes o medicina; y yo, la verdad, no me juzgo con talentos suficientes para eso.

—No seas majadero —me respondió Pelayo—. No es menester tanto estudio ni tanto trabajo para ser clérigo; ¿tienes capellanía?

—No tengo —le respondí.

—Pues no le hace —prosiguió él—; ordénate a título de idioma; ello es malo, porque los pobres vicarios son unos criados de los curas, y tales hay que les hacen hasta la cama; pero esto es poco, respecto a las ventajas que se logran; y por lo que toca a lo que dice tu padre de que es necesario que estudies teología o cánones para ser clérigo, no lo creas. Con que estudies unas cuantas definiciones del Ferrer o del Lárraga, te sobra; y si estudiares algo de Cliquet o del curso Salmaticense, ¡oh!, entonces ya serás un teólogo moralista consumado, y serás un Séneca para el confesionario, y un Cicerón para el púlpito, pues podrás resolver los casos de conciencia más arduos que hayan ocurrido y puedan ocurrir, y predicarás con más séquito que los Masillones y Burdalúes, que fueron unos grandes oradores, según me dice mi catedrático, que yo no los conozco ni por el forro.

—Pero, hombre, la verdad —le dije—, yo creo que no soy bueno para sacerdote, porque me gustan mucho las mujeres, y, según eso, pienso que soy mejor para casado.

—Perico, ¡qué tonto eres! —me contestó Pelayo—. ¿No ves que ésas son tentaciones del demonio para apartarte de un estado tan santo? ¿Tú crees que sólo siendo eclesiástico podrás pecar por este rumbo? No, amigo; también los seculares y aun los casados pecan por el mismo. A más de que... ¿qué cosa?... pero no quiero abrirte los ojos en esta materia. Ordénate, hombre, ordénate y quítate de ruidos, que después tú me darás las gracias por el buen consejo.

Despedíme de mi amigo, y me fui para casa, resuelto a ser clérigo, topara en lo que topara, porque me hallaba muy bien con la lisonjera pintura que me había hecho Martín del estado.

Llegó la noche, y mi buen padre, que no se descuidaba en mi provecho, me llamó a su gabinete y me dijo:

—Hoy se cumple el plazo, hijo mío, que te di para que consultaras y resolvieras sobre la carrera de las ciencias o de las artes que te acomode, para dedicarte a ellas desde luego; porque no quiero que estés perdiendo tanto tiempo. Dime, pues, ¿qué has pensado y qué has resuelto?

—Yo, señor —le respondí—, he pensado ser clérigo.

—Muy bien me parece —me dijo mi padre—, pero no tienes capellanía, y en este caso es menester que estudies algún idioma de los indios, como mexicano, otomí, tarasco, matzagua u otro para que te destines de vicario y administres a aquellos pobres los santos sacramentos en los pueblos. ¿Estás entendido en esto?

—Sí, señor —le respondí, porque me costaba poco trabajo decir que sí, no porque sabía yo cuáles eran las obligaciones de un vicario.

—Pues ahora es menester que también sepas —añadió mi padre— que debes ir sin réplica adonde te mandare tu prelado, aunque sea al peor pueblo de la Tierra Caliente, aunque no te guste o sea perjudicial a tu salud, pues mientras más trabajo pases en la carrera de vicario, tantos mayores méritos contraerás para ser cura algún día. En los pueblos que te digo, hay mucho calor y poca o ninguna sociedad, si no es con indios mazorrales. Allí tendrás que sufrir a caballo y a todas horas en las confesiones, soles ardientes, fuertes aguaceros, y continuas desveladas o vigilias. Batallarás sin cesar con los alacranes, turicatas, tlalages, pinolillo, garrapatas, gegenes, zancudos y otros insectos venenosos de esta clase que te beberán la sangre en poco tiempo. Será un milagro que no pases tu trinquetada de tercianas que llaman fríos, a los que sigue después ordinariamente una tiricia consumidora; y en medio de estos trabajos, si encuentras con un cura tétrico, necio y regañón, tendrás un vasto campo donde ejercitar la paciencia; y si topas con un flojo y regalón, cargará sobre ti todo el trabajo, siendo para él lo pingüe de los emolumentos. Conque esto es ser sacerdote y ordenarse a título de idioma o administración. ¿Te gusta?

—Sí, señor —le respondí de cumplimiento, pues a la verdad no dejó de resfriar mi ánimo el detalle que me había hecho de los trabajos y mala vida que suelen pasar los vicarios, pero yo decía entre mí: ¿Que luego ha de dar en un ojo? ¿Luego he de ir a tener a Tierra Caliente, a un pueblo ruin? ¿Luego ha de haber alacranes, moscos, ni esos otros *salvajes* que me dice mi padre? ¿Luego me han de dar los fríos, o los curas a quienes sirva han de ser tan flojos o regañones? Quizá no será así; sino que hallaré un buen pueblo y cura, y entonces pasearé bien, tendré dinero, y dentro de un par de años lograré un curato riquillo, y descansando yo en mis vicarios, ya me podré tender boca arriba y raparme una videta de ángeles.

Estas cuentas estuve yo haciendo a mis solas, mientras mi padre fue a la puerta para enviar una criada a traer tabaco. Volvió su merced, se sentó y continuó su conversación de este modo:

—Conque, Pedrillo, supuesta la resolución que tienes de ordenarte, ¿qué quieres estudiar? ¿cánones o teología?

Yo me sorprendí, porque cuanto me agradaba tener dinero rascándome la barriga hecho un flojo, tanto así me repugnaba el estudio y todo género de trabajo.

Quedéme callado un corto rato, y mi padre, advirtiendo mi turbación, me dijo:

—Cuando resolviste dedicarte a la Iglesia, ya preveniste la clase de estudios que habías de abrazar, y así no debes detener la respuesta. ¿Qué, pues, estudias? ¿Cánones o teología?

Yo, muy fruncido, le respondí:

—Señor, la verdad, ninguna de esas dos facultades me gusta, porque yo creo que no las he de poder aprender, porque son muy difíciles; lo que quiero estudiar es moral, pues me dicen que para ser vicario, o cuando más un triste cura, con eso sobra.

Levantóse mi padre al oír esto, algo amohinado, y paseándose en la sala, decía:

—¡Vea usted! Esas opiniones erróneas son las que pervierten a los muchachos. Así pierden el amor a las ciencias, así se extravían y se abandonan, así se empapan en unas ideas las más mezquinas y abrazan la carrera eclesiástica, porque les parece la más fácil de aprender, la más socorrida y la que necesita menos ciencia. De facto, estudian cuatro definiciones y cuatro casos los más comunes del moral, se encajan a un sínodo y si en él aciertan por casualidad, se hacen presbíteros en un instante y aumentan el número de los idiotas con descrédito de todo el estado —y encarándose a mí, me dijo:

—En efecto, hijo, yo conozco varios vicarios imbuidos en la detestable máxima que te han inspirado de que no es menester saber mucho para ser sacerdotes, y he visto, por desgracia, que algunos han soltado el *acocote* para tomar el cáliz, o se han desnudado la pechera de arrieros para vestirse la casulla, se han echado con las petacas y se han metido a lo que no eran llamados; pero no creas tú, Pedro, que una mal mascada gra-

mática y un mal digerido moral bastan, como piensas, para ser buenos sacerdotes y ejercer dignamente el terrible cargo de cura de almas. Muy bien sé que hubo tiempos en que (como nos refiere el abate Andrés en su *Historia de la Literatura*) decayeron las ciencias en Europa en tanto grado, que el que sabía leer y escribir tenía cuanto necesitaba para ser sacerdote, y si, por fortuna, sabía algo del canto llano, entonces pasaba plaza de doctor; pero ¿quién duda que la santa Iglesia no se afligiría por esta tan general ignorancia, y que condescendería con la ineptitud de estos ministros por la oscuridad del siglo, por la inopia de sujetos idóneos, y porque el pueblo no careciera del pasto espiritual; y así, a trueque de que sus hijos no perecieran de hambre, teniendo por la gracia de Jesucristo el pan tan abundante, tenía que fiar con dolor su repartimiento a unas manos groseras y que encomendar, a más no poder, la administración de la viña del Señor a unos operarios imperitos? Pero así como en aquel tiempo hubiera sido un error grosero decir que sobra con saber leer para hacerse alguno digno de los sagrados órdenes, por más que así sucediera, de la misma manera lo es hoy asegurar que para obtener tan alta dignidad *sobra* con una poca de gramática y otro poco de moral, por más que muchos no tengan más ciencias cuando se ordenan; pues tenemos evidentes testimonios de que la Iglesia lo tolera, mas no lo quiere. Todo lo contrario; siempre ha deseado que los ministros del altar estén plenamente dotados de ciencia y virtud. El sagrado Concilio de Trento manda: *que los ordenados sepan la lengua latina, que estén instruidos en las letras; desea que crezca en ellos con la edad el mérito y la mayor instrucción; manda que sean idóneos para administrar los sacramentos y enseñar al pueblo, y, por último, manda establecer los seminarios, donde siempre haya un número de jóvenes que se instruyan en la disciplina eclesiástica, los que quiere que aprendan gramática, canto, cómputo eclesiástico y otras facultades útiles y honestas; que tomen de memoria la Sagrada Escritura, los libros eclesiásticos, homilías de los santos y las fórmulas de administrar los sacramentos, en especial lo que conduce a oír las confesiones, y las de los demás ritos y ceremonias. De suerte que estos colegios sean unos perennes planteles de ministros de Dios.* (Ses. 23, caps.: 11, 13, 14 y 18.) Conque ya ves, hijo mío, cómo la santa Iglesia quiere, y siempre ha querido, que sus ministros estén dotados de la mayor sabiduría, y justamente; porque ¿tú sabes qué cosa es y debe ser un sacerdote? Seguramente que no. Pues oye: un sacerdote es un sabio de la ley, un doctor de la fe, la sal de la tierra y la luz del mundo. Mira ahora si desempeñará estos títulos, o los merecerá siquiera, el que se contenta con saber gramática y medio moral y mira si para obtener dignamente una dignidad que pide tanta ciencia, bastará o salvará con tan poco, y esto suponiendo que se sepa bien. ¿Qué será ordenándose con una gramática mal mascada y un moral mal aprendido? Por otra parte, cuando vemos tantos sacerdotes sabios y virtuosos que ya viejos, enfermos y cansados, con las cabezas trémulas y blancas, en fuerza de la edad y del estudio, aún no dejan los libros de las manos; aún no comprenden bastante los arcanos de la teología; aún se oscurecen a su penetración muchos lugares de la sagrada *Biblia;* aún se confiesan siempre discípulos de los santos padres y doctores de la Iglesia, y se conocen indignos del sagrado carácter que los condecora, ¿qué juicio haremos de la alta dignidad del sacerdocio? ¿Y cómo nos convenceremos del gran fondo de santidad y sabiduría que requiere un estado tan sublime en los que sean sus indi-

viduos? Y si, después de estas serias consideraciones, tendemos la vista por el oriente opuesto, y vemos cuán tranquilos y satisfechos se introducen al *Sancta Sanctorum* muchos jovencitos con cuatro manotadas que le han dado a Nebrija y otras tantas al padre Lárraga. Si vemos que algunos, apenas se ordenan de presbíteros, cuando se despiden no sólo de estos dos pobres libros, sino quizá y sin quizá hasta del *Breviario.* Y, por último, si damos un paso fuera de la capital y ciudades donde residen los diocesanos y cabildos, y vemos por esos pueblos de Dios lances de ignorancia escandalosos y aun increíbles,[1] y si escuchamos en esos púlpitos sandeces y majaderías que no están escritas, ¿qué juicios nos hemos de formar de estos ministros? ¿Cuál de su virtud? ¿Y cuál de lo recto de la administración espiritual de los infelices pueblos encargados a su custodia? ¡Oh!, que para referir los daños de que son causa, sería

[1] Tal es el que sigue. Reconcilióse en un lugar de España el eximio doctor Suárez para celebrar, y el miserable vicario que lo oyó de penitencia era tan ignorante que no sabía la forma de la absolución. Fue necesario que el mismo penitente se la fuera apuntando, así como se hace con el que ha de recitar una relación que no sabe; pero por fin, con este auxilio absolvió nuestro vicario al dicho sacerdote, quien luego que acabó su misa, fue a ver al cura lleno de escándalo, y con razón, y le dio parte de lo que le había acontecido; pero ¿cuál sería la sorpresa de este teólogo cuando oyó al cura que muy mesurado le dijo: "Padre, ese vicario es muy tonto, ya yo le tengo dicho varias veces que no se meta en absolver, sino que oiga las confesiones y me remita a los penitentes, que yo los absolveré?"

Conozco que este caso se hará increíble; pero se hará tal a los que no hayan salido de México o de otras ciudades, pues los que hemos andado por los pueblecillos distantes de las mitras, lo creemos como si lo hubiéramos visto, porque hemos presenciado otros más lastimosos en su línea, y yo pudiera citar algunos si no fueran tan modernos.

preciso decir lo que Eneas a Dido al contarle las desgracias de Troya: *¿Quién reprimirá las lágrimas al referir tales cosas?*

Aquí sacó mi padre su reloj, y me dijo:

—Ha sido larga la conferencia de esta noche; mas aún no te he dicho todo cuanto necesitas sobre un asunto tan interesante; sin embargo, lo dejaremos pendiente para mañana, porque ya son las diez, y tu madre nos espera para cenar. Vámonos.

CAPÍTULO X

CENAMOS MUY CONTENTOS como siempre, y nos fuimos a acostar como todas las noches. Yo no pude menos que estar rumiando lo que acababa de decir mi padre, y no dejaba de conocer que me decía el credo, porque hay verdades que se meten por los ojos, aunque uno no quiera; pero por más que me convencían las razones que había oído, no me podía resolver a estudiar cánones o teología, que era el intento de mi buen padre, pues así como me agradaba la vida libre y holgazana, así me fastidiaba el trabajo. Finalmente, yo me quedé dormido, haciendo mis cuentas de cómo conseguiría ser clérigo para tener dinero sin trabajar, y de cómo eludiría las buenas intenciones de mi padre. En esto se desvelan muchos niños sin advertir que se desvelan en su ruina.

Al otro día, después que vino mi padre de misa, me llamó a su cuarto y me dijo:

"No quiero que se nos vaya a olvidar la contestación de anoche. Te decía, Pedro, que los pueblos padecen mucho cuando sus curas y vicarios son ignorantes o inmorales, porque jamás las ovejas estarán seguras ni bien cuidadas en poder de unos pastores necios o desidiosos; y todo esto te lo he dicho para probarte que la sabiduría nunca sobra en un sacerdote, y más si está encargado del cuidado de los pueblos; y para mayor confirmación de mi doctrina, oye: En los pueblos puede haber, y en efecto habrá en muchos, algunas almas místicas que aspiren a la perfección por el camino ordinario, que es el de la oración mental. ¿Y qué dirección podrá dar un padre vicario semilego a una de estas almas, cuando por desidia o por ineptitud no sólo no ha estudiado la respectiva teología, pero ni siquiera ha visto por el forro las obras de Santa Teresa, la *Lucerna mística* del padre Ezquerra, los *Desengaños místicos* del padre Arbiol, y quizá ni aun el Kempis ni el Villacastín? ¿Cómo podrá dirigir a una alma virtuosa y abstracta el que ignora los caminos? ¿Cómo podrá sondear su espíritu ni distinguir si es una alma ilusa o verdaderamente favorecida, cuando no sabe qué cosa son las vías purgativa, iluminativa, contemplativa y unitiva? ¿Cuando ignora qué cosa son revelaciones, éxtasis, raptos y deliquios? ¿Cuando le coge de nuevo lo que son consolaciones y sequedades? ¿Cuando se sorprende al oír las voces de ósculo santo, abrazo divino y desposorio espiritual? ¿Y cuando (por no cansarte con lo que no entiendes) ignora del todo los primores con que obra la divina gracia en las almas espirituales y devotas? ¿No es verdad? ¿No conoces tú que si te pusieras a llevar un navío a Cádiz, a Cavite o a otro puerto, con las luces que tienes de pilotaje (que son ningunas) seguramente darías con la embarcación infeliz que se te confiara en un banco, en un arrecife o en un golfo, sin llegar jamás al puerto de su destino? Esto lo debes comprender porque la comparación es muy sencilla. Pues lo mismo sucede a estos infelices vicarios *Lárragos* a secas, que apenas

73

saben absolver a un pecador común (como los indios que no saben más que llevar una canoa a Ixtacalco). Ellos, los pobres, son ciegos, y las almas que aspiran a entrar por la vía de la perfección también son ciegas, y necesitan una buena guía que las dirija. No la hallan en los directores modorros, y sucede que (a no ser por un favor especial de la gracia) ellas o se entibian o se pierden; y las guías o se confunden o se precipitan en los errores de la ilusión que ellas les comunican. Ésta es una verdad terrible, pero es una verdad que no negará ningún sacerdote sabio. Yo, lo que veo (y que confirma mi opinión en el particular) es: que los sacerdotes virtuosos, santos y doctos son muy escrupulosos para confesar y dirigir monjas y otras almas espirituales, y cuando las dirigen son muy eficaces para no dejar de la mano la sonda de la doctrina y la prudencia. A más de esto, consultan con el teólogo por esencia, con Dios digo, en los ratos de oración que tienen, y como saben que deben hacer cuantas diligencias humanas estén en su arbitrio para conseguir el acierto, consultan las dudas que tienen con otros varones sabios y espirituales. Esto veo, y esto me hace creer lo contingente que será el acierto de la dirección espiritual de unas almas místicas fiado a unos pobres clérigos casi legos, que apenas saben lo muy preciso para decir misa y absolver al penitente en virtud de la promesa de Jesucristo. De manera, hijo mío, que estoy firmemente persuadido que si la Iglesia santa pudiera hacer que todos sus ministros fueran teólogos y santos, no omitiría sacrificio alguno para conseguirlo; pero la escasez de varones y talentos tales como los necesarios, hace que provea a los fieles de aquellos que se encuentran tal cual útiles para la simple administración de los Sacramentos.

"Aún hay más. Ya te dije que los sacerdotes son los maestros de la ley. A ellos toca privativamente la explicación del dogma y la interpretación de las Sagradas Escrituras. Ellos deben estar muy bien instruidos en la revelación y tradición en que se funda nuestra fe, y ellos, en fin, deben saber sostener a la faz del mundo lo sólido e incontrastable de nuestra santa religión y creencia.

"Pues ahora, supongamos un caso remoto, pero no imposible. Supongamos, digo, que un pobrecito vicario de éstos de que hablamos, o un religioso hebdomadario, o que llaman de *misa y olla,* tiene con un hereje una disputa acerca de la certeza de nuestra religión, de la justicia de su dogma, de lo divino de sus misterios, de la realidad del cumplimiento de las profecías, de lo evidente de la venida del Mesías, del cómputo de las semanas de Daniel o cosa semejante (advirtiendo que los herejes que promueven o entran en estas disputas, aunque son ciegos para la fe, no lo son para las ciencias. He vivido en puerto de mar, y he conocido y tratado algunos.) ¿Cómo conocerán sus sofismas? ¿Cómo eludirán sus argumentos? ¿Cómo distinguirán su malicia de la fuerza intrínseca de la razón? ¿Y cómo podrá salir de sus labios la verdad triunfante y con el brillo que le es tan natural? Ello es cierto que si sólo el Ferrer, el Cliquet, el Lárraga u otro sumista de moral semejante fueran bastantes para contrarrestar a los herejes, no sé cómo hubiera salido San Agustín con los maniqueos, San Jerónimo con los donatistas, ni otros santos padres con otras chusmas de herejes y heresiarcas a quienes combatieron y confundieron con brillantez y solidez de argumentos.

"De todo lo dicho debes concluir, Pedro mío, que para ser un digno sacerdote no sobra con saber lo muy preciso; es necesario imbuirse y empaparse en la sólida teología, y en las reglas o leyes eclesiásticas, que son los cánones de la Iglesia.

"*Agrega a esto, que es tan peculiar al sacerdote la literatura, que a mediados del siglo* XIII *no eran promovidos al clericato sino los li-*

teratos, según la novela de Justiniano, 6, cap. 4 y 123, cap. 12. De modo que Juliano el antecesor escribía: *El que no es literato no puede ser clérigo.* Sucedió que para significar un hombre docto y literato empezó a usarse el nombre de *clérigo,* y el de *lego* para denotar un ignorante o que no sabía las letras, de donde provino también que a los legos doctos se les daba el título de *clérigos;* y, por el contrario, los eclesiásticos no literatos eran llamados también *legos. Se le llama clérigo* (son palabras de Orderico Vital, en el lib. 3) *porque está imbuido en el conocimiento de las letras y de las demás artes.* En la *Crónica andrense* leemos también las siguientes palabras: *Con la anuencia de algunos romanos, hizo que se le subordinase cierto español muy clérigo llamado Burdino.* Y en la historia de los obispos de Eistet: *Este obispo Juan fue gran clérigo en el derecho canónigo,* esto es, gran letrado. El mismo significado se observa que tuvo antiguamente en la lengua francesa, pues *clerc* quería decir lo mismo que *docto,* como también *clergie* lo mismo que ciencia y doctrina.

"Toda esta erudición y alguna más, la recogió el señor Muratori en su opúsculo titulado *Reflexiones sobre el buen gusto* (capítulo 7, fols. 70, 71 y 72), donde lo podrás ver, confirmando que para merecer el nombre de clérigo, es menester ser literato; y, de lo contrario, el que no lo sea, no será un padre *clérigo,* sino un padre *lego.*

"Harto le he dicho, y así si quieres ser eclesiástico, dime, ¿qué te resuelves a estudiar?"

Viéndome yo tan atacado, no hubo remedio; respondí a mi padre que estudiaría teología, y a los dos días ya era yo cursante teólogo, y vestía los hábitos clericales.

No tardé mucho en ver en la Universidad a mi amigo Pelayo, a quien di parte de todo lo que me había ocurrido con mi padre, y cómo yo, no pudiendo escaparme de sus insinuaciones, elegí estudiar teología.

—Ello será un perdedero de tiempo, supuesto que no te gusta el estudio —me dijo mi amigo—; pero si no hay otro remedio, ¿qué se ha de hacer? A veces es preciso contemporizar con los viejos ideáticos, aunque uno no quiera, aunque sea para engañarlos, mientras se realizan nuestros proyectos. Mi padre también es del tenor siguiente: ha dado en que estudie cánones *a fortiori,* esto es, quieras que no quieras; y aun me habla de licenciaturas y borlas; pero yo, que no soy vanidoso, no pienso en eso; lo que quiero es acabar mis cánones bien o mal; alcanzar el gradillo; ordenarme y quitarme de libros ni quebraderos de cabeza. Tú puedes hacer lo mismo; aguanta tus cursos de Universidad con la paciencia que un purgado, y cuando menos lo pienses te hallarás hecho un bachiller teólogo, que para el caso de que digan que lo eres, con eso basta. Ni es menester que te des mala vida ni te derritas los sesos sobre los libros. Estudia de carrera lo que te señale tu catedrático, enséñate a manejar el *ergo* por imitación, y frecuenta la Universidad, porque los cursos importan, hijo; los cursos son más precisos que la ciencia misma, para lograr el grado. Bien saben y sabemos que a lo que vamos los más estudiantes a la Universidad no es a aprender nada, sino a *cuajar* un rato unos con otros; pero lo cierto es, que el que no tiene su certificación de haber cursado el tiempo prefinido por estatuto, no se graduará, aunque sea más teólogo que Santo Tomás, y si la tiene, é. será bachiller, aunque no sepa quién es Dios por el padre Ripalda; pero ello es que así la vamos pasando, y así la pasaremos tú y yo con más descanso. Yo apenas falto de la Universidad tal cual vez; pero del colegio sí me deserto con frecuencia. Los domingos, jueves y fiestas de guardar no tenemos clase por el colegio; y yo *salo* [1] uno o dos días

---

[1] Los estudiantes entienden por *salar* faltar a la cátedra, no asistir a ella; y por *cuajar* (de cuya voz usó el autor

a la semana; ya verás qué poco me mortifico. Esto es lo que harás tú, si quieres que no se te haga pesado el estudio de la teología. Acompáñate conmigo; arráncale a tu padre los realitos que puedas, y confía de mí en que no sólo te pasarás buena vida, sino que te civilizarás, porque advierto que eres un mexicano payo, y yo te quiero sacar de barreras. Sí, yo te llevaré a varias casas de señoritas finas que tengo de tertulias; aprenderás a danzar, a bailar, a contestar con las gentes decentes. Fuera de esto, te sentaré en los estrados y haré que te comuniques con las damas; porque el trato con las señoras ilustra demasiado. Últimamente, te enseñaré a jugar al billar, malilla de campo, tresillo, báciga y albures, que todas estas habilidades son partes de un mozo fino e ilustrado, y de este modo nos la pasaremos buena. Al cabo de un año tú no te conocerás, y me darás las gracias por los buenos oficios de mi amistad.

El cielo vi abierto con el plan de vida que me propuso Pelayo, porque yo no aspiraba a otra cosa que a holgar y divertirme; y así le di las gracias por el interés que tomaba en mis adelantos, y desde aquel día me puse bajo su dirección y tutela.

Él inmediatamente trató de cumplir con sus deberes, llevándome a varias tertulias que frecuentaba en algunas casas medianamente decentes, y en las que vivían señoritas de título, como *la Cucaracha, la Pisa-bonito, la Quebrantahuesos* y otras de igual calaña.

Ya se deja entender que los tertulios y tertulias debajo de capas, casacas y enaguas eran muchachas y jóvenes de primera tijera, esto es, mozos y mozas estragados, libertinos y tunos de profesión.

Con tan buenas compañías y la dirección de mi sapientísimo mentor, dentro de pocos meses salí un

poco antes) ocuparse de cosas ajenas del estudio, charlando y pasando el rato, lo mismo que se entiende entre los artesanos y otros trabajadores por *matar el sapo*.—E.

buen bandolonista, bailador incansable, saltador eterno, decidor, refranero, atrevido y *lépero* [2] a toda prueba.

Como mi maestro se había propuesto civilizarme e ilustrarme en todos los ramos de la caballería de la moda, me enseñó a jugar al billar, tresillo, tuti y juegos carteados; no se olvidó de instruirme en las cábulas del *bisbis*, [3] ni en los ardides para jugar albures según arte, y no así, así, a la buena de Dios, ni a lo que la suerte diera; pues me decía *que el que limpio jugaba limpio se iba a su casa*, sino siempre con su pedazo de diligencia.

Un año gasté en aprender todas estas maturrangas; pero, eso sí, salí maestro y capaz de poner cátedra de fullería y *leperaje* a lo decente, porque hay dos clases de tunantismo: una soez y arrastrada como la de los enfrazadados y borrachos que juegan a la rayuela o a la taba en una esquina; que se trompean en las calles; que profieren unas obscenidades escandalosas; que llevan a otras *leperuzcas* descalzas y hechas pedazos, y se emborrachan públicamente en las pulquerías y tabernas, y éstos se llaman pillos y *léperos* ordinarios.

La otra clase de tunantismo decente es aquella que se compone de mozos decentes y extraviados que, con sus capas, casaquitas y aun perfumes, son unos ociosos de por vida, cofrades perpetuos de todas las tertulias, cortejos de cuanta coqueta se presenta, seductores de cuanta casada se proporciona, jugadores, tramposos y fulleros siempre que pueden; *cócoras* [4] de los bailes, sustos de los convites, gorrones

2 Pillo, zaragate. De esta voz se derivan las de que también usa el autor en distintas partes, como leperaje, leperuzca.—E.
3 Con algunas alteraciones se llama hoy *imperial*.—E.
4 Los que con *groserías* incomodan imprudentemente a los que asisten a una diversión o a cualquiera otra concurrencia pública o privada.—E.

intrusos, sinvergüenzas, descarados, necios *a nativitate*, tarabillas perdurables y máquinas vestidas, escandalosas y perjudiciales a la desdichada sociedad en que viven; y estos tales son pillos y *léperos* decentes, y de esta clase de *pillería*, digo, que pude haber puesto cátedra pública, según lo que aproveché con las lecciones de mi maestro y el ejemplo de mis concursantes en el corto espacio de un año.

El pobre de mi padre estaba muy ajeno de mis indignos adelantamientos y muy pagado de Martín Pelayo, que visitaba mi casa con frecuencia; porque ya os he dicho que vuestro abuelo era de tan buen entendimiento como corazón. En efecto, era hombre de bien y virtuoso, y como tales personas son fáciles de engañarse por las astucias de los malvados, entre yo y mi amigo teníamos alucinado a mi buen padre; porque yo era un gran pícaro, y Pelayo era otro pícaro más que yo; y así, entre los dos, hacíamos cera y pabilo de las creederas de mi padre, que tenía por un mozo muy fino, arreglado y buen estudiante al tal tuno de Martín, y éste, a mis excusas, hacía delante de mis padres unos elogios encarecidísimos de mi talento y aplicación, con lo que les clavaba más la espina, esto es, a mi padre, que a mi madre no era menester nada de eso; porque como me amaba sin prudencia, mis mayores maldades las disculpaba con la edad, y mis menores me las pasaba por gracias y travesuras.

Pero así como la moneda falsa no puede correr mucho tiempo sin descubrir o su mal troquel o su liga, así la maldad no puede pasar muchos días con la capa de la hipocresía sin manifestar su sordidez. Puntualmente sucedió lo mismo conmigo, pues mi padre, un día que yo no lo pensaba, me preguntó que cuándo era mi acto o que si estaba en disposición de tenerlo. Ciertamente que si como me preguntó eso, me hubiera preguntado que si estaba apto para bailar una contradanza, para pervertir una joven o para amarrar un alburito, no me tardo mucho en responder afirmativamente; pero me hizo una pregunta difícil porque yo, con mis quehaceres, no pude dedicarme a otro estudio, de suerte que mi Biluart estaba limpio y casi intacto.

Sin embargo, era preciso responder alguna cosa, y fue: que mi catedrático no me había dicho nada, que se lo preguntaría.

—No —me dijo mi padre—, no le preguntes nada, que yo lo haré.

En mala hora se encargó mi padre de semejante comisión, porque fue al segundo día al colegio, y le preguntó a mi maestro que en qué estado estaba yo de estudio, y que si estaba capaz de sustentar un acto le hiciese favor de avisárselo para hacer sus diligencias para los gastos.

Mi maestro, tan veraz como serio, le contestó:

—Amigo, yo deseaba que usted me viera para decirle que su niño no promete las más leves esperanzas de aprovechar, no porque carezca de talento, sino por falta de aplicación. Es muy abandonado; rara semana deja de faltar uno o dos días a la clase, y cuando viene, es a enredar y a hacer que pierdan el tiempo los otros colegiales. En virtud de esto, ya usted verá cuál será su aptitud, y cuáles sus adelantos. A más de esto, yo le he advertido ciertas amistades y malas inclinaciones que me hacen temer la ruina próxima de este mozo, y así usted, como buen padre, vele sobre su conducta, y vea en qué lo ocupa con sujeción, porque si no, el muchacho se le pierde, y usted ha de dar a Dios cuenta de él.

Mi padre se despidió de mi maestro bastante avergonzado (según después me dijo) y lleno de una justa cólera contra mí. ¡Pobres padres! ¡Y qué ratos tan pesados les dan los malos hijos! Fue a casa al mediodía; me saludó con mucha desazón; se entró a la recámara con mi madre; y ésta, como a las dos horas, salió con los ojos llorosos a mandar poner la mesa.

Mi padre apenas comió, mi madre tampoco; yo, como sinvergüenza y que ignoraba que era el eje sobre que se movía aquel disgusto, no dejé de hacer cuanto pude por agotar los platos; porque al fin no hay sinvergüenza que no sea glotón. Durante la comida no habló mi padre una palabra, y así que se concluyó se levantaron los manteles y se dieron gracias a Dios; se retiró mi padre a dormir siesta y me dijo con mucha seriedad:

—Esta tarde no vaya usted al colegio, que lo he menester.

Como la culpa siempre acusa, yo me quedé con bastante miedo, temiendo no hubiera sabido mi padre algunas de mis gracias extraordinarias, y me quisiese dar con un garrote el premio que merecían.

Luego concebí que yo había sido la causa de la cólera, de la parsimonia de la mesa, y de las lágrimas de mi madre; pero como estaba satisfecho en que ésta no me quería, sino me adoraba, no tuve empacho para decirla:

—Señora, ¿qué novedad será ésta de mi padre?

A lo que la pobrecita me contestó con sus lágrimas y me refirió todo lo que había acaecido a mi padre con mi maestro y cómo estaba resuelto a ponerme a oficio...

—¿A oficio —dije yo—, a oficio? No lo permita Dios, señora. ¿Qué pareciera un bachiller en artes, y un cursante teólogo convertido de la noche a la mañana en sastre o carpintero? ¿Qué burla me hicieran mis condiscípulos? ¿Qué dijeran mis parientes? ¿Qué se hablará?

—Pues, hijo —me contestó mi madre—, ¿qué quieres que haga? Ya yo he rogado a tu padre bastante, ya se lo he dicho, ya le he llorado; pero está renuente, no hay forma de convencerle, dice que no quiere que se lo lleve el diablo juntamente contigo por darme gusto. Yo no sé qué hacer...

—No llore usted, señora —le dije—; yo sí sé lo que se ha de hacer. Seguro está que mi padre tenga el gusto de verme de hojalatero ni de sastre. Pues qué, ¿ya se cerraron los cuarteles? ¿Ya se acabaron las casacas y el pan de munición?

—¿Qué quieres decir con esto, Pedrito? —me decía mi madre.

—Nada, señora —le contesté—; sino que antes que aprender oficio me meteré a soldado, a bien que tengo buen cuerpo, y me recibirán en cualquiera parte con mil manos.

Aquí redobló mi madre su llanto, y me dijo:

—¡Ay, hijo de mi alma! ¿Qué es lo que dices? ¿Soldado? ¿Soldado? ¡No lo permita Dios! No te precipites ni te desesperes; yo volveré a rogarle a tu padre esta tarde, y ya que dice que no eres para los estudios, y que es fuerza darte destino, veremos si te coloca en una tienda.

—Calle usted, madre —le dije—. Eso es peor. ¿Qué bien pareciera un bachiller tiznado y lleno de manteca, y un teólogo despachando tlaco de chilitos en vinagre? No, no; soldado y nada más; pues una vez que a mi padre ya se le hace pesado el mantenerme, el rey es padre de todos, y tiene muchos miles para vestirme y darme de comer. Esta tarde me voy a vender en la bandera de China, y mañana vengo a ver a usted vestido de recluta.

Cada vez que yo me acuerdo de éste y otros malos ratos que di a la pobre de mi madre, y de las lágrimas que derramó por mí, quisiera sacarme el corazón a pedazos de dolor; pero ya es tarde el arrepentimiento, y sólo sirven estas lecciones, hijos míos, para encargaros que miréis a vuestra madre siempre con amor y respeto verdadero, sin imitar a los malos hijos como yo fui; antes rogad a Dios no castigue los extravíos de mi juventud como merecen, y acordaos que por boca del Sabio os dice: *Honra a tu padre, y no olvides los gemidos de tu madre. Acuérdate que a ellos les debes la vida, y págales lo que te han dado.*

Finalmente, esta escena paró en que mi madre me rogó, me instó, me lloró porque no fuera soldado, jurándome que se volvería a empeñar con mi padre para que desistiera de su intento y no me pusiera a oficio, con cuya promesa me serené, como que eso era lo que yo deseaba, y por lo que afligí tanto a su merced, no porque a mí me agradara la carrera-militar, y más en clase de soldado, como que veía con horror todo género de trabajo.

¡Qué bueno hubiera sido que mi madre me hubiera quebrado en la cabeza cuanta silla había en la sala, y bien amarrado me hubiera despachado al primer cuartel, y allí me hubiesen encajado luego luego la gala de recluta! Con eso se hubieran acabado mis bachillerías y sus cuidados; pero no lo hizo así, y tuvo después que sufrir lo que Dios sabe.

Al cabo de un rato salió mi padre ya con sombrero y bastón, y me dijo:

—Tome usted la capa y vamos.

Yo la tomé y salí con su merced con temor, y mi madre se quedó con cuidado.

A poco haber andado, se paró mi padre en un zaguán, y me dijo:

—Amigo, ya estoy desengañado de que es usted un gran perdido, y yo no quiero que se acabe de perder. Su maestro me ha dicho que es un flojo, vago y vicioso, y que no es para los estudios. En virtud de esto, yo tampoco quiero que sea para la ganzúa ni para la horca. Ahora mismo elige usted oficio que aprender, o de aquí llevo a usted a presentarlo al rey en la bandera de China.

Todos los retobos que usé con mi madre, con mi padre se volvieron sumisiones, como que sabía yo que no acostumbraba mentir y era resuelto; y así no pude hacer más que humillarme y pedirle por favor que me diese un plazo para informarme del oficio que me pareciera mejor. Concedióme mi padre tres días a modo de ahorcado, y volvimos para casa, donde hallamos a mi pobre madre enferma de un gran flujo de sangre que le había venido por la pesadumbre que le di, y el susto con que se quedó.

Ya se ha dicho que mi padre la amaba con extremo, y así, lleno de sentimiento, acudió a que la medicina la auxiliara. En efecto, al segundo día ya estuvo mejor; pero sin dejar de llorar de cuando en cuando, porque yo ya le había dicho la resolución de mi padre, y ella, en medio de su dolencia, no se había descuidado en suplicarle no me pusiera a oficio, a lo que mi padre le contestó que se restableciera de su achaque, y que ahí se vería lo que por fin se había de hacer.

Esta respuesta desconsoló a mi madre, y fue causa de que yo no las tuviera todas conmigo, porque no habiendo visto jamás a mi padre tan tenaz en su propósito y tan esquivo con mi madre, al parecer, me hizo entender que de aquella vez no me escaparía yo de cualquier aprendizaje.

No sabiendo qué hacer para librarme de la férula de los maestros mecánicos, que me amenazaba por momentos, discurrí la traza más diabólica que podía en lance tan apurado, y fue ir a ver a mi caritativo preceptor y sabio amigo, el ínclito Martín Pelayo. Con la confianza que tenía, me entré de rondón hasta su cuarto, donde lo hallé columpiándose de un lazo que pendía del techo, tarareando unas boleras y dando saltos en el suelo.

Tan embebecido estaba en su escoleta, que no sintió cuando yo entré, y prosiguió brincando como un gamo, hasta que yo le dije:

—¿Qué es esto, Martín? ¿Te has vuelto loco o estás aprendiendo a maromero?

Entonces él me vio y me contestó:

—Ni estoy loco ni quiero ser volatín, sino que estoy trabajando por aprender a hacer la octava que piden estas boleras.

Y diciendo esto continuó sus cabriolas.

Yo, mirando lo espacio que estaba, le dije:

—Suspende un poco tus lecciones, que traigo un asunto de mucha importancia que comunicarte, y del que sólo tu amistad puede sacarme con bien.

Él entonces, muy cortés, se quitó del lazo, se sentó conmigo en su cama, y me dijo:

—No sabía yo que traías asunto, pero di lo que se ofrezca, que ya sabes cuánto te estimo.

Le conté punto por punto todas mis cuitas, rematando con decirle que para libertarme del deshonor que me esperaba en el aprendizaje, había pensado meterme a fraile. Él me oyó con bastante gravedad y me dijo:

—Perico, yo siento los infortunios que te amenazan por el genio ridículo y escrupuloso de tu padre, pero supuesto que no hay medio entre ser oficial mecánico o soldado, y que el único arbitrio de evadirte de ambas cosas de ésas es meterte a fraile, yo soy de tu mismo parecer; porque más vale tuerta que ciega; peor es ser el sastre Perico, o el soldado Perico, que no el padre Fr. Pedro. Ello es verdadero, que la vida de fraile trae sus incomodidades inaguantables, como el estudio, la asistencia de comunidad, la observación de las reglas, la subordinación a los prelados y la sujeción o privación de la libertad que tanto te acomoda a ti y a mí; pero todo es hacerse. A más de que, en cambio de esas molestias, tiene el estado sus ventajas considerables, como el honor de la religión que se extiende por todos sus individuos, aunque sean legos; el respeto que infunde el santo hábito, y, sobre todo, hijo, el afianzar la torta para siempre. Ya verás tú que estas conveniencias no las encuentra un artesano ni un soldado; y así me parece que lleves adelante tu pensamiento.

—Pues ya he venido —le dije— a consultarte mis designios y a suplicarte te empeñes con tu padre para que me dé una esquela de recomendación para que me admita tu tío el provincial de San Diego, porque esto urge, y en la tardanza está el peligro, pues como yo consiga la patente de admitido, ya a mi padre se le quitará el enojo y me verá de distinto modo.

—Pues eso es lo de menos —me dijo Pelayo—; ven mañana temprano que yo haré que mi padre ponga la esquela esta noche.

Con este consuelo me despedí de Martín muy contento, y me volví a mi casa.

Entré en ella y encontré de visitas a don Martín, el de la hacienda, a la señora su esposa, la que me cascó el zapatazo, a su niña y al famoso Juan Largo, o Januario, que toda la familia había venido a México a pasear; porque como todo fastidia en este mundo, los que viven en las ciudades buscan su diversión en el campo, y los que viven en el campo anhelan por la ciudad para divertirse, y ni unos ni otros logran por largo tiempo satisfacer sus deseos; porque como la tristeza no está en el campo ni en la ciudad, sino en el corazón, nos siguen los fastidios y cuidados dondequiera que llevamos nuestro corazón.

Luego que hube saludado a las visitas y que cesaron los cumplimientos de moda, me aparté al corredor con Januario y hablamos largo sobre diversos asuntos, ocupando el mejor lugar de la conversación los míos, entre los que le conté mis aventuras y la última resolución que tenía de volverme fraile, a lo que Juan Largo me contestó muy aprisa:

—Sí, sí, Periquillo, vuélvete fraile, hijo, vuélvete fraile, no harás cosa mejor. No todos los hombres hacen lo que deben, sino lo que les está más a cuento para sus fines particulares; quien hay que se ordena porque es inútil para otra cosa, o por no perder una capellanía; quien que se casa con la primera que encuentra más que no le tenga amor, ni con qué mantenerla, sólo por escaparse de una leva; quien que se mete a soldado porque no lo persiga la justicia ordinaria, por

tramposo o por alguna fechoría que
ha cometido; y quien, en fin, que
hace mil cosas contra su gusto, sólo
por evitar éste o el otro lance que
considera serle peor; conque ¿qué
nuevo ni raro será que tú te metas
a fraile por no aprender oficio, ni
ser soldado? Sí, Perico, haces bien,
alabo tu determinación; pero hermano, aviva, aviva el negocio, porque
al mal paso darle prisa.

Así concluyó su arenga este grande hombre. Él, es claro que me dijo
muchas verdades, pero truncas. Si
me hubiera dicho después de ellas
que, aunque así lo hacen, en ello
nada justo hacen ni digno de un
hombre de bien, y que por lo común estas trampas y artificios de
que se valen para eludir el castigo,
excusar el trabajo, engañar al superior o evitar por el camino más
breve la desgracia inminente o que
parece tal, no son sino unos remedios paliativos o aparentes, que
después de tomados se convierten
en unos venenos terribles, cuyas funestas resultas se lloran toda la vida; si me hubiera dicho esto, repito,
quizá, quizá me hubiera hecho abrir
los ojos y cejar de mi intento de
ser religioso, para el que no tenía
ni natural ni vocación; pero por mi
desgracia los primeros amigos que
tuve fueron malos, y de consiguiente
pésimos sus consejos.

A otro día marché para la casa
de Pelayo, quien puso en mis manos la esquela de su padre, el que
no contento con darla, pensando
que yo era un joven muy virtuoso,
prometió ir a hablar por mí a su
hermano el provincial, para que me
dispensara todas aquellas pruebas
y dilaciones que sufren los que pretenden el hábito en semejantes religiones austeras.

No parece sino que me ayudaba
en todo aquella fortuna que llaman
de pícaro, porque todo se facilitaba
a medida de mi deseo.

Yo recibí mi esquela con mucho
gusto, di las gracias a mi amigo
por su empeño, y me volví para
casa.

CAPÍTULO XI

TODO AQUEL DÍA lo pasé contentísimo esperando que llegara el siguiente para ir a ver al provincial. No quise ir en esa tarde, por dar lugar a que el padre de Pelayo hiciese por mí el empeño que había ofrecido.

Nada ocurrió particular en este día, y al siguiente a buena hora me fui para el convento de San Diego, y al pasar por la alameda, que estaba sola, me puse frente a un árbol, haciéndolo pasar en mi imaginación la plaza de provincial, y allí me comencé a ensayar en el modo de hablarle en voz sumisa, con la cabeza inclinada, los ojos bajos, y las dos manos metidas dentro de la copa del sombrero.

Con éstas y cuantas exterioridades de humildad me sugirió mi hipocresía, marché para el convento.

Llegué a él, anduve por los claustros preguntando por la celda del prelado, me la enseñaron, toqué, entré y hallé al padre provincial sentado junto a su mesa, y en ella estaba un libro abierto, en el que sin duda leía a mi llegada.

Luego que lo saludé, le besé la mano con todas aquellas ceremonias en que poco antes me había ensayado, y le entregué la carta de recomendación de su hermano. La leyó, y mirándome de arriba abajo, me preguntó que si quería ser religioso de aquel convento.

—Sí, padre nuestro —respondí.

—¿Y usted sabe —prosiguió— qué cosa es ser religioso, y de la estrecha observancia de Nuestro Padre San Francisco? ¿Lo ha pensado usted bien?

—Sí, padre —respondí.

—¿Y qué le mueve a usted el venir a encerrarse en estos claustros y a privarse del mundo, estando como está en la flor de su edad?

—Padre —dije yo—, el deseo de servir a Dios.

—Muy bien me parece ese deseo —dijo el provincial—; pero qué ¿no se puede servir a su Majestad en el mundo? No todos los justos ni todos los santos lo han servido en los monasterios. Las mansiones del Padre Celestial son muchas, y muchos los caminos por donde llama a sus escogidos. En correspondiendo a los auxilios de la gracia, todos los estados y todos los lugares de la Tierra son a propósito para servir a Dios. Santos ha habido casados, santos célibes, santos viudos, santos anacoretas, santos palaciegos, santos idiotas, santos letrados, santos médicos, abogados, artesanos, mendigos, soldados, ricos; y, en una palabra, santos en todas clases del estado. Conque, de aquí se sigue que para servir a Dios no es condición precisa el ser fraile, sino el guardar su santa ley, y ésta se puede guardar en los palacios, en las oficinas, en las calles, en los talleres, en las tiendas, en los campos, en las ciudades, en los cuarteles, en los navíos, y aun en medio de las sinagogas de los judíos y de las mezquitas de los moros. La profesión de la vida religiosa es la más perfecta; pero si no se abraza con verdadera vocación, no es la más segura. Muchos se han condenado en los claustros, que quizá se hubieran salvado en el siglo. No está el caso en empezar bien, es menester la constancia. Nadie logra la corona del triunfo sino el que pelea varonilmente hasta el fin. En la edad de usted es preciso desconfiar mucho de esos ímpetus o fervores espirituales, que ordinariamente no pasan de unas llamaradas de *zacate*, que tan pronto se levantan como se apagan; y así sucede que muchos o no profesan, o si profesan es por la vergüenza que les causa *el qué dirán;* y estos tales profesos, como que lo son sin su voluntad, son unos malos religiosos, desobedientes y libertinos, que con sus vicios y apostasías dan que hacer a los superiores, escandalizan a los seculares, y de camino quitan el crédito a las religiones; porque, como dice Santa Teresa, y es constante, el mundo quiere que los que siguen la virtud sean muy perfectos; nada les dispensa, todo les nota, les advierte y moteja con el mayor escrúpulo, y de aquí es que los mundanos fácilmente disculpan los vicios más groseros de los otros mundanos; pero se escandalizan grandemente si advierten algunos en éste o el otro religioso o alma dedicada a la virtud. Levantan el grito hasta el cielo, y hablan, no sólo contra aquel fraile, que los escandaliza, sino contra el honor de toda la religión, sin pesar en la balanza de la justicia los muchos varones justos y arreglados que ven en la misma religión y aun en el mismo convento. Para evitar que los jóvenes se pierdan abrazando sin vocación un estado que ciertamente no debe ser de holgura, sino de un trabajo continuo, para cumplir los prelados con nuestra obligación y no dar lugar a que las religiones se desacrediten por sus malos hijos, debemos examinar con mucha prudencia y eficacia el espíritu de los pretendientes, aun antes de que entren de novicios, pues el noviciado es para que ellos experimenten la religión; pero el prelado debe examinarles el espíritu aun antes que ser novicios. En virtud de esto, usted que desea servir a Dios en la religión ¿ya sabe que aquí de lo primero que ha

de renunciar es de la voluntad; porque no ha de tener más voluntad que la de los superiores, a quienes ha de obedecer ciegamente?

—Sí, padre —dije yo.

—¿Sabe que ha de renunciar para siempre al mundo, sus pompas y vanidades, así como lo prometió en el bautismo?

—Sí, padre.

—¿Sabe que aquí no ha de venir a holgar ni a divertirse, sino a trabajar y a estar ocupado todo el día?

—Sí, padre.

Y "sí, padre", y "sí, padre", respondí a setenta *sabes* que me preguntó, que ya pensaba yo que era llegada mi hora y me estaban sacramentando; y todo este examen paró en que me dio mi patente allí mismo, advirtiéndome que fuera mi padre a verse con su Reverencia.

Tales fueron mis palabras estudiadas y mis hipocresías, que la llevó entre oreja y oreja aquel buen prelado, y formó de mí un concepto ventajoso. Ya se ve, él era bueno; yo era un pícaro, y ya se ha dicho lo fácil que es que los pícaros engañen a los hombres de bien, y más si los cogen desprevenidos.

El bendito provincial, al despedirme, me abrazó y me dijo:

—Pues, hijo mío, vaya con Dios, y pídale a Su Majestad que le conserve en sus buenos propósitos, si así conviene a su mayor gloria y bien de su alma. Dígale todos los días con el mayor fervor: *Confirma hoc Deus!, quod operatus es in nobis,*[1] y disponga su corazón cada día más y más para que fecundice en él la gracia del Espíritu Santo y produzca frutos óptimos de virtud.

Con esto le besé la mano y me retiré para casa.

¿Quién creerá que cuando salí del convento sentí no sé qué de bueno en mí, que me parecía que de veras tenía yo vocación de ser religioso? No se me olvidaba aquel aspecto venerable del anciano pre-

---

[1] ¡Oh, Dios! Confirma lo que has obrado en mí.—E.

lado, aquellas palabras tan llenas de unción y penetrantes que tanto eco hicieron en mi corazón, aquella su prudencia, aquel su carácter amable, y aquel todo hechicero de la verdadera virtud, capaz de enamorar al mismo vicio.

—En efecto —yo decía entre mí—, ¿qué mano que hubiera nacido para fraile, que no lo hubiera advertido, y Dios quisiera haberse valido de este accidente para reducirme y meterme en el camino que me conviene? No hay duda; así debe ser. Yo me acuerdo de haber oído decir que Dios hace renglones derechos con pautas torcidas, y éste ha de ser uno de ellos, sin remedio.

Éstos y semejantes discursos ocupaban mi imaginación en el camino del convento a mi casa.

Luego que llegué a ella, me entré a ver a mi madre, y le conté cuanto me había pasado, manifestándole la patente de admitido en el convento de San Diego. De que mi madre la vio, no sé cómo no se volvió loca de gusto, creyendo que yo era un joven muy bueno y que cuando menos sería yo otro San Felipe de Jesús.

No hay que dudar ni que admirarse de esta sorpresa de mi madre, pues si mis maldades le parecían gracias, mi virtud tan al vivo, ¿qué le parecería?

Vino mi padre de la calle, y mi madre, llena de júbilo, le impuso de todas mis intenciones, enseñándole al propio tiempo la patente del padre provincial.

—¿Ves, hijo —le decía—, ves cómo no es tan bravo el león como lo pintan? ¿Ves cómo Pedrito no era tan malo como tú decías? Él como muchacho ha sido traviesillo, ¿pero qué muchacho no lo es? Tú querías que fuera un santo desde criatura, querías bien; pero, hijo, es una imprudencia; ¿cómo han de comenzar los niños por donde nosotros acabamos? Es necesario dar tiempo al tiempo. Ya ves qué mutación tan repentina. ¿Cuándo la esperabas? Ayer decías que Pedro

era un pícaro, y hoy ya lo ves hecho un santo; ayer pensabas que había de ser el lunar de su linaje, y hoy ya ves que él será el ilustre de su familia, porque familia que cuenta un deudo fraile, no puede ser de oscuro principio; yo, a lo menos, así lo entiendo, y en esta fe y creencia he de vivir, aunque me digan, como ya me lo han dicho, que esto es una preocupación de las que han echado más raíces en América que en otras partes del mundo; pero yo no lo creo, sino que en teniendo una familia un pariente fraile, ya puedes apostárselas en nobleza con el Preste Juan de las Indias sin haber menester ejecutorias, genealogías, ni estas otras zarandajas de que tanto blasonamos los nobles, porque esas cosas sólo las saben los parientes y amigos de las casas; pero los extraños, que no las ven, no pueden saber si son nobles o no. Lo que no sucede teniendo un deudo fraile; porque todo el mundo lo ve, y nadie puede dudar de que es noble él, sus padres, sus abuelos, sus bisabuelos y sus tatarabuelos; y si el dicho fraile se casara, fueran nobles y muy nobles sus hijos, nietos, biznietos, tataranietos y choznos; porque un fraile es una ejecutoria andando. Conque, mira si tengo razón de estar contenta, y si tú también debes estarlo con la nueva resolución de Pedrito.

Yo, por un agujerito de la puerta, había estado oyendo y fisgando toda esta escena, y vi que mi padre leyó, releyó y remiró una, dos y tres veces la patente; y aun advertí que más de una vez estuvo por limpiarse los ojos, a pesar de que no tenía lagañas. ¡Tal era la duda que tenía de mi verdad que apenas creía lo que estaba leyendo!

Sin embargo de ésta su sorpresa, oyó muy bien toda la arenga de mi madre, a la que luego que concluyó, le dijo:

—¡Válgate Dios, hija, qué cándida eres! ¡Cuántas boberías me has dicho en un instante! Si alguno nos hubiera escuchado, yo me avergon-

zara, pues las familias que en realidad son nobles, como la tuya, no
aspiran a parecerlo con el empeño
de tener un hijo religioso, ni hacen
vanidad de ello cuando lo tienen;
antes ese empeño y esa vanidad es
una prueba clara de una no conocida nobleza, o que a lo menos no
puede manifestarse de otro modo;
modo, ciertamente, muy aventurado,
y que puede estar sujeto a mil trácalas; pero esto no es lo que importa por ahora, a más que la nobleza
verdadera consiste en la virtud. Ésta es su piedra de toque y su prueba legítima, y no los puestos brillantes, eclesiásticos o seculares,
pues éstos muchas veces se pueden
hallar en personas indignas de tenerlos por su mala moral, etc. Lo
que importa por ahora es esta patente. Yo me hago cruces y no acabo de entender cómo es esto. Ayer
era Pedro tan libertino y descarriado, que hacía continuas faltas en el
colegio por irse a tunantear con sus
amigos, ¿y hoy tan sujeto y virtuoso que pretende ser religioso, y de
una religión estrecha y observante?
Ayer tan flojo, que aun para estudiar teología, ponía mil cortapisas,
¿y hoy tan decidido por el trabajo
de una comunidad? Ayer tan disipado, ¿hoy tan recoleto? Ayer tan
uno, ¿y hoy tan otro? No sé cómo
será esto. Yo no ignoro que Dios
es poderoso y puede hacer cuanto
quiera; sé muy bien que de una
Magdalena hizo una santa, de un
Dimas un confesor, de un Saulo
un Pablo, de un Aurelio un Agustino, y de otros pecadores otros tantos siervos suyos que han edificado
su Iglesia, pero estos casos no son
comunes; porque no es común que
el pecador corresponda a los auxilios de la gracia; lo corriente es
despreciarlos cada instante, y por
eso está el mundo tan perdido. No
sé por qué me parece que éstas son
picardías de Pedro...
—Cállate —dijo mi madre—:
como tú no quieres al pobre muchacho, aunque haga milagros te han
de parecer mal. Sus defectos sí los

crees aunque no los veas; pero de
su virtud dudas, aun mirándola con
los ojos. Bien dicen: en dando en
que un perro tiene rabia, hasta que
lo maten.
—¿Qué estás hablando, hija?
—decía mi padre—. ¿Qué virtud estoy mirando yo, ni jamás he visto
en Pedro?
—¿Qué más prueba de virtud que
esa patente? —decía mi madre.
—No, esta patente no prueba virtud —replicaba mi padre—; lo que
prueba es que tuvo habilidad para
engañar al provincial hasta arran-
cársela por sus fines particulares.
—Tú harás y dirás todo eso por
no gastar en el hábito y en la profesión; pero para eso no es menester que quites de las piedras para
poner en mi hijo. Aún tiene tíos, y
cuando no, yo pediré los gastos de
limosna.
Así se explicó mi madre, a quien
mi padre, con mucha prudencia,
contestó:
—No seas tonta, mujer. No son
los gastos, sino la experiencia que
tengo la que me hace desconfiar
de Pedro. Conozco su genio, y tengo examinado su carácter, por eso
dudo que sea cierta su vocación. Él
es mi hijo, lo amo, y lo amo mucho;
pero este amor no me quita el conocimiento que tengo de él. Sé que
no le gusta el trabajo, que le agrada la libertad, los amigos, y el lujo
demasiado, y que es muy variable
en su modo de pensar. A más de
esto, es muy joven, le falta mucho
para saber distinguir bien las cosas,
y todo ello me hace creer que apenas estará en el convento dos o tres
meses, verá el trabajo de la religión
y se saldrá. Esto es lo que deseo excusar, no los gastos, pues siempre
he erogado gustoso cuantos he considerado concernientes a su bien. No
obstante, yo de buena gana y con
la misma voluntad que otras veces
gastaré en esta ocasión cuanto sea
necesario, y me daré los plácemes
de que sea con provecho suyo.
Aquí paró la sesión, y salieron los
dos buenos viejos a comer.

A la noche me llamó mi padre a solas, me hizo mil preguntas, a las que yo contesté *amén, amén,* con la misma hipocresía que al provincial; me echó su merced mi buen sermón, explicándome qué cosa era la vida de un religioso; cuál la perfección de su estado; cuáles sus cargos; cuán temibles son las resultas que se debe prometer el que abraza sin vocación un estado semejante, y qué sé yo qué otras cosas, todas ciertas, justas, muy bien dichas y para mi bien; pero esto es lo que los muchachos oyen con menos atención, y así no es mucho se les olvide pronto. Ello es que yo estuve en el sermón, con los ojos bajos y con una modestia tal que ya parecía un novicio. Tan bien hice el papel que mi padre creyó que era la pura verdad, y me ofreció ir por la mañana a ver al padre provincial; me dio su bendición, le besé la mano y nos fuimos a acostar.

Yo dormí muy contento y satisfecho, porque los había engañado a todos, y me había escapado de ser aprendiz o soldado.

Al otro día cuando me levanté, ya mi padre había salido de casa, y cuando volvió a ella al mediodía me dijo delante de mi madre:

—Señor Pedrito, ya vi al provincial; ya está todo en corriente, y de aquí a ocho días, dándome Dios vida, tomarás el hábito.

Mi madre se alegró, y yo fingí alegrarme más con la noticia.

Comimos, y a la tarde fui a ver a Pelayo y le di cuenta del buen estado de mi negocio. Él me dio los plácemes de este modo:

—Me alegro, hermano, de que todo se haya facilitado. El caso es que aguantes las singularidades de los frailes, y más en el año del noviciado, porque te aseguro que las tienen y de marca; pues esto de levantarse a medianoche, rezar todo el día, andar con los ojos bajos, hablar poco, ayunar mucho, pelarse a azotes, barrer los claustros, estudiar y sufrir por toda la vida a tanto fraile grave, es una tarea inacabable, un subsidio eterno, una esclavitud constante, y una serie no interrumpida de trabajos, de que sólo la muerte podrá librarte; pero, en fin, ya lo hiciste, y es menester morderte un brazo; porque si no, ¿qué dirá tu padre?, ¿qué dirá tu madre?, ¿qué dirán tus parientes?, ¿qué dirá el provincial?, ¿qué dirán los conocidos de tu casa?, ¿qué dirá mi padre? y ¿qué dirán todos? Si ahora te arrepintieras, fuera un escándalo para el público, un deshonor para ti, y una vergüenza terrible para tus pobres padres, y así no hay remedio, hermano, a lo hecho pecho, dice el refrán; ahora es fuerza que seas fraile, quieras o no quieras.

Hay hombres cuyo carácter es tan venenoso que hacen mal, aun cuando ellos piensan que hacen bien. Son como el gato, que lastima al tiempo de hacer cariños. Así era el de Pelayo, que después que decía que me estimaba, parece que se empeñaba en enredarme o afligirme; pues primero me pintó que la religión era una *Jauja,* y ya que estuve comprometido, me la representó como una mazmorra, desacreditándola por ambos lados.

Yo me despedí de él, bien contristado, y casi casi ya estaba por retractarme de mis propósitos; pero la vergüencilla y este *qué dirán,* este *qué dirán* del mundo, que es causa de que atropellemos casi siempre con las leyes divinas, me hizo forzar mi inclinación, hacer a un lado mis temores y llevar adelante mi falsa intentona.

En aquellos ocho días se prepararon todas las cosas necesarias para mi ingreso; se dio parte de él a todos mis amigos, parientes, conocidos, bien y malhechores, y de todos ellos recibió mi padre mil parabienes y mi madre mil enhorabuenas, que hacían por junto dos mil faramallas, que llaman políticas, ceremonias y cumplimientos; pero que no dejan todas ellas una onza de utilidad, por más que se multipliquen en número.

Mis padres se ocupaban en estos ocho días en recibir visitas y en disponer lo necesario para la entrada, y yo me ocupaba en andar con Pelayo despidiéndome de mis tertulias no con poco dolor de mi corazón, pues sentía demasiada violencia en la separación de mis pecaminosas distracciones.

Mi gran Pelayo se había propuesto avisar en cuantas partes íbamos de mis nuevos intentos, y lo pronto que estaba mi noviciado. Yo le rogaba que los callara, mas a él se le hacía escrúpulo y cargo de conciencia el reservarlos, y como todas las casas que visitábamos eran de aquellos y aquellas que llaman de la *hoja,* me daban mis estregadas terribles, especialmente las mujeres. Una me decía:

—¡Ay! ¡Qué lástima, tan niño y encerrarse!

Otra:

—¡Qué gracia! Y tan muchacho.

Otra:

—¿Qué no se acordará usted de mí?

Otra:

—¿A que no profesa usted?

Ésta:

—Yo no creo que usted sea bueno para fraile siendo tan muchacho, no feo y con tantas gracias.

Aquélla:

—¿Bailador y fraile? Vamos, yo no lo creo.

Y así todas, y cuando se ofrecía proferir algunos cuentecitos y palabras obscenas (que se ofrecían a cada paso) saltaba alguna muchacha burlona con la frialdad de:

—¡Ay, niña! ¿Quién dice eso? Cállate, no perturbes al siervo de Dios.

Sin embargo de todas estas bufonadas, yo me divertía todo lo posible por despedida. Hacía orejas de mercader y bailaba, tocaba el bandolón, platicaba, seducía y hacía cosas que son mejores para calladas. Tales fueron los ejercicios preparatorios en que me entretuve en los ocho días precedentes a mi frailazgo. Así salió ello.

No contento con la libertad que tenía en la calle hasta las ocho de la noche (que hasta esa hora se le extendió la licencia al religioso *in-fieri,* o por ser) ni satisfecho por las holguras que me proporcionaba mi maestro Pelayo, mi genio festivo y la facilidad de las damas que visitábamos, todavía aspiraba a seducir a Poncianita, la hija de don Martín, el de la hacienda, que frecuentaba mi casa diariamente; mas la muchacha era virtuosa, discreta y juguetona. Conocía bien mi carácter, y me tenía por lo que era, esto es, por un joven calavera y malicioso, pero tonto en la realidad; y así a todos los mimos y zorroclocos que yo le hacía, me contestaba con mucho agrado, pero también con mucha variedad, y siempre haciéndome ver que me quería. Con esto yo, más bobo y malicioso que ella, pensaba lograr alguna vez la conquista; pero ella, más honrada y viva que yo, pensaba que esta vez jamás llegaría, como en efecto jamás llegó.

Un día le di yo mismo una esquelita que decía una sarta de tonterías y requiebros, y remataba asegurándole de mi buena voluntad, y que si yo no hubiera de entrarme religioso, con nadie me casaría sino con ella. Por aquí se puede comprender muy bien lo que yo era, y cómo es compatible la ignorancia suma con la suma malicia; pero lo más digno de celebrarse es la chusca contestación de ella a mi papel, que decía: "Señorito: agradezco la buena voluntad de usted, y si pudiera la correspondería, pero estoy queriendo bien a otro caballerito, que si esto no fuera, con nadie me casaría yo mejor que con usted, aunque sacara dispensa. Dios lo haga buen religioso, y le dé ventura en lides. —La que usted sabe."

No puedo ponderar bien las agitaciones que sentí con esta receta. Ella me enceló, me enamoró y me enfureció en términos que esa noche que fue la víspera de mi entrada, apenas pude dormir. ¿Qué tal sería el alboroto de mis pasiones? Pero, por fin, amaneció, y con la vista de otros objetos fue calmando un poco aquel tumulto.

Llegó la tarde; me despedí de mi madre, tías y conocidas, a quienes abracé muy compungido, sin descuidarme de hacer la misma ceremonia con la dómina Poncianita, la que correspondió mi abrazo con bastante desdén, como que estaba presente su madre, y no me quería como me significaba.

Acabada la tanda de abrazos, lágrimas y monerías, nos fuimos para el convento, mi padre, yo, mis tíos y una porción de convidados que iban a ser testigos de mi hipocresía.

Luego la suerte (adversa para mí) presagió mi desventura, en mi concepto; porque el silencio con que íbamos, y la larga serie de coches que seguía el nuestro, representaba bien un duelo, y cuantos nos miraban en la calle no pensaban otra cosa. En efecto, a mí y a mis padres se nos podía haber dado el pésame con justicia.

Llegamos a San Diego; se avisó al padre provincial, quien nos recibió con su acostumbrado buen carácter, y montando en el coche en que yo iba con mi padre, nos dirigimos a Tacubaya, donde está el noviciado de San Diego.

Luego que nos apeamos a la puerta del convento, se dispusieron todas las cosas, y fuimos al coro, donde se celebró la función. Tomé el hábito, pero no me desnudé de mis malas cualidades; yo me vi vestido de religioso y mezclado con ellos, pero no sentí en mi interior la más mínima mutación: me quedé tan malo como siempre, y entonces experimenté por mí mismo que *el hábito no hace al monje*.

Despidióse mi padre de mí y de aquella venerable comunidad, hicieron lo mismo los demás, y Juan Largo me dio un grande abrazo, a cuyo tiempo le dije: "No dejes de venir a verme." Él me lo prometió; se fueron todos, y me quedé yo solo y curtido entre los frailes, y, como suele decirse, rabo entre piernas y como perro en barrio ajeno.

Inmediatamente comencé a extrañar lo áspero del sayal. Llegó la hora de refectorio, y me disgustó bastante lo parco de la cena. Fuíme a acostar, y no hallaba lugar que me acomodara; por todas partes me lastimaba la cama de tablas, y como nunca me había dado una ensayadita en estas mortificaciones, ni de chanza, se me asentaban demasiado.

Daba vueltas y más vueltas y no podía dormir pensando en Poncianita, en la *Zorra*, en la *Cucaracha*, y en otras iguales sabandijas, y me arrepentía sinceramente de mi determinación, renegaba del apoyo que hallé en Pelayo, y me daba al diablo juntamente con la esquela de recomendación que tan breve me había facilitado mi presidio, que así nombraba yo mi nuevo estado; pero él no tenía la culpa, sino yo, que no era para él.

—¿No soy buen salvaje y majadero —me decía yo mismo— en haberme condenado por mi propia voluntad a esta cárcel tan espantosa y a esta vida tan miserable? ¿Qué caudales me he robado? ¿Qué moneda falsa he fabricado? ¿Qué herejías he dicho? ¿Qué casa he incendiado? ¿Ni qué crimen atroz he cometido, para padecer lo que padezco? ¿Quién diablos me metió en la cabeza ser fraile, sólo por librarme de ser aprendiz o soldado? En cualquiera de estos dos ejercicios me la pasara yo mejor seguramente, porque comiera cuando pudiera hasta hartarme, y lo que se me diera la gana; me pusiera camisa mas que fuera de manta; durmiera en colchón, si lo tenía, y hasta que se me antojara el día que estuviera franco; y por último, gozaría de mi libertad andando entre mis amigos y conocidas en los bailes y jaranitas; y no aquí con esta jerga pegada al pellejo, descalzo, comiendo mal, durmiendo peor y sobre unas duras tablas, encerrado, trabajando, y sin ver una muchacha ni cosa que lo parezca por todo esto. ¡Ah!, reniego de mí, y maldita sea la hora en que yo pensé ser fraile.

Así hablaba yo conmigo mismo, y

así hablan todos aquellos jóvenes de ambos sexos, y en especial las niñas miserables, que sin una inspiración de Dios y sin una vocación perfecta abrazan el estado religioso: estado santo, estado quieto, dulce y celestial para los que son llamados a él por la gracia; pero estado duro, difícil e infernal para los que se introducen a él sin vocación. ¡Cuántos, cuántos lo experimentan en sí mismos a la hora de ésta, tal vez, y sin remedio! Cuidado, hijos míos cuidado con errar la vocación, sea cual fuere, cuidado con entrar en un estado sin consultar más que con vuestro amor propio, y cuidado, por fin, con echaros cargas encima que no podéis tolerar, porque pereceréis debajo de ellas.

Maldiciendo y renegando, como os digo, me quedé dormido cerca de las once y media de la noche, y apenas había pegado mis párpados, cuando entra en mi celda un novicio despertador y me dice:

—Hermano, hermano, levántese su caridad, vamos a maitines.

Abrí los ojos, advertí que era fuerza obedecer, y me levanté echando sapos y culebras en mi interior.

Fui a coro, y medio durmiendo y rezongando lo que entendía del oficio, concluí mi tarea y volví a mi celda apeteciendo un pocillo de chocolate siquiera a aquella hora, porque ciertamente tenía hambre; pero no había ni a quién pedírselo.

Reinaba un profundo silencio en aquel dormitorio, y en medio del pavor que me causaba, para entretener mi hambre, mi vigilia y mi desesperación, me volví a entregar a mis ideas libertinas y melancólicas, y tanto me abstraje en ella que derramé hartas lágrimas de cólera y de arrepentimiento; pero me venció el sueño al cabo de las cuatro de la mañana y me quedé dormido; mas, ¡oh desgracia de flojos!, no bien había comenzado a roncar, cuando he aquí al hermano novicio que me vino a despertar para ir a prima.

Me levanté otra vez lleno de rabia, maldiciéndome a guisa de condenado; pero allá en mi corazón y sin hablar una palabra, diciendo entre mí: "¿Pues no es ésta una vida pesadísima? ¡Habráse visto empeño como el que ha tomado este frailecillo en no dejarme dormir! Él es mi *ahuizote* sin duda, es otro doctor Pedro Recio, pues si el del *Quijote* quitaba a Sancho Panza los platos de delante luego que empezaba a comer, éste me quita a mí el sueño luego que comienzo a dormir."

Pensando estos despropósitos me fui a coro, recé más que un ciego, y al cantar abría, tanta boca, pero de hambre, porque como la cena de la noche anterior no me gustó mucho, apenas la probé; y así tenía el estómago en un hilo, deseando se acabara la prima para ir a desquitarme con el chocolate, que me lo prometía de lo mucho y bueno, pues había oído decir en el siglo que los frailes tomaban muy buen caracas, y cuando en casa había algún pocillo muy grande, decían: "Este pozuelón es frailero." Con esto yo decía entre mí: "A lo menos si la cena fue mala, el desayuno será famoso. Sí, no hay duda; ahora me soplaré un tazón de buen chocolate con sus correspondientes bizcochos, o cuando no, con cuartilla de pan enmantecado por lo menos."

En esta santa contemplación se acabó el rezo y salimos de coro; ¡pero cuál fue mi tristeza y enojo cuando dieron las seis, las seis y media, las siete, y no parecía tal chocolate, ni pareció en toda la mañana, porque me dijeron que era día de ayuno! Entonces me acabé de dar a Barrabás, renegando más y con doble fervor de mi maldito pensamiento de ser fraile, y más cuando fueron otros dos novicios, y presentándome dos cubetas de cuero, me dijeron:

—Hermano, venga su caridad; tome esas cubetas y vamos a barrer el convento mientras es hora de ir a coro.

"Ésta está peor, me decía yo; ¡conque no dormir, no comer y trabajar como un macho de noria! ¿Esto es ser novicio? ¿Esto es ser fraile? ¡Ah, pese a mi maldita ligereza, y a los infames consejos de Pelayo y de Juan Largo! No hay remedio, yo no soy fraile, yo me salgo, porque si duro aquí ocho días, me acaba de llevar el diablo, de sueño, de hambre y de cansancio. Yo me salgo, sí; yo me salgo...; pero, ¿tan breve? ¿Aún no caliento el lugar y ya quiero marcharme? No puede ser. ¿Qué dirán? Es fuerza aguantar dos o tres meses, como quien bebe agua de tabaco, y entonces disimularé mi salida, fingiéndome enfermo; aunque no habrá para qué afanarme en fingir, pues mi enfermedad será real y verdadera con semejante vida, y plegue a Dios que de aquí allá no haya yo estacado la zalea [1] en estos santos paredones. ¡Qué hemos de hacer!"

Así discurría yo mientras subía agua y regaba los tránsitos con la *pichancha,* siempre triste y cabizbajo; pero admirándome de ver lo alegres que barrían los otros dos frailecitos mis compañeros, que eran tanto o más jóvenes que yo; ya se ve, eran unos virtuosos, y habían entrado allí con verdadera vocación y no por excusarse de trabajar, para holgarse como yo.

El uno de ellos, que era el más muchacho, era muy alegre, su color era blanco, su pelo bermejo, sus ojillos azules y muy vivos, su boca llena de una modesta sonrisa, y como estaba fatigado con el trabajo, estaba coloradito y bonito que parecía un San Antonio. Advirtió mi semblante sombrío y triste, y creyendo el inocente que era efecto de una suma austeridad y de los escrúpulos que me agitaban, se llegó a mí y me dijo con mucho agrado:

—Hermanito, ¿qué tiene? ¿Por qué está tan triste? Alégrese; la alegría no se opone al servicio de Dios. Este Señor es todo bondad. Somos sus hijos, no sus esclavos; quiere que lo amemos como a padre y que lo adoremos como al Señor Supremo; no que lo temamos con un miedo servil, no; ¡si no es nuestro tirano! Es un Dios lleno de dulzura, no un Dios parricida como el Saturno de los paganos. Su vista sola alegra a los santos y hace toda la felicidad del cielo. Su servicio debe inspirar a los suyos la mayor confianza y alegría. El Santo Rey David nos dice expresamente: *servid al Señor con alegría,* y el Eclesiástico: *arroja lejos de ti la tristeza, porque es pasión que a muchos quita la vida, y en ella no hay utilidad.* Pero ¿qué más? El mismo Jesucristo nos manda *que no queramos hacernos tristes como los hipócritas.* Conque, hermanito, alegrarse, alegrarse y desechar escrúpulos e ideas funestas, que ni hacen honor a la deidad, ni traen provecho a las almas.

Yo agradecí sus consejos al buen religiosito, y le envidié su virtud, su serenidad y alegría, porque no sé qué tiene la sólida virtud que se hace amable de los mismos malos.

Llegó la hora de la misa conventual, y fuimos a coro. Entonces advertí que no asistían algunos padres que había visto por el convento. Pregunté el motivo y me dijeron que eran padres graves y jubilados, o exentos de las asistencias de comunidad. Con esto me consolé un poco, porque decía: "En caso de profesar, que lo dudo, como yo sea padre grave, ya estoy libre de estas cosas." Fuimos a coro.

[2] *Estacar la zalea* (frase familiar); morir, con alusión a los borregos que después de muertos son desollados y sus zaleas clavadas con estacas en el suelo o en las paredes para secarse antes de curtirlas. Lo mismo significa la otra frase vulgar; *pelar su indigna rata.*—E.

CAPÍTULO XII

TRÁTASE SOBRE LOS MALOS Y LOS BUENOS CONSEJOS: MUERTE DEL PADRE
DE PERIQUILLO, Y SALIDA DE ÉSTE DEL CONVENTO

ESTUVE EN EL CORO durante la tercia y la misa, pero con la misma atención que el facistol. Todo se me fue en cabecear, estirar los párpados y bostezar, como quien no había cenado ni dormido.

El que presidía lo notó, y luego que salimos me dijo:

—Hermano, parece que su caridad es harto flojillo; enmendarse, que aquí no es lugar de dormir.

Yo no dejé de incomodarme, como que no estaba acostumbrado a que me regañaran mucho; pero no osé replicar una palabra. Me calé la capilla y marché a continuar la limpieza de mi santo cuartel.

Llegó la hora bendita del refectorio, y aunque la comida era de comunidad, a mí me pareció bajada del cielo, como que a buen hambre no hay mal pan.

En fin, me fui acostumbrando poco a poco a sufrir los trabajos de fraile y el encierro de novicio, manteniendo el estómago debilitado, consolando a mis ojos soñolientos, animando mis miembros fatigados con el trabajo y tolerando las demás penalidades de la religión, con la esperanza de que en cumpliendo seis meses, fingiría una enfermedad y me volvería a mis ajos y coles, que había dejado en la calle.

Esta esperanza se avaloraba con la vista de mi padre de cuando en cuando; pero más y más con los siempre cristianos, prudentes y caritativos consejos de mis dos mentores Januario y Pelayo, que solían visitarme con licencia del padre maestro de novicios, a quien mi padre los había recomendado.

Uno me decía:

—Sí, Perico, no harás otra cosa mejor que mudarte de aquí; mírate ahí cómo te has puesto en dos días; flaco, triste, amarillo, que ya con la mortaja encima no falta más sino que te entierren, lo que no tardarán mucho en hacer estos benditos frailes, pues con toda su santidad son bien pesados e imprudentes. Luego luego quisieran que un pobre novicio fuera canonizable; todo le notan, todo le castigan; nada le disimulan ni perdonan; ya se ve, ningún padre maestro se acuerda que fue novicio.

Esto me decía el menos malo de mis amigos, que era Pelayo; que el Juan Largo maldito, ése era peor; blasfemaba de cuantos frailes y religiosos había en el mundo; ¿y en qué términos lo haría, pues siendo yo algo peor que Barrabás, me escandalizaba?

Ciertamente que no son para escritas las cosas que me decía de todas, y en especial de aquella venerable religión, que no tenía la culpa de que un pícaro como yo se acogiera a ella sin vocación y sin virtud, sólo para eludir los muy justos designios de su padre; pero por sus consejos inferiréis el fondo de maldad que abrigaba su corazón.

—No seas tonto —me decía—, salte, salte a la calle; no te vayas a engreír aquí y profeses, que será enterrarte en vida. Eres muchacho, salvaje, goza del mundo. Las muchachas tus conocidas siempre me preguntan por ti; mi prima ha llorado mucho, te extraña, y dice que ojalá no fueras fraile, que ella se casara contigo. Conque salte, Periquillo, hijo, salte, y cásate con Poncianita, que es la única hija de don Martín y tiene sus buenos pesos. Ahora, ahora que te quiere has de lograr la ocasión, pues si ella pierde la esperanza de tu salida y se enamora de otro, lo pierdes todo. ¡Ojalá y yo no fuera su primo! A buen seguro que no te diera estos consejos, pues yo los tomara para mí; pero no puedo casarme con ella, al fin se ha de casar con cualquiera, y ese cualquiera no ha de ser otro más que tú, que eres mi amigo, pues lo que se ha de llevar el moro, mejor será que se lo lleve el cristiano. ¿Qué dices? ¿Qué le digo? ¿Cuándo te sales?

Yo era maleta, y luego con las visitas y persuasiones de este tuno me pervertía más y más, y llegué a tanto grado de desidia que no hacía cosa a derechas de cuantas me mandaba la obediencia. Si salía a acolitar, estaba en el altar inquietísimo; mi cabeza parecía molinillo, y no paraban mis ojos de revisar a cuanta mujer había en la iglesia; si barría el convento lo hacía muy mal; si servía el refectorio, quebraba los platos y escudillas; si me tocaba algún oficio en el coro, me dormía; finalmente, todo lo hacía mal, porque todo lo hacía de mala gana. Con esto, raro era el día que no entraba al refectorio con la almohada, la escoba o los *tepalcates* colgados, con un tapaojos o con otra señal de mis malas mañas y de las ridiculeces de los frailes, como yo decía.

Los primeros días se me asentaba la silla un poco,[1] esto es, se me hacían pesadas semejantes burlas y mojigangas, como yo las llamaba, siendo su propio nombre *penitencias;* pero después me fui connaturalizando con ellas, de modo que se me daba tanto de entrar al coro o refectorio con una sarta de guijarros, pendiente del cuello, como si llevara un rosario de Jerusalén.

Así cayendo y levantando, y haciendo desesperar a los benditos re-

ligiosos, llegué a cumplir seis meses de novicio, tiempo que desde el primer día me había prefijado para salirme a la calle y volverme a mis andanzas en el siglo. Ya estaba yo pensando de qué mal sería bueno enfermarme, o fingir que me enfermaba, para cohonestar mi veleidad, y habiendo por último elegido la epilepsia, ya iba a descargar sobre el corazón sensible de mi padre el golpe fatal, escribiéndole mi resolución de salirme, cuando llegó Januario y me dio la triste noticia de hallarse mi dicho padre gravemente enfermo y desahuciado de los médicos.

Afligióme semejante nueva, y trataba de acelerar mi salida; pero Januario me detuvo diciéndome que tiempo había para ella, que por entonces suspendiera mi resolución, pues nada iba a medrar, y antes podría suceder que mi padre, con la pesadumbre se agravara y se abreviaran sus días por mi precipitación; y así, que me sosegara, que por muerte o por vida de mi padre se haría la cosa después con más acierto y menos inconvenientes.

Hícelo así, y confieso que me convenció, porque, a pesar de ser tan malo, esta vez me aconsejó como hombre de bien.

Los hombres, hijos míos, son como los libros. Ya sabéis que no hay libro tan malo que no tenga algo bueno; así los hombres, no hay uno tan perverso, que tal cual vez no tenga algunos buenos sentimientos; y en esta inteligencia, el mayor pecador, el más relajado y libertino, puede darnos un consejo sano y edificante.

Cinco días pasaron después del que me habló Januario, cuando vino a verme don Martín, y previniéndome el ánimo con los consuelos que le dictó su caridad, me dio una carta cerrada de mi padre, y con ella la noticia de su fallecimiento.

La Naturaleza apretó mi corazón, y mis lágrimas manifestaron en abundancia mis sentimientos. Don Martín repitió sus consuelos, y se fue a dar algunas limosnas al padre provincial para sufragios por el alma

---

[1] Esta comparación con los caballos apenas se puede pasar a Periquillo, si no es hablando de sí mismo.—E.

del difunto. El padre vicario, los coristas y mis connovicios entraron a mi celda y me daban todos aquellos consuelos que se apoyan en la religión; y luego que calmó un poco mi dolor, me dejaron solo y se retiraron a sus destinos. Dos días pasaron sin que yo me atreviese a abrir la carta, pues cada vez que la quería abrir, leía el sobrecito que decía: *A mi querido hijo Pedro Sarmiento. Dios lo guarde en su santa gracia por muchos años.* Entonces se estremecía mi corazón sobremanera y no hacía más que besarla y humedecerla con mis lágrimas, pues aquellos pocos caracteres me acordaban el amor que siempre me había tenido, y su constante virtud que me había inspirado.

¡Ay, hijos! ¡Qué cierto es que el buen padre, la buena esposa y el buen amigo sólo se conocen cuando la muerte cierra sus ojos! Yo sabía que mi padre era bueno; pero no lo conocí bien hasta que tuve la noticia de su fallecimiento. Entonces, a un golpe de vista vi su prudencia, su amor, su juicio, su afabilidad y todas sus virtudes, y al mismo tiempo eché de ver el maestro, el hermano, el amigo y el padre que había perdido.

Al cabo de tres días abrí la carta, cuyo contenido leí tantas veces que se me quedó en la memoria, y por ser sus documentos digna herencia de vuestro abuelo, os la quiero dejar aquí escrita.

"Amado hijo: Al borde del sepulcro te escribo ésta, que según mi orden, te entregarán luego que esté mi cadáver sepultado.

"No tengo más bienes que dejar a tu pobre madre que cuatro reales y los pocos muebles de casa para que pase sin ansias algunos días de su triste viudedad; y a ti, hijo mío, ¿qué te podré dejar, sino escritas por mi mano trémula y moribunda aquellas mismas máximas que he procurado inspirarte toda mi vida? Hazles lugar en tu corazón y procura traerlas a la memoria con frecuencia. Obsérvalas, que jamás te arrepentirás de su observancia.

"Ama a Dios, témelo y reconócelo por tu padre, tu Señor y tu benefactor.

"Sé fiel a tu patria, y respeta a las autoridades establecidas.

"Pórtate con todos como quisieras se portaran contigo.

"A nadie hagas daño, y jamás omitas el bien que puedas hacer.

"No aflijas a tu madre, ni excites su llanto, porque las lágrimas que derraman las madres por los malos hijos claman ante Dios contra éstos por la venganza.

"Jamás desprecies los clamores del pobre, y hallen sus miserias un abrigo en tu corazón.

"No juzgues del mérito de los hombres por su exterior, que éste es engañoso las más veces.

"No te empeñes nunca en singularizarte en nada.

"Si profesares en esa santa religión, no olvides en ningún tiempo los votos con que te has consagrado a Dios.

"No te afanes por alcanzar los puestos honoríficos de la religión, ni te entristezcas si no los alcanzares, que esto no es propio del verdadero religioso que ha abandonado el mundo y sus pompas.

"Si fueres padre, maestro o prelado, no olvides la observancia de tu regla; antes entonces debes ser más modesto en el hábito, más puntual en el coro, y más edificante en todo, pues no es razón que exijas de tus súbditos el estrecho cumplimiento de su obligación, si tú les enseñas otra cosa con el ejemplo.

"No te mezcles en los negocios y asambleas de los seglares, porque no les escandalice tu relajación; pues tan bien parece un religioso en el coro, en el claustro, en el altar, púlpito o confesionario, como mal en el paseo, tertulia, juego, baile, coliseo y estrados de visitas.

"No uses copetes en el cerquillo a modo de faisán o pavo, que esta sola divisa manifiesta el poco espíritu religioso, y declara bien lo apegado que está el que lo usa al mundo y a sus modas.

"Finalmente, si no profesas, guarda los preceptos del Decálogo en cualquiera que sea el estado de tu vida. Ellos son pocos, fáciles, útiles, necesarios y provechosos. Están fundados en el derecho natural y divino. Lo que nos mandan es justo; lo que nos prohíben es en beneficio nuestro y de nuestros semejantes; nada tienen de violento sino para los abandonados y libertinos; y por último, sin su observancia es imposible lograr ni la paz interior en esta vida, ni la felicidad eterna en la otra.

"Acuérdate, pues, de esto, y de que dentro de pocos días seguirás el camino en que va a entrar tu padre, cuya bendición con la de Dios te alcance por siempre. Adiós, hijo amado. A las orillas de la eternidad, tu amante padre.—MANUEL."

Esta carta no hizo más efecto que entristecerme algunos ratos, pero sin profundizar sus verdades en mi corazón, porque a éste le faltaba disposición para recibir tan saludable semilla.

Pasaron quince días en cuyo corto tiempo se me olvidaron en gran parte los sentimientos de la muerte de mi padre, los avisos de su carta (esto es, el primer espíritu de compunción con que la leí), y sólo me acordaba de mi apetecida libertad.

Al cabo de estos días vino Januario y me trajo un recado de mi madre, diciéndome que estaba muy apesarada y triste en su soledad, y que ya era tiempo para que yo realizara mis proyectos, pues habiendo muerto mi padre, ya no había cosa que embarazara mi salida; antes ésta podría servir a mi madre de consuelo, y otras cosas a este modo con que acabé yo de resolverme.

Le manifesté a Januario la carta de mi padre, y él luego que la leyó se echó a reír, y me dijo:

—Está bueno el sermón, no hay que hacer; tu padre, hermano, erró la vocación de medio a medio. Era mejor para misionero que para casado; pero consejos y bigotes, dicen que ya no se usan. La herencia está muy buena, aunque yo no daría por

ella una peseta. Si como tu padre te dejó advertencias, te hubiera dejado monedas, se las deberías agradecer más; porque, amigo, un peso duro vale más que diez gruesas de consejos. Guarda esta carta, y salte a ver qué haces con lo que ha dejado tu padre, porque tu madre ¿qué ha de hacer? En cuatro días lo gasta y se acaba, y ni tú ni ella lo disfrutan.

Yo le agradecí aquellos que me parecían buenos consejos, y le dije que le propusiera a mi madre mi salida, pretextándole mi enfermedad y lo útil que yo le podía ser a su lado. Januario me ofreció desempeñar el asunto y volver al otro día con la razón.

Inquietísimo me quedé yo esperando la resolución de mi madre, no porque yo quería captar su venia, pues no la juzgaba necesaria, sino para con esta hipocresía atarle la voluntad de modo que me franqueara sin reserva todos los mediecillos que mi padre había dejado, y se fiara de mí, como si yo fuera un buen hijo.

Todo me salió según me lo propuse, pues al día siguiente volvió Januario, y me dijo que todo estaba corriente; que él había ponderado mucho mi falsa enfermedad a mi madre, y díchole que yo lloraba mucho por ella, que tanto por mi salud, como por servirla y acompañarla, deseaba salirme; pero que esperaba su parecer, porque era tan bueno su hijo, que sin su licencia no daría un paso. A lo que mi madre le contestó que saliera enhorabuena, pues mi salud valía más que todo, y en todas partes se podía servir a Dios.

—*Oídos que tales orejas* [2] —dije yo al escuchar estas razones—. Mañana comemos juntos, Januario...

—Y al instante vamos a visitar a Poncianita —me dijo él—, que cada día está más chula el diantre de la muchacha.

En conversaciones tan edificantes

[2] *Oídos que tal oyen* dice la expresión familiar castellana; pero por el disparate de un estudiante se ha hecho común decirse como en este lugar.—E.

como éstas, pasamos el rato que me permitió la campana, a cuyo toque se despidió Januario, quedándome yo deseando llegara la noche para avisarle mi determinación al padre maestro de novicios.

Llegó en efecto, y a mi parecer más tarde que otras veces. Luego que tuve lugar me entré en su celda, y le dije que estaba enfermo, y a más de eso, que mi madre había quedado viuda, pobre y sin más hijo que yo, y que así pensaba volverme al siglo; que me hiciera favor de facilitarme mi ropa.

El buen religioso me escuchó con santa paciencia, y me dijo que viera lo que hacía; que ésas eran tentaciones del demonio; si estaba enfermo, médicos y botica tenía el convento y que allí me curarían con el mismo cuidado que en mi casa; que si mi madre había quedado viuda y pobre, no había quedado sin Dios, que es padre universal y no desampara a sus criaturas; y por último, que lo pensara bien.

—Ya lo tengo bien pensado, padre nuestro —le dije—, y no hay remedio, yo me salgo, porque ni la religión es para mí, ni yo para la religión.

Enfadóse su paternidad con estas razones, y me dijo:

—La religión es para todos los que son para ella; mas su caridad dice bien, que no es para la religión, y así me lo ha parecido algunas veces. Vaya con Dios. Mañana temprano mandaré avisar a nuestro padre provincial, y se irá a su casa o donde le parezca.

Me retiré de su vista, y esa noche ya no quise ir a coro ni a refectorio (ni me hicieron instancia tampoco), y a otro día, entre nueve y diez de la mañana, me llamó el padre maestro de novicios, me despojó solemnemente de los hábitos, me dio mi ropa, y me marché para la calle, dirigiéndome inmediatamente para México.

Después que descansé un rato en un asiento de la alameda, y me sacudí el polvo del camino que había hecho desde Tacubaya, me dirigía a mi casa, e iba yo envuelto en mi capa con mi pañuelo amarrado en la cabeza y lleno de confusión pensando que estaba como excomulgado y separado de aquellos siervos de Dios. No sé qué pavor se apoderaba de mi corazón cada vez que volvía la cara y veía las sagradas paredes de San Diego, depósitos de la virtud y quietud, de donde yo me retiraba.

"No hay duda, decía yo entre mí, yo acabo de dejar el asilo de la inocencia; yo he dejado la única tabla a que podía asirme en el naufragio de esta vida mortal. Dios me verá como un ingrato, y los hombres me despreciarán como un inconstante... ¡Ah, si pudiera yo volverme!"

En estas serias meditaciones iba yo embebecido, cuando me tiró de la capa uno de mis antiguos contertulianos que me conoció y acompañaba a una de las coquetillas más desenvueltas que yo había chuleado antes de entrar en el convento.

Luego que nos saludamos y reconocimos los tres, me preguntó él cuándo me había salido y por qué. Le respondí que aquel mismo día, y por la muerte de mi padre y mi enfermedad. Me lo tuvieron a bien, y me llevaron a almorzar a un figón, donde comí a lo loco y bebí punto menos, con cuyos socorros se disiparon mis tristezas.

Despidiéronse de mí, y me fui para mi casa. Luego que mi madre me vio, comenzó a abrazarme y a llorar amargamente; pero me manifestó su contento por tenerme otra vez en su compañía. ¿Quién le había de decir que sus trabajos comenzaban desde aquel día, y que mi persona lejos de proporcionarle los consuelos y alivios que se prometía, le había de ser funestamente gravosa? Pero así fue, como veréis en el capítulo siguiente.

CAPÍTULO XIII

TRATA PERIQUILLO DE QUITARSE EL LUTO Y SE DISCUTE SOBRE LOS ABUSOS
DE LOS FUNERALES, PÉSAMES, ENTIERROS, LUTOS, ETC.

ENTRAMOS A LA ÉPOCA más desarreglada de mi vida. Todos mis extravíos referidos hasta aquí son frutas y pan pintado respecto a los delitos que se siguen. Ciertamente me horrorizo yo mismo, y la pluma se me cae de la mano al escribir mis escandalosos procederes, y al acordarme de los riesgos y lances terribles que a cada momento amenazaban mi honra, mi vida y mi alma; porque es evidente que el hombre mientras es más vicioso está más expuesto a mayores peligros. Ya se sabe que vuestra vida es un tejido continuo de sustos, miserias, riesgos y zozobras que por todas partes nos amagan; pero el hombre de bien con su conducta arreglada se libra de muchos de ellos, y se hace feliz en cuanto cabe en esta vida miserable; cuando por el contrario el hombre vicioso y abandonado no sólo no se libra de los males que naturalmente nos acometen, sino que con su misma relajación se mete en nuevos empeños, y llama sobre sí una espantosa multitud de peligros y lacerías, que ni remotamente los experimentara si viviera como debía vivir; y de este fácil principio se comprende por qué los más viciosos son los más llenos de aventuras, y acaso los que lo pasan peor aún en esta vida. Yo fui uno de ellos.

Seis meses estuve en mi casa haciendo una vida bien hipócrita; porque rezaba el rosario todas las noches, según la costumbre de mi difunto padre, salía muy poco a la calle, no asistía a ninguna diversión, hablaba de la virtud y de cosas de Dios con frecuencia, y, en una palabra, hice tan bien el papel de hombre de bien, que la pobre de mi madre lo creyó y estaba conmigo loca de contenta; ¡qué mucho! si la tragó Januario siendo tan veterano en picardías, y tanto lo creyó que un día me dijo: "Periquillo, me has admirado; ciertamente que tú naciste para fraile, pues cuando yo esperaba que salieras a coger las primicias de tu libertad absoluta, y que nos daríamos los dos nuestros verdes muy razonables, te veo encerrado y hecho un anacoreta en tu casa." ¡Pobre de Januario! ¡Pobre de mi madre! ¡Y pobres de cuantos se persuadieron a que era virtud lo que sólo era en mí una malicia muy refinada!

Trataba yo de conceptuarme bien con mi madre, para que confiando en mí totalmente no me escaseara los mediecillos que mi padre le hubiera dejado, lo que no me fue difícil conseguir con mis estratagemas maliciosas.

De facto, mi madre me descubrió y aun me hizo administrador de los bienecillos que habían quedado, y consistían en mil y seiscientos pesos en reales, como quinientos en deudas cobrables, y cerca de otros mil en alhajitas y muebles de casa. Cortos haberes para un rico; mas un principalito muy razonable para sostenerse cualquier pobre trabajador y hombre de bien; pero sólo eso era lo que me faltaba, y así di al traste con todo dentro de poco tiempo, como lo veréis.

Cualquier capitalito razonable florece en las manos de un hombre de conducta y aplicado al trabajo; pero ninguno es suficiente para medrar en las de un joven como yo, que no sólo era disipado, sino disipador.

El dinero en poder de un mozo inmoral y relajado es una espada en las manos de un loco furioso. Como no saber hacer de él el uso debido, constantemente sólo le sirve de perjudicarse a sí mismo y perjudicar a otros, abriendo sin reserva la puerta a todas las pasiones, facilitando la ejecución de todos los vicios, y acarreándose por consecuencia necesaria un sinnúmero de enfermedades, miserias, peligros' y desgracias.

Para precaver así la dilapidación de los mayorazgos, como la total ruina de estos pródigos viciosos, meten la mano los gobiernos, y quitándoles la administración y manejo del capital, les señalan tutores que los cuiden y adieten como a unos muchachos o dementes; porque si no, en dos por tres tirarían los bancos de Londres si los hubieran a las manos.

¡Es una vergüenza que a unos hombres regularmente bien nacidos, y sin la desgracia de la demencia, sea menester que las leyes los sujeten a la tutela y los reduzcan al estado de pupilos, como si fueran locos o muchachos! Pero así sucede, y yo he conocido algunos de estos mayorazgos sin cabeza.

Si yo hubiera sido mayorazgo, no me hubiera quedado por corto para tirar todo el caudal en dos semanas, pues era flojo, vicioso y desperdiciado: tres requisitos que con sólo ellos sobra para no quedar caudal a vida por opulento y pingüe que sea.

Atando el hilo de mi historia digo: que ya me cansaba yo de disimular la virtud que no tenía, y deseando romper el nombre y quitarme la máscara de una vez, le dije un día a mi madre:

—Señora, ya no tarda nada el día de San Pedro.

—¿Y qué me quieres decir con eso? —preguntó su merced.

—Lo que quiero decir —le respondí—, es que ese día es de mi santo, y muy propio para quitarnos el luto.

—¡Ay!, no lo permita Dios —decía mi madre—. ¿Yo quitarme el luto tan breve? Ni por un pienso. Amé mucho a tu padre, y agraviaría su memoria si me quitara el luto tan presto.

—¿Cómo tar presto, señora? —decía yo—; ¿pues ya no han pasado seis meses?

—¿Y qué? —decía ella toda escandalizada—. ¿Seis meses de luto te parecen mucho para sentir a un padre y a un esposo? No, hijo, un año se debe guardar el luto riguroso por semejantes personas.

Ya ustedes verán que mi madre era de aquellas señoras antiguas que se persuaden a que el luto prueba el sentimiento por el difunto, y gradúan éste por la duración de aquél; pero ésta es una de las innumerables vulgaridades que mamamos con la primera leche de nuestras madres.

Es cierto que se debe sentir a los difuntos que amamos, y tanto más, cuanto más estrechas sean las relaciones de amistad o parentesco que nos unían con ellos. Este sentimiento es natural, y tan antiguo, que sabemos que las repúblicas más civilizadas que ha habido en el mundo, Grecia y Roma, no sólo usaban luto, sino que hacían aun demostraciones más tiernas que nosotros por sus muertos. Tal vez no os disgustará saberlas.

En Grecia, a la hora de expirar un enfermo, sus deudos y amigos que asistían, se cubrían la cabeza en señal de su dolor para no verlo. Le cortaban la extremidad de los cabellos, y le daban la mano en señal de la pena que les causaba su separación.

Después de muerto cercaban el cadáver con velas,[1] lo ponían en la puerta de la calle, y cerca de él ponían un vaso con agua lustral, con la que rociaban a los que asistían a los funerales. Los que concurrían

---

[1] En los primeros días del cristianismo se usaban ya los cirios o hachas de cera; pero anteriormente no se conocían, pues que ni en pinturas, ni en grabados o medallas se ve algo que se les parezca, y *candela* propiamente quiere decir *luz.*—E.

al entierro y los deudos llevaban luto.

Los funerales duraban nueve días. Siete se conservaba el cadáver en la casa, el octavo se quemaba, y el noveno se enterraban sus cenizas. Con poca diferencia hacían lo mismo los romanos.

Luego que expiraba el enfermo, daban tres o cuatro alaridos para manifestar su sentimiento. Ponían el cadáver en el suelo, lo lavaban con agua caliente, y lo ungían con aceite. Después lo vestían y le ponían las insignias del mayor empleo que había tenido.

Como aquellos gentiles creían que todas las almas debían pasar un río del infierno que llamaban Aqueronte, para llegar a los Elíseos, y en este río había sólo una barca, cuyo amo era un tal Carón, barquero interesable que a nadie pasaba si no le pagaban el flete, le ponían los romanos a sus muertos una moneda en la boca para el efecto. A seguida de esto, exponían el cadáver al público entre hachas y velas encendidas, sobre una cama en la puerta de la casa.

Cuando se había de hacer el entierro, se llevaba el cadáver al sepulcro o en hombros de gente o en literas (como nosotros antes de hoy los llevábamos en coches). Acompañaba al cadáver la música lúgubre, y unas mujeres lloronas alquiladas, que llamaban por esta razón *praeficae,* y en castellano se llaman plañideras, que con sus llantos forzados reglaban el tono de la música y el punto que había de seguir en el suyo el acompañamiento.

Los esclavos a quienes el difunto había dado libertad en su testamento iban con sombreros puestos y hachas encendidas; los hijos y parientes con los rostros cubiertos y tendido el cabello; las hijas con las cabezas descubiertas y todos los demás amigos con el pelo suelto y vestidos de luto.

Si el difunto era ilustre, se conducía primero el cadáver a la plaza, y desde una columna que llamaban *de las arengas,* un hijo o pariente pronunciaba una oración fúnebre en elogio de sus virtudes. Tan antiguos así son los sermones de honras.

Después de esto, se conducía al cadáver al sepulcro, sobre cuyo lugar hubo variación. Algún tiempo se conservaban los cadáveres en las casas de los hijos. Después, viendo lo perjudicial de este uso, se estableció por buen gobierno que se sepultasen en despoblado; y ya desde entonces procuraba cada uno labrar sepulcros de piedra para sí y su familia.[2] Lo mismo observaron los griegos, con excepción de los lacedemonios. Los pobres que no podían costear este lujo se enterraban, como en todas partes, en la tierra pelada.

Después se acostumbró quemar a los héroes difuntos. Para esto ponían el cadáver sobre la pira[3] que era un montón bien elevado de leña seca, la que rociaban con licores y aromas olorosos, y los parientes le pegaban fuego con las hachas que llevaban encendidas, volviendo en aquel acto las caras a la parte opuesta.

Mientras ardía el cadáver, los parientes echaban al fuego los adornos y armas del difunto, y algunos sus cabellos en prueba de su dolor.

Consumido el cadáver, se apagaba el fuego con agua y vino, y los parientes recogían las cenizas y las colocaban en una urna entre flores y aromas. Después el sacerdote rociaba a todos con agua para purificarlos, y al retirarse, decían en alta

---

[2] ¡Bella providencia!, que hemos visto imitada en México desde la peste de 1813, aboliéndose el envejecido abuso de sepultarse los cadáveres en las iglesias, y dándoles sepulcros en los camposantos suburbios, conforme a las determinaciones de los concilios. ¡Ojalá no se olvide, ni haya sus infracciones toleradas o impunes!

[3] Esta costumbre remedan nuestras piras. Por esto se hacen elevadas, se colman de luces, se adornan con jarras que despiden aromas olorosos, se colocan los bustos de los difuntos en sus cúpulas, y se ponen con las insignias de sus empleos.

voz: *Aeternum vale*, o que te vaya bien eternamente, cuyo buen deseo explica mejor nuestro *requiescat in pace* (En paz descanse). Hecho esto, se colocaba la urna en el sepulcro, y grababan en él el epitafio y estas cuatro letras: S.T.T.L., que quieren decir: *Sit tibi terra levis* (Séate la tierra leve), para que los pasajeros deseasen su descanso. Entre nosotros se ve una cruz en un camino, o un retablito de algún matado en una calle, a fin de que se haga algún sufragio por su alma.

Concluida la función, se cerraba la casa del difunto y no se abría en nueve días, al fin de los cuales se hacía una conmemoración.

Los griegos, cerca de la hoguera o pira, ponían flores, miel, pan, armas y viandas... ¡Ay! ¡Ofrendas, ofrendas de los indios! ¡Qué antiguo y supersticioso es nuestro origen! [4] Toda la función se concluía con una comida que se daba en casa de algún pariente. Hasta esto imitamos, acordándonos que los duelos con pan son menos.

¿Y acaso sólo los griegos y romanos hacían estos extremos de sentimiento en la muerte de sus deudos y amigos? No, hijos míos. Todas las naciones y en todos tiempos han expresado su dolor por esta causa. Los hebreos, los sirios, los caldeos y los hombres más remotos de la antigüedad manifestaban su sensibilidad con sus finados, ya de uno, ya de otro modo. Las naciones bárbaras sienten y expresan su sentimiento como las civilizadas.

Justo es sentir a los difuntos, y en los libros sagrados leemos estas palabras: "Llora por el difunto, porque ha faltado su luz o su vida. *(Supra mortum plora, defecit enim, lux ejus.* Eccl., capítulo 22, v. 10).

[4] Todavía hay pueblos donde los indios ponen a sus muertos un *itacate*, que es un envoltorio con cosas de comer y algunos reallillos. En otros, a más de esto, les esconden un papel lleno de disparates para el Eterno Padre, y sus ofrendas son con igual superstición. En otro lugar diremos quiénes sostienen estos abusos.

Jesucristo lloró la muerte de su querido Lázaro; y así sería un absurdo horroroso el llevar a mal unos sentimientos que inspira la misma naturaleza, y blasfemar contra las demostraciones exteriores que los expresan.

Así es, que yo estoy muy lejos de criticar ni el sentimiento ni sus señales; pero en la misma distancia me hallo para calificar por justos los abusos que notamos en éstas, y creo que todo hombre sensato pensará de la misma manera; porque, ¿quién ha de juzgar por razonables las *lloronas* alquiladas de los romanos, ni los *fletes* que ponían a sus muertos en la boca? ¿Quién no reirá la tontería de los coptos, que en los entierros corren por las calles dando alaridos en compañía de las plañideras, echándose lodo en la cara, dándose golpes, arañándose, con los cabellos sueltos, y representando todo el exceso de unos furiosos dementes? ¿Quién no se horrorizará de aquella crueldad con que en otras tierras bárbaras se entierran vivas las viudas principales de los reyes o mandarines, etc.?

Todos, a la verdad, criticamos, afeamos y ridiculizamos los abusos de las naciones extranjeras, al mismo tiempo que, o no conocemos los nuestros, o si los conocemos, no nos atrevemos a desprendernos de ellos, venerándolos y conservándolos por respeto a nuestros mayores, que así los dejaron establecidos.

Tales son los abusos que hasta hoy se notan en orden a los pésames, funerales y lutos. Luego que muere el enfermo entre nosotros, se dan sus alaridos regularmente para manifestar el sentimiento. Si la casa es rica, es lo más usado despachar al muerto al depósito; pero si es pobre, no se escapa el *velorio*. Éste se reduce a tender en el suelo el cadáver, ya amortajado, en medio de cuatro velas, a rezar algunas estaciones y rosarios, a beber dos chocolates, y (para no dormirse) a contar cuentos y entretener el sueño con boberías y quizá con criminalidades. Yo mismo he visto quitar créditos y enamorar a la presencia de los difuntos. ¿Si serán estas cosas por vía de sufragios?

Algún tanto calman los gritos, llantos y suspiros en el intermedio que hay desde la muerte del deudo hasta el acto de sacarlo para la sepultura. Entonces, como si un cadáver nos sirviera de algún provecho, como si no nos hicieran un gran favor con sacarnos de casa aquella inmundicia, y como si al mismo muerto lo fueran a descuartizar vivo, se redobla el dolor de sus deudos, se esfuerzan los gritos, se levantan hasta el cielo los ayes, se dejan correr con ímpetu las lágrimas, y algunas veces son indispensables las pataletas y desmayos, especialmente entre las dolientes bonitas,[5] unas veces originados de su sensibilidad y otras de sus monerías. Y cuidado, que hay muchachas tan diestras en fingir un acceso epiléptico, que parece la mera verdad. Por lo común son unos remedios eficaces, para hacer volver a algunas, los consuelos y los chiqueos de las personas que ellas quieren.

Dejaremos a los dolientes en su zambra de gritos y desmayos, mientras observamos el entierro.

Si el muerto es rico ya se sabe que el fausto y la vanidad lo acompañan hasta el sepulcro. Se convidan para el entierro a los pobres del hospicio, los que con hachas en las manos acompañan, ¡cuántas veces!, los cadáveres de aquellos que cuando vivos aborrecieron su compañía.

No me parece mal que los pobres acompañen a los ricos cuando muertos; pero sería mejor, sin duda, que los ricos acompañasen a los pobres cuando vivos, esto es, en las cárceles, en los hospitales y en sus chozas miserables; y ya que por sus ocupaciones no pudieran acompañarlos ni consolarlos personalmente, siquiera que los acompañara su dinero aliviándoles sus miserias. Aquel dinero, digo, que mil veces se disipa en el lujo y en la inmoderación. Entonces sí asistirían a sus funerales, no los pobres alquilados, sino los socorridos. Éstos irían sin ser llamados, llorando tras el cadáver de su bienhechor. Ellos, en medio de su aflicción, dirían: "Ha muerto nuestro padre, nuestro hermano, nuestro amigo, nuestro tutor y nuestro todo. ¿Quién nos consolará? ¿Y quién sustituirá el lugar de este genio benéfico?"

Ésta sí fuera asistencia honrosa, y los mayores elogios que pudieran lisonjear el corazón de sus parientes; porque las lágrimas de los pobres en la muerte de los ricos honran sus cenizas, perpetúan la memoria de sus nombres, acreditan su caridad y beneficencia y aseguran con mucho fundamento la felicidad de su suerte futura con más solidez, verdad y energía que toda la pompa, vanidad y lucimiento del entierro. ¡Infelices de los ricos cuya muerte ni es precedida ni seguida de las lágrimas de los pobres!

Volvamos al entierro. Siguen, metidos dentro de unos sacos colorados, unos cuantos viejos, que llaman trinitarios; después van algunos eclesiásticos y con ellos otros muchos monigotes al modo de clérigos; a esta comitiva sigue el cadáver y tras él una porción de coches.

La iglesia donde se hacen las exequias está llena de blandones con cirios, y la tumba magnífica y galana. La música es igualmente solemne, aunque fúnebre.

Durante la vigilia y la misa, que para algunos herederos no es de *requiem* sino de *gracias*, no cesan las campanas de aturdirnos con su cansado clamoreo, repitiéndonos:

Que ese doble de campana
no es por aquel que murió,
sino porque sepa yo
que me he de morir mañana.

---

[5] Yo he observado que estos males casi nunca acometen a las viejas ni a las feas. Los médicos acaso sabrán la causa de este fenómeno; y sabrán por qué a una muchacha que conocí no le daba su mal cuando tenía las medias sucias.

Bien que de esta clase de recuerdos deben aprovecharse, especialmente los ricos, pues estos dobles sólo por ellos se echan, y les acuerdan que también son mortales como los pobres, por los que no se doblan campanas, o si acaso, es poco y de mala gana; y así los pobres son en la realidad *los muertos que no hacen ruido.*

Se concluye el entierro con todo el fausto que se puede, o que se quiere, cuidándose de que el cadáver se guarde en un cajón bien claveteado, forrado y aun dorado (como lo he visto), y tal vez que se deposite en una bóveda particular, ya que los mausoleos son privativos a los príncipes, como si la muerte no nos hiciera a todos iguales, verdad que atestigua Séneca diciendo (en la Ep. 102) *que la ceniza iguala a todos.* ¿Quién distinguirá las cenizas de César o Pompeyo de las de los pobres villanos de su tiempo?

Toda esta bambolla cuesta un dineral, y a veces en esos gastos tan vanos como inútiles se han notado abusos tan reprensibles que obligaron a los gobernantes a contenerlos por medio de las leyes, mandando éstas que siendo los gastos de los funerales excesivos, atendidos los haberes y calidad del difunto, los modifique el juez del respectivo domicilio.

Entra aquí la grave dificultad para saber cuándo no hay exceso en estos gastos. Confieso que será muy rara la vez que el juez pueda decidir en este caso, porque casi siempre le faltarán los conocimientos interiores del estado de las cosas del finado; y así sólo podrá determinar el exceso con atención a su calidad. Supongamos: cuando un plebeyo conocido quiera sepultarse con la pompa de un conde, y aun entonces si tiene dinero con que pagarla, no sé si se burlará de las leyes; pero Horacio sí lo sabía cuando dijo: que todo, la virtud... entiéndase, los elogios que a ella son debidos, la fama y el esplendor obedecen a las hermosas riquezas, y el que las sepa acopiar será ilustre, valiente, justo, sabio y lo que quiera.

Mas hablando a lo cristiano, yo no me detendré en fijar la regla por donde se deba conocer cuándo hay exceso en los funerales.

Ya sé que parecerá nimiamente escrupulosa, pero aseguro que es infalible y muy sencilla. Se reduce a que lo que se gaste de lujo en los funerales no haga falta a los acreedores ni a los pobres.

¿Y si los acreedores están pagados y a los pobres se les han dado algunas limosnas, no podrá el finado disponer a su voluntad del quinto de sus bienes? Sí, podrá, se responde; pero luego luego pregunto: ¿lo que se gasta en lujo no estuviera mejor empleado en los pobres que siempre sobran? Es inconcuso. Pues en este caso, ¿cuál es el lujo que se deberá usar lícitamente entre cristianos? Ninguno a la verdad. Digo esto si hablo con cristianos, que si hablara con paganos que afectaran profesar el cristianismo, sería menos escrupuloso en mis opiniones. Vamos a otra cosa.

A proporción de los abusos que se notan en los entierros de los ricos, se advierten casi los mismos en los de los pobres, porque como éstos tienen vanidad, quieren remedar en cuanto pueden a los ricos. No convidan a los del hospicio, ni a los trinitarios, ni a muchos monigotes, ni se entierran en conventos, ni en cajón compuesto, ni hacen todo lo que aquéllos, no porque les falten ganas, sino reales. Sin embargo, hacen de su parte lo que pueden. Se llama a otros viejos trasnochados y despilfarrados que se dicen *hermanos del Santísimo;* pagan sus siete acompañados, la cruz alta, su cajoncito ordinario, etc., y esto a costa del dinero que antes de los nueve días del funeral suele hacer falta para pan a los dolientes.

Es costumbre amortajar a los difuntos con el humilde sayal de San Francisco; pero si en su origen fue piadosa, en el día ha venido a degenerar en corruptela.

Estoy muy lejos de murmurar la verdadera piedad y devoción, y el objeto de mi presente crítica recae únicamente sobre el simoníaco comercio [6] que se hace con las mortajas, y los perjuicios que resiente la gente vulgar por vestir a sus muertos de azul y a tanta costa.

Las mortajas se venden a un precio excesivamente caro, cual es el de doce pesos y medio si es para hombre, y seis pesos dos reales para mujer. Los pobres, apenas muere el enfermo, tratan de solicitarle la mortaja. ¿Y si no tienen dinero? Se empeñan, se endrogan, y aun piden limosna para ello, haciendo falta para pan a las criaturas lo que gastan en un trapo inútil y asqueroso, pues no pasa de ahí la mejor mortaja, cuando se pone a un muerto, quien está en el caso de no poder ganar ninguna indulgencia; y como para gozar estas gracias espirituales se necesita estar en el estado de merecer, se sigue que en no vistiendo al enfermo la mortaja en vida, después de muerto le valdrá tanto como el capisayo del gran chino.

Vosotros, si tenéis en el discurso de vuestra vida algunos deudos, y sus fallecimientos acaecen en medio de vuestra indigencia, no os aflijáis por el entierro, ni por la mortaja. El entierro se facilita con tres pesos cuatro reales, que distribuiréis, en esta forma: doce reales de un cajón, un peso para los cargadores, y otro para el sepulturero que les labre la casa en el camposanto.

La mortaja será más barata si os conformáis con vuestra pobreza. Los judíos acostumbraban liar a sus muertos con unas vendas que llamaban *sudarios,* y después los envolvían en una sábana limpia. Así podéis hacerlo, y quedarán los vuestros tan amortajados como el mejor. Por cierto que no fue otra la mortaja de Jesucristo.

Acabados los entierros siguen los

pésames. Para recibir éstos se cierran las puertas, se colocan las señoras mujeres en los estrados y los señores hombres en las sillas, todos enlutados y guardando un profundo silencio durante esta ceremonia o cuando más hablando en voz baja, porque no les dé alferecía a los dolientes, cuya moderación y respeto acaso no se observó tan escrupulosamente en la enfermedad del finado.

También he notado, como abuso en estos lances, que las conversaciones que tienen con los dolientes se dirigen a celebrar y ponderar las virtudes del difunto, a traer a la memoria las causas que produjeron su enfermedad, lo que padeció en ella, los remedios que le ministraron, lo que tardó en la agonía, y otras impertinencias semejantes, con cuya relación atormentan más los afligidos espíritus de sus parientes.

Esta costumbre de dar pésames se contrae a dos cosas. La primera, a manifestar que tomamos parte en el sentimiento de aquellas personas a quienes los damos, ya por razón de parentesco o ya por la amistad que teníamos con el difunto. La segunda, para consolar en lo posible a sus dolientes, ofreciéndoles nuestros arbitrios temporales y asegurándoles que con los suyos uniremos nuestros votos para que se aumenten los sufragios de que consideramos a su alma necesitada.

Ya se ve que todo este ceremonial es casi siempre un embuste solemne, un cumplimiento de rutina y una de las costumbres más bien recibidas.

No parecerá muy avanzada esta proposición a quien advierta que, no digo los parientes remotos y los amigos, pero los más inmediatos y aun los más favorecidos del difunto, pasado poco tiempo, no se vuelven acordar de él, porque con el discurso de los días el corazón se serena, las lágrimas se enjugan, la falta se suple, los beneficios se olvidan y todo se borra, a pesar de cuantos gritos, alharacas, lágrimas,

[6] Si hubiese exactitud en esta expresión, podría decirse muy bien que las mortajas son bienes espirituales. Pero no es así, y es otro el nombre con que debe designarse lo que hay de abusivo en esta práctica.—E.

pataletas y faramallas se prodigaron en la escena triste de su muerte.

Y si este olvido se nota en el hijo, en la esposa y en el hermano, ¿qué esperanza podrán tener los pobres muertos en los sufragios tan prometidos por los que sólo van al velorio por beber el chocolate y a dar el pésame porque les llevaron el convite, por más que al despedirse digan que no los olvidarán en sus oraciones, aunque malos? Este asunto es muy serio. Lo suspenderemos mientras acabamos de refutar el abuso de hablar de los difuntos al tiempo de dar los pésames, porque si, como hemos dicho, uno de los objetos de estos pesamenteros es aliviar el sentimiento de los dolientes, parece que es un error que puede calificarse de impolítico el renovar los motivos de dolor a los deudos al tiempo mismo que pretendemos consolarlos.

No puede menos que atormentarse el corazón de la mujer o hijo del difunto al oír decir: "¡Qué bueno era don Fulano! ¡Qué atento! ¡Qué afable! ¡Ay mi alma! —dice otra—; tiene usted mil razones de llorarlo; ¡no hallará otro marido como el que perdió!" Y otras sandeces de éstas, que son otros tantos tornillos con que están apretando el corazón que quieren consolar. De modo que estas políticas lisonjas son unos indiscretos torcedores de los espíritus afligidos.

¿Cuánto mejor no fuera sustituir a esta fórmula imprudente de dar pésames otra opuesta, en la que o se trataran asuntos festivos o indiferentes, o más bien se redujera sólo esta etiqueta a ofrecer con sinceridad sus haberes y proporciones a la voluntad de los dolientes, en caso de haberlos menester? Pues, pero en verdad, no con faramalla, y cuando los dichos dolientes estuvieren satisfechos de esta verdad, seguramente quedarían más bien consolados que con todos los panegíricos que hoy dedican los *pesamenteros* a sus muertos.

Pero, volviendo a éstos, digo: que pobre del que se muere si no ha procurado en vida facilitarse el camino de su salvación, ateniéndose a los hijos, a los amigos y albaceas.

Vemos (y muy frecuentemente) que muchos, que tal vez tienen proporciones, mientras viven, ni dan limosna, ni se hacen decir una misa, ni pagan sus deudas, ni restituyen lo mal habido, ni practican ninguna obligación de aquellas que nos impone la religión y nuestro mismo interés; pero llega la hora en que nuestros oídos no pueden menos que escuchar la verdad. Les intima el médico la sentencia de su muerte; conocen ellos que puede no errar el pronóstico, porque su naturaleza se debilita por instantes más y más se apodera de sus corazones el temor de la eternidad que los espera; se llama al confesor y al escribano; vienen los dos casi juntos; se hace la confesión de prisa y Dios sabe cómo; se sigue el testamento; se dispone todo; se declaran las deudas, se manda pagar, se nombran albaceas para el efecto; se ordena hacer las limosnas que llaman mandas forzosas, algunas a los pobres, decir algunas misas por su alma; y hecho todo esto, se recibe el sagrado Viático, los santos óleos, y muere el enfermo muy consolado; pero, ¡ah!... ¡Cuánto hay que desconfiar de estas buenas disposiciones, cuando se hacen a la orilla misma del sepulcro!

Se dan limosnas y se mandan hacer restituciones (si se mandan hacer) en aquella hora, porque no se pueden llevar los caudales a la sepultura. Se mueren muy confiados en que los albaceas cumplirán el testamento, y ¿cuántas veces se engañan los testadores?, ¿cuántas veces se transforman los albaceas en herederos, y los curadores *ad bona* en tenedores de bienes? Innumerables. No, no son raras las quejas que se oyen todos los días a los pobres menores a quienes ha dejado por puertas o la mala fe o la mala administración de aquéllos.

Todo lo dicho os enseña a no esperar, como dicen, a la hora de los gestos para disponer de vuestras cosas, porque entonces el susto y la precipitación rebajan mucha parte del acierto.

Llegamos a los lutos, en los que, como visteis con mi madre, caben también los abusos. El luto no es más que una costumbre de vestirse de negro para manifestar nuestro sentimiento en la muerte de los deudos o amigos; pero este color, a merced de la dicha costumbre, es sólo señal, mas no prueba del sentimiento. ¿Cuántos infelices no se visten luto en la muerte de las personas que más aman, porque no lo tienen? Y su dolor es innegable. Al contrario, ¿cuántas viuditas jóvenes, cuántos hijos y sobrinos malos e interesables, que desearon la muerte del difunto por entrar en la posesión de sus bienes, no se vestirán unos lutos muy rigurosos así por seguir la costumbre como por persuadirnos que están penetrados del sentimiento que no conocen?

El color, dicen los físicos, que es un accidente que no altera la sustancia de las cosas; y así, el buen hijo sentirá a su padre, la buena esposa a su marido y los buenos amigos a sus amigos, ora se vistan de negro, ora de azul, ora de verde, encarnado o cualquier color. Y, al contrario, el deudo que no amaba a su pariente, o que quizá deseaba que expirara por heredarlo, no lo sentirá más que se eche encima cuantas bayetas negras hay en todas las luterías del mundo.

En algunas provincias del Asia, el color blanco es el que han adaptado para luto; y entre nosotros, que se acostumbra vestirse de negro el Viernes Santo y el día de Finados, se observa que no es por sentimiento sino por lujo.

Después de todo, no tengo por abuso el traje negro en semejantes casos, pero sí califico por tal aquel determinado número de días que se traen los lutos para denotar nuestro mayor o menor sentimiento, según las graduaciones de parentesco que se tienen con los difuntos.

Ya habéis visto que en el tiempo de mi madre, un año era el pre-fijado para llevar el luto por los padres, hijos y consortes,[7] seis meses por los hermanos, tres por los sobrinos, etc. Ésta no puede menos que ser una bobera; porque si se amaba a los difuntos verdaderamente, y el luto es la prueba del sentimiento, en ningún tiempo se debía quitar, porque en ningún tiempo debía cesar el motivo; y si no se amaban, era indiferente el llevarlo pocos o muchos meses, pues que no prueba sentimiento el traje negro.

Algunas de estas reflexiones hice a mi madre, hasta que la desentusiasmé de su capricho, y me ofreció que nos quitaríamos el luto para el día de San Pedro, que era cuanto yo deseaba para quitarme también la máscara de la virtud que había fingido y correr a rienda suelta por toda la carrera de los vicios, disfrutando de mi libertad enteramente y tirando con mis amigos los pocos mediecillos que mi padre había economizado para la subsistencia de mi pobre madre.

Según esta determinación, se me hizo un vestido de petimetre para ese día, y se dispuso su almuerzo, comida y bailecito para esa noche.

Llegó el tan deseado para mí 29 de junio; me quité los trapos negros, que hasta entonces habían sido escolares, y me planté de gala a lo secular. Parece que con campana llamaron a todos los parientes y conocidos ese día; muchos que no habían vuelto a casa desde el entierro de mi padre, y otros que ni aun el pésame habían ido a dar a mi madre, se encajaron entonces con la mayor confianza y poca vergüenza.

Ya se deja entender que en primer lugar fueron mis íntimos amigos Januario, Pelayo y otros como ellos que también llevaron al baile a sus madamas tituladas que lo eran también mías. En una palabra, el olor del guajolote y del pulque de piña acarreó ese día a mi casa una porción de amigos míos, parientes

7 En la capital de México ya no se ve tanto de esto; pero en los pueblos, villas y otras ciudades del reino, aún observan religiosamente estos abusos.

y conocidos de mi madre, que fueron a cumplimentarme. Dios se los pague.

Se lamieron el almuerzo, consumieron la comida, y a su tiempo alegraron el baile grandemente, porque cantaron, bailaron, retozaron, se embriagaron, ensuciaron toda la casa, y, al fin, salieron unos murmurando el almuerzo, otros la comida, otros el baile, y todos alguna cosa de lo mismo que habían disfrutado.

¡Qué necedad es tener una diversión pública! Se gasta el dinero, se sufren mil incomodidades, se pierden algunas cosas, y siempre se queda mal con los mismos a quienes se pretende obsequiar; y se recibe en murmuración y habladurías lo que se pretende recibir en agradecimiento.

Sin embargo de todo esto, como entonces yo no pensaba así, nada me daba cuidado, ni en nada pensé sino en divertirme y holgarme a costa del dinero; aunque es verdad que en aquella hora me adularon bastante, especialmente las coquetas, con cuyos elogios di por bien empleado el dinero que se gastó y las incomodidades que sufrió mi madre.

CAPÍTULO XIV

CRITICA PERIQUILLO LOS BAILES Y HACE UNA LARGA Y ÚTIL DIGRESIÓN HABLANDO DE LA MALA EDUCACIÓN QUE DAN MUCHOS PADRES A SUS HIJOS Y DE LOS MALOS HIJOS QUE APESADUMBRAN A SUS PADRES

CANSADOS DE BAILAR y de beber, se acabó el baile como todos se acaban. A las doce poco más de la noche, se fueron yendo los más prudentes, o los menos tontos que no trataban de desvelarse. Los demás que se quedaron, fuérase porque extrañaban el bullicio de los que se habían ido, o porque se habían cansado ya, apenas se levantaban a bailar. Las velas estaban muy bajas y pidiendo su relevo, y los músicos (que no descuidan en empinar la copa en tales ocasiones) ya no atinaban a tocar bien el son que les pedían; y aun había alguno de ellos que rascaba su bandolón abajo de la puente.

Januario, como tan diestro en estas escuelas, me dijo:

—Hombre, ¡qué entristecida se ha dado el baile y tan temprano!

—¿Y qué hemos de hacer? —le dije yo.

—¿Cómo qué? Alegrarlo —me respondió.

—¿Y con qué se alegra? —le pregunté.

—Con una friolera. ¿Hay aguardiente?

—Sí —le dije.

—¿Y azúcar y limones?

—También.

—Pues manda que lo pongan todo en la recámara.

Hice lo que me dijo Januario, quien en un momento hizo una mezcla de aguardiente, azúcar y limón, que llaman ponche; mandó poner nuevas luces en las pantallas, y comenzó a dar a los músicos y a los asistentes de aquel brebaje condenado a pasto y sin medida, con cuya diligencia se puso aquello de los demonios.

Al principio bailaban con algún orden, y sabían algunos lo que tocaban y otros lo que saltaban; pero en cuanto el aguardiente endulzado comenzó a hacer su operación, se acabaron de trastornar las cabezas; se hizo a un lado el tal cual respetillo y moderación que había habido; las mujeres escondieron la vergüenza y los hombres el miramiento.

Entró segunda y tercera tanda de ponche, y ya no había gente con gente; porque ya aquello no era baile, sino retozo y escándalo criminal.

Los que hacen bailes, y más si son de la clase de éste (que pocos hay que no lo sean), son unos alcahuetes y solapadores de mil indecencias escandalosas. Tal vez no lo presumirán, no lo querrán y aun se disgustarán con ellas; pero todo esto no salva el que sean los consentidores y los motores principales de estas lúbricas desenvolturas, pues en buena filosofía se sabe, que *lo que es causa de la causa, es causa de lo causado;* y así los que hacen un baile deben tener consideración de muchas cosas para evitar estos desenfrenos escandalosos, porque si no, pasarán la plaza de alcahuetes declarados a los ojos del mundo, y a los de Dios serán reos de cuantos pecados se cometan en su casa.

Las principales consideraciones que debe tener presentes el que hace un baile, me parece que se pueden reducir a las siguientes:

1ª Que las mujeres concurrentes sean honestas, de buena vida, y nunca solteras o mujeres libres, sino hijas de familia o casadas, y que vayan con sus padres o maridos, para que el respeto de éstos las contenga y contenga a los jóvenes libertinos.

2ª Que, con conocimiento, jamás se convide a ninguno de éstos, por exquisita que sea su habilidad, pues menos malo será que se baile mal que no que se seduzca bien. Ordinariamente estos mozos bailadores, o como les dicen, *útiles,* son unos pícaros de buen tamaño; no lievan a un baile más que dos objetos: divertirse y *chonguear* (es su voz). Este *chongueo* no es más que sus seducciones o llanezas. Si pueden, pervierten a la doncella y hacen prevaricar a la casada, y todo esto sin amor, sino por un mero vicio o pasatiempo.

Algunas ocasiones (¡ojalá no fueran tantas!) logran sus intentos, y apenas satisfacen su lujuria, cuando abandonan por nuevo objeto a aquellas infelices locas que prostituyeron su honor y su virtud a la verbosidad y arterías de un mozo inmoral, lascivo, necio y sólo buen bailarín.

Pero aun cuando encuentran con pedernal, quiero decir, cuando por fortuna las muchachas todas de un baile son juiciosas, honestas y recatadas, que saben burlar sus intentonas y conservar su honor ileso en medio de las llamas, como la zarza que vio arder Moisés sin quemarse, lo que ciertamente es un milagro; aun en este caso tan remoto hacen estos *útiles* su negocio.

Ellos, a más no poder, y cuando se les cierran los oídos de las jóvenes, no se dan por vencidos ni se entristecen. Como sus adulaciones y diligencias en cualquier seducción no son por amor sino por vicio, no se les da el cuidado de los desaires, ni se entibian por no hallar correspondencia. Nada menos. Siguen brincando y saltando muy serenos, contentándose con lo que ellos llaman *caldo.*

Este *caldo*... ¡alerta, casados y padres de familia que sabéis lo que es el honor, y lo queréis conservar como es debido!, este *caldo* es el manoseo que tienen con vuestras hijas y mujeres,[1] las licencias pasan mil veces de las manos a las bocas, convirtiéndose los manoseos claros en ósculos furtivos, que las menos escrupulosas no llevan a mal, y las que se llaman prudentes y honradas disimulan y sufren por evitar pendencias.

De suerte, que el marido o padre pundonoroso que en su casa se espantaría de que su mujer o hija le diese la mano a un hombre, en un baile de éstos tólera a su vista que se las abracen, tienten, estrujen y manoseen más que las ancas de un caballo gordo.

Lo peor es que estos manoseos y tentadas, acompañadas de las risas y dichitos que se acostumbran, son para muchas mujeres como el pecado venial para las almas, con la diferencia que el pecado venial *entibia* y dispone a las almas para el pecado mortal, y los manoseos o *caldos* de que hablamos *encienden* y disponen a algunas jóvenes para dar al traste con su honor, el de sus padres y maridos. Ningún escrúpulo está por demás para evitar estos excesos.

La tercera consideración que podían tener los que hacen o dan un baile era que no hubiera en ellos licor espirituoso. En caso de ser preciso por costumbre o cariño obsequiar a los concurrentes, sería menos malo hacerlo con soletas y nieve de leche, limón, tamarindo, etc., de esta clase, que no con *merendatas* y vino, aguardiente, ponche y otros licores semejantes, que ofuscando el cerebro facilitan el trastorno de la razón y alteran la constitución física de ambos sexos, cuyas resultas, cuando menos, no

---

[1] Esto se facilita más en las contradanzas y *valses,* que no son otra cosa sino lo que antes se llamaba *alemanda.* La diferencia está en que aquélla se bailaba despacio, y ésta retozando de prisa, y entre la mucha polvareda se esconden o disimulan mejor las palabras, las citas, los pellizcos, los abrazos, los besos, y algo peor, que callo por no ofender la modestia.

escapan de ser deseos, pensamientos consentidos y delectaciones amorosas, y en tal y tal persona algo más y más pecaminoso.

Mucho de esto se evitaría con la reglita que os dejo señalada, pues es cierto el dicho antiguo de que *sine Cerere et Baccho friget Venus,* que equivale a esta coplita:

> Poco manjar y ninguna
> espirituosa bebida;
> si la lujuria no apagan,
> a lo menos la mitigan.

La cuarta y última consideración que se debía tener era que los bailes durasen cuando más hasta las doce de la noche. Ésta es una hora más que regular para irse a recoger cada uno a su casa bastante divertido, si es racional; porque lo que pasa de esa hora ya no debe llamarse diversión, sino vicio, incomodidad y tontería.

A solas estas cuatro reglillas quisiera yo que se sujetaran los que dan un baile, y me parece (bien que no lo aseguro) que no se arrepentirían de su observancia.

Últimamente, yo no declamo contra los bailes, sino contra los escándalos de los bailes. Quítese de ellos todo lo que los hace pecaminosos y peligrosos, y dejándolos en una clase de diversión indiferente, ellos serán malos para quien quiera ser malo en ellos, y serán honestos para el honesto; pero mientras así no se haga, el baile, sea por sus abusos, sea por su ocasión, no podrá librarse de la definición de un padre de la Iglesia, que dice que *el baile es un círculo, cuyo centro es el demonio.*

Bailar no es malo, lo malo es el modo con que se baila y el objeto por que se baila. David bailó delante del Arca del Señor, y los israelitas delante del becerro de Belial. Todos bailaron; pero ¡con qué diverso modo, y con qué diverso objeto! Por eso también fueron diversas las retribuciones.

Hay moralistas tan austeros que no consideran baile sin ocasión próxima voluntaria, y según esto, no juzgan lícito ninguno. Yo, después de respetar su opinión, no me conformo con ella. Soy más indulgente, y digo que puede haber y de hecho habrá, no siendo como los que se usan, algunos bailes donde falten estas ocasiones, estos escándalos, cantares lascivos, manoseos, embriagueces y demás abusos que se notan en los más de ellos. ¿Y cuáles serán éstos? Los que se debieran usar entre gente de buena conciencia.

Si todos los concurrentes lo son, el baile será una diversión honesta. La dificultad estriba en que se dé un baile con tanto arreglo.

Dejando a todos que hagan lo que quieran en sus casas, volviendo a la mía, digo: que ya fatigados de saltar, beber y charlar, se fueron poniendo en quietud a más no poder, porque los más no se podían tener en pie.

Los músicos arrumbaron sus instrumentos junto a las sillas, y ellos se acostaron en ellas lo mejor que pudieron; las mujeres se amontonaron en el estrado, y los hombres se pusieron a contar cuentos y a hablar ociosidades para no dormirse, pues no tardaba en amanecer, como deseaban, para irse a tomar café.

Las disposiciones no eran muy malas; pero ellos ni ellas eran dueños de sí, sino el aguardiente que los narcotizaba más y más a cada minuto.

Con esto, unos hablando y otros oyendo simplezas, se fueron quedando dormidos, unos por un lado y otros por otro, siendo de los primeros Januario.

La señora mi madre ya se había recogido bien temprano, encargándome que cuidara la casa, como lo hice, pues aunque tenía sueño como el mejor, no me atreví a dormir, temeroso de que no se fuera alguno a llevar alguna cosa. Es un demonio el interés. En el estado de la salud pocas cosas desvelan a los hombres más que él.

Alerta estaba yo velando a todos y oyéndoles roncar y vaciar el estómago cual más cual menos. No me era muy grata esta música ni estos olores; y a más de eso, ya no podía sufrir el sueño.

Es verdad que el zaguán estaba cerrado y yo tenía la llave, por lo que bien me podía haber acostado; pero me detenía el considerar que en casa no había más que mi madre, yo y una criada buena, pero vieja y dormilona, que no madrugaba si el mundo se volcara de arriba abajo. Mi madre no era justo que se levantara a abrir a aquellos bribones a la hora que a cada uno se le quitara la borrachera y quisiera marcharse para la calle, y así no había otro centinela más que yo, que para no dormirme me puse a divertir con los dormidos a mi entera satisfacción, como que sabía que dormían, los más, con dos sueños, el natural y el del aguardiente.

Uno de los perjuicios que la embriaguez acarrea al que la tiene es exponerlo a la irrisión de cualquiera, como les sucedió a éstos conmigo; pues a unos les tizné las caras, a otros les escondí varias cosas, a otros los cosí unos con otros y a todos les hice mil maldades.

Amaneció el día, corrió el ambiente fresco, abrí el balcón, y a vista de la luz y al sonido de las campanas y del ruido de la gente que andaba por las calles, fueron despertando; y mirándose unos a otros las caras llenas de jaspes y labores, no podían contener la risa, especialmente las mujeres, las que lo mismo fue levantarse que oír, con dolor de su corazón, tronar sus vestidos y aun verlos hechos pedazos.

Unas disimulaban su pesar, mas otras renegaban del pícaro ocioso que las había inferido tal daño, que ciertamente lo era; pero los tunantes como yo no reparan en eso; el caso es divertirse a costa ajena, y como esto se logre, nada les importa hacer una maldad que perjudique el interés y aun la salud de los demás.

Pasado el primer fervor del enojo, limpias unas, remendadas otras,

y todos más serenos, se marcharon para el café o a sus casas, menos Januario y tres o cuatro amigos suyos y míos, que como más gorrones y sinvergüenzas se quedaron hasta apurar en el almuerzo las reliquias del día anterior; pero por fin, almorzaron y, viendo que ya no quedaba más que repelar de la fiesta, se fueron a la calle y yo a mi cama.

Dormí como un podenco hasta las doce del día, a cuya hora me levanté y hallé a la pobre vieja cocinera hecha un Bernardo contra los bailadores.

—Señora —decía a mi madre—, ¿no es brava sin razón la de estos perdularios, que, después de haber tragado y divertídose todo el día, pusieran la casa como la han puesto? Mire usted, señora, todo el día se me ha ido en limpiar sus porquerías; porque ¡Jesús! ¡Cómo estaba todo! Era un asco. Un vómito por el corredor, una suciedad por la escalera, otra por otro lado; hasta la sala, señora, hasta la sala estaba hecha una zahurda. ¡Ah, fú! ¡Qué gente tan sucia y tan grosera! Pero lo que yo más he sentido, señora, han sido las macetas. Mire su merced cómo las han puesto. Todas están destrozadas. ¡Ay, qué gente va a los bailes de tan mal natural, que no contentas con tragar, divertirse, emborracharse y emporcar la casa, todavía hacen mil maldades como ésta!

Mi madre consoló a la viejecita diciéndole:

—Dice usted bien, nana Felipa, son unos pícaros, indecentes, groseros y malcriados los que hacen tanto mal en las mismas casas en que se divierten; pero ya, por ahora, no hay remedio. Ya usted sabe que mi marido no era amigo de estas jaranas, y así yo no tenía experiencia de semejantes groserías; pero le empeño a usted mi palabra, en que será la primera y la última.

No me gustó mucho esta sentencia, porque como ni yo gastaba el dinero, ni trabajaba en nada de la función, hubiera querido que siguieran los bailecitos en mi casa, a lo menos tres veces a la semana.

Sin embargo, no me metí por entonces en otra cosa más que en reírme de la vieja, y a la tarde a buena hora tomé mi sombrero y me salí para la calle.

Volví por la primera a las nueve de la noche, y hallé a mi madre algo seria, pues me dijo: ¿que dónde había estado? que extrañaba en mí tanta licencia, que yo era su hijo y que no pensara que porque había muerto mi padre ya era yo dueño absoluto de mi libertad, y otras cosas a este modo, a las que respondí que ya ese tiempo se había acabado, que ya yo no era muchacho, que ya me rasuraba y que si salía y me detenía en la calle, era para ver de qué cosa nos habíamos de mantener.

Semejantes respostadas entristecieron a mi madre bastante, y desde luego conoció lo que iba a suceder, que fue quitarme la máscara y perderla el respeto enteramente, como sucedió.

Quisiera pasar este poco tiempo de maldades en silencio, y que siempre ignorarais, hijos míos, hasta dónde puede llegar la procacidad de un hijo insolente y malcriado; pero como trato de presentaros un espejo fiel en que veáis la virtud y el vicio según es, no debo disimularos cosa alguna.

Hoy sois mis hijos y no pasáis de unos muchachos juguetones, pero mañana seréis hombres y padres de familia, y entonces la lectura de mi vida os enseñará cómo os debéis manejar con vuestros hijos, para no tener que sufrirles lo que mi pobre madre tuvo que sufrirme a mí.

Dos años sobrevivió mi madre a la muerte de mi amado padre, y fue mucho, según las pesadumbres que le di en ese tiempo, y de que me arrepiento cada vez que me acuerdo.

Constantemente disipado, vago y mal entretenido, no pensando sino en el baile, en el juego, en las mujeres y en todo cuanto directamente propendía a viciar mis costumbres más y más.

El dinerito que había en casa no bastaba a cumplir mis deseos. Pronto concluyó. Nos vimos reducidos a mudarnos a una viviendita de casa de vecindad, pero como ni aun ésta se pudo pagar, a pocos días puse a mi madre en un cuarto bajo e indecente, lo que sintió sobremanera, como que no estaba acostumbrada a semejante trato.

La pobre de su merced me reprendía mis extravíos; me hacía ver que ellos eran la causa del triste estado a que nos veíamos reducidos; me daba mil consejos persuadiéndome a que me dedicara a alguna cosa útil, que me confesara, y que abandonara aquellos amigos que me habían sido tan perjudiciales, y que quizás me pondrían en los umbrales de mi última perdición. En fin, la infeliz señora hacía todo lo que podía para que yo reflexionara sobre mí; pero ya era tarde.

El vicio había hecho callos en mi corazón; sus raíces estaban muy profundas, y no hacían mella en él ni los consejos sólidos ni las reprensiones suaves ni las ásperas. Todo lo escuchaba violento y lo despreciaba pertinaz. Si me exhortaba a la virtud, me reía; y si me afeaba mis vicios me exasperaba; y no sólo, sino que entonces le faltaba al respeto con unas respuestas indignas de un hijo cristiano y bien nacido, haciendo llorar sin consuelo a mi pobre madre en estas ocasiones.

¡Ah, lágrimas de mi madre, vertidas por su culpa y por la mía! Si a los principios, si en mi infancia, si cuando yo no era dueño absoluto de los resabios de mis pasiones, me hubiera corregido los primeros ímpetus de ellas y no me hubiera lisonjeado con sus mimos, consentimientos y cariños, seguramente yo me hubiera acostumbrado a obedecerla y respetarla; pero fue todo lo contrario, ella celebraba mis primeros deslices y aun los disculpaba con la edad, sin acordarse que el vicio también tiene su infancia en lo moral, su consistencia y su senectud lo mismo que el hombre en lo físico. Él comienza siendo niño o trivial, crece con la costumbre y fenece con el hombre, o llega a su decrepitud cuando al mismo hombre, en fuerza de los años, se le amortiguan las pasiones.

¿Qué provecho no hubiera resultado a mi madre y a mí si no se hubiera opuesto tantas veces a los designios de mi padre, si no le hubiera embarazado castigarme, y si no me hubiera chiqueado tanto con su imprudente amor? ¡Ah! Yo me habría acostumbrado a respetarla, me hubiera criado timorato y arreglado, y bajo este sistema no hubiera yo padecido tantos trabajos en el mundo, ni mi madre hubiera sido víctima de mis desobediencias y vilipendios.

Lo más sensible es que este funesto caso no carece de ejemplares. Hijos de viudas consentidoras casi siempre son hijos perdidos y malcriados, y madres de semejantes hijos, ¿qué han de ser sino unas mujeres desgraciadas?

Sucede por lo común que el padre es un hombre regular que procura inspirar al niño unos sentimientos cristianos, morales y políticos, y según ellos desviarlo de todas aquellas bajezas a que el hombre se inclina naturalmente. Esto hace llorar al niño, y la madre se aflige y, lo embaraza. Hace alguna travesura, se le celebra; usa alguna malcrianza, se le disculpa; produce algunas palabras indecentes, o porque las oyó a los criados o en la calle, y se festejan; el padre se tuesta con estas cosas y teme empeñarse en reprenderlas y castigarlas al hijo, porque cuando lo hace sabe que salta la madre como una leona; y ya sea porque la ama demasiado, ya porque no se vuelva aquel matrimonio un infierno, condesciende con ella, no se castiga el delito del muchacho; éste se queda riendo y satisfecho en la impunidad que le asegura su mamá, da

rienda a sus vicios, que entonces, como dijimos, son vicios niños, puerilidades, frioleras, pero en la edad adulta son crímenes y delitos escandalosos.

Sin embargo, rara vez deja de servir de cierto freno la presencia del padre, pero si éste muere, todo se acaba de perder. Roto el único dique que había, aunque débil, se sale de caja el río de las pasiones, atropellando con cuanto se pone por delante.

Entonces la viuda reconoce lo feroz de un corazón entregado a la libertad, quiere oponerse por la primera vez, pero es tarde; el torrente es impetuoso y sus fuerzas incapaces de contenerlo. Prueba los consejos, emplea las caricias, compila las reprensiones, tienta las amenazas, agota las lágrimas, solicita castigos y acaso, desesperada, prorrumpe en maldiciones contra su hijo; [2] mas nada basta. El joven endurecido, obstinado y acostumbrado a no obedecer ni respetar a su madre, desprecia los consejos, se mofa de las caricias, burla las reprensiones, se ríe de las amenazas, se divierte con las lágrimas, elude los castigos y retorna las imprecaciones con otras tales, si no se desacata, como se ha visto, a poner sus viles manos en la persona de su madre.[3]

Toda esta lastimosa catástrofe se excusaría con educar bien y escrupulosamente a los niños. ¿Y a cuántos puntos se pueden reducir las principales obligaciones de los padres acerca de la buena educación de sus hijos? A tres, en sentir de un varón apostólico que floreció en México.[4] A saber: a enseñarles lo que deben saber, a corregirles lo mal que hacen y a darles buen ejemplo. Tres cosas muy fá-

---

[2] Muchas veces se han visto cumplidas estas maldiciones. Los hijos deben guardarse de merecerlas y los padres de proferirlas. Todo es malo.

[3] Crimen atroz, pero que no carece de ejemplares.

[4] El padre Juan Martínez de la Parra, de la Compañía de Jesús.

ciles al decirse, pero muy difíciles al practicarse, atendiendo la multitud de hijos malcriados y llenos de vicios que notamos; mas no porque sean difíciles de observarse, porque el yugo del Señor es suave, sino porque los tales padres y madres ni remotamente se aplican a practicar los tres preceptos insinuados; antes parece que al propósito se desvían de ellos cuanto pueden.

Si es en la instrucción, se contentan con darles la muy superficial por medio de unos maestros o ayos mercenarios [5] que acaso, viendo el chiqueo de los padres, no tratan más que de lisonjear al pupilo con harto daño de él y de sus conciencias.

[5] Hablamos aquí de los padres decentes y bien nacidos que obran de este modo, no de la gente vulgar que no abriga ningunos sentimientos regulares, pues a éstos no los corrige la crítica ni la persuasión. Estos bárbaros que llevan al hijo a que los cuide cuando el aguardiente los arroja por las calles; otros que los llevan al juego y aun juegan con ellos; otros en cuyas pocilgas jamás se oyen sino maldiciones, juramentos, riñas y obscenidades, etc.; éstos no sólo no pueden dar a sus hijos buena educación ni buen ejemplo, porque son unos brutos racionales, sino que por esta misma razón siempre los imbuyen en sus errores y preocupaciones, y con sus perversos ejemplos les forman un corazón de demonios. Ésta es una triste verdad, pero verdad que si se quisiera desmentir, hablaran en su favor las pulquerías, tabernas, billarcitos, cárceles y calles de esta ciudad, que no están llenas de otra polilla que de estos haraganes y viciosos. ¡Qué cosa tan grande fuera el hacerlos útiles al Estado y a sí mismos! ¿Qué providencias más conducentes para el caso que se encargaran de sus hijos, proporcionándoles por amor y por fuerza la buena educación? ¿Y qué arbitrio, a mi parecer, más fácil para ello que el proyecto de las escuelas gratuitas que propuse en el tomo tercero de mi *Pensador Mexicano*, números 7, 8 y 9? Yo aseguro que practicado en todas sus partes, dentro de diez años nuestra plebe no fuera tan necia, viciosa e inútil como hoy. Esto sería hacer de las piedras hijos de Abraham.

Si es en la corrección, ya hemos dicho el abandono de estos padres, y especialmente de las madres.

Últimamente, si es en el ejemplo, ¿cuál es el ordinario que ven los hijos en su casas? Lujo en las personas, excesos en la mesa, orgullo con los criados, altanería y desprecio con los pobres.

Esto es, cuando menos, que cuando más, ya se sabe lo que ven y oyen los niños en muchas casas. Y siendo el ejemplo el aliciente más poderoso para formar bien o mal el corazón del niño en aquella edad, ¿cómo será éste con tales ejemplos? Los resultados nos lo dicen: niño engreído, grande soberbio; niño consentido, grande necio; niño abandonado, grande perdido; y así de lo demás.

Todo esto se remediaba con la buena educación, y ésta desde temprano. El consejo es del Espíritu Santo, que dice: *Si tienes hijos, instrúyelos desde su niñez.* (Eccl., capítulo VII). El árbol se ha de enderezar cuando es vara, no cuando se robustece y es tronco. Los médicos dicen que los remedios se deben aplicar al principio de las enfermedades, antes que tomen cuerpo, antes que se vicie toda la sangre y corrompa los humores. Los diestros cirujanos componen el hueso luego que se disloca, y lo entablan luego que advierten la fractura; porque si no, cría *babilla*, y se imposibilita la cura.

Así, ni más ni menos, debe ser la educación de los niños; desde pequeños, antes que sean troncos. Se han de corregir sus deslices luego que se les noten; porque si no, crían *babilla*.

Estas verdades son más claras que el agua, más repetidas que los días; no hay quien diga que las ignora; y con todo eso no se ven sino muchachos malcriados y necios, que después son unos hombres vagos, viciosos y perdidos.

Esto no puede estar en otra cosa sino en que obramos contra lo mismo que sabemos. Consentimos a los muchachos, por serlo, y por tenerles demasiado amor; ellos, cuando jóvenes, nos llenan de pesadumbres y disgustos, y entonces son los ojalás y los malhayas, pero sin fruto. ¿Cuánto mejor y más fácil no es domar al caballo de potro que de viejo? Tienen los padres un freno y un acicate muy oportunos para el caso, y que, sabiéndolos manejar con prudencia, es casi imposible que dejen de producir buenos efectos. El freno es la ley evangélica bien inspirada, y el acicate, el buen ejemplo practicado constantemente.

Los campistas de nuestra tierra dicen que el mejor caballo necesita las espuelas; así podemos decir, que el niño más dócil y el de mejor natural ha menester observar buenos ejemplos para formar su corazón en la sana moral y no corromperse. Ésta es la espuela más eficaz para que los niños no se extravíen.

El buen ejemplo mueve más que los consejos, las insinuaciones, los sermones y los libros. Todo esto es bueno, pero, por fin, son palabras, que casi siempre se las lleva el viento. La doctrina que entra por los ojos se imprime mejor que la que entra por los oídos. Los brutos no hablan, y, sin embargo, enseñan a sus hijos, y aun a los racionales, con su ejemplo. Tanta es su fuerza.

No hay que admirarse de que el hijo del borracho sea borracho; el del jugador, tahúr; el del altivo, altivo, etc., porque si eso aprendió de sus padres, no es maravilla que haga lo que vio hacer. *El hijo del gato caza ratón*, dice el refrán.

Lo que sí es maravilla, o, por mejor decir, cosa de risa, es que, como apunté poco ha, cuando el hijo o hija son grandes, y grandes pícaros, cuando cometen grandes delitos y dan grandes disgustos, entonces los padres y las madres se hacen de las nuevas y exclaman: "¡Quién lo pensara de mi hijo! ¡Quién lo creyera de Fulana!"

¡Tontos! ¿Quién lo ha de creer, quién lo ha de pensar? Todo el mundo; porque todo el mundo ha visto cuál ha sido vuestro modo de criarlos. El milagro fuera que educándolos bien y dándoles buenos ejemplos, ellos salieran indóciles y perversos; pero que salgan malos cuando la doctrina que han mamado ha sido ninguna, y los ejemplos que han visto han sido pésimos, es una cosa muy natural; porque todos los efectos corresponden a sus causas. ¿Quién se ha admirado hasta hoy de que un poco de algodón arda si se aplica al fuego, ni que se manche un pliego de papel si se mete en una olla de tinta? Nadie, porque todos saben que es propio del fuego quemar lo combustible, y de la tinta teñir lo susceptible de su color. Pues tan natural así es que los niños ardan con la mala educación y se contaminen con los malos ejemplos. Lo que importa es no darles una ni otros.

Por esto entre los lacedemonios se acostumbraba castigar en los padres los delitos de los hijos, disculpando en éstos la falta de advertencia y acriminando en aquéllos la malicia o la indolencia.

Wenceslao y Boleslao, príncipes de Bohemia, fueron hermanos, hijos de una madre; el primero fue un santo, a quien veneramos en los altares, y el segundo un tirano cruel que quitó la vida a su mismo hermano. Distintos naturales, distintas suertes; pero ¿a qué se atribuirán sino a las distintas educaciones? Al primero lo educó su abuela Ludmila, mujer piadosísima y santa; y al segundo, su madre Draomira, mujer loca, infame y torpísima. ¡Tal es la fuerza de la buena o mala educación en los primeros años!

Cuando ponderamos lo mal que hacen los padres cuando faltan a las obligaciones que tienen contraídas respecto de los hijos, no disculpamos a éstos de sus desacatos e inobediencias. Unos y otros hacen mal, y unos y otros trastornan el orden natural, infringen la ley y perjudican las sociedades en que viven, y no enmendándose, unos y otros se condenan, pues como se lee en los sagrados libros: [6] *los hijos recogen la leña, y los padres encienden el fuego.*

Es verdad que Dios dice que *el hijo malcriado será el oprobio y la confusión de sus padres;* pero también están llenas de anatemas las divinas letras contra tales hijos. Oíd algunas que constan en los *Proverbios* y el *Eclesiástico: Se extinguirá la vida del que maldice a su padre, y pronto quedará entre las tinieblas del sepulcro. Mala será la fama, o se verá deshonrado el que menosprecia a su madre. El que aflige a su padre o huye de su madre será ignominioso e infeliz. La maldición de ésta destruye hasta los cimientos de la casa de los malos hijos,* y, por último: *Devoren los cuervos carniceros el cadáver y sáquenle los ojos al que se atreva a burlarse de su padre.*

Horrorizan estas maldiciones; pero, y qué, ¿habrá hijos tan inicuos, ingratos y desalmados que las merezcan? Esto mismo dudó Solón, y por eso, cuando dio leyes a los atenienses y les señaló castigo a todos los delitos, no lo señaló al hijo ingrato y parricida,[7] diciendo que no se persuadía pudiera haber tales hijos. ¡Ah! Nosotros no podemos fingirnos esta duda, porque vemos mil hijos que ni merecen este nombre, según son de perversos e ingratos con sus padres.

Por el contrario, prodiga Dios las bendiciones de los hijos buenos, amantes y obedientes a sus generadores. Dice *que vivirán largo tiempo sobre la Tierra, que la bendición del padre afirma las casas de los hijos,* esto es, su felicidad temporal. *Que de la honra que tributaren al padre, resultará la gloria del hijo o su buen nombre. Que el Señor se acordará del buen hijo en el día de su tribulación, que atenderá sus oraciones, que les perdonará sus pecados,* y en fin, *que les acompañará la bendición de Dios eternamente.*

[6] *Jerem.*, 7 y 18.
[7] Para el caso lo mismo es matarlos a pesadumbres que con veneno o puñal. Todo es quitarles la vida.

Es tan justo, debido y natural el amor, respeto y gratitud que los hijos deben a los padres, que los mismos paganos, que no conocieron al verdadero Dios, ni se impusieron en sus bendiciones y amenazas, nos lo dejaron recomendado no sólo con sus plumas sino con sus obras.

¡Qué amor el de aquella joven romana que, estando su padre preso y sentenciado a morir de hambre, se dio arbitrio para alimentarlo por una rendija de la puerta de la cárcel! Y ¿con qué? Con la leche de sus pechos. Acción tan tierna, que, sabida por los jueces, le granjeó el indulto al infeliz anciano.

¡Qué respeto el de aquellos dos nobles hijos, Cleoves y Vitón, que faltando los caballos, ellos tiraron la carroza y condujeron hasta las puertas del templo a su madre la sacerdotisa! Acción que elogió Cicerón, y la aplaudieron tanto los romanos, que veneraron como a dioses a aquellos dos tan reverentes hijos.

¡Qué piedad la de Eneas, que ardiendo la ciudad de Troya en la noche fatal de su exterminio, cuando todo era espanto, terror y confusión, y no tratando todos sino de librarse de la muerte, él corre donde estaba su viejo padre Anchises, lo pone sobre sus hombros, vuela con él por entre las llamas, y le asegura la vida, diciéndole:

Ea, ven a mi cerviz, que yo en mis
[hombros
te tengo de librar, ¡oh padre amado!,
sin que tan dulce carga en ningún
[tiempo
me agrave ni la estime por trabajo.
Sea después lo que fuere, que hora el
[riesgo
o la dicha será común a entrambos.

Estos heroicos ejemplos ¿no embelesan, no encantan, no enternecen a los buenos hijos? Y a los malos ¿no los avergüenzan y confunden? Estas brillantes acciones no fueron hechas por unos santos cristianos, ni por unos anacoretas del yermo, sino por unos gentiles, por unos

paganos que no gozaron la luz del
Evangelio, ni tuvieron noticia de
sus infalibles promesas, y, sin embargo, amaban, veneraban y soco-
rrían a sus padres hasta el extremo
que habéis visto, sin más guía que
la Naturaleza, y sin más interés
que la complacencia interior, que es
uno de los frutos de la virtud.

Pero los malos hijos no sólo no
veneran a sus padres, sino que los
insultan, y, lejos de socorrerlos y
alimentarlos, les disipan cuanto tienen, los abandonan y los dejan perecer en la miseria. ¡Ay de tales hijos! Y ¡ay de mí!, que fui uno de
ellos, y a fuerza de disgustos y sinsabores di con mi pobre madre en
la sepultura, como lo veréis en el
capítulo que sigue.

ESCRIBE PERIQUILLO LA MUERTE DE SU MADRE, CON OTRAS COSILLAS NO DEL TODO DESAGRADABLES

¡Con qué constancia no está la gallina lastimándose el pecho veinte días sobre los huevos! Cuando los siente animados, ¡con qué prolijidad rompe los cascarones para ayudar a salir a los pollitos! Salidos éstos, ¡con qué eficacia los cuida! ¡Con qué amor los alimenta! ¡Con qué ahinco los defiende! ¡Con qué cachaza los tolera, y con qué cuidado los abriga!

Pues a proporción hacen esto mismo con sus hijos la gata, la perra, la yegua, la vaca, la leona y todas las demás madres brutas. Pero cuando ya sus hijos han crecido, cuando ya han salido (digámoslo así) de la edad pueril, y pueden ellos buscar el alimento por sí mismos, al momento se acaba el amor y el chiqueo, y con el pico, dientes y testas, los arrojan de sí para siempre.

No así las madres racionales. ¡Qué enfermedades no sufren en la preñez! ¡Qué dolores y a qué riesgos no se exponen en el parto! ¡Qué achaques, qué cuidados y desvelos no toleran en la crianza! Y después de criados, esto es, cuando ya el niño deja de serlo, cuando es joven y cuando puede subsistir por sí solo, jamás cesan en la madre los afanes, ni se amortigua su amor, ni fenecen sus cuidados. Siempre es madre, y siempre ama a sus hijos con la misma constancia y entusiasmo.

Si obraran con nosotros como las gallinas, y su amor sólo durara a medida de nuestra infancia, todavía no podíamos pagarlas el bien que nos hicieron, ni agradecerlas las fatigas que les costamos, pues no es poco el deberlas la existencia física y el cuidado de su conservación.

No son ciertamente otras las causales, porque nos persuade el *Eclesiástico* nuestro respeto y gratitud hacia los padres. *Honra a tu padre,* dice en el cap. VII, *honra a tu padre y no olvides los gemidos de tu madre. Acuérdate que si no fuera por ellos no existirías, y pórtate con ellos con el amor que ellos se portaron contigo.* Y el santo Tobías el Viejo le dice a su hijo: *Honrarás a tu madre todos los días de tu vida, debiéndote acordar de los peligros y trabajos que padeció por ti cuando te tuvo en su vientre (Tob.,* capítulo IV).

En vista de esto, ¿quién dudará que por la Naturaleza y por la religión estamos obligados no sólo a honrar en todos tiempos, sino a socorrer a nuestros padres en sus necesidades y bajo culpa grave?

Digo en todos tiempos, porque hay un abuso entre algunas personas que piensan que en casándose se exoneran de las obligaciones de hijos, y que ni se hallan estrechados a obedecer ni respetar a sus padres como antes, ni tienen el más mínimo cargo de socorrerlos.

Yo he visto a muchos de éstos y éstas, que después de haber contraído matrimonio ya tratan a sus padres con cierta indiferencia y despego que enfada. No (dicen), ya estoy emancipado, ya salí de la patria potestad, ya es otro tiempo, y la primera acción con que toman posesión de esta libertad es con chupar o fumar tabaco delante de sus padres.[1] A seguida de esto, les hablan con cierto entono, y por último, aunque estén necesitados, no los socorren.

Cuanto a lo primero, esto es, cuanto al respeto y la veneración, nunca quedan los hijos eximidos de ella, sea cual fuere el estado en que se hallen colocados, o la dignidad en que estén puestos. Siempre los padres son padres, y los hijos son hijos, y en éstos, lejos de vituperarse, se alaba el respeto que manifiestan a aquéllos. Casado y rey era Salomón, y bajó del trono para recibir con la mayor sumisión a su madre Betsabé; lo mismo hizo el señor Bonifacio VIII con la suya, y hace todo buen hijo, sin que estas humillaciones les hayan acarreado otra cosa que gloria, bendiciones y alabanzas.

Por lo que toca al socorro que deben impartirles en sus necesidades, aún es más estrecha la obligación. No se excusa la mujer, teniéndolo, con decir: "Mi marido no me lo da"; pedírselo, que si él fue buen hijo, él lo dará; y si no lo diere, economizarlo del gasto y del lujo; pero que haya para galas, bailes y otras extravagancias, y no haya para socorrer a la madre, es cosa que escandaliza; bien que apenas cabe en el juicio que haya tales hijas.

Más frecuentemente se ve esto en los hombres, que luego dicen: "¡Oh! Yo socorrería a mis padres; pero soy un pobre, tengo mujer e hijos a quienes mantener, y no me alcanza". ¡Hola! Pues tampoco esa es disculpa justa. Consulten a los teólogos, y verán cómo están en obligación de partir el pan que tengan con sus padres; y aun hay quien diga [2] que en caso de igual necesidad, bajo de culpa grave, primero se ha de socorrer a los padres que a los hijos.

No favorecer a los padres en un caso extremo es como matarlos; delito tan cruel que, asombrados de su enormidad, los antiguos señalaron por pena condigna a quien lo cometiera el que lo encerraran dentro de un cuero de toro, para que muriera sofocado, y que de este modo lo arrojaran a la mar, para que su cadáver ni aun hallara descanso en el sepulcro.

¿Pues cuántos cueros se necesitarán para enfardelar a tantos hijos ingratos como escandalizan al mundo con sus vilezas y ruindades? En aquel tiempo yo no me hubiera quedado sin el mío; porque no sólo no socorrí a mi madre, sino que le disipé aquello poco que mi padre le dejó para su socorro.

¡Qué caso! De las cinco reglas que me enseñaron en la escuela, unas se me olvidaron enteramente con la muerte de mi padre, y en otras me ejercité completamente. Luego que se acabaron los mediecillos y se vendieron las alhajitas de mi madre, se me olvidó el *sumar*, porque no tenía qué; *multiplicar* nunca supe; pero *medio partir* y *partir por entero*, entre mis amigos y las amigas mías y de ellos, todo lo que llegaba a mis manos, lo aprendí perfectamente; por eso se acabó tan pronto el principalito; y no bastó, sino que siempre quedaba *restando* a mis acreedores, y sacaba esta cuenta de memoria: quien debe a uno cuatro, a otro seis, a otro tres, etc., y no les paga, les debe. Eso sabía yo bien: deber, destruir, aniquilar, endrogar y no pagar a nadie de esta vida, y éstas son las cuentas que saben los per-

---

[1] El fumar no es malo; es un vicio de los tolerables, y aunque él por sí es muchas veces pernicioso a la salud y gravoso a la bolsa, ya la costumbre lo tiene favorecido; pero ¿el chupar delante de los padres? Tampoco es malo; es tan lícito como delante de los que no lo son. Ningún padre se escandalizará si ve que su hijo toma polvos en su presencia; mas con todo eso, la misma costumbre que sufre que se tome tabaco aun en la iglesia, por las narices, no lo tolera por la boca, ni delante de los padres y superiores. Ello es una preocupación, pero pasadera, y con la que probamos nuestro respeto a algunas personas y lugares.

[2] Santo Tomás.

didos de *pe* a *pa*. Sumar no saben porque no tienen qué; multiplicar, tampoco, porque todo lo disipan; pero restar a quien se descuida y partir lo poco que adquieren con otros haraganes petardistas que llaman sus amigos, eso sí saben como el mejor, sin necesitar las reglas de aritmética para nada. Así lo hice yo.

En estas y las otras, no quedó en casa un peso ni cosa que lo valiera. Hoy se vendía un cubierto, mañana otro, pasado mañana un nicho, otro día un ropero, hasta que se concluyó con todos los muebles y menaje. Después se siguió con toda la ropita de mi madre, de la que en breve dieron cuenta en el Montepío y en las tiendas, pues como no había para sacarla, todas las prendas se perdieron en una bicoca.

Es verdad que no todo lo gasté yo; algo se consumió entre mi madre y nana Felipa. Éramos como aquel loco de quien refiere el padre Almeida[3] que había dado en la tontera de que era la Santísima Trinidad, y un día le preguntó uno que ¿cómo podía ser eso andando tan despilfarrado y lleno de andrajos? A lo que el loco contestó ¿*Qué quiere usted, si somos tres al romper?* Así sucedía en casa, que éramos tres al comer y ninguno a buscar. Bien que cuando hubo, yo gastaba y tiraba por treinta, y así a mí sólo se me debe echar la culpa del total desbarato de mi casa.

La pobre de mi madre se cansaba en persuadirme solicitara yo algún destino para ayudarnos; pero yo en nada menos pensaba. Lo uno, porque me agradaba más la libertad que el trabajo, como buen perdido, si acaso hay perdidos que sean buenos; y lo otro, porque ¿qué destino había de hallar que fuera compatible con mi inutilidad y vanidad que fundaba en mi nobleza y en mi retumbante título hueco de bachiller en artes, que para mí montaba tanto como el de conde o marqués?

[3] *Recreac. filos.*, tomo IV, Tarde 19.

Al pie de la letra se cumplió la predicción de mi padre; y mi madre entonces, a pesar de su cariño, que nunca le faltó hacia mí, conoció cuánto había errado en oponerse a que yo aprendiese algún oficio.

El saber hacer alguna cosa útil con las manos, quiero decir, el saber algún arte, ya mecánico, ya liberal, jamás es vituperable, ni se opone a los principios nobles, ni a los estudios ni carreras ilustres que éstos proporcionan; antes suele haber ocasiones donde no vale al hombre ni la nobleza más ilustre, ni el haber tenido muchas riquezas, y entonces le aprovechan infinito las habilidades que sabe ejercitar por sí mismo.

"La deshonra, dice un autor que escribió casi a fines del siglo pasado,[4] la deshonra ha de nacer de la ociosidad o de los delitos, no de las profesiones. Todos los individuos del cuerpo político deben reputarse hijos de una familia."

¿Qué hubiera sido de Dionisio, rey de Sicilia, cuando habiendo perdido el reino y andando prófugo e incógnito por sus tiranías, no hubiera tenido alguna habilidad para mantenerse? Hubiera perecido seguramente en las garras de la mendicidad, ya que no en las manos de sus enemigos; pero sabía leer y escribir, bien sin duda, pues emprendió ser maestro de escuela, y con este ejercicio se mantuvo algún tiempo.

¿Qué suerte hubiera corrido Aristipo si cuando aportó a la isla de Rodas, habiendo perdido en un naufragio todas sus riquezas, no hubiera tenido otro arbitrio con qué sostenerse por sí mismo? Hubiera perecido; pero era un excelente geómetra, y conocida su habilidad le hicieron tan buen acogimiento los isleños, que no extrañó ni su patria ni sus riquezas, y en prueba de esto les escribió a sus paisanos estas memorables razones: "Dad a vuestros hijos tales riquezas que no las pierdan aun cuando salgan desnudos de

[4] El licenciado don Francisco Xavier Peñaranda en su *Sistema económico y político más conveniente a España*.

un naufragio." ¡Qué bien tocaba este consejo a muchas madres y a muchos noblecitos!

Si uno de nuestros abogados, teólogos y canonistas arribara náufrago a Pekín o Constantinopla, ¿hallará qué comer con su profesión? No, porque en esas capitales ni reina nuestra religión ni rigen nuestras leyes; y si no sabía coser una camisa, tejer un jubón, hacer unos zapatos o cosa semejante con sus manos, sus conclusiones, argumentos, sistemas y erudiciones le servirían tanto para subsistir, como a un médico sus aforismos en una isla desierta e inhabitable.

Ésta es una verdad, pero por desgracia el abuso que contra ella se comete es casi general en los ricos y en los que se tienen por de la sangre azul.

Dije *casi* y dije una bobera: sin *casi*. Es abuso generalísimo, y tanto, que está apadrinado por la vieja y grosera preocupación de que *los oficios envilecen al que los ejercita,* y de este error se sigue otro más maldito, y es aquel desprecio con que se ve y se trata a los pobres oficiales mecánicos. Fulano es hombre de bien, pero es sastre; Zutano es de buena cuna, pero es barbero; Mengano es virtuoso, pero es zapatero. ¡Oh! ¿Quién le ha de dar el lado? ¿Quién lo ha de sentar a su mesa? ¿Ni quién lo ha de tratar con distinción y aprecio? Sus cualidades personales lo recomiendan, pero su oficio lo abate.

Así se explican muchos, a quienes yo diría: señores, ¿si no tuvierais riquezas ni otro modo de subsistir sino de hacer zapatos, coser chaquetas, aparejar sombreros, etc., no es verdad que entonces renegaríais de los ricos que os trataran con la necia vanidad con que ahora tratáis vosotros a los menestrales y artesanos? Eslo sin duda.

Y, si por un caso imposible, aun siendo ricos, si un día se conjuraran contra vosotros todos éstos y no os quisieran servir a pesar de vuestro dinero, ¿no andaríais descalzos? Sí, porque no sabéis hacer zapatos. ¿No andaríais desnudos y muertos de hambre? Sí, porque no sabéis hacer nada para vestiros, ni cultivar la tierra para alimentaros con sus frutos.

Conque si en la realidad sois unos inútiles, por más que desempeñéis en el mundo el papel de los actores de aquella comedia titulada *Los hijos de la fortuna,* ¿por qué son esas altiveces, esos dengues y esos desprecios con aquellos mismos que habéis menester y de quienes depende vuestra brillante suerte? [5] Si lo hacéis porque son pobres los que se ejercitan en estos oficios para subsistir, sois unos tiranos, pues sólo por ser pobres miráis con altivez a los que os sirven y quizá a los que os dan de comer; [6] y si solamente lo hacéis así o los tratáis con este modo orgulloso porque viven de su trabajo, a más de tiranos sois unos necios; y si no, pregunto: vosotros, ¿de qué vivís? Tú, minero; tú, hacendero; tú, comerciante; te murieras de hambre y perecieras entre la indigencia si Juan no trabajara tu mina, si Pedro no cultivara tus campos, y si Antonio no consumiera tus géneros, todos a costa del sudor de sus rostros, mientras tú, hecho un holgazán, acaso, acaso no sirves sino de escándalo y peso a la república.

Así hablara yo a los ricos soberbios y tontos [7] al mismo tiempo que a vosotros, ¡oh, pobres honrados! [8] os alentara a sufrir sus improperios y baldones, a resignaros en la Divina Providencia y a continuar en vuestros afanes honradamente, satisfechos de que no hay oficio vil

[5] Es constante que los pobres sean feudatarios de los ricos y los que aumentan sus riquezas.

[6] Los miserables jornaleros que cultivan las haciendas, los operarios que trabajan las minas y los artífices que labran los tejidos, etcétera, dan de comer y sostienen el lujo de los ricos.

[7] Con ésos se habla.

[8] A ésos se dirige el apóstrofe, no a los pobres viciosos, pues a éstos si los ultrajan por su mala conducta, bien se lo merecen. Ser pícaro, a más de ser pobre, es gran desgracia.

como el hombre no lo sea; ni hay riqueza ni distinción alguna que descargue de las notas de necio o vicioso a quien las tiene.

¿Cuántas veces irá un hombre lleno de ignorancia o de delitos dentro del dorado coche que hace estremecer vuestros humildes talleres? ¿Y cuántas la salsa que sazona los pichones y perdices de su mesa será la intriga, el crimen y la usura, mientras que vosotros coméis con vuestros hijos y con una dulce tranquilidad tal vez una tortilla humedecida con el sudor de vuestra frente?

No son, hijos míos, los oficios los que envilecen al hombre (no me cansaré de repetir esta verdad); el hombre es el que se envilece con sus malos procederes; ni menos es estorbo la pobre cuna, ni las artes mecánicas para lograr entre los apreciadores del mérito el lugar que uno se sepa merecer con su virtud, habilidad y ciencia. Buenos testigos de esta verdad son tantos ingeniosos poetas, diestros pintores, excelentes músicos, escultores insignes y otros habilísimos profesores de las artes ya liberales, ya mixtas, a quienes el mundo ha visto visitados, enriquecidos y honrados por los pontífices, emperadores y reyes de la Europa. Prueba clara de que el mérito distinguido y la sobresaliente habilidad no sólo no es barrera que imposibilita los honores, sino que muchas veces es el imán que los atrae hacia sus profesores. Ya se ha dicho en esta misma obrita que Sixto V, antes de gobernar la Iglesia católica como Pontífice, fue porquerizo.[9] Ejemplar que vale por

otros muchos que recuerdan las historias eclesiástica y profana. Bien que la vanidad ha hecho que en nuestros días no sean estos ejemplos muy comunes.

Pero es menester decirlo todo. No sé si es más admirable ver a un hombre elevarse desde la basura a un puesto alto, o ver a otros que, colocados en él, no olviden la humildad de sus principios. Yo creo que esto, así como es lo más justo, así es lo más difícil, atendida la soberbia humana, y siendo lo más difícil de suceder, debe ser lo más admirable.

Que un hombre pase del estado de pobre al de rico, del de plebeyo al de noble, y del de pastor al de rey, como se ha visto, puede ser efecto de la casualidad en la que el mismo hombre no tiene parte;

---

[9] Este Pontífice nació en un pueblo en la marca de Ancona a 13 de diciembre de 1521. Fue su padre un pobre labrador, como dice Moreri, o viñadero, como dice el autor del *Diccionario de hombres ilustres*, llamado Peretti, y su madre Mariana. Cuidaba puercos o lechones, y pasando un religioso franciscano por donde él estaba, ignorando el camino, lo llevó de guía, y enamorado de la agudeza de sus respuestas lo condujo a su convento. A poco tiempo tomó el hábito de la orden seráfica, y correspondiendo sus ascensos a su aplicación y talento, logró sentarse en la silla de San Pedro. Restableció a la pureza de su origen la edición de la *Vulgata (Biblia)*; canonizó a San Diego, religioso franciscano español; agregó a los DD. de la Iglesia a San Buenaventura; mandó celebrar la fiesta de la Presentación de la Santísima Virgen; hizo muchas otras cosas excelentes. En tiempo de una grande hambre que padeció Roma, por cuya causa hubo una sublevación, construyó varios edificios, abrió algunos caminos y promovió el famoso templo o cúpula de San Pedro, que se creía inacabable, en la que mantuvo diariamente a 600 operarios. Últimamente, erigió un obelisco en la plaza de San Pedro, de 72 pies de altura. No sólo este Pontífice fue de humilde y pobre ascendencia. Sin nombrar a San Pedro, San Dionisio, Juan XVIII, Dámaso II, Nicolás I y otros se cuentan de oscuro linaje. Adriano IV y Alejandro V, de niños, se alimentaron de limosna; Urbano IV fue hijo de otro porquerizo; Benedicto XI fue hijo de una lavandera de paños; Benedicto XII hijo de un molinero, etc. (Véase la historia de los Pontífices.) Lo que prueba bien que ni lo oscuro del nacimiento ni la última miseria obstan para lograr los empleos más honoríficos, cuando la ciencia y la virtud hacen a los hombres dignos de ellos.

pero que viéndose encumbrado sobre los demás, lejos de ensoberbecerse ni endiosarse, se manifieste humano, afable y cortés con sus inferiores, acordándose de lo que fue, esto sí es admirable, porque prueba una grande alma capaz de tener a raya sus pasiones en cualquier estado de vida; lo que no hace el hombre muy fácilmente.

Lo común es que vemos infinitos que nacieron ricos y grandes, y éstos son orgullosos y altivos por naturaleza; esto es, así vieron el manejo de sus casas desde sus primeros días; la lisonja les meció la cuna, y respiraron la vanidad con el primer ambiente. Heredaron, por decirlo de una vez, la nobleza, el dinero, los títulos, y con esto la altivez y la dominación que ejercitan con los que están debajo de ellos.

Esto es malo, malísimo, porque ningún rico debe olvidarse de que es hombre, ni de que es semejante al pobre y al plebeyo; sin embargo, si se pueden disculpar los vicios, parece que la soberbia del rico merece alguna indulgencia si se considera que jamás ha visto la cara a la miseria, ni le han faltado lisonjeros que le anden incensando a todas horas de rodillas. Es menester ser un Alejandro para no caer en la tentación de dejarse adorar como Nabuco.

Pero los pobres que nacieron entre los terrones de una aldea o mísero pueblecico, que sus padres fueron unos infelices, y sus primeros refajos unas mantas; que así se criaron y así crecieron luchando con la desdicha y la indigencia, no sólo ignorando los ecos de la adulación, sino familiarizándose con los desprecios; éstos, digo, ¿por qué si a la Providencia le place elevarlos a un puesto brillante, al momento se desvanecen y se desconocen hasta el punto, no sólo de menospreciar a los pobres, no sólo de no socorrer a sus parientes, sino, ¡lo más execrable!, de negar su estirpe enteramente? Ésta es una soberbia imperdonable.

No son estas ficciones de mi pluma; el mundo es testigo de estas verdades. ¿Cuántos, al tiempo de leer estos renglones, dirán: "Mi hermano el doctor no me habla"; otros: "Mi hermana la casada no me saluda"; otros: "Mi tío el prebendado no me conoce", y así muchos?

No quisiera decirlo, pero quizá por este vicio e ingratitud se inventó aquel trillado refrán que dice: *quieren ver a un ruin, denle un cargo.* Ello es una vileza de espíritu [10] degenerar de su sangre y dejar perecer en la miseria a los deudos sólo por pobres, al tiempo que se podían favorecer con facilidad a merced del puesto encumbrado que se ocupa.[11]

Pero aunque sea soberbia, villanía o lo que se le quiera llamar, así lo vemos practicar. Y si estas clases de personas son tan altivas con su sangre, ¿qué no serán con sus dependientes, súbditos y otros pobres a quienes consideran muy indignos de su afabilidad y cortesía?

Se ve, y no con rareza, que muchos de éstos que eran atentos, cariñosos y bien criados con todo el mundo en la esfera de pobres, luego que cambia su suerte y se levantan de entre la ceniza, se hacen soberbios, hinchados, fastidiosos y detestables.

El célebre padre Murillo, en su catecismo, citando a Plinio y Estrabón, dice que el Bucéfalo, o caballo de Alejandro, cuando estaba en pelo se dejaba manosear y tratar de cualquiera, pero en cuanto lo ensillaban y enjaezaban ricamente se volvía indomable, y no se sujetaba sino al joven Macedón. El dicho padre hace sobre este cuentecillo una reflexión muy oportuna que la he de poner al pie de la letra. *Hay algunos* (dice) *que son tratables cuando están en pelo, pero viéndose adornados con una garnacha, una*

___

10 Así como puede haber un alma noble en un plebeyo, así puede haber un alma ruin dentro de un noble, y a ésta llamamos alma vil o vileza de espíritu.

11 Se entiende, sin perjuicio de la justicia, pues entonces no resultará del beneficio virtud, sino agravio.

*borla, una dignidad, y aun iba a
decir con una mortaja de religioso,
no hay quien se averigüe con ellos.*
No, hijos, por Dios, no aumentéis
el número de estos ingratos soberbios. Si mañana la suerte os colo-
care en algún puesto brillante, que
es lo que se dice *estar en candelero,*
o si tenéis riqueza y valimientos,
dispensad vuestros favores a cuantos podáis sin agravio de la justicia,
que eso es ser verdaderamente
grandes. Mientras mayor sea vuestra elevación, tanto mayor sea vuestra beneficencia. Cicerón, en la defensa de Q. Ligario, dice: *Que con
ninguna cosa se parecen los hombres más a Dios que con esta virtud.* Siempre respetará el mundo
los augustos nombres de Tito y
Marco Aurelio. Éste llenó de glorias
y de felicidades a Roma, y aquél fue
tan inclinado a hacer bien, que el
día que no hacía uno, decía que lo
había perdido, *diem perdidimus.*
Por otra parte, jamás os desva-
nezcáis con las riquezas ni con los
empleos de distinción, porque ésta
será la prueba más segura de que
no los merecéis, ni habéis jamás disfrutado de aquéllas. Si vemos que
uno al entrar en un coche o subir
a un barco se desvanece y le acometen vértigos frecuentes, fácilmente conocemos, aunque él no lo diga,
que aquélla es la primera vez que
pisa semejantes muebles. No sin razón dice nuestro vulgar adagio, que
*a herradura que chapalea, clavo le
falta,* y es por esto.
¡Qué diferente juicio no hace el
mundo de aquellos que habiendo nacido pobres u oscuros, y hallándose
de repente con riquezas o empleos
sobresalientes, ni se desvanecen con
la altura de éstos, ni se deslumbran
con el brillo de aquéllas, sino que,
inalterables en el mismo grado de
sencillez y bella índole que antes
tenían, conquistan cuantos corazones tratan! ¿No es preciso confesar
que el corazón de estos hombres es
magnánimo, que no se aturde ni
se inflama con el oro, y que si nació sin empleos y sin honores, a lo
menos fue siempre digno de ellos?

Y si estos mismos hombres, en
vez de abusar de su poder o su dinero para oprimir al desvalido o
atropellar al pobre, en cada uno de
estos desgraciados reconocen un semejante suyo, lo halagan con su
dulce trato, lo alientan con sus esperanzas, y lo favorecen cuando
pueden, ¿no es verdad que en vez
de murmuradores, envidiosos y maldicientes, tendrían un sinnúmero de
amigos y devotos que los llenaran
de bendiciones, les desearan sus au-
mentos, y glorificaran su memoria
aún más allá del término de sus
días? ¿Quién lo duda?
Ni es prenda menos recomendable, en un rico de los que hablo,
una ingenuidad sincera y sin afectación. El saber confesar nuestros
defectos nosotros mismos es una
virtud que trae luego la ventaja de
ahorrarnos el bochorno de que otros
nos los refrieguen en la cara; y si
el nacer pobres o sin ejecutorias es
defecto,[12] confesándolo nosotros les
damos un fuerte tapaboca a nuestros enemigos y envidiosos.
El no negar el hombre lo humilde de sus principios cuando se halla
en la mayor elevación, no sólo no
lo demerita, sino que lo ensalza en
el concepto de los virtuosos y sabios, que son entre quienes se ha
de aspirar a tener buen concepto,
que entre los necios y viciosos
poco importa no tenerlo.
Bien conoció esta verdad un tal
Wigiliso, que habiendo sido hijo de
un pobre carretero, por su virtud
y letras llegó a ser arzobispo de
Maguncia, en Alemania, y ya, para
no engreírse con su alta dignidad,
o, como dijimos, para no dar quehacer a sus émulos, tomó por armas y puso en su escudo una rueda
de un carro con este mote: *Memi-
neris quid sis et quid fueris. (Acuér-*

---

[12] No son defectos. El mundo mira
con desprecio a los pobres y a los que
no brillan con la nobleza; pero ésta
es una de las locuras de que está el
mundo lleno. Los defectos que no penden del arbitrio del hombre no son
vituperables, ni se deben echar en cara.
Hacerlo es necedad.

date de lo que eres y de lo que fuiste.)

Tan lejos estuvo esta humildad de disminuirle su buen nombre, que antes ella misma lo ensalzó en tanto grado, que después de su muerte mandó el emperador Enrico II que aquella rueda se perpetuase por armas del arzobispado de Maguncia.

Agatocles, como rey y rey rico, tenía oro y plata con que servirse a la mesa, y sin embargo, comía en barro para acordarse que fue hijo de un alfarero.

Y, por último, el señor Bonifacio VIII fue hijo de padres muy pobres; ya siendo Pontífice romano fue a verlo su madre; entró muy aderezada, y el santo Papa no la habló siquiera; antes preguntó: "¿Quién es esta señora?" "Es la madre de Vuestra Santidad." "No puede ser eso", dijo, "si mi madre es muy pobre." Entonces la señora tuvo que desnudarse las galas, y volvió a verlo en un traje humilde, en cuya ocasión el Papa la salió a recibir y la hizo todos los honores de madre como tan buen hijo.[13]

Ya veis, pues, queridos míos, cómo ni los oficios ni la pobreza envilecen al hombre, ni le son estorbo para obtener los más brillantes puestos y dignidades, cuando él sabe merecerlos con su virtud o sus letras. En estas verdades os habéis de empapar, y éstos son los ejemplos que debéis seguir constantemente, y no los de vuestro mal padre, que, habiéndose connaturalizado con la holgazanería y la liber-

tad, no se quería dedicar a aprender un oficio ni a solicitar un amo a quien servir, porque era noble; como si la nobleza fuera el apoyo de la ociosidad y del libertinaje.

La pobre de mi madre se cansaba en aconsejarme, pero en vano. Yo me empeoraba cada día, y cada instante le daba nuevas pesadumbres y disgustos, hasta que acosada de la miseria y oprimida con el peso de mis maldades, cayó la infeliz en cama de la enfermedad de que murió.

En ese tiempo, ¡qué trabajos para el médico! ¡Qué ansias para la botica! ¡Qué congojas para el alimento no costó, no a mí, sino a la buena de tía Felipa! Porque yo, pícaro como siempre, apenas iba a casa al mediodía y a la noche a engullir lo que podía, y a preguntar como por cumplimiento cómo se sentía mi madre.

Ya han pasado muchos años, ya he llorado muchas lágrimas y mandado decir muchas misas por su alma, y aún no puedo acallar los terribles gritos de mi conciencia, que incesantemente me dicen: "Tú mataste a tu madre a pesadumbres; tú no la socorriste en su vida, después de sumergirla en la miseria, y tú, en fin, no le cerraste los ojos en su muerte." ¡Ay, hijos míos, no quiera Dios que experimentéis esos remordimientos! Amad, respetad y socorred siempre a vuestra madre, que esto os manda el Creador y la naturaleza.

Por fortuna la fiebre que le acometió fue tan violenta que en el mismo día la hizo disponer el médico, y al siguiente perdió el conocimiento del todo.

Dije que esto fue por fortuna, porque si hubiera estado sin este achaque, habría padecido doble con sus dolencias, y con la pena que le debería haber causado el vil proceder de un hijo tan ingrato y para nada.

En los seis días que vivió, todo su delirio se redujo a darme consejos y a preguntar por mí, según me dijeron las vecinas, y yo cuando estaba en casa no le oía decir sino:

[13] Del señor Benedicto XI se sabe que, siendo un pobre hijo de una lavandera de paños, exaltado al pontificado, fingió también no conocerla porque iba vestida de seda y así que fue a visitarlo con su humilde traje de lana la conoció y obsequió. Del señor Benedicto XII, dice la historia que, habiendo sido hijo de un molinero, no quiso jamás reconocerlo sino en su propio traje de molinero. Estos heroicos ejemplos de humildad han quedado escritos para realzar más el mérito y la virtud de tales personajes (véase el *Onomástico* de Guillermo Burio, secc. X, fol. 358).

"¿Ya vino Pedro? ¿Ya está ahí? Déle usted de cenar, tía Felipa; hijo, no salgas, que ya es tarde, no te suceda una desgracia en la calle", y otras cosas a este tenor con las que probaba el amor que me tenía. ¡Ay, madre mía, cuánto me amaste y qué mal correspondí a tus caricias!

Finalmente, su merced expiró cuando yo no estaba en casa. Súpelo en la calle, y no volví a aquélla ni puse un pie por sus contornos, sino hasta los tres días, por no entender en los gastos del entierro y todos sus anexos, porque estaba sin blanca, como siempre, y el cura de mi parroquia no era muy amigo de fiar los derechos.

A los tres días me fui apareciendo y haciéndome de las nuevas, contando cómo había estado preso por un pleito, y con el credo en la boca por saber de mi madre, y qué sé yo cuántas más mentiras, con las que, y cuatro lagrimillas les quité el escándalo a las vecinas y el enojo a nana Felipa, de quien supe que viendo que yo no parecía y que el cadáver ya no aguantaba, barrió con cuanto encontró, hasta con el colchón y con mis pocos trapos, y los dio en lo que primero le ofrecieron en el Baratillo, y así salió de su cuidado.

No dejó de afligirme la noticia, por lo que tocaba a mi persona, pues con el rebato que tocó me dejó con lo encapillado y sin una camisa que mudarme, porque cuantas yo tenía se encerraban en dos.

A seguida me contó que debía al médico no sé cuántas visitas, y al boticario qué sé yo qué recetas, que como nunca tuve intención de pagarlas no me impuse de las cantidades.

Después de todo, yo no puedo acordarme sin ternura de la buena vieja de tía Felipa. Ella fue criada, hermana, amiga, hija y madre de la mía en esta ocasión. Fuérase de droga, de limosna o como se fuese, ella la alimentó, la medicinó, la sirvió, la veló y la enterró con el mayor empeño, amor y caridad, y ella desempeñó mi lugar para mi con-

fusión, y para que vosotros sepáis de paso que hay criados fieles, amantes y agradecidos a sus amos, muchas veces más que los mismos hijos; y es de advertir que luego que mi madre llegó al último estado de pobreza, le dijo que buscara destino porque ya no podía pagarle su salario; a lo que la viejecita, llorando, le respondió que no la dejaría hasta la muerte, y que hasta entonces le serviría sin interés, y así lo hizo, que en todas partes hay criados héroes como el calderero de San Germán.

Pero yo no me tenía tan bien granjeado el amor de nana Felipa, a pesar de que me crió, como dicen. Aguantó como las buenas mujeres los nueve días de luto en casa, y no fue lo más el aguantarlos, sino el darme de comer en todos ellos a costa de mil drogas y mil bochornos, pues ya no había quedado ni estaca en pared.

Pero viendo mi sinvergüencería, me dijo:

—Pedrito, ya ves que yo no tengo de dónde me venga ni un medio; yo estoy en cueros y he estado sin conveniencia por servir y acompañar al alma mía de mi señora, que de Dios goce; pero ahora, hijito, ya se murió, y es fuerza que vaya a buscar mi vida; porque tú no lo tienes ni de dónde te venga, ni yo tampoco, y asina ¿qué hemos de hacer?

Y diciendo esto, llorando como una niña y mudándose para la calle, fue todo uno, sin poderla yo persuadir a que se quedara por ningún caso. Ella hizo muy bien. Sabía el pan que yo amasaba, y la vida que le había dado a mi pobre madre; ¿qué esperanzas le podían quedar con semejante vagabundo?

Cátenme ustedes solo en mi cuarto mortuorio, que ganaba veinte reales cada mes, y no se pagaba la renta siete; sin más cama, sábanas ni ropa que la que tenía encima, sin tener qué comer ni quien me lo diera; y en medio de estas cuitas va entrando el maldito casero apurándome con que le pagara; haciéndome la cuenta de veinte por siete son ciento cuarenta, que montan diecisiete pesos cuatro reales, y que si no le pagaba o le daba prenda o fiador, vería a un juez y me pondría en la cárcel.

Yo, temeroso de esta nueva desgracia, ofrecí pagarle a otro día, suplicándole se esperara mientras cobraba cierto comunicado de mi madre. El pobre lo creyó y me dejó. Yo no perdí tiempo, le escribé un papel en que le decía que al buen pagador no le dolían prendas, y que en virtud de eso le hacía cesión de bienes de todos los trastos de mi casa, cuya lista quedaba sobre la mesa.

Hecha la carta, cerrada con oblea y entregada con la llave a la casera, me salí a probar nuevas aventuras y a andar mis estaciones, como veréis en el capítulo que sigue.

Pero antes de cerrar éste, sabréis cómo a otro día fue el casero a cobrar, preguntó por mí, diéronle el papel, lo leyó, pidió la llave, abrió el cuarto para ver los trastos, y se fue hallando con el papel prometido que decía:

Lista de los muebles y alhajas de que hago cesión a don Pánfilo Pantoja por el arrendamiento de siete meses que debo de este cuarto. A saber:

Dos canapés y cuatro sillitas de paja, destripados y llenos de chinches.

Una cama vieja que en un tiempo fue verde, también con chinches.

Una mesita de rincón, quebrada.

Una íd. grande ordinaria, sin un pie.

Un estantito sin llave y con dos tablas menos.

Un petate de a cinco varas, y en cada vara cinco millones de chinches.

Un nichito de madera ordinaria con un pedazo de vidrio, y dentro un santo de cera, que ya no se conoce quién es por los perjuicios del tiempo.

Dos lienzos grandes que por la misma causa no descubren ya sus pinturas; pero sí el cotense en que las pusieron.

Dos pantallitas de palo viejas, doradas, una con su luna quebrada y otra sin nada.

Una papelera apolillada.

Una caja grande sin fondo ni llave.

Un baúl tiñoso de pelo y muy anciano.

Una silla poltrona coja.

Una guitarra de tejamanil sorda.

Unas despabiladeras tuertas.

Una pileta de agua bendita de Puebla, despostillada.

Un rosario de Jerusalén con su cruz embutida en concha, sin más defecto que tres o cuatro cuentas menos en cada diez.

Un tomo trunco del Quijote, sin estampas.

Un Lavalle viejito y sin forro.

Un promontorio de novenas viejas.

Un candelero de cobre.

Una palmatoria sin cañón.

Dos cucharas de peltre y un tenedor con un diente.

Dos pocillos de Puebla sin asa.

Dos escudillas de id. y cuatro platos quebrados.

Una baraja embijada.

Como veinte relaciones y romances, y otros impresos sueltos.

Entre ollitas y cazuelas buenas y quebradas, doce piezas.

Un cacito agujereado.

Un pedazo de metate.

Un molcajete sin mano.

La escobita del bacín.

La olla del agua.

El cántaro del pozo.

El palito de la lumbre.

La tranca de la puerta.

Una borcelana cascada.

Dos servicios útiles, poco vacíos.

Todo esto para el señor casero, encargándole que si sobrare algún dinero después de pagada su deuda, lo invierta por bien de la difunta.—México, 15 de noviembre de 1789.—Pedro Sarmiento.

Se daba al diablo el triste casero con semejante lista, mientras yo, según os dije, me ocupaba en otras atenciones más precisas.

CAPÍTULO XVI

SOLO, POBRE Y DESAMPARADO PERIQUILLO DE SUS PARIENTES, SE ENCUENTRA
CON JUAN LARGO, Y POR SU PERSUASIÓN ABRAZA LA CARRERA DE LOS PILLOS
EN CLASE DE CÓCORA DE LOS JUEGOS

VIÉNDOME SOLO, HUÉRFANO y pobre, sin casa, hogar ni domicilio como los maldecidos judíos, pues no reconocía feligresía ni vecindad alguna, traté de buscar, como dicen, madre que me envolviera; y medio roto, cabizbajo y pensativo, salí para la calle luego que entregué a la casera la lista de mis exquisitos muebles.

El primer paso que di fue ir a tentar de paciencia a mis parientes paternos y maternos, creyendo hallar entre ellos algún consuelo en mis desgracias; pero me engañé de medio a medio. Yo les contaba la muerte de mi madre y mi orfandad y desamparo, rematando el cuento con implorar su protección; y unos me decían que no habían sabido la muerte de su hermana; otros se hacían de las nuevas; todos fingían condolerse de mi suerte; pero ninguno me facilitó el más mínimo socorro.

Despechado salía yo de cada casa de las de ellos, considerando que no había tenido ningún pariente que tomara interés en mi situación sino mi difunta madre, a quien comencé a sentir con más viveza, al mismo tiempo que concebí un odio mortal contra toda la caterva de mis despiadados tíos.

¿Es posible, decía yo, que éstos son los parientes en el mundo? ¿Tan poco se les da de ver padecer a un deudo suyo y tan cercano? ¿Éstas son las leyes que se guardan en la naturaleza? ¿Así respeta el hombre los derechos de la sangre? ¿Y así hay locos que se fíen en sus parientes?

Cuando vivía mi padre, cuando tuvo alguna proporción, e iban a casa a que los sirviera, estos mismos me hacían mil fiestas, y aun me daban mis mediecillos para fruta, y si había alguna diversioncita o era, como dicen, día de manteles largos, todos iban de montón, y muchos sin esperar el convite; pero cuando estas cosas se acabaron, cuando la pobreza se apoderó de mi casa y ya no hubo qué raspar, se retiraron de ella, y ni a mí ni a mi madre nos volvieron a ver para nada. No es mucho, pues, que ahora salga yo con tan mal expediente de sus casas. Todavía me debo dar las albricias de que no me han negado ni me han echado a rodar las escaleras.

Si algún día tengo hijos, les he de aconsejar que jamás se atengan a sus parientes, sino al peso que sepan adquirir. Éste, sí, es el pariente más cercano, el más liberal, el más pronto y el más útil en todas ocasiones. Que esos otros parientes al fin son de carne y hueso como cualquier animal, ingratos, vanos, interesables e inservibles. Cuando su deudo tiene para servirlos, lo visitan y lo adulan sin cesar; pero si es pobre como yo, no sólo no lo socorren, sino que hasta se avergüenzan del parentesco.

Embebecido iba yo en estas consideraciones y temblando de cólera contra mis indignos deudos, cuando al volver una esquina vi venir a lo lejos a mi amigo Juan Largo. Un vuelco me dio el corazón de gusto, creyendo que tal encuentro no podía menos que serme feliz.

Luego que nos vimos cerca, me dijo él:

—¡Oh, Periquillo amigo! ¿Qué haces? ¿Cómo estás? ¿Qué es de tu vida?

Yo le conté mis cuitas en un instante, concluyendo con hartar de maldiciones a mis tíos.

—¿Pues y qué te han hecho esos señores —me dijo—, que estás con ellos de tan mal talante?

—¡Qué me han de hacer —contesté yo—, sino despreciarme y no favorecerme ninguno, olvidando que tengo sangre suya, y que a mi padre debieron mil favores!

—Tienes razón —dijo Juan Largo—; los parientes del día son unos malditos y ruines. A mí me acaba de suceder un poco peor con el perro viejo de mi tío don Martín. Has de saber que desde que falto de esta ciudad, que ya es cerca de un año, me he estado con él en la hacienda; pues un vaquero condenado me levantó el falso testimonio, habrá quince días, de que yo había vendido diez novillos, y te puedo jurar, hermano, que sólo fueron siete; pero hay gente que se saldrá de misa por decir una mentira y quitar un crédito. Ello es que el tío lo creyó de buenas a primeras, y me achacó todo lo que se había perdido en la hacienda desde que yo estaba allá, me conjuró y me amenazó para que lo confesara; pero yo jamás he sido más prudente, ni he tenido más cuenta con mi lengua. Callé y callara por toda la eternidad, si por toda ella me exigieran estas confesiones, por lo cual, enfadado el don Martín, me encerró en un cuarto y con un bejuco de esos de los cabos de regimiento me dio una tarea de palos que hasta hoy no puedo volver en mí; y no paró en esto, sino que, quitándome todos los trapillos regulares que tenía yo y mis dos caballitos, me echó a la calle, quiero decir, al camino, que era la calle más inmediata a su casa, jurándome por toda la corte del cielo, que si me volvía a ver por todos aquellos contornos, me volaría de

un balazo; añadiendo que era yo un pícaro, vagabundo, ladrón y mal agradecido, que lo estaba saqueando después de comerle medio lado. Y así, noramala, pícaro —me decía—, noramala, que tú no eres mi sobrino como has pensado, sino un arrimado miserable y vicioso; por eso eres tan indigno, que yo no tengo sobrinos ladrones.

"Hasta este punto llegó el enojo de mi tío, y viéndome abandonado, pobre, apaleado y en la mitad del camino, resolví venirme a esta capital, como lo verifiqué. Habrá ocho días o diez que llegué; luego luego fui a buscarte a tu casa; no te hallé en ella ni quién me diera razón dónde vivías. He encontrado a Pelayo, a Sebastián, a Casiodoro, al mayorazgo y a otros amigos, y todos me han dicho que cuánto ha que no se ven. He preguntado por ti a Chepa la Guaja, a la Pisaflores, a Pancha la Larga, a la Escobilla y a otras, y todas me han contestado diciéndome que no saben dónde vives. En fin, en este corto tiempo no he perdido momento por saber de ti, y todo ha sido en vano. Dime, pues, ¿por qué has excusado tu casa?"

Yo le respondí que lo uno porque no me fueran a cobrar algunos picos que debía, y lo otro porque mi casa era un cuartito miserable y tan indecente que me daba vergüenza que me visitaran en él.

Aprobó mi arbitrio Januario, a quien le dije:

—Y tú ahora ¿en qué piensas? ¿De qué te mantienes?

—De cócora en los juegos —me respondió—, y si tú no tienes destino y quieres pasarlo de lo mismo, puedes acompañarme, que espero en Dios [1] que no nos moriremos de hambre, pues más ven cuatro

---

[1] Desatino craso, aunque no nuevo en algunas bocas. Nunca se debe esperar en Dios para tomar una venganza ni satisfacer ninguna pasión pecaminosa, porque esto fuera ultrajar su bondad y su justicia creyéndolo capaz de coincidir con nuestros vicios. Dios permite el pecado, pero no lo quiere.

ojos que dos. El oficio es fácil, de poco trabajo, divertido y de utilidad. ¿Conque quieres?

—Tres más —dije—. Pero dime: ¿qué cosa es ser *cócora* de los juegos, o a quiénes les llaman así?

—A los que van a ellos —me dijo Januario— sin blanca, sino sólo a *ingeniarse,* y son personas a quienes los jugadores les tienen algún miedo, porque no tienen qué perder, y con una ingeniada muchas veces les hacen un agujero.

—Cada vez —le dije— me agrada más tu proyecto; pero dime: ¿qué es eso de *ingeniarse?* [2]

—Ingeniarse —me contestó Januario— es hacerse de dinero sin arriesgar un ochavo en el juego.

—Eso debe ser muy difícil —dije yo—, porque, según he oído decir, todo se puede hacer sin dinero, menos jugar.

—No lo creas, Perico. Los *cócoras* tenemos esa ventaja, que nos ingeniamos sin blanca, pues para tener dinero llevando resto al juego, no es menester habilidad sino dicha y adivinar la que viene por delante. La gracia es tenerlo sin puntero.

—Pues siendo así, *cócora* me llamo desde este punto; pero, dime, Juan, ¿cómo se ingenia uno?

—Mira —me respondió—; se procura tomar un buen lugar (pues vale más un asiento delantero en una mesa de juego, que en una plaza de toros); y ya sentado uno allí, está *vigilando* al montero [3] para cogerle un *zapote* [4] o verle una *puerta,* [5] y entonces se da un *codazo,* [6] que algo le toca al denunciante en estas topadas. O bien procura uno *dibujar* las paradas, [7]

marcar un naipe, [8] *arrastrar* un muerto, [9] o cuando no se pueda nada de esto, *armarse* [10] con una apuesta al tiempo que la paguen, y entonces se dice: "Yo soy hombre de bien; a nadie vengo a estafar nada; y voto a este santo, y juro al otro, y los diablos me lleven si esta apuesta no es mía"; y se acalora la cosa más, añadiendo: "¿Es verdad, don Fulano? Dígalo usted, don Citano"; de suerte que al fin se queda en duda de quién es el dinero, y el que tiene la apuesta gana. Esta ingeniada es la más arriesgada, porque puede uno topar con un atravesado que se la saque a palos, pero esto no es lo corriente, y así en las apuradas es menester arriesgarse. Ello es que yo nunca me quedo sin comer ni sin cenar, pues como no hayan pegado las otras diligencias, y el juego esté para acabarse, me llevara yo seis u ocho reales en la bolsa cogiéndome una parada, más que fuera de mi madre. Pero has de advertir, desde ahora para entonces, que nunca te atrevas a arrastrar muertos, ni te armes con paradas que pasen ni aún lleguen a un peso, sino siempre con muertos chiquillos y paraditas de tres a cuatro reales, que pagados siempre son dobles, y como el interés es corto, se pasan, no se advierte en cuál de los dos que disputan está el dolo, y uno sale ganancioso; lo que no tiene con las paradas grandes, porque como que interesan, no se descuidan con ellas, sino que están sus amos pelando tantos ojos sobre su dinero, y ahí va uno muy expuesto.

—Yo te agradezco, amigo Januario, tus deseos de que yo tenga al-

---

[2] Aunque, como se ha dicho, Perico era un perdido, todavía ignoraba muchas cosas y términos de la escuela de los tunos. Januario fue el que lo acabó de adiestrar.

[3] Espiando sus manejos.—E.

[4] Advertirle alguna trampa.—E.

[5] Observar cuál es la carta primera.—E.

[6] Se avisa a los concurrentes.—E.

[7] Dividir las apuestas de modo que

no les toque por completo la rebaja de lo que el montero quita por estar la carta que gana a la puerta.—E.

[8] Doblar la punta o hacer alguna otra señal a una carta para ver dónde queda después que se baraje.—E.

[9] Cobrar la parada o apuesta del que se descuida.—E.

[10] Cobrar y porfiar que es cosa suya.—E.

gún modito con qué comer, que cierto que lo necesito bien; asimismo te agradezco —le dije— tus consejos y tus advertencias; pero tengo algún temorcillo de que no me vaya a tocar una paliza o cosa peor en una de éstas, porque, la verdad, soy muy tonto y no veterano como tú, y pienso que al primer tapón he de salir, tal vez, con las zurrapas que me cuesten caro, y cuando piense que voy a traer lana, salga trasquilado hasta el cogote.

Se medio enfadó Januario con este miedo mío, y me dijo:

—Anda, bestia, eres un para nada. ¡Qué paliza ni qué broma! ¿Pues qué, luego luego te han de coger la mácula? Yo no me espantaré de que al principio te temblará la mano para cogerte medio real; pero todo es hacerse, y después te soplarás hasta los quince y veinte pesos, quedándote muy fresco,[11] y yo te diré cómo. Ya sabes que los principios son dificultosos; vencidos éstos, todo se hace llevadero. Entra con valor a la carrera de los *cócoras,* que en verdad que es demasiado socorrida, sin temer palizas, ni trompadas de ninguno, pues ya has oído decir que a los atrevidos favorece la fortuna y a los cobardes los repela; tú ya estás no sólo abandonado de ella sino bien repelado; ¿quieres verte peor? Fuera de que, supón que a ti o a mí nos arman una campaña al cabo de tres o cuatro meses que hayamos comido, bebido y gastado a costa de los tahúres; ¿luego nos han de dar? ¿No pueden recibir también de nuestras manos? Y por último, pon que salimos rotos de

<hr/>

[11] Éstos eran los amigos de Perico y sus consejos. Cierto que el demonio no podía aconsejarle peor. Por esto dijo muy bien el padre Jerónimo Dutari, que los malos amigos son los diablos que no espantan.

Ese modo con que aquí lo induce al robo y la fullería es el que se usa prácticamente, y en la realidad es así: al principio se comienza con miedo, pero después se hace el vicio familiar. Por eso es lo mejor no comenzar.

cabeza o con una costilla desencajada, con algún riesgo se alquila la casa; no todo ha de ser vida y dulzura, y en ese caso quedan los recursos de los médicos y de los hospitales. Conque, Perico, manos a la obra; sal de miserias y de hambre, que el que no se arriesga no pasa la mar. A más de que en la clase de ingeniadas hay otros arbitrios más provechosos y quizá con menos peligro.

—Dímelos por tu vida —le dije—, que ya reviento por saberlos.

—Uno de ellos —me dijo Januario— es comedirse a *tallar* o ayudar a barajar a otros, y este arbitrio suele proporcionar una buena gratificación o *gurupiada,*[12] si el amo es liberal y gana; y aunque no sea franco ni gane, el gurupié no puede perder nunca su trabajo, como no sea tonto, pues en sabiendo *irse a profundis* seguido, sale la cuenta y muy bien; pero es menester hacerlo con salero, pues si no, va uno muy expuesto.

—¿Cómo es eso —le pregunté— de *irse a profundis,* que no entiendo muy bien los términos facultativos de la profesión?

—*Irse a profundis* —dijo mi maestro— es esconderse el dinero del monte que se pueda, poco a poco, mientras baraja el compañero, fingiendo que se rasca, que se saca el polvero, que se saca un cigarro, que se compone el pañuelo y haciendo todas las diligencias que se juzguen oportunas para el caso; pero esto, ya dije, es menester hacerlo con mucho disimulo, y haciéndolo así, la menor *gurupiada* te valdrá ocho o diez pesos.

"También es otro arbitrio que tengas en el juego un amigo de confianza, como yo, y sentándose éste junto a ti, a cada vez que se descuide el dueño del dinero, le das cuatro pesetas fingiendo que le cambias un peso. Este dinero lo juega el compañero con valor; si se le arranca, lo vuelves a habi-

<hr/>

[12] Véase la nota 3 del capítulo III.

litar con nuevas pesetas; cuando le pagues, le das siempre dinero de más para engordar la polla, sin miedo ninguno, pues como el dueño del monte te tenga por hombre de bien, harás de él cera y pabilo. Si está ganando, el dinero lo deslumbrará, y si está perdiendo, la misma pérdida lo cegará; de manera que jamás reflexionará en tu diligencia, que mil veces es excelente, pues yo he visto otras tantas desmontar entre el *gurupié* y el *palero* (que así se llaman estos compañeros) con el mismo dinero del monte. En este caso no salen los dos juntos, sino separados, para no despertar la malicia, y en cierto lugar se unen, se parten la ganancia, y aleluya.

"El tercero, más liberal y pronto arbitrio, es entregar todo el monte en un albur, si el compañero tiene plata para pagarlo; y si no la tiene, en distintos albures, que al fin resulta el mismo efecto, que es desmontar. Pero para esto es preciso que así el *gurupié* como el *palero*, sean muy diestros; y todo consiste en la friolera de amarrar los albures, poner la baraja al mismo en disposición de que conociendo por dónde está el mollete, alce por él, y salgan los albures puestos, teniendo entre los dos compactado con anticipación si se ha de apostar a la judía o a la contrajudía, a la de afuera o a la de adentro, o a la una y una; para no equivocarse y perder el dinero tontamente, que eso se llama *hacer burro con bola en mano*.

"Para entrar en esta carrera y poder hacer progresos en ella, es indispensable que sepas *amarrar*, *zapotear*, *dar boca de lobo*, *dar rastrillazo*, *hacer la hueca*, *dar la empalmada*, *colearte*, *espejearte* y otras cositas tan finas y curiosas como éstas, que aunque por ahora no las entiendas, poco importa;[13]

yo te las enseñaré dentro de quince o veinte días, que como tú te apliques y no seas tonto, con ese tiempo basta para que salgas maestro con mis lecciones.

"Mas es de advertir que para salir con aire en las más ocasiones, es necesario que trabajes con tus armas; y así es indispensable que sepas hacer las barajas."

—Ésa es otra —dije yo, muy admirado—, pues ¿no ves que eso es un imposible respecto a que me falta lo mejor, que es el dinero?

—¿Pero para qué quieres dinero para eso? —me preguntó Januario.

—¿Cómo para qué? —le dije—. Para moldes, papel, pinturas, engrudo, prensas, oficiales y todo lo que es menester para hacer barajas; y fuera de esto, aunque lo tuviera no me arriesgaría a hacerlas; ¿no ves que donde nos cogieran nos despacharían a un presidio por contrabandistas?

Rióse a carcajada suelta Juan Largo de mi simplicidad, y me dijo:

—Se echa de ver que eres un pobre muchacho inocente, y que todavía tienes la leche en los labios. Camote, para hacer las barajas como yo te digo, no son menester tantas cosas ni dinero como tú has pensado. Mira, en la bolsa tengo todos los instrumentos del arte.

Y diciendo esto me manifestó unos cuadrilonguitos de hojalata, unas tijeritas finas, una poquita de cola de boca y un panecito de tinta de China.

Quedéme yo azorado al ver tan poca herramienta y no acababa de creer que con sólo aquello se hiciera una baraja; pero mi maestro me sacó de la suspensión diciéndome:

—Tonto, no te admires. El hacer las barajas en el modo que te digo no consiste en pegar el papel, abrir los moldes, imprimirlas y demás que hacen los naiperos; ése es oficio

---

[13] Bien pudo Periquillo haber explicado aquí el mecanismo de estas fullerías, pero sin duda las calló con estudio, deseando prevenir a los lectores incautos en los peligros del juego, sin enseñarlos a maliciosos. Es bueno saber que hay drogas, pero no saber hacerlas.

aparte. Hacerlas al modo de los jugadores quiere decir hacerlas floreadas: esto se hace sin más que estos pocos instrumentitos que has visto, y con sólo ellos se recortan, ya anchas, ya angostas, ya con esquinas que se llaman *orejas*, o bien se pintan o se raspan (que dicen vaciar) o se trabajan de *pegues*, o se hacen cuantas habilidades uno sabe o quiere; todo con el honesto fin de dejar sin camisa al que se descuide.

—La verdad, hermano —dije yo—, todos tus arbitrios están muy buenos, pero son unos robos y declarados latrocinios, y creo que no habrá confesor que los absuelva.

—¡Vaya, vaya —dijo Januario meneando la cabeza—, pues estás fresco! ¿Conque ahora que andas ahí todo descarriado, sin casa, sin ropa, sin qué comer y sin almena de qué colgarte, vas dando en escrupuloso? ¡Majadero! ¿Pues sí eres tan virtuoso, para qué te saliste del convento? ¿No fuera mejor que te estuvieras allí comiendo de coca y con seguridad, y no andar ahora de aquí para allí y muriéndote de hambre? Vamos, que ciertamente he sentido la saliva que he gastado contigo y las luces que te he dado por tu bien y por no verte perecer. Bestia, si todos pensaran en eso, si reflexionaran en que el dinero que así ganan es robado, que debe restituirse, y que si no lo hicieran así, se los llevará el diablo, ¿crees tú que hubiera tanto haragán que se mantuviera del juego como se mantiene? ¿Te parece que éstos juegan suerte y verdad y así se mantienen? No, Perico, éstos juegan con la larga,[14] y siempre con su pedazo de diligencia; si no, ¿cómo se habían de sostener? Ganarían un día del mes, y perderían veintinueve, pues ya has oído decir que el juego más quita que da, y esto es muy cierto en queriendo ser muy escrupuloso; porque, el que limpio juega, limpio

se va a su casa; pero por esta razón estos señoritos mis camaradas y compañeros, antes de entrar en el giro de la fullería, lo primero que hacen es esconder la conciencia debajo de la almohada, echarse con las petacas y volverse corrientes. Bien que no he conocido uno que no tenga su devoción. Unos rezan a las ánimas, otros a la Santísima Virgen, éste a San Cristóbal, aquél a Santa Gertrudis, y finalmente esperamos en el Señor que nos ha de dar buena muerte.[15] Conque, no seas tonto, Periquillo, elige tu devoción particular, y anda, hombre, anda, no tengas miedo; peor será que pegues la boca a una pared,[16] porque donde tú no lo busques, estás seguro que haya quién te dé ni un lazo para que te ahorques. Ya has visto lo que te acaba de pasar con tus tíos. Conque si entre los tuyos no hallas un pedazo de pan, ¿qué esperanzas te quedan en adelante? Ahora estoy yo en México, que soy tu amigo y te puedo enseñar y adiestrar; si dejas pasar esta ocasión, mañana me voy, y te quedas a pedir limosna; porque no a todos los *hábiles* les gusta enseñar sus habilidades, temerosos de criar cuervos que a ellos mismos tal vez mañana u otro día les saquen los ojos. En fin, Perico, harto te he dicho. Tú sabrás lo que harás, que yo lo hago no más de pura caridad.[17]

Como por una parte yo me veía estrechado de la necesidad, y sin ser útil para nada, y por otra los proyectos de Januario eran demasiado lisonjeros, pues me facilitaba nada menos que el tener dinero sin trabajar, que era a lo que yo siem-

---

[14] Alusión al juego del billar o al del truco, pues que el primero no estaba en aquella época muy generalizado.—E.

[15] Esperanza pésima. No se debe esperar en Dios para ofenderlo; ni valen para esto las devociones de los santos, antes es una injuria el invocarlos creyendo que intercederán con Dios por los que lo ofenden en esa confianza.

[16] No es peor estar pobre que ser ladrón; pero en la práctica se ve que muchos por no ser pobres son ladrones, y cuanto malo hay.

[17] ¡Buena caridad! Así son muchas caridades que se ven en el mundo.

pre había aspirado, no me fue difícil resolverme; y así le di las gracias a mi maestro, reconociéndolo desde aquel instante por mi protector, y prometiéndole no salir un punto de la observancia de sus preceptos, arrepentido de mis escrúpulos y advertencias, como si debiera el hombre arrepentirse jamás de no seguir el partido de la iniquidad; pero lo cierto es que así lo hacemos muchas veces.

Durante esta conversación advirtió Januario que yo tenía los labios blancos, y me dijo:

—Tú, según me parece, no has almorzado.

—Ni tampoco me he desayunado —le respondí—; y cierto que ya serán las dos y media de la tarde.

—Ni la una ha dado —dijo Januario—, pero el reloj de los estómagos hambrientos siempre anda adelantado; así como se atrasa el de los satisfechos. Por ahora no te aflijas; vámonos a comer.

¡Santa palabra! —dije yo entre mí, y nos marchamos.

Aquél era el primer día que yo experimentaba todo el terrible poder del hambre, y quizá por eso, luego que puse el pie en el umbral de la fonda, y me dio en las narices el olor de los guisados, se me alegró el corazón de manera que pensé que entraba por lo menos en el paraíso terrenal.

Sentámonos a la mesa, y Januario pidió con mucho garbo dos comidas de a cuatro reales y un cuartillo de vino. Yo me admiré de la generosidad de mi amigo, y temeroso no fuera a salir con alguna de las suyas después de haber comido le pregunté si tenía con qué pagar, porque lo que había pedido valía siquiera un par de pesos. Él se sonrió y me dijo que sí, y para que comiese yo sin cuidado, me mostró como seis pesos en dinero doble y sencillo.

En esto fueron trayendo un par de tortas de pan con sus cubiertos, dos escudillas de caldo, dos sopas, una de fideo y otra de arroz, el puchero, dos guisados, el vino, el

dulce y el agua; comida ciertamente frugal para un rico, pero a mí me pareció de un rey, o por lo menos de un embajador, pues si a buena hambre no hay mal pan, aunque sea malo, cuando el pan es de por sí bueno, debe parecer inmejorable por la misma regla. Ello es que yo no comía, sino que engullía, y tan aprisa que Januario me dijo:

—Espacio, hombre, espacio, que no nos han de arrebatar los platos de delante.

Entre la comida menudeamos los dos el vino, lo que nos puso bastante alegres; pero se concluyó, y para reposarla sacamos tabaco y seguimos platicando de nuestro asunto:

Yo, con más curiosidad que amistad, le pregunté a mi mentor que dónde vivía. A lo que él me respondió que no tenía casa ni la había menester, porque todo el mundo era su casa.

—¿Pues dónde duermes? —le dije.

—Donde me coge la noche —me respondió—; de manera que tú y yo estamos iguales en esto, en ajuar y ropa; porque yo no tengo más que lo encapillado.

Entonces, asombrado, le dije:

—¿Pues cómo has gastado con tanta liberalidad?

—Eso —respondió—, no lo extraño; así lo hacemos todos los *cócoras* y jugadores cuando estamos de *vuelta*; quiero decir, cuando estamos gananciosos, como yo, que anoche con una parada con que me armé, y la *fleché* con valor, hice doce pesos; porque yo soy trepador cuando me toca, esto es, apuesto sin miedo, como que nada pierdo aunque se me arranque, y tengo puerta abierta para otra ingeniada.

—Quizá por eso —dije yo— he oído decir a los monteros que más miedo tienen a un real dado o arrastrado en manos de los *cócoras* como tú, que a cien pesos de un jugador.

—Por eso es —dijo Juan Largo—; porque nosotros, como siempre *vamos en la verde*, esto es, no arriesgamos nada, poco cuidado se nos da que después de acertar ocho albures con cuatro reales a la dobla, en el noveno nos ganen ciento veinte pesos; porque si lo ganamos, hacemos doscientos cincuenta y seis, y si lo perdemos, nada perdemos nuestro, y en este caso ya sabemos el camino para hacer nuevas diligencias. No así los que van al juego a *flechar* [18] el dinero que les ha costado su sudor y su trabajo; pues como saben lo que cuesta adquirirlo, le tienen amor, lo juegan con *conducta*, y éstos siempre son cobardes para apostar cien pesos, aun cuando ganan; y por eso les llaman *pijoteros.* Esta misma es la causa de que nosotros, cuando estamos de vuelta, somos liberales, y gastamos y triunfamos francamente, porque nada nos cuesta, ni aquel dinero que tiramos es el último que esperamos tener por ese camino. Tú desengáñate, no hay gente más liberal que los mineros, los dependientes que manejan abiertamente el dinero de sus amos, los hijos de familia, los tahúres como nosotros, y todos [19] los que tienen dinero sin trabajar o manejan el ajeno, cuando es dificultoso hacerles un cargo exacto.

—Pero, hombre —le dije—, yo no dudo de cuanto dices; pero ¿has comprado siquiera una sábana o frazada para dormir?

—Ni por pienso me meteré yo en eso por ahora —me respondió Januario—; no seas tonto, si no tengo casa, ¿para qué quiero sábana? ¿Dónde la he de poner? ¿La he de traer a cuestas? Tú te espantas de poco. Mira: los jugadores como yo hacemos el papel de cómicos; unas veces andamos muy decentes, y otras muy trapientos; unas veces somos casados, y otras viudos; unas veces comemos como marqueses y otras como mendigos, o quizá no comemos; unas veces andamos en la calle, y otras estamos presos; en una palabra, unas veces la pa-

samos bien y otras mal; pero ya estamos hechos a esta vida; tanto se nos da por lo que va como por lo que viene. En esta profesión lo que importa es hacer a un lado el alma y la vergüenza, y créeme que haciéndolo así se pasa una vida de ángeles.

Algo me mosqueé yo con una confesión tan ingenua de la vida arrastrada que iba a abrazar, y más considerando que debía ser verdadera en todas sus partes, como que Januario hablaba inspirado del vino, que rara vez es oráculo mentiroso, antes casi siempre, entre mil cualidades malas, tiene la buena de no ser lisonjero ni falso; pero aunque, según el inspirante, debía variar de concepto, como varié, no me di por entendido, ya por no disgustar a mi bienhechor, o ya por experimentar por mí mismo si me tenía cuenta aquel género de vida; y así sólo me contenté con volverle a preguntar, que dónde dormía. A lo que él, sin turbarse, me dijo redondamente:

—Mira: yo unas veces me quedo de postema en los bailes, y paso el resto de las noches en los canapés; otras me voy a una fonda, y allí me hago piedra; y otras, que son las más, la paso en los *arrastraderitos.* Así me he manejado en los pocos días que llevo en México, y así espero manejarme hasta que no me junte con quinientos o mil pesos del juego, que entonces será preciso pensar de otra manera.

—¿Y cuáles son los *arrastraderitos* —le pregunté—, y con qué te tapas en ellos?

A lo que él me contestó:

—Los *arrastraderitos* son esos truquitos indecentes e inservibles [20] que habrás visto en algunas accesorias. Éstos no son para jugar, porque de puro malos no se puede jugar en ellos ni un real, pero son unos pretextos o alcahueterías para que se jueguen en ellos sus albures

---

[18] Arriesgar.—E.
[19] No todos, sino todos los que proceden mal.

[20] De muchos años a esta parte los han sustituido unos billarcitos de la misma clase.—E.

y se pongan unos montecitos miserables. En estos *socuchos* juegan los pillos, *cuchareros* y demás gente de la última broza. Aquí se juega casi siempre con droga; y luego que se mete allí algún inocentón, le mondan la *picha* [21] y hasta los calzones si los tiene. A estos jugadores bisoños, y que no saben la malicia de la carrera, les llaman *pichones,* y como a tales, los descañonan en dos por tres. En fin, en estos dichos arrastraderos, como que todos los concurrentes son gente perdida, sin gota de educación ni crianza, y aun si tienen religión, sábelo Dios, se roba, se debe, se juega, se jura, se maldice, se reniega, etc., sin el más mínimo respeto porque no tienen ninguno que los contenga, como en los juegos más decentes. En uno de éstos me quedo las más noches, a costa de un realito que le doy al coime, y si tengo, dos; me presta la carpeta o un capotito o frazada llena de piojos, de las que hay empeñadas, y así la paso. Conque ya te respondí, y mira si tienes otra cosa que saber, porque preguntas más que un catecismo.

Si antes estaba yo cuidadoso con la pintura que me hizo de la videta cocorina, después que le dio los claros y las sombras que le faltaban con lo de los arrastraderos, me quedé frío; pero, con todo, no le manifesté mal modo, y me hice el ánimo de acompañarlo hasta ver en qué paraba la comedia de que iba yo tan pronto a ser actor

Salimos de la fonda, y nos anduvimos azotando las calles [22] toda la tarde. A la noche a buena hora nos fuimos al juego. Januario comenzó a jugar sus mediecillos que le habían sobrado y se le arrancaron en un abrir y cerrar de ojos; pero a él no se le dio nada. Cada rato lo veía yo con dinero, y ya suyo, ya ajeno, él no dejaba de manejar monedas; ello, a cada instante, también tenía disputas, reconvenciones y reclamos, mas él sabía sacudirse y quedarse con bola en mano.

Se acabó el juego como a las once de la noche, y nos fuimos para la calle. Yo iba pensando que leíamos el Concilio Niceno por entonces; pero salí de mi equivocación cuando Juan Largo tocó una accesoria, y después que hizo no sé qué contraseña, nos abrieron; entramos y cenamos no con la decencia que habíamos comido, pero lo bastante a no quedarnos con hambre.

Acabada la cena, pagó Januario y nos salimos a la calle. Entonces le dije:

—Hombre, estoy admirado, porque vi que se te arrancó [23] luego que entramos al juego y aunque estuviste manejando dinero, jurara yo que habías salido sin blanca, y ahora veo que has pagado la cena; no hay remedio, tú eres brujo.

—No hay más brujería que lo que te tengo dicho. Yo lo primero que hago es rehundir y esconder seis u ocho realillos para la amanezca [24] de la primera ingeniada que tengo; asegurado esto, las demás ingeniadas se juegan con valor a si trepan. Si trepa alguna, bien; y si no, ya se pasó el día, que es lo que importa.

En estas pláticas llegamos a otra accesoria más indecente que aquella donde cenamos. Tocó mi mentor, hizo su contraseña, le abrieron, y a la luz de un cabito que estaba expirando en un rincón de la pared, vi que aquél era el *arrastraderito* de que ya tenía noticia.

Habló Januario en voz baja con el dueño de aquel infernal garito, que era un mulato envuelto en una manga azul, y ya se había encuerado para acostarse, y éste nos sacó dos frazadas muy sucias y rotas y nos la dio diciendo:

—Sólo por ser usted mi amigo, me he levantado a abrir, que estoy con un dolor de cabeza que el mun-

---

[21] Frazada o sábana vieja y raída para cubrirse.—E.
[22] Paseando por ellas sin objeto y por sólo andar o pasar el tiempo.—E.

[23] *Arrancársele* quiere decir entre jugadores quedarse sin blanca.—E.
[24] Para tener con que amanecer.—E.

do se me anda. —Y sería cierto, según la borrachera que tenía.

No éramos nosotros los únicos que hospedaba aquella noche el tuno empelotado. Otros cuatro o cinco pelagatos, todos encuerados, y a mi parecer medio borrachos, estaban tirados como cochinos por la banca, mesa y suelo del truquito.

Como el cuarto era pequeño, y los compañeros gente que cena sucio y frío, bebe pulque y chinguirito,[25] estaban haciendo una salva de los demonios, cuyos pestilentes ecos sin tener por dónde salir remataban en mis pobres narices, y en un instante estaba yo con una jaqueca que no la aguantaba, de modo que no pudiendo mi estómago sufrir tales incensarios, arrojó todo cuanto había cenado pocas horas antes.

Januario advirtió mi enfermedad, y percibiendo la causa me dijo:

—Pues, amigo, estás mal; eres muy delicado para pobre.

—No está en mi mano —le respondí, y él me dijo:

—Ya lo veo; pero no te haga

[25] Aguardiente de caña.—E.

fuerza, todo es hacerse, y esto es a los principios, como te dije esta mañana; pero vámonos a acostar a ver si te alivias.

A la ruidera de la evacuación de mi estómago despertó uno de aquellos *léperos*, y así como nos vio comenzó a echar sapos y culebras por aquella boca de demonio.

—¡Qué rotos tales de m...! —decía—; ¿por qué no irán a vomitarse sobre la tal que los parió, ya que vienen borrachos, y no venir a quitarle a uno el sueño a estas horas?

Januario me hizo seña que me callara la boca, y nos acostamos los dos sobre la mesita del billar, cuyas duras tablas, la jaqueca que yo tenía, el miedo que me infundieron aquellos encuerados, a quienes piadosamente juzgué ladrones, los innumerables piojos de la frazada, las ratas que se paseaban sobre mí, un gallo que de cuando en cuando aleteaba, los ronquidos de los que dormían, los estornudos traseros que disparaban y el pestífero sahumerio que resultaba de ellos, me hicieron pasar una noche de los perros.

CAPÍTULO XVII

CONTANDO LAS HORAS y los cantos del gallo estuve toda la noche sin poder dormir un rato, y deseando la venida de la aurora para salir de aquella mazmorra, hasta que quiso Dios que amaneció, y fueron levantándose aquellos bribones encuerados.

Sus primeras palabras fueron desvergüenzas, y sus primeras solicitudes se dirigieron a hacer la mañana. Luego que los oí, los tuve por locos, y le dije a Januario:

—Estos hombres no pueden menos de estar sin gota de juicio, porque todos ellos quieren hacer la mañana. ¡Qué locura tan graciosa! ¿Pues qué, piensan que no está hecha? ¿O se creen ellos capaces de una cosa que es privativa de Dios?

Se rió Januario de gana, y me dijo:

—Se conoce que hasta hoy fuiste tunante a medias, pillo decente y zángano vergonzante. En efecto, ignoras todavía muchos de los términos más comunes y trillados de la dialéctica leperuna; pero por fortuna me tienes a tu lado, que no perderé ningunas ocasiones que juzgue propias para instruirte en cuanto pueda conducir a sacarte un diestro veterano, ya sea entre los pillos decentes, ya sea entre los de la chichi pelada,[1] como son éstos.

[1] Echada la sábana o frazada sobre el hombro izquierdo y terciada bajo el brazo derecho como acostumbra esa gente, queda descubierta la teta derecha cuando no hay camisa u otra ropa; y como *chichi* en mexicano quiere decir teta o pecho, la frase se aplica a los que tienen el pecho de fuera o andan sin camisa por no usarla.—E.

"Por ahora sábete que *hacer la mañana* entre esta gente quiere decir desayunarse con aguardiente, pues están reñidos con el chocolate y el café, y más bien gastan un real o dos a estas horas en *chinguirito* malo que en un pocillo del más rico chocolate."

Apenas salí de esa duda, cuando me puso en otras nuevas uno de aquellos zaragates que, según supe, era oficial de zapatero, pues le dijo a otro compañero suyo:

—Chepe,[2] vamos a hacer la mañana y vámonos a trabajar, que el sábado quedamos con el maestro en que hoy habíamos de ir, y nos estará esperando.

A lo que Chepe respondió:

—Vaya el maestro al tal, que yo no tengo ni tantitas ganas de trabajar hoy por dos motivos: el uno porque es San Lunes, y el otro porque ayer me emborraché y es fuerza curarme hoy.

Suspenso estaba yo escuchando aquellas cosas, que para mí eran enigmas, cuando mi maestro me dijo:

—Has de saber que es un abuso muy viejo, y casi irremediable entre los más de los oficiales mecánicos, no trabajar los lunes, por razón de lo estragados que quedan con la embriagada que se dan el domingo, y por eso le llaman *San Lunes*, no porque los lunes sean días de guarda por ser lunes, como tú sabes, sino porque los oficiales abandonados se abstienen de trabajar en ellos por *curarse* la borrachera, como éste dice.

[2] Lo mismo que Pepe o José.—E.

—¿Y cómo se cura la embriaguez? —pregunté.

—Con otra nueva —me respondió
Januario.

—Pues entonces —dije yo—, debiendo el exceso de aguardiente
hacer el mismo efecto el domingo
que el lunes, se sigue que si una
emborrachada del domingo ha de
menester otra para curarse del lunes, la del lunes necesitará la del
martes, la del martes la del miércoles, y así venimos a sacar por
consecuencia que se alcanzarán las
embriagueces unas a otras, sin que
en realidad se verifique la curación
de la primera con tan descabellado
remedio. La verdad, ésa me parece
peor locura en esa gente que la de
hacer la mañana; porque pensar que
una tranca [3] se cura con otra es
como creer que una quemada se
cura con otra quemada, una herida
con otra, etc., lo que ciertamente es
un delirio.

—Tú dices muy bien —contestó
Januario—, pero esa gente no entiende de argumentos. Son muy viciosos y flojos, trabajan por no morirse de hambre, y acaso por tener
con qué mantener su vicio dominante, que casi generalmente entre
ellos es el de la embriaguez; de
manera que en teniendo qué beber,
poco se les da de no comer, o en
comer cualquier porquería; y ésta
es la razón de que por buenos artesanos que sean, y por más que tra-
bajen, jamás medran, nada les luce,
porque todo lo disipan; y así los ves
desnudos como a estos dos, que quizá serán los mejores oficiales que
tendrá el maestro en su taller.

—¡Qué lástima de hombres! —exclamé—; y si son casados ¡qué vida
les darán a sus pobres mujeres, y
qué mal ejemplo a sus hijos!

—Considéralo —me dijo Januario—. A sus mujeres las traen desnudas, hambrientas y golpeadas, y
a los hijos en cueros, sin comer y
malcriados.

En esto nos salimos de aquella

pocilga, y fuimos a tomar café. Lo
restante del día, que lo pasamos en
visitas y andar calles hasta las doce, me anduve yo cuzqueando [4] y
rascando. Tal era la multitud de
piojos que se me pegaron de la
maldita fruza.[5] Y no fue eso lo peor,
sino que tuve que sufrir algunas
chanzonetas pesadas que me dijeron
los amigos; porque los animalitos
me andaban por encima, y eran tan
gordos y tan blancos que se veían
de a legua, y cada vez que alguno
se ponía donde lo vieran, decía uno:

—Eso no; a mi amigo Periquillo
no, que aquí estoy yo.

Otros decían:

—Hombre, eso tiene buscar novias de a medio.

Otros:

—¡Qué buenas fuerzas tienes,
pues cargas un animal tan grande!

Y así me chuleaban todos a su
gusto, sin quedarse por cortos con
mi compañero, que también estaba
nadando.

Por fin dieron las doce, y me dijo
éste:

—Vámonos al juego, porque yo
no tengo blanca para comer, y no
seas tonto, vete aplicando. Donde tú
puedas, afianza una apuesta y di
que es tuya, que yo juraré por cuantos santos hay que te la vi poner,
pero ya te he advertido que sea
apuesta corta que no pase de dos
o tres reales, porque si vas a hacer
una tontera, nos exponemos a un
codillo.

En efecto, entramos al juego, tomamos buenos lugares, se calentó
aquello, como dicen, y yo ya le echaba el ojo a una apuesta, ya a otra,
ya a otra, y no me determinaba a
tomarme ninguna de puro miedo.
Quería extender la mano, y parece que me la contenían y me
decían en secreto: "¿Qué vas a hacer? Deja eso ahí, que no es tuyo..." La conciencia ciertamente
nos avisa y nos reprende secreta,
pero eficazmente, cuando tratamos

---

[3] Estar con la tranca quiere decir
estar borracho.—E.

[4] Satisfaciendo la curiosidad, o mirando todo lo que ocurre.—E.

[5] Frazada.—E.

de hacer el mal; lo que sucede es que no queremos atender a sus gritos.

Januario no más me veía; y yo conocía que me quería comer de cólera con los ojos. A lo menos, si ha tenido ponzoña en la vista, como cuentan los mentirosos que la tiene el basilisco, no me levanto vivo de la mesa; tal era su feroz mirar. Hay gente que parece que toman empeño en hacer que otros salgan tan perversos como ellos, y este condenado era uno de tantos.

Por último, yo, más temeroso de su enojo que de Dios, y más bien por contemporizar con su gusto que con el mío, que es lo que sucede en el mundo diariamente, resolví a armarme con una peseta al tiempo que la pagaron. Cuando el pobre dueño del dinero iba a estirar la mano para coger sus cuatro reales, ya yo los tenía en la mía. Allí fue lo de "ese dinero es mío"; "no, sino mío"; "yo digo verdad", "y yo también"; con su poco que mucho de "está muy bien"; "ahí lo veremos"; "donde usted quiera", y todas las bravatas corrientes en semejantes lances, hasta que Januario, con un tono de hombre de bien, dijo al perdidoso.

—Amigo, usted no se caliente. Yo vi poner a usted su peseta, pero la que el señor ha tomado, no le quede a usted duda, es suya, que yo se la acabo de prestar.

Con esto se serenó la riña, quedándose aquel infeliz sin sus mediecillos, y yo habilitado con ellos.

Ya se me derretían en la mano sin acabar de ponerlos a un albur; no porque me faltara valor para apostar cuatro reales, pues ya sabéis que yo, aunque sin habilidad, sabía jugar y había jugado cuanto tenía mi madre, sino porque temía perderlos y quedarme sin comer. ¡Tal era el miedo que el hambre me había infundido el día anterior!

Januario me lo conoció y me hizo señas para que los jugara con franqueza, pues él ya tenía segura la mamuncia.

Con esta satisfacción los jugué

en cinco albures a la dobla, y cuando me vi con dieciséis pesos, creí tener un mayorazgo; ya se ve, como aquel que en muchos días no había tenido un real.

Mi compañero me hizo seña que los rehundiera, como lo verifiqué, pensando que nos íbamos a comer; mas Januario en nada menos pensaba, antes se quedó allí hecho un postema, hasta que se acabó la partida grande, a cuyo instante me pidió el dinero, sacó él cuatro pesos y una [6] de sus barajas, y se puso a tallar [6] diciendo:

—Tírenle a este *burlotito*.

Los tahúres fuertes, así que vieron el poco fondo, se fueron yendo; pero los pobretes se apuntaron luego luego, que es lo que se llama *entrar por la punta*.

El montecillo fue engrosando poco a poco, de modo que a las dos de la tarde ya tenía aquella zanganada como setenta pesos.

A esa hora fueron entrando dos payitos muy decentes y bien rellenos de pesos. Comenzaron a apuntarse de gordo, de a veinte y veinticinco pesos, y comenzaron a perder del mismo modo. En cada albur que yo les veía poner los chorizos de pesos se me bajaba la sangre a los talones, creyendo que en dos albures que acertaran se perdía todo nuestro trabajo, y nos salíamos sin blanca soñando que habíamos tenido, lo que a mí se me hacía intolerable, según el axioma de los tahúres, de que *más se siente lo que se cría que lo que se pare*.

Pero aquellos hombres estaban, según entendí entonces, erradísimos, porque el albur en que nos ponían diez o doce pesos, lo ganaban; pero aquel en donde apostaban entre los dos cuarenta o cincuenta lo perdían, así podían jugarlo con mil precauciones.

De este modo se les arrancó a los dos casi a un tiempo, y uno de ellos, al perder el último albur que iba interesado, y siendo de un caballo contra un as, vino el as; sacó

<hr/>

6 Barajar.

los cuatro caballos, y mientras estuvo rompiendo los demás naipes, se los comió, como quien se come cuatro soletas, y hecha esta importante diligencia, se salió con su compañero, ambos encendidos como una grana y sudando la gota tan gorda. ¡Tales eran los vapores que habían recibido!

Januario, con mucha socarra, contó trescientos y pico de pesos; le dio una gratificación al dueño de la casa, y lo demás lo amarró en su pañuelo.

Ya se lo comían los otros tahúres pidiéndole barato; pero a nadie le dio medio, diciendo:

—Cuando a mí se me arranca, ninguno me da nada, y así, cuando gane, tampoco he de dar yo un cuarto.

No me pareció bien esta dureza, porque, aunque tan malo, he tenido un corazón sensible.

Nos salimos a la calle y nos fuimos a la fonda, que estaba cerca. Comimos a lo grande, y concluida la comida, me dijo mi protector:

—¿Qué tal, señor Perico, le gusta a usted la carrera? ¿Si no se hubiera determinado a armarse con aquella apuesta, contara con ciento y más pesos suyos? Vaya, toma tu plata y gástala en lo que quieras, que es muy tuya y puedes disponer de ella a tu gusto con la bendición de Dios; [7] aunque pienso que lo que conviene es que apartemos cincuenta pesos por ambos para puntero, y vayamos ahora mismo al Parián, o más bien al baratillo, a comprar una ropilla decente, con cuyo auxilio la pasaremos mejor, nos darán mejor trato en todas partes y se nos facilitarán más bien las ocasiones de tener; porque te aseguro, hermano, que aunque dicen que el hábito no hace al monje, yo no sé qué tiene en el mundo esto de andar uno decente, que en las calles, en los paseos, en las visitas, en los juegos, en los bailes y hasta en los templos mismos, se disfruta de ciertas atenciones y respetos. De suerte, que más vale ser un pícaro bien vestido, que un hombre de bien trapiento; [8] y así vamos.

No lo dijo a sordo; me levanté al momento, cogí mi dinero, que era menos del que le tocó a Januario, pero yo lo disimulé, satisfecho de que en asuntos de intereses, el mejor amigo quiere llevar su ventajita.

Fuimos al baratillo, compramos camisas, calzones, chalecos, casacas, capas, sombreros, pañuelos, zapatos y hasta unas cascaritas de reloj o relojes cáscaras o maulas, pero que parecían algo.

Ya habilitados, fuimos a tomar un cuarto en un mesón, mientras hallábamos una vivienda proporcionada. En esto de camas no había nada, y aunque se lo hice advertir a Januario, éste me dijo:

—Ten paciencia, que después habrá para todo. Por ahora lo que importa es presentarnos bien en la calle, y más que comamos mal y durmamos en las tablas, eso nadie lo ve. ¿Qué, te parece que todos los guapos o currutacos que ves en el público tienen cama o comen bien? No, hijo; muchos andan como nosotros; todo se vuelve apariencia, y en lo interior pasan sus miserias bien crueles. A éstos llaman *rotos*.

Yo me conformé con todo, contentísimo con mis trapillos, y con que ya no volvía a pasar otra noche en el *arrastraderito* condenado.

Llegamos al mesón, tomamos nuestro cuarto y nos encajamos en él locos de contentos. Aquella noche no quiso Januario que fuéramos a jugar, porque, según él decía, se debía reposar la ganancia. Nos fuimos a la comedia, y cuando volvimos, cenamos muy bien y nos acostamos en las tablas duras, que algo se ablandaron con los capotes viejos y nuevos.

[7] Sólo eso le faltaba, porque no puede ser bendito de Dios lo que se adquiere malamente.

[8] No hay tal. Es verdad que el mundo abunda de gente necia que califica a la persona por su exterior, y así tal vez honran al pícaro decente; pero al primer chasco que llevan, se desengañan.

Dormí como un niño, que es la mejor comparación, y a otro día hicimos llamar al barbero, y después de aliñados, nos vestimos y salimos muy planchados a la calle.

Como nuestro principal objeto era que nos vieran los conocidos, la primera visita fue a la casa del doctor Martín Pelayo; pero cuál fue nuestra sorpresa, cuando creyendo encontrar al Martín antiguo, encontramos un Martín nuevo, y en todo diferente del que conocíamos, pues aquél era un joven tan perdulario como nosotros, y éste era un cleriguito ya muy formal, virtuoso y asentado.

Luego que entramos a su cuarto, se levantó y nos hizo sentar con mucha urbanidad; nos contó que era diácono, y estaba para ordenarse de presbítero en las próximas témporas. Nosotros le dimos parabienes; pero Januario trató de mezclar sus acostumbradas chocarrerías y facetadas, a las que Pelayo, en un tono bien serio, contestó:

—¡Válgame Dios, señor Januario ¿Siempre hemos de ser muchachos? ¿No se ha de acabar algún día ese humor pueril? Es menester diferenciar los tiempos; en unos agradan las travesuras de niños, en otros la alegría de jóvenes, y ya en el nuestro es menester que apunte la seriedad y macicez de hombres, porque ya nos hacen gasto los barberos. Yo no soy viejo, ni aunque lo fuera me opondría a un genio festivo. Me gustan, en efecto, los hombres alegres y joviales, de quienes se dice: *donde él está no hay tristeza*. Sí, amigos, para mí no hay cosa más fastidiosa que un genio regañón, tétrico, y melancólico; huyo de ellos como de unos misántropos abominables, los juzgo soberbios, descontentos, murmuradores, insociables y dignos de acompañar a los osos y a los tigres. Al contrario, ya dije, estoy en mis glorias con un hombre atento, afable, instruido y alegre. La compañía de uno de ellos me deleita, me engolosina, me amarra, y seré capaz de estarme con él los días y las semanas; pues, pero ha de ser de este estambre, porque en siendo un necio, hablador, arrogante y faceto, ¿quién lo ha de sufrir? Estos genios no son festivos sino juglares; su carácter es ruin y sus costumbres groseras. Cuando platican, golpean; cuando quieren divertir, fastidian con sus frialdades; porque hombres sin talento ni educación no pueden parir buenos, alegres ni razonados conceptos; antes las chanzas de éstos ofenden las honras y las personas, y sus agudezas punzan la fama o el corazón del prójimo. Esto digo, amigos, deseando que eviten ese genio chocarrero a todas horas. Todos tienen su tiempo. Las matracas de Semana Santa parecerán mal a los muchachos en la Pascua de Navidad, y la lama de Nochebuena no la pondrán en sus monumentitos. Así me lo ha hecho creer la experiencia y algunos desaires que les he visto correr a muchos facetos.

A poco rato de decir esto, el padre Pelayo mudó de conversación con disimulo; pero mi compañero, que lo había entendido y estaba como agua para chocolate, no aguantó mucho. Se despidió a poco rato y nos fuimos.

En la calle me dijo:

—¿Qué te parece de este mono? ¡Quién no lo hubiera conocido! Ahora, porque está ordenado de Evangelio, quiere hacer del formal y arreglado; pero a otro perro con ese hueso, que ya sabemos que todas ésas son hipocresías.

Yo le corté la conversación, porque me repugnaba murmurar algunas veces, y nos fuimos a otras visitas, donde nos recibieron mejor, y aun nos dieron de almorzar.

Así se pasó la mañana hasta que dieron las doce, a cuya hora nos fuimos al mesón; sacamos veinticinco pesos del puntero, y nos fuimos al juego.

En el camino dije a Januario:

—Hombre, si van los payos, donde nos acierten un albur, nos lleva Judas.

—No nos llevará —me dijo—,

¡ojalá vayan! ¿Pues tú piensas que está en ellos el errar o acertar? No, hijo, está en mis manos. Yo los conozco y sé que juegan la apretada figura; y así les amarro los albures de manera que si ponen poco, dejo que venga la figura; y si ponen harto, se las subo al lomo del naipe. Eso malo tiene el jugar cartas de afición o una regla fija.

—¿Pues qué, tiene reglas el juego? —le pregunté.

Y me dijo:

—Lo que los tahúres llaman reglas no es sino un accidente continuado (en barajando bien), porque que venga el cuatro contra la sota, es un accidente; que venga después el siete contra el rey, es otro accidente; que venga el cinco contra el caballo, es otro; y así, aunque se hagan diez o veinte contrajudías, no son más que diez o veinte accidentes, o un accidente continuado. No hay mejor regla ni más segura que los *zapotes*, *deslomadas*, *rastrillazos* y otras diligencias de las que yo hago, y aun éstas tienen su excepción, que es cuando se la advierten a uno y le ganan con su juego; por eso dice uno de nuestros refranes: que *contra vigiata no hay regla*. Lo demás de judía, contrajudía, pares y nones, lugar, y todas ésas que llaman reglas, son entusiasmos, preocupaciones y vulgaridades, en que vemos que incurren todos los días hombres, por otra parte nada vulgares, pero parece que en el juego nadie es dueño de su juicio. Ten, pues, entendido que no hay más que dos reglas: la suerte y la droga. Aquélla es más lícita; pero ésta es más segura.

En esto llegamos al juego, y Januario se sentó como siempre, pero no jugó más que un peso, porque iba con intención de poner el monte, pues, según él decía, así llevaba nuestro dinero más defensa, porque *de enero a enero, el dinero es del montero*.

Así que se acabó la partida, pusimos nuestro burlotillo, y ganamos diez o doce pesos, porque no fueron los pollos gordos que esperaba; sin embargo, nos dimos por contentos y nos fuimos.

Así pasamos con esta vuelta como seis meses ganando casi todos los días, aunque fuera poco. En este tiempo aprendí cuantas fullerías me quiso enseñar Januario; compramos camas, alguna ropa más, y la pasamos como unos marqueses.

Nada me quedó que observar en dicho tiempo en asunto de juego. Conocí que es una verdad lo que es *el crisol de los hombres*, porque allí descubren sus pasiones sin rebozo, o a lo menos es menester estar muy sobre sí para no descubrirlas, lo que es muy raro, pues el interés ciega, y en el juego no se piensa más que en ganar.

Allí se observa el que es malcriado, ya porque se echa en la mesa, se pone el sombrero, no cede el asiento ni al que mejor lo merece, le echa el humo del cigarro en la cara a cualquiera que está a su lado, por más que sea persona de respeto o de carácter, y hace cuantas groserías quiere, sin el menor miramiento. Lo peor es que hay un axioma tan vulgar como falso que dice que *en el juego todos son iguales*, y con este parco ni los malcriados se abstienen de sus groserías, ni muchas personas decentes y de honor se atreven a hacerse respetar como debieran.

De la misma manera que el grosero descubre en el juego su falta de educación con sus majaderías y ordinarieces, descubre el inmoral su mala conducta con sus votos y disparates; el embustero, su carácter con sus juramentos; el fullero, su mala fe con sus drogas; el ambicioso, su codicia con la voracidad que juega; el mezquino, su miseria con sus poquedades y cicaterías; el desperdiciado, su abandono con sus garbos imprudentes; el sinvergüenza, su descoco con el arrojo con que pide a su sombra; el vago... pero, ¿qué me canso? Si allí se conocen todos los vicios, porque se manifiestan sin disfraz. El provocativo, el truhán, el soberbio, el lisonjero, el irreligioso, el padre consentidor, el marido lenón, el abandonado, la buscona, la mala casada y todos, todos confiesan sin tormento el pie de que cojean; y por hipócritas que sean en la calle, pierden los estribos en el juego y suspenden toda la apariencia de virtud, dándose a conocer tales como son. Malditas sean las nulidades del juego. Una de ellas es la torpe decisión que reina en él. Al que lleva dinero hasta le proporcionan el asiento, y cuando acierta lo alaban por un buen punto y diestro jugador; pero al que no lo lleva, o se le arranca, o no le dan lugar, o se lo quitan, y de más a más dicen que es un *crestón*, término con que algunos significan que es un tonto.

En fin, yo aprendí y observé cuanto había que aprender y que observar en la carrera. Entonces me sirvió de perjuicio, y ahora me sirve de haceros advertir todos sus funestos resultados para apartaros de ella.

No os quisiera jugadores, hijos míos, pero en caso de que juguéis alguna vez, sea poco, sea lo vuestro, sea sin droga; pues menos malo será que os tengan por tontos, que no que paséis plaza de ladrones, que no son otra cosa los fulleros.

Muchos dicen, que juegan *por socorrer su necesidad*. Éste es un error. De mil que van al juego con el mismo objeto, los novecientos noventa y nueve vuelven a su casa con la misma necesidad, o acaso peores, pues dejan lo poco que llevan, acaso se comprometen con nuevas drogas, y sus familias perecen más aprisa.

Habréis oído decir, o lo oiréis cuando seáis grandes, que muchos se sostienen del juego. Yo apenas puedo creer que éstos sean otros que los que juegan con la larga, como dicen, esto es, los tramposos y ladrones, que merecían los presidios y las horcas mejor que los pillos Maderas y Paredes,[9] porque de un ladrón conocido por tal, pueden

los hombres precaverse, pero de éstos no.

Semejantes sujetos sí creo que se sostengan del juego alguna vez; pero los hombres de bien, los que trabajan, y los que juegan como dicen, *a la buena de Dios*, lo tengo por un imposible físico, porque el juego hoy da diez y mañana quita veinte. Yo sé de todo, y os hablo con experiencia.

Otra clase de personas se sostienen del juego, especialmente en México... ¿Nos oye alguno?... Pues sabed que éstos son ciertos señores que teniendo dinero con que buscar la vida en cosas más honestas, y no queriendo trabajar, hacen comercio y granjería del juego, poniendo su dinero en distintas casas para que en ellas se pongan montes, que llaman partidas.

Como este modo de jugar es tan ventajoso para el que tiene fondo, ordinariamente ganan, y a veces ganan tanto que algunos conozco que ruedan coche y hacen caudales. ¿Qué tal será la cosa? Pues para acomodarse de *talladores* o *gurupiés* con sus mercedes, se hacen más empeños que para entrar de oficial en la mejor oficina; y con razón, porque el lujo que éstos ostentan y la franqueza con que tiran un peso, no lo puede imitar un empleado ni un coronel. Ya se ve, como que hay señorito de éstos que tiene de sueldo diariamente seis, ocho y diez pesos, amén de sus buscas, que ésas serán las que quisieran.

También menudean los empeños y las súplicas para que los señores monteros envíen dinero a las casas para jugar, por interés de las gratificaciones que les dan a los dueños de ellas, que cierto que son tales que bastan a sostener regularmente a una familia pobre y decente.

Éstas son las personas que yo no negaré que se mantienen del juego; pero ¡qué pocas son!, y si desmenuzamos el cómo, es menester considerarlas criminales aun a estas pocas, y después de creer de buena fe que juegan con la mayor limpieza.

---

⁹ Dos famosos ladrones que hubo en México.

Y si no, pregunto: ¿se debe reputar el juego como ramo de comercio y como arbitrio honesto para subsistir de él? O sí, o no. Si sí, ¿por qué lo prohiben las leyes tan rigurosamente? Y si no, ¿cómo tiene tantos patronos que lo defienden por lícito con todas sus fuerzas? Ya lo diré.

Si los hombres no pervirtieran el orden de las cosas, el juego, lejos de ser prohibido por malo, fuera tan lícito que entrara a la parte de aquella virtud moral que se llama eutropelia; pero como su codicia traspasa los límites de la diversión, y en estos juegos de que hablamos se arruinan unos a otros sin la más mínima consideración ni fraternidad, ha sido necesario que los gobiernos ilustrados metan la mano procurando contener este abuso tan pernicioso, bajo las severas penas que tienen prescritas las leyes contra los infractores.

El que tenga patronos que lo defiendan y prosélitos que lo sigan, no es del caso. Todo vicio los tiene sin que por eso pueda calificarse de virtud, y tanto menos vigor tienen sus apologías cuanto que no las dicta la razón, sino el sórdido interés y declarado egoísmo.

¿Quiénes son la gente que apoya el juego y lo defiende con tanto ahinco? Examínese, y se verá que son los fulleros, los inútiles y los holgazanes, ora considérense pobres, ora ricos, y de semejante clase de abogados es menester que se tenga por sospechosa la defensa, siquiera porque son las partes interesadas.

Decir que el juego es lícito porque es útil a algunos individuos, es un desatino. Para que una cosa sea lícita no basta que sea útil; es menester que sea honesta y no prohibida. En el caso contrario, podría decirse que eran lícitos el robo, la usura y la prostitución, porque le traen utilidad al ladrón, al usurero y a la ramera. Esto fuera un error; luego defender el juego por lícito con la misma razón es también el mismo error.

Pero, sin ahondar mucho, se viene a los ojos que esta decantada utilidad que perciben algunos, no equivale a los perjuicios que causa a otros muchos. ¿Qué digo no equivale? Es enormemente perjudicialísima a la sociedad.

Contemos los tunos, fulleros y ladrones que se sostienen del juego; agreguemos a éstos aquellos que sin ser ladrones hacen caudal del juego; añadamos sus dependientes; numeremos las familias que se socorren con las gratificaciones que les dan por razón de casa; no olvidemos lo que se gasta en criados y armadores; [10] advirtamos lo que unos entalegan, lo que otros tiran, lo que éstos comen y lo que gastan todos, sin pasar en blanco el lujo con que gasta, viste, come y pasea cada uno a proporción de sus arbitrios; después de hecha esta cuenta, calculemos el numerario cotidiano que chuparán estas sanguijuelas del Estado para sostenerse a costa de él, y con la franqueza que se sostienen; y entonces se verá cuántas familias es menester que se arruinen para que se sostengan estos ociosos.

Para conocer esta verdad no es necesario ser matemático; basta irse un día a informar de juego en juego, y se verá que los más que ganan son los monteros. [11] Pregúntese a cada uno de los tahúres o puntos qué tal le fue, y por cuatro o seis que digan que han ganado, responderán cuarenta que perdieron hasta el último medio que llevaban.

De suerte que esta proposición es

[10] Este nombre damos a aquellos que andan reclutando tahúres para los juegos. A éstos también se les paga su diligencia.

[11] Y los banqueros de los *Imperiales*. Éste es otro jueguito peor que el monte, porque incita más la codicia con el exceso del premio que ofrece. He visto a los hombres andar como locos, con el lápiz y el papel haciendo cábalas y cálculos imaginarios. ¡Caramba en el juego que después de dejar a uno sin blanca, puede despacharlo imperialmente a buscar un número a San Hipólito!

evidente: *tantos cuantos se sostienen del juego, son otras tantas esponjas de la población que chupan la sustancia de los pobres.*

Todas estas reflexiones, hijos míos, os deben servir para no enredaros en el laberinto del juego, en el que, una vez metidos, os tendréis que arrepentir quizá toda la vida; porque a carrera larga, rara vez deja de dar tamañas pesadumbres; y aun los gustos que da se pagan con un crecido rédito de sinsabores y disgustos, como son las desveladas, las estregadas del estómago, los pleitos, las enemistades, los compromisos, los temores de la justicia, las multas, las cárceles, las vergüenzas, y otros a este modo

De todas estas cosas supe yo en compañía de Januario, y de algo más: porque por fin se nos arrancó. Comenzamos a vender la ropita y todo cuanto teníamos; a *estar de malas,* como dicen los hijos de Birján; a mal comer, a desvelarnos sin fruto, a pagar multas, etc., hasta que nos quedamos como antes, y peores, porque ya nos conocían por fulleros, y nos miraban a las manos con más atención que a la cara.

En medio de esta triste situación y para coronar la obra, el pícaro de Januario enredó a un payo para que pusiera un montecito, diciéndole que tenía un amigo muy hábil, hombre de bien, para que le tallara su dinero. El pobre payo entró por el aro y quedó en ponerlo al día siguiente. Januario me avisó lo que había pasado, diciéndome que yo había de ser el tallador.

Convinimos en que había de amarrar los albures de afuera para que él alzara, y otro amigo suyo que había vendido un caballo para apuntarse, pusiera y desmontara, y que concluida la diligencia nos partiríamos el dinero como hermanos.

No me costó trabajo decir que sí, como que ya era tan ladrón como él.

Llegó el día siguiente; fue Juan Largo por el payo; me dio éste cien pesos y me dijo:

—Amito, cuídelos, que yo le daré una buena gala si ganamos.

—Quedamos en eso —le respondí.

Y me puse a tallar a mi modo y según y como los consejos de mi endemoniadísimo maestro.

En dos por tres se acabó el monte, porque el dinero del caballo vendido eran diez pesos, y así, en cuatro albures que amarré y alzó Januario, se llevó el dinero del tercero en discordia.

Éste se salió primero para disimular, y a poco rato Januario, haciéndome señas que me quedara. El pobre payo estaba lelo considerando que ni visto ni oído fue su dinero; sólo decía, de cuando en cuando: "¡Mire, señor, qué desgracia!, ni me divertí". Pero no faltó un mirón que nos conocía bien a mí y a Januario: advirtió los *zapotes* que yo había hecho, y le dijo al payo, con disimulo y a mis excusas, que yo había entregado su dinero.

Entonces el barbaján, con más viveza para vengarse que para jugar, me llevó a su mesón con pretexto de darme de comer. Yo me resistía no temiendo lo que me iba a suceder, sino deseando ir a cobrar el premio de mis gracias; pero no pude escaparme; me llevó el payo al mesón, se encerró conmigo en el cuarto y me dio tan soberbia tarea de trancazos que me dislocó un brazo, me rompió la cabeza por tres partes, me sumió unas cuantas costillas, y a no ser porque al ruido forzaron los demás huéspedes la puerta y me quitaron de sus manos, seguramente yo no escribo mi vida; porque allí llega su último fin. Ello es que quedé a sus pies privado de sentido, y fui a despertar en donde veréis en el capítulo que sigue.

CAPÍTULO XVIII

VUELVE EN SÍ PERICO Y SE ENCUENTRA EN EL HOSPITAL. CRITICA LOS
ABUSOS DE MUCHOS DE ELLOS. VISÍTALO JANUARIO. CONVALECE. SALE A LA
CALLE. REFIERE SUS TRABAJOS. INDÚCELO SU MAESTRO A LADRÓN. ÉL SE
RESISTE Y DISCUTEN LOS DOS SOBRE EL ROBO

YO ASEGURO QUE SI EL payo me hubiera matado, se hubiera visto en trapos pardos, pues la ley lo habría acusado de alevoso, como que pensó y premeditó el hecho, y me puso verde a palos sin defensa, cuya venganza, por su crueldad y circunstancias, fue una vileza abominable; pero no se quedó atrás la mía de haberle entregado a otros su dinero en cuatro albures.

Alevosía y traición indigna fue la suya, y la mía fue traición y vileza endiablada; mas con esta diferencia: que él cometió la suya irritado y provocado por la mía, y la que yo hice, no sólo fue sin agravio, sino después de ofrecida por él una buena gala.

De modo que, vista sin pasión, la vileza que yo cometí fue peor y más vergonzosa que la de él; y así si me matara en aquel día, muerto me habría quedado y con razón, porque si no debemos dañar ni defraudar a nadie, mucho menos a aquel que hace confianza de nosotros.

Casi de esta misma manera discurría yo conmigo dos horas después que volví en mí, y me hallé en una cama del hospital de San Jácome,[1] adonde me condujeron de orden de la justicia.

A poco rato llegó un escribano con sus correspondientes satélites a tomarme declaración del hecho. Ya se deja entender que yo estaba

rabiando y en un puro grito, así por los dolores agudísimos que me causaban la dislocación y fracturas, como por los que sufrí en la curación, que fue un poco tosca y *tomajona,* como de hospital al fin.

Estar yo de esta manera, y entrar el escribano conjurándome y amenazándome para que confesara con él mis pecados y delante de tanta gente que allí había, fue un nuevo martirio que me atormentó el espíritu, que era lo que me faltaba que doler.

Por último, yo juré cuanto él quiso; pero dije lo que convenía, o a lo menos lo que no me perjudicaba. Referí el hecho, omitiendo la circunstancia del *entrego,* y dije con verdad que yo no conocía a mi enemigo, ni lo había visto otra vez en toda mi vida. De este modo se concluyó aquel acto, firmé la declaración con mil trabajos, y se marchó el señor escribano con su comitiva.

Como las heridas de la cabeza eran muchas y bien dadas, no se podía restañar la sangre fácilmente; cada rato se me soltaba, y con tanta pérdida me debilité en términos que me acometían frecuentes desmayos, y tantos, que se creyó que eran síntomas mortales, o que bajo alguna contusión hubiese rota alguna entraña.

Con estos temores trataron de que viniese el capellán, como sucedió en efecto. Me confesé con harto miedo; porque al ver tanto preparativo, yo también tragué que me moría; pero mi miedo no hizo mejor mi confesión. Ya se ve, ella fue

---

[1] No hay hospital de este título en México. Este disimulo es para que la crítica no recaiga sobre ningún hospital determinado. Los abusos que se critican son ciertos. ¡Ojalá se remedien!

de prisa, sin ninguna disposición, y entre mil dolores; ¿qué tal saldría ella? Mala de fuerza. Confesión de apaga y vámonos. Apenas se acabó, trajeron el Viático, y yo cometí otro nuevo sacrilegio, y conocí cuán contingentes son las últimas disposiciones cristianas cuando se hacen en un lance tan apurado como el mío.

En estas cosas serían ya las once de la noche. Yo no había querido tomar nada de alimento, porque no lo apetecía, ni menos podía conciliar el sueño por los agudos dolores que padecía, pues no tenía, como dicen, hueso sano; pero, sin embargo, la sangre se detuvo y un practicante me tomó el pulso, me hizo morder una cuchara y hacer no sé qué otras faramallas, y decretó que no moría en la noche.

Con esta noticia se fueron a acostar los enfermeros, dejándome junto a la cama una escudilla con atole y un jarrito con bebida para que yo la tomara cuando quisiera.

No dejó de consolarme algún tanto el pronóstico favorable del mediquín, y yo mismo me tomaba el pulso de cuando en cuando por ver si estaba muy débil, y hallándolo así y más de lo que yo quería, me resolví a la una de la mañana a tomar mi atole y mi trusco de pan, aunque con repugnancia, por fortalecerme un poco más.

Con mil trabajos tomé la taza y reempujando los tragos con la cuchara, embaulé el atolillo en el estómago.

Muchas consideraciones hice sobre la causa de mi mal, y siempre concedía la razón al payo. No hay duda, decía yo: él me ha puesto a la muerte, pero yo tuve la culpa, por pícaro, por traidor. ¡Cuántos merecen iguales castigos por iguales crímenes!

Cansado de filosofar funestamente y a mala hora, pues ya no había remedio, me iba quedando dormido, cuando los ayes de un moribundo que estaba junto a mí interrumpieron mi sueño y pude percibir que con una lánguida voz, que apenas se oía, se auxiliaba solo el miserable diciendo: "¡Jesús, Jesús, ten misericordia de mí!"

El temor y la lástima que me causó aquel triste espectáculo me hicieron esforzar la voz cuanto pude, y les grité a los enfermeros: "¡Hola, amigos, levántense, que se muere un pobre!" Cuatro o cinco veces grité, y o no me oían aquellos pícaros, o se hacían dormidos, que fue lo que tuve yo por más cierto; y así, enfadado de su flojera, a pesar de mis dolores, les tiré con el jarro de la bebida con tan buen tino que los bañé mal de su grado.

No pudieron disimular, y se levantaron hechos unos tigres contra mí, hartándome de desvergüenzas; pero yo, valiéndome del sagrado de mi enfermedad, los enfrené diciéndoles con el garbo que no esperaban.

—Pícaros, indolentes, faltos de caridad, que os acostáis a roncar, debiendo alguno quedar en vela para avisar al padre capellán de guardia si se muere algún enfermo, como ese pobrecito que está expirando. Yo mañana avisaré al señor mayordomo, y si no os castiga, vendrá el escribano y le encargaré avise estos abusos al excelentísimo señor virrey, y le diga de mi parte que estabais borrachos.

Se espantaron aquellos flojos con mis amenazas y cavilosidades, y me suplicaron que no avisara al superior; yo se lo ofrecí con tal que tuviesen cuidado de los pobres enfermos.

Entre tanto teníamos este coloquio, murió el infeliz por quien me incomodé, de suerte que cuando fueron a verlo, ya era ánima.

En cuanto aquellos enfermadores o enfermeros vieron que ya no respiraba, lo echaron fuera de la cama calientito como un tamal, lo llevaron al depósito casi en cueros, y volvieron al momento a rastrear los trebejos que el pobre difunto dejó, y se reducían a un cotón y unos calzones blancos viejos, sucios y de manta; un eslaboncito, un rosario y una cajilla de cigarros que no creo que la probó el infeliz.

En tanto que el aire, se hizo la hijuela y partición de bienes, tocándole a uno (de los dos que eran) los calzones y el rosario, y al otro el cotón y el eslaboncito; y sobre a quién le había de tocar la cajilla de cigarros trabaron una disputa tan alterada, que por poco rematan a porrazos, hasta que otro enfermo les aconsejó que se partieran los cigarros y tiraran el papel de la cubierta.

Aprobaron el consejo, lo hicieron así; se fueron a acostar, y yo me quedé murmurando la cicatería e interés de semejantes *muebles;* pero como a las tres de la mañana me dormí, y tan bien, que fue señal evidente de que habían calmado mis dolores.

A otro día me despertaron los enfermeros con mi atole, que no dejé de tomar con más apetencia que el anterior. A poco rato entró el médico a hacer la visita acompañado de sus aprendices. Habíamos en la sala como setenta enfermos, y con todo eso no duró la visita quince minutos. Pasaba toda la cuadrilla por cada cama, y apenas tocaba el médico el pulso al enfermo, como si fuera ascua ardiendo, lo soltaba al instante, y seguía a hacer la misma diligencia con los demás, ordenando los medicamentos según era el número de la cama; v. gr., decía: núm. 1, sangría; núm. 2, *íd.;* núm. 3, régimen ordinario; núm. 4, lavativas emolientes; núm. 5, bebida diaforética; núm. 6, cataplasma anodina, y así no era mucho que durara la visita tan poco.

Por un yerro de cuenta me pusieron a mí en la sala de medicina, debiéndome haber zampado en la de cirugía, y esta casualidad me hizo advertir los abusos que voy contando. Sin duda, en mi cama, que era la 60, había muerto el día antes algún pobre de fiebre, y el médico, sin verme ni examinarme, sólo vio el recetario y el número de la cama, y creyendo que yo era el febricitante, dijo:

—Número 60: cáusticos y líquidos.

—¡Cáusticos y líquidos! —exclamé yo—. ¡Por María Santísima, que no me martiricen ni me lastimen más de lo que estoy! Ya que ayer no me mató el payo a palos, no quieran ustedes, señores, matarme hoy de hambre ni a quemadas.

A mis lamentos hicieron advertir al doctor que yo no era el febricitante, sino un herido. Entonces, cargándose de razón para encubrir su atolondramiento, preguntó:

—¿Pues qué hace aquí? A su sala, a su sala.

Así se concluyó la visita, y quedamos los enfermos entregados al brazo secular de los practicantes y curanderos. De que yo vi que a las once fueron entrando dos con un cántaro de una misma bebida, y les fueron dando su jarro a todos los enfermos, me quedé frío. ¿Cómo es posible, decía yo, que una misma bebida sea a propósito para todas las enfermedades? Sea por Dios.

Después entró el cirujano y sus oficiales, y me curaron en un credo; pero con tales estrujones y tan poca caridad, que a la verdad ni se los agradecí, porque me lastimaron más de lo que era menester.

Llegó la hora de comer y comí lo que me dieron, que era... ya se puede considerar. A la noche siguió la cena de atole, y a otro pobre, del número 36, que estaba casi agonizando, le pusieron frente de la cama un crucifijo con una vela a los pies,[2] y se fueron a dormir los enfermos, dejando a su cuidado que se muriera cuando se le diera la gana.

Dos meses estuve yo mirando cosas que apenas se pueden creer, y que sería de desear se remediaran.

Ya estaba convaleciendo cuando un día entró a verme Januario envuelto en un sarape roto, con un sombrero de mala muerte, en pechos de camisa,[3] con un calzoncillo roto y mugriento, y unos zapatos

---

[2] A esta ceremonia de indolencia y poca caridad llaman en los más hospitales, *poner el Tecolote.*

[3] Este modo de hablar es vulgar. Ya se sabe que quiere decir que no tenía ni chupa ni chaleco.

de vaqueta abotinados y más viejos que el sombrero.

Como yo no lo dejé tan mal parado, ni lo había conocido tan trapiento, me asusté pensando que había alguna gran novedad, y que por eso venía disfrazado mi amigo; pero él me sacó del temor que me había infundido diciéndome que aquel traje era el propio y el único que tenía, porque los cuidados le habían seguido como a los perros los palos; que desde el día de mi desgracia no había podido alzar cabeza; que todo el asunto se supo entre los jugadores, y que ya no le daban lugar en ningún juego, porque todos lo trataban de entregador; que el mismo día, luego que me echó menos y supo que había ido con el payo, temió lo que pasó, y a la noche fue a informarse al mesón, donde le dijeron que mi heridor, así como se recobró de la cólera y advirtió el desaguisado que había hecho, temeroso de la justicia, ensilló su caballo y tomó las de Villadiego, con tal ligereza que cuando los alguaciles fueron a buscarlo, ya él estaba lejos de México; que el pícaro del compañero que apostó los albures se marchó también con el dinero, sin saberse adónde, de suerte que no le tocó al dicho Januario un real de su diligencia; [4] que a pie y andando fue éste en su busca hasta Chilapa, donde le dijeron que se había ido; que hizo su viaje en vano; que se juntó con otros hábiles y se fue de misión [5] a Tixtla, pensando hacer

[4] Muchas veces sucede esto mismo a algunos que se exponen y previenen un robo y otros son los aprovechados.

[5] Los tunos llaman ir a misión o ir de misión a ciertas viajatas que hacen fuera de las ciudades a robar con la baraja a los infelices que se descuidan y caen en sus manos. En rara entrada de cura o subdelegado, o fiestecita, no hay de estos misioneros malditos. Son la polilla de los pueblos. Suelen mil veces ir sin un real, desnudos y a pata, y volver a caballo, vestidos y con muchos pesos que han robado. Sería bueno que todos los jueces hiciesen lo que el de Tixtla. Esto es, no consentirlos en sus territorios.

algo, porque había fiesta; pero que el subdelegado era opuestísimo a los juegos, y no pudo hacer nada; que de limosna se mantuvo y se volvió a México; que dos días antes había llegado, y luego que se informó que todavía estaba yo en el hospital, me vino a ver; que estaba pereciendo, y últimamente que deseaba que yo saliera para que entre los dos viéramos lo que hacíamos.

Toda esta larga relación me hizo Januario, y no en compendio. Yo le conté el pormenor de mis desgracias, y él me contestó:

—Hermano, ¡qué se ha de hacer! El que está dispuesto a las maduras lo ha de estar también a las duras. Así como estuviste conforme y gustoso con los pesos que ganaste, así lo debes estar con los palos que has llevado. Eso tiene nuestra carrera, que tan pronto logramos buenas aventuras, como tenemos que sufrir otras malas. Lo mismo dijera si hubiera sucedido conmigo, pero no te desconsueles; acaba de sanar, que no siempre ha de estar la mar en calma. Si salieres cuando yo no lo sepa, búscame en el *arrastraderito* de aquella noche, porque no tengo otra casa por ahora, pero ni tú tampoco. Ya sabes que somos amigos viejos.

Con esto se despidió Januario, dejándome en el hospital, en donde me dieron de alta a los tres días, como a los soldados.

Salí sano, según el médico; pero según lo que rengueaba, todavía necesitaba más agua de calahuala y más parchazos; mas ¿qué había de hacer? El facultativo decía que ya estaba bueno, y era menester creerlo, a pesar de que mi naturaleza decía que no.

Salí por fin, todo entelerido y entrapajado; pero, ¿adónde salí? A la calle, porque casa no la conocía, y salí peor de lo que entré, porque mis trapillos estaban malos a la entrada, pero salieron desahuciados. No sé en qué estuvo.

Pobre y trapiento, solo, enfermo y con harta hambre, me anduve asoleando todo el día en pos de mi

protector Januario, a cuyas migajas estaba atenido, sin embargo de
que lo consideraba punto menos miserable que yo.

Mis diligencias fueron vanas, y
era la una del día y yo no tenía
en el estómago sino el poquito de
atole que bebí en el hospital por la
mañana, por señas de que al tomar-
lo me acordé de aquel versito que
dice:

Éste es el postrer atole
que en tu casa he de beber.

Ello es que ya no veía de hambre, pues así por la pérdida de sangre que había sufrido, como por el
mal pasaje del hospital, estaba debilísimo.

No hubo remedio: a las tres de
la tarde me quité la chupa en un
zaguán y la fui a empeñar. ¡Qué
trabajo me costó que me fiaran sobre ella cuatro reales! Pues no pasaron de ahí, porque decían que ya
no valía nada; pero por fin, los
prestaron, me habilité de cigarros
y me fui a comer a un bodegón.

Algo se contentó mi corazón luego que se satisfizo mi estómago.
Anduve toda la tarde en la misma
diligencia que por la mañana, y
saqué de mis pasos el mismo fruto,
que fue no hallar a mi compañero;
pero después que anocheció y dieron las ocho, me entró mucho miedo pensando que si me quedaba en
la calle estaba tan de vuelta que
podría ser que me encontrara una
ronda o una patrulla y fuera a amanecer a la cárcel.

Por estos temores me resolví a
irme al arrastraderito, que se me
hacía tan duro como el hospital
mismo, pero la necesidad atropella
por todo.

Llegué a la maldita zahurda con
real y medio (pues antes me cené
medio de frijoles en el camino).
Entré sin que nadie me reconvinie-
ra, y vi que estaba la mesita del
juego como cuadro de ánimas, pero
de condenados.

Como catorce o dieciséis gentes
había allí, y entre todos no se veía
una cara blanca ni uno medio ves-

tido. Todos eran lobos y mulatos
encuerados, que jugaban sus medios con una barajita que sólo ellos
la conocían, según estaba de mu-
grienta.

Allí se pelaban unos a otros sus
pocos trapos, ya empeñándolos, y
ya jugándolos al remate, quedándose algunos como sus madres los
parieron, sin más que un maxtle,
como le llaman, que es un trapo con
que cubren sus vergüenzas, y habiendo pícaro de éstos que se enre-
daba con una frazada en compañía
de otro, a quien le llamaban su va-
ledor.

Abundaban en aquel infierno
abreviado los juramentos, obscenidades y blasfemias. El juego, la
concurrencia, la estrechez del lugar y el chinguirito tenían aquello
ardiendo en calor, apestando a sudor, y hecho... ya lo comparé bien,
un infierno.

Luego que vieron que me arrimé
a la mesa a ver jugar, pensando
que tenía dinero, me proporciona-
ron por asiento la esquina de un
banco que tenía una estaca salida
y se me encajaba por mala parte,
dejándome hecho monito de vidrio.

Sin embargo de mi incomodidad,
no me levanté, considerando que
entre aquella gente era demasiada
cortesía. Saqué mediecillo y comencé a jugar como todos.

No tardé mucho en perderlo, y
seguí con otro, que corrió la misma
suerte en menos minutos; y no quise
jugar el tercero por reservarlo para
pagar la posada.

Ya me iba a levantar, cuando el
coime me conoció y me dijo:

—Usted ¿a quién venía a buscar?

Yo le dije que a don Januario
Carpeña (que así se apellidaba mi
compañero). Rieron todos alegremente luego que respondí, y viendo
que yo me había ciscado con su risa,
me dijo el coime:

—¿Acaso usted buscará a Juan
Largo el entregador, aquél con
quien vino la otra noche?

No lo pude negar; dije que al
mismo, y me contestó:

—Amigo, pues ése no es don ni doña, cuando más y mucho, será don Petate, y don Encuerado, como nosotros...

A este tiempo fue entrando el susodicho, y luego que lo vieron, comenzaron todos a darle broma, diciéndole: "¡Oh, don Januario! ¡Oh, señor don Juan Largo!, pase su merced. ¿Dónde ha estado?" Y otras sandeces, que todas se reducían a mofarlo por el tratamiento que yo le había dado.

Él no me había visto, y como lo ignoraba todo, estaba como tonto en vísperas, hasta que uno de los encuerados, para sacarlo de la duda, le dijo:

—Aquí ha venido preguntando por el caballero don Januario Garrapiña o Garrapeña, el señor.

Y diciendo esto me señaló.

No bien me vio Januario, cuando exaltado de gusto no tuvo su amistad expresiones más finas con que saludarme que echarse a mis brazos y decirme:

—¿Es posible, Periquillo Sarniento, que nos volvemos a ver juntos?

En cuanto aquellos hermanos oyeron mi sobrenombre, renovaron los caquinos, y comenzaron a indagar su etimología, cuya explicación no les negó Januario.

Aquí fue el mofarme y el periquearme todos a cual más, como que al fin eran gente soez y grosera; yo, por más que me incomodé con la burla, no pude menos sino disimular, y hacerme a las armas, como dicen vulgarmente; porque si hubiera querido ser tratado de aquella canalla según merecían mis principios, les hubiera dado mayor motivo de burlarme. Éstos son los chascos a que se expone el hombre flojo, perdido y sinvergüenza.

Cuando me vieron tan jovial y que, lejos de amohinarme, les llevaba el barreno, se hicieron todos mis amigos y camaradas, marcándome por suyo, pues según decían, era yo un muchacho corriente, y con esta confianza nos comenzamos todos a *tutear* alegremente. Costumbre ordinaria de personas mal criadas, que comienza en son de cariño y las más veces acaba con desprecios, aun entre sujetos decentes.[6]

Cátenme ustedes ya cofrade de semejante comunidad, miembro de una academia de pillos, y socio de un complot de borrachos, tahúres y *cuchareros*. ¡Vamos, que en aquella noche quedé yo aventajadísimo, y acabé de honrar la memoria de mi buen padre!

¿Qué hubiera dicho mi madre si hubiera visto metido en aquella indecentísima chusma al descendiente de los Ponces, Tagles, Pintos, Velasco, Zumalacárreguis y Bundiburis? Se hubiera muerto mil veces, y otras tantas habría resuelto ponerme al peor oficio antes que dejarme vagabundo; pero las madres no creen lo que sucede, y aun les parece que estos ejemplos se quedan en meros cuentos, y que aun cuando sean ciertos no hablan con sus hijos. En fin, nos acostamos como pudimos los que nos quedamos allí, y yo pasé la noche como Dios quiso.

Seis u ocho días estuve entre aquella familia, y en ellos me dejó Januario sin capote, pues un día me lo pidió prestado para hacer no sé qué diligencia, se lo llevó y me dejó sin sarape. A las cuatro de la tarde vino sin él, quedándome yo muerto de susto cuando me contó mil mentiras, y remató con que el capote estaba empeñado en cinco pesos.

—¡En cinco pesos, hombre de Dios! —dije yo—. ¿Cómo puede ser eso, si está tan roto y remendado que no vale veinte reales?

—¡Oh, qué tonto eres! —me contestó—. Si vieras los lances que hice con los cinco pesos, te hubie-

---

[6] El tratamiento de *tú*, lejos de aumentar la amistad, como se creen algunos vulgares, la disminuye, porque a la demasiada confianza, ordinariamente sigue el menosprecio; a éste el sentimiento, y al sentimiento el enojo, y ¡adiós amistad! Un tratamiento político y cariñoso conserva los buenos amigos.

ras azorado; ya sabes que soy trepador. Me llegué a ver como con...
yo te diré. Quince y siete son veinti-
dós, y... ¿nueve?, treinta y uno...
¿y doce?, en fin, como con cincuenta pesos, por ahí.

—Y ¿qué es de ellos? —pregunté.

—¿Qué ha de ser? —dijo Januario—: que estaba yo jugando la
contrajudía cerrado; le puse todo el
dinero a un tres contra una sota,
y...

—Acaba de reventar —le dije—;
vino la sota y se llevo el diablo
el dinero, ¿no es eso?

—Sí, hermano, eso es; ¡pero si
vieras qué tres tan chulo! *Chiquito,
contrajudía, nones, lugar de afuera...* [7] Vamos si todas las llevaba
el maldito tres.

[7] Llaman *regla* los jugadores a cualquier orden de cartas o combinaciones
que eligen para jugar. Así es que grande y chica es una regla, y ésta no tiene que explicar, pues que dos cartas
que se echan sobre la mesa, una tiene
tantos superiores, y ésa es grande, así
como la que tiene tantos menores es
chica. Si una, por ejemplo, es 4 y la
otra 3, la primera será grande y la
segunda chica. *Judía* quiere decir la
más grande en las figuras y la más
chica en las cartas blancas. *Contrajudía*, viceversa. *Pares* y *nones*, los números pares o impares; pero la gracia
está en saber distinguirlos cuando las
dos cartas son de una misma clase;
v. gr., salieron 2 y 4, ambos son pares:
¿cuál será el par y cuál el non? Salieron 7 y 5, ¿cuál de los dos es el
par? Esto se los explican con alguna confusión, pero sabiéndose que la *mayor
conserva* su valor se aclara todo. Así
es que en el primer caso, el 4 es par y
el 2 es non. En el segundo caso, 7 es
non y 5 par. En las figuras hoy, la
sota representa 8, el caballo 9 y el rey
10; pero en la época de que se habla
en la obra, como las barajas tenían
ocho y nueves, la sota representaba 10,
el caballo 11 y el rey 12. Así es que
siempre para los pares y nones quedan sujetos a la regla general de *la
mayor*, etc.—*Lugar de dentro y de
fuera*. El primero es en el que se echa
la primera carta que sale o el que en
las carpetas o cueros está marcado con
el número 1, y el segundo con el número 2.

—Maldito seas tú, y el tres, y el
cuatro, y el cinco, y el seis, y toda
la baraja, que ya me dejaste sin
capote. ¡Voto a los diablos! Ser la
única alhaja que yo tenía, mi colchón, mi cama y todo, ¿y dejarme
tú ahora hecho un *pilguanejo*?

—No te apures —me dijo Januario—, yo tengo un proyecto muy
bien pensado que nos ha de dar
a los dos mucho dinero, y puede
sea esta noche, pero has de guardar el secreto. Por ahora ahí tenemos el *sarape*, que bien puede servirnos a ambos.

Yo le pregunté qué cosa era. Y
él, llevándome a un rincón del cuartito, me dijo:

—Mira, es menester que cuando
uno está como nosotros se arroje
y se determine a todo; porque peor
es morirse de hambre. Sábete, pues,
que cerca de aquí vive una viuda
rica, sin otra compañía que una
criada no de malos bigotes, a la
que yo he echado mis polvos, aunque nada he logrado. Esta viuda
ha de ser la que esta noche nos
socorra, aunque no quiera.

—¿Y cómo? —le pregunté.

A lo que Januario me dijo:

—Aquí en la pandilla hay un
compañero que le dicen *Culás el
Pípilo*, que es un mulatito muy
vivo, de bastante espíritu y grande
amigo mío. Éste me ha proporcionado el que esta misma noche, entre diez y once, vayamos a la casa,
sorprendamos a las dos mujeres, y
nos habilitemos de reales y de alhajas, que de uno y otro tiene
mucho la viuda. Todo está listo; ya
estamos convenidos, y tenemos una
ganzúa que hace a la puerta perfectamente. Sólo nos falta un compañero que se quede en el zaguán
mientras que nosotros avanzamos.
Ninguno mejor que tú para el efecto. Conque aliéntate, que por una
chispa de capote que te perdí, te

Hay otras muchísimas reglas que se
inventan según el capricho de cada jugador; pero esta nota debe reducirse a
aquellas de que hace mención la obra
en este lugar.—E.

voy a facilitar una porción considerable de dinero.

Asombrado me quedé yo con la determinación de Januario, no pudiendo persuadirme que fuera capaz de prostituirse hasta el extremo de declararse ladrón; y así, lejos de determinarme a acompañarlo, le procuré disuadir de su intento, ponderándole lo injusto del hecho, los peligros a que se exponía, y el vergonzoso paradero que le esperaba si por una desgracia lo pillaban.

Me oyó Januario con mucha atención y cuando hice punto, me dijo:

"No pensaba que eras tan hipócrita ni tan necio que te atrevieras a fingir virtud y a darle consejos a tu maestro. Mira, mulo; ya yo sé que es injusto el robo y que tiene riesgos el oficio; pero dime: ¿qué cosa no los tiene? Si un hombre gira por el comercio, puede perderse; si por la labor del campo, un mal temporal puede desgraciar la más sazonada cosecha; si estudia, puede ser un tonto o no tener crédito; si aprende un oficio mecánico, puede echar a perder las obras; pueden hacerle drogas o salir un chambón; si gira por oficinista, puede no hallar protección, y no lograr un ascenso en toda su vida; si emprende ser militar, pueden matarlo en la primera campaña, y así todos.

"Conque si todos tuvieran miedo de lo que puede suceder, nadie tendría un peso, porque nadie se arriesgaría a buscarlo. Si me dices que solicitarlo de los modos que he pintado es justo, tanto como es inicuo el que yo te propongo, te diré que robar no es otra cosa que quitarle a otro lo suyo sin su voluntad, y según esta verdad, el mundo está lleno de ladrones. Lo que tiene es que unos roban con apariencias de justicia, y otros sin ellas. Unos pública, otros privadamente. Unos a la sombra de las leyes, y otros declarándose contra ellas. Unos exponiéndose a los balazos y a los verdugos, y otros paseando y muy seguros en sus casas. En fin, hermano, unos roban a lo divino y

otros a lo humano; pero todos roban.[8] Conque así, esto no será motivo poderoso que me aparte de la intención que tengo hecha; porque *mal de muchos,* etc.

"¿Qué más tiene robar con plumas, con varas de medir, con romanas, con recetas, con aceites, con papeles, etc., etc., que robar con ganzúas, cordeles y llaves maestras? Robar por robar, todo sale allá, y ladrón por ladrón, lo mismo es el que roba en coche que el que roba a pie; y tan dañoso a la sociedad o más es el asaltador en las ciudades, que el salteador de caminos.

"No me arrugues las cejas ni comiences a escandalizarte con tus mocherías. Esto que te digo, no es sólo porque quiero ser ladrón; otros lo han dicho primero que yo, y no sólo lo han dicho, sino que lo han impreso, y hombres de virtud y sabiduría tales como el padre jesuita Pedro Murillo Velarde, en su catecismo. Oye lo que se lee en el lib. II, capítulo XII, fol. 177:

"*Son innumerables los modos, géneros, especies y maneras que hay de hurtar* (dice este padre). *Hurta el chico, hurta el grande, hurta el oficial, el soldado, el mercader, el sastre, el escribano, el juez, el abogado; y aunque no todos hurtan, todo género de gente hurta. Y el verbo rapio se conjuga por todos modos y tiempos.*[9] *Húrtase por activa y por*

[8] Sólo Januario podía hablar con tanta generalidad, porque era un perdido. De la abundancia del corazón se vienen a la boca las palabras. No todos roban; pero son tantos los ladrones, y puede tanto el interés, que apenas hay de quién fiar. Se pierden los hombres de bien entre los que no lo son, y en asunto de intereses no son comunes los que hacen mucho escrúpulo ya de defraudar, o ya de quedarse con lo ajeno. Ésta es una verdad amarga, pero es una verdad. Examinémosla sin pasión.

[9] Como decir de presente: yo hurto, tú hurtas, aquél hurta, nosotros hurtamos, vosotros hurtáis, aquéllos hurtan. De pretérito: yo hurté, tú hurtaste, aquél hurtó, etc. De futuro: yo hurtaré, tú hurtarás, y así todos los de-

pasiva, por circunloquio y por participio de futuro en rus. Hasta aquí dicho autor.

"¿Qué te parece, pues? Y donde hay tanto ladrón, ¿qué bulto haré yo? Ninguno ciertamente, porque un garbanzo más no revienta una olla. ¿Tú sabes los que se escandalizan de los ladrones y de sus robos? Los de su oficio, tonto. Ésos son sus peores enemigos; por eso dice el refrán, que *siente un gato que otro arañe.*

"No me acuerdo si en un libro viejo titulado *Deleite de la discreción,* o en otro llamado *Floresta española,* pero seguramente en uno de los dos, he leído aquel cuento gracioso de un loco muy agudo que había en Sevilla, llamado Juan García, el cual, viendo cierta ocasión que llevaban un ladrón al suplicio, comenzó a reír a carcajada tendida, y preguntado que de qué se reía en un espectáculo tan funesto, respondió: Me río de ver que los ladrones grandes llevan a ahorcar al chico. Aplique usted, señor Perico."

—Todo lo que saco por conclusión —le respondí— es que cuando un hombre está resuelto, como tú, a cualquier cosa, por mala que sea, interpreta a su favor los mismos argumentos que son en contra. Todo eso que dices tiene bastante de verdad. Que hay muchos ladrones, ¿quién lo ha de negar si lo vemos? Que el hurto se palía con diferentes nombres, es evidente, y que las más veces se roba con apariencias de justicia es más claro que la luz; pero todo esto no prueba que sea lícito el hurtar. ¿Acaso porque en las guerras justas o injustas se maten los hombres a millares, se probará jamás que es lícito el homicidio? La repetición de actos engendra costumbre, pero no la justifica, si ella no es buena de por sí.

"Tampoco prueba nada lo que dice el padre Murillo, porque lo dijo satirizando y no aplaudiendo el robo. Pero, por no deberte nada, te

he de pagar tu cuentecito con otro que también he leído en un libro de jesuita, y tiene la recomendación de probar lo que tú dices, y lo que yo digo, esto es, que muchos roban, pero no por eso es lícito robar. Atiéndeme.

"Pintó uno en medio de un lienzo un príncipe, y a su lado un ministro que decía: *Sirvo a éste solo, y de éste me sirvo.* Después, que decía: *Mientras yo robo, me roban éstos.* A seguida un labrador diciendo: *Yo sustento y me sustento de estos tres.* A su lado un oficial que confesaba: *Yo engaño y me engañan estos cuatro.* Luego un mercader que decía: *Yo desnudo cuando visto a estos cinco.* Después un letrado: *Yo destruyo cuando amparo a estos seis.* A poco trecho un médico: *Yo mato cuando curo a estos siete.* Luego un confesor: *Yo condeno cuando absuelvo a estos ocho.* Y a lo último un demonio extendiendo la garra y diciendo: *Pues yo me llevo a todos estos nueve.* Así, unos por otros encadenados, los hombres van estudiando los fraudes contra el séptimo precepto, y bajando encadenados al infierno. Hasta aquí el cristiano, celoso y erudito padre Juan Martínez de la Parra, en su plática moral 45, fol. 239 de la edición 24, hecha en Madrid, el año de 1788.

"Conque ya ves cómo, aunque todos roban, según dices, todos hacen mal, y a todos se los llevará el diablo, y yo no tengo ganas de entrar en esta cuenta."

—Estás muy mocho —me dijo Januario—, y a la verdad, ésa no es virtud sino miedo. ¿Cómo no escrupulizas tanto para hacer una droga, para arrastrar un muerto, ni armarte con una parada, que ya lo haces mejor que yo? ¿Y cómo no escrupulizaste para entregar los cien pesos del payo? Pues bien sabes que todos ésos son hurtos con distintos nombres.

—Es verdad —le respondí—; pero si lo hice fue instigado por ti, que yo por mí solo no tengo valor para tanto. Conozco que es robo y que hice mal; y también conozco que de

_____

más tiempos y personas. ¡Qué desgracia! Muchos no saben ni leer y conjugan este verbo sin turbarse.

estas estafas, trampas y drogas se va para allá, esto es, para ladrones declarados. Yo, amigo, no quiero que me tengas por virtuoso. Supón que me recelo de puro miedo; mas cree infaliblemente que no tengo ni tantitas apetencias de morir ahorcado.

Así estuvimos departiendo un gran rato, hasta que nos resolvimos a lo que sabréis si leéis el capítulo que viene detrás de éste.

CAPÍTULO XIX

DESPUÉS DE MUCHOS debates que tuvimos sobre la materia antecedente, le dije a Januario:

—Últimamente, hermano, yo te acompañaré a cuanto tú quieras, como no sea a robar; porque, a la verdad, no me estira ese oficio; y antes quisiera quitarte de la cabeza tal tontera.

Januario me agradeció mi cariño; pero me dijo que si yo no quería acompañarlo, que me quedara; pero que le guardara el secreto, porque él estaba resuelto a salir de miserias aquella noche, topara en lo que topara; que si la cosa se hacía sin escándalo, según tenían pensado él y el Pípilo, a otro día me traería un capote mejor que el que me había jugado, y no tendríamos necesidades.

Yo le prometí guardarle el más riguroso silencio, dándole las gracias por su oferta y repitiéndole mis consejos con mis súplicas, pero nada bastó a detenerlo. Al irse me abrazó, y me puso al cuello un rosario, diciéndome.

—Por si tal vez por un accidente no nos viéremos, ponte este rosarito para que te acuerdes de mí.

Con esto se marchó, y yo me quedé llorando, porque le quería a pesar de conocer que era un pícaro. No sé qué tiene la comunicación contraída y mantenida desde muchachos que engendra un cariño de hermanos.

Fuése mi amigo, y yo pasé tristísimo lo restante de la tarde sintiendo su abandono y temiendo una funesta desgracia. A las nueve de la noche no cabía yo en mí, extrañando al compañero, y al modo de los enamorados, me salí a rondarlo por aquella calle donde me dijo que vivía la viuda.

Embutido en una puerta y oculto a merced del poco alumbrado de la calle, observé que como a las diez y media llegaron a la casa destinada al robo dos bultos, que al momento conocí eran Januario y el Pípilo: abrieron con mucho silencio; emparejaron la puerta, y yo me fui con disimulo a encender un cigarro en la vela del farol del sereno que estaba sentado en la esquina.

Luego que llegué lo saludé con mucha cortesía; él me correspondió con la misma, le di un cigarro, encendí el mío, y apenas empezaba yo a enredar conversación con él esperando el resultado de mi amigo, cuando oímos abrir un balcón y dar unos gritos terribles a una muchacha que sin duda fue la criada de la viuda:

—¡Señor sereno, señor guarda, ladrones; corra usted, por Dios, que nos matan!

Así gritaba la muchacha, pero muy seguido y muy recio. El guarda luego luego se levantó, chifló lo mejor que pudo, y echó unas cuantas bendiciones con su farol en medio de las bocacalles para llamar a sus compañeros, y me dijo:

—Amigo, déme usted auxilio; tome mi farol y vamos.

Cogí el farol, y él se terció su capotito y enarboló su chuzo; pero mientras hizo estas diligencias, se escaparon los ladrones. El Pípilo, a quien conocí por su sombrero blanco, pasó casi junto a mí, y por más que corrió el sereno y yo (que también hice que corría), fue incapaz de darle alcance, porque le nacieron alas en los pies. No le valió al sereno gritar: "¡Atájenlo, atájenlo!", pues aquellas calles son poco acompañadas de noche y no había muchos atajadores.

Ello es que el Pípilo se escapó, y con menos susto Januario, que tomó por la otra bocacalle, por donde no hubo sereno ni quien lo molestara para nada.

Entre tanto llegaron otros dos guardas, y casi tras ellos una patrulla. La muchacha todavía no cesaba de dar gritos en el balcón pidiendo "un padre", asegurando que habían matado a su ama. A sus voces acudimos todos y entramos en la casa.

Lo primero que encontramos fue a la dicha muchacha llorando en el corredor, diciéndonos:

—¡Ay, señores, un padre y un médico, que ya mataron a mi ama esos indignos!

El sargento de la patrulla, con dos soldados, los serenos y yo, que no dejaba el farol de la mano, entramos a la recámara donde estaba la señora tirada en su cama, la cual estaba llena de sangre y ella sin dar muestras de vida.

La vista horrorosa de aquel espectáculo sorprendió a todos, y a mí me llenó de susto y de lástima; de susto, por el riesgo que corría Januario si lo llegaban a descubrir, y de lástima, considerando la injusticia con que habían sacrificado aquella víctima inocente a su codicia.

A poco rato llegaron casi juntos el médico y el confesor, a quienes fue a llamar un soldado por orden del sargento, luego que éste desde la calle oyó los gritos de la muchacha.

En cuanto llegaron, se acercó el sacerdote a la cama, y viendo que ni por moverla, ni por hablarla se movía, la absolvió bajo de condición, y se retiró a un lado.

Entonces se acercó el médico y, como más práctico, advirtió que estaba privada y que aquella sangre era un achaque mujeril. Salímonos a la sala, ya consolados de que no

era la desgracia que se pensaba, mientras entre el médico y la moza curaron caseramente a la enferma.

Concluida esta diligencia y vuelta en sí del desmayo, llamó el sargento a la criada para que viera lo que faltaba en la casa. Ella la registró, y dijo que no faltaba más que el cubierto con que estaba cenando su ama, y el hilito de perlas que tenía en el cuello, porque luego que uno de los ladrones cargó con ella para la cama, el otro se embolsó el cubierto; y sin ser bastante o sin advertir a detener a la que daba esta razón, salió al balcón y comenzó a gritar al sereno, a cuyos gritos no hicieron los ladrones más que salirse a la calle corriendo.

Yo estaba con el farol en la mano, desembozado el sarape y con aquella serenidad que infunde la inocencia; pero la malvada moza, mientras estaba dando esta razón, no me quitaba un instante la vista repasándome de arriba abajo. Yo lo advertí, pero no se me daba nada, atribuyéndolo a que no le parecía muy malote.

Preguntóle el sargento si conocía a alguno de los ladrones, y ella respondió:

—Sí, señor; conozco a uno que se llama señor Januario, y le dicen por mal nombre Juan Largo, y no sale de este truquito de aquí a la vuelta, y este señor lo ha de conocer mejor que yo.

A ese tiempo me señaló, y yo quedé mortal, como suelen decir. El sargento advirtió mi turbación y me dijo:

—Sí, amigo, la muchacha tiene razón sin duda. Usted se ha inmutado demasiado, y la misma culpa lo está acusando. ¿Usted será quizá el sereno de esta calle?

—No, señor —le dije yo—; antes, cuando la señora salió al balcón a gritar, estaba yo chupando un cigarro con el sereno, y nosotros fuimos los primeros que vinimos a dar el auxilio. Que lo diga el señor.

Entonces el sereno confirmó mi verdad; pero el sargento, en vez de convencerse, prosiguió:

—Sí, sí; tan buena maula será usted como el sereno. ¿Serenos? ¡Ah, ahorcados los vea yo a todos por alcahuetes de los ladrones! Si éstos no tuvieran las espaldas seguras con ustedes, si ustedes no se emborracharan, o se durmieran, o se alejaran de sus puestos, era imposible que hubiera tantos robos.

El sereno se apuraba y juraba atestiguando conmigo que no estaba retirado ni durmiendo; pero el sargento no le hizo caso, sino que preguntó a la muchacha:

—¿Y tú, hija, en qué te fundas para asegurar que éste conoce al ladrón?

—¡Ay, señor —dijo la muchacha—, en mucho, en mucho! Mire su *mercé, ese zarape* que tiene el señor es el mismo del señor Juan Largo, que yo lo conozco bien, como que cuando salía a la tienda o a la plaza no más me andaba atajando, por señas que ese rosario que tiene el señor es mío, que ayer me agarró ese pícaro del desgote de la camisa y del rosario, y me quería meter en un zaguán, y yo estiré y me zafé, y hasta se rompió la camisa, mire su *mercé*, y mi rosario se le quedó en la mano y se reventó; por señas que ha de estar *añidido* y le han de faltar cuentas, y es el cordón nuevecito; es de cuatro y de seda rosada y verde, y en esa bolsita que tiene ha de tener dos estampitas, una de mi amo señor San Andrés Avelino y otra de Santa Rosalía.

Frío me quedé yo con tanta seña de la maldita moza, considerando que nada podía ser mentira, como que el rosario había venido por mano de Januario, y ya él me había contado la afición que le tenía.

El sargento me lo hizo quitar; descosió la bolsita, y dicho y hecho, al pie de la letra estaba todo conforme había declarado la muchacha. No fue menester más averiguación. Al instante me trincaron codo con codo con un portafusil, sin valer mis juramentos ni alegatos, pues a todos ellos contestó el sargento:

—Bien, mañana se sabrá cómo está eso.

Con esto me bajaron la escalera, y la moza bajó también a cerrar la puerta, y viendo que no podía meter la llave, advirtió que el embarazo era la ganzúa que habían dejado en la chapa. La quitó y se la entregó al sargento. Cerró su puerta y a mí me llevaron al vivac principal.

Luego que me entregaron a aquella guardia, preguntaron sus soldados a mis conductores que por qué me llevaban, y ellos respondieron que por *cuchara*, esto es, por ladrón. Los preguntones me echaron mil tales, y como que se alegraron de que hubiera yo caído, a modo que fueran ellos muy hombres de bien. Escribieron no sé qué cosa y se marcharon; pero al despedirse dijo el sargento a su compañero:

—Tenga usted cuidado con ése, que es reo de consecuencia.

No bien oyó el sargento de la guardia tal recomendación, cuando me mandó poner en el cepo de las dos patas. La patrulla se fue; los soldados se volvieron a encoger en su tarima; el centinela se quedó dando el *quién vive* a cuantos pasaban, y yo me quedé batallando con el dolor del cepo, el molimiento del envigado, una multitud de chinches y pulgas que me cercaron, y lo peor de todo, un confuso tropel de pensamientos tristes que me acometieron de repente.

Ya se deja entender qué noche pasaría yo. No pude pegar los ojos en toda ella, considerando el terrible y vergonzoso estado a que me veía reducido sin comerla ni beberla, sólo por haber conservado la amistad de un pícaro.[1]

Amaneció por fin; se tocó la diana; se levantaron los soldados echando votos, como acostumbran, y cuando llegó la hora de dar el

[1] A muchos les sucede lo mismo, y no enmiendan a los jóvenes estos ejemplos. El amigo bueno se debe conservar a toda costa, y del malo se debe huir luego que se conoce, porque más vale andar solo, etc.

parte, lo despacharon al mayor de plaza, y a mí amarrado como un cohete entre los soldados para la cárcel de corte.

Luego que entré del boquete al patio, tocaron una campana, que según me dijeron después era diligencia que se hacía con todos los presos, para que el alcaide y los guardianes de arriba estuvieran sobreaviso de que había preso nuevo. En efecto, a poco rato oí que comenzó uno a gritar: "Ese nuevo, ese nuevo para arriba." Advirtiéronme los compañeros que a mí me llamaban, y el presidente, que era un hombretón gordo con un chirrión amarrado en la cintura, me llevó arriba y me metió en una sala larga, donde en una mesita estaba el alcaide, quien me preguntó cómo me llamaba, de dónde era, y quién me había traído preso. Yo, por no manchar mi generación, dije que me llamaba "Sancho Pérez", que era natural de Ixtlahuaca, y que me habían traído unos soldados del principal.

Apuntaron todo esto en un libro y me despacharon. Luego que bajé me cobró el presidente dos y medio y no sé cuánto de *patente*. Yo, que ignoraba aquel idioma, le dije que no quería asentarme en ninguna cofradía en aquella casa, y así, que no necesitaba de patente. El cómitre maldito, que pensó que me burlaba de él, me dio un bofetón que me hizo escupir sangre, diciéndome:

—So tal —y me lo encajó—, nadie se mofa de mí, ni los hombres, *contimás* un mocoso. La patente se le pide, y si no quieres pagarla harás la limpieza, so cucharero.

Diciendo esto se fue y me dejó, pero me dejó en un mar de aflicciones.

Había en aquel patio un millón de presos. Unos blancos, otros prietos; unos medio vestidos, otros decentes; unos empelotados, otros enredados en sus pichas; pero todos pálidos y pintada su tristeza y su desesperación en los macilentos colores de sus caras.

Sin embargo, parece que nada se les daba de aquella vida, porque unos jugaban albures, otros saltaban con los grillos, otros cantaban, otros tejían medias y puntas, otros platicaban, y cada cual procuraba divertirse, menos unos cuantos más fisgones que se rodearon de mí a indagar cuál era el motivo de mi prisión.

Yo les contesté ingenuamente, y así que me oyeron se separaron riendo, y en un momento ya me conocían entre todos por *cuchara*.

Nadie me consolaba, y todo el interés que manifestaron por saber la causa de mi arresto fue una simple curiosidad. Pero para que se vea que en el peor lugar del mundo hay hombres buenos, atended.

Entre los que escucharon el examen que me hacían los presos fisgones, estaba un hombre como de unos cuarenta años, blanco y no de mala presencia, vestido con sólo su camisa, unos calzones de pana azul, una manga morada, botas de campo, o campaneras, como llamamos, zapatos abotinados y sombrero blanco tendido. Éste, luego que me dejaron solo, se acercó a mí, y con una afabilidad nueva para mí en aquellos lugares, me dijo:

—Amiguito. ¿gusta usted de un cigarro?

Y me lo dio, sentándose junto a mí. Yo lo tomé agradeciéndole su comedimiento, y él me instó para que fuera a su calabozo a almorzar de lo que tenía. Torné a manifestarle mi gratitud y me fui con él.

Luego que llegamos a su departamento, descolgó un *tompeate* que tenía en la pared, sacó un *trusco* [2] de queso y una torta de pan, y lo puso en mis manos diciéndome:

—La posada no puede ser peor, ni hay cosa mejor que ofrecerle a usted; pero ¿qué hemos de hacer? Comamos esto poco que Dios nos da, estimando usted mi afecto y no el agasajo, porque éste es bastante corto y grosero.

[2] *Trosco* o *trusco*. Voz corrompida que usa la gente vulgar; en vez de trozo, si no es sincopada de trocisco.—E.

Yo me admiraba de escuchar unos comedimientos semejantes a un hombre, al parecer, tan ordinario, y entre asombrado y enternecido, le dije:

—Le doy a usted infinitas gracias, señor, no tanto por el agasajo que me hace, cuanto por el interés que manifiesta en mi desgraciada suerte. A la verdad que estoy atónito, y no acabo de persuadirme cómo puede hallarse un hombre de bien, como debe ser usted, en estos horrorosos lugares, depósitos de la iniquidad y la malicia.

El buen amigo me contestó:

—Es cierto que las cárceles son destinadas para asegurar en ellas a los pícaros y delincuentes, pero algunas veces otros más pícaros y más poderosos se valen de ellas para oprimir a los inocentes, imputándoles delitos que no han cometido, y regularmente lo consiguen a costa de sus cábalas y artificios, engañando la integridad de los jueces más vigilantes; pero, según el dictamen de usted, sin duda yo me he engañado en el mío.

—¿Pues cuál es el de usted?—le dije.

—El mío —me contestó— es el que acabo de decir; esto es, que aunque el instituto de las cárceles sea asegurar delincuentes, la malicia de los hombres sabe torcer este fin y hacer que sirvan para privar de su libertad a los hombres de bien en muchos casos, de lo que tenemos abundancia de ejemplares que nos eximen de más pruebas. Conforme a este mi parecer y no sé por qué particular simpatía, me compadeció usted luego que vi el mal tratamiento que le hizo el presidente, y formé idea de que era usted un hombre de bien, y que tal vez lo había sepultado en estas mazmorras algún enemigo poderoso como a mí; mas ya usted me ha hecho variar de pensamiento, pues cree que en las cárceles no puede haber sino reos criminales, y así me persuado ahora que usted, como joven sin experiencia, habrá delinquido, más por miseria humana que por malicia; pero cuando así sea, hijo mío, no crea usted que me escandalizo, ni menos que lo dejo de amar y de compadecer; porque en el hombre se debe aborrecer el vicio, pero nunca la persona. Por tanto, pídale usted licencia al presidente para venirse a este calabozo, y si le tiene miedo, yo se la pediré y pondrá usted su cama, cuando se la traigan, junto a la mía, así para servirse de mí en lo poco que sea útil, como para que se libre de las mofas de los demás presos, que como gente muy vulgar, sin principios ni educación alguna, se entretienen siempre burlándose con los pobres nuevos que vienen a ser inquilinos de estas cuadras.

Yo le retorné mis agradecimientos, añadiendo:

—No puedo menos que considerar en usted un hombre muy sensible y muy de bien, o más propiamente, un genio bienhechor que se digna a dedicarse a ser mi ángel tutelar en el desamparo en que me hallo, y me he avergonzado de haberme explicado con tanta necedad, que pude persuadir a usted que creía que cuantos están en las cárceles son pícaros, pues ciertamente cuando usted no fuera una de las excepciones de esta regla, yo mismo soy una prueba contraria al mal juicio que había formado de las cárceles...

—Según eso —interrumpió el amigo—, ¿usted no ha venido aquí por ningún delito?

—Ya se ve que no —dije.

Y en seguida le conté punto por punto mi vida y milagros hasta la época infeliz de mi prisión.

El compañero me atendió con mucha cortesía, y luego que hube concluido, me dijo:

—Amigo, la sencillez con que usted me ha referido sus aventuras me confirma en el primer concepto que hice luego que lo vi; esto es, que usted era un mozo bien nacido, y que había venido por una desgracia imprevista, aunque es constante que no padece sin delito. No robó ni cooperó al robo; pero ¡ay, amigo!, tiene usted sobre sí las lágrimas que arrancó a su madre y tal vez la muerte, que probablemente le anticipó con sus extravíos, y los delitos que se cometen contra los padres claman al cielo por la venganza. Por ahora no hay más que conocer esta verdad, arrepentirse y confiar en la divina Providencia, que, aun cuando castiga, siempre dirige sus decretos a nuestro bien. Por lo que toca a mí, ya le dije, cuente con un amigo y con mis infelices arbitrios, que los emplearé gustosísimo en servirlo.

Por tercera vez le di las gracias, conociendo que su oferta no era de boca como las que se usan comúnmente; y picándome la curiosidad de saber quién sería aquel hombre amable, no pude contenerme, sino que con pocos circunloquios le supliqué me hiciera el favor de imponerme de sus infortunios. A lo que él me contestó con mucho agrado diciéndome:

—Don Pedro, cuando no fuera por corresponder a la confianza que usted ha usado conmigo contándome sus tragedias, haría de buena gana lo que me suplica, porque es sabido y cierto que las penas comunicadas, cuando no sanan se alivian. En esta inteligencia, ha de saber usted que yo me llamo Antonio Sánchez; mis padres fueron de buena cuna y arreglada conducta, y ambos tuvieron un florido capital, del que yo habría disfrutado si la Providencia no me hubiera destinado a padecer desde que vi la luz primera; bien que no me quejo de mi suerte cuando recuerdo mis desgracias, pues sería un blasfemo si hablara con resentimiento de un Dios que me ama infinitamente más que yo mismo, y quien infaliblemente todo lo dispone para mi beneficio; pero sólo en tono de la relación de mi vida digo: que desde que nací fui desgraciado, porque mi madre murió en el momento que salí de sus entrañas, y ya se sabe que esta orfandad desde el nacimiento acarrea una larga serie de fatalidades a los que hemos tenido esta desventura.

Mi buen padre no perdonó fatiga, gasto ni cuidado para suplir esta falta; y así entre nodrizas, ayas y criadas pasé mi puerilidad con aquella alegría propia de la edad, sin dejar de aprender aquellos principios de religión, urbanidad y primeras letras, en que no se descuidó de instruirme mi amante padre, con aquel esmero y cariño con que se tratan por los buenos padres los primeros y únicos hijos.

Quince años contaba yo cuando el mío me puso en el colegio, donde permanecí tres, muy contento y lleno de inocentes satisfacciones, que se me acabaron con el fallecimiento de su merced, quedando bajo la tutela del albacea, cuyo nombre dejo en silencio por no descubrir enteramente al autor de mis desgracias. Ya usted conocerá por esta expresión que mi albacea en poco tiempo concluyó con mis bienes, dejándome en las garras de la indigencia, y cuando ya no tuvo qué hacer, se fugó de Orizaba, de donde soy natural, sin dejarme siquiera recomendado a su corresponsal que tenía en México.

Éste, luego que supo su ausencia y el funesto motivo que la había ocasionado, fue al colegio, borró colegiatura, me llevó a su casa, me impuso de mi triste situación, concluyendo con decirme que él era un pobre cargado de familia, que se compadecía de mi desgracia, pero que no podía hacerse cargo de mí, y así que solicitara la protección de mis parientes, y viera lo que hacía.

Considere usted qué tal me quedaría con semejante noticia. Tenía entonces dieciocho años y ninguna experiencia; pero por especial favor de Dios, ni había contraído ningún vicio vergonzoso ni pensaba a lo muchacho; y así le dije que dentro de ocho días resolvería lo que había de hacer y le avisaría.

En el momento fui a ver a un estudiante pobre y hombre de bien, a quien, después de contarle mis desgracias, le encargué que me vendiese mi cama, libros, manto, turca, reloj y cuanto consideré que podía valer algo.

En efecto, mi amigo hizo la diligencia con eficacia y prontitud, y al segundo día me trajo ciento y pico de pesos. Le di su gratificación, y cambié la mayor parte en oro, comprando con el resto una manga y unas botas semiviejas.

Hecha esta diligencia, fui a los mesones a buscar un pasajero que estuviera de viaje para mi tierra. Por fortuna no fue vana mi solicitud; hallé un arriero que iba a llevar cigarros y traer tabaco, y por diez pesos ajusté con él mi marcha. Entonces avisé mi determinación al corresponsal de mi albacea, quien me la aprobó, y despidiéndome de él y de su familia, me fui al mesón, y a los dos días partimos para Orizaba.

No me pareció este viaje como los anteriores que había hecho por el mismo camino cuando iba a vacaciones, especialmente en vida del señor mi padre; mas era otro tiempo y era forzoso acomodarme a las circunstancias.

Llegué por fin a la expresada villa sin novedad, y recelando algún despego en uno que otro pariente que tenía acomodado, determiné ir a apearme en casa de unas tías viejas que conocía me amaban, y no se desdeñarían en hospedarme.

No salió falso mi modo de pensar; porque luego que me vieron, las pobrecillas comenzaron a llorar, como que sabían primero que yo mis infortunios, me abrazaron y me internaron a la casita, asegurándome que la mirara como mía.

Les manifesté mi gratitud lo mejor que pude, diciéndoles pensaba en acomodarme en alguna tienda, hacienda o cosa semejante, para comenzar a aprender a ganar el pan con el sudor de mi frente, que era ya lo único a que podía aspirar.

Las benditas viejas se enternecían con estas cosas, y yo, redoblaba mis agradecimientos a sus sentimientos expresivos.

Seis días contaba yo de hospedaje en su casa, cuando una tarde entró en ella un señor muy decente, a quien yo no conocía, y mis tías trataban con confianza, porque le lavaban y cosían su ropa cuando transitaba por allí, y valiéndose de su comunicación le dijeron:

—Señor don Francisco, ¿conoce usted a este niño? —señalándome.

El caballero dijo que no, y ellas añadieron:

—Es nuestro sobrino Antoñito, el hijo de su amigo de usted, nuestro difunto don Lorenzo Sánchez, que en paz descanse.

—¿Es posible —dijo el caballero— que este joven desgraciado es el hijo de mi amigo? ¿Y qué hace aquí, en este traje tan indecente? ¿No estaba en el colegio?

—Sí, señor —respondieron mis tías—; pero como su albacea echó por ahí todo su patrimonio, se halla el pobrecillo reducido a buscar en qué ganar la vida con su trabajo, y mientras, se ha venido con nosotras.

—Ya tenía yo noticia de la fechoría de ese bribón —dijo el caballero—, pero no lo quería creer. ¿Y qué, amiguito, nada le dejó a usted?

—Nada, señor —le contesté—; de suerte que para poder trasladarme a esta villa tuve que vender manto, cama, libros y otras frioleras.

—¡Válgame Dios! ¡Pobre joven! —Prosiguió el don Francisco—. ¡Ah pícaros, pícaros albaceas, que tan mal desempeñáis los cargos de los testadores, enriqueciéndoos con lo ajeno, y dejando por puertas a los miserables pupilos! Amiguito, no se desanime usted, sea hombre de bien, que no todos los que tienen qué comer han heredado, así como las horcas no suspenden a cuantos ladrones hay, que si así lo hicieran, no se pasearan riendo tantos albaceas ladrones que hay como el de su padre de usted. ¿Sabe usted escribir razonablemente?

—Señor —le dije—, verá usted mi letra.

En seguida escribí en un papel no sé qué.

Le gustó mucho mi letra, y me examinó en cuentas, y viendo que sabía alguna cosa, me propuso que si quería irme con él a tierra adentro, donde tenía una hacienda y tienda, que me daría quince pesos cada mes el primer año, mientras me adiestraba, a más de plato y ropa limpia.

Yo vi el cielo abierto con semejante destino, que entonces me pareció inmejorable, como que no tenía ninguno, ni esperanza de lograrlo; y así admití al instante, dándole yo y mis tías muchas gracias.

El caballero debía partir al día siguiente a su destino; y así me dijo que desde aquella hora corría yo por su cuenta, que me despidiera de mis tías, y me fuera con él a su posada.

Resolví hacerlo así, y saqué de la faltriquera cuatro onzas de oro que me habían quedado de la realización de mis haberes, dándoles tres de ellas a mis tías, que no querían admitir, por más que yo porfiara en que las recibieran, asegurándolas que no las había reservado con otro objeto que el dárselas luego que me acomodara, que ya había llegado ese caso, y de consiguiente el de que yo les manifestara mi gratitud.

Con todo esto rehusaban mis tías el admitirlas, hasta que mi amo (que ya es menester nombrarlo así) les dijo que las recibieran, pues yo a su lado nada necesitaría.

Tomáronlas, por fin, y despedímonos entre lágrimas, abrazos y propósitos de escribirnos. A otro día salimos de Orizaba, y al mes y días llegamos a Zacatecas, donde estaba la ubicación de mi amo.

Antes de ponerme en su tienda hizo llamar al sastre y a la costurera, y con la mayor presteza se me hizo ropa blanca y de color, ordinaria y de gala, comprándoseme cama, baúl y todo lo necesario.

Yo estaba contento pero azorado al ver su munificencia, considerando que según lo que había gastado en mí y mi ruin sueldo de quince pesos, ya estaba yo vendido por cuatro o cinco años cuando menos.

Ya habilitado de esta suerte y recomendándome el título de su ahijado, me entregó en la tienda a disposición del cajero mayor.

No acabaría, si circunstanciadamente quisiera contar a usted los favores que le debí a este mi nuevo padre, pues así lo amaba, y él me quiso como a su hijo; porque era viudo y no tuvo sucesión. Baste decir a usted que en doce años que viví con él, me apliqué tanto, trabajé con tal tesón y fidelidad, y le gané de tal modo la voluntad, que yo fui no sólo el cajero mayor y el árbitro de sus confianzas, sino que llenaba la boca llamándome hijo, y yo le correspondía tratándolo de padre.

Pero como los bienes de esta vida no permanecen, llegó el tiempo de que se me acabara el poco que había logrado de descanso.

Un sujeto a quien había fiado en la administración de real hacienda quebró, y cubrió mi amo esta falta con la mayor parte de sus intereses, y a seguida le acometió una terrible fiebre de la que falleció al cabo de quince días, dejándome lleno de dolor, que procuraba desahogar en vano con mis lágrimas, las que no enjugue en mucho tiempo, sin embargo, de verme heredero de todo cuanto le había quedado, que después de realizado se redujo a ocho mil pesos.

Traté de separarme de aquella tierra, así para no tener a la vista objetos que me renovasen cada día el sentimiento de su falta, como para atender y recoger a una de mis pobres tías que había quedado.

Con esta determinación me hice de una libranza para Veracruz, y marche con dos mozos y mi equipaje para mi tierra. Llegué en pocos días, tomé una casa, la equipé, y a la primera visita que hice a mi bienhechora tía me la llevé a ella.

Fui después a Veracruz, empleé mis mediecillos y me dediqué a la viandancia, en la que no me fue mal, pues en seis años ya mi capitalito ascendía a veinte mil pesos.

La que llaman fortuna parece que se cansaba pronto de serme favorable. Contraje amistad estrecha con dos comerciantes ricos de Veracruz, y éstos me propusieron que si quería entrara a la parte con ellos en cierta negociación de un contrabando interesante que estaba a bordo de la fragata *Anfitrite*. Para esto me mostraron las facturas originales de Cádiz, sobre cuyos precios designaba el dueño para sí una muy corta utilidad; pues siendo todos los efectos ingleses, escogidos y comprados también por alto, el interesado se contentaba con un quince por ciento, pero con la condición de que antes de desembarcarlos se debía poner el dinero en su poder, siendo el desembarque de cuenta y riesgo de los compradores.

Yo me mosqueé un poco con tal condición, pero los compañeros me animaron, asegurándome que eso era lo de menos, pues ya estaban comprados los guardas; que una noche se verificaría el desembarco por la costa en dos botes o lanchas del mismo puerto.

Como la codicia agitada por el interés atropella por todo, fácilmente convine con mis camaradas, creyendo hacerme de un principal respetable en dos meses.

Con esta resolución procuré realizar cuanto tenía, y puse mi plata en poder de mis amigos, quienes celebraron el trato con el marino, poniendo todo el importe de la memoria a su disposición.

Todo estaba facilitado para desembarcar seguramente el contrabando, y se hubiera verificado, si uno de los mismos guardas comprados no hubiera hecho una de las suyas, dando al virreinato la más cabal y circunstanciada noticia del desembarque clandestino, con cuya diligencia se tomaron contra nosotros las precauciones y providencias que exigía el caso, de modo que cuando lo supimos, fue cuando el cargamento estaba en tierra y decomisado.

No nos valió diligencia para rescatarlo, y tomamos escapar las personas. Yo era de los tres el más pobre, y sin duda el más codicioso, porque invertí todo mi capital en la negociación, por cuya razón lo perdí todo.

Cáteme usted de la noche a la mañana sin blanca, y perdido en una hora todo lo que había adquirido en dieciocho años de trabajo.

Poco faltó para desesperarme, y más cuando murió la pobre de mi tía, que no pudo resistir este golpe; pero, en fin, procuré hacer, como dicen, de tripas corazón, y vendiendo lo poco que me quedó, y cobrando algunos picos que me debían, me junté con cerca de dos mil pesos, y con ellos comencé de nuevo a trabajar; pero ya con tan poco puntero, lo más que hacía era mantenerme.

En este tiempo (¡locuras de los hombres!), en este tiempo se me antojó casarme, y de hecho lo verifiqué con una niña de la Villa de Jalapa, quien a una cara peregrina reunía una bella índole y un corazón sencillo; en fin, era una de aquellas muchachas que ustedes los mexicanos llaman payas.

Las muchas prendas que poseía y el conocimiento que yo tenía de ellas me la hacían cada día más amable, y, por tanto, le procuraba dar gusto en cuanto ella quería.

Entre lo que quiso, fue venir a México para ver lo que le habían contado de esta ciudad, adonde jamás había venido. No necesitó más que insinuármelo para que yo dispusiera el traerla... ¡Ojalá y nunca lo hubiera pensado!

Serían como dos mil y trescientos pesos con los que emprendí mi marcha para esta capital, adonde llegué con mi esposa muy contento, pensando gastar los trescientos pesos en pasearla, y emplear los dos mil en algunas maritatas, volviéndome a mi tierra dentro de un mes, satisfecho de haber dado gusto a mi mujer, y con mi capitalito en ser; ¡pero qué errados son los juicios de los hombres! Diversos planes tenía trazados la Providencia para castigar mis excesos y acrisolar el honor de mi consorte.

Posamos en el mesón del Ángel, y luego luego mandé llamar al sastre para que le hiciese trajes del día, en cuya operación, como bien pagado, no se tardó mucho tiempo, porque las manos de los artesanos se mueven a proporción de la paga que han de recibir.

A los dos días trajo el sastre los vestidos, que le venían a mi mujer como pintados; pues era tan hermosa de cara como gallarda de cuerpo. Fuera de que, aunque era payita, no era de aquellas payas silvestres y criadas entre las vacas y cerdos de los ranchos; era una de las jalapeñas finas y bien educadas, hija de un caballero que fue capitán de una de las compañías del regimiento de Tres Villas; y por aquí conocerá usted cuán poco tendría que aprender de aquel garbo, o lo que llaman *aire de taco* las cortesanas.

Efectivamente, luego que comencé a presentarla en los paseos, bailes, coliseo y tertulias, advertí con una necia complacencia que todos celebraban su mérito, y muchos con demasiada expresión. ¿Quién creerá que era yo tan abobado que pensaba que no había ningún riesgo en las adulaciones y lisonjas que la prodigaban? Así era, y yo las correspondía con gratitud; y aun hacía más en mi daño, que era franquearla en cuantos lugares públicos podía, congratulándome de que festejaran su mérito y envidiaran mi dicha. ¡Necio! Yo ignoraba que la mujer hermosa es una alhaja que excita muy vivamente la codicia del hombre, y que el honor en estos casos se aventura con exponerla con frecuencia a la curiosidad común; mas...

Aquí llegaba la conversación de mi amigo, cuando la interrumpieron unos gritos que decían:

—Ese nuevo; anda, Sancho Pérez, anda, cucharero, anda, hijo de p...

Mi amigo me advirtió que sin duda a mí me llamaban. Era así, y yo tuve que dejar pendiente su conversación.

CAPÍTULO XX

SUSPENDÍ LA CONVERSACIÓN de mi amigo, según dije, para ir a ver qué me querían. Subí lleno de cólera al ver el tratamiento tan soez que me daba aquel meco, mulato o demonio de gritón (que era un preso destinado al efecto de llamar a los demás), que fue el que me condujo a la misma sala o cuadra donde me asentó el alcaide; pero no me llevó a su mesa, sino a otra, donde estaba un figurón prietusco y regordete, que por los ojos centelleaba el fuego que abrigaba su corazón.

Luego que llegamos allí, me dijo el picarón:

—Éste es el señor secretario que llama a usted.

El tal secretario entonces volvió la cara, y echándome una mirada infernal, me dijo:

—Espérate ahí.

El gritón se fue y yo me quedé un poco retirado de la mesa, y muy fruncido, esperando que acabara de moler a un pobre indio que tenía delante.

Luego que despachó a éste, me llamó, y haciéndome poner la señal de la cruz, me dijo que si sabía lo que era jurar. Que por ningún caso debía mentir ni quebrantar el juramento, sino decir la verdad en lo que supiera y fuera preguntado, aunque me ahorcaran. ¿Que si juraba hacerlo así? Yo respondí afirmativamente, con una gravedad de un varón apostólico:

—Si así lo hicieres, Dios te ayude; y si no, te lo demande.

Concluida esta formalidad, comenzó a preguntarme quién era yo, cómo me llamaba, qué calidad, cuántos años, qué oficio y estado tenía y de dónde era. De manera que ya estaba yo desesperado con tantas preguntas, creyendo que llevaba traza de preguntarme de qué color eran las primeras mantillas que me pusieron.

Tantas preguntas y repreguntas pararon en que me hizo contarle cuanto quiso acerca del modo con que había adquirido el rosario de la moza, de la amistad que llevaba con Januario, de los conocidos del truquito, y de otras cosillas de éstas, que a mí entonces me parecieron menudencias.

Así que escribió como dos pliegos de papel, me hizo que los firmara, después de lo cual me envió a mi destino.

Bájeme muy contento, deseando acabar de oír la tragedia de mi amigo, a quien hallé recostado en su cama, divertido con la lectura de un libro.

Luego que me vio, cerrólo, y sentándose en la cama me preguntó que cómo me había ido. Yo le respondí que ni bien ni mal, pues la llamada se redujo a hacerme mil preguntas el escribano y a escribir dos pliegos de papel, los que firmé, y quedé expedito para volver a gustar de su amable conversación.

Él me contestó con urbanidad, y me dijo:

—Esas preguntas que han hecho a usted se llama tomar la declaración preparatoria. Es menester que tenga usted muy presente lo que ha respuesto para que no se enrede o se contradiga cuando le tomen la confesión con cargos, que es el paso más serio de la causa, y del que depende, las más veces, el buen o mal éxito de los reos.

—¡Virgen santísima! ¡Eso sí está malo! —dije—. Porque hoy me hicieron una infinidad de preguntas y de cosas, que muchas me parecieron frioleras. ¿Quién se acordará después de todo lo que yo contesté a ellas? ¿Y de aquí a cuándo será la confesión con cargos?

—Eso va largo —dijo don Antonio—, porque como el robo no fue cuantioso, es regular que no haya parte que agite, y en este caso la causa se seguirá de oficio; y como estas causas no producen, por lo regular, costas a los escribanos, porque los delincuentes no tienen tras qué caer, las dejan dormir cuanto quieren, y vea usted cómo su confesión con cargos la puede esperar de aquí a tres meses, por ahí, por ahí.

—Mucho me desconsuela esa noticia —le dije— por dos razones: la primera por la dilación que me espera en esta infame casa; y la segunda, porque en tanto tiempo es muy fácil que me olvide de lo que ahora respondí.

—Por lo que toca a la dilación —me contestó mi amigo—, no es mucha. Los tres meses que he dicho son el plazo que prudentemente considero que pasará para dar el segundo paso en su causa de usted, pero...

—Dispense usted —le interrumpí—, ¿cómo es eso del segundo paso? Pues qué, ¿no es el último, y con el que, justificada mi inocencia, me echarán a la calle?

Rióse mi amigo de mi simpleza, diciéndome:

—¡Qué bien se conoce que en su vida de usted las ha visto más gordas! Sí, se echa de ver que usted no sólo no ha estado preso jamás, pero ni se ha juntado con quien lo haya estado.

—Así es —le dije—, y me he acompañado con buenos pillos; mas de nadie he sabido que haya estado preso, y por lo mismo me cogen estas cosas de nuevo. Pero qué, ¿todavía de aquí a tres meses estará mi negocio muy espacio?

—Sí, querido —me respondió mi amigo—. Las causas (no siendo muy ruidosas, ejecutivas o agitadas por parte) andan con pies de plomo. ¿No ha oído usted por ahí un axioma muy viejo que dice, que en entrando a la cárcel se detienen los reos en si es o no es, un mes; si es algo, un año; y si es cosa grave, sólo Dios sabe? Pues de esto conocerá usted que aquí se eternizan los hombres.

—¿Pero en siendo inocentes? —pregunté.

—No importa nada —respondió el amigo—. Aunque usted esté inocente (como no tiene dinero para agitar su causa ni probar su inocencia), mientras que ello no se manifieste de por sí, y a pasos tan lentos, pasa una multitud de tiempo.

—Ésa es una injusticia declarada —exclamé—, y los jueces que tal consienten son unos tiranos disimulados de la humanidad; pues que las cárceles que no se han hecho para oprimir, sino para asegurar a los delincuentes, mucho menos son para martirizar a los inocentes privándolos de su libertad.

—Usted dice muy bien —dijo mi amigo—. La privación de la libertad es un gran mal, y si a esta privación se agrega la infamia de la cárcel, es un mal no sólo grande, sino terrible; y tanto, que tenemos leyes que quieren que en ciertos casos y a tales personas se les admitan fianzas de estar a derecho, pagar, etc., y no se sepulten en estos horrorosos lugares; pero sepa usted que los jueces no tienen la culpa de las morosidades de las causas, ni de los perjuicios que por ellas sufren los miserables reos. En los escribanos consiste este y otros daños que se experimentan en las cárceles, porque en ellos está el agitar o echar a dormir los negocios de los reos; y ya le dije a usted que las causas de oficio andan espacio porque no ofrecen mucho lugar a las tenidas.

—Eso es decir —repuse yo— que los más escribanos son venales, y que sólo se afanan, trabajan y dan curso a cualquier negocio por interés; pero si éste falta, no hay que contar con ellos para maldita la cosa de provecho.

—A lo menos —respondió mi amigo—, yo no daría tanta extensión a la proposición, si no oyera lamentarse de sus morosidades a tantos infelices que hay en nuestra compañía; pero, don Pedro, es mucho el influjo que tienen los escribanos sobre la suerte de los reos. De manera, que si ellos quieren endulzan, y si no, agrian las causas; siendo ésta una verdad tan triste como sabida. Hasta los niños dicen que *en el escribano está todo,* y los no niños se consuelan cuando tienen al escribano de su parte, especialmente en las causas criminales.

—Según eso —dije yo—, ¿los escribanos tienen facilidad de engañar a los jueces cuando quieren?

—Y ya se ve que la tienen —me respondió mi amigo—, y que toda la responsabilidad que cargaría sobre los magistrados o jueces, carga sobre ellos por el abuso que hacen de la confianza que los dichos jueces depositan en ellos. No piense usted que es avanzada la proposición. Si me fuera lícito, contaría a usted casos modernos y originales, de que soy buen testigo, y en algunos también parte, pero ahí se irá usted comunicando con otros presos que son menos escrupulosos que yo, y ellos informarán a usted pormenor de cuanto le digo. La lástima es que los malos escribanos, los más venales y corrompidos, son los más hipócritas, y los que se saben captar más que otro la confianza y benevolencia de los jueces, y a vueltas de ésta, cometen sus intrigas y sus picardías con tanta mayor satisfacción, cuanto que están seguros de que se crea su mala fe. Vuelvo a decir que éstas son verdades duras para los malos; pero para éstos, ¿qué verdades hay suaves? Los jueces más íntegros y timoratos, si están dominados del escribano, ¿cómo sabrán el estado de malicia o de inocencia que presenta la causa de un reo, cuando el escribano sólo ha tomado la declaración? ¿Y cuando al darle cuenta con ella, añade

criminalidades o suprime defensas, según le conviene? En tal caso, y descansando su conciencia en la del escribano, claro es que sentenciará según el aspecto con que éste le manifieste el delito del reo. De esto se ve con mucha frecuencia en los pueblos, y también en las ciudades, especialmente sobre delitos comunes, y que no llevan un agregado horroroso. Supongamos, en los delitos de juego, hurtos, rateros, embriaguez, incontinencia y otros así; que en los crímenes de estado, asesinatos, robos cuantiosos, sacrilegios, etc., ya sabemos que no se fían los jueces de los escribanos, sino que asisten a las declaraciones, confesiones, careos y demás diligencias que exigen tales causas.

—Confieso a usted, señor —le dije—, que estas noticias me desconsuelan demasiado, ya porque el delito que se me supone es cabalmente de aquellos cuya averiguación se sujeta a la férula de los escribanos, ya porque yo no tengo plata con qué agitar, y ya, en fin, porque no me atrevo a poner la menor duda en lo que usted me dice.

—Ni la debe usted poner —me contestó—; porque cuando no hubiera aquí dentro tantos testigos de mi verdad, yo mismo soy una prueba de ella. Sí, amigo; dos años cuento de prisión por una injusta calumnia, y mi enemigo no hubiera hallado tanta facilidad para perderme si no hubiera contado con un escribano venal y tracalero.

—Pues ya que ha tocado usted este punto —le dije—, sírvase continuar la conversación de sus desgracias, que si mal no me acuerdo, quedamos en que tenía usted mucha complacencia en lucir a su madama en las mejores concurrencias de México.

—Es verdad —dijo don Antonio—, y esa necia complacencia la he pagado con una serie no interrumpida de trabajos. Mi esposa sabía bailar diestramente, y aun danzar, pero no por arte, sino, como se suele decir, de afición. Yo, deseando que sobresaliera su mérito en todo, y que no la notasen en los bailes de mera aficionada, la solicité un buen maestro, en cuyas lecciones aprovechó ella muy bien, y en poco tiempo salió tan adelantada que podía competir con las mejores bailarinas del teatro, y como su garbo y su hermosura natural la favorecían, se llevaba las atenciones en todas partes, y recogía en vítores, lisonjas y palmoteos, el fruto de su habilidad.

Encantado estaba yo con mi apreciable compañera, creyendo que aunque todos me la envidiaran, ninguno se atrevería a seducírmela; y aun en este caso, su constante honor y virtud burlaría las solicitudes inicuas de mis rivales.

Con esta confianza me franqueaba con ella a cualquiera parte donde me convidaban, que era casi a los mejores bailes de México. En estas concurrencias, ¡qué cumplimientos y obsequios nos dispensaban! ¡Qué destinos y acomodos lucrosos no me brindaban! ¡Qué protecciones no se me facilitaron, y qué de regalitos y visitas no me hacían! ¿Y que fuera yo de tan poco mundo, y tan majadero, que pensara que todas aquellas adoraciones eran para mí? ¡Ah, bien podía haber cargado la albarda mejor que el jumento de la imagen!

Cierta noche, una señora de respeto, con motivo de ser día de su santo, convidó a mi mujer al baile de su casa. Yo la llevé muy contento, según tenía de costumbre. Fue mi esposa de las primeras que danzaron, sacándola un sujeto de distinción, porque era rico y noble (si es que se da verdadera nobleza donde falta la virtud), a quien conoceremos con el título del Marqués de T. Este caballero se enloqueció desde aquel momento por mi esposa; pero supo disimular su loca pasión.

Acabó de danzar, y como ya mi esposa y yo éramos conocidos de la casa, le fue fácil informarse de quiénes éramos, de qué tierra, del estado de nuestra suerte y de cuanto quiso y pudo saber; y ya con estas noticias se sentó junto a mí, y con la mayor cortesía comenzó a enredar

conversación conmigo, y de unas en otras materias vino a caer la plática sobre el comercio y las grandes ventajas que ofrecía.

Con este motivo le conté el atraso que había padecido por el contrabando que me decomisaron. Mostró él afligirse mucho y condolerse de mi desgracia, y más cuando supo lo poco que me había quedado de principal. Pero por fin me preguntó:

—¿Usted qué giro piensa tomar con tan escaso dinero?

Yo le respondí:

—Pienso volverme a Jalapa dentro de quince días, llevar empleados en algunas maritatas los pocos medios que han quedado, dejar a mi mujer en casa de su madre y continuar en la viandancia.

—Amigo, ésa es una bobera —dijo el Marqués—; creo que por mucho que usted trabaje, nada medrará; porque un puntero tan miserable ha de dejar más miserables utilidades, las que usted ha de consumir precisamente en gastos de camino y en subsistir, y jamás se juntará con diez mil pesos suyos, ni se podrá prometer ningún descanso.

—Ya lo veo así —le dije—; mas es forzoso trabajar para comer, y cuando sólo esto consiga, no haré poco.

—Bien —dijo el Marqués—; pero cuando al hombre de bien se le facilita una proporción ventajosa, no debe ser omiso ni despreciarla.

—Ésa es la que a mí no se me facilita —le contesté.

—¿Luego, si a usted se le facilitara —dijo el Marqués—, admitiría?

—Precisamente, señor —le respondí—, no había de ser tan necio.

—Pues, amigo —añadió—, alegrarse, que la situación de usted y los infortunios que ha sufrido me compadecen demasiado. Usted nació para rico; pero la suerte siempre es cruel con los buenos. No obstante, mi compasión no se queda en palabras: amo a usted por una oculta simpatía; soy rico... últimamente quiero hacerlo hombre. ¿Dónde vive usted?

Le contesté que en el mesón.

—Pues bien —añadió—, mañana espéreme usted entre once y doce, y crea que no le pesará la visita. ¿Ya me conoce usted?

—No, señor —le dije—, sólo para servirle.

—Pues, soy —prosiguió— su amigo el Marqués de T., que tengo proporciones y deseo emplearlas en favorecer a usted.

Le di las debidas gracias, añadiendo que si su señoría no gustaba incomodarse en pasar a mi casa, yo pasaría a la suya a la hora que mandase.

—No, no —me contestó—; si yo gusto mucho de visitar a los pobres, y a más de que estos pasos los doy también en obsequio de mi salud, porque me conviene hacer algún ejercicio a pie.

Diciendo esto, se comenzaron a levantar algunos para bailar contradanza, y llegando a convidar al Marqués, se levantó éste y fue a sacar a mi mujer, a tiempo que otro capitán estaba en la misma solicitud. Cate usted que sobre quién de los dos había de bailar, se trabó una disputa reñidísima, alegando cada uno las excepciones que le parecían; pero como a ninguno de los dos satisfacían los alegatos del contrario, pues cada uno decía que no podía quedar desairado, ni permitir que su honor se atropellase en público,[1] se fueron excediendo de unas

[1] Rigurosamente hablando no es otra cosa el *honor* sino el conato de conservar la virtud; esto es, que cualquier hombre puede decir con razón que le ofenden su honor cuando lo calumnian de ladrón, le seducen a su mujer o le imputan algún vicio y, en este caso, esto es, estando inocente, le es muy lícito el defenderse y vindicar su honor según el orden de la justicia; pero por desgracia esta palabra honor se ha corrompido y se ha hecho sinónima de la venganza, vanidad y demás caprichos de los hombres. Muchos hacen consistir su honor en el lujo, aunque para sostenerlo se valgan de unos medios indecorosos y prohibidos; otros en vengar la más mínima ofensa, y los fueros siempre fueron canonizados por el honor; otros quieren que su honor consista en salirse con cuanto quie-

palabras en otras, hasta decírselas tan injuriosas, que a no alborotarse las mujeres y mediar varios sujetos de respeto, se afianzan a bofetadas; pero las señoras les tenían bien guardados los espadines.

En fin, ellos, quisieron que no quisieron, se sosegaron, concluyéndose la cuestión con que mi mujer no bailara con ninguno, como debía ser, y de este modo quedaron algo satisfechos; aunque toda la gente se disgustó, y yo más que nadie, al ver la ridiculez de los contendientes, que no parecía sino que disputaban una cosa suya.

El Marqués con algún entono de voz me dijo: "Vámonos, don Antonio." Y yo no atreviéndome a oponerme a mi presunto protector, le obedecí, y me salí con él y mi esposa, dejando sin duda harta materia para que se ejercitara la crítica maliciosa de los que quedaron.

Salimos para la calle; el Marqués nos hizo lugar en su coche, y mandó que parase en una fonda.

Yo y mi esposa lo resistíamos; pero él insistió en que cenara mi esposa alguna cosita, y que si quería divertirse aquella noche que se buscaría otro baile, y caso de no hallarse, lo haría en su misma casa. Nosotros agradecimos su favor, suplicándole no se empeñara en eso, pues ya era tarde.

En esto llegamos a la fonda, donde el Marqués hizo poner una mesa espléndida, al modo de fonda, quiero decir, más abundante que limpia ni curiosa; pero así, y siendo sólo tres los cenadores, tuvo que pagar dos onzas de oro, que tanto le cobró el marmitón.

Así que salimos de la fonda, traté yo de despedirme; pero el Marqués no lo consintió, sino que nos llevó al mesón en su coche, y se volvió a su casa.

Yo tenía un criado muy fiel llamado Domingo, que hace papel en

ren, como el marqués; otros exigen con puntualidad la más minuciosa veneración de sus súbditos, y otros en tales cosas como éstas; pero a la verdad, nada de esto es honor.

esta historia, y éste tenía cuidado de abrirnos a la hora que veníamos, como lo hizo esa noche.

Nosotros, que ya habíamos cenado, no tuvimos más que hacer que acostarnos; aunque yo no cabía en mí de gusto, considerando la fortuna que me aguardaba con la protección de aquel caballero. Mi esposa advirtió mi desasosiego, me preguntó la causa, y la referí cuanto me había pasado con el Marqués, de lo que la pobrecilla se alegró mucho, no creyendo, como ni yo tampoco, que los fines de tal protección eran contra su honestidad y mi honor.

Hay en el mundo muchos protectores como éste, que no saben dar un medio real de limosna y sacrifican sus respetos y su dinero por satisfacer una pasión. Nos recogimos y dormimos el resto de la noche tranquilamente.

Al día siguiente, a la hora prefijada por el Marqués, estaba éste en casa. Justamente era día de años del rey, o no sé qué; ello es que mi gran protector fue en un famoso coche vestido de gala.

Nos saludó con mucho cariño y cortesía, y después de haber hecho una ligera crítica del pasaje de la noche anterior, me dijo:

—Amigo, he venido a cumplir mi palabra, o más bien a asegurar a usted en mi palabra, porque el Marqués de T., lo que una vez dice, lo cumple como si lo prometiera con escritura. Diez mil pesos tengo destinados para habilitar a usted con una memoria bien surtida para que vaya con ella a la feria de San Juan de los Lagos, con el bien entendido de que todas las utilidades serán para la obra. Conque, manos a la obra. ¿Qué determina usted?

Yo le di las gracias por su generosidad, ofreciéndole que dentro de doce o catorce días recibiría la memoria y marcharía para San Juan.

—¿Pero por qué hasta entonces? —preguntó el Marqués—. Y yo le dije que porque quería ir a llevar a mi esposa con su madre; pues en México no tenía casa de confianza donde dejarla, ni me parecía bien se quedara sola fiada únicamente al cuidado de una criada.

—Muy bien pensado está lo segundo —dijo el Marqués—; pero tampoco puede ser lo primero, porque yo trato de favorecer a usted mas no de perder mi dinero, como sucedería seguramente si difiriera mandar mis efectos hasta cuando usted quiere; porque, vea usted, se necesitan lo menos seis días para buscar mulas y arrieros, para recibir la memoria y acondicionarla. A más de esto, son menester siquiera doce días para que llegue usted a su destino; la feria no tarda en hacerse, y yo quiero que el sujeto que vaya, si usted no se determina, no pierda tiempo, sino que aligere, para que logre las mejores ventajas siendo de los primeros. Ésta es mi resolución; mas no es puñalada de cobarde que no da tiempo. Voy al besamanos, y de aquí a una hora daré la vuelta por acá. Entre tanto usted vea lo que determina con espacio, y me avisará para mi gobierno.

Diciendo esto, se fue.

¿Quién había de pensar que cuando el Marqués mostraba más indiferencia en que me fuera o no me fuera pronto de México, era cuando puntualmente apuraba todos sus arbitrios para violentar mi salida? ¡Ah, pobreza tirana, y cómo estrechas a los hombres de bien a aventurar su honor por sacudirte!

En un mar de dudas nos quedamos yo y mi esposa, pensando en el partido que deberíamos tomar. Por una parte, yo advertía que si dejaba pasar aquella ocasión favorable no era tan fácil esperar otra semejante, y más en mi edad; y por otra, no sabía qué hacer con mi esposa, ni dónde dejarla, porque no tenía casa de satisfacción en México para el efecto.

Mil cálculos estuvimos haciendo sin acabar de determinarnos, y en esta ansiedad y vacilación nos halló el Marqués cuando volvió de su cumplido. Entró, se sentó y me dijo:

—Por fin, ¿qué han resuelto ustedes?

Yo le respondí de un modo que conoció el deseo que tenía de aprovecharme de su favor, y el embarazo que pulsaba para admitirlo, y consistía en no tener dónde dejar a mi esposa. A lo que él, con mucho disimulo, me contestó:

—Es verdad. Ése es un motivo tan poderoso como justo para que un hombre del honor de usted prescinda de las mayores conveniencias; porque, en efecto, para ausentarse de una señora del mérito de la de usted, es menester pensarlo muy despacio, y en caso de decidirse a ello es necesario dejarla en una casa de mucha honra y de no menos seguridad; pues, no porque la señorita no se sepa guardar en cualquier parte, sino por la ligereza con que piensa el vulgo malicioso de una mujer sola y hermosa, y también por las seducciones a que queda expuesta; porque no nos cansemos, y usted dispense, señorita, el corazón de una dama no es invencible; nadie puede asegurarse de no caer en un mundo sembrado de lazos; y el mejor jardín necesita de cerca y de custodia; y luego en esta México... en esta México, donde sobran tantos pícaros y tantas ocasiones. Así que yo le alabo a usted su muy justo reparo, y desde luego soy el primero que le quitaré de la cabeza todo contrario pensamiento. Éste era el camino único que yo tenía de favorecer a usted, pero Dios me libre de ser una causa ni remota de su desasosiego, o tal vez... No, amigo, no; piérdase todo, que el honor es lo primero.

Aquí hizo punto el Marqués en su conversación, y yo y mi esposa nos quedamos sin poder disimular el sentimiento que nos causó ver frustradas en un momento las esperanzas que habíamos concebido de mudar la fortuna en poco tiempo. ¡Ah, maldito interés, a qué no expones a los miserables mortales!

Mi piadoso protector era muy astuto, y así fácilmente conoció en nuestros semblantes el buen efecto de su depravada maquinación, la que tuvo lugar de llevar al cabo a merced de la sencillez de mi esposa.

Fue el caso, que adolorida de ver que, aunque sin culpa, ella era el obstáculo de mi ventura, me dijo:

—Pero, mira, Antonio, si lo que te detiene para recibir el favor del señor, es no tener dónde dejarme, es fácil el remedio. Me iré contigo, que a bien que sé andar a caballo...

—No, no —dijo el Marqués—, eso menos que nada. ¡Qué disparate! ¿Cómo había yo de querer que usted se expusiera a una enfermedad en una caminata tan larga? Ni era honor del señor don Antonio el permitirlo. ¿No ve usted que los hombres de bien si trabajan es porque sus mujeres disfruten algunas comodidades? ¿Cómo había de entregar a usted a los soles, desveladas, malas comidas y demás penurias de un camino largo? No, señorita, ni pensarlo. Mejor es el medio que voy a proponer, y siempre que ustedes se conformen con él, me parece que no tendrán por qué arrepentirse.

Con tanta ansia como bobería, le rogamos nos lo declarara, y el Marqués, sin hacerse de rogar, dijo:

—Pues señores, yo tengo una tía, que no sólo es honrada, sino santa, si puedo decirlo. Ella es una pobre vieja, beata de San Francisco, doncella que se quedó para vestir santos y regañar muchachos; es muy rezadora y escrupulosa, de las que frecuentan el confesionario cada dos días. Su casa es un convento; pero, ¿qué digo?, es un poco peor. Allí apenas va una u otra visita, y eso de viejas, como dice ella; porque *calzonudos*, según dice, no pisarán su estrado por cuanto el mundo tiene. A las oraciones de la noche ya está cerrada la casa y la llave bajo la almohada. Sus mayores paseos son a la iglesia y a los hospitales el domingo a consolar a las enfermas. En una palabra, su vida es de lo más arreglada, y su casa puede servir de modelo al más estrecho monasterio. Pero no piense usted, señorita, por esto, que es una vieja tétrica y ridícula. Nada de eso, es de lo más apacible y cariñosa, y tiene una conversación tan suave y tan divertida, que con sola ella entretiene a cuantas la visitan. En fin, si usted es capaz de sujetarse a una vida tan recóndita por dos a tres meses que podrá dilatarse su esposo de usted cuando más, me parece que no hay cosa más a propósito.

Mi esposa, a quien en realidad yo había sacado de sus casillas, como dicen, porque ella estaba criada en igual recogimiento que el que acababa de pintar el Marqués, no dudó un instante responder que ella iba a los bailes y a los paseos porque yo la llevaba, pero que siempre que quisiera dejarla en esa casa, se quedaría muy contenta y no extrañaría otra cosa más que mi ausencia. Yo me alegré mucho de su docilidad, y acepté el nuevo favor del Marqués, dándole las gracias y quedando contentísimo de ver resucitadas mis esperanzas y tan asegurada mi mujer.

El Marqués manifestó igual contento, según decía, por haberme servido, y se despidió quedando en volver al otro día, así para darme a conocer en el almacén donde me habían de surtir y entregar la memoria, como para llevarnos a la casa de la buena señora su tía.

El resto de aquel día lo pasamos yo y mi esposa muy alegres, haciendo mil cuentas ventajosas, paseándonos en el jardín de los bobos.

Al siguiente, ya el Marqués estaba en el mesón muy temprano. Me hizo entrar en su coche y me llevó al almacén, donde dijo se me surtiera la memoria de que había hablado el día anterior, y se me entregase según los ajustes que yo hiciera y como quisiera, y que él no era más que un comisionado para responder por mí y darme aquel conocimiento.

El comerciante, al oír esto, creyendo que era verdad lo que decía el Marqués, me hizo mil zalemas, y se despidió de mí con más cariño y cortesía que la que usó cuando entré en su casa. Ya se ve, no era por mí, sino por los pesos que pensaba desembolsarme.

Corrido este paso, volvimos al mesón, y el Marqués hizo vestir a mi esposa y nos fuimos a Chapultepec,[2] donde tenía dispuesto un famoso almuerzo y comida.

Pasamos allí una mañana de campo bien alegre en aquel bosque, que es hermoso por su misma naturaleza. A la tarde, como a las cuatro, nos volvimos a la ciudad, y fuimos a parar a la casa de la señora tía.

Apeámonos; entró el Marqués, tocó la campanilla del zaguán, bajó una criada vieja preguntando quién era. Respondió el Marqués que él.

—Pues voy a avisar a la señora —dijo la criada—, que aquí no se le abre a ningún señor, si mi ama no lo ve por el escotillón de la sala. Espérese usted.

En efecto, nos estuvimos esperando o desesperando como un cuarto de hora, hasta que oímos sonar una ventanita en el techo del mismo zaguán. Alzamos la vista y vimos entre las rejas a la venerable vieja con sus anteojos, mirándonos muy despacio y volviendo a preguntar que quién era.

El Marqués, como enfadado, le dijo:

—Yo, tía, yo, Miguel. ¿Abren o no?

A lo que la vieja respondió:

—¡Ah, sí, Miguelito! Ya te conozco, mi alma, ya te van a abrir; pero, ese otro señor, ¿viene contigo, hijo?

—¡Oh, porra! —dijo el Marqués—. ¿Pues con quién ha de venir?

—Pues no te enojes —dijo la vieja—; van.

Con esto cerró el escotilloncito, y el Marqués nos dijo:

—¿Qué les parece a ustedes? ¿Han visto clausura más estrecha? Pero no se aturda usted, niña, que

---

[2] Un hermoso bosque extramuros de México, aunque sin cosa más notable que el palacio que fabricó en él el señor don Bernardo de Gálvez, virrey que fue de Nueva España; sin embargo, suele servir de paseo.

no es tan bravo el león como se pinta.

A este tiempo llegó la vieja criada y abrió el postigo. Entramos, subimos las escaleras, y ya estaba esperándonos en el portón la señora tía, vestida con su hábito azul y sus tocas reverendas, con sus anteojos puestos, un paño de rebozo fino de algodón, y su rosario en la mano. Como le debí tantos favores a esta buena señora, conservo su imagen muy viva en la memoria.

Nos recibió con mucho cariño, especialmente a mi esposa, a quien abrazó con demasiada expresión, llenándola de *mi almas* y *mi vidas*, como si de años atrás la hubiera conocido. Entramos adentro, y a poco nos sacaron muy buen chocolate.

El Marqués la dijo el fin de su visita, que era ver si quería que aquella niña se quedara unos días en su casa. Ella mostró que en eso tendría el mayor gusto, pero que no tenía más defecto que no ser amiga de paseos ni visitas, porque en eso peligraban las almas, y en seguida nos habló como media hora de virtud, escándalo, reatos, muerte, eternidad, etc., amenizando su plática con mil ejemplos, con los que tenía a mi inocente mujer enamorada y divertida, como que era de buen corazón.

Aplazado el día de su entrada en aquel pequeño monasterio, nos dijo:

—Sobrino, señores, vengan ustedes a ver mi casita, y que venga mi novicia a ver si le gusta el convento.

Condescendimos con la reverenda, y a mi esposa le agradó mucho la limpieza y curiosidad de la casa, particularmente los cristales, pajaritos y macetas.

En esto se pasó la tarde, y nos despedimos, saliendo mi mujer prendadísima de la señora.

Nosotros nos quedamos en el mesón y el Marqués se fue a su casa. En los seis días siguientes recibí la memoria, solicité mulas, y dejé listo mi viaje; pero en todo este tiempo no se descuidó mi protector en obsequiar y pasear a mi esposa, porque decía que era menester divertir a la nueva monja.

Es verdad que yo, mirando el extremo del Marqués con ella, no dejaba de mosquearme un poco, pero como tenía tanta satisfacción en el amor y buena conducta de mi esposa, no tuve embarazo para comunicarla mis temores, a lo que ella me contestó que los depusiera; lo uno porque me amaba mucho y no sería capaz de ofenderme por todo el oro del mundo, y lo otro, porque el Marqués era el hombre más caballero que había conocido, pues aun cuando salía con mi permiso con él y una criada en su coche, jamás se había tomado la más mínima licencia, sino que siempre la trataba con decoro. Con esta seguridad me tranquilicé, y traté de salir de esta capital a mi destino.

Díjele un día al Marqués cómo todo estaba corriente, y él, que no deseaba otra cosa que verse libre de mí, me dijo que a la tarde vendría para llevarme a casa de su deuda, y yo podría salir a la mañana siguiente.

Mi esposa me suplicó le dejase al mozo Domingo para tener un criado de confianza a quien mandar si se le ofrecía alguna cosa. Yo accedí a su gusto sin demora, y el Marqués no puso embarazo en ello; antes dijo:

—Mejor, se le dará un cuarto abajo a Domingo, y les podrá servir de portero y compañía.

Mientras que el Marqués se fue a comer, compuse el baúl de mi esposa, dejándola mil pesos en oro y plata, por si se le ofreciera algo.

Cuando el Marqués vino no había más que hacer que la llevada de mi esposa, cuya separación le costó, como era regular, muchas lágrimas; pero al fin se quedó, y yo marché la misma tarde a dormir fuera de garita.

Aquí llegaba don Antonio, cuando uno de los reglamentos de la cárcel volvió a interrumpir su conversación.

CAPÍTULO XXI

CUENTA PERIQUILLO LA PESADA BURLA QUE LE HICIERON LOS PRESOS EN
EL CALABOZO, Y DON ANTONIO CONCLUYE SU HISTORIA

EL MOTIVO porque se volvió a interrumpir la conversación de don Antonio fue porque serían como las cinco de la tarde cuando bajó el alcaide a encerrar a los presos en sus respectivos calabozos, acompañado de otros dos que traían un manojo de llaves.

Luego que encerró a los del primer patio, pasó al segundo, y el feroz presidente, aún amostazado contra mí, sin razón, me separó de la compañía de don Antonio y me llevó al calabozo más pequeño, sucio y lleno de gente. Entré el último, y cerrando con los candados, quedamos allí como moscas en cárcel de muchachos.

Por mi desgracia, entre tanto hijo de su madre como estaba encerrado en aquel sótano, no había otro blanco más que yo, pues todos eran indios, negros, lobos, mulatos y castas, motivo suficiente para ser en la realidad, como fui, el blanco de sus pesadas burlas.

Como a las seis de la tarde, encendieron una velita, a cuya triste luz se juntaron en rueda todos aquellos mis señores, y sacando uno de ellos sus asquerosos naipes, comenzaron a jugar lo que tenían.

Me llamaron a acompañarlos, pero como yo no tenía ni un ochavo, me excusé confesando lisa y llanamente la debilidad de mi bolsa; mas ellos no lo quisieron creer, antes se persuadieron a que o era una ruindad mía o vanidad.

Jugaron como hasta las nueve, hora en que ya apenas tenía la vela cuatro dedos, y no había otra; y así, determinaron cenar y acostarse.

Se deshizo la rueda y comenzaron a calentar sus ollitas de alverjones en un pequeño brasero que ardía con cisco de carbón.

Yo esperaba algún piadoso que me convidara a cenar, así como me convidó don Antonio a comer; pero fue vana mi esperanza, porque aquellos pobres todos parecían de buen diente y mal comidos, según que se engullían sus alverjones casi fríos.

Durante el juego, yo me había estado en un rincón, envuelto en mi sarape, y rezando el rosario con una devoción que tiempo había que no lo rezaba; ya se ve; ¿qué navegante no hace votos al tiempo de la borrasca?

Las maldiciones, juramentos y palabrotas indecentes que aquella familia mezclaba con las disputas del juego eran innumerables y horrorosas, y tanto, que aunque para mis oídos no eran nuevas, no dejaban de escandalizarme demasiado. Yo estaba prostituido, pero sentía una genial repugnancia y hastío en estas cosas. No sé qué tiene la buena educación en la niñez, que en la más desbocada carrera de los vicios suele servir de un freno poderoso que nos contiene, y ¡desdichado de aquel que en todas ocasiones se acostumbra a prescindir de sus principios!

Así que cenaron, cada uno fue haciendo su cama como pudo, y yo, que no tenía petate ni cosa que lo valiera, viendo la irremediable, doblé mi sarape haciendo de él colchón y cubierta, y de mi sombrero almohada.

Habiéndose acostado mis concubicularios, comenzaron a burlarse de mí con espacio, diciéndome:

—¿Conque, amigo, también usted ha caído en esta ratonera por *cucharero*? ¡Buena cosa! ¿Conque también los señores españoles son ladrones? ¡Y luego dicen que eso de robar se queda para la gente ruin!

—No te canses, Chepe —decía otro—; para eso todos son unos, los blancos y los prietos; cada uno mete la uña muy bien cuando puede. Lo que tiene es que yo y tú robaremos un rebozo, un capote, o alguna cosa ansí; pero éstos, cuando roban, roban de a gordo.

—Y como que es ansina —decía otro—, yo apuesto a que mi camarada lo menos que se jurtó jueron doscientos o quinientos; y ¿a qué compone, eh?, ¿a qué compone?

Así y a cual peor se fueron produciendo todos contra mí, que al principio procuraba disculparme, mas mirando que ellos se burlaban más de mis disculpas, hube de callar, y encogiéndome en mi sarape al tiempo que se acabó la velita, hice que me dormí, con cuya diligencia se sosegó por un buen rato el habladero, de suerte que yo pensé que se habían dormido.

Pero cuando estaba en lo mejor de mi engaño, he aquí que comienzan a disparar sobre mí unos jarritos con orines; pero tantos, tan llenos y con tan buen tino, que en menos que lo cuento, ya estaba yo hecho una sopa de meados, descalabrado y dado a Judas.

Entonces sí perdí la paciencia, y comencé a hartarlos a desvergüenzas; mas ellos, en vez de contenerse ni enojarse, empezaron de nuevo su diversión hartándome a cuartazos con no sé qué, porque yo, que sentí los azotes, no vi a otro día las disciplinas.

Finalmente, hartos de reírse y maltratarme, se acostaron, y yo me quedé en cuclillas, junto a la puerta, desnudo y sin poderme acostar, porque mi sarape estaba empapado, y mi camisa también.

¡Válgame Dios! ¡Y qué acongojado no sentí mi espíritu aquella noche al advertirme en una cárcel, enjuiciado por ladrón, pobre, sin ningún valimiento, entre aquella canalla, y sin esperanza de descansar siquiera con dormir, por las razones que he referido! Mas, al fin, como el sueño es valiente, hubo de rendirme, y poco a poco me quedé dormido, aunque con sobresalto, junto a la puerta, y apenas había comenzado a dormir, cuando saltó una rata sobre mí, pero tan grande, que en su peso a mí se me representó gato de tienda; ello es que fue bastante para despertarme, llenarme de temor y quitarme el sueño, pues aún creía que los diablos y los muertos no tenían más qué hacer de noche que andar espantando a los dormidos. Lo cierto del caso fue que ya no pude dormir en toda la noche, acosado del miedo, de la calor, de las chinches que me cercaban en ejércitos, de los desaforados ronquidos de aquellos pícaros y de los malditos efluvios que exhalaban sus groseros cuerpos, juntos con otras cosas que no son para tomadas en boca, pues aquel sótano era sala, recámara, asistencia, cocina, comunes, comedor y todo junto. ¡Cuántas veces no me acordé de las ingratas noches que pasé en el *arrastraderito* de Januari!

Al fin quiso Dios echar su luz al mundo, y yo, que fui el primero que la vi, comencé a reconocer mis bienes, que estaban todavía medio mojados, por más que los había exprimido; ya se ve, tal fue el aguacero de orines que sufrieron; pero por último me vestí la camisa y calzoncillos, y trabajo me costó para ponerme los calzones, porque mis amados compañeros, creyendo que los botones eran de plata, no se descuidaron en quitárselos.

A las seis de la mañana vinieron a abrir la puerta, y yo fui el primero que, muerto de hambre y desvelado, me salí para fuera, tanto para quejarme con mi amigo don Antonio, cuanto por esperar al sol que secara mis trapos.

En efecto, el buen don Antonio se condolió de mi mala suerte, y me consoló lo mejor que pudo, prometiéndome que no volvería a pasar

otra noche semejante entre aquellos pícaros, pues él le suplicaría
al presidente que me dejara en su
calabozo.

—¡Ay, amigo! —le dije—, que me
parece que se avergonzará usted en
vano; porque ese cómitre es muy
duro e incapaz de suavizarse con
ningunos ruegos del mundo.

—No se aflija usted —me contestó—, porque yo sé la lengua con que
se le habla a esta gente, que es
con el dinero, y así, con cuatro o
seis reales que le demos, verá usted
cómo todo se consigue.

Aún no acababa yo de darle las
gracias a mi amigo, cuando me gri-
taron y yo, pensando que era para
otra declaración, salí corriendo y vi
que no era la llamada sino para
ayudar a la limpieza del calabozo
en donde me hicieron tantos daños
la noche anterior; ésta se reducía
a sacar el barril de las inmundicias,
vaciarlo en los comunes y limpiarlo.

No sé cómo no volqué las tripas
en tal operación. Allí no me valieron ruegos ni promesas; porque el
maldito vejancón que lo mandaba,
viendo mi resistencia, ya comenzaba a desatarse el látigo que tenía
en la cintura; y así yo, por excusarme mayor pesadumbre, quise que
no quise, desempeñé aquel asqueroso oficio, concluido el cual me fui
otra vez al calabozo de mi buen amigo, que era mi paño de lágrimas.

Luego que lo vi me salieron éstas
a los ojos, y le volví a referir mi
nuevo castigo. Él no se hartaba de
consolarme y procurarme mi alivio
de cuantas maneras podía.

Lo primero que hizo fue hacerme
acostar en su pobre cama, me dio
un pocillo de chocolate, cigarros y
después salió a buscar al feroz presidente, de quien consiguió cuanto
quiso, pagando por mí los injustos
derechos que estos bribones llaman
patente [1] y dándole no sé qué otra

gratificación, con lo que, gracias a
Dios, me dejaron en paz.

Yo no tenía palabras con que significar mi gratitud a don Antonio,
después que entendí (porque me lo
dijo otro preso) todo lo que había
hecho por mí, pues él apenas me
aseguró que no me mortificarían
más. Éste es el verdadero carácter
de un buen amigo y de un caritativo, no jactarse del beneficio que
hace, hacerlo sin mérito y tratar
aún de que no lo sepa el agraciado
para que no le cueste el trabajo de
agradecerlo. Pero ¡qué pocos amigos hay de éstos! y ¡qué pocas caridades se hacen con tanta perfección! Ordinariamente las más caridades, o favores que llevan este
nombre, suelen hacerse más bien
por pasar plaza de generosos y buenos cristianos (lo que a la verdad
es hipocresía) que por hacer un beneficio, y esto es puntualmente contra el orden mismo de la caridad,
pues Jesucristo dijo que lo que dé
la mano derecha no lo sepa la izquierda. Es decir, que todo bien que
haga el hombre, lo haga por Dios,
sin esperar premio del hombre; porque si éste lo paga, ya Dios no debe nada, para que nos entendamos,
y es bastante premio del beneficio
publicarlo en nuestro obsequio, o
compulsar tácitamente al beneficia-
do a que no viva reconocido con
su agradecimiento.

Era don Antonio muy prudente, y
como sabía que no había yo dormido en toda la pasada noche, me hizo acostar, y no me despertó hasta
la una del día, para que lo acompañara a comer.

Me levanté harto de sueño, pero
necesitado del estómago, cuya necesidad satisfice a expensas del pia-

---

[1] Parece que la tal gabela, impues-
ta por la codicia, fuera razonable en el
reino para eximirse con una corta cantidad del pesado oficio de hacer la limpieza, pero esto debería ser en el caso
de que no hubiese reos destinados por

castigo al servicio de la cárcel; mas
habiéndolos, claro es que éstos lo hacen, y así jamás deberían obligar a esto
a los infelices que no tienen para pagar esta contribución injusta, que siempre para en la bolsa de los criminales,
como por lo ordinario son los presidentes que las cobran. Aun se le verá
peor cara a este abuso si se considera
que cobrar tales pechos a los presos
está prohibido por las leyes.

doso preso, quien luego que se concluyó nuestra mesa frugal, me dijo:

—Amigo, creeré que a pesar de
los trabajos que ha sufrido usted,
aún le habrá quedado gana de acabar de saber el origen de los míos.

Yo le dije que sí, porque, a la
verdad, su plática era un suave bálsamo que curaba mi espíritu afligido; y don Antonio continuó el hilo
de su historia de esta suerte:

—Me acuerdo —dijo— que quedamos en que salí de esta ciudad
con mis mulas y arrieros, quedándose en ella mi esposa en casa de la
tía vieja, sin más compañía de su
parte que el mozo Domingo.

Quisiera no acordarme de lo que
sigue, porque sin embargo del tiempo que ha pasado, aún sienten dolor
al tocarlas las llagas de mis agravios, que ya se van cicatrizando;
mas es preciso no dejar a usted en
duda del fin de mi historia, tanto
porque se consuele al ver que yo
sin culpa he pasado mayores trabajos, cuanto porque aprenda a conocer el mundo y sus ardides.

Nada particular ocurre que decirle a usted tocante a mí; porque
nada tiene de particular el viaje
de un viandante, ni su residencia
en el paraje de su destino; a lo menos yo caminé y llegué al mío sin
novedad, mientras que a mi honrada esposa se le preparaba la más
terrible tempestad.

Luego que el pícaro del Marqués... perdóneme este epíteto indecoroso, ya que yo le perdono los
agravios que me ha hecho. Luego,
pues, que conoció que ya yo me
había alejado de México, trató de
descubrir sus pérfidas intenciones.

Comenzó a frecuentar a todas
horas la casa de la hipócrita vieja, que no tenía ni la virtud que
aparentaba, ni el parentesco que
decía, y no era otra cosa que una al-
cahueta refinada, y con semejante
auxilio, considere usted lo fácil que
le parecería la conquista del corazón
de mi mujer; pero se engañó de medio a medio, porque cuando las mujeres son honradas, cuando aman
verdaderamente a sus maridos y es-

tán penetradas de la sólida virtud,
son más inexpugnables que una
roca.

Tal fue esta heroína de la fidelidad conyugal. Las astucias del Marqués, sus dádivas, sus halagos, sus
respetos, sus seducciones, sus promesas y aun sus amenazas, juntas
con las repetidas y vehementes diligencias de la maldita vieja, fueron inútiles. Con todas ellas no sacaba el Marqués más jugo de mi esposa que el que puede dar un pedernal: y ya desesperado, advirtiendo por tan repetidas experiencias
que aquel corazón no era de los
que él estaba hecho a conquistar,
sino que necesitaba de armas más
ventajosas, se determinó a usar de
ellas y satisfacer su apetito a pura
fuerza.

Con esta resolución, una noche
determinó quedarse en casa para
poner en práctica sus inicuos proyectos; pero apenas lo advirtió mi
fiel esposa, cuando, con el mayor
disimulo, aprovechando un descuido,
bajó al patio, al cuarto de Domingo, y le dijo:

—El Marqués días ha que me enamora: esta noche parece que se
quiere quedar acá, sin duda con malas intenciones; la puerta del zaguán está cerrada, no puedo salirme, aunque quisiera; mi honor y el
de tu amo están en peligro; no tengo de quién valerme ni quién me
libre del riesgo que me amenaza
más que tú. En ti confío, Domingo.
Si eres hombre de bien y estimas a
tus amos, hoy es el tiempo en que
lo acredites.

El pobre Domingo, todo turbado,
la dijo:

—Y bien, señora, dígame su merced qué quiere que haga, que yo le
prometo el hacer cuanto me mande.

—Pues, hijo —le dijo mi esposa—, yo lo que quiero es que te
ocultes en mi recámara, y que si el
Marqués se desmandare, como lo
temo, me defiendas, suceda lo que
sucediere.

—Pues no tenga su merced cuidado. Váyase, no la echen de menos
y lo malicien; que yo le juro que

sólo que me mate el Marqués, conseguirá sus malos pensamientos.

Con esta sencilla promesa se subió mi mujer muy contenta, y tuvo la fortuna de que no la habían extrañado.

Llegó la hora de cenar y entró Domingo a servir la mesa como siempre. El Marqués procuraba que mi esposa se cargara el estómago de vino; pero ella, sin faltar a la urbanidad, se excusó lo más que pudo.

Acabada la cena, mi rival, por sobremesa, apuró toda la elocuencia del amor para que mi esposa condescendiera con sus torpes deseos; pero ésta, acostumbrada a resistir tales asaltos, no hizo más que reproducir los desengaños que mil veces le había dado, aunque en vano, pues el Marqués estaba ciego, y cada desengaño lo obstinaba.

Esta contienda duraría como una hora, tiempo bastante para que la criada se durmiera, y Domingo, sin ser sentido, se hubiera ocultado bajo la misma cama de su ama, la que, viendo que su apasionado la llevaba larga, se levantó de la mesa, diciéndole:

—Señor Marqués, yo estoy un poco indispuesta, permítame usted que me vaya a recoger, que es bien tarde.

Con esto se despidió y se fue a su recámara, cuidadosa de si Domingo se habría olvidado de su encargo; pero luego que entró, el criado fiel le avisó dónde estaba, diciéndole que estuviera sin miedo.

Sin embargo de esta compañía, mi esposa no quiso desnudarse ni apagar la vela, según lo tenía de costumbre, recelosa de lo que podía suceder, como sucedió en efecto.

Serían las doce de la noche cuando el Marqués abrió la puerta y fue entrando de puntillas, creyendo que mi esposa dormía, pero ésta, luego que lo sintió, se levantó y se puso en pie.

Un poco se sobresaltó el caballero con tan inesperada prevención, pero recobrado de la primera turbación, le preguntó:

—Señorita, ¿pues qué novedad es ésta que tiene a usted en pie y vestida a tales horas de la noche?

A lo que mi esposa, con gran socarra, le respondió:

—Señor Marqués, luego que advertí que usted se quedaba en casa de esta santa señora, presumí que no dejaría de querer honrar este cuarto a deshora de la noche, a pesar de que yo no me he granjeado tales favores, y por eso determiné no desnudarme ni dormirme, porque no era decente esperar de esa manera una visita semejante.

Parece que era regular que el Marqués hubiera desistido de su intento, al verlo prevenido y reprochado tan a tiempo; mas estaba ciego, era Marqués, estaba en su casa y según a él le pareció no había testigos ni quien embarazara su vileza; y así, después de probar por última vez los ruegos, las promesas, y las caricias, viendo que todo era inútil, abrazó a mi mujer, que se paseaba por la recámara, y dio con ella de espaldas en la cama; pero aún no había acabado ella de caer en el colchón, cuando ya el Marqués estaba tendido en el suelo; porque Domingo, luego que conoció el punto crítico en que era necesario, salió por debajo de la cama, y abrazando al Marqués por las piernas, lo hizo medir el estrado de ella con las costillas.

Mi esposa me ha escrito que a no haber sido el motivo tan serio, le hubiera costado trabajo el moderar la risa, pues no fue el paso para menos. Ella se sentó inmediatamente en el borde de su cama, y vio tendido a sus pies al enemigo de mi honor, que no osaba levantarse, ni hablar palabra; porque el jayán de Domingo estaba hincado sobre sus piernas, sujetándolo del pañuelo contra la tierra, y amenazando su vida con un puñal, y diciéndole a mi esposa, lleno de cólera:

—¿Lo mato, señora? ¿Lo mato? ¿Qué dice? Si mi amo estuviera aquí, ya lo hubiera hecho; conque ansina nada se puede perder por orrale ese trabajo; antes cuando lo sepa, me lo agradecerá muncho.

Mi esposa no dio lugar a que acabara Domingo de hablar, sino que, temerosa no fuera a suceder una desgracia, se echó sobre el brazo del puñal, y con ruegos y mandatos de ama, a costa de mil sustos y porfías, logró arrancárselo de la mano y hacer que dejara al Marqués en libertad.

Este pobre se levantó lleno de enojo, vergüenza y temor, que tanto le impuso la bárbara resolución del mozo. Mi esposa no tuvo más satisfacción que darle sino mandar a Domingo que se retirara a la segunda pieza, y no se quitara de allí, y luego que éste la obedeció, le dijo al Marqués:

—¿Ve usted, señor, el riesgo a que lo ha expuesto su inconsideración? Yo presumí, según le insinué poco hace, que se había de determinar a mancillar mi honor y el de mi esposo por la fuerza, y para impedirlo hice que este criado se ocultara en mi recámara. Llegó el caso temido, y a este pobre payo, que no entiende de muchos cumplimientos, le pareció que el único modo de embarazar el designio de usted era tirarlo al suelo y asesinarlo, como lo hubiera verificado, a no haber yo tomado el justo empeño que tomé en impedirlo. Yo conozco que él se excedió bárbaramente, y suplico a usted que lo disculpe; pero también es forzoso que conozca y confiese que ha tenido la culpa. Yo le he dicho a usted mil veces que le agradezco muy mucho y le viviré reconocida por los favores que tanto a mí como a mi marido nos ha dispensado, mucho más, cuando advierto que ni el uno ni la otra los merecemos; pero, señor, no puedo pagarlos en la moneda que usted quiere. Soy casada, amo a mi marido más que a mí, y sobre todo tengo honor, y éste, si una vez se pierde, no se restaura jamás. Usted es discreto; conozca la justicia que me asiste; trate de desechar ese pensamiento que tanto lo molesta y me incomoda; y como no sea en eso, yo me ofrezco a servirle como la última criada de su casa.

El Marqués guardó un profundo silencio, mientras que habló mi esposa; pero luego que concluyó, se levantó diciendo:

—Señorita, ya quedo impuesto en el motivo que ocasionó a usted pretender quitarme la vida alevosamente, y quedo medio persuadido a que si no tuviera esposo me amaría, pues yo no soy tan despreciable. Yo trataré de quitar este embarazo, y si usted no me correspondiere, se acordará de mí; se lo juro.

Diciendo esto, sin esperar respuesta, se salió de la recámara, y mirando a Domingo en la puerta, le dijo:

—Has procedido como un villano vil de quien no me es decente tomar una satisfacción cuerpo a cuerpo; mas ya sabrás quién es el Marqués de T.

Mi esposa, que me escribió estas cosas tan por menor como las estoy contando a usted, no entendió que aquellas amenazas se dirigieran contra mí y la existencia de mi criado.

Ella esperaba la aurora para tratar de librarse de los riesgos a que su honor se hallaba expuesto en aquella casa prostituida, y mucho más cuando el criado la contó lo que le había dicho el Marqués, añadiendo que él pensaba partir a otro día de la ciudad, porque temía que lo hiciera asesinar.

Mi esposa aprobó su determinación; pero le rogó que la dejara en salvo y fuera de aquella casa, y mi mozo se lo prometió solemnemente; para que se vea que entre esta gente, que llaman *ordinaria*, sin razón, se hallan también almas nobles y generosas.[2]

_____

[2] Verdad es que a los criados se les llama enemigos domésticos; que por lo regular ni tienen buena cuna ni educación, y que casi siempre más sirven por el salario que por amor; pero no es menos cierto que ésta no es regla general. Hay de todo; así como hay amos altaneros y soberbios cuyo trato

Rasgó el sol los velos de la aurora y manifestó su resplandeciente
cara a los mortales, y mi esposa
al instante trató de mudarse de la
casa; ¿pero adónde, si carecía absolutamente de conocimiento en México? Mas, ¡oh lealtad de Domingo! Él le facilitó todo, y le dijo:

—Lo que importa es que su merced no esté aquí, y más que esté
en medio de la plaza. Voy a llamar
los cargadores.

Diciendo esto, se fue a la calle,
y a poco rato volvió con un par de
indios a quienes imperiosamente
mandó cargar la cama y baúl de mi
esposa, que ya estaba vestida para
salir; y aunque la vieja hipócrita
procuró estorbarlo, diciendo que era
menester esperar al señor Marqués,
el mozo, lleno de cólera, le dijo:

—¡Qué Marqués ni qué talega!
Él es un pícaro y usted una alca-
hueta, de quien ahora mismo iré a
dar cuenta a un alcalde de corte.

No fue menester más para que
la vieja desistiera de su intento, y
a los quince minutos ya mi esposa
estaba en la calle con Domingo y los
dos cargadores; pero cuando ven-
cían una dificultad hallaban otras de
nuevo que vencer.

Se hallaba mi esposa fatigada en
medio de la calle, con los cargadores ocupados y sin saber adónde
irse, cuando el fiel Domingo se acordó de una nana Casilda que nos había lavado la ropa cuando estábamos en el mesón; y sin pensar en
otra cosa, hizo dirigir allá los cargadores.

En efecto, llegaron y, descarga-
dos los muebles, le comunicó a la
lavandera cuanto pasaba, añadién-
dole que él dejaba a mi esposa a su
cuidado, porque su vida corría riesgo en esta capital, que la señorita
su ama tenía dinero, que de nada
necesitaba, sino de quien la librara
del Marqués, y que su amo era muy
honrado y muy hombre de bien, que

duro no merece el amor de sus domésticos. Trátense los criados con cariño
y humanidad, y rara vez dejarán de
corresponder a sus señores con amor,
gratitud y respeto.

no se olvidaría de pagar el favor
que se hiciera por su esposa. La
buena vieja ofreció hacer cuanto estuviera de su parte en nuestro obsequio; mi fiel consorte le dio cien
pesos a Domingo para que se fuera
a su tierra, y nos esperara en ella,
con lo cual él, llenos los ojos de lágrimas, marchó para Jalapa, advertido de no darse por entendido con
la madre de mi esposa.

Luego que el mozo se ausentó, la
viejita fue en el momento a comunicar el asunto con un eclesiástico
sabio y virtuoso a quien lavaba la
ropa, y éste, después de haber hablado con mi esposa, dispuso las
cosas de tal manera, que a la noche durmió mi mujer en un convento, desde donde me escribió toda
la tragedia.

Dejemos a esta noble mujer quie-
ta y segura en el claustro, y veamos los lazos que el Marqués me
dispuso, mucho más vengativo cuando no halló a mi esposa en casa de
la vieja, ni aun pudo presumir en
dónde se ocultaba de su vista.

Lo primero que hizo fue ponerme un propio avisándome estar enfermo, y que luego, leída la suya,
enfardelara las existencias y me
pusiera en camino a la ligera para
México, porque así convenía a sus
intereses.

Yo inmediatamente obedecí las
órdenes de mi amo y traté de ponerme en camino, pero no sabía la
red que me tenía prevenida.

Ésta fue la siguiente: En una de
las ventas donde yo debía parar tenía mi amo apostados dos o tres
bribones mal intencionados (que todo se compra con el oro), los cuales,
sin poder yo prevenirlo, se me dieron por amigos, diciéndome iban a
cumplimentarme de parte del Marqués.

Yo los creí sincerísimamente, porque el hombre, mientras menos malicioso, es más fácil de ser engañado,
y así me comuniqué con ellos sin
reserva. En la noche cenamos juntos y brindamos amigablemente, y
ellos, no perdiendo tiempo para su
intriga, embriagaron a mis mozos,

y a buena hora mezclaron entre los tercios de ropa una considerable porción de tabaco, y se acostaron a dormir.

A otro día madrugamos todos para venirnos a la capital, a la que llegamos en el preciso día a marchas forzadas. Pasaron mis cargas de la garita sin novedad y sin registro; bien es verdad que no sé qué diligencia hicieron con los guardas, porque como no todos los guardas son íntegros, se compran muchos de ellos a bajo precio.

Yo no hice alto en esto, pensando que mis camaradas iban a platicar con ellos, porque tal vez serían conocidos; y así con esta confianza, llegamos a México y a la misma casa del Marqués.

Luego que apeé, mandó éste desaparejar las mulas y embodegar las cargas, haciéndome al mismo tiempo mil expresiones.

En vista de ellas, aunque ya tenía en el cuerpo las malas noticias de mi esposa, que había recibido en el camino, no pude excusarme de admitir sus obsequios, y aunque deseaba ir a verla al convento, me fue forzoso disimular y condescender con las instancias del Marqués.

A pesar de la molestia y cansancio que me causó el camino, no pude dormir aquella noche, pensando en mi adorada Matilde, que éste es el nombre de mi esposa; pero, por fin, amaneció y me vestí, esperando que despertara el Marqués para salir de casa.

No tardó mucho en despertar; pero me dijo que en la misma mañana quería que concluyéramos las cuentas, porque tenía un crédito pendiente y deseaba saber con qué contaba de pronto para cubrirlo.

Como yo, aunque lo veía con tedio, no presumía que trataba de aprovechar aquellos momentos para perderme, y a más de esto anhelaba también por entregarle su ancheta, y romper de una vez todas las conexiones que me habían acarreado su amistad, no me costó mucho trabajo darle gusto.

En efecto, comencé a manifestarle las cuentas, y a ese tiempo entraron en el gabinete dos o tres amigos suyos, cuyas visitas suspendieron nuestra ocupación, bien a mi pesar, que estaba demasiado violento por quitarme de la presencia de aquel pérfido; pero no fue dable, porque el pícaro pretextando urbanidad y cariño, sacó al comedor a sus amigos, sin dejarme separar de ellos; antes tratándome con demasiada familiaridad y expresión, y de esta suerte nos sentamos juntos a almorzar.

Aún no bien habíamos acabado, cuando entró un lacayo con un recado del cabo del resguardo que esperaba en el patio con cuatro soldados.

—¿Soldados en mi casa? —preguntó el Marqués fingiendo sorprenderse.

—Sí, señor —respondió el lacayo—, soldados y guardas de la aduana.

—¡Válgate Dios! ¿Qué novedad será ésta? Vamos a salir del cuidado.

Diciendo esto, bajamos todos al patio, donde estaban los guardas y soldados. Saludaron a mi amo cortésmente, y el cabo o superior de la comparsa preguntó que quién de nosotros era su dependiente que acababa de llegar de tierra adentro.

El Marqués contestó que yo, e inmediatamente me intimaron que me diese por preso, rodeándose de mí al mismo tiempo los soldados.

Considere usted el sobresalto que me ocuparía al verme preso, y sin saber el motivo de mi prisión; pero mucho más sofocado quedé cuando, preguntándolo el Marqués, le dijeron que por contrabandista, y que, en achaque de géneros suyos, había pasado la noche antecedente una buena porción de tabaco entre los tercios, que aún debían estar en su bodega; que la denuncia era muy derecha, pues no menos venía que por el mismo arriero que enfardeló el tabaco; por señas que los tercios más cargados eran los de la marca T; y, por último, que de orden del señor director prevenían al señor Marqués contestase sobre el particular y entregase el comiso.

El Marqués, con la más pérfida simulación, decía:

—Si no puede ser eso; sobre que este sujeto es demasiado hombre de bien, y en esta confianza le fío mis intereses sin más seguridad que su palabra, ¿cómo era posible que procediera con tanta bastardía que tratase de abochornarme y de perderse? ¡Vamos, que no me cabe en el juicio!

—Pues, señor —decían los guardas—, aquí está el escribano, que dará fe de lo que se halle en los tercios; registrémoslos y saldremos de la duda.

—Así será —dijo el Marqués, y como lleno de cólera mandó pedir las llaves. Trajéronlas, abrieron la bodega, desliaron los tercios, y fueron encontrándolos casi rellenos de tabaco.

Entonces el Marqués, revistiendo su cara de indignación, y echándome una mirada de rico enojado, me dijo:

—So bribón, trapacero, villano y mal agradecido: ¿éste es el pago que ha dado a mis favores? ¿Así se me corresponde la ciega e imprudente confianza que hice de él? ¿Así se recompensan mis servicios, en nada me los tenía merecidos? Y por fin, ¿así se retorna aquella generosidad con que le di mi dinero para que él solo se aprovechara de sus utilidades sin que conmigo partiera ni un ochavo, cosa que tiene pocos ejemplares? ¿No le bastaba al muy pícaro robarme y defraudarme, sino que trató de comprometer a un hombre de mi honor y de mi clase? Muy bien está que él pague el fraude hecho contra la real hacienda, bogando en una galera o arrastrando una cadena en su presidio por diez años; pero a mí, ¿quién me limpiará de la nota en que me ha hecho incurrir, a lo menos entre los que no saben la verdad del caso? Y ¿quién restaurará mis intereses, pues es claro que cuanto tienen de tabaco los tercios,

tanto les falta de géneros y existencias? Mi honor yo lo vindicaré y lo aquilataré hasta lo último; pero ¿cómo resarciré mis intereses? Vamos, no calle, ni quiera hacerse ahora mosca muerta. Diga la verdad delante del escribano: ¿Yo lo mandé a comerciar en tabaco? ¿O tengo interés en este contrabando?

Yo, que había estado callado a semejante inicua represión, aturdido, no por mi culpa, que ninguna tenía,[3] sino por la sorpresa que me causó aquel hallazgo, y por las injurias que escuchaba de la boca del Marqués, no pude menos que romper el silencio a sus preguntas, y confesar que él no tenía la más mínima parte en aquello, pero que ni yo tampoco; pues Dios sabía que ni pensamiento había tenido de emplear un real en tabaco. A esto se rieron todos, y después de emplazar al Marqués para que contestara, cargaron con los tercios para la Aduana, y conmigo para esta prisión, sin tener el ligero gusto de ver a mi querida esposa, causa inocente de todas mis desgracias.

Dos años hace que habito las mansiones del crimen, reputado por uno de tantos delincuentes; dos años hace que sin recurso lidio con las perfidias del Marqués, empeñado en sepultarme en un presidio, que hasta allá no ha parado su vengativa pasión; porque después que con infinito trabajo he probado con las declaraciones de los arrieros que no tuve ninguna noticia del tabaco, él me ha tirado a perder demandándome el resto que dice falta a su principal; dos años hace que mi esposa sufre una honorosa prisión, y dos años hace que yo tolero con resignación su ausencia y los mu-

---

[3] No siempre la turbación prueba delito. Ésta es una prueba muy equívoca; antes el hombre de bien se aturdirá más presto que el pícaro procaz cuando se vea acusado de un delito que no ha cometido. El inmutarse, desfigurarse el semblante y balbucir las palabras, probará terror o vergüenza, pero no siempre la realidad del delito.

chos trabajos que no digo; pero
Dios que nunca falta al inocente
que de veras confía en su alta Providencia, ha querido darse por satisfecho y enviarme los consuelos a
buen tiempo, pues cuando ya los jueces engañados con la malicia de mi
poderoso enemigo y con los enredos
del venal escribano de la causa, que
lo tenía comprado con doblones, trataban de confinarme a un presidio,
asaltó al Marqués la enfermedad de
la muerte, en cuya hora, convencido
de su iniquidad, y temiendo el terrible salto que iba a dar al otro mundo, entregó a su confesor una carta
escrita y firmada de su puño, en la
que, después de pedirme un sincero
perdón, confiesa mi buena conducta, y que todo cuanto se me había
imputado había sido calumnia y

efecto de una desordenada y vengativa pasión.

De esta carta tengo copia, y se
les ha dado a los jueces privadamente, para que no pare en perjuicio del honor del Marqués, de
manera que de un día a otro espero
mi libertad y el resarcimiento de
mis intereses perdidos.

Ésta, amigo, es mi trágica aventura. Se la he contado a usted para
que no se desconsuele, sino que
aprenda a resignarse en los trabajos, seguro de que si está inocente,
Dios volverá por su causa.

Aquí llegaba don Antonio, cuando fue preciso separarnos para rezar el rosario y recogernos. Sin embargo, después de cenar y cuando
estuvimos más solos, le dije lo siguiente:

...Nadie crea que es suyo el retrato, sino que hay muchos diablos que se parecen unos a otros. El que se hallare tiznado, procure lavarse, que esto le importa más que hacer crítica y examen de mi pensamiento, de mi locución, de mi idea, o de los demás defectos de la obra.

TORRES VILLARROEL.
En su prólogo de la
Barca de Aqueronte.

PRÓLOGO EN TRAJE DE CUENTO

HA DE ESTAR USTED para saber, señor lector, y saber para contar, que estando yo la otra noche solo en casa, con la pluma en la mano anotando los cuadernos de esta obrilla, entró un amigo mío de los pocos que merecen este nombre, llamado *Conocimiento,* sujeto de abonada edad y profunda experiencia, a cuya vista me levanté de mi asiento para hacerle los cumplimientos de urbanidad que son corrientes.

Él me correspondió, y sentándose a mi derecha, me dijo:

—Continúe usted en su ocupación, si es que urge, que yo no más venía a hacerle una visita de cariño.

—No urge, señor —le dije—, y aunque urgiera, la interrumpiría de buena gana por dar lugar a la grata conversación de usted, ya que no tengo el honor de que me visite de cuando en cuando; y aun esta vez lo aprecio demasiado por aprovechar la ocasión de suplicarle me informe qué se dice por ahí de *Periquillo Sarniento,* pues usted visita a muchos sabios, y aun a los más rudos suele honrarlos algunas veces como a mí.

—¿Usted me habla de esa obrita reciente, cuyo primer tomo ha dado usted a luz?

—Sí, señor —le respondí—, y me interesa saber qué juicio forma de ella el público para continuar mis tareas, si lo forma bueno, o para abandonarlo en el caso contrario.

—Pues oiga usted, amigo —me dijo *Conocimiento*—; es menester advertir que el público es todos y ninguno; que se compone de sabios e ignorantes, que cada uno abunda en su opinión, que es moralmente imposible contentar al público, esto es, a todos en general, y que la obra que celebra el necio, por un accidente merece la aprobación del sabio, así como la que éste aplaude, por maravilla la celebra el necio. Siendo éstas unas verdades de Pero Grullo, sepa usted que su obrita corre en el tribunal del público casi los mismos trámites que han corrido sus compañeros, quiero decir, las de su clase. Unos la celebran más de lo que merece; otros no la leen para nada; otros la leen y no la entienden; otros la leen y la interpretan; y otros, finalmente, la comparan a los *Anales de Volusio* o al espinoso cardo, que sólo puede agradar al áspero paladar del jumento. Estas cosas debe usted tenerlas por sabidas, como que no ignora que es más fácil que un panal se libre de la golosina de un muchacho, que la obra más sublime del agudo colmillo del zoylo.

—Es verdad, señor, que lo sé, y sé que mis obrillas no tienen cosa que merezca el más ligero aplauso, y esto lo digo sin gota de hipocresía, sino con la sinceridad que lo siento; y admiro la bondad del público cuando lee con gusto mis mamarrachos a costa de su dinero, disimulando benigno lo común de los pensamientos, lo mal limado del estilo, y tal vez algunos yerros groseros, y entonces no puedo menos que tenerlos a todos por más prudentes que a Horacio, pues éste decía en su *Arte poético* que en una obra buena perdonaría algunos defectos: *Non ego paucis offendar maculis;*

y también dijo que hay defectos que merecen perdón: *Sunt delicta tamen quibus ignovisse velimus;* pero mis lectores, a cambio de tal cual cosa que le sale a gusto en mis obritas, tienen paciencia para perdonar los innumerables defectos en que abundan. Dios se los pague y les conserve esa docilidad de carácter. Tampoco soy de los que aspiran a tener un sinnúmero de lectores, ni apetezco los vítores de la plebe ignorante y novelera. Me contento con pocos lectores, que siendo sabios no me haría daño su aprobación, y para no cansar a usted, cuando le digo esto, me acuerdo del sentir de los señores Horacio, Juan Owen e Iriarte, y digo con el último en su fábula del oso bailarín:

> Si el sabio no aprueba, malo:
> si el necio aplaude, peor. (Fáb. III).

Es verdad que apetecería tener no ya muchos lectores, sino muchos compradores; a lo menos tantos cuantos se necesitan para costear la impresión y compensarme el tiempo que gasto en escribir. Con esto que no faltara, me daría por satisfecho, aunque no tuviera un alabador, acordándome de lo que acerca de ellos y los autores dice el célebre Owen en uno de sus epigramas:

> Bastan pocos,[1] basta uno
> en quien aplausos desee,
> y si ninguno me lee,
> también me basta ninguno.

Mas, sin embargo de estas advertencias, yo quisiera saber cómo se opina de mi obrita para hacer la cuenta con mi bolsa, pues no vaya usted a pensar que por otra cosa.

—Pues, amigo —me dijo *Conocimiento*—, tenga usted el consuelo que hasta ahora yo más he oído hablar bien de ella que mal.

—¿Luego también hay quien hable mal de ella? —le pregunté.

—¿Pues no ha de haber? —me dijo—. Hay o ha habido quien hable mal de las mejores obras, ¡y se había de quedar *Periquillo* riendo de los habladores!

—Pero ¿qué dicen de Perico? —le pregunté—; y él me contestó:

—Dicen que este Perico habla más que lo que se necesita; que lleva traza de no dejar títere con cabeza a quien no le corte su vestido; que a título de crítico es un murmurador eterno de todas las clases y corporaciones del Estado, lo que es una grandísima bellaquería; que quién lo ha metido a pedagogo del público para, so color de declamar contra los abusos, satisfacer su carácter mordaz y maldiciente; que si su fin era enseñar a sus hijos, porqué no lo hizo como Catón Censorino,

> que doctrinaba a su hijo
> con buen corazón,

y no con sátiras, críticas y chocarrerías; que si el publicar tales escritos es por acreditarse de editor, con ellos mismos se desacredita, pues pone su necedad de letra de molde; y si es por lucro que espera sacar de los

---

[1] Elogiadores.

lectores, es un arbitrio odioso e ilegal, pues nadie debe solicitar su subsistencia a costa de la reputación de sus hermanos; y, por último, que si el autor es tan celoso, tan arreglado y opuesto a los abusos, ¿por qué no comienza reformando los suyos, pues no le faltan?

—¡Ay, señor *Conocimiento!* —exclamé lleno de miedo—. ¿Es posible que todo eso dicen?

—Sí, amigo, todo eso dicen.

—¿Pero quién lo dice, hermanito de mi corazón?

—¿Quién lo ha de decir —contestó *Conocimiento*—, sino aquellos a quienes amargan las verdades que usted les hace beber en la copa de la fábula? ¿Quiere usted que hable bien de *Periquillo* un mal padre de familia, una madre consentidora de sus hijos, un preceptor inepto, un eclesiástico relajado, una coqueta, un flojo, un ladrón, un fullero, un hipócrita, ni ninguno de cuantos viciosos usted pinta? No, amigo, éstos no hablarán bien de la obra, ni de su autor en su vida; pero tenga usted entendido que de esta clase de rivales saca un grandísimo partido, pues ellos mismos, sin pensarlo, acreditan la obra de usted y hacen ver que no miente en nada de cuanto escribe; y así siga usted su obrita, despreciando esta clase de murmuraciones (porque no se llaman ni pueden llamarse críticas). Repita de cuando en cuando lo que tantas veces tiene protestado y estampado, esto es, que no retrata jamás en sus escritos a ninguna persona determinada; que sólo ridiculiza el vicio con el mismo loable fin que lo han ridiculizado tantos y tan valientes ingenios de dentro y fuera de nuestra España, y para que más lo crean, repítales con el divino Canario (Iriarte):

> A todos y a ninguno
> mis advertencias tocan:
> quien las siente, se culpa;
> el que no, que las oiga.

> Y pues no vituperan
> señaladas personas,
> quien haga aplicaciones,
> con su pan se lo coma. (Fáb. I.)

Diciendo esto se fue el *Conocimiento* (porque era el *Conocimiento universal*), añadiendo que estaba haciendo falta en algunas partes, y yo tomé la pluma y escribí nuestra conversación, para que usted, amigo lector, haga boca y luego siga leyendo la historieta del famoso *Periquillo.*

CAPÍTULO I

SALE DON ANTONIO DE LA CÁRCEL; ENTRÉGASE PERIQUILLO A LA AMISTAD
DE LOS TUNOS SUS COMPAÑEROS, Y LANCE QUE LE PASÓ CON EL AGUILUCHO

CUANDO ESTUVIMOS ACOSTADOS, le dije a don Antonio:

—Ciertamente, querido amigo, que en este instante he tenido un gusto y un pesar. El gusto ha sido saber que su honor de usted quedó ileso, tanto de parte de su fidelísima consorte, cuanto de parte del Marqués, en virtud de la tan pública y solemne retractación que ha hecho, según la cual usted será restituido brevemente a su libertad, y disfrutará la amable compañía de una esposa tan fiel y digna de ser amada; y el pesar ha sido por advertir el poco tiempo que gozaré la amigable compañía de un hombre generoso, benéfico y desinteresado.

—Reserve usted esos elogios —me dijo don Antonio— para quien los sepa merecer. Yo no he hecho con usted más que lo que quisiera hicieran conmigo, si me hallara en su situación; y así, sólo he cumplido en esta parte con las obligaciones que me imponen la religión y la Naturaleza; y ya ve usted que el que hace lo que debe no es acreedor ni a elogios ni a reconocimiento.

—¡Oh, señor! —le dije—, si todos hicieran lo que deben, el mundo sería feliz, pero hay pocos que cumplan con sus deberes, y esta escasez de justos hace demasiado apreciables a los que lo son, y usted no lo dejará de ser para mí en cuanto me dure la vida. Apetecería que mi suerte fuera otra, para que mi gratitud no se quedara en palabras, pues si, según usted, el que hace lo que debe no merece elogios, el que se manifiesta agradecido a un favor que recibe, hace lo que debe justamente; porque, ¿quién será aquel indigno que recibiendo un favor, como yo, no lo confiese, publique y agradezca, a pesar de la modestia de su benefactor? Mi padre, señor, era muy honrado y dado a los libros, y yo me acuerdo haberle oído decir, que el que inventó las prisiones fue el que hizo los primeros beneficios; ya se ve que esto se entiende respecto de los hombres agradecidos; pero ¿quién será el infame que recibiendo un beneficio no lo agradezca? En efecto, el ingrato es más terrible que las fieras. Usted ha visto la gratitud de los perros, y se acordará de aquel león a quien habiéndole sacado un caminante una espina que tenía clavada en la mano, siendo éste después preso y sentenciado a ser víctima de las fieras en el circo de Roma, por suerte, o para lección de los ingratos, le tocó que saliese a devorarlo aquel mismo león a quien había curado de la mano, y éste, con admiración de los espectadores, luego que por el olfato conoció a su benefactor, en vez de arremeterle y despedazarlo como era natural, se le acerca,[1] lo lame, y con la cola, boca y cuerpo todo, lo agasaja y halaga, respetando a su favorecedor. ¿Quién, pues, será el hombre que no sea reconocido? Con razón las antiguas leyes no prescribieron pena a los ingratos, pensando el legislador que no podía darse tal crimen; y con igual razón dijo Ausonio que *no producía la Naturaleza cosa peor que un ingrato.*

[1] Es de advertir que cuando los romanos echaban fieras a los delincuentes, les cercenaban el alimento para hacerlas más feroces con el hambre.

Conque vea usted, amigo don Antonio, si podré yo excusarme de agradecer a usted los favores que me ha dispensado.

—Yo jamás hablo contra lo que me dicta la razón —me respondió—; conozco que es preciso y justo agradecer un beneficio; yo así lo hago, y aun lo publico, pues, a más no poder, es una media paga el publicar el bien recibido, ya que no se pueda compensar de otra manera; pero con todo eso, desearía que no lo hicieran conmigo, porque no apetezco la recompensa de tal cual beneficio que hago del que lo recibe, sino de Dios y del testimonio de mi conciencia; porque yo también he leído en el autor que usted me citó, que *el que hace un beneficio no debe acordarse de que lo hizo.*

Conque así, dejando esta materia, lo que importa es que usted no se desmaye en los trabajos, ni se abata cuando yo le falte, pues le queda la Providencia, que acudirá a sostenerlo en ese caso, así como lo hace ahora por mi medio, pues yo no soy más que un instrumento de quien a la presente se vale.

En estas amistosas conversaciones nos quedamos dormidos, y a otro día, sin esperarlo yo, me llamaron para arriba. Subí sobresaltado, ignorando para qué me necesitaban; pero pronto salí de la duda, haciéndome entender el escribano que me iba a tomar la *confesión con cargos.*

Me hicieron poner la cruz y me conjuraron cuanto pudieron para que confesara la verdad, so cargo del juramento que había prestado.

Yo en nada menos pensaba que en confesar ni una palabra que me perjudicara, pues ya había oído decir a los léperos, que en estos casos *primero es ser mártir que confesor;* pero, sin embargo, yo juré decir verdad, porque decir que sí no me perjudicaba.

Comenzaron a preguntarme mucho de lo que ya se me había preguntado en la declaración preparatoria, y yo repetí las mismas mentiras a muchas de las mismas preguntas

que sospechaba no me eran favorables, y así negué mi nombre, mi patria, mi estado, etc., añadiendo, acerca del oficio, que era labrador en mi tierra; confesé, porque no lo podía negar, que era verdad que Januario era mi amigo, y que el sarape y rosario eran suyos; pero no dije cómo habían venido a mi poder, sino que me los había empeñado.

A seguida se me hicieron varios cargos, pero nada valió para que yo declarara lo que se quería, y en vista de mi resistencia se concluyó aquella formalidad, haciéndome firmar la declaración y despachándome al patio.

Yo obedecí prontamente, como que deseaba quitarme de su presencia. Bájeme a mi calabozo, y no hallando en él a don Antonio, salí al patio a tomar el sol.

Estando en esta diligencia, se juntaron cerca de mí unos cuantos cofrades de Birján, y tendiendo una frazadita en el suelo, se sentaron a jugar a la redonda en buena paz y compañía, la que por poco les deshace el presidente si no le hubieran pagado dos o cuatro reales de licencia, que tanto llevaba de pitanza, con nombre de licencia, por cada rueda de juego que se ponía, y tal vez más, según era la cantidad que se jugaba.

Yo me admiraba al ver que en la cárcel se jugaba con más libertad y a menos costo que en la calle, envidiando de paso las buscas de los presidentes, pues a más de las generales, éste de quien hablo tenía otras que no le dejaban poco provecho, porque por tercera persona metía aguardiente y lo vendía como se le antojaba, prestaba sobre prendas con dos reales de logro por peso, y hacía otras diligencias tan lícitas y honestas como las dichas.

Deseaba yo mezclarme con los tahúres a ver si me *ingeniaba* con alguna de las gracias que me había enseñado Juan Largo; pero no me determiné por entonces, porque era nuevo y veía la clase de gente que jugaba, que cada uno podía darme lecciones en el arte de fullería; y así me contenté con divertirme mirándolos.

Pasado un largo rato de ociosidad, como todos los que se pasan en nuestras cárceles, repetí mi viaje al calabozo, y ya estaba don Antonio esperándome. Le conté todo mi acaecimiento con el escribano, y él mostró admirarse diciéndome:

—Me hace fuerza que tan presto se haya evacuado la confesión con cargos, pues ayer le dije a usted que podía esperar este paso de aquí a tres meses, y en efecto puedo citarle muchos ejemplares de estas dilaciones. Bien es verdad que cuando los jueces son activos y no hay embarazo que lo impida, o urge mucho la conclusión del negocio, se determina pronto esta diligencia. Pero vamos a esto: ¿ha hecho usted muchas citas? Porque siendo así, se enreda o se demora más la causa.

—No sé lo que son citas —le respondí.

A lo que don Antonio me dijo:

—Citas son las referencias que el reo hace a otros sujetos poniéndolos por testigos, o citándolos con cualquiera injerencia en la causa, y entonces es necesario tomarles a todos declaración, para examinar por ésta la verdad o falsedad de lo que ha dicho; y esto se llama evacuar citas. Ya usted verá que naturalmente estas diligencias demandan tiempo.

—Pues, amigo —le dije—, mal estamos; porque yo, para probar que no salí con Januario la noche del robo, atestigüé que me había estado en el truquito con todos los inquilinos de él, y éstos son muchos.

—En verdad que hizo usted mal —me dijo don Antonio—, pero si no había prueba favorable, usted no podía omitirla. En fin, si con la prisa que ha comenzado el negocio, continúa, puede usted tener esperanza de salir pronto.

En estas y otras conversaciones entretuvimos el resto de aquel día, en el que mi caritativo amigo me dio de comer, y en los quince o veinte días más que duró en mi compañía, no sólo me socorrió en cuanto pudo, sino que me doctrinó con sus consejos. ¡Ah, si yo los hubiera tomado!

Cuando me veía adunarme con algunos presos cuya amistad no le parecía bien, me decía:

—Mire usted, don Pedrito, dice el refrán que *cada oveja con su pareja*. Podía usted no familiarizarse tanto con esa clase de gente como N. y Z., pues, no porque son pobres ni morenos, éstos son accidentes por los que solamente no debe despreciarse al hombre ni desecharse su compañía, en especial si aquel color y aquellos trapos rotos cubren, como suele suceder, un fondo de virtud, sino porque esto no es lo más frecuente; antes la ordinariez del nacimiento y el despilfarro de la persona suelen ser los más seguros testimonios de su ninguna educación ni conducta; y ya ve usted que la amistad de unas gentes de esta clase no pueden traerle ni honra ni provecho; y ya se acuerda de que, según me ha contado, los extravíos que ha padecido y los riesgos en que se ha visto no los debe a otros que a sus malos amigos, aun en la clase de bien nacidos, como el señor Januario.

A este tenor eran todos los consejos que me daba aquel buen hombre, y así con sus beneficios como con la suavidad de su carácter, se hizo dueño de mi voluntad en términos que yo lo amaba y lo respetaba como a mi padre.

Esto me acuerda que yo debí a Dios un corazón noble, piadoso y dócil a la razón. La virtud me prendaba, vista en otros; los delitos atroces me horrorizaban, y no me determinaba a cometerlos, y la sensibilidad se excitaba en mis entrañas a la presencia de cualquier escena lastimosa. Pero ¿qué tenemos con estas buenas cualidades si no se cultivan? ¿Qué, con que la tierra sea fértil, si la semilla que en ella se siembra es de cizaña? Eso era cabalmente lo que me sucedía. Mi docilidad me servía para seguir el ímpetu de mis pasiones y el ejemplo de mis malos amigos; pero cuando lo veía bueno, pocas veces dejaba de enamorarme la virtud, y si no me determinaba a seguirla constantemente, a lo menos me sentía inclinado a ello, y me refrenaba mientras tenía el estímulo a la vista.

Así me sucedió mientras tuve la compañía de don Antonio, pues lejos de envilecerme o contaminarme más con el perverso ejemplo de aquellos presos ordinarios, que conocemos con el nombre de *gentalla*, según me aconteció en el truquito, lejos de esto, digo, iba yo adquiriendo no sé qué modo de pensar con honor, y no me atrevía a asociarme con aquella broza por vergüenza de mi amigo, y por la fuerza que me hacían sus suaves y eficaces persuasiones. ¡Qué cierto es que el ejemplo de un amigo honrado contiene a veces más que el precepto de un superior, y más si éste sólo da preceptos y no ejemplos!

Pero como yo apenas comenzaba a ser aprendiz de hombre de bien con los de mi buen compañero, luego que me faltaron, rodó por tierra toda mi conducta y señorío, a la manera que un cojo irá a dar al suelo luego que le falte la muleta. Fue el caso que una mañana que estaba yo solo en mi calabozo leyendo en uno de los libros de don Antonio, bajó éste de arriba, y dándome un abrazo, me dijo muy alborozado:

—Querido don Pedro, ya quiso Dios, por fin, que triunfara la inocencia de la calumnia, y que yo logre el fruto de aquélla en el goce completo de mi libertad. Acaba el alcaide de darme el correspondiente boleto. Yo trato de no perder momento en esta prisión para que mi buena esposa tenga cuanto antes la complacencia de verme libre y a su lado; y por este motivo resuelvo marcharme ahora mismo. Dejo a usted mi cama, y esa caja, con lo que tiene dentro, para que se sirva de ella entretanto la mando sacar de aquí; pero le encargo me la cuide mucho.

Yo prometí hacer cuanto él me mandara, dándole los plácemes por su libertad, y las debidas gracias por los beneficios que me había hecho, suplicándole que, mientras estuviera en México, se acordara de su pobre amigo Perico, y no dejara de visitarlo de cuando en cuando. Él me lo ofreció así, poniéndome dos pesos en la mano y estrechándome otra vez en sus brazos, me dijo:

—Sí, mi amigo... mi amigo... ¡pobre muchacho! Bien nacido y mal logrado... Adiós...

No pudo contener este hombre sensible y generoso su ternura: las lágrimas interrumpieron sus palabras, y sin dar lugar a que yo hablara otra, marchó, dejándome sumergido en un mar de aflicción y sentimiento, no tanto por la falta que me hacía don Antonio, cuanto por lo que extrañaba su compañía; pues, en efecto, ya lo dije y no me cansaré de repetirlo, era muy amable y generoso.

Aquel día no comí, y a la noche cené muy parcamente; mas como el tiempo es el paño que mejor enjuga las lágrimas que se vierten por los muertos y los ausentes, al segundo día ya me fui serenando poco a poco; bien es verdad que lo que calmó fue el exceso de mi dolor, mas no mi amor ni mi agradecimiento.

Apenas los pillos mis compañeros me vieron sin el respeto de don Antonio y advirtieron que quedé de depositario de sus bienecillos, cuando procuraron granjearse mi amistad, y para esto se me acercaban con frecuencia, me daban cigarros cada rato, me convidaban a aguardiente, me preguntaban por el estado de mi causa, me consolaban, y hacían cuanto les sugería su habilidad por apoderarse de mi confianza.

No les costó mucho trabajo, porque yo, como buen bobo, decía: No, pues estos pobres no son tan malos como me parecieron al principio. El color bajo y los vestidos destrozados no siempre califican a los hombres de perversos, antes a veces pueden esconder algunas almas tan honradas y sensibles como la de don Antonio; y ¿qué sé yo si entre estos infelices me encontraré con alguno que supla la falta de mi amigo?

Engañado con estos hipócritas sentimientos, resolví hacerme camarada de aquella gentuza, olvidándome de los consejos de mi ausente amigo, y lo que es más, del testimonio de mi conciencia, que me decía que cuando no en lo general, a lo menos en lo común, raro hombre sin principios ni educación deja de ser vicioso y relajado. A los tres días de la partida de don Antonio ya era yo consocio de aquellos tunos, llevando con ellos una familiaridad tan estrecha como si de años atrás nos hubiéramos conocido; porque no sólo comíamos, bebíamos y jugábamos juntos, sino que nos tuteábamos y retozábamos de manos como unos niños.

Pero con quien más me intimé fue con un mulatillo gordo, aplastado, chato, cabezón, encuerado y demasiadamente vivo y atrevido, que le llamaban la *Aguilita* y yo jamás le supe otro nombre, que verdaderamente le convenía así por la rapidez de su genio, como por lo afilado de su garra. Era un ladrón astuto y ligerísimo; pero de aquellos ladrones rateros, incapaces de hacer un robo de provecho, pero capaces de sufrir veinticinco azotes en la picota por un vidrio de a dos reales o un pañito de a real y medio. Era, en fin, uno de estos macutenos, o cortabolsas, pero delicado en la facultad. No se escapaba de sus uñas el pañuelo más escondido, ni el trapo más bien asegurado en el tendedero. ¡Qué tal sería, pues los otros presos, que eran también profesores de su arte, le rendían el *pórrigo*,[2] le confesaban la primacía,

y se guardaban de él como si fueran los más lerdos en el oficio!

Él mismo, haciendo alarde de sus delitos, me los contó con la mayor franqueza y yo le referí mis aventuras punto por punto en buena correspondencia, sin ocultarle que así como a él por mal nombre le llamaban *Aguilita*, así a mí me decían *Periquillo Sarniento*.

No fue menester más que revelarle este secreto, para que todos lo supieran, y desde aquel día ya no me conocían con otro nombre en la cárcel. Éste fue, según dije, el gran sujeto con quien yo trabé la más estrecha amistad. Ya se deja entender qué ejemplos, qué consejos y qué beneficios recibiría de mi nuevo amigo y de todos sus camaradas. Como de ellos.

Al plazo que dije, ya habían concluido los dos pesos que me dejó don Antonio, y yo no tenía ni qué comer ni qué jugar. Es cierto que el amigo Aguilucho partía conmigo de su plato; pero éste era tal que yo lo pasaba con la mayor repugnancia pues se reducía a un poco de atole aguado por la mañana, un trozo de toro mal cocido en caldo de chile al mediodía, y algunos alverjones o habas por la noche, que ellos engullían muy bien, tanto por no estar acostumbrados a mejores viandas como por ser éstas de las que les daba la caridad; pero yo apenas las probaba; de manera que si no hubiera sido por un bienhechor que se dignó favorecerme, perezco en la cárcel de enfermedad o de hambre, pues era seguro que si comía las municiones alverjonescas y el toro medio vivo, me enfermaría gravemente, y si no comía eso, no habiendo otros alimentos, la debilidad hubiera dado conmigo en el sepulcro.

Pero nada de esto sucedió, porque desde el cuarto día de la ausencia de don Antonio, me llevaron de la calle un canastito con suficiente y

---

[2] Plinio y otros autores usan la frase *Herbam porrigere* en boca del que confiesa haber sido vencido. Por eso antiguamente en las escuelas y cátedras de gramática se usó que los que habían dicho algún disparate se hincasen ante el que se los corrigió, diciéndole *porrigo tibi*, y a esto alude la frase poco usada hoy de rendir el pórrigo, que para su inteligencia pareció necesario explicar en esta nota.—E.

regular comida, sin poder yo averiguar de dónde; pues siempre que lo preguntaba al mandadero, sólo sacaba de éste que me la daba un *amigo,* quien mandaba decir que no necesitaba saber quién era.

En esta inteligencia, yo recibía el canastillo, daba las gracias a mi desconocido benefactor, y comía con mejores apetencias, y casi siempre en compañía del Aguilucho o de alguno de sus cofrades. Mas como la amistad de éstos no era verdadera, ni se dirigía a mi bien sino al provecho que esperaban sacar de mí, no cesaban de instarme a jugar, y esto lo hacían por medio del *Aguilita,* quien me decía a cada cuarto de hora:

—Amigo Perico, vamos a jugar, hombre; ¿qué haces tan triste y arrinconado con el libro en la mano hecho santo de colateral? Mira, en la cárcel sólo bebiendo o jugando se puede pasar el rato, pues no hay nada qué hacer ni en qué ocuparse. Aquí el herrero, el sastre, el tejedor, el pintor, el arcabucero, el batihoja, el hojalatero, el carrocero y otros muchos artesanos, luego que se ven privados de su libertad, se ven también privados de su oficio, y de consiguiente constituidos en la última miseria ellos y sus familias en fuerza de la holgazanería a que se ven reducidos; y los que no tienen oficio, perecen de la misma manera; y así, camarada, ya que no hay más que hacer, pasemos el rato jugando y bebiendo mientras que nos ahorcan o nos envían a comer pescado fresco a San Juan de Ulúa; porque lo demás será quitarnos la vida antes que el verdugo o los trabajos nos la quiten.

Acabó mi amigo su persuasiva conversación, y le dije:

—No pensé jamás que un hombre de tu pelaje hablara tan razonablemente; porque, la verdad, y sin que sirva de enojo, los de tu clase no se explican en materia ninguna de ese modo.

—Aunque no es esa regla tan general como la supones —me contestó—, sin embargo, es menester concederte que es así, por la mayor parte; mas esa dureza e idiotismo que adviertes en los indios, mulatos y demás castas, no es por defecto de su entendimiento, sino por su ninguna cultura y educación. Ya habrás visto que muchos de esos mismos que no saben hablar, hacen mil curiosidades con las manos, como son cajitas, escribanías, monitos, matraquitas, y tanto cachivache que atrae la afición de los muchachos y aun de los que no lo son. Pues lo más especial que hay en el caso es el precio en que los venden y la herramienta con que los trabajan. El precio es poco menos que medio real o cuartilla, y la herramienta se reduce a un pedazo de cuchillo, una tira de hoja de lata y casi siempre nada más. Esto prueba bien que tienen más talento que el que les concedes; porque si no siendo escultores, carpinteros, carroceros, etcétera, ni teniendo conocimiento en las reglas de las artes que te he nombrado, hacen una figura de un hombre o de un animal, una mesa, un ropero, un cochecito y cuanto quieren, tan bonitos y agradables a la vista; si hubieran aprendido esos oficios, claro es que harían obras perfectas en su línea. Pues de la misma manera debes considerar que si los dedicaran a los estudios, y su trato ordinario fuera con gente civilizada, sabrían muchos de ellos tanto como el que más y serían capaces de lucir entre los doctos, no obstante la opacidad de su color.[3] Yo, por ejemplo, hablo regularmente el castellano porque me crié al lado de un fraile sabio, quien me enseñó a leer, escribir y hablar. Si me hubiera criado en casa de mi tía la tripera, seguramente a la

[3] Aún se acuerdan en esta ciudad de aquel negrito lego, pero poeta improvisador y agudísimo, de quien entre sus muchas repentinas agudezas, se celebra la que dijo al sabio padre Samudio, jesuita, con ocasión de preguntar éste al compañero si nuestro negro, que iba cerca, era el mismo de quien

hora de ésta no tuvieras nada que admirar en mí. Pero dejemos estas filosofías para los estudiantes. Aquí nada vale hablar bien ni mal, ser blancos ni prietos, trapientos o decentes; lo que importa es ver cómo se pasa el rato, y cómo se les pelan los medios a nuestros compañeros; y así, vamos a jugar, Periquillo, vamos a jugar; no tengas miedo; a mí no me la dan de malas en el naipe; de eso entiendo más que de castrar monas; y, en fin, amarro un albur a veinte cartas. Conque vamos, hombre.

Yo le dije que iría de buena gana si tuviera dinero, pero que estaba sin blanca.

—¡Sin blanca! —exclamó el gerifalte—. No puede ser. ¿Pues para qué quieres esas sábanas ni esa colcha que tienes en la cama, ni los demás trebejos que guardas en la cajita? Aquí el presidente y otros de tan arreglada conciencia como él, prestan ocho con dos sobre prendas, o al valer, o a si chifla.

—El logro de recibir dos reales por premio de ocho que se presten —le dije—, yo lo entiendo, y sé que eso se llama prestar ocho con dos; pero en esto de la valedura y del chiflido no tengo inteligencia. Explícame qué cosas son.

—Prestar al valer —me respondió— es prestar con la obligación de dar el agraciado al prestador medio o un real de cada albur que gane, y prestar a si chifla, es prestar con un plazo señalado, sin usura, pero con la condición de que pasado éste, y no sacando la prenda, se pierde ésta sin remedio, en el dinero que se prestó sobre ella, sin tener el dueño acción para reclamar las demasías.

—Muy bien —dije yo—; he quedado bien enterado en el asunto, y saco por buena cuenta que ya de

_____

tanto se hablaba; lo oyó éste y respondió:

Yo soy el negrito poeta
aunque sin ningún estudio;
si no tuviera esta jeta
fuera otro padre Samudio.

uno, ya de otro modo, está el empeñador muy expuesto a quedarse sin su alhaja y los tales logreros en ocasión próxima de que se los lleve el diablo.

—Eso no te apure —dijo el Aguilucho—; que se los lleve o no, ¿qué cuidado se te da? ¿Acaso tú los pariste? El caso es que nos habiliten con monedas para jugar, y, por lo demás, allá se las avengan.

—Todo está bueno, hermano, pero si esas prendas no son mías, ¿cómo las puedo empeñar?

—Con las manos —decía mi gran amigo—, y si no quieres hacerlo tú yo lo haré, que sé muy bien quién presta, y quien no, en nuestra casa. Lo que te puede detener es lo que responderás a don Antonio cuando venga por ellas, ¿no es eso? Pues mira, la respuesta es facilísima, natural y que debe pasar a la fuerza, y es decir que te robaron. No pienses que don Antonio lo ha de dudar, porque a él mismo lo hemos robado yo y otros no tan asimplados como tú; y así es preciso que él se acuerde y diga: "Si a mí que era dueño de lo mío me robaban, ¿cómo no han de robar a este tonto, nuevo y que no ha de cuidar lo mío tanto como yo propio?" Fuera de que, aun cuando no discurriera de este modo, sino que pensara que era trácala tuya, ¿qué te había de hacer? Ya estás en la cárcel, hijo, ni más adentro, ni más afuera. Pero no tengas cuidado de que lo sepa, aunque vendas hasta los bancos públicamente, pues aquí todos nos tapamos con una frazada,[4] y no te descubriéramos si el diablo nos llevara.

—Yo creo cuanto me dices —le contesté—, pero mira: ese sujeto es un buen hombre; ha hecho confianza de mí, se ha dado por mi amigo y lo ha manifestado llenándome de favores. ¿Cómo, pues, es posible que yo proceda con él de esa manera?

_____

[4] Frase familiar con la que se da a entender que dos o más se disculpan mutuamente, encubriendo así sus picardías o manejos comunes.—E.

—¡Qué animal eres! —decía el Gavilán—; lo primero, que esa amistad de don Antonio era por su conveniencia, por tener con quién platicar, y porque con nosotros no tenía partido por mono, ridículo y misterioso. Lo segundo, que ya embriagado con su libertad, no se acordará en la vida de esos *tiliches*,[5] así como no se ha acordado en cuatro días que ha que salió. Lo tercero, que en caso que se acuerde, es fuerza que crea la disculpa sin hacerte cargo del robo; y lo cuarto y último, que eso no se llama agraviar a los amigos, pues tú no le haces ningún agravio, ni le quitas su mujer ni su crédito, ni sus intereses, ni le das una puñalada, ni le haces ninguna injuria a sus sabiendas. Le vendes una que otra friolerilla por pura necesidad y sin que lo sepa; lo que es señal de grande amistad. Si le hicieras algún daño cierto de que lo había de saber, era señal de que lo querías agraviar; pero venderle cuatro trapos, seguro de que no lo sabrá, es la prueba más incontestable de que lo quieres bien, lo que puede aquietar tu interior.

Finalmente, tanto hizo y dijo el pícaro mulatillo, que yo, que poco había menester, me convencí y empeñé en cinco pesos unos calzones de paño azul muy buenos, con botones de plata, que había en la caja, y nos fuimos a poner el montecito sin perder tiempo. Como moscas a la miel, acudieron todos los pillos enfrazados a jugar. Se sentaron a la redonda, y comenzó mi amigo a barajar, y yo a pagar alegremente.

En verdad que era fullero el Aguilucho, pero no tan diestro como decía; porque en un albur que iba interesado con cosa de doce reales, hizo una deslomada tan tosca y a las claras, que todos se la conocieron, y comenzando por el dueño de la apuesta, amparándolo sus amigos, y al montero los suyos, se encendió la cosa de tal modo que en un instante llegamos a las manos, y hechos un nudo unos sobre otros, caímos sobre la carpeta del juego, dándonos terribles puñetes, y algunos de amigos, pues como estábamos tan juntos y ciegos de la cólera, los repartíamos sin la mejor puntería, y solíamos dar el mejor mojicón al mayor amigo. A mí, por cierto, me dio uno tan feroz el Aguilucho que me bañó en sangre, y fue tal el dolor que sentí que pensé que había escupido los sesos por las narices.

El alboroto del patio fue tan grande, que ni el presidente podía contenerlo con su látigo, hasta que llegó el alcaide, y como no era de los peores, nos sosegamos por su respeto. Luego que nos serenamos, y estando yo en mi departamento, me fue a buscar mi compañero el Aguilucho, quien como acostumbrado a estas pendencias en la cárcel y fuera de ella, estaba más fresco que yo, y así con mucha sorna me preguntó cómo me había ido de campaña.

—De los diablos —le respondí—; todos los dientes tengo flojos y las narices quebradas, siendo lo más sensible para mí que tú fuiste quien me hizo tan gran favor.

—Yo no lo sé —dijo el mulatillo—, pero no lo niego, que cuando me enojo no atiendo cómo ni a quién reparto mis cariños. Ya viste que aquellos malditos casi me tenían con la cara cosida contra el suelo, y así yo no veía adonde dirigía la mano. Sin embargo, perdóname, hermano, que no lo hice a mal hacer. ¿Y es mucha la sangre que has echado?

—No había de haber sido tanta —le respondí—, sobre que hasta desvanecido estoy.

—No le hace —añadió él—. Sábete que no hay mal que por bien no venga, y regularmente un trompón de éstos bien dado, de cuando en cuando, es demasiado provechoso a la salud; porque son unas sangrías copiosas y baratas que nos desahogan las cabezas y nos precaven de una fiebre.

—Maldito seas tú y tu remedio condenado —le dije—, y será mejor

que en la vida no me apliques otra
semejante sangría. Pero dime:
¿cómo salimos de monedas? Porque
será la del diablo que después de
sangrados y magullados hayamos salido sin blanca.

—Eso sí que no —me respondió
mi camarada—; las tripas hubiera
dejado en manos de mis enemigos
primero que un real. Luego que vi
que nos comenzamos a enojar, procuré afianzar la plata, de suerte que
cuando el general tocó a embestir,
ya los medios estaban bien asegurados.

—¿Y dónde? —le pregunté—;
porque tú no tienes chupa, ni camisa, ni calzones, ni cosa que lo
valga. Conque ¿dónde los escondiste
tan presto?

—En la pretina de los calzones
blancos —me contestó—, y entre el
ceñidor, y por acabar esa maniobra,
me pusieron como viste, que si desde el principio del pleito me cogen
con ambas manos francas, otro gallo les cantara a esos tales; pero
no somos viejos y sobran días en
el año.

—Vaya, deja esos rencores —le

dije—; a ver lo que me toca, porque
ya me muero de hambre y quisiera
mandar traer de almorzar.

—Ya está corrida esa diligencia
—me contestó el Aguilucho—, y por
señas que ahí viene tío Chepito el
mandadero con el almuerzo.

En efecto, llegó el viejecito con
una canasta bien habilitada de manitas en adobo, cecina en *tlemole*,
pan, tortillas, frijoles y otras viandas semejantes. Llamó el Aguilón a
sus camaradas, y nos pusimos todos
en rueda a almorzar en buena paz
y compañía; pero en medio de nuestro gusto nos acordábamos del pul-
quillo, y su falta nos entristecía demasiado; mas, al fin, se suplió con
aguardiente de caña, y fueron tan
repetidos los brindis que yo, como
poco o nada acostumbrado a beber,
me trastorné de modo que no supe
lo que sucedió después, ni cómo me
levanté de allí. Lo cierto es que a la
noche, cuando volví en mí, me hallé
en mi cama, no muy limpio y con
un fuerte dolor de cabeza; y de esta
manera me desnudé y procuré volver a dormir, lo que no me costó
poco trabajo.

CAPÍTULO II

LUEGO QUE AMANECIÓ se levantaron los presos de mi calabozo, y yo el último de todos, aunque con bastante hambre, como que no había cenado en la noche anterior. Mi primera diligencia fue ir a sacar una tablilla de chocolate para desayunarme; pero ¡cuál fue mi sorpresa, cuando buscando en mi bolsa la llave de la cajita, no la hallé en ella, ni debajo de la almohada, ni en parte alguna, y hostigado de mi apetencia, rompí la expresada caja y la encontré limpia de todo el ajuar de don Antonio, al que yo miraba con demasiado cariño! Confieso que estuve a pique de partirme la cabeza contra la pared, de rabia y desesperación, considerando la realidad del suceso, esto es, que los mismos compañeros, luego que me vieron borracho, me sacaron la llavecita de la bolsa y despabilaron cuanto la infeliz depositaba.

Yo acertaba en el juicio, pero no podía atinar con el ladrón ni recabar el robo, y esto me llenaba de más cólera; por manera que no me detenía en advertir los funestos resultados que trae consigo la embriaguez, pues adormeciendo las potencias y embargados los sentidos, constituye al ebrio en una clase de insensibilidad, que lo hace casi semejante a un leño, y en este miserable estado no sólo está propenso a que lo roben, sino a que lo insulten y aun lo asesinen, como se ha visto por repetidos ejemplares.

En nada menos pensaba yo que en esto, lo que me hubiera importado bastante para no haber contraído este horroroso vicio, como lo contraje, aunque no con mucha frecuencia.

Suspenso, triste, cabizbajo y melancólico estaba yo, sentado en la cama royéndome las uñas, mirando de hito en hito la pobre caja limpia de polvo y paja, maldiciendo a los ladrones, echando la culpa a este y al otro, y sin acordarme ya del chocolate para nada; bien que, aunque me acordara en aquel acto, ¿de qué me habría servido, si no había quedado ni señal de que había habido tablillas en la caja?

Estando en esta contemplación, llegó mi camarada el Aguilucho, quien con una cara muy placentera me saludó y preguntó que cómo había pasado la noche. A lo que yo le dije:

—La noche no ha estado de lo peor, pero la mañana ha sido de los perros.

—¿Y por qué, Periquillo?

—¿Cómo por qué? —le dije—. Porque me han robado. Mira cómo han dejado la caja de don Antonio.

Asomóse el Aguilucho a verla y exclamó como lastimado de mi desgracia:

—En verdad, hombre, que está la caja más vacía que la que llamaba don Quijote yelmo de Mambrino. ¡Qué diablura! ¡Qué picardía! ¡Qué infamia! A mí no me espanta que roben, vamos, si yo soy del arte, ¿cómo me he de escandalizar por eso? Lo que me irrita es que roben a los amigos; porque, no lo dudes, Periquillo, en el monte está quien el monte quema. Sí, seguramente que los ladrones son de casa, y yo jurara que fueron algunos de los mismos pícaros que almorzaron ayer con nosotros. Si yo hubiera olido sus intenciones, no sucede nada de esto; porque no me hubiera apartado de ti, y no que, deseoso de desquitarme de lo que gasté, fui a jugar con el resto que nos quedó, y se nos arrancó de cuajo; pero no te apures, que otro día será mañana.

—Conque, según eso —le dije—, ¿ni para el desayuno te ha quedado?

—Qué desayuno ni qué talega —me contestó—, si anoche me acosté sin un cigarro. Pero dime ¿qué fue lo que se llevaron de la caja?

—Una friolera —le dije—: dos camisas, un par de calzoncillos, unas botas, unos zapatos buenos, unos calzones de tripe, dos pañuelos, unos libros, mi chocolate... últimamente, todo.

—¡Qué bribonada! —decía el mulatillo—. Yo lo siento, hermano, y andaré listo por todos los calabozos y entresuelos a ver si rastreo algo de eso que has dicho, que con una hilacha que encontremos, pierde cuidado, todo parecerá; pero por ahora no te achucharres, enderézate, levanta la cabeza, párate,[1] vamos, sal acá fuera y serénate, que no estamos hechos de trapos; más se perdió en el diluvio y todo fue ajeno, como lo que tú has perdido. Conque, anda, Periquillo, ven, no seas tonto, te desayunarás.

Queriendo que no queriendo me levanté deseoso del desayuno prometido. Fuimos al calabozo del presidente, con quien habló el Aguilucho como en secreto. Abrió el cómitre una caja, y cuando yo pensé que iba a sacar una tablilla o dos, y alguna torta de pan, vi que sacó una botella y un vaso y le echó como medio cuartillo de aguardiente, el que tomó mi camarada y lo pasó de su mano a la mía, diciéndome:

—Toma, Periquillo, haz la mañana.

[1] Esto es, ponte en pie, levántate. Es comunísimo este provincialismo entre nosotros, aunque el verbo *pararse* no tiene tal acepción o significación en castellano.—E.

—Hombre —le dije—, yo no sé desayunarme si no es con chocolate.

—Pues éste es chocolate —me contestó—; lo que sucede es que el que tú has bebido otras veces es de metate y éste es de clavija; pero, hijo, cree que éste es mejor, porque fortalece el estómago y anima la cabeza... anda, pues, bebe, que el señor presidente está esperando el vaso.

Con ésta y semejantes persuasiones me convenció, y entre los dos dimos vuelta al medio cuartillo, subiéndoseme la parte que me tocó más presto de lo que era menester; pero por fin, con tan ligero auxilio, a las dos horas ya estaba yo muy contento y no me acordaba de mi robo.

Así pasamos como quince días, dándole yo al Aguilucho qué comer, y él dándome qué beber en mutua y recíproca correspondencia; bien es verdad que cada instante me decía que vendiéramos o empeñáramos las sábanas y colcha de la cama; pero no lo pudo conseguir de mí por entonces; porque le juré y rejuré que no las vendería por cuanto había en este mundo, y para mejor cumplirlo se las llevé al presidente, rogándole me las guardara para cuando su dueño las mandara llevar a su casa.

El dicho presidente me hizo favor de guardarlas, y yo me quedé sin más abrigo que mi sarapillo, con lo que perdió el taimado de mi buen amigo las esperanzas de tener parte en ellas; mas no por eso se dio por sentido conmigo, ya porque era de los que no tienen vergüenza, y ya porque no le tenía cuenta ser delicado y perder la coca de mi convite al mediodía, a cuya hora jamás faltó a mi lado, pues la comida que mi incógnito bienhechor me enviaba provocaba a cortejarla, así por su sazón como por abundancia, no digo al tosco paladar del Aguilucho, sino a otros más exquisitos.

Yo conceptué que el tal pícaro había sido el principal agente de mi robo, como fue en efecto, pero no me di por entendido porque consideré que me daba a odiar demasiado entre aquella gente, y al fin más fácil sería sacar un judío de la Inquisición que un real de lo que ellos tendrían hasta digerido.

Con este disimulo fuimos pasando, recibiendo yo de tragos de aguardiente los bocados que le daba al Gavilán.

Un día que estaba yo espulgando mi sucia y andrajosa camisa me llamaron para arriba. Subí corriendo, creyendo que fuera para alguna diligencia judicial; pero no fue el escribano quien me llamó, sino mi buen amigo don Antonio y su esposa, que tuvieron la bondad de visitarme.

Luego que me vio, me abrazó con demasiado cariño, y su esposa me saludó con mucho agrado. Yo, en medio del gusto que tenía de ver a aquel verdadero y generoso amigo, no dejé de asustarme bastante, considerando que iba por sus trastos, y que yo había de darle las cuentas del gran capitán; pero don Antonio me sacó pronto del cuidado, pues a pocas palabras me dijo que por qué estaba tan sucio y despilfarrado.

—Porque ya sabe usted —le contesté— que no tengo otra cosa que ponerme.

—¿Cómo no? —dijo mi amigo—, ¿pues qué se ha hecho la ropita que dejé en la caja?

Turbéme al oír esta pregunta, y no pude menos que mentir con disimulo, pues sin responder derechamente a la pregunta, le signifiqué que no la usaba por no ser mía, diciéndole con miedo, que él supuso efecto de vergüenza.

—Como esa ropa no es mía sino de usted...

—No, señor —interrumpió don Antonio—, es de usted y por eso la dejé en su poder. Úsela norabuena. Le encargué que me la guardara por experimentarlo; pero pues la ha sabido conservar hasta hoy, úsela.

El alma me volvió al cuerpo con esta donación, aunque en mi interior me daba a Barrabás reflexionando que si él me exoneraba de la responsabilidad de la ropa, ya los malditos ladrones me habían embarazado el uso. Preguntéle si había de llevar su cama, para ir a disponerla. Y me dijo que no, que todo me lo daba.

Agradecíle, como era justo, su afecto y caridad, confesándole a la señorita los favores que debía a su marido y desatándome en sus elogios; pero él embarazó mi panegírico refiriéndome cómo, luego que salió de la cárcel, fue a ver a su esposa, quien ya le tenía una carta cerrada que le había llevado un caballero, encargándole luego que la viera fuese a su casa, pues le importaba demasiado; que habiéndolo hecho así, supo por boca del mismo individuo, que era el primer albacea del Marqués, quien le suplicó encarecidamente no cesase hasta sacar a don Antonio de la prisión, que le pidiese perdón otra vez en su nombre, y a su esposa, de todos sus atentados, y que se le diesen de contado ocho mil pesos, tanto para compensarle su trabajo cuanto para resarcirle de algún modo los perjuicios que le había inferido, y que a su esposa se le diese un brillante cercado de rubíes, que lo tenía destinado para precio de su lubricidad, en caso de haber accedido a sus ilícitas seducciones; pero que habiendo experimentado su fidelidad conyugal, se lo donaba de toda voluntad como corto obsequio a su virtud, suplicando a ambos lo perdonasen y encomendasen a Dios. Don Antonio y su esposa me mostraron el cintillo, que era alhaja digna de un Marqués rico; pero los dos se enternecieron al acabar de contarme lo que he escrito, añadiendo la virtuosa joven:

—Cuando advertí las malas intenciones de ese pobre caballero, y vi cuánto tuvo que padecer Antonio por su causa, lo aborrecí y pensé que mi odio sería eterno; pero cuando he visto su arrepentimiento y el empeño con que murió por satisfacernos, conozco que tenía una grande alma, le perdono y siento su temprana muerte.

—Haces muy bien, hija mía, en pensar de esa manera —dijo don Antonio—; y lo debemos perdonar aun cuando no nos hubiera satisfecho. El Marqués era un buen hombre, ¿pero qué hombre, por bueno que sea, deja de tener pasiones? Si nos acordáramos de nuestra miseria seríamos más indulgentes con nuestros enemigos y remitiríamos los agravios que recibimos con más facilidad; pero por desgracia somos unos jueces muy severos para con los demás; nada les disculpamos, ni una inadvertencia, ni una equivocación, ni un descuido; al paso que quisiéramos que a nosotros nos disculparan en todas ocasiones.

En estas pláticas pasamos un gran rato de la mañana, preguntándome sobre el estado de mi causa y que si tenía qué comer. Díjele que sí, que todos los días me llevaban una canasta con comida, cena, dos tortas de pan y una cajilla de cigarros, que yo lo recibía y lo agradecía, pero que tenía el sentimiento de no saber a quién, pues el mozo no había querido decirme quién era mi bienhechor.

—Eso es lo de menos —dijo don Antonio—; lo que importa es que continúe en su comenzada caridad, que espero en Dios que sí continuará.

Diciendo esto, se levantaron, despidiéndose de mí, y añadiendo don Antonio que al día siguiente saldrían de esta capital para Jalapa, adonde podría yo escribirles mis ocurrencias, pues tendrían mucho gusto en saber de mí, y que si salía de la prisión y quería ir por allá, supuesto que era soltero, no me faltaría en qué buscar la vida honradamente por su medio.

No era don Antonio, como habéis visto, de los amigos que toda su amistad la tienen en el pico; él siempre confirmaba con las obras cuanto decía con las palabras; y así, luego que concluyó lo que os dije, me dio diez pesos, y la señorita su esposa otros tantos, y repitiendo sus abrazos y finas expresiones, se despidieron de mí con harto sentimiento, dejándome más triste que la prime-

ra vez, porque me consideraba ya absolutamente sin su amparo.

No dejó el Aguilucho de estar en observación de lo que pasaba con la visita, y ni pestañeaba cuando se despidieron de mí mis bienhechores, y así vio muy bien el agasajo que me hicieron, y se debió de dar las albricias como que se juzgaba coheredero conmigo de don Antonio.

Luego que éste se fue, me bajé para mi calabozo bastante confundido; pero ya me esperaba en él mi amigo carísimo el Aguilucho, con un vaso de aguardiente y un par de chorizones que no sé de dónde los mandó traer tan pronto; y sin darse por entendido de que había estado alerta sobre mis movimientos, me dijo:

—¡Vamos, Periquillo, hijo! ¡Que me hayas tenido hasta ahora sin almorzar por esperarte! ¡Caramba, y qué visita tan larga! Si a mano viene sería don Antonio que te vendría a cobrar sus cosas. ¿Qué tal? ¿Cómo saliste? ¿Creyó el robo?

—Yo salí bien y mal —le respondí—. Bien, porque mi buen amigo no sólo no me cobró nada de lo que me dejó a mi cuidado, sino que me lo dio todo, y unos cuantos duros de socorro; y me fue mal, porque pienso que éste será el último auxilio que tendré, pues él mañana sale para su tierra con su familia, y a más de que siento su ausencia como amigo, lo he de extrañar como bienhechor.

—Dices muy bien, y harás muy bien de sentirlo —dijo el Gavilán al pollo tonto—, porque de esos amigos no, no se hallan todos los días; pero ¡cómo ha de ser! Dios es grande y a nadie crió para que se muera de hambre. Que mal que bien, tú verás cómo no te falta nada conmigo. Soy un pobre moreno, mas, hermano, aunque yo lo diga, el color me agravia; pero soy buen amigo y arañaré la tierra porque no te falte nada. No sé si me verías allá arriba cuando estabas con tu visita. No te lo quería decir, por eso me hice disimulado ahora que bajaste;

pero subí luego que supe que quien te llamaba era don Antonio, por prevenir los testigos en caso que te cobrara y tú te acortaras; mas así que al despedirse te abrazó, perdí el cuidado con que me tenías y bajé a prevenirte este bocadito, y si no te gusta, te mandaré traer otra cosita, que todavía tengo aquí cuatro reales que acabo de ganar al rentoy. ¿Los has menester? Tómalos.

—No, hermano —le dije—, Dios te lo pague; por ahora estoy habilitado.

—No te pregunto cuántos años tienes —decía el negrillo—, sino que si los has menester gástalos, y si no, tíralos; pero sábete que yo siento más un desprecio de un amigo que una puñalada. Si no fueras mi amigo ni yo te estimara tanto como te estimo, seguro está que te ofreciera nada.

—Te lo agradezco, Aguilita —le respondí—; pero no es desprecio, sino que por ahora estoy bastantemente socorrido.

—Pues me alegro infinito de tus ventajas como si yo las disfrutara —me respondió—; pero mira qué chorizoncitos tan sabrosos. Come...

Es la lisonja astuta, y como tal se introduce al corazón por los oídos más prevenidos y circunspectos, ¿cómo no se introduciría por los míos, incautos, y no acostumbrados a sus malicias? En efecto, yo quedé prendadísimo del negrito, y mucho más cuando después de repetir los brindis a menudo, me dijo con la mayor seriedad:

—Amigo Periquillo, yo soy amigo de los amigos y no de su dinero. Acaso tú lo dudarás de mí porque me ves enredado en esta *picha* y sin camisa; pero te voy a dar una prueba, que debe dejarte satisfecho de mi verdad. Ya hemos tomado más de lo regular, especialmente tú que no estás acostumbrado al aguardiente. No digo que estás borracho, pero sí *sarazoncito*. Temo no te cargues más y te vaya a suceder lo que el otro día, esto es, que te acabes de privar y te roben ese dinero de

la bolsa; porque aquí, hijo, en tocante al pillaje, el que menos corre vuela, y en son de una Aguila hay un sinnúmero de gavilanes, gerifaltes, halcones y otras aves de rapiña; y así me parece muy puesto en razón que vayamos a dar a guardar esos medios que tienes al presidente, pues dándole una corta galita, porque no da paso sin linterna, te los asegurará en su baúl y tendrás un peso o dos cuando los hayas menester, y no que disfruten de tu dinero otros pícaros que no sólo no te lo agradecerán, sino que te tendrán por un salvaje, pues no escarmentaste con la espumada que te dieron no mucho hace.

Agradecíle su consejo, no previniendo la finura de su interés, y fui con él a buscar al presidente, a quien entregué peso sobre peso los veinte que acababa de recibir. Concluida esta diligencia, me dijo mi grande amigo que fuera a esperarlo al calabozo, que no tardaba.

Yo lo obedecí puntualmente, y sentándome en la cama, decía entre mí: "No hay remedio; éste es un negro fino; su color le agravia, como él dice; hasta hoy no he conocido lo que me ama; a la verdad, es mi amigo y digno de tal nombre. Sí, yo lo amaré, y después de don Antonio, lo preferiré a cualesquiera otro, pues tiene la cualidad más recomendable que se debe apetecer en los que se eligen para amigos, que es el desinterés." En estos equivocados soliloquios estaba yo, cuando entró mi camarada con cigarros, chorizones y aguardiente, y me dijo:

—Ahora sí, hermano Perico, podemos chupar, comer y beber alegres con la confianza de que tus realillos están seguros.

Así lo hice sin haber menester muchos ruegos, hasta que en fuerza de la repetición de tragos me quedé dormido. Entonces mi tierno amigo me puso en la cama, teniendo cuidado de soplarse la comida que me trajeron.

A la tarde desperté más fresco, como que ya se habían disipado los vapores del aguardiente, y el Aguilucho, comenzando a realizar sus proyectos, me hizo sacar los calzones empeñados, diciéndome era lástima se perdieran en tan poco dinero. Su fin era aprovecharse de mis mediecillos poco a poco, valiéndose para esto de las repetidas lisonjas que me vendía, y con las que me aseguraba que todo cuanto me aconsejaba era para mi bien; y así, por mi bien, me aconsejó que sacara los calzones, que pidiera la ropa de la cama que había dado a guardar, y los mediecillos que tenía depositados; y por mi bien, pues, deseando mis adelantos, según decía, me provocó a jugar, se compactó con otro y me dejaron sin blanca dentro de dos días, y dentro de ocho sin colcha ni colchón, sábanas, caja ni sarape.

Ya que me vio reducido a la última miseria, fingió no sé qué pretexto para reñir conmigo, y abandonar mi amistad enteramente. Concluido este negocio, sólo trató de burlarse de mí siempre que podía. Efecto propio de su mala condición, y justo castigo de mi imprudente confianza.

Es verdad que el frío se me introducía por los agujeros de mis trapos, los piojillos que andaban en las hilachas, la tal cual vergüenza que me causaba mi indecencia, la ingratitud de los amigos, en especial del Aguilucho, y la dureza con que el suelo me recibía por la noche, eran suficientes motivos para que yo estuviese lleno de confusión y tristeza; sin embargo, algo calmaba esta pasión al mediodía cuando me llegaba el canastito y satisfacía mi hambre con algún bocadito sazonado; pero después que hasta esto me faltó porque dejó de venir el cuervo al mediodía sin saber la causa, me daba a Barrabás y a todo el infierno junto, maldiciendo mi imprudencia y falta de conducta, mas a mala hora.

Desnudo y muerto de hambre sufrí algunos cuantos meses más de prisión, en los cuales me puse en la espina, como suele decirse, porque mi salud se estragó en términos que estaba demasiado pálido y flaco, y con sobrada causa, porque yo comía mal y poco, y los piojos bien y bastante, como que eran infinitos.

Después de estas penalidades y miserias que tenía que tolerar por el día, seguía, como acabé de apuntar el terrible tormento que me esperaba por la noche con mi asperísima cama, pues ésta se reducía a un petate viejo harto surtido de chinches y nada más, porque nada más había que supliera por almohada, sábanas y colchas que mis indecentes arambeles, los que sensible y prontamente se iban disminuyendo a mi vista, como que trabajaban sin intermisión de tiempo. Considerad, hijos míos, a vuestro padre qué noches y qué días tan amargos viviría en tan infeliz situación; pero considerad también que a éstos y peores abatimientos se ven los hombres expuestos por pícaros y descabezados. Ya en otra parte os he dicho que el joven cuanto es más desarreglado, tanto más propenso está a ser víctima de la indigencia y de todas las desgracias de la vida, al paso que el hombre de bien, esto es, el de una conducta moral y religiosa,[2] tiene un

---

[2] ¡Oportuna reflexión de Periquillo! Algunos equivocan las ideas de la hombría de bien con las del lujo y del dinero, y en su concepto esta palabra *hombre de bien* equivale a rico o semirrico; así como la de *pobre* la juzgan limosna de pícaro, de manera que según estos falsos principios, no es mucho que deduzcan unos disparates como éstos: Pedro es rico, tiene dinero, anda decente; luego es hombre de bien. Juan es pobre, no tiene destino, anda trapiento, luego es un pícaro. ¡Consecuencias absurdas e ideas torpísimas que no debían tener lugar en el entendimiento de los hombres! Si una conducta arreglada a la sana moral es el testimonio más seguro que califica la verdadera hombría de bien, ¿quién duda que ésta muchas veces se observa en los pobres, así como suele faltar en los que no lo son? Evidente prueba de que el brillo o la opacidad de la persona no son termómetros seguros para graduar el carácter de los hombres. Es

escudo poderoso para guarecerse de muchas de ellas. Tal es la que os acabo de repetir. Pero dejemos a los demás que hagan lo que quieran de su conducta, y volvamos a atar el hilo de mis trabajos.

De día me era insoportable la hambre y la desnudez, y de noche la cama y falta de abrigo, sin el que me hubiera quedado todo el tiempo que duré en la cárcel, si no hubiera sido por una graciosa contingencia, y fue ésta:

Un pobre payo que estaba también preso, se llegó a mí una mañana que estaba yo en el patio esperando a que llegara el sol a vengarme de las injurias de la fría noche, y me dijo:

—Mire, señor, yo *quero* decirle un asunto, para que me saque de un empeño pagando lo que *juere*. Pues, pero mire que no *quero* que lo sepa ninguno de los compañeros, porque son muy burlistas.

—Está muy bien —le respondí—; diga usted lo que quiera, que yo le serviré de buena gana y con todo secreto.

—Pues ha de saber usted que me llamo *Cemeterio Coscojales*.

—Eleuterio, dirá usted —le respondí—, o Emeterio, porque *Cemeterio* no es nombre de santo.

—*Axcan* —dijo el payo—, una cosa ansí me llamo, sino que con mis cuidados ni atino a veces con mi nombre; pero, en fin, ya, señor lo sabe, vamos al cuento. Yo soy de San Pedro Ezcapozaltongo, que estará de esta *ciudá* como dieciocho leguas. Pues, señor, allí vive una muchacha que se llama Lorenza, la hija del tío Diego Terrones, *jerrador* y curador de caballos de lo que hay poco. Yo, andando días y viniendo días, como su casa estaba barda con barda de la mía, y el diablo, que no duerme, hizo que yo

me enamorara de recio de la Lorenza sin poderlo remediar, porque, ¡ah!, señor qué *diache* de muchacha tan bonita, pues mírela que es alta, gorda y derecha como una *parota*, o a lo menos como un encino, carirredonda, muy colorada, con sus ojos pardos y sus narices grandes y buenas; no tiene más *defeuto* sino que es medio bizca y le faltan dos dientes delanteros, y eso porque se los tiró un macho de una coz, porque ella se descuidó y no le tuvo bien la pata un día que estaba ayudando a su señor padre a *jerrarlo;* pero por lo demás, la muchacha hace raya de bonita por todo aquello. Pues, sí, señor, yo la enamoré, la regalé y le rogué, y tanto anduve en estas cosas que, por fin, ella *quijo* que no *quijo* se ablandó, y me dijo que sí se casaría conmigo; pero que ¿cuándo?, porque no *juera* el diablo que yo la engañara y se le *juera* a hacer *malobra*. Yo le dije: que qué capaz que yo la engañara, pues me moría por ella; pero que el casamiento no se podía *efetuar* muy presto porque yo estaba *probe* más que Amán, y el señor cura era muy tieso, que no fiara un casamiento si el diablo se llevara a los novios, ni un entierro aunque el muerto se *gediera* ocho días en su casa, y ansina que si me quería, me esperara tres o cuatro meses mientras que levantaba mi cosecha de maíz, que pintaba muy bien y tenía cuatro fanegas tiradas en el campo. Ella se avino a cuanto yo *quije*, y ya *dende* ese día nos *víamos* como marido y mujer, según lo que nos queríamos. Pues, una noche, señor, que venía yo de mi milpa y le iba a hablar por la barda como siempre, divisé un bulto platicando con ella, y luego luego me puse hecho un *bacinito* de coraje.

—Un basilisco, querrá usted decir —le repliqué—, porque los bacinitos no se enojan.

—Eso será, señor, sino que yo concibo, pero no puedo parir —prosiguió el payo—; mas ello es que yo me *juí* para donde estaba el bulto, hecho un Santiago, y luego que

verdad que el relumbrón o la miseria son muchas veces el premio o castigo de nuestro buen o mal proceder; pero esta observación padece tantas excepciones que no se puede adoptar como regla infalible.

llegué conocí que era Culás el *guitarristo*, porque tocaba un jarabe y una justicia en la guitarra a lo rasgado que le hacía hablar. En cuanto llegué le dije que qué buscaba en aquella casa y con Lorenza. Él, muy *engringolado*, me dijo que lo que *quijiera*, que yo no era su padre para que le tomara cuentas. Entonces yo, como era dueño de la *aición*, no aguanté *muncho*, sino que alzando una coa que me *truje* de un *pión*, le asenté tan buen trancazo en el *gogote*, que cayó redondo pidiendo confesión. A esta misma hora iba pasando el *tiñente* por allí, que iba de ronda con los *topiles;* oyó los gritos de Culás, y por más que yo corrí, me alcanzaron y me *trajieron* liado como un *cuete* a su *presiencia*. Luego luego di mi declaración, y el *cerujano* dijo que no fiaba al enfermo porque estaba muy mal *gerido* y echaba *muncha* sangre. Con esto, en aquella *gora* se llevaron a la *probe* Lorenza depositada *an* casa el señor cura, y a mí a la cárcel, donde me pusieron en el cepo. Al otro día me *invió* la Lorenza un *recaudo* con la vieja cocinera del cura, diciéndome que ella no tenía la culpa, y que Culás la había llamado a la barda y le estaba dando un *recaudo* fingido de mi parte, diciéndole que yo decía que saliera un ratito a la tienda con él, y otras cosas que ya se me han olvidado; pero la vieja me contó que la *probe* lloraba por mí sin consuelo. Al otro día el *tiñente* me invió aquí a esta cárcel en una mula con un par de grillos y un envoltorio de papeles que le dio a los indios que me *trajieron* para que los entregaran al señor juez de acá. Ya llevo tres meses de prisión y no sé qué harán conmigo, aunque Lorenza me ha *escribidó* que ya Culás está bueno y sano, y anda tocando la guitarra. Pues yo, señor, *quero* que me haga el favor, pagando lo que *juere*, por el santo de su nombre y por los *güesitos* de su madre, de *escrebirme* dos cartas, una para mi padrino, que es el señor barbero de mi tierra, a ver si

viene a componer por mí todas estas cosas, y otra para la alma mía de Lorenza, diciéndole, como ya sé que salió del depósito y que todavía Culás la persigue, que cuidado como va a hacer una tontera; que no sea *ansina*, y todas las cosas que sepa, señor, que se deben poner; pero como de su mano, que yo lo pago.

Acabó mi cliente su cansado informe y petición y le pregunté para cuándo quería las cartas.

—Para *orita*, señor —me dijo—, para agora, porque mañana sale el correo.

—Pues, amigo —le dije—, deme usted dos reales a cuenta para papel.

Al instante me los dio, y yo mandé traer el papel y me puse a escribir los dos mamarrachos, que salieron como Dios quiso; pero ello es que al payo le gustaron tanto que no sólo me dio por ellos doce reales que le pedí, sino lo que más agradecí un pedazo de trapo que algún día fue capote: ello, hecho mil pedazos, con medio cuello menos y tan corto que apenas me llegaba a las rodillas. ¿Qué tal estaría, pues su dueño lo perdió a un albur en cuatro reales?

Malo, malísimo estaba el dicho trapo, pero yo vi con él el cielo abierto. Con los doce realillos comí, chupé, tomé chocolate, y cené y me sobró algo; y con el capisayo dormí como un tudesco.

Pensaba yo que iba variando mi fortuna; pero el pícaro del Aguilucho me sacó de este error con una bien pesada burla que me hizo, y fue la que sigue. Al otro día de mi buena aventura del capotillo entró bien temprano a mi calabozo, y sentándose junto a mí, muy serio y triste, me dijo:

—Mucho descuido es ése, señor Perico, y la verdad que los instantes del tiempo son preciosos y no se dejan pasar tan fríamente, y más cuando el peligro que amenaza a usted es muy horrible y está muy próximo. Yo he sido amigo de usted y quiero que lo conozca aun cuando no me puede servir de nada; pero, en fin, siquiera por caridad es menester agitarlo, porque no sea tan perezoso.

Yo lleno de susto y turbación le pregunté qué había habido.

—¿Cómo qué? —me dijo él—. ¿Pues qué no sabe usted cómo ha salido la sentencia de la sala desde ayer para que pasados estos días de fiesta que vienen, le den los doscientos azotes en forma de justicia por las calles acostumbradas con la ganzúa colgando del pescuezo?

—¡Santa Bárbara! —exclamé yo penetrado del más vivo sentimiento—. ¿Qué es lo que me ha sucedido? ¿Doscientos azotes le han de dar a don Pedro Sarmiento? ¿A un hidalgo por todos cuatro costados? ¿A un descendiente de los Tagles, Ponces, Pintos, Velascos, Zumalacárreguis y Bundiburis? Y lo que es más, ¿a un señor bachiller en artes, graduado en esta real y pontificia universidad, cuyos graduados gozan tantos privilegios como los de Salamanca?

—Vamos —dijo el negrito—, no es tiempo ahora de esas exclamaciones. ¿Tiene usted algún pariente de proporciones?

—Sí tengo —le respondí.

—Pues andar —decía el Aguilucho—; escríbale usted que agite por fuera con los señores de la sala sobre el asunto, y que le envíe a usted dos o tres onzas para contener al escribano. También puede comprar un pliego de papel de parte, y presentar un escrito a la sala del crimen alegando sus excepciones y suplicando de la sentencia mientras califica su nobleza. Pero eso pronto, amigo, porque en la tardanza está el peligro.

Diciendo esto se levantó para irse, y yo le di las gracias más expresivas.

Tratando de poner en obra su consejo, registré mi bolsa para ver con cuánto contaba para papel, la presentación del escrito y la carta a mi tío el licenciado Maceta; pero ¡ay de mí!, ¡cuál fue mi conflicto cuando vi que apenas tenía tres y medio reales, faltándome cinco apre-

tadamente! En circunstancias tan apuradas fui a ver a mi buen payo; le conté mis trabajos y le pedí un socorro por toda la corte celestial. El pobrecillo se condolió de mí, y con la mayor generosidad me dio cuatro reales y me dijo:

—Siento, señor, su cuidado; no tengo más que esto, téngalo, que ya un real cualquier compañero se lo emprestará o se lo dará de caridá.

Tomé mis cuatro reales y casi llorando le di las gracias; pero no pude encontrar otro corazón tán sensible como el suyo entre cerca de trescientos presos que habitaban aquellos recintos.

Compré, pues, el papel sellado, y medio real del común para la carta, reservando tres reales y faltándome aún real y medio para completar la presentación y pagar al mandadero.

En el día hice mi memorial como pude y escribí la carta a mi tío, en la que le daba cuenta de mi desgracia; de la inocencia que me favorecía, a lo menos en lo sustancial; del estado en que me hallaba, y de la afrenta que amenazaba a toda la familia, concluyendo con decirle, que aunque yo había ocultado mi nombre, poniéndome el de Sancho Pérez, de nada serviría esto si me sacaban a la calle, pues todos me conocerían y se haría manifiesta nuestra infamia; y así, que en obsequio del honor de su pariente el señor mi padre y de sus mismos hijos y descendencia, cuando no por mí, hiciera por redimirme de tal afrenta, mandándome en el pronto alguna cosa para granjear al escribano.

Cerré la carta, y de fiado se la encomendé a tío Chepito el mandadero para que se la llevara a mi pariente. Esto fue a las oraciones de la noche; mas siempre me faltaba un real para completar los cuatro que debía dar al portero por la presentación del escrito.

En toda la noche no pude dormir, así con el sobresalto de los temidos azotes, como con echar cálculos para ver de dónde sacaba aquel real tan necesario. En estos tristes pensamientos me halló el día. Púseme a hacer un escrutinio riguroso de mi haber, y a examinar mi ropa pieza por pieza, a ver si tenía alguna que valiera real y medio; pero ¡qué había de valer!, si mi camisa era menester llamarla por números para acomodármela en el cuerpo; mis calzones apenas se podían detener de las pretinas; las medias no estaban útiles ni para tapar un caño; los zapatos parecían dos conchas de tortuga; sólo se detenían en mis pies por el respeto de un par de lacitos de cohetero; rosario no lo conocía y el triste retazo de capote me hacía más falta que todo mi ajuar entero y verdadero.

Ya desesperaba de presentar el escrito esa mañana, porque no tenía cosa que valiera un real, cuando por fortuna alcé la cara y vi colgado en un clavito mi sombrero, y considerándolo pieza inútil en aquella mazmorra y la mejor que me acompañaba, exclamé lleno de gusto: "¡Gracias a Dios que a lo menos tengo sombrero que me valga en esta vez!" Diciendo esto lo descolgué, y al primero que se me presentó se lo vendí en una peseta, con la que salí de mi cuidado y me desayuné de pilón.

Serían las diez de la mañana cuando fue entrando tata Chepito con la respuesta de mi tío, que os quiero poner a la letra para que aprendáis, hijos míos, a no fiaros jamás en los amigos y parientes, y sí únicamente en vuestra buena conducta y en lo poco o mucho que adquiriereis con vuestros honestos arbitrios y trabajo. Decía así la respuesta: "Señor Sancho Pérez: cuando usted en la realidad sea quien dice y lo saquen afrentado públicamente por ladrón, crea que no se me dará cuidado, pues el pícaro es bien que sufra la pena de su delito. La conminación que usted me hace de que se deshonrará mi familia, es muy frívola, pues debe saber que la afrenta sólo recae en el delincuente, quedando ilesos de ella

sus demás deudos. Conque si usted lo ha sido, súfralo por su causa; y si está inocente, como me asegura, súfralo por Dios, que más padeció Cristo por nosotros.

"Su Majestad socorra a usted como se lo pide el *Lic. Maceta.*"

La sensible impresión que me causaría esta agria respuesta, no es menester ponderarla a quien se considere en mi lugar. Baste decir que fue tal, que dio conmigo en tierra postrado en una violenta fiebre.

Luego que se me advirtió, me subieron a la enfermería y me asistió la caridad prontamente.

Cuando me hallaron con la cabeza despejada, el médico, que por fortuna era hábil, había advertido mi delirio y se había informado de mi causa, hizo que me desengañara el mismo escribano, junto con el alcaide, de que no había tal sentencia, ni tenía que temer los prometidos azotes.

Entonces, como si me sacaran de un sepulcro, volví en mí perfectamente, me serené y se comenzó a restablecer mi salud de día en día.

Cuando estuve ya convaleciente bajó el escribano a informarse de mí, de parte de los señores de la sala, para que le dijera quién me había metido semejante ficción en la cabeza; porque fueron sabedores de toda mi tragedia, así porque yo se lo dije en el escrito, como porque leyeron la carta del tío que os he dicho, y formaron el concepto de que yo sin duda era bien nacido, y por lo mismo se debieron de incomodar con la pesadez de la burla y deseaban castigar al autor.

Con esto el escribano y el alcaide se esforzaban cuanto podían para que lo descubriera; pero yo, considerando su designio, las resultas que de mi denuncia podían sobrevenir al Aguilucho, y que no me resultaba ningún bien con perjudicar a este infeliz necio, que bastantemente agravado estaba con sus crímenes, no quise descubrirlo, y sólo decía que como eran tantos, no me acordaba a punto fijo de quién era. No me sacaron otra cosa los comi-

14

sionados de los ministros por más que hicieron, y así, formando de mí el concepto de que era un mentecato, se marcharon.

Quedéme en la enfermería más contento que en el calabozo, ya porque estaba mejor asistido, y ya, en fin, porque entre los que allí estaban, había algunos de regulares principios, y cuya conversación me divertía más que la de los pillos del patio.

. Cuando el escribano vio mi letra en el escrito, se prendó de ella, y fue cabalmente a tiempo que se le despidió el amanuense, y valiéndose de la amistad del alcaide, me propuso que si quería escribirle a la mano, que me daría cuatro reales diarios. Yo admití en el instante; pero le advertí que estaba muy indecente para subir arriba. El escribano me dijo que no me apurara por eso, y, en efecto, al día siguiente me habilitó de camisa, chaleco, chupa, calzones, medias y zapatos; todo usado, pero limpio y no muy viejo.

Me planté de punta en blanco, de suerte que todos los presos extrañaban mi figura renovada; ¿mas qué mucho si yo mismo no me conocía al verme tan otro de la noche a la mañana?

Comencé a servir a éste mi primer amo con tanta puntualidad, tesón y eficacia, que dentro de pocos días me hice dueño de su voluntad, y me cobró tal cariño, que no sólo me socorrió en la cárcel, sino que me sacó de ella y me llevó a su casa con destino, como veréis en el capítulo siguiente.

CAPÍTULO III

HAY OCASIONES DE TAL abatimiento y estrechez para los hombres que los más pícaros no hallan otro recurso que aparentar la virtud que no tienen para granjearse la voluntad de aquellos que necesitan. Esto hice yo puntualmente con el escribano, pues aunque era enemigo irreconciliable del trabajo, me veía confinado en una cárcel, pobre, desnudo, muerto de hambre, sin arbitrio para adquirir un real, y temiendo por horas un fatal resultado por las sospechas que se tenían contra mí; con esto le complacía cuanto me era dable, y él cada vez me manifestaba más cariño, y tanto, que en quince o veinte días concluyó mi negocio; hizo ver que no había testigos ni parte que pidiera contra mí, que la sospecha era leve y quién sabe qué más. Ello es que yo salí en libertad sin pagar costas, y me fui a servirlo a su casa.

Llamábase este mi primer amo don Cosme Casalla, y los presos le llamaban el escribano Chanfaina, ya por la asonancia de esta palabra con su apellido, o ya por lo que sabía revolver.

Era tal el atrevimiento de este hombre que una ocasión le vi hacer una cosa que me dejó espantado, y hoy me escandalizo al escribirla.

Fue el caso que una noche cayó un ladrón conocido y harto criminal en manos de la justicia. Tocóle la formación de su causa a otro escribano, y no a mi amo. Convencióse y confesó el reo llanamente todos sus delitos, porque eran innegables. En este tiempo, una hermana que éste tenía, no mal parecida, fue a ver a mi amo empeñándose por su hermano y llevándole no sé qué regalito; pero mi dicho amo se excusó diciéndole que él no era el escribano de la causa, que viera al que lo era. La muchacha le dijo que ya lo había visto, mas que fue en vano, porque aquel escribano era muy escrupuloso y le había dicho que él no podía proceder contra la justicia, ni tenía arbitrio para mover a su favor el corazón de los jueces; que él debía dar cuenta con lo que resultase de la causa, y los jueces sentenciarían conforme lo que hallaran por conveniente, y así, que él no tenía que hacer en eso; que ella, desesperada con tan mal despacho, había ido a ver a mi amo sabiendo lo piadoso que era y el mucho valimiento que tenía en la sala, suplicándole la viese con caridad; que, aunque era una pobre, le agradecería este favor toda su vida, y se lo correspondería de la manera que pudiese.

Mi amo, que no tenía por dónde el diablo lo desechara, al oír esta proposición, vio con más cuidado los ojillos llorosos de la suplicante, y no pareciéndole indignos de su protección, se la ofreció diciéndole:

—Vamos, chata, no llores, aquí me tienes; pierde cuidado, que no correrá sangre la causa de tu hermano; pero...

Al decir este pero, se levantó y no pude escuchar lo que le dijo en voz baja. Lo cierto es que la muchacha, por dos o tres veces, le dijo "sí, señor", y se fue muy contenta.

Al cabo de algunos días, una tarde en que estaba yo escribiendo con mi amo, fue entrando la misma joven toda despavorida, y entre llorosa y regañona, le dijo:

—No esperaba yo esto, señor don Cosme, de la formalidad de usted, ni pensaba que así se había de burlar de una infeliz mujer. Si yo hice lo que hice, fue por librar a mi hermano, según usted me prometió, no porque me faltara quién me dijera "Por ahí te pudras", pues pobre como usted me ve, no me he querido echar por la calle de en medio, que si eso fuera así, así me sobra quien me saque de miserias, pues no falta una media rota para una pierna llagada; pero maldita sea yo y la hora en que vine a ver a usted, pensando que era hombre de bien y que cumpliría su palabra y...

—Cállate, mujer —le dijo mi amo—, que has ensartado más desatinos que palabras. ¿Qué ha habido? ¿Qué tienes? ¿Qué te han contado?

—Una friolera —dijo ella—. Que está mi hermano sentenciado por ocho años al Morro de la Habana.

—¿Qué dices, mujer? —preguntó mi amo todo azorado—. Si eso no puede ser; eso es mentira.

—Qué mentira ni qué diablos —decía la adolorida—. Acabo de despedirme de él y mañana sale. ¡Ay, alma mía de mi hermano! ¡Quién te lo había de decir, después que yo he hecho por ti cuanto he podido...!

—¿Cómo mañana, mujer? ¿Qué estás hablando?

—Sí, mañana, mañana, que ya lo desposaron esta tarde, y está entregado en lista para que lo lleven.

—Pues no te apures —dijo mi amo—, que primero me llevarán los diablos que a tu hermano lo lleven a presidio. Anda, vete sin cuidado, que a la noche ya estará tu hermano en libertad.

Diciendo esto, la muchacha se fue para la calle y mi amo para la cárcel, donde halló al dicho reo esposado con otro para salir en la cuerda al día siguiente, según había dicho su parienta.

Turbóse el escribano al ver esto, mas no desmayó, sino que, haciendo una de las suyas, desunció al reo condenado de su compañero, y unció con éste a un pobre indio que había caído allí por borracho y aporreador de su mujer.

Este infeliz fue a suplir ocho años al Morro de la Habana por el ladrón hermano de la bonita, el que a las oraciones de la noche salió a la calle por arriba, libre y sin costas, apercibido de no andar en México de día; aunque él no anduvo ni de noche, porque temiendo no se descubriera la trácala del escribano, se marchó de la ciudad lo más presto que pudo, quedando de este modo más solapada la iniquidad.

Si tanta determinación tenía el amigo Chanfaina para cometer un atentado semejante, ¿cuánta no tendría para otorgar una escritura sin instrumentales, para recibir unos testigos falsos a sabiendas, para dar una certificación de lo que no había visto, para ser escribano y abogado de una misma parte, para comisionarme a tomar una declaración, para omitir poner su signo donde se le antojaba, y para otras ilegalidades semejantes? Todo lo hacía con la mayor frescura, y atropellaba con cuantas leyes, cédulas y reales órdenes se le ponían por delante, siempre que entre ellas y sus trapazas mediaba algún ratero interés; y digo ratero, porque era un hombre tan venal que por una o dos onzas, y a veces por menos, hacía las mayores picardías.

A más de esto, era de un corazón harto cruel y sanguinario. El infeliz que caía en sus manos por causa criminal bien se podía componer si era pobre, porque no escapaba de un presidio cuando menos; y se vanagloriaba de esto altamente, teniéndose por un hombre íntegro y justificado, jactándose de que por su medio se había cortado un miembro podrido a la república. En una palabra, era el hombre perverso a toda prueba.

Parece que en mí es una reprensible ingratitud el descubrimiento de los malos procederes de un hombre a quien debí mi libertad y subsistencia por algún tiempo; pero como mi intención no es zaherir su memoria ni murmurar su conducta, sino sólo representar en ella la de algunos de sus compañeros, y esto a tiempo que el original dejó de existir entre los vivos, con la fortuna de no dejar un pariente que se agravie, es regular que los hombres que piensan me excusen de aquella nota, y más cuando sepan que el favor que me hizo no fue por hacerme bien, sino por servirse de mí a poca costa; pues en cerca de un año que le serví, a excepción de cuatro trapos viejos y un real o dos para cigarros que me daba, podía yo asegurar que estaba como los presidiarios, sirviendo a ración y sin sueldo; porque aunque me ofreció cuatro reales diarios, éstos se quedaron en ofrecimientos.

Sin embargo, no debo pasar en silencio que le merecí haber aprendido a su lado todas sus malas mañas *pro famotiori*, como dicen los escolares; quiero decir, que las aprendí bien y salí aprovechadísimo en el arte de la cabala con la pluma.

En el corto término que os he dicho, supe otorgar un poder, extender una escritura, cancelarla, acriminar a un reo o defenderlo, formar una sumaria, concluir un proceso y hacer todo cuanto puede hacer un escribano; pero todo así así, y como lo hacen los más, es decir, por rutina, por formularios y por costumbre o imitación; mas casi nada porque yo entendiera perfectamente lo que hacía, si no era cuando obraba con malicia particular, que entonces sí sabía el mal que hacía y el bien que dejaba de hacer; pero por lo demás, no pasaba de un papelista intruso, semicurial ignorante y cagatinta perverso.

Con todas estas recomendables circunstancias, se fiaba mi maestro de mí sin el menor escrúpulo. Ya se ve, ¿de quién mejor se había de fiar sino de un discípulo que le había bebido los alientos?

Un día que él no estaba en casa, me entretenía en extender una escritura de venta de cierta finca que una señora iba a enajenar. Ya casi la estaba yo concluyendo cuando entró en busca de mi amo Chanfaina el licenciado don Severo, hombre sabio, íntegro e hipocondríaco. Luego que se sentó me preguntó por mi maestro, y a seguida me dijo:

—¿Qué está usted haciendo?

Yo, que no conocía su carácter, ni su profesión, ni luces, le contesté que una escritura.

—¿Pues qué —repitió él—, la está pasando a testimonio o extendiéndola original?

—Sí, señor —le dije—, esto último estoy haciendo, extendiéndola original.

—Bueno, bueno —dijo—, ¿y de qué es la escritura?

—Señor —respondí—, es de la venta de una finca.

—¿Y quién otorga la escritura?

—La señora doña Damiana Acevedo.

—¡Ah, sí —dijo el abogado—, la conozco mucho! Es mi deuda política; está para casarse tiempo hace con mi primo don Baltasar Orihuela; por cierto que es la moza harto modista y disipadora. ¿Qué estará en el estado de vender las fincas que podía llevar en dote? Aunque en ese caso no sé cómo habrá de otorgar la escritura. A ver, sírvase usted leerla.

Yo, hecho un salvaje y sin saber con quién estaba hablando, leí la escritura, que decía así ni más ni menos:

"En la ciudad de México, a 20 de julio de 1780, ante mí el escribano y testigos, doña Damiana Acevedo, vecina de ella, otorga: que por sí y en nombre de sus herederos, sucesores e hijos, si algún día los tuviere, vende para siempre a don Hilario Rocha, natural de la Villa del Carbón y vecino de esta capital, y a los suyos, una casa, sita en la calle del Arco de la misma, que en posesión y propiedad le pertenece por herencia de su difunto padre el señor don José María Ace-

vedo, y se compone de cuatro piezas altas, que son: sala, recámara,
asistencia y cocina; un cuarto bajo,
un pajar y una caballeriza; tiene
quince pies de fachada y treinta y
ocho de fondo, todo lo que consta
en la respectiva cláusula del testamento de su expresado difunto padre, por cuyo título le corresponde
a la otorgante, la cual declara y
asegura no tenerla vendida, enajenada ni empeñada, y que está libre
de tributo, memoria, capellanía,
vínculo, patronato, fianza, censo,
hipoteca y de cualquiera otra especie de gravamen: la cual le dona
con toda su fábrica, entradas, salidas, usos, costumbres y servidum-
bres en forma de derecho, en cuatro
mil pesos en moneda corriente y se-
llada con el cuño mexicano, que ha
recibido a su satisfacción. Y desde
hoy en adelante para siempre jamás se abdica, desprende, desapo-
dera, desiste, quita y aparta, y a sus
herederos y sucesores, de la propiedad, dominio, título, voz, recurso y otro cualquier derecho que a
la citada casa le corresponde, y lo
cede, renuncia y traspasa plenamente con las acciones reales, personales, útiles, mixtas, directas, ejecutivas y demás que le competen,
en el mencionado don Hilario Rocha, a quien confiere poder irrevocable con libre, franca y general
administración, y constituye procurador actor en su propio negocio,
para que la goce, y sin dependencia
ni intervención de la otorgante la
cambie, enajene, use y disponga de
ella como de cosa suya adquirida
con justo legítimo título, y tome y
aprenda de su autoridad o judicialmente la real tenencia y posesión
que en virtud de este instrumento
le pertenece; y para que no necesite tomarla, y antes bien conste en
todo tiempo ser suya, formaliza a
su favor esta escritura de que le
daré copia autorizada. Asimismo declara que el justo precio y valor de
la tal finca son los dichos cuatro
mil pesos, y que no vale más, ni ha
hallado quien le dé más por ella;
y si más vale o valer pudiere, hace

del exceso grata donación pura,
mera, perfecta e irrevocable que el
derecho llama *inter vivos,* al expresado Rocha y sus herederos, renunciando para esto la ley I, tít. XI,
lib. 5 de la *Recopilación,* y la que
de esto trata, fecha en cortes de Alcalá de Henares, como también la
de *non numerata pecunia,* la del se-
nado-consulto Veleyano, y se somete
a la jurisdicción de los señores jueces y justicias de S. M., renunciando las leyes *si qua mulier;* la de *si
convenerit de jurisdictione omnium
judicum,* y cuantas puedan hallarse
a su favor por sí y sus herederos,
obligándose además a que nadie le
inquietará ni moverá pleito sobre
la propiedad, posesión o disfrute de
dicha casa, y si se le inquietare,
moviere o apareciere algún gravamen, luego que la otorgante y sus
herederos y sucesores sean reque-
ridos conforme a derecho, saldrán
a su defensa y seguirán el pleito a
sus expensas en todas instancias y
tribunales hasta ejecutoriarse, y dejar al comprador en su libre uso y
pacífica posesión; y no pudiendo
conseguirlo le darán otra igual en
valor, fábrica, sitio, renta, y comodidades, o en su defecto le restitui-
rán la cantidad que ha desembolsado, las mejoras útiles, precisas y
voluntarias que tenga a la sazón,
el mayor valor que adquiera con el
tiempo, y todas las costas, gastos
y menoscabos que se le siguieren,
con sus intereses, por todo lo cual
se les ha de poder ejecutar sólo en
virtud de esta escritura, y juramento del que la posea o lo repre-
sente en quien difiera su importe
relevándole de otra prueba. Así
pues, y a la observancia de todo lo
referido, obliga su persona y bienes
habidos y por haber, y con ellos
se somete a los jueces y justicias
de S. M. para que a ello la com-
pelan como por sentencia pasada,
consentida y no apelada en autoridad de cosa juzgada, renunciando
su propio fuero, domicilio y vecindad con la general del derecho, y
así lo otorgó. Y presente don Hilario Rocha, a quien doy fe conozco,

impuesto en el contenido de este instrumento, sus localidades y condiciones, dijo: que aceptaba y aceptó la compra de la expresada casa como en ello se contiene, y se obliga...

—Basta —dijo el licenciado Severo—, que es menester gran vaso para escuchar un instrumento tan cansado, y a más de cansado, tan ridículo y mal hecho. ¿Usted, amiguito, entiende algo de lo que ha puesto? ¿Conoce a esa señora? ¿Sabe cuáles son las, leyes que renuncia? Y...

A ese tiempo entró mi amo Chanfaina, e impuesto de las preguntas que me estaba haciendo el licenciado, le dijo:

—Este muchacho poco ha de responder a usted de cuanto le pregunte, porque no pasa de un escribientillo aplicado. Esta escritura que usted ha escuchado, la hizo por el machote que le dejé y por los que me ha visto hacer, y como tiene una feliz memoria, se le queda todo fácilmente.

Hemos de advertir que hasta aquí, ni yo ni mi patrón sabíamos si era licenciado el tal don Severo, y sólo pensábamos que era algún pobre que iba a ocuparnos.

Con este error, mi amo, que como gran ignorante, era gran soberbio, creyó aturdir a la visita y acreditarse a costa de desatinar con arrogancia, según que lo tenía de costumbre, y así añadió:

—Lo que usted dude, caballero, a mí, a mí me lo ha de preguntar, que lo satisfaré completamente. Ya usted tendrá noticia de quién soy, pues me viene a buscar; pero si no la tiene, sépase que soy don Cosme Apolinario Casalla y Torrejalva, escribano real y receptor de esta real audiencia, para que mande.

—Ya, ya tengo noticia de la habilidad y talento de usted, señor mío —dijo el abogado—, y yo mismo felicito mi ventura que me condujo a la casa de un hombre lleno, y tanto más cuanto que soy muy amigo de saber lo que ignoro, y me acomodo siempre a preguntar a quien más sabe para salir de mi ignorancia. En esta virtud y antes de tratar del negocio a que vengo, quisiera preguntar a usted algunas cosillas que hace días que las oigo y no las entiendo.

—Ya he dicho a usted, amigo —contestó Chanfaina con su acostumbrada arrogancia—, que pregunte lo que guste, que yo le sacaré de sus dudas de buena gana.

—Pues, señor —continuó el letrado—, sírvase usted decirme: ¿qué significan esas renuncias que se hacen en las escrituras? ¿Qué quiere decir la ley *si qua mulier*? ¿Cuál es la de *sive a me*? ¿Qué significa aquella de *si convenerit de jurisdictione omnium judicum*? ¿Cuál es el beneficio del *senatus-consulto Velayano* que renuncian las mujeres? ¿Qué significa la *non numerata pecunia*? ¿Qué quiere decir, *renuncio mi propio fuero, domicilio y vecindad*? ¿Cuál es la ley I, tít. XI, del libro 5 de la *Recopilación*? Y, por fin, ¿quiénes pueden o no otorgar escrituras? ¿Cuáles leyes pueden renunciarse y cuáles no? Y ¿qué cosa son o para qué sirven los testigos que llaman instrumentales?

—Ha preguntado usted tantas cosas —dijo mi amo— que no es muy fácil el responderle a todas con prolijidad; pero para que usted se sosiegue, sepa que todas esas leyes que se renuncian son antiguallas que de nada sirven, y así no nos calentamos los escribanos la cabeza en saberlas, pues eso de saber leyes les toca a los abogados, no a nosotros. Lo que sucede es que como ya es estilo el poner esas cosas en las escrituras y otros instrumentos públicos, las ponemos los escribanos que vivimos hoy, y las pondrán los que vivirán de aquí a un siglo con la misma ciencia de ellas que los primeros escribanos del mundo; pero ya digo, el saber o ignorar estas *matarrungas* nada importa. ¿Está usted? Por lo que hace a lo que usted pregunta de que qué personas pueden otorgar escrituras, debo decirle que, menos los locos, todos. A lo menos yo las extenderé en favor del que me pague su dinero, sea quien fuere, y si tuviere algún impedimento, veré cómo se lo aparto y lo habilito. ¿Está usted? Últimamente: los testigos instrumentales son unas testas de hierro, o más bien unos nombres supuestos; pues en queriendo Juan vender y Pedro comprar, ¿qué cuenta tiene con que haya o no testigos de su contrato? De modo que verá usted que yo, muchos de mis compañeros y casi todos los alcaldes mayores tenientes y justicias de pueblos extendemos estos instrumentos en nuestras casas y juzgados solos, y cuando llegamos a los testigos, ponemos que lo fueron don Pascasio, don Nicasio y don Epitacio, aunque no haya tales hombres en veinte leguas en contorno, y lo cierto es que las escrituras se quedaron otorgadas, las fincas vendidas, nuestros derechos en la bolsa, y nadie, aunque sepa esta friolera, se mete a reconvenirnos para nada. Esto es lo que hay, amigo, en el particular. Vea usted si tiene algo más que preguntar, que se le responderá in terminis, camarada, in terminis, terminantemente.

Levantóse de la silla el licenciado, medio balbuciente de la cólera, y con un mirar de perro con rabia, le dijo a mi preclarísimo maestro:

"Pues, señor don Cosme Casalla, o Chanfaina o calabaza, o como le llaman, sepa usted que quien le habla es el licenciado don Severo Justiniano, abogado también de esta real audiencia, en la que pronto me verá usted colocado, y sabrá, si no quiere saberlo antes, que soy doctor en ambos derechos, y que no le he hablado con mera fanfarronada como usted, a quien en esta virtud le digo y le repito que es un hombre lleno, pero no de sabiduría, sino lleno de malicia y de ignorancia. ¡Bárbaro! ¿Quién lo metió a escribano? ¿Quién lo examinó? ¿Cómo supo engañar a los señores sinodales respondiendo quizás preguntas estudiadas, comunes o prevenidas, o satisfaciendo hipócritamente los casos arduos que le propusieron?

"Usted y otros escribanos o recep-

tores tan pelotas y maliciosos como usted tienen la culpa de que el vulgo, poco recto en sus juicios, mire con desafecto, y aun diré con odio, una profesión tan noble, confundiendo a los escribanos instruidos y timoratos con los criminalistas trapaceros, satisfechos de que abundan más éstos que aquéllos.

"Sí, señor: el oficio de escribano es honorífico, noble y decente. Las leyes lo llaman *público y honrado; prescriben que el que haya de ejercerlo sea sujeto de buena fama, hombre libre y cristiano; aseguran que el poner escribanos es cosa que pertenece a los reyes. Ca en ellos es puesta la guarda e lealtad de las cartas que facen en la corte del rey, e en las ciudades e en las villas. E son como testigos públicos en los pleitos, e en las posturas (pactos) que los omes facen entre sí; y mandan que para ser admitidos a ejercer dicho cargo justifiquen con citación del procurador síndico, ante las justicias de sus domicilios, limpieza de sangre, legitimidad, fidelidad, habilidad, buena vida y costumbres.*[1]

"Sí, amigo; es un oficio honroso, y tanto que no obsta, como han pensado algunos, para ser caballeros y adornarse el pecho con la cruz de un hábito, siempre que no falten los demás requisitos necesarios para el caso, de lo que tenemos ejemplar. No siendo esto nada particular ni violento, si se considera que un escribano *es una persona depositaria con autoridad del soberano de la confianza pública, a quien así en juicio como fuera de él, se debe dar entera fe y crédito en cuanto actúe como tal escribano.*

"¿No es, pues, una lástima que cuatro zaragates desluzcan con sus embrollos, necedades y raterías una profesión tan recomendable en la sociedad? A lo menos en el concepto de los muchos; que los pocos bien saben que, en expresión de cierto autor moderno, *el abuso de tan decoroso ministerio no debe degradar-*

---

[1] En el prólogo del *Febrero ilustrado* se hallan citadas las respectivas leyes.

le, como ni a los demás de la República, de la estimación y aprecio que le son debidos.

"Esa escritura que usted ha puesto o mandado poner es un fárrago de simplezas que no merece criticarse, y ella misma publica la ignorancia de usted, cuando no la hubiera confesado. ¿Conque usted se persuade que el escribano no necesita saber leyes, y que esto sólo compete a los abogados? Pues no, señor; los escribanos deben también estudiarlas para desempeñar su oficio en conciencia.[2]

"Ésta es una aserción muy evidente, y si no, vea usted en cuántos despilfarros y nulidades ha incurrido en ese mamarracho que ha forjado. Usted cita y renuncia leyes que para nada vienen al caso, manifestando en esto su ignorancia, al mismo tiempo que omite poner la edad de esa señora, circunstancia esencialísima para que sea válida la escritura, pues es mayor de veinticinco años; no es casada ni hija de familia; tiene la libre administración de sus bienes, y puede otorgar por sí lo mismo que cualquier hombre libre; y de consiguiente es un absurdo la renuncia que hace en su nombre del *senatus-consulto Veleyano,* pues no tiene aquí lugar ni le favorece. Sepa usted que esta ley se instituyó en Roma, siendo cónsul Veleyo, en favor de las mujeres, para que no puedan obligarse ni salir por fiadoras por persona alguna, y yá que puedan serlo en ciertos casos es menester que renuncien esta ley romana, o más bien las patrias que les favorecen, y entonces será válido el contrato y estarán obligadas a cumplirlo; pero cuando estando habilitadas por derecho, se obligan por sí y por su mismo interés, es

excusada la tal cláusula, porque entonces ninguna ley las exime de la obligación que han otorgado.

"Lo mismo se puede decir de las demás renuncias disparatadas que usted ha puesto, como las de *si qua mulier, sive a me,* etc., pues éstas se contraen a asegurar los bienes de las mujeres casadas o por razón de bienes dotales; y así sólo a éstas pueden renunciar su beneficio, y no las doncellas o solteras como es doña Damiana Acevedo.

"Mas para que usted acabe de conocer hasta dónde llega su ignorancia y la de todos sus compañeros que extienden instrumentos y ponen en ellos latinajos, leyes y renuncias de éstas, sin entender lo que hablan, sino porque así lo han visto en los protocolos de donde sacaron su formulario, atienda: Dice usted que vendió la casa en cuatro mil pesos, que el comprador recibió a su satisfacción, y a poco dice que renuncia la ley de la *non numerata pecunia.* Si usted supiera que esta ley habla del dinero no contado, y no del contado y recibido, no incurriría en tal error. Últimamente, el poner por testigos instrumentales los nombres que usted quiere, al hacer el instrumento usted solo, como ha dicho, y el no explicarle a las partes la cláusula de él y las leyes que renuncian, puede anular la escritura y cuanto haga con esta torpeza; porque es obligación precisa de los escribanos el imponer a las partes perfectamente en éstas que usted llama *antiguallas;* pero como *regularmente los escribanos* [3] *poco menos ignoran el contenido de las leyes renunciadas que las mismas partes, ¿cómo deberemos persuadirnos que cercioraron aquello que creemos ignoran? ¿Llamaremos acaso a juicio al escribano para que, examinando del contenido de dichas leyes, si rectamente responde, creamos que cercioró bien a las partes, y si no da razón de su*

<hr>

[2] Es imposible ejercer los escribanos su oficio, *dice don Marcos Gutiérrez en el lugar citado,* sin saber mucho de jurisprudencia; pues de lo contrario forzosamente han de cometer infinitos absurdos que originen costosos e interminables litigios, y de que sean víctimas innumerables ciudadanos en sus bienes y derechos.

[3] Aliaga, en su *Espejo de escribano.* Tomo 2, cap. I, cláus. 13, fol. 62.

persona hagamos el contrario concepto? Mejor sería.

"Conque, señor Casalla, aplicarse, aplicarse y ser hombre de bien, pues es un dolor que por las faltas de usted y otros como usted, sufran los buenos escribanos el vejamen de los negocios. El negocio a que yo venía pide un escribano de más capacidad y conducta que usted, y así no me determino a fiárselo. Estudie más y sea más arreglado, y no le faltará qué comer con más descanso y tranquilidad de espíritu."

—Y usted, amiguito —me dijo a mí—, estudie también si quiere seguir esta carrera, y no se enseñe a robar con la pluma, pues entonces no pasará de ave de rapiña. Adiós, señores.

Ni visto ni oído fue el licenciado luego que acabó de regañar a mi amo, quien se quedó tan aturdido que no sabía si estaba en cielo o en tierra, según después me dijo.

Yo me acordé bastante de mi primer maestro de escuela cuando le pasó igual bochorno con el clérigo; pero mi amo no era de los que se ahogan en poca agua, sino muy procaz y sinvergüenza; y así disimuló su incomodidad con mucho garbo, y luego que se recobró un poco, me dijo:

—¿Sabes, Periquillo, por qué ha sido esta faramalla de abogado? Pues sábete que no por otra causa sino porque siente un gato que otro le arañe. Estos letradillos son muy envidiosos: no pueden ver ojos en otra cara, y quisieran ser ellos solos abogados, jueces, agentes, relatores, procuradores, escribanos, y hasta corchetes y verdugos, para soplarse a los litigantes en cuerpo y alma. Vea usted al bribón del Severillo y qué charla nos ha encajado haciéndose del hipócrita y del instruido, como si fuera lo mismo zurcir un escrito acuñándole cuarenta textos, que extender un instrumento público. Aquí no más has de conocer lo que va del trabajo de un abogado al de un escribano: el escrito de aquél se tira, si se ofrece, por inútil, y el instrumento que nosotros autorizamos se guarda y se protocola eternamente. El letradillo se escandaliza de lo que no entiende, pero no se asustará de dejar un litigante sin camisa. Sí, ya lo conozco; ¡bonito yo para que me diera atole con el dedo! No digo él, ni los de toga. ¿Sabes por qué tomé el partido de callarme? Pues fue porque es muy caviloso, y a más de eso tengo malicias de que es asesor de S. E. Está para ser oidor, y no quiero exponerme a un trabajo, porque estos pícaros, por tal de vengarse, no dejarán libro que no hojeen, ni estante que no revuelvan; que si eso no hubiera sido, yo lo hubiera enseñado a malcriado. Con todo, que vuelva otro día a mi casa a quebrarme la cabeza, quizás no estaré para aguantar y saldrá por ahí como rata por tirante.

Así que mi amo se desahogó conmigo, abrió su estantito, se refrescó con un buen trago del refino de Castilla, y se marchó a jugar sus alburitos mientras se hacía hora de comer.

Aunque me hicieron mucha fuerza las razones del licenciado, algo me desvanecieron la socarra y mentiras de Chanfaina. Ello es que yo propuse no dejar su compañía hasta no salir un mediano oficial de escribano, mas no se puede todo lo que se quiere.

A las dos de la tarde volvió mi maestro contento porque no había perdido en el juego; puse la mesa, comió y se fue a dormir siesta. Yo fui a hacer la misma diligencia a la cocina, donde me despachó muy bien nana Clara, que era la cocinera. Después me bajé a la esquina a pasar el rato con el tendero mientras despertaba mi patrón. Éste, luego que despertó, me dejó mi tarea de escribir como siempre y se marchó para la calle, de donde volvió a las siete de la noche con una nueva huéspeda que venía a ser nuestra compañera.

Luego que la vi la conocí. Se llamaba Luisa, y era la hermana del ladrón que mi amo soltó de la cuerda con más facilidad que don Quijote a Ginés de Pasamonte. Ya he dicho que la tal moza no era fea y que pareció muy bien a mi amo. ¡Ojalá y a mí no me hubiera parecido lo mismo!

En cuanto entró, le dijo mi amo:

—Anda, hija desnúdate [4] y vete con nana Clara, que ella te impondrá de lo que has de hacer.

Fuese ella muy humilde, y cuando estuvimos solos, me dijo Chanfaina:

—Periquillo, me debes dar las albricias por esta nueva criada que he traído; ella viene de recamarera y te vas a ahorrar de algún quehacer, porque ya no barrerás, ni harás la cama, ni servirás la mesa, ni limpiarás los candeleros, ni harás otras cosas que son de tu obligación, sino solamente los mandados. Lo único que te encargo es que tengas cuidado con ella, avisándome si se asoma al balcón muy seguido, o si sale o viene alguno a verla cuando no estuviere yo en casa. En fin, tú cuídala y avísame de cuanto notares. Pues, porque al fin es mi criada, está a mi cargo, tengo que dar cuenta a Dios de ella y no soy muy ancho de conciencia, ni quiero condenarme por pecados ajenos. ¿Entiendes?

—Sí, señor —le contesté, riéndome interiormente de la necedad con que pensaba que era yo capaz de tragar su hipocresía.

Ya se ve, el muy camote me tenía por un buen muchacho o por un mentecato. Como en cerca de dos meses que yo viví con él había hecho tan al vivo el papel de hombre de bien, pues ni salía a pasear aun dándome licencia él mismo, ni me deslicé en lo más mínimo con la vieja cocinera, me creyó el amigo Chanfaina muy inocente, o quién sabe qué, y me confió a su Luisa, que fue fiarle un mamón a un perro hambriento. Así salió ello.

[4] En aquella época sólo la gente muy infeliz carecía de ropa más decente o aseada para salir a la calle, y así es que por desnudarse se entendía quitarse esa ropa y quedarse con la de casa.—E.

Esa noche cenamos y me fui a acostar sin meterme en más dibujos. Al día siguiente nos dio chocolate la recamarerita; hizo la cama, barrió, atizó el cobre, porque plata no la había, y puso la casa albeando, como dicen las mujeres.

Seis u ocho días hizo la Luisa el papel de criada, sirviendo la mesa y tratando a Chanfaina como amo, delante de mí y de la vieja; pero no pudo éste sufrir mucho tiempo el disimulo. Pasado este plazo, la fue haciendo comer de su plato, aunque en pie; después la hacía sentar algunas veces, hasta que se desnudó del fingimiento y la colocó a su lado señorilmente.

Los tres comíamos y cenábamos juntos en buena paz y compañía. La muchacha era bonita, alegre, viva y decidora; yo era joven, no muy malote, y sabía tocar el bandoloncito y cantar no muy ronco; al paso que mi amo era casi viejo, no poseía las gracias que yo; sacándolo de sus trapacerías con la pluma, era en lo demás muy tonto, hablaba gangoso y rociaba de babas al que lo atendía, a causa de que el gálico y el mercurio lo habían dejado sin campanilla ni dientes; no era nada liberal, y sobre tantas prendas, tenía la recomendable de ser celosísimo en extremo.

Ya se deja comprender que no me costaría mucho trabajo la conquista de Luisa, teniendo un rival tan despreciable. Así fue, en efecto. Breve nos conchabamos, y quedamos de acuerdo correspondiéndonos nuestros afectos amigablemente. El pobre de mi amo estaba encantado con su recamarera y plenamente satisfecho de su escribiente, quien no osaba alzar los ojos a verla delante de él.

Mas ella, que era pícara y burlona, abusaba del candor de mi amo y me ponía en unos aprietos terribles en su presencia; de suerte que a veces me hacía reír y a veces incomodar con sus chocarrerías.

Algunas ocasiones me decía:

—Señor Pedrito, ¡qué mustio es usted!, parece usted novicio o fraile

recién profeso, ni alza los ojos para
verme; ¿qué soy tan fea que espanto? ¡Zonzo! Dios me libre de usted. Será usted más tunante que el
que más. Sí, de éstos que no comen miel, libre Dios nuestros pa-
nales, don Cosme.

Otras veces me preguntaba si estaba yo enamorado de alguna muchacha o si me quería casar, y treinta mil simplezas de éstas, con las
que me exponía a descubrir nuestros maliciosos tratos; pero el bueno
de mi maestro estaba lelo y en nada menos pensaba que en ellos; antes solía preguntarme, a excusas de
ella, si le observaba yo alguna in-
quietud, y yo le decía:

—No, señor, ni yo lo permitiera,
pues los intereses de usted los miro
como míos, y más en esta parte.

Con esto quedaba el pobre enteramente satisfecho de la fidelidad
de los dos. Pero como nada hay
oculto que no se revele, al fin se
descubrió nuestro mal procedimien-
to de un modo que pudo haberme
costado bien caro.

Estaba una mañana Luisa en el
balcón y yo escribiendo en la sala.
Antojóseme chupar un cigarro y fui
a encenderlo a la cocina. Por desgracia estaba soplando la lumbre
una muchacha de no malos bigotes,
llamada Lorenza, que era sobrina
de nana Clara y la iba a visitar de
cuando en cuando por interés de los
percances que le daba la buena vieja, la que a la sazón no estaba en
casa, porque había ido a la plaza a
comprar cebollas y otras menestras
para guisar. Me hallé, pues, solo con
la muchacha, y como era de corazón alegre, comenzamos a chacotear
familiarmente. En este rato me echó
menos Luisa; fue a buscarme, y ha-
llándome enajenado, se enceló furiosamente y me reconvino con bastante aspereza, pues me dijo:

—Muy bien, señor Perico. En eso
se le va a usted el tiempo, en re-
tozar con esa grandísima tal...

—No, eso de tal —dijo Lorenza
toda encolerizada—, eso de tal lo
será ella y su madre y toda su
casta.

Y sin más cumplimientos, se arre-
metieron y afianzaron de las tren-
zas, dándose muchos araños y di-
ciéndose primores; pero esto con tal
escándalo y alharaca, que se podía
haber oído el pleito y sabido el motivo a dos leguas en contorno de la
casa. Hacía yo cuanto estaba de mi
parte por desapartarlas; mas era
imposible, según estaban empeñadas
en no soltarse.

A este tiempo entró nana Clara,
y mirando a su sobrina bañada en
sangre, no se metió en averiguaciones, sino que tirando el canasto
de verdura, arremetió contra la pobre de Luisa, que no estaba muy
sana, diciéndole:

—Eso no, grandísima cochina,
lambe platos, piojo resucitado, a mi
sobrina no, tal. Agora verás quién
es cada cual.

Y en medio de estas jaculatorias
le menudeaba muy fuertes palos con
una cuchara.

Yo no pude sufrir que con tal ventaja estropearan dos a mi pobre
Luisa, y así, viendo que no valían
mis ruegos para que la dejaran, ape-
lé a la fuerza, y di sobre la vieja a
pescozones.

Una zambra era aquella cocina,
ni pienso que sería más terrible la
batalla de César en Farsalia. Como
no estábamos quietos en un punto,
sino que cayendo y levantando andábamos por todas partes y la cocina
era estrecha, en un instante se que-
braron las ollas, se derramó la comida, se apagó la lumbre y la ceniza nos emblanqueció las cabezas
y ensució las caras.

Todo era desvergüenzas, gritos,
porrazos y desorden. No había una
de las contendientes que no estuviera sangrada según el método del
Aguilucho, y a más de esto, desgre-
ñada y toda hecha pedazos, sin quedarme yo limpio en la función. El
campo de batalla, o la cocina, estaba sembrado de despojos. Por un
rincón se veía una olla hecha pedazos, por otro la tinaja del agua,
por aquí una sartén, por allí un
manojo de cebollas, por esotro lado
la mano del metate, y por todas par-

tes las reliquias de nuestra ropa. El perrillo alternaba sus ladridos con nuestros gritos, y el gato, todo espeluzado, no se atrevía a bajar del brasero.

En medio de esta función llegó Chanfaina, vestido en su propio traje, y viendo que su Luisa estaba desangrada, hecha pedazos, bañada en sangre y envuelta entre la cocinera y su sobrina, no esperó razones, sino que haciéndose de un garrote, dio sobre las dos últimas, pero con tal gana y coraje, que a pocos trancazos cesó el pleito, dejando a la infeliz recamarera, que ciertamente era la que había recibido la peor parte.

Cuando volvimos todos en nuestro acuerdo, no tanto por el respeto del amo, cuanto por el miedo del garrote, comenzó el escribano a tomarnos declaración sobre el asunto o motivo de tan desaforada riña. La vieja nana Clara nada decía, porque nada sabía en realidad; Luisa tampoco, porque no le tenía cuenta; yo menos, porque era el actor principal de aquella escena; pero la maldita Lorenza, como que era la más instruida e inocente, en un instante impuso a mi amo del contenido de la causa, diciéndole que todo aquello no había sido más que una violencia y provocación de aque-

lla tal celosa que estaba en su casa, que quizá era mi amiga, pues por celos de mí y de ella había armado aquel escándalo...

Hasta aquí oí yo a Lorenza, porque en cuanto advertí que ésta había descorrido el velo de nuestros indignos tratos más de lo que era necesario, y que mi amo me miraba con ojos de loco furioso, temí como hombre, y eché a correr como una liebre por la escalera abajo, con lo que confirmé en el momento cuanto dijo Lorenza, acabando de irritar a mi patrón, quien no queriendo que me fuera de su casa sin despedida, bajó tras de mí como un rayo y con tal precipitación, que no advirtió que iba sin sombrero ni capa y con la golilla por un lado.

Como dos cuadras corrió Chanfaina tras de mí gritándome sin cesar:

—Párate, bribón; párate, pícaro; —pero yo me volví sordo y no paré hasta que lo perdí de vista y me hallé bien lejos y seguro del garrote.

Éste fue el honroso y lucidísimo modo con que salí de la casa del escribano; peor de lo que había entrado y sin el más mínimo escarmiento, pues en cada una de éstas comenzaba de nuevo la serie de mis aventuras, como lo veréis en el capítulo siguiente:

CAPÍTULO IV

EN EL QUE PERIQUILLO CUENTA LA ACOGIDA QUE LE HIZO UN BARBERO, EL MOTIVO POR QUÉ SALIÓ DE SU CASA, SU ACOMODO EN UNA BOTICA Y SU SALIDA DE ÉSTA, CON OTRAS AVENTURAS CURIOSAS

ES INCREÍBLE EL TERRENO que avanza un cobarde en la carrera. Cuando sucedió el lance que acabo de referir eran las doce en punto, y mi amo vivía en la calle de las Ratas, pues corrí tan de buena gana que fui a esperar el cuarto de hora a la alameda; eso sí, yo llegué lleno de sudor y de susto; mas lo di de barato así como el verme sin sombrero, roto de cabeza, hecho pedazos y muerto de hambre, al considerarme seguro de Chanfaina, a quien no tanto temía por su garrote como por su pluma cavilosa, pues si me hubiera habido a las manos seguramente me da de palos, me urde una calumnia y me hace ir a sacar piedra mucar a San Juan de Ulúa.

Así es que yo hube de tener por bien el mismo mal, o elegí cuerdamente del mal el menos; pero esto está muy bien para la hora ejecutiva, porque pasada ésta, se reconoce cualquier mal según es, y entonces nos incomoda amargamente.

Tal me sucedió cuando sentado a la orilla de una zanja, apoyado mi brazo izquierdo sobre una rodilla, teniéndome con la misma mano la cabeza y con la derecha rascando la tierra con un palito, consideraba mi triste situación. "¿Qué haré ahora? —me preguntaba a mí mismo—. Es harto infeliz el estado presente en que me hallo. Solo, casi desnudo, roto de cabeza, muerto de hambre, sin abrigo ni conocimiento, y después de todo, con un enemigo poderoso como Chanfaina, que se desvelará por saber de mí para tomar venganza de mi infidelidad y de la

de Luisa, ¿adónde iré? ¿Dónde me quedaré esta noche? ¿Quién se ha de doler de mí, ni quién me hospedará si mi pelaje es demasiado sospechoso? Quedarme aquí no puede ser, porque me echarán los guardas de la alameda; andar toda la noche en la calle es arrojo, porque me expongo a que me encuentre una ronda y me despache más presto a poder de Chanfaina; irme a dormir a un cementerio retirado como el de San Cosme, será lo más seguro... pero ¿y los muertos y los fantasmas son acaso poco respetables y temibles? Ni por un pienso. ¿Qué haré, pues, y qué comeré en esta noche?"

Embebido estaba en tan melancólicos pensamientos sin poder dar con el hilo que me sacara de tan confuso laberinto, cuando Dios, que no desampara a los mismos que le ofenden, hizo que pasara junto a mí un venerable viejo, que con un muchacho se entretenía en sacar sanguijuelas con un *chiquihuite* en aquellas zanjitas; y estando en esta diligencia me saludó y yo le respondí cortésmente.

El viejo, al oír mi voz, me miró con atención, y después de haberse detenido un momento, salta la zanja, me echa los brazos al cuello con la mayor expresión, y me dice:

—¡Pedrito de mi alma! ¿Es posible que te vuelva a ver? ¿Qué es esto? ¿Qué traje, qué sangre es ésa? ¿Cómo está tu madre? ¿Dónde vives?

A tantas preguntas, yo no respondía palabra, sorprendido al ver a un hombre a quien no conocía que me hablaba por mi nombre y con una confianza no esperada; mas él, advirtiendo la causa de mi turbación, me dijo:

—¿Qué, no me conoces?

—No, señor, la verdad —le respondí—, si no es para servirle.

—Pues yo sí te conozco, y conocí a tus padres y les debí mil favores. Yo me llamo Agustín Rapamentas; afeité al difunto señor don Manuel Sarmiento, tu padrecito, muchos años, sí, muchos, sobre que te conocí tamañito, hijo, tamañito; puedo decir que te vi nacer; y no pienses que no; te quería mucho y jugaba contigo mientras que tu señor padre salía a afeitarse.

—Pues, señor don Agustín —le dije—, ahora voy recordando especies, y, en efecto, es así como usted lo dice.

—¿Pues, qué haces aquí, hijo, y en este estado? —me preguntó.

—¡Ay, señor! —le respondí remedando el llanto de las viudas—. Mi suerte es la más desgraciada; mi madre murió dos años hace; los acreedores de mi padre me echaron a la calle y embargaron cuanto había en casa; yo me he mantenido sirviendo a este y al otro; y hoy el amo que tenía, porque la cocinera echó el caldo frío y yo lo llevé así a la mesa, me tiró con él y con el plato me rompió la cabeza y, no parando en esto su cólera, agarró el cuchillo y corrió tras de mí, que a no tomarle yo la delantera no le cuento a usted mi desgracia.

—¡Mire qué picardía! —decía el cándido barbero—. Y ¿quién es ese amo tan cruel y vengativo?

—¿Quién ha de ser, señor? —le dije—. El mariscal de Birón.

—¿Cómo? ¿Qué estás hablando? —dijo el rapador—. No puede ser eso; si no hay tal nombre en el mundo. Será otro.

—¡Ah, sí señor, es verdad! —dije yo—; me turbé; pero es el conde... el conde... el conde... ¡válgate Dios por memoria! El conde de... de... Saldaña.

—Peor está ésa —decía don Agustín—. ¿Qué, te has vuelto loco?

¿Qué estás hablando, hijo? ¿No ves que estos títulos que dices son de comedia?

—Es verdad, señor, a mí se me ha olvidado el título de mi amo porque apenas hace dos días que estaba en su casa; pero para el caso no importa no acordarse de su título, o aplicarle uno de comedia, porque si lo vemos con seriedad, ¿qué título hay en el mundo que no sea comedia? El mariscal de Birón, el conde de Saldaña, el barón de Trenk y otros mil fueron títulos reales, desempeñaron su papel, murieron, y sus nombres quedaron para servir de títulos de comedias. Lo mismo sucederá al conde del Campo Azul, al marqués de Casa Nueva, al duque de Ricabella y a cuantos títulos viven hoy con nosotros; mañana morirán y *Laus Deo;* quedarán sus nombres y sus títulos para acordarnos sólo algunos días de que han existido entre los vivos, lo mismo que el mariscal de Birón y el gran conde de Saldaña. Conque nada importa, según esto, que yo me acuerde o me olvide del título del amo que me golpeó. De lo que no me olvidaré será de su maldita acción, que éstas son las que se quedan en la memoria de los hombres, o para vituperarlas y sentirlas, o para ensalzarlas y aplaudirlas, que no los títulos y dictados que mueren con el tiempo, y se confunden con el polvo de los sepulcros.

Atónito me escuchaba el inocente barbero teniéndome por un sabio y un virtuoso. Tal era mi malicia a veces, y a veces, mi ignorancia. Yo mismo ahora no soy capaz de definir mi carácter en aquellos tiempos, ni creo que nadie lo hubiera podido comprender; porque unas ocasiones decía lo que sentía, otras obraba contra lo mismo que decía; unas veces me hacía un hipócrita, y otras hablaba por el convencimiento de mi conciencia; mas lo peor era que cuando fingía virtud lo hacía con advertencia, y cuando hablaba enamorado de ella hacía mil propósitos interiores de enmendarme; pero no me determinaba a cumplirlos.

Esta vez me tocó hablar lo que tenía en mi corazón, pero no me aproveché de tales verdades; sin embargo, me surtió un buen efecto temporal, y fue que el barbero, condolido de mí, me llevó a su casa, y su familia, que se componía de una buena vieja llamada tía Casilda y del muchacho aprendiz, me recibió con el extremo más dulce de hospitalidad.

Cené aquella noche mejor de lo que pensaba, y al día siguiente me dijo el maestro:

—Hijo, aunque ya eres grande para aprendiz (tendría yo diecinueve o veinte años; decía bien), si quieres, puedes aprender mi oficio, que si no es de los muy aventajados, a lo menos da qué comer; y así, aplícate que yo te daré la casa y el bocadito, que es lo que puedo.

Yo le dije que sí, porque por entonces me pareció conveniente; y según esto, me comedía [1] a limpiar los paños, a tener la bacía y a hacer algo de lo que veía hacer al aprendiz.

Una ocasión que el maestro no estaba en casa, por ver si estaba algo adelantado, cogí un perro, a cuya fajina me ayudó el aprendiz, y atándole los pies, las manos y el hocico, lo sentamos en la silla amarrado en ella, le pusimos un trapito para limpiar las navajas y comencé la operación de la rasura. El miserable perro oponía sus gemidos [2] en el cielo. ¡Tales eran las cuchilladas que solía llevar de cuando en cuando!

Por fin se acabó la operación y quedó el pobre animal retratable, y luego que se vio libre, salió para la calle como alma que se llevan los demonios, y yo, engreído con esta primera prueba, me determiné a hacer otra con un pobre indio que se fue a rasurar de a medio. Con mucho garbo le puse los paños, hice

al aprendiz trajera la bacía con la agua caliente, asenté las navajas y le di una zurra de raspadas y tajos, que el infeliz, no pudiendo sufrir mi áspera mano, se levantó diciendo:

—Amoquale, quistiano amoquale.

Que fue como decirme en castellano:

—No me cuadra tu modo, señor, no me cuadra.

Ello es que él dio el medio real y se fue también medio rapado.

Todavía no contento con estas malas pruebas, me atreví a sacarle una muela a una vieja que entró a la tienda rabiando de un fuerte dolor y en solicitud de mi maestro; pero como era resuelto, la hice sentar y que entregara la cabeza al aprendiz para que se la tuviera.

Hizo éste muy bien su oficio; abrió la cuitada vieja su desierta boca después de haberme mostrado la muela que le dolía, tomé el descarnador y comencé a cortarla trozos de encía alegremente.

La miserable, al verse tasajear tan seguido y con una porcelana de sangre delante, me decía:

—Maestrito, por Dios, ¿hasta cuándo acaba usted de descarnar?

—No tenga usted cuidado, señora —le decía yo—; haga una poca de paciencia, ya le falta poco de la quijada.

En fin, así que le corté tanta carne cuanta bastó para que almorzara el gato de casa; le afiancé el hueso con el respectivo instrumento, y le di un estirón tan fuerte y mal dado, que le quebré la muela, lastimándole terriblemente la quijada.

—¡Ay, Jesús! —exclamó la triste vieja—. Ya me arrancó usted las quijadas, maestro del diablo.

—No hable usted, señora —le dije—, que se le meterá el aire y le corromperá la mandíbula.

—¡Qué *malíbula* ni qué demonios! —decía la pobre—. ¡Ay, Jesús!, ¡ay!, ¡ay!, ¡ay!

—Ya está, señora —decía yo—; abra usted la boca, acabaremos de

---

[1] *Por comedirse* y con más frecuencia *acomedirse*, se entiende vulgarmente prestarse con voluntad y gusto a ayudar a otros en sus trabajos y quehaceres, o desempeñarlos por ellos.—E.

[2] No podía ladrar y así sólo gemía.

sacar el raigón, ¿no ve que es muela matriculada?

—Matriculado esté usted en el infierno, *chambón*, indigno, condenado —decía la pobre.

Yo, sin hacer caso de sus injurias, le decía:

—Ande, nanita, siéntese y abra la boca, acabaremos de sacar ese hueso maldito; vea usted que un dolor quita muchos. Ande usted, aunque no me pague.

—Vaya usted mucho noramala —dijo la anciana—; y sáquele otra muela o cuantas tenga a la grandísima borracha que lo parió. No tienen la culpa estos raspadores cochinos, sino quien se pone en sus manos.

Prosiguiendo en estos elogios se salió para la calle, sin querer ni volver a ver el lugar del sacrificio.

Yo algo me compadecí de su dolor, y el muchacho no dejó de reprenderme mi determinación atolondrada, porque cada rato decía:

—¡Pobre señora! ¡Qué dolor tendría! Y lo peor que si se lo dice al maestro ¿qué dirá?

—Diga lo que dijere —le respondí—, yo lo hago por ayudarle a buscar el pan; fuera de que así se aprende, haciendo pruebas y ensayándose.

A la maestra le dije que habían sido monadas de la vieja, que tenía la muela matriculada y no se la pude arrancar al primer tirón, cosa que al mejor le sucede.

Con esto se dieron todos por satisfechos, y yo seguí haciendo mis diabluras, las que me pagaban o con dinero o con desvergüenzas.

Cuatro meses y medio permanecí con don Agustín, y fue mucho, según lo variable de mi genio. Es verdad que en esta dilación tuvo parte el miedo que tenía a Chanfaina, y el no encontrar mejor asilo, pues en aquella casa comía, bebía y era tratado con una estimación respetuosa de parte del maestro. De suerte que yo ni hacía mandados ni cosa más útil que estar cuidando la barbería y haciendo mis fechorías cada vez que tenía proporción; porque

yo era un aprendiz de honor, y tan consentido y hobachón que, aunque sin camisa, no me faltaba quien envidiara mi fortuna. Éste era Andrés, el aprendiz, quien un día que estábamos los dos conversando en espera de marchante que quisiera ensayarse a mártir, me dijo:

—Señor, ¡quién fuera como usted!

—¿Por qué, Andrés? —le pregunté.

—Porque ya usted es hombre grande, dueño de su voluntad y no tiene quien le mande; y no yo que tengo tantos que me regañen, y no sé lo que es tener medio en la bolsa.

—Pero así que acabes de aprender el oficio —le dije—, tendrás dinero y serás dueño de tu voluntad.

—¡Qué verde está eso! —decía Andrés—. Ya llevo aquí dos años de aprendiz y no sé nada.

—¿Cómo nada, hombre? —le pregunté muy admirado.

—Así, nada —me contestó—. Ahora que está usted en casa he aprendido algo.

—¿Y qué has aprendido? —le pregunté.

—He aprendido —respondió el gran bellaco— a afeitar perros, desollar indios y desquijarar viejas, que no es poco. Dios se lo pague a usted que me lo ha enseñado.

—¿Pues y qué, tu maestro no te ha enseñado nada en dos años?

—¡Qué me ha de enseñar! —decía Andrés—. Todo el día se me va en hacer mandados aquí y en casa de doña Tulitas, la hija de mi maestro; y allí *pior*, porque me hacen cargar el niño, lavar los pañales, ir a la peluquería, fregar toditos los trastes y aguantar cuantas calillas quieren, y con esto, ¿qué he de aprender del oficio? Apenas sé llevar la bacía y el escalfador cuando me lleva consigo mi amo, digo, mi maestro; me turbé. A fe que don Plácido, el hojalatero que vive junto a la casa de mi madre grande, ése sí que es maestro de cajeta, porque afuera de que no es muy demasiado regañón, ni les pega a sus aprendices, los enseña con mucho cariño, y les da sus medios muy bue-

nos así que hacen alguna cosa en
su lugar; pero eso de mandados
¡cuándo, ni por un pienso! Sobre
que apenas los envía a traer medio
de cigarros, *contimás* manteca, ni
chiles, ni pulque, ni carbón, ni nada
como acá. Con esto, *orita orita*
aprenden los muchachos el oficio.

—Tú hablas mal —le dije—, pero
dices bien. No deben ser los maestros amos sino enseñadores de los
muchachos; ni éstos deben ser criados o *pilguanejos* de ellos, sino legítimos aprendices; aunque así por
la enseñanza como por los alimentos que les dan, pueden mandarlos
y servirse de ellos en aquellas horas en que estén fuera de la oficina
y en aquellas cosas proporcionadas
a las fuerzas, educación y principios
de cada uno. Así lo oía yo decir
varias veces a mi difunto padre, que
en paz descanse. Pero dime: ¿qué,
estás aquí con escritura?

—Sí, señor —me respondió Andrés—, y ya cuento dos años de
aprendizaje, y vamos corriendo para
tres, y no se da modo ni manera
el maestro de enseñarme nada.

—Pues entonces —le dije—, si la
escritura es por cuatro años, ¿cómo
aprenderás en el último, si se pasa
como se han pasado los tres que
llevas?

—Eso *mesmo* digo yo —decía Andrés—. Me sucederá lo que le sucedió a mi hermano Policarpo con
el maestro Marianito el sastre.

—Pues, ¿qué le sucedió?

—¿Qué? Que se llevó los tres
años de aprendiz en hacer mandados como *ora* yo, y en el cuarto
izque quería el maestro enseñarle
el oficio de a tiro, y mi hermano no
lo podía aprender, y al maestro se lo
llevaba el diablo de coraje, y le
echaba cuarta al *probe* de mi hermano a manta de Dios, hasta que el
probe se aburrió y se *juyó*, y esta
es la *ora* que no hemos vuelto a
saber *dél*, y tan bueno que era el
probe, pero ¿cómo había de salir
sastre en un año, y eso haciendo
mandados y con tantísimo día de
fiesta, señor, como tiene el año?
Y *asina* yo pienso que el *maestro*

de acá tiene trazas de hacer lo *mesmo* conmigo.[3]

—Pero, ¿por qué no aprendiste
tú a sastre? —pregunté a Andrés.
Y éste me dijo:

—¡Ay, señor! ¿Sastre? Se enferman del pulmón.

—¿Y a hojalatero?

—No, señor; por no ver que se
corta uno con la hoja de lata y se
quema con los fierros.

—¿Y a carpintero por qué no?

—¡Ay! No, porque se lastima mucho el pecho.

—¿Y a carrocero o herrero?

—No lo permita Dios; ¡si parecen
diablos cuando están junto a la fra-
gua aporreando el fierro!

—Pues, hijo de mi alma; Pedro
Sarmiento, hermano de mi corazón
—le dije a Andrés levantándome
del asiento—, tú eres mi hermano,
tatita, si tú eres mi hermano; somos
mellizos o *cuates*; dame un abrazo.
Desde hoy te debo amar y te amo
más que antes, porque miro en ti
el retrato de mi modo de pensar;
pero tan parecido, que se equivoca

[3] En el día con gran dolor vemos
lo poco usado de esta loable práctica de recibir aprendices con escritura;
pero cuando estaba en uso se recibían
los aprendices bajo las obligaciones y
condiciones siguientes: el maestro se
obligaba a enseñar al aprendiz su oficio sin ocultarle nada, dentro de un
tiempo determinado, que regularmente eran cuatro años, pudiendo a este
efecto castigarle con prudencia y moderación sin herirlo ni lastimarlo gravemente; a darle alimentos, ropa limpia
y cama; a que si no estuvo hábil en
el dicho tiempo, pagar a otro maestro
de la misma profesión o arte el trabajo
de enseñarlo; y si esto no quería, a
tener en su casa al aprendiz en clase
de oficial, pagándole salario de tal
todos los días. El otorgante padre, pariente, etc., del aprendiz se obligaba
a que éste había de servir dicho tiempo
no sólo en lo concerniente al oficio,
sino en lo que se le ofreciera a su
maestro, siendo cosa decente y no im-
pidiéndole el tiempo de aprender. Éstas y otras condiciones igualmente justas pueden verse en el *Febrero ilustrado*
por don Marcos Gutiérrez, parte 1, t. 2,
cap. XXVI.

con el prototipo, si ya no es que nos identificamos tú y yo.

—¿Por qué son tantos abrazos, señor Pedrito? —preguntaba Andrés muy azorado—. ¿Por qué me dice usted tantas cosas que yo no entiendo?

—Hermano Andrés —le respondí—, porque tú piensas lo mismo que yo, y eres tan flojo como el hijo de mi madre. A ti no te acomodan los oficios por las penalidades que traen anexas, ni te gusta servir porque regañan los amos; pero sí te gusta comer, beber, pasear y tener dinero con poco o ningún trabajo. Pues, *tatita*,[4] lo mismo pasa por mí; de modo que, como dice el refrán, Dios los cría y ellos se juntan. Ya verás si tengo razón demasiada para quererte.

—Eso es decir —repuso Andrés— que usted es un flojo y yo también.

—Adivinaste, muchacho —le contesté—, adivinaste. ¿Ves cómo en todo mereces que yo te quiera y te reconozca por mi hermano?

—Pues si sólo por eso lo hace —dijo Andresillo—, muchos hermanos debe usted tener en el mundo, porque hay muchos flojos de nuestro mismo gusto; pero sepa usted que a mí lo que me hace, no es el oficio, sino dos cosas: la una, que no me lo enseñan, y la otra, el genio que tiene la maldita vieja de la maestra; que si eso no fuera, yo estuviera contento en la casa, porque el maestro no puede ser mejor.

—Así es —dije yo—. Es la vieja el mismo diablo, y su genio es enteramente opuesto al de don Agustín, pues éste es prudente, liberal y atento, y la vieja condenada es majadera, regañona y mezquina como Judas. Ya se ve, ¿qué cosa buena ha de hacer con su cara de sábana encarrujada y su boca de chancleta?[5]

Hemos de advertir que la casa era una accesoria con un altito de éstas que llaman de taza y plato,[6] y nosotros no habíamos atendido a que la dicha maestra nos escuchaba, como nos escuchó toda la conversación, hasta que yo comencé a loarla en los términos que van referidos, e irritada justamente contra mí, cogió con todo silencio una olla de agua hirviendo que tenía en el brasero y me la volcó a plomo en la cabeza, diciéndome:

—¡Pues, maldito, mal agradecido, fuera de mi casa, que yo no quiero en ella arrimados que vengan a hablar de mí!

No sé si habló algo más, porque quedé sordo y ciego del dolor y de la cólera. Andrés, temiendo otro baño peor, y escarmentado en mi cabeza, huyó para la calle. Yo, rabiando y todo pelado, subí la escalerita de palo con ánimo de desmechar a la vieja, topara en lo que topara, y después marcharme como Andrés; pero esta condenada era varonil y resuelta, y así luego que me vio arriba, tomó el cuchillo del brasero y se fue sobre mí con el mayor denuedo, y hablando medias palabras de cólera, me decía:

—¡Ah, grandísimo bellaco atrevido! Ahora te enseñaré...

Yo no pude oír qué me quería enseñar ni me quise quedar a aprender la lección, sino que volví la grupa con la mayor ligereza, y fue con tal desgracia, que tropezando con un perrillo bajé la escalera más presto que la había subido y del

---

[4] *Tatita*, diminutivo de *Tata*, que entre la gente vulgar se sustituye al nombre de *padre*, como el de *nana* al de *madre*; así como entre la gente decente se dice: papá, mamá.—E.

[5] Esta voz es en castellano sinónima de *chinela*, pero entre nosotros signi-

fica el zapato que por viejo o de intento tiene doblado para adentro el talón, con cuyo motivo hace un ruido desagradable al andar con él.—E.

[6] Esta locución tuvo origen de que pidiéndose una poca de agua en el cuarto o accesoria de la gente muy pobre, se daba en un jarro de barro común; pero los que siendo algo más acomodados vivían en estas accesorias con su altito, presentaban el agua en una taza poblana sobre un plato, porque el precio alto de los vasos de cristal en aquella época remota no estaba al alcance sino de los ricos y gente bien acomodada.—E.

más extraño modo, porque la bajé de cabeza, magullándome las costillas.

La vieja estaba hecha un chile contra mí. No se compadeció ni se detuvo por mi desgracia, sino que bajó detrás de mí como un rayo con el cuchillo en la mano, y tan determinada, que hasta ahora pienso que si me hubiera cogido, me mata sin duda alguna; pero quiso Dios darme valor para correr, y en cuatro brincos me puse cuatro cuadras lejos de su furor. Porque, eso sí, tenía yo alas en los pies, cuando me amenazaba algún peligro y me daban lugar para la fuga.

En lo intempestivo se pareció esta mi salida a la de la casa de Chanfaina; pero en lo demás fue peor, porque de aquí salí a la carrera, sin sombrero, bañado y chamuscado.

Así me hallé como a las once de la mañana por el paseo que llaman de la Tlaxpana. Estúveme en el sol esperando que se me secara mi pobre ropa, que cada día iba de mal en peor, como que no tenía relevo.

A las tres de la tarde ya estaba enteramente seca, enjuta, y yo mal acondicionado, porque me afligía el hambre con todas sus fuerzas; algunas ampollas se me habían levantado por la travesura de la vieja; los zapatos, como que estaban tan maltratados con el tiempo que se tenían en mis pies por mero cumplimiento, me abandonaron en la carrera; yo que vi la diabólica figura que hacía sin ellos a causa de que las medias descubrieron toda suciedad y flecos de las soletas, me las quité, y no teniendo dónde guardarlas, las tiré, quedándome descalzo de pie y pierna; y para colmo de mi desgracia, me urgía demasiado el miedo al pensar en dónde pasaría la noche, sin atreverme a decidir entre si me quedaría en el campo o me volvería a la ciudad, pues por todas partes hallaba insuperables embarazos. En el campo temía el hambre, las inclemencias del tiempo y la lobreguez de la noche; y en la ciudad temía la cárcel y un mal encuentro con Chanfaina o el maestro barbero; pero, por fin, a las oraciones de la noche venció el miedo de esta parte y me volví a la ciudad.

A las ocho estaba yo en el Portal de las Flores, muerto de hambre, la que se aumentaba con el ejercicio que hacía con tanto andar. No tenía en el cuerpo cosa que valiera más que una medallita de plata que había comprado en cinco reales cuando estaba en la barbería; me costó mucho trabajo venderla a esas horas; pero, por último, hallé quien me diera por ella dos y medio, de los que gasté un real en cenar y medio en cigarros.

Alentado mi estómago, sólo restaba determinar dónde quedarme. Andaba yo calles y más calles sin saber en dónde recogerme, hasta que pasando por el mesón del Ángel oí sonar las bolas del truco, y acordándome del *arrastraderito* de Juan Largo, dije entre mí: No hay remedio, un realillo tengo en la bolsa para el coime; aquí me quedo esta noche, y diciendo y haciendo, me metí en el truco.

Todos me miraban con la mayor atención, no por lo trapiento, que otros había allí peores que yo, sino por el ridículo, pues estaba descalzo enteramente; calzones blancos no los conocía; los de encima eran negros de terna, parchados y agujereados; mi camisa, después de rota, estaba casi negra de mugre; mi chupa era de angaripola rota y con tamaños florones colorados; el sombrero se quedó en casa, y después de tantas guapezas, tenía la cara algo extravagante, pues la tenía apollada y los ojos medio escondidos dentro de las vejigas que me hizo el agua hirviendo.

No era mucho que todos notaran tan extraña figura; mas a mí no se me dio nada de su atención, y hubiera sufrido algún vejamen a trueque de no quedarme en la calle.

Dieron las nueve; acabaron de jugar y se fueron saliendo todos, menos yo que luego luego me comedí a apagar las velas, lo que no le disgustó al coime, quien me dijo:

—Amiguito, Dios se lo pague; pero ya es tarde y voy a cerrar, váyase usted.

—Señor —le dije—, no tengo dónde quedarme, hágame usted el favor de que pase la noche aquí en un banco, le daré un real que tengo, y si más tuviera más le diera.

Ya hemos dicho que en todas partes, en todos ejercicios y destinos se ven hombres buenos y malos, y así no se hará novedad de que en un truco y en clase de coime, fuera éste de quien hablo un hombre de bien y sensible. Así lo experimenté, pues me dijo:

—Guarde usted su real, amigo, y quédese norabuena. ¿Ya cenó?

—Sí, señor —le respondí.

—Pues yo también. Vámonos a acostar.

Sacó un sarape, me lo prestó, y mientras nos desnudamos quiso informarse de quién era yo y del motivo de haber ido allí tan derrotado. Yo le conté mil lástimas con tres mil mentiras en un instante, de modo que se compadeció de mí, y me prometió que hablaría a un amigo boticario que no tenía mozo, a ver si me acomodaba en su casa. Yo acepté el favor, le di las gracias por él y nos dormimos.

A la siguiente mañana, a pesar de mi flojera, me levanté primero que el coime, barrí, sacudí e hice cuanto pude por granjearlo. Él se pagó de esto, y me dijo:

—Voy a ver al boticario; pero ¿qué haremos de sombrero? Pues en esas trazas que usted tiene está muy sospechoso.

—Yo no sé qué haré —le dije—, porque no tengo más que un real y con tan poco no se ha de hallar; pero mientras que usted me hace favor de ver a ese señor boticario, ya vuelvo.

Dicho esto me fui, me desayuné, y en un zaguán me quité la chupa y la ferié en el baratillo por el primer sombrero que me dieron, quedándome el escrúpulo de haber engañado a su dueño. Es verdad que el dicho sombrero no pasaba de un *chilaquil* aderezado; y donde a mí me pareció que había salido ventajoso ¿qué tal estaría la chupa? Ello es que al tiempo del trueque me acordé de aquel versito viejo de

"Casó Montalvo en Segovia
siendo cojo, tuerto y calvo,
y engañaron a Montalvo:
¿Qué tal sería la novia?"

Contentísimo con mi sombrero y de verme disfrazado con mis propios *tiliches,* convertido de hijo de don Pedro Sarmiento en mozo alquilón, partí a buscar al coime mi protector, quien me dijo que todo estaba listo; pero que aquella camisa parecía sudadero, que fuera a lavarla a la acequia y a las doce me llevaría al acomodo, porque la pobreza era una cosa y la porquería otra; que aquélla provocaba a lástima y ésta a desprecio y asco de la persona; y por fin, que me acordara del refrán que dice: *como te veo te juzgo.*

No me pareció malo el consejo, y así lo puse en práctica al momento. Compré cuartilla de jabón y cuartilla de tortillas con chile que me almorcé para tener fuerzas para lavar; me fui al *Pipis,*[7] me pelé mi camisa y la lavé.

No tardó nada en secarse porque estaba muy delgada y el sol era como lo apetecen las lavanderas los sábados. En cuanto la vi seca, la espulgué y me la puse, volviéndome con toda presteza al mesón, pues ya no veía la hora de acomodarme; no porque me gustaba trabajar, sino porque la necesidad tiene cara de hereje, dice el refrán, y yo digo de pobre, que suele parecer peor que de hereje.

Así que el coime me vio limpio, se alegró y me dijo:

—Vea usted cómo ahora parece otra cosa. Vamos.

Llegamos a la botica que estaba cerca, me presentó al amo, quien me hizo veinte preguntas, a las que contesté a su satisfacción, y me quedé en la casa con salario asignado de cuatro pesos mensuales y plato.

Permanecí dos meses en clase de mozo, moliendo palos, desollando culebras, atizando el fuego, haciendo mandados y ayudando en cuanto se ofrecía y me mandaban, a satisfacción del amo y del oficial.

Luego que tuve juntos ocho pesos, compré medias, zapatos, chaleco, chupa y pañuelo; todo del baratillo, pero servible. Lo traje a la casa ocultamente, y a otro día que fue domingo, me puse hecho un veinticuatro.

No me conocía el amo, y alegrándose de mi metamorfosis, decía el oficial:

—Vea usted, se conoce que este pobre muchacho es hijo de buenos padres y que no se crió de mozo de botica. Así se hace, hijo, manifestar uno siempre sus buenos principios, aunque sea pobre, y una de las cosas en que se conoce al hombre que los ha tenido buenos, es que no le gusta andar roto ni sucio. ¿Sabes escribir?

—Sí, señor —le respondí.

—A ver tu letra —dijo—; escribe aquí.

Yo, por pedantear un poco y confirmar al amo en el buen concepto que había formado de mí, escribí lo siguiente:

Qui scribere nesciunt nullum putant
(esse laborem.
Tres digiti scribunt, coetera membra
(dolent.

—¡Hola! —dijo mi amo todo admirado—; escribe bien el muchacho y en latín. ¿Pues qué entiendes tú lo que has escrito?

—Sí, señor —le dije—; eso dice que los que no saben escribir piensan que no es trabajo; pero que mientras tres dedos escriben, se incomoda todo el cuerpo.

—Muy bien —dijo el amo—; según eso, sabrás qué significa el rótulo de esa redoma. Dímelo.

Yo leí *Oleum vitellorum ovorum*, y dije:

—Aceite de yema de huevo.

—Así es —dijo don Nicolás.

Y poniéndome botes, frascos, redomas y cajones, me siguió preguntando:

—¿Y aquí qué dice?

Yo, según él me preguntaba, respondía:

—*Oleum scorpionum.* Aceite de alacranes... *Aqua menthae,* Agua de hierbabuena... *Aqua petrocelini...* Agua de perejil... *Sirupus pomorum...* Jarabe de manzanas... *Unguentum cucurbitae...* Ungüento de calabaza... *Elixir...*

—Basta —dijo el amo.

Y volviéndose al oficial le decía:

—Qué dice usted, don José, ¿no es lástima que este pobre muchacho esté de mozo pudiendo estar de aprendiz con tanto como tiene adelantado?

—Sí, señor —respondió el oficial.

Y continuó el amo hablando conmigo.

—Pues bien, hijo, ya desde hoy eres aprendiz; aquí te estarás con don José y entrarás con él al laboratorio para que aprendas a trabajar, aunque ya algo sabes por lo que has visto. Aquí está la *Farmacopea* de Palacios, la de Fuller y la Matritense; está también el curso de botánica de Linneo y ese otro de química. Estudia todo esto y aplícate, que en tu salud lo hallarás.

Yo le agradecí el ascenso que me había dado subiéndome de mozo de servicio a aprendiz de botica, y el diferente trato que me daba el oficial, pues desde ese momento ya no me decía Pedro a secas sino don Pedro; mas entonces yo no paré la consideración en lo que puede un exterior decente en este mundo borracho, pero ahora sí. Cuando estaba vestido de mozo o criado ordinario nadie se metió a indagar mi nacimiento, ni mi habilidad; pero en cuanto estuve medio aderezado, se me examinó de todo y se me distinguió en el trato. ¡Ah, vanidad, y cómo haces prevaricar a los mortales! Unas aventuras me sucedían bien y otras mal, siendo el mismo individuo, sólo por la diferencia del traje. ¿A cuántos pasa lo mismo en este mundo? Si están decentes, si tienen brillo, si gozan proporciones, los juzgan, o a lo menos los lisonjean por sabios, nobles y honrados, aun cuando todo les falte; pero si están de capa caída, si son pobres y a más de pobres, trapientos, los reputan y desprecian como plebeyos, pícaros e ignorantes, aun cuando aquella miseria sea efecto tal vez de la misma nobleza, sabiduría y bondad de aquellas gentes. ¿Qué hiciéramos para que los hombres no fijaran su opinión en lo exterior ni graduaran el mérito del hombre por su fortuna?

Mas estas serias reflexiones las hago ahora; entonces me vanaglorié de la mudanza de mi suerte, y me contenté demasiado con el rumboso título de aprendiz de botica sin saber el común refrancillo que dice: *Estudiante perdulario, sacristán o boticario.*

Sin embargo, en nada menos pensé que en aplicarme al estudio de química y botánica. Mi estudio se redujo a hacer algunos mejunjes, a aprender algunos términos técnicos, y a agilitarme en el despacho; pero como era tan buen hipócrita, me granjeé la confianza y el cariño del oficial (pues mi amo no estaba mucho en la botica), y tanto que a los seis meses ya yo le ayudaba también a don José, que tenía lugar de pasear y aun de irse a dormir a la calle.

Desde entonces, o tres meses antes, se me asignaron ocho pesos cada mes, y yo hubiera salido oficial como muchos si un accidente no me hubiera sacado de la casa. Pero antes de referir esta aventura es menester imponeros en algunas circunstancias.

Había en aquella época en esta capital un médico viejo a quien llamaban por mal nombre el doctor Purgante, porque a todos los enfermos decía que facilitaba la curación con un purgante.

Era este pobre viejo buen cristiano, pero mal médico y sistemático, y no adherido a Hipócrates, Avicena, Galeno y Averroes, sino a su capricho. Creía que toda enfermedad no podía provenir sino de abundancia de humor pecante; y así pensaba que con evacuar este humor se quitaba la causa de la enfermedad. Pudiera haberse desengañado a costa de algunas víctimas que sacrificó en las aras de su ignorancia; pero jamás pensó que era hombre; se creyó incapaz de engañarse, y así obraba mal, mas obraba con conciencia errónea. Sobre si este error era o no vencible, dejémoslo a los moralistas, aunque yo para mí tengo que el médico que yerra por no preguntar o consultar con los médicos sabios por vanidad o caprichos peca mortalmente, pues sin esa vanidad o ese capricho pudiera salir de mil errores, y de consiguiente ahorrarse de un millón de responsabilidades, pues un error puede causar mil desaciertos.

Sea esto lo que deba ser en conciencia, este médico estaba igualado con mi maestro. Esto es, mi maestro don Nicolás enviaba cuantos enfermos podía al doctor Purgante, y éste dirigía a todos sus enfermos a nuestra botica. El primero decía que no había mejor médico que el dicho viejo, y el segundo decía que no había mejor botica que la nuestra, y así unos y otros hacíamos muy bien nuestro negocio. La lástima es que este caso no sea fingido, sino que tenga un sinfín de originales.

El dicho médico me conocía muy bien, como que todas las noches iba a la botica, se había enamorado de mi letra y genio (porque cuando yo quería era capaz de engañar al demonio), y no faltó ocasión en que me dijera: —Hijo, cuando te salgas de aquí, avísame, que en casa no te faltará qué comer ni qué vestir.

Quería el viejo poner botica y pensaba tener en mí un oficial instruido y barato.

Yo le di las gracias por su favor, prometiéndole admitirlo siempre que me descompusiera con el amo, pues por entonces no tenía motivo de dejarlo.

En efecto, yo me pasaba una vida famosa y tal cual la puede apetecer un flojo. Mi obligación era mandar por la mañana al mozo que barriera la botica, llenar las redomas de las aguas que faltaran y tener cuidado de que hubiera provisión de éstas, destiladas o por infusión; pero de esto no se me daba un pito, porque el pozo me sacaba del cuidado, de suerte que yo decía: En distinguiéndose los letreros, aunque el agua sea la misma, poco importa, ¿quién lo ha de echar de ver? El médico que las receta quizá no las conoce sino por el nombre; y el enfermo que las toma las conoce menos y casi siempre tiene perdido el sabor, conque esta droga va segura. A más de que ¡quién quita que o por la ignorancia del médico o por la mala calidad de las hierbas, sea nociva una bebida más que si fuera con agua natural! Conque poco importa que todas las bebidas se hagan con ésta; antes el refrán nos dice: que al que es de vida el agua le es medicina.

No dejaba de hacer lo mismo con los aceites, especialmente cuando eran de un color así como los jarabes. Ello es que el *quid pro quo*, o despachar una cosa por otra juzgándola igual o equivalente, tenía mucho lugar en mi conciencia y en mi práctica.

Éstos eran mis muchos quehaceres y confeccionar ungüentos, polvos y demás drogas según las órdenes de don José, quien me quería mucho por mi eficacia.

No tardé en instruirme medianamente en el despacho, pues entendía las recetas, sabía dónde estaban los géneros y el arancel lo tenía en la boca como todos los boticarios. Si ellos dicen, esta receta vale tanto, ¿quién les va a averiguar el costo que tiene, ni si piden o no contra justicia? No queda más recurso a los pobres que suplicarles hagan alguna baja; si no quieren van a otra botica, y a otra, y a otra, y si en todas les piden lo mismo, no hay más que endrogarse y sacrificarse, porque su enfermo les interesa, y están persuadidos a que con aquel remedio sanará. Los malos bo-

ticarios conocen esto y se hacen de rogar grandemente, esto es, cuando no se mantienen inexorables.

Otro abuso perniciosísimo había en la botica en que yo estaba, y es comunísimo en todas las demás. Éste es que así que se sabía que se escaseaba alguna droga en otras partes, la encarecía don José hasta el extremo de no dar medios de ella, sino de reales arriba; siguiéndose de este abuso (que podemos llamar codicia sin el menor respeto) que el miserable que no tenía más que medio real y necesitaba para curarse un pedacito de aquella droga, supongamos alcanfor, no lo conseguía con don José ni por Dios ni por sus santos, como si no se pudiera dar por medio o cuartilla la mitad o cuarta parte de lo que se da por un real por pequeña que fuera. Lo peor es que hay muchos boticarios del modo de pensar de don José. ¡Gracias a la indolencia del protomedicato,[8] que los tolera!

En fin, éste era mi quehacer de día. De noche tenía mayor desahogo, porque el amo iba un rato por las mañanas, recogía la venta del día anterior y ya no volvía para nada. El oficial, en esta confianza, luego que me vio apto para el despacho, a las siete de la noche tomaba su capa y se iba a cumplimentar a su madama; aunque tenía cuidado de estar muy temprano en la botica.

Con esta libertad estaba yo en mis glorias; pues solían ir a visitarme algunos amigos que de repente se hicieron míos, y merendábamos alegres y a veces jugábamos nuestros alburitos de a dos, tres y cuatro reales, todo a costa del cajón de las monedas, contra quien tenía libranza abierta.

Así pasé algunos meses, y al cabo de ellos se le puso al amo hacer balance, y halló que, aunque no había pérdida de consideración, porque pocos boticarios se pierden, sin

8 Así se llamaba un tribunal compuesto de doctores en medicina que conocía en los negocios de su facultad.—E.

embargo, la utilidad apenas era perceptible.

No dejó de asustarse don Nicolás al advertir el demérito, y reconviniendo a don José por él, satisfizo éste diciendo que el año había sido muy sano, y que años semejantes eran funestos; o a lo menos de poco provecho para médicos, boticarios y curas.

No se dio por contento el amo con esta respuesta, y con un semblante bien serio, le dijo:

—En otra cosa debe consistir el demérito de mi casa, que no en las templadas estaciones del año; porque en el mejor no faltan enfermedades ni muertos.

Desde aquel día comenzó a vernos con desconfianza y a no faltar de su casa muchas horas, y dentro de poco tiempo volvió a recobrar el crédito la botica, como que había más eficacia en el despacho; el cajón padecía menos evacuaciones y él no se iba hasta la noche, que se llevaba la venta. Cuando algún amigo lo convidaba a algún paseo, se excusaba diciéndole que agradecía su favor, pero que no podía abandonar las atenciones de su casa, y que quien tiene tienda es fuerza que la atienda.

Con este método nos aburrió breve, porque el oficial no podía pasear ni el aprendiz merendar, jugar ni holgarse de noche.

En este tiempo, por no sé qué trabacuentas, se disgustó mi amo con el médico y deshizo la iguala y la amistad enteramente. ¡Qué verdad es que las más amistades se enlazan con los intereses! Por eso son tan pocas las que hay ciertas.

Ya pensaba en salirme de la casa, porque ya me enfadaba la sujeción y el poco manejo que tenía en el cajón, pues a la vista del amo no lo podía tratar con la confianza que antes, pero me detenía el no tener dónde establecerme ni qué comer saliéndome de ella.

En uno de los días de mi indeterminación, sucedió que me metí a despachar una receta que pedía una pequeña dosis de magnesia. Eché el agua en la botella y el jarabe, y por coger el bote donde estaba la magnesia, cogí el en donde estaba el arsénico, y le mezclé su dosis competente. El triste enfermo, según supe después, se la echó a pechos con la mayor confianza, y las mujeres de su casa le revolvían los asientos del vaso con el cabo de la cuchara, diciéndole que los tomara, que los polvitos eran lo más saludable.

Comenzaron los tales polvos a hacer su operación, y el infeliz enfermo a rabiar, acosado de unos dolores infernales que le despedazaban las entrañas. Alborotóse la casa, llamaron al médico, que no era lerdo, dijéronle al punto que tomó la bebida que había ordenado, había empezado con aquellas ansias y dolores. Entonces pide el médico la receta, la guarda, hace traer la botella y el vaso que aún tenía polvos asentados, los ve, los prueba, y grita lleno de susto:

—Al enfermo lo han envenenado, ésta no es magnesia sino arsénico; que traigan aceite y leche tibia, pero mucha y pronto.

Se trajo todo al instante, y con estos y otros auxilios, dizque se alivió el enfermo. Así que lo vio fuera de peligro preguntó de qué botica se había traído la bebida. Se lo dijeron y dio parte al protomedicato, manifestando su receta, el mozo que fue a la botica, y la botella y vaso como testigos fidedignos de mi atolondramiento.

Los jueces comisionaron a otro médico; y acompañado del escribano, fue a casa de mi amo, quien se sorprendió con semejantes visitas.

El comisionado y el escribano breve y sumariamente sustanciaron el proceso, como que yo estaba confeso y convicto. Querían llevarme a la cárcel, pero informados de que no era oficial, sino un aprendiz bisoño, me dejaron en paz, cargando a mi amo toda la culpa, de la que sufrió por pena la exhibición de doscientos pesos de multa en el acto, con apercibimiento de embargo, caso de dilación; notificándole el comisionado de parte del tribunal y bajo pena de cerrarle la botica, que no tuviera otra vez aprendices en el despacho, pues lo que acababa de suceder no era la primera, ni sería la última desgracia que se llorara por los aturdimientos de semejantes despachadores.

No hubo remedio: el pobre de mi amo subió en el coche con aquellos señores, poniéndome una cara de herrero mal pagado, y mirándome con bastante indignación, dijo al cochero que fuera para su casa, donde debía entregar la multa. Yo, apenas se alejó el coche un poco, entré a la trasbotica, saqué un capotillo que ya tenía y mi sombrero, y le dije al oficial:

—Don José, yo me voy, porque si el amo me halla aquí, me mata. Déle usted las gracias por el bien que me ha hecho, y dígale que perdone esta diablura, que fue un mero accidente.

Ninguna persuasión del oficial fue bastante a detenerme. Me fui acelerando el paso, sintiendo mi desgracia y consolándome con que a lo menos había salido mejor que de casa de Chanfaina y de don Agustín.

En fin, quedándome hoy en este truco y mañana en el otro, pasé veinte días, hasta que me quedé sin capote ni chaqueta; y por no volverme a ver descalzo y en peor estado, determiné ir a servir de cualquier cosa al doctor Purgante, quien me recibió muy bien, como se dirá en el capítulo que sigue.

CAPÍTULO V

NINGUNO *diga quién es, que sus obras lo dirán.* Este proloquio es tan antiguo como cierto; todo el mundo está convencido de su infalibilidad; y así, ¿qué tengo yo que ponderar mis malos procederes cuando con referirlos se ponderan? Lo que apeteciera, hijos míos, sería que no leyérais mi vida como quien lee una novela, sino que parárais la consideración más allá de la cáscara de los hechos, advirtiendo los tristes resultados de la holgazanería inutilidad, inconstancia y demás vicios que me afectaron; haciendo análisis de los extraviados sucesos de mi vida, indagando sus causas, temiendo sus consecuencias y desechando los errores vulgares que veis adoptados por mí y por otros, empapándoos en las sólidas máximas de la sana y cristiana moral que os presentan a la vista mis reflexiones, y, en una palabra, desearía que penetrárais en todas sus partes la sustancia de la obra; que os divirtiérais con lo ridículo, que conociérais el error y el abuso para no imitar el uno ni abrazar el otro, y que donde hallárais algún hecho virtuoso os enamorárais de su dulce fuerza y procurárais imitarlo. Esto es deciros, hijos míos, que deseara que de la lectura de mi vida sacárais tres frutos, dos principales y uno accesorio. Amor a la virtud, aborrecimiento al vicio y diversión. Éste es mi deseo, y por esto, más que por otra cosa, me tomo la molestia de escribiros mis más escondidos crímenes y defectos; si no lo consiguiere, moriré al menos con el consuelo de que mis intenciones son laudables. Basta de digresiones que está el papel caro.

Quedamos en que fui a ver al doctor Purgante, y en efecto, lo hallé una tarde después de siesta en su estudio, sentado en una silla poltrona con un libro delante y la caja de polvos a un lado. Era este sujeto alto, flaco de cara y piernas, y abultado de panza, trigueño y muy cejudo, ojos verdes, nariz de caballete, boca grande y despoblada de dientes, calvo, por cuya razón usaba en la calle peluquín con bucles. Su vestido, cuando lo fui a ver, era una bata hasta los pies, de aquellas que llaman de quimones, llena de flores y ramaje, y un gran birrete muy tieso de almidón y relumbroso de la plancha.

Luego que entré me conoció y me dijo:

—¡Oh, Periquillo, hijo! ¿Por qué extraños horizontes has venido a visitar este tugurio?

No me hizo fuerza su estilo, porque ya sabía yo que era muy pedante, y así le iba a relatar mi aventura con intención de mentir en lo que me pareciera; pero el doctor me interrumpió diciéndome:

—Ya, ya sé la turbulenta catástrofe que te pasó con tu amo el farmacéutico. En efecto, Perico, tú ibas a despachar en un instante al pacato paciente del lecho al féretro improvisamente, con el trueque del arsénico por la magnesia. Es cierto que tu mano trémula y atolondrada tuvo mucha parte de la culpa, mas no la tiene menos tu preceptor el *fármaco*, y todo fue por seguir su capricho. Yo le documenté que

todas estas drogas nocivas y *vene-
náticas* las encubriera bajo una llave bien segura que sólo tuviera el
oficial más diestro, y con esta· asi-
dua diligencia se evitarían estos
equívocos mortales; pero a pesar de
mis insinuaciones, no me respondía
más sino que eso era particularizar-
se e ir contra la secuela de los *fár-
macos,* sin advertir [1] que *sapientis
est mutare consilium* (que es propio del sabio mudar de parecer) y
que *consuetudo est altera natura*
(la costumbre es otra naturaleza).
Allá se lo haya. Pero, dime, ¿qué
te has hecho tanto tiempo? Porque
si no han fallado las noticias que
en alas de la fama han penetrado
mis *aurículas,* ya días hace que te
lanzaste a la calle de la oficina de
Esculapio.

—Es verdad, señor —le dije—,
pero no había venido de vergüenza,
y me ha pesado, porque en estos
días he vendido, para comer, mi capote, chupa y pañuelo.

—¡Qué *estulticia!* —exclamó el
doctor—; la *verecundia* es *optime
bona* (muy buena) cuando la origi-
na crimen de *cogitato,* mas no cuando se comete *involuntarie,* pues si
en aquel *hic et nunc* (esto es, en
aquel acto) supiera el individuo que
hacía mal, *absque dubio* (sin duda)
se abstendría de cometerlo. En fin,
hijo carísimo, ¿tú quieres quedarte
en mi servicio y ser mi *consodal in
perpetuum* (para siempre)?

—Sí, señor —le respondí.

—Pues bien. En esta *domo* (casa)
tendrás *in primis* (desde luego o en
primer lugar) el *panem nostrum
quotidianum* (el pan de cada día);
aliunde (a más de esto), lo potable

[1] Para inteligencia de algunos lectores pareció conveniente poner en castellano los latinajos que ensarta el doctor, como otros que se hallan esparci-
dos en toda la obra, y se han interca-
lado en ella las traducciones, evitando
la fastidiosa aglomeración de notas y
llamadas que interrumpirían su lectura.
Esta advertencia es aquí necesaria para
que no se extrañe en la página siguiente que diga Periquillo *que no
entendió mucho de estos terminos-
tes.*—E.

necesario; *tertio,* la cama *sic vel sic*
(según se proporcione); *quarto,* los
tegumentos exteriores heterogéneos
de tu materia física; *quinto,* asegurada la parte de la higiene que apetecer puedes, pues aquí se tiene mucho cuidado con la dieta y con la
observancia de las seis cosas naturales y de las seis no naturales prescritas por los hombres más luminosos de la facultad médica: *sexto,*
beberás la ciencia de Apolo *ex ore
meo, ex visu tuo* y *ex bibliotheca
nostra* (de mi boca, de tu vista y
de esta librería); *postremo* (por último), contarás cada mes para tus
surrupios o para quodcumque vellis
(esto es, para tus cigarros o lo que
se antoje) quinientos cuarenta y
cuatro maravedís limpios de polvo
y paja, siendo tu obligación solamente hacer los mandamientos de
la señora mi hermana; observar *modo naturalistarum* (al modo de los
naturalistas) cuando estén las aves
gallináceas para *oviparar* y recoger
los *albos* huevos, o por mejor decir,
los pollos *in fieri* (por ser); servir-
las viandas a la mesa, y finalmente, y lo que más te encargo, cuidar
de la refacción ordinaria y *puridad*
de mi mula, a quien *deberás* atender y servir con más prolijidad que
a mi persona. He aquí, ¡oh caro Perico! Todas tus obligaciones y comodidades en *sinopsim* (o compendio). Yo cuando te invité con mi
pobre *tugurio* y consorcio, tenía el
deliberado ánimo de poner un laboratorio de química y botánica; pero
los continuos desembolsos que he
sufrido me han reducido *ad inopiam*
(a la pobreza), y me han frustrado
mis primordiales designios: sin embargo, te cumplo la palabra de ad-
misión, y tus servicios los retribuiré
justamente, porque *dignus est ope-
rarius mercede sua* (el que trabaja
es digno de la paga).

Yo, aunque muchos terminotes no
entendí, conocí que me quería para
criado entre de escalera abajo y de
arriba; advertí que mi trabajo no
era demasiado; que la conveniencia
no podía ser mejor, y que yo estaba en el caso de admitir cosa me-

nos; pero no podía comprender a cuánto llegaba mi salario, por lo que le pregunté, que por fin cuánto ganaba cada mes. A lo que el doctorete, como enfadándose, me respondió:

—¿Ya no te dije *claris verbis* (con claridad) que disfrutarías quinientos cuarenta y cuatro maravedís?

—Pero, señor —insté yo—, ¿cuánto montan en dinero efectivo quinientos cuarenta y cuatro maravedís? Porque a mí me parece que no merece mi trabajo tanto dinero.

—Sí merece, *stultisime famule* (mozo atontadísimo), pues no importan esos centenares más que dos pesos.

—Pues, bien, señor doctor —le dije—, no es menester incomodarse: ya sé que tengo dos pesos de salario, y me doy por muy contento sólo por estar en compañía de un caballero tan *sapiente* como usted, de quien sacaré más provecho con sus lecciones que con los polvos y mantecas de don Nicolás.

—Y como que sí —dijo el señor Purgante—, pues yo te abriré, como te apliques, los palacios de Minerva, y será esto premio superabundante a tus servicios, pues sólo con mi doctrina, conservarás tu salud luengos años, y acaso, acaso te contraerás algunos intereses y estimaciones.

Quedamos corrientes desde este instante, y comencé a cuidar de lisonjearlo, igualmente que a su señora hermana, que era una vieja, beata Rosa, tan ridícula como mi amo, y aunque yo quisiera lisonjear a Manuelita, que era una muchachilla de catorce años, sobrina de los dos y bonita como una plata, no podía, porque la vieja condenada la cuidaba más que si fuera de oro, y muy bien hecho.

Siete u ocho meses permanecí con mi viejo, cumpliendo con mis obligaciones perfectamente, esto es, sirviendo la mesa, mirando cuándo ponían las gallinas, cuidando la mula y haciendo los mandados. La vieja y el hermano me tenían por un santo, porque en las horas que no tenía quehacer me estaba en el estudio, según las sólitas concedidas, mirando las estampas anatómicas del Porras, del Willis y otras, y entreteniéndome de cuando en cuando con leer los aforismos de Hipócrates, algo de Boerhaave y de Van Swieten; el Etmulero, el Tissot, el Buchan, el tratado de *Tabardillos* por Amar, el compendio anatómico de Juan de Dios López, la cirugía de Lafaye, el Lázaro Riverio y otros libros antiguos y modernos, según me venía la gana de sacarlos de los estantes.

Esto, las observaciones que yo hacía de los remedios que mi amo recetaba a los enfermos pobres que iban a verlo a su casa, que siempre eran a poco más o menos, pues llevaba como regla el trillado refrán de *como te pagan vas*, y las lecciones verbales que me daba, me hicieron creer que yo ya sabía medicina, y un día que me riñó ásperamente y aun me quiso dar de palos porque se me olvidó darle de cenar a la mula, prometí vengarme de él y mudar de fortuna de una vez.

Con esta resolución esa misma noche le di a la doña mula ración doble de maíz y cebada, y cuando estaba toda la casa en lo más pesado de su sueño, la ensillé con todos sus arneses, sin olvidarme de la gualdrapa; hice un lío en el que escondí catorce libros, unos truncos, otros en latín y otros en castellano; porque yo pensaba que a los médicos y a los abogados los suelen acreditar los muchos libros, aunque no sirvan o no los entiendan. Guardé en el dicho maletón la capa de golilla y la golilla misma de mi amo, juntamente con una peluca vieja de pita, un formulario de recetas, y lo más importante, sus títulos de bachiller en medicina y la carta de examen, cuyos documentos los hice míos a favor de una navajita y un poquito de limón, con lo que raspé y borré lo bastante para mudar los nombres y las fechas.

No se me olvidó habilitarme de monedas, pues aunque en todo el tiempo que estuve en la casa no me habían pagado nada de salario, yo sabía en dónde tenía la señora hermana una alcancía en la que rehundía todo lo que cercenaba del gasto; y acordándome de aquello de que quien roba al ladrón, etc., le robé la alcancía diestramente; la abrí y vi con la mayor complacencia que tenía muy cerca de cuarenta duros, aunque para hacerlos caber por la estrecha rendija de la alcancía los puso blandos.

Con este viático tan competente emprendí mi salida de la casa a las cuatro y media de la mañana, cerrando el zaguán y dejándoles la llave por debajo de la puerta.

A las cinco o seis del día me entré en un mesón, diciendo que en el que estaba había tenido una mohina la noche anterior y quería mudar de posada.

Como pagaba bien, se me atendía puntualmente. Hice traer café, y que se pusiera la mula en caballeriza para que almorzara harto.

En todo el día no salí del cuarto, pensando a qué pueblo dirigiría mi marcha y con quién, pues ni yo sabía caminos ni pueblos, ni era decente aparecerse un médico sin equipaje ni mozo.

En estas dudas dio la una del día, hora en que me subieron de comer, y en esta diligencia estaba, cuando se acercó a la puerta un muchacho a pedir por Dios un bocadito.

Al punto que lo vi y lo oí, conocí que era Andrés, el aprendiz de casa de don Agustín, muchacho, no sé si lo he dicho, como de catorce años, pero de estatura de dieciocho. Luego luego lo hice entrar, y a pocas vueltas de la conversación me conoció, y le conté cómo era médico y trataba de irme a algún pueblecillo a buscar fortuna, porque en México había más médicos que enfermos, pero que me detenía carecer de un mozo fiel que me acompañara y que supiera de algún pueblo donde no hubiera médico.

El pobre muchacho se me ofreció y aun me rogó que lo llevara en mi compañía; que él había ido a Te-

peji del Río, en donde no había médico y no era pueblo corto, y que si nos iba mal allí, nos iríamos a Tula, que era pueblo más grande.

Me agradó mucho el desembarazo de Andrés, y habiéndole mandado subir que comer, comió el pobre con bastante apetencia, y me contó cómo se estuvo escondido en un zaguán, y me vio salir corriendo de la barbería y a la vieja tras de mí con el cuchillo; que yo pasé por el mismo zaguán donde estaba, y a poco de que la vieja se metió a su casa, corrió a alcanzarme, pero no le fue posible; y no lo dudo, ¡tal corría yo cuando me espoleaba el miedo!

Díjome también Andrés que él se fue a su casa y contó todo el pasaje; que su padrastro lo regañó y lo golpeó mucho, y después lo llevó con una corma a casa de don Agustín; que la maldita vieja, cuando vio que yo no parecía, se vengó con él levantándole tantos testimonios que se irritó el maestro demasiado y dispuso darle un novenario de azotes, como lo verificó, poniéndolo en los nueve días hecho una lástima, así por los muchos y crueles azotes que le dio, como por los ayunos que le hicieron sufrir al traspaso; que así que se vengó a su satisfacción la inicua vieja, lo puso en libertad quitándole la corma, echándole su buen sermón, y concluyendo con aquello de *cuidado con otra*; pero que él, luego que tuvo ocasión, se huyó de la casa con ánimo de salirse de México; y para esto se andaba en los mesones pidiendo un bocadito y esperando coyuntura de marcharse con el primero que encontrase.

Acabó Andrés de contarme todo esto mientras comió, y le disfracé mis aventuras haciéndole creer que me había acabado de examinar en medicina; que ya le había insinuado que quería salir de esta ciudad; y así que me lo llevaría de buena gana, dándole de comer y haciéndolo pasar por barbero en caso de que no lo hubiera en el pueblo de nuestra ubicación.

—Pero, señor —decía Andrés—,

todo está muy bien; pero si yo apenas sé afeitar un perro, ¿cómo me arriesgaré a meterme a lo que no entiendo?

—Cállate —le dije—, no seas cobarde: sábete que *audaces fortuna juvat, timidos que repellit...*

—¿Qué dice usted, señor, que no lo entiendo?

—Que a los atrevidos —le respondí— favorece la fortuna y a los cobardes los desecha; y así no hay que desmayar; tú serás tan barbero en un mes que estés en mi compañía, como yo fui médico en el poco tiempo que estuve con mi maestro, a quien no sé bien cuánto le debo a esta hora.

Admirado me escuchaba Andrés, y más lo estaba al oírme disparatar mis latinajos con frecuencia, pues no sabía que lo mejor que yo aprendí del doctor Purgante fue su pedantismo y su modo de curar, *methodus medendi.*

En fin, dieron las tres de la tarde, y me salí con Andrés al baratillo, en donde compré un colchón, una cubierta de vaqueta para envolverlo, un baúl, una chupa negra y unos calzones verdes con sus correspondientes medias negras, zapatos, sombrero, chaleco encarnado, corbatín y un capotito para mi fámulo y barbero que iba a ser, a quien también le compré seis navajas, una bacía, un espejo, cuatro ventosas, dos lancetas, un trapo para paños, unas tijeras, una jeringa grande y no sé qué otras baratijas; siendo lo más raro que en todo este ajuar apenas gasté veintisiete a veintiocho pesos. Ya se deja entender que todo ello estaba como del baratillo; pero con todo eso, Andrés volvió al mesón contentísimo.

Luego que llegamos, pagué al cargador y acomodamos en el baúl nuestras alhajas. En esta operación vio Andrés que mi haber en plata efectiva apenas llegaba a ocho o diez pesos. Entonces, muy espantado, me dijo:

—¡Ay, señor! ¿Y qué, con ese dinero no más nos hemos de ir?

—Sí, Andrés —le dije—, ¿pues y qué, no alcanza?

—¿Cómo ha de alcanzar, señor? ¿Pues y quién carga el baúl y el colchón de aquí a Tepeji o a Tula? ¿Qué comemos en el camino? ¿Y por fin, con qué nos mantenemos allí mientras que tomamos crédito? Ese dinero *orita, orita* se acaba, y yo no veo que usted tenga ni ropa ni alhajas, ni cosa que lo valga, que empeñar.

No dejaron de ponerme en cuidado las reflexiones de Andrés; pero ya para no acobardarlo más, y ya porque me iba mucho en salir de México, pues yo tenía bien tragado que el médico me andaría buscando como a una aguja (por señas que cuando fui al baratillo, en un zaguán compré la mayor parte de los tiliches que dije) y temía que si me hallaba iba yo a dar a la cárcel, y de consiguiente a poder de Chanfaina. Por esto, con todo disimulo y pedantería, le dije a Andrés:

—No te apures, hijo· *Deus providebit.*[2]

—No sé lo que usted me dice —contestó Andrés—; lo que sé es que con ese dinero no hay ni para empezar.

En estas pláticas estábamos, cuando a cosa de las siete de la noche, en el cuarto inmediato, oí ruido de voces y pesos. Mandé a Andrés que fuera a espiar qué cosa era. Él fue corriendo, y volvió muy contento, diciéndome:

—Señor, señor, ¡qué bueno está el juego!

—¿Pues qué, están jugando?

—Sí, señor —dijo Andrés—, están en el cuarto diez o doce payos jugando albures, pero ponen los chorizos de pesos.

Picóme la culebra, abrí el baúl, cogí seis pesos de los diez que tenía, y le di la llave a Andrés, diciéndole que la guardara, y que aunque se la pidiera y me matara, no me la diera, pues iba a arriesgar aquellos seis pesos solamente, y si se perdían los cuatro que quedaban, no teníamos ni con qué comer, ni

_____

[2] Dios nos remediará.—E.

con qué pagar el pesebre de la mula
a otro día. Andrés, un poco triste
y desconfiado, tomó la llave, y yo
me fui a entrometer en la rueda de
los tahúres.

No eran éstos tan payos como yo
los había menester; estaban más
que medianamente instruidos en el
arte de la baraja, y así fue preciso
irme con tiento. Sin embargo, tuve
la fortuna de ganarles cosa de veinticinco pesos, con los que me salí
muy contento, y hallé a Andrés durmiéndose sentado.

Lo desperté y le mostré la ganancia, la que guardó muy placentero,
contándome cómo ya tenía el viaje
dispuesto y todo corriente; porque
abajo estaban unos mozos de Tula
que habían traído un colegial y se
iban de vacío; que con ellos había propalado el viaje, y aun se
había determinado a ajustarlo en
cuatro pesos, y que sólo esperaban
los mozos que yo confirmara el
ajuste.

—¿Pues no lo he de confirmar,
hijo? —le dije a Andrés—. Anda y
llama a esos mozos ahora mismo.

Bajó Andrés como un rayo y subió luego luego con los mozos, con
quienes quedé en que me habían de
dar mula para mi avío y una bestia de silla para Andrés, todo lo
que me ofrecieron, como también
que habían de madrugar antes del
alba, y se fueron a recoger.

A seguida mandé a mi criado que
fuera a comprarme una botella de
aguardiente, queso, bizcochos y chorizones para otro día; y mientras
que él volvía, hice subir la cena.

No me cansaba yo de complacerme en mi determinación de hacerme médico, viendo cuán bien se
facilitaban todas las cosas, y al mismo tiempo daba gracias a Dios que
me había proporcionado un criado
tan fiel, vivo y servicial como Andresillo, quien en medio de estas
contemplaciones fue entrando cargado con el repuesto.

Cenamos los dos amigablemente,
echamos un buen trago y nos fuimos a acostar temprano, para madrugar despertando a buena hora.

A las cuatro de la mañana ya estaban los mozos tocándonos la puerta. Nos levantamos y desayunamos
mientras que los arrieros cargaban.

Luego que se concluyó esta diligencia, pagué el gasto que habíamos hecho yo y mi mula, y nos pusimos en camino.

Yo no estaba acostumbrado a caminar, con esto me cansé pronto,
y no quise pasar de Cuautitlán, por
más que los mozos me porfiaban
que fuéramos a dormir a Tula.

Al segundo día llegamos al dicho
pueblo, y yo posé o me hospedé
en casa de uno de los arrieros, que
era un pobre viejo, sencillote y hombre de bien, a quien llamaban tío
Bernabé, con el que me convine en
pagar mi plato, el de Andrés y el
de la mula, sirviéndole, por vía de
gratificación, de médico de cámara
para toda su familia, que eran dos
viejas, una su mujer y otra su hermana; dos hijos grandes, y una hija
pequeña como de doce años.

El pobre admitió muy contento,
y cátenme ustedes ya radicado en
Tula y teniendo que mantener al
maestro barbero, que así llamaremos a Andrés, a mí y a mi *macha;*
que aunque no era mía, yo la nombraba por tal; bien que siempre que
la miraba me parecía ver delante
de mí al doctor Purgante con su
gran bata y birrete parado, que
lanzando fuego por los ojos me
decía:

—Pícaro, vuélveme mi mula, mi
gualdrapa, mi golilla, mi peluca,
mis libros, mi capa y mi dinero, que
nada es tuyo.

Tan cierto es, hijos míos, aquel
principio de derecho natural que
nos dice que en dondequiera que
está la cosa, clama por su dueño.
*Ubicumque res est, pro domino suo
clamat.* ¿Qué importa que el albacea se quede con la herencia de los
menores, porque éstos no son capaces de reclamarle? ¿Qué, con que
el usurero retenga los lucros? ¿Qué,
con que el comerciante se engran-
dezca con las ganancias ilícitas?
¿Ni qué, con que otros muchos, valiéndose de su poder o de la igno-

rancia de los demás, disfruten procazmente los bienes que les usurpan? Jamás los gozarán sin zozobras, ni por más que disimulen podrán acallar su conciencia, que incesantemente les gritará: "Esto no es tuyo, esto es mal habido; restitúyelo o perecerás eternamente."

Así me sucedía con lo que le hurté a mi pobre amo; pero como los remordimientos interiores rara vez se conocen en la cara, procuré asentar mi conducta de buen médico en aquel pueblo, prometiendo interiormente restituirle al doctor todos sus muebles en cuanto tuviera proporción. Bien que en esto no hacía yo más que ir con la corriente.

Como no se me habían olvidado aquellos principios de urbanidad que me enseñaron mis padres, a los dos días, luego que descansé, me informé de quiénes eran los sujetos principales del pueblo, tales como el cura y sus vicarios, el subdelegado y su director, el alcabalero, el administrador de correos, tal cual tendero y otros señores decentes; y a todos ellos envié recado con el bueno de mi patrón y Andrés, ofreciéndoles mi persona e inutilidad.

Con la mayor satisfacción recibieron todos la noticia, correspondiendo corteses mi cumplimiento, y haciéndome mis visitas de estilo, las que yo también les hice de noche vestido de ceremonia, quiero decir, con mi capa de golilla, la golilla misma y mi peluca encasquetada, porque no tenía traje mejor ni peor; siendo lo más ridículo, que mis medias eran blancas, todo el vestido de color y los zapatos abotonados, con lo que parecía más bien alguacil que médico; y para realzar mejor el cuadro de mi ridiculez, hice andar conmigo a Andrés con el traje que le compré, que os acordaréis que era chupa y medias negras, calzones verdes, chaleco encarnado, sombrero blanco y su capotillo azul rabón y remendado.

Ya los señores principales me habían visitado, según dije, y habían formado de mí el concepto que quisieron; pero no me había visto el común del pueblo vestido de punta en blanco ni acompañado de mi escudero; mas el domingo que me presenté en la iglesia vestido a mi modo entre médico y corchete, y Andrés entre tordo y perico, fue increíble la distracción del pueblo, y creo que nadie oyó misa por mirarnos; unos burlándose de nuestras extravagantes figuras, y otros admirándose de semejantes trajes. Lo cierto es que cuando volví a mi posada fui acompañado de una multitud de muchachos, mujeres, indios, indias y pobres rancheros que no cesaban de preguntar a Andrés quiénes éramos. Y él, muy mesurado, les decía:

—Este señor es mi amo, se llama el señor doctor don Pedro Sarmiento, y médico como él, no lo ha parido el reino de Nueva España; y yo soy su mozo, me llamo Andrés Cascajo y soy maestro barbero, y muy capaz de afeitar un capón, de sacarle sangre a un muerto y desquijarar a un león si trata de sacarle alguna muela.

Estas conversaciones eran a mis espaldas; porque yo, a fuer de amo, no iba lado a lado con Andrés, sino por delante y muy gravedoso y presumido escuchando mis elogios; pero por poco me echo a reír a dos carrillos cuando oí los despropósitos de Andrés, y advertí la seriedad con que los decía, y la sencillez de los muchachos y gente pobre que nos seguía colgados de la lengua de mi lacayo.

Llegamos a la casa entre la admiración de nuestra comitiva, a la que despidió el tío Bernabé con buen modo diciéndoles que ya sabían dónde vivía el señor doctor para cuando se les ofreciera. Con esto se fueron retirando todos a sus casas y nos dejaron en paz.

De los mediecillos que me sobraron, compré por medio del patrón unas cuantas varas de pontiví y me hice una camisa y otra a Andrés, dándole a la vieja casi el resto para que nos dieran de comer algunos días, sin embargo del primer ajuste.

Como en los pueblos son muy noveleros, lo mismo que en las ciudades, al momento corrió por toda aquella comarca la noticia de que había médico y barbero en la cabecera, y de todas partes iban a consultarme de sus enfermedades.

Por fortuna los primeros que me consultaron fueron de aquellos que sanan aunque no se curen, pues les bastan los auxilios de la sabia Naturaleza, y otros padecían porque o no querían o no sabían sujetarse a la dieta que les interesaba. Sea como fuere, ellos sanaron con lo que les ordené, y en cada uno labré un clarín a mi fama.

A los quince o veinte días ya yo me entendía de enfermos, especialmente indios, los que nunca venían con las manos vacías, sino cargando gallinas, frutas, huevos, verduras, quesos y cuanto los pobres encontraban. De suerte que el tío Bernabé y sus viejas estaban contentísimos con su huésped. Yo y Andrés no estábamos tristes; pero más quisiéramos monedas; sin embargo de que Andrés estaba mejor que yo, pues los domingos desollaba indios a medio real que era una gloria, llegando a tal grado su atrevimiento que una vez se arriesgó a sangrar a uno y por accidente quedó bien. Ello es que con lo poco que había visto y el ejercicio que tuvo se le agilitó la mano en términos que un día me dijo:

—*Ora* sí, señor, ya no tengo miedo, y soy capaz de afeitar al *Sursum-corda.*

Volaba mi fama de día en día; pero lo que me encumbró a los cuernos de la luna fue una curación que hice (también de accidente como Andrés) con el alcabalero, para quien una noche me llamaron a toda prisa.

Fui corriendo, y encomendándome a Dios para que me sacara con bien de aquel trance, del que no sin razón pensaba que pendía mi felicidad.

Llevé conmigo a Andrés con todos sus instrumentos, encargándole en voz baja, porque no lo oyera el mozo, que no tuviera miedo como

yo no lo tenía; que para el caso de matar a un enfermo lo mismo tenía que fuera indio que español, y que nadie llevaba su pelea más segura que nosotros, pues si el alcabalero sanaba nos pagarían bien y se aseguraría nuestra fama; si se moría, como de nuestra habilidad se podía esperar, con decir que ya estaba de Dios y que se le había llegado su hora, estábamos del otro lado, sin que hubiera quien nos acusara de homicidio.

En estas pláticas llegamos a la casa, que la hallamos hecha una Babilonia; porque unos entraban, otros salían, otros lloraban y todos estaban aturdidos.

A este tiempo llegaron el señor cura y el padre vicario con los santos óleos.

—Malo —dije a Andrés—, ésta es enfermedad ejecutiva. Aquí no hay medio, o quedamos bien o quedamos mal. Vamos a ver cómo nos sale el albur.

Entramos todos juntos a la recámara y vimos al enfermo tirado boca arriba en la cama, privado de sentidos, cerrados los ojos, la boca abierta, el semblante denegrido y con todos los síntomas de un apoplético.

Luego que me vieron junto a la cama la señora su esposa y sus niñas, se rodearon de mí y me preguntaron hechas un mar de lágrimas:

—¡Ay, señor! ¿Qué dice usted, se muere mi padre?

Yo, afectando mucha serenidad de espíritu y con una confianza de profeta, les respondí:

—Callen ustedes, niñas, ¡qué se ha de morir! Éstas son efervescencias del humor sanguíneo, que oprimiendo los ventrículos del corazón embargan el cerebro porque cargan con el *pondus* de la sangre sobre la espina medular y la traquearteria; pero todo esto se quitará en un instante, pues *si evacuatio fit, recedet pletora* (con la evacuación nos libraremos de la plétora).

Las señoras me escuchaban atónitas, y el cura no se cansaba de mirarme de hito en hito, sin duda mofándose de mis desatinos, los que interrumpió diciendo:

—Señoras, los remedios espirituales nunca dañan ni se oponen a los temporales. Bueno será absolver a mi amigo por la bula y olearlo, y obre Dios.

—Señor cura —dije yo con toda la pedantería que acostumbraba, que era tal que no parecía sino que la había aprendido con escritura—; señor cura, usted dice bien, y yo no soy capaz de introducir mi hoz en mies ajena; pero *venia tanti*, digo que esos remedios espirituales no sólo son buenos, sino necesarios, *necesitate medii y necesitate praecepti in articulo mortis: sed sic est* que no estamos en ese caso; *ergo*, etc.[3]

El cura, que era harto prudente e instruido, no quiso hacer alto en mis charlatanerías, y así me contestó:

—Señor doctor, el caso en que estamos no da lugar a argumentos, porque el tiempo urge; yo sé mi obligación y esto importa.

Decir esto y comenzar a absolver al enfermo y el vicario a aplicarle el santo sacramento de la unción, todo fue uno. Los dolientes, como si aquellos socorros espirituales fueran el fallo cierto de la muerte de su deudo, comenzaron a aturdir la casa a gritos; luego que los señores eclesiásticos concluyeron sus funciones, se retiraron a otra pieza cediéndome el campo y el enfermo.

Inmediatamente me acerqué a la cama, le tomé el pulso, miré a las vigas del techo por largo rato, después le tomé el otro pulso haciendo mil monerías, como eran arquear las cejas, arrugar la nariz, mirar al suelo, morderme los labios, mover la cabeza a uno y otro lado y hacer cuantas mudanzas pantomímicas me parecieron oportunas para aturdir a aquella pobre gente que, puestos los ojos en mí, guardaban un profundo silencio teniéndome sin

duda por un segundo Hipócrates; a lo menos ésa fue mi intención, como también ponderar el gravísimo riesgo del enfermo y lo difícil de la curación, arrepentido de haberles dicho que no era cosa de cuidado.

Acabada la tocada del pulso, le miré el semblante atentamente, y le hice abrir la boca con una cuchara para verle la lengua, le alcé los párpados, le toqué el vientre y los pies, e hice dos mil preguntas a los asistentes sin acabar de ordenar ninguna cosa, hasta que la señora, que ya no podía sufrir mi cachaza, me dijo:

—Por fin, señor, ¿qué dice usted de mi marido? ¿Es de vida o muerte?

—Señora —le dije—, no sé de lo que será; sólo Dios puede decir qué es vida y resurrección, como que fue el que *Lazarum resucitavit a monumento foetidum,*[4] y si lo dice, vivirá aunque esté muerto. *Ego sum resurrectio et vita, qui credit in me, etiam si mortuus fuerit, vivet.*[5]

—¡Ay, Jesús —gritó una de las niñas—, ya se murió mi padrecito!

Como ella estaba junto del enfermo, su grito fue tan extraño y doloroso y cayó privada de la silla, pensamos todos que en realidad había expirado, y nos rodeamos de la cama.

El señor cura y el vicario, al oír la bulla, entraron corriendo y no sabían a quién atender, si al apoplético o a la histérica, pues ambos estaban privados. La señora, ya medio colérica, me dijo:

—Déjese usted de latines, y vea si cura o no cura a mi marido. ¿Para qué me dijo cuando entró que no era cosa de cuidado y me aseguró que no se moría?

—Yo lo hice, señora, por no afligir a usted —le dije—, pero no había examinado al enfermo *methodice vel juxta artis nostrae praecepta* (esto es, con método o según

[3] Como medio necesario para la salvación y por la obligación de cumplir el precepto en artículo de muerte. Pero es así que, etcétera.—E.

[4] Resucitó a Lázaro ya corrompido del sepulcro.—E.

[5] Yo soy la resurrección y la vida, y el que cree en Mí vivirá, aunque ya esté muerto.—E.

las reglas del arte), pero encomiéndese usted a Dios y vamos a ver. Primeramente, que se ponga una olla grande de agua a calentar.

—Eso sobra —dijo la cocinera.

—Pues bien, maestro Andrés —continué yo—. Usted, como buen flebotomiano, déle luego luego un par de sangrías de la vena cava.

Andrés, aunque con miedo y sabiendo tanto como yo de venas cavas, le ligó los brazos y le dio dos piquetes que parecían puñaladas, con cuyo auxilio, al cabo de haberse llenado dos borcelanas de sangre, cuya profusión escandalizaba a los espectadores, abrió los ojos el enfermo y comenzó a conocer a los circunstantes y a hablarles.

Inmediatamente hice que Andrés aflojara las vendas y cerrara las cisuras, lo que no costó poco trabajo, ¡tales fueron de prolongadas!

Después hice que se le untase vino blanco en el cerebro y pulsos, que se le confortara el estómago por dentro con atole de huevos y por fuera con una tortilla de los mismos, condimentada con aceite rosado, vino, culantro y cuantas porquerías se me antojaron; encargando mucho que no lo resupinaran.

—¿Qué es eso de resupinar, señor doctor? —preguntó la señora, y el cura, sonriéndose, le dijo:

—Que no lo tengan boca arriba.

—Pues *tatita*, por Dios —siguió la matrona—; hablemos en lengua que nos entendamos como la gente.

A ese tiempo ya la niña había vuelto de su desmayo y estaba en la conversación; y luego que oyó a su madre, dijo:

—Sí, señor, mi madre dice muy bien; sepa usted que por eso me privé endenantes, porque como empezó a rezar aquello que los padres les cantan a los muertos cuando los entierran, pensé que ya se había muerto mi padrecito y que usted le cantaba la vigilia.

Rióse el cura de gana por la sencillez de la niña y los demás lo acompañaron, pues ya todos estaban contentos al ver al señor alcabalero fuera de riesgo, tomando su

atole y platicando muy sereno como uno de tantos.

Le prescribí su régimen para los días sucesivos, ofreciéndome a continuar su curación hasta que estuviera enteramente bueno.

Me dieron todos las gracias, y al despedirme, la señora me puso en la mano una onza de oro, que yo la juzgué peso en aquel acto, y me daba al diablo de ver mi acierto tan mal pagado, y así se lo iba diciendo a Andrés, el que me dijo:

—No, señor, no puede ser plata, sobre que a mí me dieron cuatro pesos.

—En efecto, dices bien —le contesté, y acelerando el paso llegamos a la casa, donde vi que era una onza de oro amarillo como un azafrán refino.

No es creíble el gusto que yo tenía con mi onza, no tanto por lo que ella valía, cuanto porque había sido el primer premio considerable de mi habilidad médica, y el acierto pasado me proporcionaba muchos créditos futuros, como sucedió. Andrés también estaba muy placentero con sus cuatro duros aún más que con su destreza, pero yo, más hueco que un calabazo, le dije:

—¿Qué te parece, Andrecillo? ¿Hay facultad más fácil de ejercitar que la medicina? No en balde dice el refrán que de médico, poeta y loco todos tenemos un poco; pues si a este poco se junta un si es no, es de estudio y aplicación, ya tenemos un médico consumado. Así lo has visto en la famosa curación que hice en el alcabalero, quien si por mí no fuera, a la hora de ésta ya habría estacado la zalea. En efecto, yo soy capaz de dar lecciones de medicina al mismo Galeno amasado con Hipócrates y Avicena, y tú también las puedes dar en tu facultad al protosangrador del universo.

Andrés me escuchaba con atención, y luego que hice punto, me dijo:

—Señor, como no sea todo en su merced y en mí *chiripa*,[6] no estamos muy mal.

6 Voz de que se usaba en los trucos

—¿Qué llamas *chiripa*? —le pregunté, y él, muy socarrón, me respondió:

—Pues *chiripa* llamo yo una cosa así como que no vuelva usted a hacer otra cura ni yo a dar otra sangría mejor. A lo menos yo, por lo que hace a mí, estoy seguro de que quedé bien de *chiripa*, que por lo que mira a su mercé no será así, sino que sabrá su obligación.

—Y como que la sé —le dije—; pues y qué ¿te parece que ésta es la primera zorra que desuello? Que me echen apopléticos a miles a ver si no los levanto *ipso facto* (en el momento), y no digo apopléticos, sino lazarinos, tiñosos, gálicos, gotosos, parturientas, tabardillentos, rabiosos y cuantos enfermos hay en el mundo. Tú también lo haces con primor, pero es menester que no corras tanto los dedos ni profundices la lanceta, no sea que vayas a trasvenar a alguno, y por lo demás no tengas cuidado que tú saldrás a mi lado, no digo barbero, sino médico, cirujano, químico, botánico, alquimista, y si me das gusto y sirves bien, saldrás hasta astrólogo y nigromántico.

—Dios lo haga así —dijo Andrés— para que tenga qué comer toda mi vida y para mantener mi familia, que ya estoy rabiando por casarme.

En estas pláticas nos quedamos dormidos, y al día siguiente fui a visitar a mi enfermo, que ya estaba tan aliviado que me pagó un peso y me dijo que ya no me molestara, que si se ofrecía algo me mandaría llamar; porque éste es el modito de despedir a los médicos pegostes, o pegados en las casas por las pesetas.

Como lo pensé sucedió. Luego que se supo entre los pobres el feliz éxito del alcabalero en mis manos, comenzó el vulgo a celebrarme y recomendarme a boca llena, porque

decían: "Pues los señores principales lo llaman, sin duda es un médico de lo que no hay." Lo mejor era que también los sujetos distinguidos se clavaron y no me escasearon sus elogios.

Sólo el cura no me tragaba; antes decía al subdelegado, al administrador de correos y a otros, que yo sería buen médico, pero que él no lo creía porque era muy pedante y charlatán, y quien tenía estas circunstancias, o era muy necio o muy pícaro, y de ninguna manera había que fiar de él, fuera médico, teólogo, abogado o cualquier cosa. El subdelegado se empeñaba en defenderme, diciendo que era natural a cada uno explicarse con los términos de su facultad, y esto no debía llamarse pedantismo.

—Yo convengo en eso —decía el cura—, pero haciendo distinción de los lugares y personas con quienes se habla, porque si yo, predicando sobre la observancia del séptimo precepto, por ejemplo, repito sin explicación las voces de enfiteusis, hipotecas, constitutos, precarios, usuras paliadas, pactos, retrovendiciones y demás, seguramente que seré un pedante, pues debo conocer que en este pueblo apenas habrá dos que me entiendan; y así debo explicarme, como lo hago, en unos términos claros que todos los comprendan; y, sobre todo, señor subdelegado, si usted quiere ver cómo ese médico es un ignorante, disponga que nos juntemos una noche acá con pretexto de una tertulia, y le prometo que le oirá disparatar alegremente.

—Así lo haremos —dijo el subdelegado—; pero, ¿y qué diremos de la curación que hizo la otra noche?

—Yo diría, sin escrúpulo —respondió el cura—, que ésa fue casualidad y el huevo juanelo.

—¿Es posible?

—Sí, señor subdelegado; ¿no ve usted que la gordura y robustez del enfermo, la dureza de su pulso, lo denegrido de su semblante, el adormecimiento de sus sentidos, la

---

y después en el juego de billar, para dar a entender que un lance salió bien por casualidad y no por destreza del jugador.—E.

respiración agitada y todos los síntomas que se le advertían indicaban la sangría? Pues ese remedio lo hubiera dictado la vieja más idiota de mi feligresía.

—Pues bien —dijo el subdelegado—, yo deseo oír una conversación sobre la medicina entre usted y él. La aplazaremos para el 25 de éste.

—Está muy bien —contestó el cura; y hablaron de otra cosa.

Esta conversación, o a lo menos su sustancia, me la refirió un mozo que tenía el dicho subdelegado, a quien había yo curado de una indigestión sin llevarle nada, porque el pobre me granjeaba contándome lo que oía hablar de mí en la casa de su amo.

Yo le di las gracias, y me dediqué a estudiar en mis librejos para que no me cogiera el acto desprevenido.

En este intermedio me llamaron una noche para la casa de don Ciriaco Redondo, el tendero más rico que había en el pueblo, quien estaba acabando de cólico.

—Coge la jeringa —le dije a Andrés—, por lo que sucediere, que ésta es otra aventura como la de la otra noche. Dios nos saque con bien.

Tomó Andrés su jeringa y nos fuimos para la casa, que la hallamos como la del alcabalero de revuelta; pero había la ventaja de que el enfermo hablaba.

Le hice mil preguntas pedantescas, porque yo las hacía a miles, y por ellas me informé de que era muy goloso, y se había dado una atracada del demonio.

Mandé cocer malvas con jabón y miel, y ya que estuvo esta diligencia practicada, le hice tomar una buena porción por la boca, a lo que el miserable se resistía y sus deudos, diciéndome que eso no era vomitorio sino ayuda.

—Tómela usted, señor —le decía yo muy enfadado—; ¿no ve que si es ayuda, como dice, ayuda es tomada por la boca y por todas partes? Así pues, señor mío, o tomar el remedio o morirse.

El triste enfermo bebió la asquerosa poción con tanto asco, que con

él tuvo para volver la mitad de las entrañas; pero se fatigó demasiado, y como el infarto estaba en los intestinos, no se le aliviaba el dolor.

Entonces hice que Andrés llenara la jeringa y le mandé franquear el trasero.

—En mi vida —dijo el enfermo—, en mi vida me han andado por ahí.

—Pues, amigo —le respondí—, en su vida se habrá visto más apurado, ni yo en la mía ni en los años que tengo de médico, he visto cólico más renuente, porque sin duda el humor es muy denso y glutinoso; pero, hermano mío, el clister importa, el clister, no menos que como la salud única a los vencidos, y si no, no hay que esperar más; porque una *salus victis nullam sperare salutem;* y así, si con el medicamento que prescribo no sana, ocurriremos a la lanceta abriendo los intestinos, y después cauterizándolos con una plancha ardiendo, y si estas diligencias no valen, no queda más que hacer que pagar al cura los derechos del entierro, porque la enfermedad es incurable; según Hipócrates: *ubi medicamentum non sanat, ferrum sanat; ubi ferrum non sanat, ignis sanat; ubi ignis non sanat, incurabile morbus.*

—Pues, señor —dijo el paciente, haciéndole bajo sus parientes—, que se eche la lavativa si en eso consiste mi salud.

—*Amen dico vobis* —contesté, e inmediatamente mandé que se salieran todos de la recámara por la honestidad, menos la esposa del enfermo.

Llenó Andrés su jeringa y se puso a la operación; pero ¡qué Andrés tan tonto para esto de echar ayudas! Imposible fue que hiciera nada bueno. Toda la derramaba en la cama, lastimaba al enfermo y nada se hacía de provecho, hasta que yo, enfadado de su torpeza, me determiné a aplicar el remedio por mi mano, aunque jamás me había visto en semejante operación.

Sin embargo, olvidándome de mi ineptitud, cogí la jeringa, la llené del cocimiento, y con la mayor decencia le introduje el cañoncillo por el ano; pero fuérase por algún más talento que yo tenía que Andrés, o por la aprensión del enfermo que obraba a mi favor, iba recibiendo más cocimiento, y yo lo animaba diciéndole:

—Apriete usted el resuello, hermano, y recíbala cuan caliente pueda, que en esto consiste su salud.

El afligido enfermo hizo de su parte cuanto pudo (que en esto consiste las más veces el acierto de los mejores médicos), y, al cuarto de hora o menos hizo una evacuación copiosísima, como quien no había desahogado el vientre en tres días.

Inmediatamente se alivió, como dijo, pero no fue sino que sanó perfectamente, pues quitada la causa cesa el efecto.

Me colmaron de gracias, me dieron doce pesos, y yo me fui a mi posada con Andrés, a quien en el camino le dije:

—Mira que me han dado doce pesos en la casa del más rico del pueblo, y en la casa del alcabalero me dieron una onza; ¿qué, será más rico o más liberal el alcabalero?

Andrés, que era socarrón, me respondió:

—En lo rico no me meto, pero en lo liberal, sin duda que lo es más que don Ciriaco Redondo.

—¿Y en qué estará eso, Andrés? —le pregunté—. Porque el más rico debe ser más liberal.

—Yo no lo sé —dijo Andrés—, a no ser que sea porque los alcabaleros, cuando quieren, son más ricos que nadie de los pueblos, porque ellos manejan los caudales del Rey y las cuentas las hacen como quieren. ¿No ve usted que la alcabala que llaman del viento, proporciona una cuenta inaveriguable? Suponga usted del real o dos que cobran por cada una de las cabezas que se matan en el pueblo, ya sea de toros o vacas, ya de carneros o cerdos, ¿quién les va a hacer cuenta de esto? Suponga usted las introducciones de cosas que no traen guías, sino un simple pase por razón de su poco importe, como también los contrabanditos que se ofrecen, en los que se entra en composición con el arriero, y por último, aquellos picos de los granos que en un alcabalatorio suben mucho al fin del año, pues si un real tiene doce granos y el arriero debe por la factura siete granos, se le cobra un real, y si entran mil arrieros se les cobran mil reales. Esto me contaba mi tío que fue alcabalero muchos años, y decía que las alcabalas del viento valían más que los ajustes.

En esto llegamos a la posada. Andrés y yo cenamos muy contentos, gratificando a los dueños de la casa, y nos acostamos a dormir.

Continuamos en bonanza como un mes, y en este tiempo proporcionó el subdelegado la sesión que quería el cura que tuviera yo con él; pero si queréis saber cuál fue, leed el capítulo que sigue.

CAPÍTULO VI

CRECÍA MI FAMA de día en día con estas dos estupendas curaciones, granjeándome buen concepto hasta con los que no se tenían por vulgares. Tiempo me faltaba para ordenar medicamentos en mi casa, y ya era cosa que me chiqueaba mucho para salir a hacer una visita fuera del pueblo, y eso cuando me la pagaban bien.

Aumentó mis créditos un boticoncillo y una herramienta de barbero que envié comprar a México, que junta con un exterior más decente, que tenía algo de lujo, pues tomé casa aparte y recibí una cocinera y otro criado, me hacía parecer un hombre muy circunspecto y estudioso.

Al mismo tiempo yo visitaba pocas casas, y en ninguna me estrechaba demasiado, pues había oído decir a mi maestro el doctor Purgante, que al médico no le estaba bien ser muy comadrero, porque en son de la amistad querían que curara de balde.

Con ésta y otras reglitas semejantes concernientes a los tomines, los busqué muy buenos, pues en el poco tiempo que os he dicho, comimos yo, Andrés y la *macha* muy bien; nos remendamos, y llegué a tener juntos como doscientos pesos libres de polvo y paja.

La gravedad y entono con que yo me manifestaba al público, los términos exóticos y pedantes de que usaba, lo caro que vendía mis drogas, el misterio con que ocultaba sus nombres, lo mucho que adulaba a los que tenían proporciones, lo caro que vendía mis respuestas a los pobres y las buenas ausencias

que me hacía Andrés, contribuyeron a dilatar la fama de mi buen nombre entre los más.

A medida de lo que crecía mi crédito, se aumentaban mis monedas, y a proporción de lo que éstas se aumentaban, crecían mi orgullo, mi interés y mi soberbia. A los pobres que, porque no tenían con qué pagarme, iban a mi casa, los trataba ásperamente, los regañaba y los despachaba desconsolados. A los que me pagaban dos reales por una visita los trataba casi del mismo modo, porque más duraría un cohete ardiendo que lo que yo duraba en sus casas. Es verdad que aunque me hubiera dilatado una hora no por eso quedarían mejor curados, puesto que yo no era sino un charlatán con apariencias de médico; pero como el infeliz paciente no sabe cuánta es la suficiencia del médico o del que juzga por tal, se consuela cuando observa que se dilata en preguntar la causa de su mal y en indagar, así por sus oídos como por sus ojos, su edad, su estado, su ejercicio, su constitución y otras cosas que a los médicos como yo parecen menudencias, y no son sino noticias muy interesantes para los verdaderos facultativos.

No lo hacía yo así con los ricos y sujetos distinguidos, pues hasta se enfadaban con mis dilaciones y con las monerías que usaba, por afectar que me interesaba demasiado en su salud; pero, ¿qué otra cosa había de hacer cuando no había aprendido más de mi famoso maestro el doctor Purgante?

Sin embargo de mi ignorancia, algunos enfermos sanaban por accidente, aunque eran más sin comparación los que morían por mis mortales remedios. Con todo esto, no se minoraba mi crédito por tres razones: la primera, porque los más que morían eran pobres, y en éstos no es notable ni la vida ni la muerte. La segunda, porque ya había yo criado fama, y así me echaba a dormir sin cuidado, aunque matara más tultecas que sarracenos el Cid; y la tercera, y que más favorece a los médicos, era porque los que sanaban ponderaban mi habilidad, y los que morían no podían quejarse de mi ignorancia, con lo que yo lograba que mis aciertos fueran públicos y mis erradas las cubriera la tierra; bien que si me sucede lo que a Andrés, seguramente se acaba mi bonanza antes de tiempo.

Fue el caso, que desde antes que llegáramos a Tula, ya el cura, el subdelegado y demás personas de la plana mayor habían encargado a sus amigos que les enviaran un barbero de México. Luego que experimentaron la áspera mano de Andrés, insistieron en su encargo con tanto empeño, que no tardó mucho en llegar el maestro Apolinario, que, en efecto, estaba examinado y era instruido en su facultad.

Andrés, luego que lo conoció y lo vio trabajar le tuvo miedo, y con más juicio y viveza que yo, un día lo fue a ver y le contó su aventura lisa y llanamente, diciéndole que él no era sino aprendiz de barbero, que no sabía nada, que lo que hacía en aquel pueblo era por necesidad, que él deseaba aprender bien el oficio, y que si se lo quería enseñar, se lo agradecería y le serviría en lo que pudiera.

Esta súplica la acompañó con el estuche que le había yo comprado, con el que se dio por muy granjeado el maestro Apolinario, y desde luego le ofreció a Andrés tenerlo en su casa, mantenerlo y enseñarle el oficio con eficacia y lo más presto que pudiera.

A seguida le preguntó qué tal médico era yo, a lo que Andrés le respondió que a él le parecía que muy bueno, y que había visto hacer unas curaciones muy prodigiosas.

Con esto se despidió del barbero para ir a hacer la misma diligencia conmigo, pues me dijo todo lo que había pasado y su resolución de aprender bien el oficio.

—Porque al cabo, señor —decía—, yo conozco que soy un bruto; este otro es maestro de veras, y así o la gente me quita de barbero no ocupándome, o me quita él pidiéndome la carta de examen, y de cualquier manera yo me quedo sin crédito, sin oficio y sin qué comer; así he pensado irme con él, a bien que ya su merced tiene mozo.

Algo extrañaba yo a Andrés, pero no quise quitarle de la cabeza su buen propósito; y así, pagándole su salario y gratificándole con seis pesos lo dejé ir.

En esos días me llamaron de casa de un viejo reumático, a quien le di, según mi sistema, seis o siete purgas, le estafé veinticinco pesos, y lo dejé peor de lo que estaba.

Lo mismo hice con otra vieja hidrópica, a la que abrevié sus días con seis onzas de ruibarbo y maná, y dos libras de cebolla albarrana.

De estas gracias hacía muy a menudo, pero el vulgo ciego había dado en que yo era buen médico, y por más gritos que les daban las campanas, no despertaban de su adormecimiento.

Llegó por fin el día aplazado por el subdelegado para oírme disputar con el cura, y fue el 25 de agosto, pues con ocasión de haber ido yo a darle los días por ser el de su santo, me detuvo a comer con mil instancias, las que no pude desairar.

Bien advertí que toda la corte estaba en su casa, sin faltar el padre cura; pero no me di por entendido de que sabía lo que hablaba de mí; satisfecho en que, por mucho que él supiera, no había de tener de medicina las noticias que yo.

Con este necio orgullo me senté a la mesa luego que fue hora, y comí y brindé a la salud del caballero subdelegado en compañía de aquellos señores repetidas veces, haciendo reír a todos con mis pedanterías, menos al cura, que se tostaba de estas cosas.

El subdelegado estaba bienquisto; con esto la mesa estaba llena de los principales sujetos del pueblo con sus señoras. La prevención era franca, los platos muchos y bien sazonados. Se menudeaban los brindis y los vivas; los vasos no estaban muy seguros por los frecuentes coscorrones que llevaban con los tenedores y cuchillos, y las cabezas se iban llenando del tufo de las uvas.

A este tiempo fue entrando el gobernador de indios con sus oficiales de república, prevenidos de tambor, chirimías, y de dos indios cargados con gallinas, cerdos y dos carneritos.

Luego que entraron, hicieron sus acostumbradas reverencias besando a todos las manos, y el gobernador le dijo al subdelegado:

—Señor mayor, que los pase su merced muy felices en compañía de estos señores, para amparo de este pueblo.

Inmediatamente le dio el xóchitl, que es un ramillete de flores, en señal de su respeto, y un papel mal picado y pintado, con un al parecer verso.

Todo el congreso se alborotó, y se trató de que se leyeran públicamente. Uno de los padres vicarios se prestó a ello y, guardando todos un perfecto silencio, comenzó a leer el siguiente:

SUÑETO

Los probes hijos del pueblo
con prósperas alegrías,
te lo venimos a dar los días,
con carneros y cochinos.
Recibalosté placenteros
con interés to mercé
como señor josticiero,
perdonando nuestro afeuto
las faltas de este suñeto
porque los vivas mil años
y después su gloria eternamente.

Todos celebraron el *suñeto*, repitiendo los vivas al subdelegado, y los repiques en los platos y vasos, mezclados con empinar la copa, unos más, otros menos, según su inclinación.

El señor cura llenó un vasito y se lo dio al gobernador diciéndole: "Toma, hijo, a la salud del señor subdelegado"; quien mandó que en la pieza inmediata se diese de comer al señor gobernador y a la república.

Tomó éste su vasito de vino, se repitió el brindis y algazara en la mesa, aumentando el alboroto el desagradable ruido del tambor y chirimías que ya nos quebraba la cabeza, hasta que quiso Dios que llamaran a comer a aquella familia.

Luego que se retiraron los indios, comenzaron todos a celebrar el *suñeto*, que andaba de mano en mano, pero con disimulo, porque no lo advirtieran los interesados.

Con este motivo fue rodando la conversación de discurso en discurso, hasta tocarse sobre el origen de la poesía, asunto que una señorita nada lerda pidió a un vicario, que tenía fama de poeta, que lo explicara, y éste, sin hacerse de rogar, dijo:

—Señorita, lo que yo sé en el particular, es que la poesía es antiquísima en el mundo. Algunos fijan su origen en Adán, añadiendo que *Jubal,* hijo de Lamech, fue el padre de los poetas, fundando su opinión en un texto de la escritura que dice: que *Jubal fue el padre de los que cantaban con el órgano y la cítara,* porque los antiguos bien conocieron que eran hermanas la música y la poesía; y tanto, que hubo quien escribiera que Osiris, rey de Egipto, era tan aficionado a la música que llevaba en su ejército muchas cantoras, entre las que sobresalían nueve, a quienes los griegos llamaron *musas* por antonomasia. Lo cierto es, que por la historia más antigua del mundo, que es la de Moisés, sabemos que los hebreos poseyeron este arte divino antes que ninguna nación. Después del diluvio renació entre los egipcios, caldeos y griegos. De éstos, los últimos la cultivaron con mucho empeño, y fue propagándose por todas las naciones según su genio, clima o aplicación. De manera que no tenemos noticia que haya habido en el mundo ninguna, por bárbara que haya sido, que no haya tenido no sólo conocimiento del arte poético, sino a veces poetas excelentes. En tiempo del paganismo de esta América, conocieron los indios este arte sublime y el de la música; tenían sus danzas o mitotes, en las que cantaban sus poemas a sus dioses, y aun hubo entre ellos tan elegantes poetas, que uno, sentenciado a muerte, compuso la víspera del sacrificio un poema tan tierno y tan patético, que cantado por él mismo fue bastante a enternecer al juez que lo escuchaba y obligarlo a revocar la sentencia: que vale tanto como decir que era tan buen poeta, que con sus versos se redimió de la muerte y se prolongó la vida. Este caso nos lo refiere el caballero Boturini en su *Idea de la historia de las Indias*. Es cierto que aunque no hasta el punto de enternecer a un tirano, lo que es mucho; pero es cosa muy antigua y sabida lo que influye la poesía en el corazón humano, y más acompañada de la música. Por eso, para confirmación de esta verdad, se cuenta en la fábula que Orfeo venció y amansó leones, tigres y otras fieras, y que Anfión reedificó los muros de Tebas, ambos con el canto, la cítara y la lira, para significar que era tan soberano el poder de la música y la poesía, que ellas solas bastaron para reducir a la vida civil, hombres salvajes, feroces y casi brutos.

—A fe que no hará otro tanto —dijo el subdelegado— el autor de nuestro *suñeto*, aunque se acompañara para cantarlo con la dulce música de tambor o chirimía.

Rióse la facetada del subdelegado, y éste, queriendo oírme disparar por ver enojado al cura, me dijo:

—¿Qué dice usted, señor doctor, de estas cosas?

Yo quería quedar bien y dar mi voto en todo, aun en lo que no entendía, habiéndoseme olvidado las lecciones que el otro buen vicario me dio en la hacienda; pero no sabía palabra de cuanto se acababa de hablar. Sin embargo, venció mi vanidad a mi propio conocimiento, y con mi acostumbrado orgullo y pedantería dije:

—No hay duda en que se ha hablado muy bien; pero la poesía es más antigua de lo que el señor vicario ha dicho, pues a lo más que la ha hecho subir es hasta Adán, y yo creo que antes que hubiera Adán ya había poetas.

Escandalizáronse todos con este desatino y más que todos el cura, que me dijo:

—¿Cómo podía haber poetas sin haber hombres?

—Sí, señor —le respondí muy sereno—, pues antes que hubiera hombres hubo ángeles, y éstos, luego que fueron criados, entonaron himnos de alabanzas al Creador, y claro está que si cantaron fue en verso; porque en prosa no es común cantar; y si cantaron versos, ellos los compusieron, y si los compusieron los sabían componer, y si los sabían componer eran poetas. Conque vean ustedes si la poesía es más antigua que Adán.

El cura, al oír esto, no más meneó la cabeza y no me replicó una palabra; de los demás, unos se sonrieron y otros admiraron mi argumento, y más cuando el subdelegado prosiguió diciendo:

—No hay duda, no hay duda; el doctorcito nos ha convencido y nos ha enseñado un retazo de erudición admirable y jamás oído. ¡Vean ustedes cuánto se han calentado la cabeza los anticuarios por indagar el origen de la poesía, fijándolo unos en Jubal, otros en Débora, otros en Moisés, otros en los caldeos, otros en los egipcios, en los griegos otros, y todos permaneciendo tenaces en sus sistemas sin poder convenirse en una cosa, y el doctor don Pedro nos ha sacado de esta confusa Babilonia tirando la barra cien varas más allá de los mejores anticuarios e historiadores, y ensalzándola sobre las nubes, pues la hace ascender hasta los ángeles! Vaya, señores, brindemos esta vez a la salud de nuestro doctorcito.

Diciendo esto, tomó la copa y todos hicieron lo mismo, repitiendo a su imitación:

—¡Viva el médico erudito!

Ya se deja entender que en este brindis no faltó el palmoteo ni el acostumbrado repique de vasos, platos y tenedores. Mas ¿quién creerá, hijos míos, que fuera yo tan necio y tan bárbaro que no advirtiera que toda aquella bulla no era sino el eco adulador de la irónica mofa del subdelegado? Pues así fue. Yo bebí mi copa de vino muy satisfecho... ¿qué digo? Muy hueco, pensando que aquello era no una solemne burla de mi ignorancia, sino un elogio digno de mi mérito.

—¿Y qué pensáis, hijos míos, que sólo vuestro padre, en una edad que aún frisaba con la de muchacho, se pagaba de su opinión tan caprichosamente? ¿Créis que sólo yo y sólo entonces perdonaba la mofa de los sabios suponiéndola alabanza a merced de la propia ignorancia y fanatismo? Pues, no, pedazos míos, en todos tiempos y en todas edades ha habido hombres tan necios y presumidos como yo, que pagados de sí mismos han pensado que sólo ellos saben, que sólo ellos aciertan, y que los arcanos de la sabiduría solamente a ellos se les descubre. ¡Ay! No sé si cuando leáis mi vida con reflexión se habrá acabado esta plaga de tontos en el mundo; pero si por desgracia durare, os advierto que observéis con cuidado estas lecciones: *hombre caprichoso, ni sabio ni bueno; hombre dócil, pronto a ser bueno y a ser sabio; hombre hablador y vano, nunca sabio; hombre callado y humilde que sujete su opinión a la de los que saben más, es bueno de positivo, esto es, hombre de buen corazón, y está con bella disposición para ser sabio algún día.* Cuidado con mis digresiones, que quizá son las que más os importan.

El subdelegado, viendo mi serenidad, prosiguió diciendo:

—Doctorcito, según la opinión de usted y la del padre vicario, la poesía es una ciencia o arte divino; pues habiendo sido infusa a los ángeles o a los hombres, porque los primeros ni los segundos no tuvieron de quién imitarla, claro es que sólo el Autor de lo creado pudo infundirla; y en éste caso díganos usted ¿por qué en unas naciones son más comunes los poetas que en otras, siendo todas hijas de Adán? Porque no hay remedio, entre los italianos si no abundan los mejores poetas, a lo menos abundan los más fáciles, como son los improvisadores; gente prontísima que versifica de repente y acaso multitud de versos.

Vime atacado con esta pregunta, pues yo no sabía disolver la dificultad, y así huyéndole el cuerpo, respondí:

—Señor subdelegado, no entro en el argumento, porque la verdad, no creo que haya habido, ni pueda haber, semejantes poetas repentinos o improvisadores como usted les llama. Por tanto, sería menester, convencerme de su realidad para que entráramos en disputa, pues *prius est esse quam taliter esse* (primero es que exista la cosa, y después que exista de éste o del otro modo).

—Pues en que ha habido poetas improvisadores, especialmente en Italia, no cabe duda —dijo el cura—; y aún yo me admiro cómo una cosa tan sabida pudo haberse escondido a la erudición del señor doctor. Esta facilidad de versificar de repente es bien antigua. Ovidio la confiesa de sí mismo, pues llega a decir que cualquiera cosa que hablaba la decía en verso, esto al mismo tiempo que procuraba no hacerlos.[1] Yo he leído lo que dice Paulo Jovio del poeta Camilo Cuerno, célebre improvisador que disfrutó por esta habilidad bastantes satisfacciones con el Papa León X. Este poeta estaba en pie junto a una ventana diciendo versos repentinos mientras comía el Pontífice, y era

[1] *Scribere conabar verba soluta modis,*
Sponte sua carmen numeros veniebat ad aptos.

tanto lo que éste se agradaba de
la prontitud de su vena, que él mismo le alargaba los platos que comía, haciéndole beber de su mismo
vino, sólo con la condición de que
había de decir dos versos lo menos
sobre cada asunto que se le propusiera. De un niño que apenas sabía escribir nos refiere el padre Calasanz en su *Discernimiento de
ingenios,* que trovaba cualquier pie
que le daban de repente, y a veces
con tal agudeza, que pasmaba a
los adultos sabios. De estos ejemplares de poetas improvisadores pudieran citarse varios; pero ¿para
qué nos hemos de cansar, cuando
todo el mundo sabe que en este mismo reino floreció uno a quien se
conoció por el *negrito poeta,* y de
quien los viejos nos refieren pron-
titudes admirables?

—Cuéntenos usted, señor cura
—dijo una niña—, algunos versos
del negrito poeta.

—Se le atribuyen muchos —dijo
el cura—; en todo tiene lugar la
ficción; pero por darle a usted gusto referiré dos o tres de los que sé
que son ciertamente suyos, según
me ha contado un viejo de México
que se los oyó de su misma boca.
Oigan ustedes: Entró una vez nuestro negro en una botica donde estaba un boticario o médico hablando
con un cura acerca de los cabellos,
y a tiempo que entró el negro le decía: *los cabellos penden de*... El
cura, que conocía al poeta, por excitar su habilidad, le dijo: Negrito, tienes un peso, como troves esto
que acaba de decir el señor, a saber: *los cabellos penden de*... El
negrito, con su acostumbrada prontitud, dijo:

Ya ese peso lo gané
si mi saber no se esconde;
quítese usted, no sea que
una viga caiga, y donde
los cabellos penden, dé.

"Esto fue muy público en México. Se le dio el mismo pie para que
lo trovara a la madre Sor Juana
Inés de la Cruz, religiosa jerónima,
célebre ingenio y famosa poetisa en
su tiempo, que mereció el epíteto
de la décima musa de Apolo; pero
la dicha religiosa no pudo trovarlo
y se disculpó muy bien en unas redondillas, y elogió la facilidad de
nuestro poeta.[2]

"En otra ocasión pasando cerca de
él un escribano con un alguacil, se
le cayó al primero un papel; lo
alzó el segundo, y le preguntó el
escribano ¿qué era? El alguacil respondió, que un testimonio, y el negro prontamente dijo:

¿No son artes del demonio
levantar cosa tan vil?
¿Pero cuándo un alguacil
no levanta un testimonio?

"Otra ocasión entró a una casa
donde estaba sobre una mesa una
imagen de la Concepción... Vayan
ustedes teniendo cuidado qué cosas
tan disímbolas había. Una imagen
de la Concepción, un cuadro de la
Santísima Trinidad, otro de Moisés
mirando arder la zarza, unos zapatos y unas cucharas de plata. Pues,
señores, el dueño de la casa, dudan-
do de la facilidad del negro, le dijo
que como todas aquellas cosas las
acomodara en una estrofa de cuatro pies, le daría las cucharas. No

[2] Por no ser muy comunes las obras
de Sor Juana, se pone aquí su contestación, que está en el tomo II de sus
obras.—E.

Señora, aquel primer pie
es nota de posesivo,
y es inglosable; porque
al caso de genitivo
nunca se pospone el de.
Y así el que aquesta Quinti-
lla hizo y quedó tan ufa-
no, pues tiene buena ma-
no, glose esta redondi-
lla-no el sentido no topo,
y no hay falta en el primor;
porque es pedir a un pintor
que copie con un hisopo.
Cualquier facultad enseña,
si es el medio desconforme;
pues no hay músico que forme
armonía en una peña.
Perdonad, si fuera del
asunto ya desvarío
porque no quede vacío
este campo de papel.

fue menester más para que el negro dijera:

Moisés, para ver a Dios,
se quitó las antiparras;
Virgen de la Concepción,
que me den estas cucharas.

"Ningún concepto ni agudeza se advierte en este verso; pero la facilidad de acomodar en él tantas cosas inconexas entre sí, y con algún sentido, no es indigna de alabanza.

"Por último, la hora de la muerte sabemos que no es hora de chanzas, pues en la de nuestro poeta manifestó éste lo genial que le era hacer versos, porque estando auxiliándolo un religioso agustino, le dijo:

Ahora sí tengo por cierto
que la muerte viene al trote,
pues siempre va el *zopilote*
en pos del caballo muerto.

"Hemos de advertir que este pobre negro era un vulgarísimo, sin gota de estudios ni erudición. He oído asegurar que ni leer sabía. Conque, si en medio de las tinieblas de tanta ignorancia prorrumpía en semejantes y prontas agudezas en verso, ¿qué hubiera hecho si hubiera logrado la instrucción de los sabios, como, por ejemplo, la del señor doctor que está presente?"

—Buena sea la vida de usted, señor cura —le respondí.

En esto se acabó la comida y se levantaron los manteles, quedándonos todos platicando de sobremesa, sin dar gracias a Dios, porque ya en aquella época comenzaba a no usarse; pero el subdelegado, a quien se le quemaban las habas por vernos enredar a mí y al cura en la cuestión de medicina, me dijo:

—Ciertamente que yo deseaba oír hablar a usted y al señor cura sobre la facultad médica; porque la verdad, nuestro párroco es opuestísimo a los médicos.

—No debe serlo —dije yo medio alterado—, porque el señor cura debe saber que Dios dice: que Él crió la medicina de la tierra, y que el varón prudente no debe aborre-

cerla. *Dominus creavit de terra medicinam, et vir prudens non aborrebit eam.* Dice también: que se honre al médico por la necesidad. *Honora medicum propter necesitem.* Dice...

—Basta —dijo el cura—; no nos amontone usted textos que yo entiendo. Catorce versículos trae el capítulo 38 del *Eclesiástico* en favor de los médicos; pero el decimoquinto dice: *que el que delinquiere en la presencia del Dios que lo crió, caerá en las manos del médico.* Esta maldición no hace mucho honor a los médicos, o a lo menos a los médicos malos.

"Muy bien sé que la medicina es un arte muy difícil; sé que el aprenderla es muy largo; que la vida del hombre aun no basta; que sus juicios son muy falibles y dificultosos; que sus experimentos se ejercitan en la respetable vida de un hombre; que no basta que el médico haga lo que está de su parte, si no ayudan las circunstancias, los asistentes y el enfermo mismo en cuanto les toca; sé que esto no lo digo yo, sino el príncipe de la medicina, aquel sabio de la isla de Có, aquel griego Hipócrates, aquel hombre grande y sensible cuya memoria no perecerá hasta que no haya hombres sobre la tierra, aquel filántropo que vivió cerca de cien años y casi todos ellos los empleó en asistir a los míseros mortales; en indagar los vicios de la naturaleza enferma; en solicitar las causas de las enfermedades y la eficacia y elección de los remedios, y en aplicar su especulación y su práctica al objeto que se propuso, que fue procurar el alivio de sus semejantes. Sé todo esto, y sé que antes de él, los míseros pacientes, destituidos de todo auxilio, se exponían a las puertas del templo de Diana, en Efeso, y allí iban todos, los veían, se compadecían de ellos y les mandaban lo que se les ponía en la cabeza. Sé que los remedios que probaban para tal o cual enfermedad se escribían en unas tablas que se llamaban *de las medicinas;* sé que el citado Hipócrates, después de haber cursado las escuelas de Atenas treinta y cinco años, desde la edad de catorce, y después de haber aprendido lo que sus médicos enseñaban, no se contentó, sino que anduvo peregrinando de reino en reino, de provincia en provincia, de ciudad en ciudad, hasta que encontró estas tablas, y con ellas y con sus repetidas observaciones hizo sus célebres aforismos; sé que después de estos descubrimientos se hizo la medicina un estudio de interés y de venalidad, y no como antes que se hacía por amistad del género humano. Todo esto sé, y mucho más que no refiero por no cansar a los que me oyen; pero también sé que ya en el día no se escudriña el talento necesario que se requiere para ser médico, sino que el que quiere, se mete a serlo, aunque no tenga las circunstancias precisas; sé que en cumpliendo los cursos prescritos por la Universidad, aunque no haya aprovechado las lecciones de los catedráticos, y en cumpliendo el tiempo de la práctica, ganando tal vez una certificación injusta del maestro, se reciben a examen, y como tengan los examinadores a su favor, o la fortuna de responder con tino a las preguntas que les hagan, aun en el caso de procederse con toda legalidad, como lo debemos suponer en tales actos, se les da su carta de examen, y con ella la licencia de matar a todo el mundo impunemente. Esto sé, y sé también que muchos médicos no son como deben ser, esto es, no estudian con tesón, no practican con eficacia, no observan con escrupulosidad, como debieran, la naturaleza; se olvidan de que la academia del médico y su mejor biblioteca está en la cama del enfermo más bien que en los dorados estantes, en los muchos libros y en el demasiado lujo; y mucho menos en la ridícula pedantería con

que ensartan textos, autoridades y latines delante de los que no los entienden.

"Sé que el buen médico debe ser buen físico, buen químico, buen botánico y anatómico; y no que yo veo que hay infinidad de médicos en el mundo que ignoran cómo se hace y qué cosa es, por ejemplo, el sulfato de sosa, y lo ordenan como específico de algunas enfermedades en que precisamente es pernicioso; que ignoran cuáles son y cómo las partes del cuerpo humano, la virtud o veneno de muchos simples, y el modo con que se descomponen o simplifican muchas cosas. Sé también que no puede ser buen médico el que no sea hombre de bien, quiero decir, el que no esté penetrado de los más vivos sentimientos de humanidad o de amor a sus semejantes; porque un médico que vaya a curar únicamente por interés del peso o la peseta y no con amor y caridad del pobre enfermo, seguramente éste debe tener poca confianza; y lo cierto es que por lo común así sucede.

"Los médicos, cuando se examinan, juran asistir por caridad, de balde y con eficacia, a los pobres, ¿y qué vemos? Que cuando éstos van a sus casas a consultarles sobre sus enfermedades sin darles nada, son tratados a poco más o menos; pero si son los enfermos ricos y mandan llamar a su casa a los médicos, entonces éstos van a visitarlos con prontitud, los curan con cuidado, y a veces este cuidado suele ser con tal atropellamiento (si no hay implicación en estas palabras), que con él mismo matan a los enfermos."

Aquí hizo el señor cura una breve pausa, sacando la caja de polvos, y luego que hubo habilitado las narices de rapé, continuó diciendo lo que veréis en el capítulo siguiente.

CAPÍTULO VII

EN EL QUE NUESTRO PERICO CUENTA CÓMO CONCLUYÓ EL CURA SU SERMÓN;
LA MALA MANO QUE TUVO EN UNA PESTE Y EL ENDIABLADO MODO CON QUE
SALIÓ DEL PUEBLO, TRATÁNDOSE EN DICHO CAPÍTULO, POR VÍA DE INTERMEDIO,
ALGUNAS MATERIAS CURIOSAS

—No SE CREA, señores —continuó el cura—, que yo trato de poner a los médicos en mal. La medicina es un arte celestial de que Dios proveyó al hombre; sus dignos profesores son acreedores a nuestras honras y alabanzas; pero cuando éstos no son tales como deben ser, los vituperios cargan sobre su ineptitud y su interés, no sobre la utilidad y necesidad de la medicina y sus sabios profesores. El médico docto, aplicado y caritativo es recomendable; pero el necio, el venal y que se acogió a esta facultad para buscar la vida, por no tener fuerzas para dedicarse al *mecapal*, es un hombre odioso y digno de reputarse por un asesino del género humano con licencia, aunque involuntaria, del Protomedicato. A médicos como éstos desterraron de muchas provincias de Roma y otras partes, como si fueran pestes, y en efecto, no hay en un pueblo peste peor que un mal médico. Mejor sería muchas veces dejar al enfermo en las sabias manos de la naturaleza, que encomendarlo a las de un médico tonto e interesable.

—Pero yo no soy de ésos —dije yo algo avergonzado porque todos me miraban y se sonrieron.

—Ni yo lo digo por usted —respondió el cura—, ni por Sancho, Pedro, ni Martín; mi crítica no determina persona, ni jamás acostumbro a tirar a ventana señalada. Hablo en común y sólo contra los malos médicos, empíricos y charlatanes que abusan de un arte tan precioso y necesario de que nos proveyó el Autor de la naturaleza para el socorro de nuestras dolencias. Si usted o alguno otro que oiga hablar de esta manera, se persuade a que se dice por él, será señal de que su conciencia lo acusa, y entonces, amigo, al que le venga el saco, que se lo ponga en hora buena. Bien es verdad que eso mismo que usted dice, de que no es de ésos, lo dicen todos los *chambones* de todas las facultades, y no por eso dejan de serlo.

—Pues, no, señor —le interrumpí—, yo no soy de ésos; yo sé mi obligación y estoy examinado y aprobado *némine discrepante* (con todos los votos), por el Real Protomedicato de México; no ignoro que las partes de la medicina son: Fisiología, Patología, Semeiótica y Terapéutica; sé la estructura del cuerpo humano; cuáles se llaman fluidos, cuáles sólidos; sé lo que son huesos y cartílagos, cuál es el cráneo y que se compone de ocho partes; sé cuál es el hueso occipital, la duramáter y el frontis; sé el número de las costillas, cuál es el esternón, los omóplatos, el cóccix, las tibias; sé qué cosa son los intestinos, las venas, los nervios, los músculos, las arterias, el tejido celular y el epidermis; sé cuántos y cuáles son los humores del hombre, como la sangre, la bilis, la flema, el quilo y el gástrico; sé lo que es la linfa y los espíritus animales, y cómo obran en el cuerpo sano y cómo en el enfermo; conozco las enfermedades con sus propios y legítimos nombres griegos, como la ascitis, la anasarca, la hidrofobia, el zaratán, la pleuresía, el mal venéreo, la clorosis, la caquexia, la podagra, el parafrenitis, el priapismo, el paroxismo y otras mil enfermedades que el necio vulgo llama hidropesía, rabia, gálico, dolor de costado, gota y demás simplezas que acostumbra; conozco la virtud de los remedios sin necesitar saber cómo los hacen los boticarios y los químicos; los simples de que se componen y el modo cómo obran en el cuerpo humano, y así sé lo que son febrífugos, astringentes, antiespasmódicos, aromáticos, diuréticos, errinos, narcóticos, pectorales, purgantes, diaforéticos, vulnearios, antivenéreos, emotoicos, estimulantes, vermífugos, laxantes, cáusticos y anticólicos; sé...

—Ya está, señor doctor —decía el cura muy apurado—, ya está, por amor de Dios, que eso es mucho saber, y yo maldito lo que entiendo de cuanto ha dicho. Me parece que he estado oyendo hablar a Hipócrates en su idioma; pero lo cierto es que con tanto saber despachó en cuatro días a la pobre vieja hidrópica tía Petronila, que algunos años hace vivía con su ¡ay! ¡ay! antes que usted viniera, y después que usted vino, le aligeró el paso a fuerza de purgantes muchos, muy acres y en excesiva dosis, lo que me pareció una herejía médica, pues la debilidad en un viejo es cabalmente un contraindicante de purgas y sangrías. Motivo fue éste para que el otro pobre gotoso o reumático no quisiera que usted acabara de matarlo. Con tanto saber, amigo, usted me va despoblando la feligresía sin sentir, pues desde que está aquí he advertido que las cuentas de mi parroquia han subido un cincuenta por ciento; y aunque otro cura más interesable que yo daría a usted las gracias por la multitud de muertos que despacha, yo no, amigo, porque amo mucho a mis feligreses, y conozco que a dura tiempo, usted me quita de cura, pues acabada que sea la gente del pueblo y sus visitas, yo seré cura de casas vacías y campos incultos. Conque vea usted cuánto sabe, pues aun resultándome interés me pesa de su saber.

Riéronse todos a carcajadas con la ironía del cura, y yo incómodo de esto, le dije ardiéndome las orejas:

—Señor cura, para hablar es menester pensar y tener instrucción en lo que se habla. Los casos que usted me ha recordado por burla son comunes; a cada paso acaece que el más ruin enfermo se le muere al mejor médico. ¿Pues qué, piensa usted que los médicos son dioses que han de llevar la vida a los enfermos? Ovidio, en el libro primero del Ponto, dice: que no siempre está en las manos del médico que el enfermo sane, y que muchas veces el mal vence a la medicina:

Non est in medico semper relevetur ut
aeger,
Interdum docta plus valet arte malum.

Él mismo dice que hay enfermedades incurables que no sanarán si el propio Esculapio les aplica la medicina, y harán resistencia a las aguas termales más específicas, tales como aquí las aguas del Peñón o Atotonilco, y una de estas enfermedades es la epilepsia. Oigan ustedes sus palabras:

Afferat ipse licet sacras Epidaurius
herbas,
Sanabit nulla vulnera cordis ope.

En vista de esto, admírese usted, señor cura, de que se me mueran algunos enfermos, cuando a los mejores médicos se les mueren. No faltaba más sino que los hombres quisieran ser inmortales sólo con llamar al médico. Que el viejo gotoso no quisiera continuar conmigo, nada prueba, sino que conoció que su enfermedad es incurable, pues, como dijo Ovidio, *loco citato*, la gota no la cura la medicina:

Tollere nodosam nescit medicina
podagram.

—Yo soy el loco —dijo el cura— y el majadero y el mentecato en

17

querer conferenciar con usted de estas cosas.

—Usted dice muy bien, señor licenciado —dije yo—, si lo dice con
sinceridad. En efecto, no hay mayor locura que disputar sobre lo que
no se entiende. *Quod medicorum est
promittunt medici, tractant fabrilia
fabri,* decía Horacio en la *ep.* I del
lib. I. Señor cura, dispute cada uno
de lo que sepa, hable de su profesión y no se meta en lo que no entiende, acordándose de que el teólogo hablará bien de teología, el
canonista de cánones, el médico de
medicina, los artesanos de lo tocante a su oficio, el piloto de los vientos, el labrador de los bueyes, y así
todos:

Navita de ventis, de bobus narret arator.

Se acabó de incomodar el cura
con esta impolítica represión, y
dando una palmada en la mesa, me
dijo:

—Poco a poco, señor doctor, o
señor charlatán; advierta usted con
quién habla, en qué parte, cómo y
delante de qué personas. ¿Ha pensado usted que soy algún *topile* o
algún barbaján para que se altere
conmigo de ese modo, y quiera re-
gañarme como a un muchacho? ¿O
cree usted que porque lo he llevado con prudencia me falta razón
para tratarlo como quien es, esto
es, como a un loco, vano, pedante
y sin educación? Sí, señor, no pasa
usted de ahí ni pasará en el concepto de los juiciosos, por más latines y más despropósitos que diga...

El subdelegado y todos, cuando
vieron al cura enojado, trataron de
serenarlo, y yo, no teniéndolas todas conmigo, porque a las voces salieron todos los indios que ya habían acabado de comer, le dije muy
fruncido:

—Señor cura, usted dispense, que
si erré fue por inadvertencia y no
por impolítica, pues debía saber que
ustedes, los señores curas y sacerdotes, siempre tienen razón en lo
que dicen y no se les puede disputar; y así lo mejor es callar y no
ponerse con Sansón a las patadas.

Ne contendas cum potentioribus, dijo quien siempre ha hablado y hablará verdad.

—Vean ustedes —decía el cura—;
si yo no estuviera satisfecho de que
el señor doctor habla sin reflexión
lo primero que se le viene a la
boca, ésta era mano de irritarse
más; pues lo que da entender es
que los sacerdotes y curas, a título
de tales, se quieren siempre salir
con cuanto hay, lo que ciertamente
es un agravio no sólo a mí, sino a
todo el respetable clero; pero repito
que estoy convencido de su modo
de producir, y así es preciso discul-
parlo y desengañarlo de camino.

Y volviéndose a mí, me dijo:

—Amigo, no niego que hay algunos eclesiásticos que a título de tales quieren salirse con cuanto hay,
como usted ha dicho; pero es menester considerar que éstos no son
todos, sino uno u otro imprudente que en esto o en cosas peores
manifiestan su poco talento, y acaso vilipendian su carácter; mas este
caso, fuera de que no es extraño,
pues en cualquiera corporación, por
pequeña y lucida que sea, no falta
un díscolo, no debe servir de regla
para hablar atropelladamente de
todo el cuerpo. Que hay algunos
individuos en el mío, como los que
usted dice, he confesado que es verdad, y añado que si sostienen o pretenden sostener un error conociéndolo, sólo porque son padres, hacen
mal, y si ultrajan a algún secular,
no por un acto primo ni acalorado
por alguna grosería que se use con
ellos sino sólo engreídos en que
el secular es cristiano y ha de respetar su carácter a lo último, hacen muy mal, y son muy reprensibles, pues deben reflexionar que el
carácter no los excusa de la observancia de las leyes que el orden social prescribe a todos. Usted y los
señores que me oyen conocerán por
esto, que yo no me atengo a mi estado para faltar al respeto a ninguna persona, como bien lo saben
los que me han tratado y me conocen. Si me he excedido en algo con
usted, dispénseme, pues lo que dije

fue provocado por su inadvertida reprensión, y reprensión que no cae sobre yerro alguno, porque yo, cuando hablo alguna cosa, procuro que me quede retaguardia para probar lo que digo; y si no, manos a la obra. Entre varias cosas dije a usted, me acuerdo, que hablaba cosas que no entendía lo que eran (esto se llama pedantismo). Es mi gusto que me haga usted quedar mal delante de estos señores, haciéndome favor de explicarnos qué parte de la medicina es la *semeiótica;* cuál es el humor *gástrico* o el *pancreático;* qué enfermedad es el *priapismo;* cuáles son las *glándulas del mesenterio;* qué especies hay de *cefalalgias,* y qué clase de remedio son los *emotoicos;* pero con la advertencia de que yo lo sé bien, y entre mis libros tengo autores que lo explican bellamente, y puedo enseñárselos a estos señores en un minuto; y así usted no se exponga a decir una cosa por otra, fiado en que no lo entiendo, pues aunque no soy médico, he sido muy curioso y me ha gustado leer de todo; en una palabra, he sido aprendiz de todo y oficial de nada. Conque así, vamos a ver; si me responde usted con tino a lo que le pregunto, le doy esta onza de oro para polvos; y si no, me contentaré con que usted confiese que no soy de los clérigos que sostengo una disputa por clérigo, sino porque sé lo que hablo y lo que disputo.

La sangre se me bajó a los talones con la proposición del cura, porque yo maldito lo que entendía de cuanto había dicho, pues solamente aprendí esos nombres bárbaros en casa de mi maestro, fiado en que con saberlos de memoria y decirlos con garbo, tenía cuanto había menester para ser médico, o a lo menos para parecerlo; y así no tuve más escape que decirle:

—Señor cura, usted me dispense; pero yo no trato de sujetarme a semejante examen; ya el protomedicato me examinó y me aprobó, como consta de mis certificaciones y documentos.

—Está muy bien —dijo el cura—,

sólo con que usted se niegue a una cosa tan fácil, me doy por satisfecho; pero yo también protesto no sujetarme a los médicos inhábiles o que siquiera me lo parezcan. Sí, señor; yo seré mi médico como lo he sido hasta aquí; a lo menos tendré menos embarazos para perdonarme las erradas; y en aquella parte de la medicina que trata de conservar la salud y los facultativos llaman *higiene,* me contentaré con observar las reglas que la escuela Salernitana prescribió a un rey de la Gran Bretaña, a saber poco vino, poca cena, ejercicio, ningún sueño meridiano, o lo que llamamos siesta, vientre libre, fuga de cuidados y pesadumbres, menos cóleras; a lo que yo añado algunos baños y medicinas las más simples, cuando son precisas, y cáteme usted sano y gordo como me ve; porque no hay remedio, amigo, yo fuera el primero que me entregaría a discreción de cualquier médico, si todos los médicos fueran como debían ser; pero, por desgracia, apenas se puede distinguir el buen médico del necio empírico y del curandero charlatán. Todas las ciencias abundan en charlatanes; pero más que ninguna la medicina. Un lego no se atreverá a predicar en un púlpito, a resolver un caso de conciencia en un confesionario, a defender un pleito en una audiencia; pero ¡qué digo! ¿Quién se atreverá, sin ser sastre, a cortar una casaca, ni sin ser zapatero, a trazar unos zapatos? Nadie, seguramente; pero para ordenar un medicamento, ¿quién se detiene? Nadie, tampoco. El teólogo, el canonista, el legista, el astrónomo, el sastre, el zapatero y todos somos médicos la vez que nos toca. Sí, amigo; todos mandamos nuestros remedios a Dios te la depare buena, sin saber lo que mandamos, sólo porque los hemos visto mandar, o porque nos hemos aliviado con ellos, sin advertir cuánto dista la naturaleza de unos a la de otros; sin saber los contraindicantes, y sin conocer que el remedio que lo fue para Juan es veneno para Pedro.

Supongamos: en algunos géneros de apoplejías es necesaria y provechosa la sangría; pero en otros no se puede aplicar sin riesgo, v. gr., en una apoplética embarazada, pues es casi necesario el aborto. El que no es médico no percibe estos inconvenientes; obra atolondrado y mata con buena intención. No en balde las leyes de Indias prohíben con tanto empeño el ejercicio del empirismo. Lea usted si gusta las 4 y 5 del libro V, título 6, de la *Recopilación,* que también hablan de lo mismo; y aun médicos sabios (tales como Mr. Tissot en su *Aviso al pueblo*) declaman altamente contra los charlatanes.

"Yo deseara que aquí se observara el método que se observa en muchas provincias del Asia con los médicos, y es que éstos han de visitar a los enfermos, han de hacer y costear las medicinas y las han de aplicar. Si éste sana, le pagan al médico su trabajo según el ajuste; pero si se muere, se va el médico a buscar perros que espulgar. Esta bella providencia produce los buenos efectos que les son consiguientes, como es que los médicos se apliquen y estudien, y que sean a un tiempo médicos, cirujanos, químicos, botánicos y enfermeros.

"Y no me arrugue usted las cejas, me decía el cura sonriéndose; algo ha habido en nuestra España que se parezca a esto. En el título de los físicos y los enfermos entra las leyes del *Fuero Juzgo,* se lee una en el libro II que dice: que el físico (esto es, el médico) capitule con los enfermos lo que le han de dar por la cura; y que si los curan le paguen, y si en vez de curar los empeoran con sangrías (se debe entender que con otro cualquier error), que él pague los daños que causó. Y si se muere el enfermo, siendo libre, quede el médico a discreción de los herederos del difunto; y si éste era esclavo, le dé a su señor otro de igual valor que el muerto.

"Yo conozco que esta ley tiene algo de violenta, porque ¿quién puede probar en regla el error de un médico, sino otro médico? ¿Y qué médico no haría por su compañero? Fuera de que, el hombre alguna vez ha de morir, y en este caso no era difícil que se le imputara al médico el efecto preciso de la naturaleza, y más si el enfermo era esclavo, pues su amo querría resarcirse de la pérdida a costa del pobre médico; mas estas leyes no están en uso, y sí me parece que lo está la práctica de los asiáticos, que me gusta demasiado."

Ya el subdelegado y toda la comitiva estaban incómodos con tanta conversación del cura, y así procuraron cortarla poniendo un monte de dos mil pesos, en el que (para no cansar a ustedes) se me arrancó lo que había achocado, quedándome a un pan pedir.

A la noche estuvieron el baile y el refresco lucidos y espléndidos, según lo permitía el lugar. Yo permanecí allí más de fuerza que de gana después que se me aclaró, y a las dos de la mañana me fui a casa, en la que regañé a la cocinera y le di de pescozones a mi mozo, imitando en esto a muchos amos necios e imprudentes que cuando tienen una cólera o una pesadumbre en la calle, la van a desquitar con los pobres criados, y quizá con las mujeres y con las hijas.

Así, así, y entre mal y bien, la continué pasando algunos meses más, y una ocasión que me llamaron a visitar a una vieja rica, mujer de un hacendero, que estaba enferma de fiebre, encontré allí al cura, a quien temía como al diablo; pero yo, sin olvidar mi charlatanería, dije que aquello no era cosa de cuidado y que no estaba en necesidad de disponerse; mas el cura, que ya la había visto y era más médico que yo me dijo:

—Vea usted, la enferma es vieja, padece la fiebre ya hace cinco días; está muy gruesa y a veces soporosa; ya delira de cuando en cuando, tiene manchas amoratadas, que ustedes llaman *petequias;* parece que es una fiebre pútrida o maligna: no hemos de esperar a que *cace moscas* o esté *in agone* (agonizando) para sacramentarla. A más de que, amigo, ¿cómo podrá el médico descuidarse en este punto tan principal, ni hacer confiar al enfermo en una esperanza fugaz y en una seguridad de que el mismo médico carece? Sépase usted que el Concilio de París del año de 1429, ordena a los médicos que exhorten a los enfermos que están de peligro a que se confiesen antes de darles los remedios corporales, y negarles su asistencia si no se sujetan a su consejo. El de Tortosa del mismo año prohíbe a los médicos hacer tres visitas seguidas a los enfermos que no se hayan confesado. El Concilio II de Letrán de 1215, en el cánon 24, dice: que cuando sean llamados los médicos para los enfermos deben aquéllos, *ante todas cosas*, advertirles se provean de médicos espirituales, para que habiendo tomado las precauciones necesarias para la salud de su alma, les sean más provechosos los remedios en la curación de su cuerpo.

—Esto, amigo —me decía el cura—, dice la Iglesia por sus santos concilios: conque vea usted qué se puede perder en que se confiese y sacramente nuestra enferma, y más hallándose en el estado en que se halla.

Azorado con tantas noticias del cura, le dije:

—Señor, usted dice muy bien, que se haga todo lo que usted mande.

En efecto, el sabio párroco aprovechó los preciosos instantes, la confesó y sacramentó, y luego yo entré con mi oficio y le mandé cáusticos, friegas, sinapismos, refrigerantes y matantes, porque a los dos días ya estaba con Jesucristo.

Sin embargo, esta muerte, como las demás, se atribuyó a que era mortal, que estaba de Dios, a la raya, a que le llegó su hora, y a otras mentecaterías semejantes, pues ni está de Dios que el médico sea atronado, ni es decreto absoluto, como dicen los teólogos, que el enfermo muera cuando su naturaleza puede resistir el mal con el auxilio de los remedios oportunos; pero yo,

entonces, ni sabía estas teologías, ni me tenía cuenta saberlas. Después he sabido que si le hubiera ministrado a la enferma muchas lavativas emolientes, y hubiera cuidado de su dieta y su libre transpiración, acaso o probablemente no se hubiera muerto; pero entonces no estudiaba nada, observaba menos la naturaleza, y sólo tiraba a estirar el peso, el tostón o la peseta, según caía el penitente.

Así pasé otros pocos meses más (que por todos serían quince o dieciséis; los que estuve en Tula), hasta que acaeció en aquel pueblo, por mal de mis pecados, una peste del diablo, que jamás supe comprender; porque les acometía a los enfermos una fiebre repentina, acompañada de basca y delirio, y en cuatro o cinco días tronaban.

Yo leía el Tissot, a madama Fouquet, Gregorio López, al Buchan, el Vanegas y cuantos compendistas tenía a la mano; pero nada me valía; los enfermos morían a millarada.

Por fin, y para colmo de mis desgracias, según el sistema del doctor Purgante, di en hacer evacuar a los enfermos el humor pecante, y para esto me valí de los purgantes más feroces, y viendo que con ellos sólo morían los pobres extenuados, quise matarlos con cólicos que llaman *misereres*, o de una vez envenenados.

Para esto les daba más que regulares dosis de tártaro emético, hasta en cantidad de doce granos, con lo que expiraban los enfermos con terribles ansias.

Por mis pecados me tocó hacer esta suerte con la señora gobernadora de los indios. Le di el tártaro, expiró, y a otro día, que iba yo a ver cómo se sentía, hallé la casa inundada de indios, indias e inditos, que todos lloraban a la par.

Fui entrando tan tonto como sinvergüenza. Es de advertir que por obra de Dios iba en mi mula; pues, no en la mía, sino en la del doctor Purgante; pero ello es que apenas me vieron los dolientes, cuando comenzando por un murmullo de voces, se levantó contra mí tan furioso torbellino de gritos, llamándome ladrón y matador, que ya no me la podía acabar; y más cuando el pueblo todo, que allí estaba junto, rompiendo los diques de la moderación, y dejándose de lágrimas y vituperios, comenzó a levantar piedras y a disparármelas infinitamente y con gran tino y vocería, diciéndome en su lengua: Maldito seas, médico del diablo, que llevas trazas de acabar con todo el pueblo.

Yo entonces apreté los talones a la *macha* y corrí lo mejor que pude, armado de peluca y de golilla, que nunca me faltaba, por hacerme respetable en todas ocasiones.

Los malvados indios no se olvidaron de mi casa, a la que no le valió el sagrado de estar junto a la del cura, pues después de que aporrearon a la cocinera y a mi mozo, tratándolos de solapadores de mis asesinatos, la maltrataron toda, haciendo pedazos mis pocos muebles, y tirando mis libros y mis botes por el balcón.

El alboroto del pueblo fue tan grande y temible, que el subdelegado se fue a refugiar a las casas curales, desde donde veía la frasca con el cura en el balcón, y el párroco le decía:

—No tenga usted miedo, todo el encono es contra el médico. Si estas honras se hicieran con más frecuencia a todos los charlatanes, no habría tantos matasanos en el mundo.

Éste fue el fin glorioso que tuvieron mis aventuras de médico. Corrí como una liebre, y con tanta carrera y el mal pasaje que tuvo la mula, en el pueblo de Tlalnepantla se me cayó muerta a los dos días. Era fuerza que lo mal habido tuviera un fin siniestro.

Finalmente, yo vendí allí la silla y la gualdrapa en lo primero que me dieron; tiré la peluca y la golilla en una zanja para no parecer tan ridículo; y a pie y andando con mi capa al hombro y un palo en la mano, llegué a México, donde me pasó lo que leeréis en el capítulo VIII de esta verdadera e imponderable historia.

CAPÍTULO VIII

EN EL QUE SE CUENTA LA ESPANTOSA AVENTURA DEL LOCERO Y LA HISTORIA
DEL TRAPIENTO

NINGUNA FANTASMA ni espectro espanta al hombre más cierta y constantemente que la conciencia criminal. En todas partes lo acosa y amedrenta, y siempre a proporción de la gravedad del delito por oculto que éste se halle. De suerte que aunque nadie persiga al delincuente y tenga la fortuna de que no se haya revelado su iniquidad, no importa; él se halla lleno de susto y desasosegado en todas partes. Cualquiera casualidad, un ligero ruido, la misma sombra de su cuerpo agita su espíritu, hace estremecer su corazón y le persuade que ha caído o está para caer en manos de la justicia vengadora. El desgraciado no vive sin fatiga, no come sin amargura, no pasea sin recelo, y hasta su mismo sueño es interrumpido del susto y del sobresalto. Tal era mi estado interior cuando entré en esta capital. A cada paso me parecía que me daban una paliza, o que me conducían a la cárcel. Cualquiera que encontraba vestido de negro me parecía que era Chanfaina; cualquiera vieja me asustaba, figurándome en ella a la mujer del barbero; cualquier botica, cualquier médico... ¡qué digo! hasta las mulas me llenaban de pavor, pues todo me recordaba mis maldades.

Algunas veces se me paseaba por la imaginación la tranquilidad interior que disfruta el hombre de buena conciencia, y me acordaba de aquello de Horacio cuando dice a Fusco Aristio.[1]

El hombre de buen vivir
y aquel que a ninguno daña,
no ha menester el escudo
ni flechas emponzoñadas.
Por cualesquiera peligros
pasa y no se sobresalta,
seguro que en su defensa
es una conciencia sana.

Pero estas serias reflexiones sólo quedaban en paseos y no se radicaban en mi corazón; con esto las desechaba de mi imaginación con malos pensamientos sin aprovecharme de ellas, y sólo trataba de escaparme de mis agraviados, por cuya razón lo primero que hice fue procurar salir de la capa de golilla. así por quitarme de aquel mueble ridículo, como por no tener conmigo un innegable testigo de mi infidelidad. Para esto, luego que llegue a México y en la misma tarde, fui a venderla al baratillo que llaman del *piojo*, porque en él trata la gente más pobre y allí se venden las piezas más sucias, asquerosas, despreciables y aun las robadas.

Doblé, pues, la tal capa en un zaguán, y con sólo sombrero y vestido de negro, que parecía de a legua colegial huido, fui al puesto del baratillero de más crédito que allí había.

Por mi desgracia estaba éste encargado por el doctor Purgante (que en realidad se llamaba don Celidonio Matamoros; aunque con más verdad podía haberse llamado *Matacristianos*); estaba, digo, el baratillero encargado de recogerle su capa si se la fueran a vender, habiéndole dejado las señas más particulares para el caso.

Una de ellas era un pedazo de la

[1] No es traducción literal, sino alusión a la Oda 22 de Horacio, que comienza: *Integer vitae scelerisque purus*, etcétera.

vuelta cosido con seda verde, y un
agujerito debajo del cuello remendado con paño azul. Yo en mi vida
había reparado en semejantes menudencias; con esto fui a venderla
muy frescamente, y por desgracia
se acordó del encargo el baratillero,
y lo primero con que tropezaron sus
ojos, antes de desdoblarla, fue el pedazo de la vuelta cosido con seda
verde.

Luego que yo le dije que era capa
y de golilla, y vio la diferencia de
la seda en la costura, me dijo:

—Amigo, esta capa puede ser de
mi compadre don Celidonio, a quien
por mal nombre llaman el doctor
Purgante. A lo menos si debajo del
cuello tiene un remiendito azul,
ciertos son los toros.

La desdobló, registró y halló el
tal remiendito. Entonces me preguntó si aquella capa era mía, si la ha-
bia comprado o me la habían dado
a vender.

Yo, embarazado con estas preguntas y no sabiendo qué decir, respondí que podía jurar que la capa
ni era mía, ni la había adquirido por
compra, sino que me la habían dado
a vender.

—¿Pues quién se la dio a vender a usted, cómo se llama y dónde
vive o dónde está? —me preguntó
el baratillero.

Yo le dije que un hombre que
apenas lo conocía, que él sí me conocía a mí; que yo era muy hombre de bien, aunque la capa andaba en opiniones, pero que por allí
inmediato se había quedado.

El baratillero entonces le dijo a
un amigo suyo que estaba en su
tienda, que fuera conmigo y no me
dejara hasta que yo entregara al
que me había dado a vender la capa,
que se conocía que yo era un
buen verónico, pero que aquella
capa la había robado a don Celidonio un mozo que tenía, conocido por
Periquillo Sarniento, juntamente con
una mula ensillada y enfrenada, una
gualdrapa, una peluca, una golilla,
unos libros, algún dinero y quién
sabe qué más; y así que, o me llevara a la cárcel, o entregara yo al

ladrón, y entregándolo que me dejase libre.

Con esta sentencia partí acompañado de mi alguacil, a quien anduve
trayendo ya por esta calle, ya por
la otra, sin acabar de encontrar al
ladrón con ir tan cerca de mí, hasta que la adversa suerte me deparó
sentado en un zaguán a un pobre
embozado en un capote viejo.

Luego que lo vi tan trapiento, lo
marqué por ladrón, como si todos
los trapientos fueran ladrones, y le
dije a mi corchete honorario que
aquél era quien me había dado la
capa a vender.

El muy salvaje lo creyó de buenas a primeras, y volvió conmigo a
pedir auxilio a la guardia inmediata, la que no se lo negó, y así prevenido de cuatro hombres y un cabo,
volvimos a prender al trapiento.

El desdichado, luego que se vio
sorprendido con la voz de date, se
levantó y dijo:

—Señores, yo estoy dado a la
justicia, ¿pero qué he hecho o por
qué causa me he de dar?

—Por ladrón —dijo el corchete.

—¿Por ladrón? —replicaba el pobre—, seguramente ustedes se han
equivocado.

—No nos hemos equivocado —decía el encargado del baratillero—;
hay testigos de tu robo, y tu mismo
pelaje demuestra quién eres y los
de tu librea. Amárrenlo.

—Señores —decía el pobre—,
vean ustedes que hay un diablo que
se parezca a otro; quizá no seré yo
el que buscan; que haya testigos que
depongan contra mí, no es prueba
bastante para esta tropelía, cuando
sabemos que hay mil infames que
por dos reales se hacen testigos para
calumniar a un hombre de bien; y
por fin, el que sea un pobre y esté
mal vestido no prueba que sea un
pícaro; el hábito no hace al monje.
Conque, señores, hacerme este daño
sólo por mi indecente traje o por la
deposición de uno o dos pícaros
comprados a vil precio, sin más averiguación ni más informe, me parece que es un atropellamiento que no
cabe en los prescritos términos de la

justicia. Yo soy un hombre a quien ustedes no conocen y sólo juzgan por la apariencia del traje; pero quizá bajo de una mala capa habrá un buen bebedor; esto es, quizá bajo de este ruin exterior, habrá un hombre noble, un infeliz y un honrado a toda prueba.

—Todo está muy bien —decía el encargado de corchete—; pero usted le dio a este mozo (señalándome a mí) una capa de golilla para que la vendiera, con la que juntamente se robaron una mula con su gualdrapa, una golilla, una peluca y otras maritatas; y este mismo mozo ha descubierto a usted, quien ha de dar razón de todo lo que se ha perdido.

—¡Qué capa, ni qué mula, ni qué peluca, golilla ni gualdrapa, ni qué nada sé yo de cuanto usted ha dicho!

—Sí, señor —decía el alguacil—, usted le dio al señor a vender la capa de golilla, el señor conoce a usted, y quien le dio la capa ha de saber de todo.

—Amigo —me decía el pobre muy apurado—, ¿usted me conoce? ¿Yo le he dado a vender alguna capa, ni me ha visto en su vida?

—Sí, señor —replicaba yo entre el temor y la osadía—, usted me dio a vender esa capa, y usted fue criado de mi padre.

—¡Hombre del diablo! —decía el pobre—. ¿Qué capa le he vendido a usted, ni qué conocimiento tengo de usted ni de su padre?

—Sí, señor —decía yo—, el señor lo quiere negar; pero el señor me dio a vender la capa.

—Pues no es menester más —dijo el corchete—; amarren al señor, ahí veremos.

Con esto amarraron al miserable los soldados, se lo llevaron a la cárcel y a mí me despacharon en libertad. Tal suele ser la tropelía de los que se meten a auxiliar a la justicia sin saber lo que es justicia.

Yo me fui en cuerpo gentil; pero muy contento al ver la facilidad con que había burlado al baratillero, aunque por otra parte sentía el ver-

me despojado de la capa y de su valor.

En estas y semejantes boberías maliciosas iba yo entretenido, cuando oí que a mis espaldas gritaban:

—¡Atajen, atajen!

Pensé en aquel instante que seguramente se había indemnizado el pobre a quien acababa de calumniar, y venían a mi alcance los soldados para que se averiguara la verdad, y apenas volví la cara y vi la gente que venía corriendo por detrás, cuando sin esperar mejor desengaño, eché a correr por la calle del Coliseo como una liebre.

Ya he dicho que en semejantes lances era yo una pluma para ponerme en salvo; pero esa tarde iba tan ligero y aturdido, que al doblar una esquina no vi a un indio locero que iba cargado con su loza, y atropellándolo bonitamente lo tiré en el suelo boca abajo y yo caí sobre las ollas y cazuelas, estrellándome algunas de ellas en las narices, a cuyo tiempo pasó casi sobre de mí y del locero un caballo desbocado, que era por el que gritaban que atajasen.

Luego que lo vi, me serené de mi susto, advirtiendo que no era yo el objeto que pretendían alcanzar; pero este consuelo me lo turbó el demonio del indio, que en un momento y arrastrándose como lagartija salió de debajo de su *tapextle* [2] de loza, y afianzándome del pañuelo, me decía con el mayor coraje:

—Agora lo veremos si me lo pagas mi loza, y paguemeloste de prestito, porque si no el diablo nos ha de llevar *orita, orita*.

—Anda noramala, indio *macuache* —le dije—, ¿qué pagar, ni no pagar? Y ¿quién me paga a mí las cortadas y el porrazo que he llevado?

—¿Yo te lo mandé osté que los fueras atarantado y no lo vías por dónde corres como macho azorado?

[2] Aunque vulgarmente llaman así a las escalerillas de tablas para cargar algo a cuestas, es con equivocación, pues su nombre en idioma mexicano es *cacaxtli*.—E.

—El macho serás tú y la gran cochina que te parió —le dije—; indigno maldito, cuatro orejas [3] —acompañando estos requiebros con un buen puñete que le planté en las narices, con tales ganas, que le hice escupir por ellas harta sangre.

Dicen que los indios, luego que se ven machacados con su sangre, se acobardan; mas éste no era de ésos. Un diablo se volvió luego que se sintió lastimado de mi mano, y entre mexicano y castellano me dijo:

—*Tlacatecotl*, mal diablo, *lagrón*, jijo de un *dimoño*; agora lo veremos quién es cada cual.

Y diciendo y haciendo, me comenzó a retorcer el pañuelo con tantas fuerzas, que ya me ahogaba, y con la otra mano cogía ollitas y cazuelas muy aprisa y me las quebraba en la cabeza; pero me las estrellaba tan pronto y con tal cólera, que, si como eran ollitas vidriadas, esto es, de barro muy delgado, hubieran sido tinajas de Cuautitlán, allí quedo en estado de no volver a resollar.

Yo, casi sofocado con los retortijones del pañuelo, abriendo tanta boca y sin arbitrio de escaparme, procuré hacer de tripas corazón, y como los dos estábamos cerca de las ollas, que eran nuestras armas, cuando el indio se agachaba a coger la suya, cogía yo también la mía, y ambos a dos nos las quebrábamos en las cabezas.

En un instante nos cercó una turba de bobos, no para defendernos ni apaciguarnos, sino para divertirse con nosotros.

La multitud de los necios espectadores llamó la atención de una patrulla que casualmente pasaba por allí, la que haciéndose lugar con la culata de los fusiles, llegó adonde estábamos los dos invictos y temibles contendientes.

A la voz de un par de cañonazos que sentimos cada uno en el lomo,

nos apartamos y sosegamos, y el sargento, informado por el indio de la mala obra que le había hecho, y de que lo había provocado dándole una trompada tan furiosa y sin necesidad, me calificó reo en el acto, y requiriéndome sobre que pagara cuatro pesos que decía el locero que valía su mercancía, dije que yo no tenía un real, y era así, porque lo poco que me dieron por las frioleras que vendí, ya lo había gastado en el camino.

—Pues no le hace —replicó el sargento—, páguele usted con la chupa, que bien vale la mitad; o si no, de aquí va a la cárcel. ¿Conque tras de hacerle este daño a este pobre y darle de mojicones, no querer pagarle? Eso no puede ser; o le da ustel la chupa o va a la cárcel.

Yo, que por no ir a semejante lugar le hubiera dado los calzones, me quité la chupa, que estaba buena, y se la di. El indio la recibió no muy a gusto, porque no sabía lo que valía; juntó los pocos *tepalcates* que halló buenos, y se fue.

Yo, para hacer lo mismo por mi lado, busqué mi sombrero, que se me había caído en la refriega; pero no lo hallé ni lo hallara hasta el día del juicio si lo buscara, pues alguno de los malditos mirones, viéndolo tirado y a mí tan empeñado en la acción, lo recogió sin duda, con ánimo de restituírmelo en tres plazos.[4]

Mientras que me ocupé en buscar mi dicho sombrero, en preguntar por él y disimular la risa del concurso, se alejó el indio mucho trecho; la patrulla se retiró, la gente se fue desparramando por su lado, y yo me fui por el mío sin chupa ni sombrero, y con algunos araños en la cara, muchos chichones y dos o tres ligeras roturas de cabeza.

De esta suerte se concluyó la espantosa aventura del locero, y yo iba lleno de melancólicas ideas, algo dolorido de los golpes que sufrí en la pendencia, pensando en dónde pasaría la noche, aunque no era la

---

[3] En el modo común como los indios se cortan el pelo, les queda un trozo de éste delante de cada oreja que llaman *barcarrota*, y aludiendo a esto se les dice por apodo *cuatro orejas*.—E.

[4] Se entienden los del tramposo: *tarde, mal o nunca.*—E.

primera vez que pensaba en semejante negocio.

Comparando mi estado pasado
con el presente, acordándome que
quince días antes era yo un señor
doctor con criados, casa, ropa y estimaciones en Tula; y en aquella
hora era yo un infeliz, solo, abatido,
sin capa ni sombrero, golpeado, y
sin tener un mal techo que me alo-
jara en México, mi patria, me acordaba de aquel viejísimo verso que
dice:

Aprended, flores, de mí
lo que va de ayer a hoy,
que ayer maravilla fui
y hoy sombra de mí no soy.

Pero lo que más me confundía
era considerar que por los indios me
habían venido mis dos últimos daños, y decía entre mí:

—Si es cierto que hay aves de
mal agüero, para mí las aves más
funestas y de peor prestigio son los
indios, porque por ellos me han sucedido tantos males.

Con la barba cosida con el pecho
y cerca de las oraciones de la noche, iba yo totalmente enajenado,
sin pensar en otra cosa que en lo
dicho, cuando me hizo despertar de
mi abstracción un hombre que estaba parado en una accesoria, y al pasar por ella, me afianzó el pañuelo
y al primer tirón que me dio, me
hizo entrar en ella mal de mi grado
y cerró la puerta, quedando la habitación casi oscura, pues la poca
luz que a aquella hora entraba por
una pequeña ventana, apenas nos
permitía vernos las caras.

El hombre, muy encolerizado, me
decía:

—Bribonazo, ¿no me conoce usted?

Yo, lleno de miedo, prenda inseparable del malvado, le decía:

—No, señor, sino para servirlo.

—¿Conque no me conoce? —repetía él enojado—. ¿Jamás me ha
visto? ¿No se acuerda de mí?

—No, señor —decía yo muy apurado—, por Dios se lo juro que no
lo conozco.

Estas preguntas y respuestas eran

sin soltarme del pañuelo, y dándome
cada rato tan furiosos estrujones,
que me obligaba con ellos a hacerle
frecuentes reverencias.

En esto salió una viejecita con
una vela, y asustada con aquella
escena, le decía al hombre:

—¡Ay, hijo! ¿Qué es esto? ¿Quién
es éste? ¿Qué te hace? ¿Es un ladrón?

—Yo no sé lo que será, señora
—decía él—; pero es un pícaro, y
ahora que hay luz quiero que me
vea bien la cara y diga si me conoce. Vaya, pícaro, ¿me conoces?
Habla, ¿qué enmudeces? No ha muchas horas que me viste y asegura-
te que fui criado de tu padre y te di
a vender una capa. Yo no te he desconocido, a pesar de estar algo diferente de lo que te vi; conque tú,
¿por qué no me has de conocer no
habiendo yo mudado de traje?

Estas palabras, acompañadas de
la claridad de la vela, me hicieron
conocer perfectamente al que había
acabado de calumniar. No pude dejar de confesar mi maldad, y atro-
jado con el temor del agraviado a
quien alzaba pelo, me le arrodillé
suplicándole que me perdonara por
toda la corte del cielo, añadiendo a
estas rogativas y plegarias algunas
disculpas frívolas en la realidad,
pero que me valieron bastante, pues
le dije que la capa era robada;
pero que quien me la dio a vender
fue el sobrino del médico que era
mi amigo y colegial, y que yo, por
no perderlo, me valí de aquella mentira que había echado contra él.

—Todo puede ser —decía el calumniado—; ¿pero qué motivo tuvo
para levantarme este testimonio y
no a otro alguno?

—Señor —le respondí—; la verdad que no tuve más motivo que ser
usted el primer hombre que vi solo
y de pobre ropa.

—Está muy bien —dijo el trapiento—; levántese usted, que no
soy santo para que me adore; pero
pues usted se ha figurado que todos los que tienen un traje indecente son pícaros, no le debe hacer
fuerza que sean de mal corazón; y

así, ya que por trapiento me juzgó propio para ser sospechoso de ladrón, por la misma razón no le debe hacer fuerza que sea vengativo. Fuera de que la venganza que pienso tomar de usted es justa, porque aunque pudiera darle ahora una feroz tarea de trancazos (que bien la merece), no quiero sino que la satisfacción venga de parte de la justicia, tanto para volver por mi honor, cuanto para la corrección y enmienda de usted, pues es una lástima que un mozo blanco y, al parecer, bien nacido, se pierda tan temprano por un camino tan odioso y pernicioso a la sociedad. Siéntese usted allí, y usted, madre, vaya a traer a mis hijos.

Diciendo esto, se puso a hablar con la viejecita en secreto, después de lo cual, ésta entró en la cocina, sacó un canastillo y se fue para la calle, cerrando el trapiento la puerta con llave.

Frío me quedé cuando me quedé solo con él y encerrado; y así volví a arrodillarme con todo acatamiento diciéndole:

—Señor, perdóneme usted, soy un necio; no supe lo que hice; pero, señor, lo pasado, pasado; tenga usted lástima de mí y de mi pobre madre y dos hermanas doncellas que tengo, que se morirán de pesar si usted hace conmigo alguna fechoría; y así, por Dios, por María Santísima, por los huesitos de su madre, que me perdone usted ésta, y no me mate sin confesión, pues le puedo jurar que estoy empecatado como un diablo.

—Ya está, amigo mío —me decía el trapiento—; levántese usted; ¿para qué son tantas plegarias? Yo no trato de matar a usted, ni soy asesino, ni alquilador de ellos. Siéntese usted, que le quiero dar alguna idea de la venganza que quiero tomar del agravio que usted me ha hecho.

Me senté algo tranquilizado con estas palabras, y el dicho trapiento se sentó junto a mí, y me rogó que le contara mi vida y la causa de hallarme en el estado en que me veía. Yo le conté dos mil mentiras que él creyó de buena fe, manifestando en esto la bondad de su carácter, y cuando yo lo advertí compadecido de mis infortunios, le supliqué, después de pedirle otra vez mil perdones, que me refiriera quién era y cuál el estado de su suerte; y el pobre hombre, sin hacerse de rogar, me contó la historia de su vida de esta manera:

—Para que otra vez —me decía— no se aventure usted a juzgar de los hombres por sólo su exterior y sin indagar el fondo de su carácter y conducta, atiéndame. Si la nobleza heredada es un bien natural de que los hombres puedan justamente vanagloriarse, yo nací noble, y de esto hay muchos testigos en México, y no sólo testigos, sino aun parientes que viven en el día. Este favor le debí a la naturaleza, y a la fortuna le hubiera debido el ser rico si hubiera nacido primero que mi hermano Damián; mas éste, sin mérito ni elección suya, nació primero que yo y fue constituido mayorazgo, quedándonos yo y mis demás hermanos atenidos a lo poco que nuestro padre nos dejó de su quinto cuando murió. De manera...

—Perdone usted, señor —le interrumpí—, ¿pues qué, es posible que su padre de usted lo quiso dejar pobre con sus hermanos, y quizá expuesto a la indigencia, sólo por instituir al primogénito mayorazgo?

—Sí, amigo —me contestó el trapiento—, así sucedió y así sucede a cada instante, y esta corruptela no tiene más apoyo ni más justicia que la imitación de las preocupaciones antiguas. Usted se admira, y se admira con razón, de ver practicado y tolerado este abuso en las naciones más civilizadas de Europa, y acaso le parece que no sólo es injusticia sino tiranía, el que los padres prefieran el primogénito a sus otros hermanos, siendo todos hijos suyos igualmente; pero más se admirara si supiera que esta corruptela (pues creo que no merece el nombre de costumbre legítimamente introducida) ha sido mal vista entre los hombres sensatos y hostigada por los monarcas con muchas y duras restricciones, con el loable fin de exterminarla.[5] En efecto, *el mayorazgo dicen que es un derecho que tiene el primogénito más próximo de suceder en los bienes dejados con la condición de que se conserven íntegros perpetuamente en su familia;* mas si me fuera lícito definirlo, diría: *el mayorazgo es una preferencia injustamente concedida al primogénito, para que él solo herede los bienes que por iguales partes pertenecen a sus hermanos, como que tienen igual derecho.* Si a alguno le pareciera dura esta definición, yo lo convencería de su arreglo siempre que no fuera mayorazgo, pues siéndolo, claro es que, por más convencido que se hallara su entendimiento, jamás arrancaría de su boca la confesión de la verdad. Yo, amigo, si hablo contra los mayorazgos, hablo con justicia y experiencia. Mi padre, cuando instituyó el mayorazgo en favor de su hijo primogénito, acaso no pensó en otra cosa que en perpetuar el lustre de su casa, sin prevenir los daños que por esto habían de sobrevenir a sus demás hijos, porque antes de que yo llegara al infeliz estado en que usted me ve, ¡cuánto he tenido que lidiar con mi hermano para que me diese siquiera los alimentos mandados por mi padre en una cláusula de la institución! ¿Y de qué me sirvió esto? De nada, porque como él tenía el dinero y la razón, fácil es concebir que él se salía con la suya en todas ocasiones.[6]

"Hablando como buen hijo, quisiera disculpar a mi padre de los perjuicios que nos irrogó con esta su injusta preferencia; pero como hombre de bien no puedo dejar de confesar que hizo mal. ¡Ojalá que como yo le perdono, Dios le haya perdonado los males de que fue causa! Tal vez a mí, que hoy no hallo qué comer, me ha tocado la menor parte. Cuatro hermanos fuimos: Damián el mayorazgo, Antonio, Isabel y yo. Damián, ensoberbecido con el dinero y lisonjeado por los malos

[5] Son dignas de notarse las palabras de don Marcos Gutiérrez en su ilustración al *Febrero*, parte I, tomo I, capítulo 7. "La ignorancia (dice), que ha adoptado tantas veces como verdades inconcusas los errores más funestos para la humanidad, ha permitido y aun fomentado los vínculos y mayorazgos, creyéndolos útiles al Estado, sin embargo de ser muy contrarios a la población. Ésta es en toda sociedad proporcionada a su subsistencia, la cual disminuyen sobremanera las vinculaciones, por destinar a uno solo lo que corresponde y debe distribuirse entre muchos. Cáusame admiración ver propagada por casi toda Europa una tan fatal institución como los mayorazgos, cuando a primera vista choca y ofende a todo corazón humano y sensible, que muchos hijos menores hayan de ser sacrificados a un hijo mayor, y que aquéllos hayan de pasar su vida en la miseria e indigencia para que éste pueda hacer ostentación de su lujo, de sus facultades y aun tal vez de sus vicios. No es lo que importa al Estado el que unas pocas familias conserven su lustre y esplendor a costa de infinitas sumergidas en la desdicha y oscuridad, sino el que, por medio de la mejor distribución de las riquezas, puedan todos los ciudadanos vivir con desahogo y comodidad. Estas verdades, que los escritores económicos nos han demostrado con la mayor evidencia, y que debieran ser más conocidas del vulgo, no se han escapado de los ojos perspicaces de nuestro ilustrado gobierno, quien al mismo tiempo ha conocido otros perjuicios considerables que han hecho y hacen al Estado las vinculaciones. Prueba manifiesta de todo esto son las varias reales órdenes, que oponiendo diferentes obstáculos a la institución de mayorazgos y vínculos, y concediendo ciertas facultades para la enajenación de sus bienes, conspiran sabiamente a impedir su aumento, y aun a disminuir el número de los ya establecidos."

[6] El autor citado dice irónicamente: que "es cosa de la mayor importancia para el Estado y para los mismos fundadores de mayorazgos, que se conserve su memoria hasta la más remota posteridad, por la grande hazaña y heroica acción de haber vinculado sus riquezas y motivado, como regularmente sucede, muchos y dilatados pleitos tan conducentes para el bienestar y tranquilidad de las familias".

amigos, se prostituyó a todos los vicios, siendo sus favoritos, por desgracia, el juego y la embriaguez, y hoy anda honrando los huesos de mi padre de juego en juego y de taberna en taberna, sucio, desaliñado y medio loco, atenido a una muy corta dieta que le sirve para contentar sus vicios. Mi hermano Antonio, como que entró en la Iglesia sin vocación sino en fuerza de empujones de mi padre, ha salido un clérigo tonto, relajado y escandaloso, que ha dado harto quehacer a su prelado. Por accidente está en libertad; el Carmen y San Fernando, la cárcel y Tepotzotlán son sus casas y reclusiones ordinarias. Mi hermana Isabel... ¡pobre muchacha! ¡Qué lástima me da acordarme de su desdichada suerte! Esta infeliz fue también víctima del mayorazgo. Mi padre la hizo entrar en religión contra su voluntad, para mejor asegurar el vínculo en mi hermano Damián, sin acordarse quizá de las terribles censuras y excomuniones que el Santo Concilio de Trento fulmina contra los padres que violentan a sus hijas a entrar en religión sin su voluntad; [7] y lo peor es que no pudo alegar ignoran-

[7] Ses. 25, cap. 18. Excomulga el Santo Concilio en este lugar a todas y cualesquiera personas, de cualquiera calidad que sean, tanto clérigos como legos, seculares o regulares, gocen de la dignidad que gozaren, si de cualquiera manera obligaren a alguna doncella, viuda u otra mujer... a entrarse en monasterio, a recibir el hábito de cualquiera religión o a profesar en ella. Excomulga también a todo el que para ello diere consejo, auxilio o favor, y lo que es más, a cuantos sabiendo que el ingreso al monasterio, la toma de hábito o la profesión, es a fuerza, interpusieren para el acto su autoridad o su presencia. De suerte que, como dice el doctor Boneta, en sentir del eximio Suárez, los agresores de esta violencia incurren en tres excomuniones: en la primera, por el ingreso al monasterio; en la segunda, por la recepción del hábito; y en la tercera, por el acto de la profesión. Hay casos, dice este autor, en que se justifica el tomar lo ajeno o el matar a otro; pero el violen-

cia, pues mi hermana, viendo su resolución, hubo de confesarle llanamente cómo estaba inclinada a casarse con un joven vecino nuestro, que era igual a ella en cuna, en educación y en edad, muchacho muy honrado, empleado en rentas reales, de una gallarda presencia, y, sobre todo, que la amaba demasiado; y con esta confesión le suplicó que no la obligase a abrazar un estado para el que no se sentía a propósito, sino que le permitiera unirse con aquel joven amable, con cuya compañía se contemplaría feliz toda su vida.

"Mi padre, lejos de docilizarse a la razón, luego que supo con quién quería casarse mi hermana, se exaltó en cólera y la riñó con la mayor aspereza, diciéndole que ésas eran locuras y picardías, que era muy muchacha para pensar en eso, que ese mozo a quien quería era un pícaro, tunante, que sabría tirarle cuanto llevara a su lado, que por bueno que a ella le pareciera no pasaba de un pobre, con cuya nota deslucía todas las buenas cualidades que ella le suponía, y, por fin, que él era su padre y sabía lo que le estaba bien, y a ella sólo le tocaba obedecer y callar, so pena de que si se oponía a su voluntad o le replicaba una palabra, le daría un balazo o la pondría en las Recogidas.[8]

"Con este propósito y decreto irrevocable, quedó mi pobre hermana desesperada de remedio, y sin más recurso que el del llanto, que de nada le valió.

"Mi padre, desde este instante, agitó las cosas, de modo que a los tres días ya Isabel estaba en el convento.

"El joven su querido, luego que lo

tar a una hija a que sea monja, no hay caso que lo justifique ni lo pueda justificar. En su libro, *Gritos del infierno*, págs. 211 y 212.

[8] Edificio destinado anteriormente a la corrección de mujeres malas; pero ya hace mucho tiempo que por falta de fondos no ha servido a los objetos de su institución. Posteriormente fue cuartel y fábrica de puros.—E.

supo, quiso escribirla y acusarla de veleidosa e inconstante, pero mi padre, que le tenía tomadas todas las brechas, hubo de recoger la carta antes que llegara a manos de la novicia, y con ella, el dinero y un abogado caviloso, le armó al pobre tal laberinto de calumnias, que a buen componer tuvo que ausentarse de México y perder su destino por no exponerse a peores resultados.

"Todo este enjuague se hizo no sólo sin noticia de mi hermana, sino antes tratando de desvanecer su pasión por medio de la artería más vil, y fue fingir una carta y enviársela de parte de su amante, en la que le decía mil improperios, tratándola de loca, fea y despreciable, y concluía asegurándola de su olvido para siempre, y afirmándola que estaba casado con una joven muy hermosa.

"Esta carta se supuso escrita fuera de esta capital, y obró, no el efecto que mi padre quería, sino el que debía obrar en un corazón sensible, inocente y enamorado, que fue llenarlo de congoja, exasperarlo con los celos, agitarlo con la desesperación y confundirlo en el último abatimiento.

"A pocos meses de esta pesadumbre, se cumplió el plazo del noviciado, y profesó mi hermana, sacrificando su libertad, no a Dios gustosamente, como el orador decía en el púlpito, sino al capricho y sórdido interés de mi padre.

"Las muchas lágrimas que vertió la víctima infeliz al tiempo de pronunciar la fórmula de los votos, persuadieron a los circunstantes a que salían de un corazón devoto y compungido; pero mis padres y yo bien sabíamos la causa que las originaba. Mi padre las vio derramar con la mayor frialdad y dureza, y aun me parece (perdóneme su respetable memoria) que se complacía en oír los ayes de esta mártir de la obediencia y del temor, como se complacía el tirano Falaris al escuchar los gritos y gemidos de los

miserables que encerraba en su toro atormentador;[9] pero mi madre y yo llorábamos a su igual, y aunque nuestras lágrimas las producía el conocimiento de la pena de la desgraciada Isabel, pasaron en el concepto de los más por efecto de una ternura religiosa.

"Se concluyó la función con las solemnidades y ceremonias acostumbradas; nos retiramos a casa y mi hermana a su cárcel (que así llamaba a la celda cuando se explayaba conmigo en confianza).

"El tumulto de las pasiones agitadas que se habían conjurado contra ella, pasando del espíritu al cuerpo, le causó una fiebre tan maligna y violenta, que en siete días la separó del número de los vivientes... ¡Ay, amada Isabel! ¡Querida hermana! ¡Víctima inocente sacrificada en las inmundas aras de la vanidad, a sombra de la fundación de un mayorazgo! Perdone tu triste sombra la imprudencia de mi padre, y reciba mis tiernos y amorosos recuerdos en señal del amor con que te quise y del interés que siempre tomé en tu desdichada suerte; y usted, amigo, disculpe estas naturales digresiones.

"Cuando mi padre supo su fallecimiento, recibió por mano de su confesor una carta cerrada que decía así:

Padre y señor: La muerte va a cerrar mis ojos. A usted debo el morir en lo más florido de mis años. Por obediencia... no, por miedo de las amenazas de usted abracé un estado para el que no era llamada de Dios. Forzadamente sacrílega ofrecí a Su Majestad mi corazón a los pies de los altares; pero mi co-

_____

[9] Bien conocido es de los eruditos el toro de Falaris. Éste era un buey grande y hueco, hecho de bronce, dentro del cual dicho tirano hacía meter a los que quería atormentar extrañamente, y estando encerrados hacía poner fuego alrededor del toro, el que, penetrando a los infelices, los hacía morir entre las más terribles ansias, crujiendo el aire sus ayes, que parecían bramidos de la infernal máquina.

razón estaba ofrecido y consagrado de antemano con mi entera voluntad al caballero Jacobo. Cuando me prometí por suya puse a Dios por testigo de mi verdad, y este juramento lo habría cumplido siempre, y lo cumpliera en el instante de expirar, a ser posible; mas ya son infructuosos estos deseos. Yo muero atormentada, no de fiebre, sino del sentimiento de no haberme unido con el objeto que más amé en este mundo; pero a lo menos, entre el exceso de mi dolor, tengo el consuelo de que muriendo cesará la penosa esclavitud a que mi padre... ¡qué dolor!, mi mismo padre me condenó sin delito. Espero que Dios se apiadará de mí, y le pide use con usted de su infinita misericordia, su desgraciada hija, la joven más infeliz.—Isabel.[10]

"Esta carta cubrió de horror y de tristeza el corazón de mi padre, así como la noche cubre de luto las

[10] Nada tiene de violento ni fabuloso este pasaje; mil han sucedido por este tenor. El doctor Boneta, en su librito ya citado, *Gritos del infierno,* en la página 210, refiere: "Que una de estas forzadas, estando para morir, preguntó al confesor: *Padre, si me muero ¿dejaré de ser monja?,* y respondiéndole que sí, empezó ella misma a cerrarse los ojos y a hacer los esfuerzos más rabiosos para adelantarse a la muerte." Hasta aquí el autor citado. Y qué, ¿será esto lo más ni y lo único que se ha visto con estas pobres que han sido monjas contra su voluntad? ¡Quiéralo Dios!, pero México mismo ha visto casos funestísimos tejidos de la propia tela, que no referimos porque algunos son muy recientes y privados para muchos. ¡De cuántos crímenes son reos ante el cielo los que violentan a sus hijas a ser monjas, y de cuántos modos puede hacerse esta violencia! Lo conciso de una nota no permite hacer una completa explicación; pero los padres timoratos y amantes de sus hijas ya se guardarán de forzarles su inclinación, ni con amenazas, ni con ruegos, ni con promesas, ni con halagos, ni con persuasiones, ni con nada que huela a fuerza física o virtual, si no quieren comparecer reos de la más rigurosa responsabilidad ante el más justo de los jueces.

bellezas de la Tierra. Desde aquel día se encerró en su recámara, donde estaba el retrato de mi hermana vestida de monja; lloraba sin consuelo, besaba el lienzo y lo abrazaba a cada instante; se negó a la conversación de sus más gratos amigos, abandonó sus atenciones domésticas, aborreció las viandas más sazonadas de su mesa; el sueño huyó de sus ojos, toda diversión le repugnaba, huía los consuelos como si fueran agravios, separó hasta la cama y habitación de mi madre; y para decirlo de una vez, la negra melancolía llenó de opacidad su corazón, hurtó el color de sus mejillas, y dentro de tres meses lo condujo al sepulcro, después de haber arrastrado noventa días una vida tristemente fatigada. Feliz será mi padre si compurgó con estas penas el sacrificio que hizo de mi hermana.

"Muerto él, entró en absoluta posesión del mayorazgo mi hermano Damián, ya casado; mi madre y yo, que era el menor, nos fuimos a su casa, donde nos trató bien algunos días, al cabo de los cuales se mudó por los consejos de su mujer, que no nos quería, y comenzaron los litigios.

"Yo no pude sufrir que vejaran a mi madre; y así traté de separarla de una casa donde éramos aborrecidos. Como, por razón de ser hijo de rico, mi padre no me dedicó a ningún oficio ni ejercicio con que pudiera adquirir mi subsistencia, me hallé en una triste viviendita con madre a quien mantener, y sin tener para ello otro arbitrio que los cortos y dilatados socorros del mayorazgo.

"En tan infeliz situación me enamoré de una muchacha que tenía quinientos pesos, y más bien por los quinientos pesos que por ella, o séame lícito decir, que más por recibir aquel dinero para socorrer a mi pobre y amada madre que por otra cosa, me casé con la dicha joven, recibí la dote, que concluyó en cuatro días, quedándome peor que antes y cada día peor, pues de repente me hallé con madre, mujer y tres criaturas.

"Mis desdichas crecían al par de los días; me fue preciso reducir mi familia a esta triste accesoria, porque mi hermano probó en juicio que ya no tenía obligación de darme nada. Mi mujer, que tenía un alma noble y sensible, no pudiendo sufrir mis infortunios, rindió la vida a los rigores de una extenuación mortal, o por decirlo sin disfraz, murió acosada del hambre, desnudez y trabajos.

"Yo, a pesar de esto, jamás he podido prostituirme al juego, embriaguez, estafa o latrocinio. Mis desdichas me persiguen; pero mi buena educación me sostiene para no precipitarme en los vicios. Soy un inútil, no por culpa mía, sino por la vanidad de mi padre; pero al mismo tiempo, tengo honor, y no soy capaz de abandonarme a lo mayorazgo (dígolo por mi hermano).

"Cate usted aquí en resumen toda mi vida y califique en la balanza de la justicia si seré pícaro como me juzgó, u hombre de bien como lo significo; y cuando, conforme a la razón, crea que soy hombre de bien, advierta que no son los hombres lo que parecen por su exterior. Hombres verá usted en el mundo vestidos de sabios, y son unos ignorantes; hombres vestidos de caballeros, y a lo menos en sus acciones, son unos plebeyos ordinarios; hombres vestidos de virtuosos, o que aparentan virtud, y son unos criminales encubiertos; hombres... ¿pero para qué me canso? Verá usted en el mundo hombres a cada instante indignos del hábito que traen, o acreedores a un sobrenombre honroso que no tienen, aunque no se recomienden por el traje, y entonces conocerá que a nadie se debe calificar por su exterior, sino por sus acciones."

A este tiempo tocó la puerta la viejecita madre del trapiento; le abrió éste, y entró con tres niñitos de la mano, que luego fueron a pedirle la bendición a su papá, quien los recibió con la ternura de padre, y después de acariciarlos un rato me dijo:

—Vea usted el fruto de mi amor conyugal, y los únicos consuelos que gozo en medio de esta vida miserable.

A pocos momentos de esta conversación, se entró para adentro y salió la vieja con un pocillo de aguardiente y unos trapos, y me curó las ligeras roturas de cabeza. Después vino la cena y cenamos todos con la mayor confianza; acabada, me dieron una pobre colcha, que conocí hacía falta a la familia, y me acosté, durmiendo con la mayor tranquilidad.

A otro día muy temprano me despertaron con el chocolate, y después que lo tomé, me dijo el trapiento:

—Amiguito, ya usted ha visto la venganza que he querido tomar del agravio que me hizo ayer; no tengo otra cosa ni otro modo con que manifestarle que lo perdono; pero usted reciba mi voluntad y no mi trivial agasajo. Únicamente le ruego que no pase por esta calle, pues los que han sabido que usted me calumnió de ladrón, si lo ven pasar por aquí creerán, no que el juez me conoció y fió por hombre de bien, sino que nos hemos convenido y confabulado, y esto no le está bien a mi honor. Sólo esto le pido a usted y Dios lo ayude.

No es menester ponderar mucho lo que me conmovería una acción tan heroica y generosa. Yo le di las más expresivas gracias, lo abracé con todas mis fuerzas para significárselas, y le supliqué me dijera su nombre para saber siquiera a quién era deudor de tan caritativas acciones; pero no lo pude conseguir, pues él me decía:

—¿Para qué tiene usted que meterse en esas averiguaciones? Yo no trato de lisonjear mi corazón cuando hago alguna cosa buena, sino de cumplir con mis deberes. Ni quiero conocer a mis enemigos para vengarme de ellos, ni deseo que me conozcan los que tal vez reciben por mi medio un beneficio; porque no exijo el tributo de su gratitud, pues la beneficiencia en sí misma trae el premio con la dulce interior satisfacción que deja en el espíritu del hombre; y si esto no fuera, no hubiera habido en el mundo idólatras paganos que nos han dejado los mejores ejemplos de amor hacia sus semejantes. Conque excúsese usted de esta curiosidad, y adiós.

Viendo que me era imposible saber quién era por su boca, me despedí de él con la mayor ternura, acordándome de don Antonio, el que me favoreció en mi prisión, y me salí para la calle.

CAPÍTULO IX

SALÍ, PUES, DE LA CASA del trapiento medio confuso y avergonzado, sin acabar de persuadirme cómo podía caber una alma tan grande debajo de un exterior tan indecente; pero lo había visto por mis ojos, y por más que repugnara a mi ninguna filosofía, no podía negar su posibilidad.

Así pues, acordándome del trapiento y de mi amigo don Antonio, me anduve de calle en calle, sin sombrero, sin chupa y sin blanca, que era lo peor de todo.

Ya a las once del día no veía yo de hambre, y para más atormentar mi necesidad tuve que pasar por la Alcaicería, donde saben ustedes que hay tantas almuercerías, y como los bocaditos están en las puertas provocando con sus olores el apetito, mi ansioso estómago piaba por soplarse un par de platos de *tlemolillo* con su pilón de tostaditas fritas; y así, hambriento, goloso y desesperado, me entré en un truquito indecente que estaba en la misma calle, en el que había juego de pillaje. Hablaré claro, era un *arrastraderito* como aquel donde me metió Januario.

Entréme, como digo, y después de colocado en la rueda, me quité el chaleco y comencé a tratar de venderlo, lo que no me costó mucho trabajo, en virtud de que estaba bueno, y lo di en la friolera de seis reales.

De ellos rehundí dos en un zapato para almorzar, y me puse a jugar los otros cuatro; pero con tal cuidado, conducta y fortuna, que dentro de dos horas ya tenía de ganancia seis pesos, que en aquellas circunstancias y en aquel jueguito me parecieron seiscientos. No aguardé más, sino que fingiendo que salía a desaguar, tomé el camino del bodegón más que de paso.

Me metí en él oliendo y atisbando las cazuelas con más diligencia que un perro. Pedí de almorzar, y me embaulé cinco o seis platitos con su correspondiente pulque y frijolillos; y ya satisfecho mi apetito me marché otra vez para el truco con designio de comprar un sombrero, que lo conseguí fácilmente y a poco precio; por señas de que no logré de esta aventura otra cosa que almorzar y tener sombrero, pues todo cuanto les había ganado lo perdí con la misma facilidad que lo había adquirido. De suerte que no tuve más gusto que calentar el dinero, porque bien hecha la cuenta y a buen componer salí a mano; pues el sombrero me costó dos reales, y cuatro que gastaría en almuerzo y cigarros, fueron los seis reales en que vendí mi chaleco. Esto es lo que regularmente sucede a los jugadores: sueñan que ganan y al fin de cuentas no son sino unos depositarios del dinero de los otros, y esto es cuando salen bien, que la más veces vuelven la ganancia con rédito.

A consecuencia de haberme quedado sin medio real, me quedé también sin cenar, y por mucho favor del coime pasé la noche en un banco del truco, donde no extrañé los saltos de las pulgas y ratas, las chinches, la música de los desentonados ronquidos de los compañeros, el pes-

tífero sahumerio de sus mal dige-
ridos alimentos, el porfiado canto y
aleteo de un maldito gallo que estaba a mi cabecera, lo mullido del
colchón de tablas, ni ninguna de
cuantas incomodidades proporcionan
semejantes posadas provisionales.

En fin, amaneció el día, se levantaron todos tratando de desayunarse con aguardiente, según costumbre, y yo, adivinando qué haría
para meter algo debajo de las narices, porque por desgracia estaba
con un estómago robusto que deseaba digerir piedras y no tenía con
qué consolarlo.

En tan tristes circunstancias, me
acordé que aún tenía rosario con su
buena medalla de plata y unos calzoncillos blancos de bramante casi
nuevos. Me despojé de todo en un
rincón, y como cuando tenía hambre
vendía barato, al primero que me
ofreció un peso por ambas cosas
se las solté prontamente antes que se
arrepintiera.

Me fui a un café, donde me hice
servir una taza de tal licor con su
correspondiente mollete, y a la vuelta dejé en el bodegón dos reales y
medio depositados para que me diesen de comer al mediodía; compré
medio de cigarros y me volví al
truquito con cuatro reales de principal, pero aliviado del estómago y
contento porque tenía segura la comida y los cigarros para aquel día.
Fueron juntándose los cofrades de
Birján en la escuela, y cuando hubo
una porción considerable, se pusieron a jugar alegremente. Yo me acomodé en el mejor lugar con todos
mis cuatro reales y comenzaron a
correrse los albures.

Empecé a apostar de a medio y
de a real, según mi caudal, y conforme iba acertando, iba subiendo
el punto con tan buena suerte, que
no tardé mucho en verme con cuatro pesos de ganancia y mi medalla
que rescaté.

No quise exponerme a que se me
arrancara tan presto como el día
anterior, y así, sin decir ahí quedan las llaves, me salí para la calle,
y me fui a almorzar.

Después de esta diligencia, comencé a vagar de una parte a otra
sin destino, casa ni conocimiento,
pensando qué haría o dónde me acomodaría siquiera para asegurar el
plato y el techo.

Así me anduve toda la mañana,
hasta cosa de las dos de la tarde,
hora en que el estómago me avisó
que ya había cocido el almuerzo y
necesitaba de refuerzo; y así, por
no desatender sus insinuaciones, me
entré a la fonda de un mesón, donde
pedí de comer de a cuatro reales, y
comí con desconfianza por si no cenara a la noche.

Luego que acabé me entré al truco para descansar de tanto como
había andado infructuosamente, y
para divertirme con los buenos ta-
cos y carambolistas; pero no jugaban a los trucos, sino a los albures,
en un rincón de la sala.

Como yo no tenía mejor rato que
el que jugaba a las adivinanzas,
me arrimé a la rueda con alguna
cisca, porque los que jugaban eran
payos con dinero y ninguno tan
mugriento y desarrapado como yo.

Sin embargo, así que vieron que
el primer albur que aposté fue de
a peso, y que lo gané, me hicieron
lugar, y yo me determiné a jugar
con valor.

No me salió malo el pensamiento,
pues gané como cincuenta pesos,
una mascada, una manga y un billete entero de Nuestra Señora de
Guadalupe. Cuando me vi tan habilitado, quise levantarme y salirme,
y aun hice el hincapié por más de
dos ocasiones; pero como me veía
acertado y había tanto dinero, me
picó la codicia y me clavé de firme
en mi lugar, hasta que cansada la
suerte de serme favorable, volvió
contra mí el naipe y comencé a
errar a gran prisa, de manera que
si lo que tenía lo había ganado en
veinte albures, lo perdí todo en diez
o doce, pues quería adivinar a fuerza de dinero.

En fin, a las cuatro de la tarde
ya estaba yo sin blanca, sin manga,
sin mascada y hasta sin medalla.
No me quedó sino el billete, que no

hubo quien me lo quisiera comprar ni dándolo con pérdida de un real.

Se acabó el juego, cada uno se fue a su destino y yo me salí para la calle con un real o dos que me dieron de barato.

Me encaminé a la Alcaicería al truquito de mi conocido, y después de darle un real por la posada, me salí a andar las calles porque no tenía otra cosa que hacer. A las nueve de la noche cené de a medio, y me fui a acostar. Pasé una noche de los perros, lo mismo que la anterior. A otro día me levanté y me estuve asoleando en la puerta del truco hasta las diez, hora en que viendo que no había quien me convidara a almorzar, ni teniendo con qué ingeniarme, pues el que más me ofrecía era habilitarme sobre la camisa, la que no tuve valor de desnudarme, me fui a andar, fiado en el refrancillo que dice: perro que no anda no topa hueso.

Ya iba yo por esta calle, ya por la otra, sin destino fijo y sin serme de provecho tanto andar, hasta que, pasando por la calle de Tiburcio vi mucha gente en una casa en cuyo patio había un tablado con dosel, sillas y guardias. Como todos entraban, entré también y pregunté ¿qué era aquello? Dijéronme que se iba a hacer la rifa de Nuestra Señora de Guadalupe. Al momento me acordé de mi billete, y aunque jamás había confiado en tales suertes, me quedé en el patio, más bien por ver la solemnidad con que se hacía la rifa que por otra cosa.

En efecto se comenzó ésta, y a las diez o doce bolas fue saliendo mi número (que me acuerdo era 7596) premiado con tres mil pesos. Yo paraba las orejas cuando lo estaban gritando, y cuando lo fijaron en la tabla hasta me limpiaba los ojos para verlo; pero cerciorado de que era el mismo que tenía, no sé cómo no me volví loco de gusto, porque en mi vida me había visto con tanto dinero.

Salí más alegre que la Pascua Florida y me encaminé para el truquito, porque por entonces no tenía mejores concursantes que el coime y los concurrentes del juego, pues aunque cada rato encontraba muchos de los que antes se decían mis amigos, unas veces hacía yo la del cohetero por no verlos de vergüenza, y otras, que eran las más, ellos hacían que no me veían a mí, o ya por no afrentarse con mi pelaje, o ya por no exponerse a que les pidiera alguna cosa.

Fuime, pues, a mi conocido departamento, donde hallé ya formada la rueda de tahúres y a mi amigo el coime presidiendo con su alcancía, cola, barajas, jabón, tijeras y demás instrumentos del arte.

Como el dinero infunde no sé qué extraño orgullo, luego que entré los saludé no con encogimiento como antes, sino con un garbete que parecía natural.

—¿Cómo va, amigo coime? ¿Qué hay, camaradas? —les dije.

Él y ellos apenas alzaron los ojos a verme, y haciéndome un dengue como la dama más afiligranada, volvieron a continuar su tarea sin responderme una palabra.

Yo entonces apreté las espuelas al caballo de mi vanidad, y como radiaba para participarles mi fortuna, les dije:

—¡Hola! ¿Ninguno me saluda, eh? Pero ni es menester. Gracias a Dios que tengo mucho dinero y no necesito a ninguno de ustedes.

Uno de los jugadores que ese día asistía a la mesa me conoció, como que fue mi condiscípulo en la primera escuela y sabía mi pronombre, y al oír la fanfarronada mía me miró, y, como burlándose, me dijo:

—¡Oh, Periquillo, hijo! ¿Tú eres? ¡Caramba! ¿Conque estás muy adinerado? Ven, hermano, siéntate aquí junto a mí, que algo más me ha de tocar de tu dinero que a las ánimas.

Me hizo lugar y yo admití el favor; pero qué mondada llevó él y los demás cuando advirtieron que dejé correr ocho o diez albures y no aposté un real. Entonces el condiscípulo me dijo:

—¿Pues dónde está el dinero, Periquillo?

—Está en libranza —dije yo.

—¿En libranza?

—Y muy segura, y no es de cuatro reales, sino de tres mil pesetes.

Diciendo esto les mostré mi billete, y todos se echaron a reír, no queriendo persuadirse de mi verdad, hasta que por accidente entró allí un billetero con una lista, y yo le supliqué me la prestara para ver si había salido aquel billete.

De que el coime y los tahúres vieron que en efecto era cierto lo que les había dicho, toda la escena varió en el momento. Se suspendió el juego, se levantaron todos, y uno me da un abrazo, otro un beso, otro un apretón, y cada cual se empeñaba por distinguirse de los demás con las demostraciones de su afecto.

La noticia sola de que iba a tener dinero me hizo no haber menester nada desde aquel instante sin costarme blanca; porque me dieron de almorzar grandemente, me regalaron dos o tres cajitas de cigarros finos, me facilitaron dinero para jugar, y eso empeñando sus capotes el coime y otros; bien que esto no lo quise admitir, dándoles las gracias con aire de rico, considerando que aquellos favores los dirigía el interés, y aún no tenía un peso cuando ya mi cabeza estaba llena de viento, y me pesaba la amistad de aquellos pobretes trapientos.

Sin embargo, como los había menester, a los menos aquel día, permanecí con ellos ofreciendo a todos mi protección, con intento de no cumplir a nadie mi promesa, y ellos me adulaban a porfía, confiando en que los tres mil pesos se repartirían entre todos a prorrata, y aun creo que ya estaban haciendo las cuentas de en lo que los habían de gastar.

Finalmente, comí, bebí, cené, y chupé todo el día sin que me costara nada. A la noche no permitió el coime que durmiera en el banco pelado como las dos noches anteriores, sino que a fuerza me cedió su cama, acostándose él sobre la mesa del truco, y apenas insinué que me incomodaba el canto del gallo, cuando lo echaron a la calle.

En un colchón, a lo menos, blando, con sus sábanas, colcha y almohada no pude dormir; toda la noche se me fue en proyectos. A las cuatro de la mañana me quedé dormido, y voluntariamente desperté como a las ocho del día, y advertí que ya estaban todos jugando y guardando silencio poco usado entre semejante gente. Me aproveché de su atención, me hice dormido y oí que hablaban sobre mí aunque en voz baja.

Uno decía:

—Yo tengo esperanzas de sacar todas mis prendas con esta lotería.

Otro:

—Si de ese dinero no me hago capote, ya no me lo hice en mi vida.

Otro:

—Espero en Dios que en cuanto cobre señor Perico el dinero nos remediamos todos.

—Y como que sí —decía el coime—; lo bueno es que él es medio crestón; lo que importa es hacerle la barba.

Así discurrían todos contra los pobres tres mil pesos; y yo, que no veía las horas de cobrarlos, hice que me estiraba y despertaba. Alcé la cabeza y no los había acabado de saludar, cuando ya tenía delante café, chocolate, aguardiente y bizcochos para que me desayunara con lo que apeteciera. Yo tomé el café, di las gracias por todo y me fui a cobrar mi billete.

Querían hilvanarse conmigo diez o doce de aquellos leperuscos; pero yo no sufrí más compañía que la del condiscípulo, que ya no me decía Periquillo, sino Pedrito; y por fortuna de él advertí que no habló una palabra que manifestara interés a mi dinero.

Llegué con él a cobrar el billete, y no sólo no me lo pagaron, sino que al ver nuestro pelaje desconfiaron no fuera hurtado, y dándome el mismo número y un recibo, me lo detuvieron exigiéndome fiador.

¿Quién me había de fiar a mí en aquellas trazas, no digo en tres mil pesos, pero ni en cuatro reales? Sin embargo, no desesperé; me fui para el mesón donde había jugado y comprado el billete dos días antes, y luego que entré y me conocieron los tahúres y el coime, comenzaron a pedirme las albricias con muchas veras, porque el billetero ya les había dicho cómo había salido premiado con tres mil pesos el número que había vendido allí.

Yo, al ver que sabían todos lo que les quería descubrir, les dije:

—Camaradas, yo estoy pronto a pagar las albricias; pero es menester que ustedes me proporcionen un fiador que me han pedido en la lotería, pues como soy pobre, se desconfía de mí, y no se cree que el billete sea mío, y aun me lo han detenido.

—Pues eso es lo de menos —dijo el coime—; aquí estamos todos que vimos comprar a usted el billete, y el billetero que lo vendió que no nos dejará mentir.

A este tiempo entró el dueño del mesón, y sabedor del asunto, de su voluntad hizo llevar un coche, y mandándome entrar con él, fuimos a la lotería en donde quedó por mí y me entregaron el dinero.

Cuando nos volvimos me decía en el coche el señor que me hizo el favor de cobrarlo:

—Amigo, ya que Dios le ha dado a usted este socorro tan considerable por un conducto tan remoto, sepa aprovechar la ocasión y no hacer locuras, porque la fortuna es muy celosa, y en donde no se aprecia no permanece.

Estos y otros consejos semejantes me dio, los que yo agradecí, suplicándole me guardase mi dinero. Él me lo ofreció así, y en esto llegamos al mesón. Subió el caballero mi plata, dejándome cien pesos que le pedí, de los que gasté veinte en darles albricias al coime y compañeros, y comer muy bien con mi fámulo y condiscípulo, que se llamaba Roque.

A la tarde me fui con él para el Parián, en donde compré camisa, calzones, chupa, capa, sombrero y cuanto pude y me hacía falta; y todo esto lo hice con la ayuda de mi Roque, que me pintó muy bien. Volvímonos al mesón donde tomé un cuarto, y aunque no había cama, cené y dormí grandemente y me levanté tarde, a lo rico.

Luego que nos desayunamos, puse un recibo de quinientos pesos y se lo envié al señor mi depositario, quien al momento me remitió el dinero: salí con cien pesos y a poco andar hallé una casa que ganaba veinticinco mensuales, la que tomé luego luego, porque me pareció muy buena.

Después me llevó Roque a casa de un almonedero, con quien ajustó el ajuar en doscientos pesos, con la condición de que a otro día había de estar la casa puesta. Le dejamos veinte pesos en señal y fuimos a la tienda de un buen sastre, a quien mandé hacer dos vestidos muy decentes, encargándole me hiciera el favor de solicitar una costurera buena y segura, la que el sastre me facilitó en su misma casa. Le encargué me hiciera cuatro mudas de ropa blanca lo mejor que supiera, y que fueran las camisas de estopilla y a proporción lo demás; le di al sastre ochenta pesos a buena cuenta y nos despedimos.

Roque me dijo que él me serviría de ayuda de cámara, escribiente y cuanto yo quisiera, pero que estaba muy trapiento. Yo le ofrecí mi protección y nos volvimos a la posada.

Comimos muy bien, dormimos siesta, y a las cuatro me eché otros cien pesos en la bolsa y nos salimos al Parián, donde habilité a Roque de algunos trapillos regulares, y compré un reloj que me costó no sé cuánto; pero ello fue que me sobró un peso, con el que fuimos a refrescar, y después volvimos al mesón, saqué dinero y nos fuimos a la comedia.

Después de ésta, cenamos en la fonda, tomamos vino y nos fuimos a acostar.

Así se pasaron cuatro o cinco días sin hacer más cosa de provecho que pasear y gastar alegremente. Al fin de ellos entró el sastre al mesón y me entregó dos vestidos completos y muy bien hechos de paño riquísimo, las cuatro mudas de ropa como yo las quería, y la cuenta, por la que salía yo restando ciento y pico de pesos. No me metí en averiguaciones, sino que le pagué de contado y aun le di su gala. ¡Qué cierto es que el dinero que se adquiere sin trabajo se gasta con profusión y con una falsa liberalidad!

A poco rato de haberse despedido el sastre, entró el almonedero, avisando estar la casa ya dispuesta, que sólo faltaba ropa de cama y criados, que si yo quería, me lo facilitaría todo según le mandara, pero que necesitaba dinero.

Díjele que sí, que quería las sábanas, colcha, sobrecama y almohadas nuevas, una cocinera buena y un muchacho mandadero, pero todo cuanto antes. Le di para ello el dinero que me pidió y se fue.

Aquel día lo pasé en ociosidad como los anteriores, y al siguiente volvió el almonedero diciéndome que sólo mi persona faltaba en la casa. Entonces mandé a Roque trajera un coche, y pasé a la vivienda de mi depositario tan otro y tan decente que no me conocía a primera vista.

Cuando se hubo certificado de que yo era, me dijo:

"No me parece mal que usted se vista decente, pero sería mejor que arreglara su traje a su calidad, destino y proporciones. Supongo que por lo primero no desmerece usted ése ni otro más costoso, pero por lo segundo, esto es, por sus cortas facultades, creeré que propasa los límites de la moderación, y que a diez o doce vestidos de éstos le ve el fin a su principal. Es cierto que el refrán vulgar dice: *vístete como te llamas;* y así usted, llamándose don Pedro Sarmiento y teniendo con qué, debe vestirse como don Pedro Sarmiento, esto es, como un hombre decente pobre, pero ahora me parece usted un marqués por su vestido, aunque sé que no es mar-

qués ni cosa que lo valga por su caudal. El querer los hombres pasar rápidamente de un estado a otro, o a lo menos el querer aparentar que han pasado, es causa de la ruina de las familias y aun de los estados enteros. No crea usted que consiste en otra cosa la mucha pobreza que se advierte en las ciudades populosas, que en el lujo desordenado con que cada uno pretende salirse de su esfera. Esto es tan cierto como natural, porque si el que adquiere, por ejemplo, quinientos pesos anuales por su empleo, comercio, oficio o industria, quiere sostener un lujo que importe mil, necesariamente que ha de gastar los otros quinientos por medio de las drogas, cuando no sea por otros medios más ilícitos y vergonzosos. Por eso dice un refrán antiguo: *que el que gasta más de lo que tiene no debe enojarse si le dijeren ladrón.* Las mujeres poco prudentes no son las que menos contribuyen a arruinar las casas con sus vanidades importunas. En ellas es por lo común en las que se ve el lujo entronizado. La mujer o hija de un médico, abogado u otro semejante quiere tener casa, criados y una decencia que compita o a lo menos iguale a la de una marquesa rica; para esto se compromete el padre o el marido de cuantos modos le dicta su imprudente cariño, y a la corta o a la larga resultan los acreedores; se echan sobre lo poco que existe, el crédito se pierde y la familia perece. Yo he visto, después de la muerte de un sujeto, concursar sus bienes, y lo más notable, haber tenido lugar en el concurso el sastre, el peluquero, el zapatero, y creo que hasta la costurera y el aguador, porque a todos se les debía. Con semejantes avispas, ¿qué jugo les quedaría a los pobres hijos? Ninguno por cierto. Éstos perecieron como perecen otros sus iguales. Pero ¿qué había de suceder si cuando el padre vivía no alcanzaban las rentas para sostener coche, palco en el coliseo, obsequios a visitas, gran casa, galas y todos los desperdicios accesorios a semejantes francachelas? La llaga estuvo solapada en su vida; los respetos de su empleo para con unos y la amistad o la adulación para con otros de los acreedores los tuvieron a raya para no cobrar con exigencia; pero cuando murió, como faltó a un tiempo el temor y el interés, cayeron sobre los pocos bienecillos que habían quedado y dejaron a la viuda en un petate con sus hijos. Este cuento refiero a usted para que abra los ojos y sepa manejarse con su corto principalito sin disiparlo en costosos vestidos, porque si lo hace así, cuando menos piense, se quedará con cuatro trapos que mal vender y sin un peso en su baúl.

"Fuera de que, bien mirado, es una locura querer uno aparentar lo que no es, a costa del dinero, y exponiéndose a parecer lo que es en realidad con deshonor. Esto se llama quedarse pobre por parecer rico. Yo no dudo que usted con ese traje dará un gatazo a cualquiera que no lo conozca, porque quien lo vea hoy con un famoso vestido, y mañana con otro, no se persuadirá a que su gran caudal se reduce a dos mil y pico de pesos, sino que juzgará que tiene minas o haciendas, y como en esta vida hay tanto lisonjero e interesable, le harán la rueda y le prodigarán muchas y rendidas adulaciones; pero cuando usted llegue, como debe llegar si no se aprovecha de mis consejos, a la última miseria, y no pudiendo sostener la cascarita, conozcan que no era rico, sino un pelado vanidoso, entonces se convertirán en amarguras los gustos, y los acatamientos en desprecios. Conque ya le he predicado amistosamente con la lengua y pudiera predicarle con el ejemplo. Veinte mil pesos cuento de principal; me ha venido la tentación de tenerle una muy buena casa a mi mujer y un cochecito, y ya ve usted que me sería fácil, pues todavía no me determino. Pero ¡qué más!, la muestra que usted tiene sin disputa es mejor que la mía. Acaso calificará usted esta economía de miseria, pero no lo es. Yo tengo tam-

bién mi pedazo de amor propio y vanidad como todo hijo de su madre, y esta vanidad es la que me tiene a raya. ¿Lo creerá usted? Pues así es. Yo quisiera tener coche, pero este coche pide una gran casa, esta casa muchos criados, buenos salarios para que sirvan bien, y estos salarios, fondos, para que no se acaben en cuatro días. A esto sigue mucha y buena ropa, un ajuar excelente, media vajilla cuando menos de plata, palco en el coliseo, otro coche de gala, dos o tres troncos de mulas buenas, lozanas y bien mantenidas, lacayos y todo aquello que tienen los ricos sin fatiga, y yo lo tendría cuatro días con ansias mortales, y al cabo de ellos como que mi principal no es suficiente, daría al traste con coches, criados, mulas, ropa y cuanto hubiera, siéndome preciso sufrir el sacrificio de haber tenido y no tener, a más de los desprecios que tienen que sufrir los últimos indigentes.

"Así es que no me resuelvo, amigo, y más vale paso que dure que no trote que canse. Yo no quiero que en mí sea virtud económica la que me contiene en mis límites, sino una refinada vanidad; sin embargo, el efecto es saludable, pues no debo nada a ninguno; no tengo necesidad de cosa alguna de las precisas para el hombre; mi familia está decente y contenta; no tengo zozobras de que se me arranque pronto, y disfruto de las mejores satisfacciones. Si usted me dijere que para tener coche no es necesario tener tanto boato como el que le pinté, diré que según los modos de pensar de la gente; pero como yo no había de ser de los que tienen coche y le deben el mes a la cocinera, si se ofrece; de ahí es que para mí era menester más caudal que para ellos; porque, amigo, es una cosa muy ridícula ostentar lujos por una parte y manifestar miseria por otra; tener coche y sacar mulas que se les cuenten las costillas de flacas, o unos cocheros que parezcan judas de muchachos; tener casa grande por un lado y por otro el casero encima; tener baile y paseos por un extremo y por otro acreedores, trampas y boletos del montepío a puñados. No, amigo, esto no me acomoda, y lo peor es que de estas ridiculeces hay bastante en México y en donde no es México. ¿Pues qué le diré a usted de un oficial mecánico o de otro pobre igual, que no contando sino con una ratería que adquiere con sumo trabajo, se nos presenta el domingo con casaca y el resto del vestido correspondiente a un hombre de posibles, y el lunes está con su capotillo de mala muerte? ¿Qué diré de uno que vive en una accesoria, que le debe al casero un mes o dos, cuya mujer está sin enaguas blancas y los muchachos más llenos de tiras que un espantajo de *milpa*, y él gasta en un paseo o un almuerzo ocho o diez pesos, teniendo tal vez que empeñar una prenda a otro día para desayunarse? Diré que son unos vanos, unos presumidos y unos locos; y esto mismo diré de usted si le sucediese igual caso. Conque usted hará lo que quiera, que harto le he dicho por su bien."

Yo me prendé de aquel hombre que tan bien me aconsejaba sin interés; pero no trataba de admitir por entonces sus consejos, y así, dándole las gracias de boca, le prometí observarlos exactamente y le pedí mi dinero.

Diómelo en el momento, exigiéndome un recibo. Yo le di veinticinco pesos como de albricias. Rehusólos recibir muchas veces; pero yo porfié con tal tenacidad que al fin los tomara, que al fin los tomó; mas, delante de mí, cogió un clavo y un martillo y comenzó a señalarlos uno por uno, y concluida esta diligencia, los guardó en una gaveta de su escribanía.

Yo le pregunté que para qué era aquella ceremonia, y él me respondió que no había menester dinero, y así que lo guardaba para darlo de limosna a un infeliz miserable.

—Pero ¿siendo uno mismo cualquier dinero nuestro en su valor —le dije—, no puede usted darle

otros pesos a ese pobre, y no esos propios que ha marcado?

—Eso tiene mucho misterio —me dijo—, y quiera Dios que usted no lo comprenda.

Con esto me despedí de él, cansado de tanta conversación, y dándole el dinero a Roque, nos metimos en el coche con el almonedero, que ya estaba aburrido de esperarme.

Llegamos a mi casa, que la hallé bastante limpia, provista y curiosa. Me posesioné de ella, aunque no me gustó mucho la cuenta que me presentó, que para no cansarme en prolijidades, ascendió a no sé cuanto; ello es que en vestidos, ociosidades, albricias y casa ajuareada, se gastaron en cuatro días mil y doscientos pesos.

Por mi desgracia, la cocinera que me buscó el almonedero fue aquella Luisa que sirvió de dama a Chanfaina y a mí.

Luego que el almonedero me la presentó, la conocí, y ella me conoció perfectamente; pero uno y otro disimulamos. El almonedero se fue pagado a su casa; yo despaché a Roque a traer puros, y llamé a Luisa, con la que me explayé a satisfacción, contándome ella cómo luego que salí de casa del escribano y él tras de mí, huyó ella del mismo modo que yo, y se fue a buscar sus aventuras en solicitud mía, pues me amaba tan tiernamente que no se hallaba sin mí; que supo cómo Chanfaina no hallándola en su casa y estando tan apasionado por ella, se enfermó de cólera y murió a poco tiempo; que ella se mantuvo sirviendo ya en esta casa, ya en la otra, hasta que aquel almonedero, a quien había servido, la había solicitado para acomodarla en la mía, y que pues estados mudan costumbres, y ella me había conocido pobre y ya rico, se contentaría con servirme de cocinera.

Como el demonio de la muchacha era bonita y yo no había mudado el carácter picaresco que profesaba, le dije que no sería tal, pues ella no era digna de servir sino de que la sirvieran.

En esto vino Roque, y le dije que aquella muchacha era una prima mía y era fuerza protegerla. Roque, que era buen pícaro, entendió la maula y me apoyó mis sentimientos. Él mismo le compró buena ropa, solicitó cocinera, y cátenme ustedes a Luisa de señora de la casa.

Yo estaba contento con Luisa, pero no dejaba de estar avergonzado, considerando que al fin había entrado de cocinera, y que, por más que yo aparentaba a Roque que era mi prima, él era harto vivo para ser engañado, y lejos de creerme, murmuraría mi ordinariez en su interior.

Con esta carcoma y deseando oír disculpado mi delito por su boca, un día que estábamos solos le dije:

—¿Qué habrás tú dicho de esta prima, Roque? Ciertamente no creerás que lo es, porque la confianza con que nos tratamos no es de primos, y en efecto, si has pensado lo que es, no te has engañado; pero amigo ¿qué podía yo hacer cuando esta pobre muchacha fue mi valedora antigua y por mí perdió la conveniencia que tenía, exponiéndose a sufrir una paliza o a cosa peor? Ya ves que no era honor mío el abandonarla ahora que tengo cuatro reales; pero, sin embargo, no dejo de tener mi vergüencilla, porque al fin fue mi cocinera.

Roque, que comprendió mi espíritu, me dijo:

—Eso no te debe avergonzar, Pedrito: lo primero porque ella es blanca y bonita, y con la ropa que tiene nadie la juzgará cocinera, sino una marquesita cuando menos. Lo segundo, porque ella te quiere bien, es muy fiel y sirve de mucho para el gobierno de la casa; y lo tercero, porque aun cuando todos supieran que había sido tu cocinera y la habías ensalzado haciéndola dueña de tu estimación, nadie te lo había de tener a mal conociendo el mérito de la muchacha. Fuera de que no es esto lo primero que se ve en el mundo. ¡Cuántas hay que pasan plaza de costureras, recamareras, etc., y no son sino otras

Luisas en las casas de sus amantes amos! Conque no seas escrupuloso; diviértete y ensánchate ahora que tienes proporción, como otros lo hacen, que mañana vendrá la vejez o la pobreza y se acabará todo antes de que hayas gozado de la vida.

Claro está que el diablo mismo no podía haberme aconsejado más perversamente que Roque; pero ya se sabe que los malos amigos, con sus inicuos ejemplos y perniciosos consejos, son unos vicediablos diligentísimos que desempeñan las funciones del maligno espíritu a su satisfacción, y por eso dice el venerable Dutari, que debemos huir, entre otras cosas, de los demonios que no espantan, y éstos son los malos amigos.

Tal era el pobre Roque, con cuyo parecer me descaré enteramente tratando a Luisa como si fuera mi mujer y holgándome a mis anchuras.

Raro día no había en mi casa baile, juego, almuerzos, comelitones y tertulias, a todo lo que asistían con la mayor puntualidad mis buenos amigos. ¡Pero qué amigos! Aquellos mismos bribones que cuando estaba pobre no sólo no me socorrieron, pero ya dije, que hasta se avergonzaban de saludarme.

Éstos fueron los primeros que me buscaron, los que se complacían de mi suerte, los que me adulaban a todas horas y los que me comían medio lado. ¿Y que fuera yo tan necio y para nada, que no conociera que todas sus lisonjas las dictaba únicamente su interés sin la menor estimación a mi persona? Pues así fue, y yo, que estaba envanecido con las adulaciones, pagaba sus embustes a peso de oro.

No sólo mis amigos y mis antiguas conocidas me incensaban, sino que hasta la fortuna parece que se empeñaba en lisonjearme. Por rara contingencia perdía yo en el juego; lo frecuente era ganar, y partidas considerables como de trescientos, quinientos y aun mil pesos. Con esto gastaba ampliamente, y como todos me lisonjeaban tratándome de liberal, yo procuraba no perder ese concepto, y así daba y gastaba sin orden.

Si Luisa se hubiera sabido aprovechar de mis locuras, pudiera haber guardado alguna cosa para la mayor necesidad; pero fiada en que era bonita y en que yo la quería, gastaba también en profanidades, sin reflexionar en que podía acabársele su hermosura o cansarse mi amor, y venir entonces a la más desgraciada miseria; mas la pobre era una tonta coquetilla y pensaba como casi todas sus compañeras.

Yo no hacía caso de nada. La adulación era mi plato favorito, y como las sanguijuelas que me rodeaban advertían mi simpleza y habían aprendido con escritura el arte de lisonjear y estafar, me lisonjeaban y estafaban a su salvo.

Apenas decía yo que me dolía la cabeza cuando todos se volvían médicos y cada uno me ordenaba mil remedios; si ganaba en el juego, no lo atribuían a casualidad, sino a mi mucho saber; si daba algún banquetito, me ensalzaban por más liberal que Alejandro; si bebía más de lo regular y me embriagaba, decían que era alegría natural; si hablaba cuarenta despropósitos sin parar, me atendían como a un oráculo, y todos me celebraban por un talento raro de aquellos que el mundo admira de siglo en siglo. En una palabra, cuanto hacía, cuanto decía, cuanto compraba, cuanto había en mi casa, hasta una perrita roñosa y una cotorra insulsa y gritadora, capaz de incomodar con su *can, can*, al mismo Job, era para mis caros amigos (¡y qué caros!) objeto de su admiración y sus elogios.

Pero ¿qué más, si Luisa misma se reía conmigo a solas de verse adular tan excesivamente? Y a la verdad tenía razón, pues el almonedero que me puso la casa se hizo mi amigo, con ocasión de ir a ella muy seguido a venderme una porción de muebles que le compré, y este mismo, luego que vio el trato que yo daba a Luisa, olvidándose de que él propio la había llevado a mi

casa de cocinera, la cortejaba, le hacía plato en la mesa y con la mayor seriedad le daba repetidamente el tratamiento de *señorita*.

Cuatro o cinco meses me divertí, triunfé y tiré ampliamente, y al fin de ellos comenzó a serme ingrata la fortuna, o hablando como cristiano, la Providencia fue disponiendo, o justiciera el castigo de mis extravíos, o piadosa el freno de ellos mismos.

Entre las señoras o no señoras que me visitaban iba una buena vieja que llevaba una niña como de dieciséis años, mucho más bonita que Luisa, y a la que yo, a excusas de ésta, hacía mil fiestas y enamoraba tercamente, creyendo que su conquista me sería tan fácil como la que había conseguido de otras muchas; pero no fue así, la muchacha era muy viva, y aunque no le pesaba ser querida, no quería prostituirse a mi lascivia.

Tratábame con un estilo agridulce, con el que cada día encendía mis deseos y acrecentaba mi pasión. Cuando me advirtió embriagado de su amor, me dijo que yo tenía mil prendas y merecía ser correspondido de una princesa; pero que ella no tenía otra que su honor, y lo estimaba en más que todos los haberes de esta vida; que ciertamente me estimaba y agradecía mis finezas, que sentía no poder darme el gusto que yo pretendía; pero que estaba resuelta a casarse con el primer hombre de bien que encontrara, por pobre que fuera, antes que servir de diversión a ningún rico.

Acabé de desesperarme con este desengaño, y concibiendo que no había otro medio para lograrla que casarme con ella, le traté del asunto en aquel mismo instante, y en un abrir y cerrar de ojos quedaron celebrados entre los dos los esponsales de futuro.

Mi expresada novia, que se llamaba Mariana, dio parte a su madre de nuestro convenio, y ésta quiso con tres más. Yo avisé política y secretamente lo mismo a un religioso grave y virtuoso que protegía a

Mariana por ser su tío, y no me costó trabajo lograr su beneplácito para nuestro enlace; pero para que se verificara, faltaba que vencer una pequeña dificultad, que consistía en ver cómo me desprendía de Luisa, a quien temía yo, conociendo su resolución y lo poco que tenía que perder.

Mientras que adivinaba de qué medios me valdría para el efecto, no me descuidaba en practicar todas las precisas diligencias para el casamiento. Fue necesario ocurrir a mis parientes para que me franquearan mis informaciones. Luego que éstos supieron de mí con tal ocasión y se certificaron de que no estaba pobre, ocurrieron a mi casa como moscas a la miel. Todos me reconocieron por pariente, y hasta el pícaro de mi tío el abogado fue el primero que me visitó y llenó varias veces el estómago a mi costa.

Ya las más cosas dispuestas, sólo restaban dos necesarias: hacerle las donas a mi futura y echar a Luisa de casa. Para lo primero me faltaba plata, para lo segundo me sobraba miedo; pero todo lo conseguí con el auxilio de Roque, como veréis en el capítulo siguiente.

CAPÍTULO X

EN EL QUE SE REFIERE CÓMO ECHÓ PERIQUILLO A LUISA DE SU CASA, Y SU CASAMIENTO CON LA NIÑA MARIANA

TOMADO EL DICHO A MI NOVIA, presentadas las informaciones y conseguida la dispensa de banas, sólo restaba, como acabé de decir, hacerle las donas a mi querida y echar de casa a Luisa. Para ambas cosas pulsaba yo insuperables dificultades. Ya le había comunicado a Roque mi designio de casarme, encargándole el secreto; mas no le había dicho las circunstancias apuradas en que me hallaba, ni él se atrevía a preguntarme la causa de mi dilación; hasta que yo, satisfecho de su viveza, le dije todo lo que embarazaba el acabar de verificar mis proyectos.

Luego que él se informó, me dijo:

—¿Y que hayas tenido la paciencia de encubrirme esos trampantojos que te acobardan sabiendo que soy tu criado, tu condiscípulo y tu amigo, y teniendo experiencia de que siempre te he servido con fidelidad y cariño? ¡Vamos, no lo creyera yo de ti! Pero dejemos sentimientos, y anímate, que fácilmente vas a salir de tus aprietos. Por lo que toca a las donas, supongo que las querrás hacer muy buenas, ¿no es así?

—Así es, en efecto —le dije—, ya ves que he gastado mucho, y que el juego días hace que no me ayuda. Apenas tendré en el baúl trescientos pesos, con los que escasamente habrá para la función del casamiento. Si me pongo a gastarlos en las donas, no tengo ni con qué amanecer el día de la boda; si los reservo para ésta, no puedo darle nada a mi mujer, lo que sería un bochorno terrible, pues hasta el más infeliz procura darle alguna cosita a su novia el día que se casa. Conque ya ves que ésta no es tranca fácil de brincar.

—Sí lo es —me dijo Roque muy sereno—; ¿hay más que solicitar los géneros fiados por un mercader, y un aderecito regular por un dueño de platería?

—¿Pero quién me ha de fiar a mí esa cantidad cuando yo no me he dado a conocer en el comercio?

—¡Qué tonto eres, Pedrito, y cómo te ahogas en poca agua! Dime, ¿no es tu tío el licenciado Maceta?

—Sí, lo es.

—¿Y no es hombre de principal conocido?

—También lo es —le respondí—, y muy conocido en México.

—Pues andar —decía Roque—, ya salimos de este paso. Vístete lo mejor que puedas, toma un coche y yo te llevaré a un cajón y a una platería, a cuyos dueños conozco; preguntas por los géneros que quieras, pides cuanto has menester, los ajustas y los haces cortar, y ya que estén cortados, dices al cajonero que esperas dinero de tu hacienda dentro de quince o veinte días, pero que estando para casarte muy pronto y necesitando aquella ropa para arras o donas para tu esposa, le estimarás el favor de que te los supla, dejándole para su seguridad una obligación firmada de tu mano. El comerciante se ha de resistir con buenas razones, pretextando mil embarazos para fiarte porque no te conoce. Entonces le preguntas tú que si conoce al licenciado Maceta y que si sabe que es hombre abonado. Él te responderá que sí; y a seguida se lo propones de fiador. El mercader, deseoso de salir de sus efectos y viéndose asegurado, admitirá sin duda alguna. Lo propio haces con el platero, y cátate ahí vencida esta gravísima dificultad.

—No me parece mal el proyecto —le dije a Roque—, pero si el tío no quiere fiarme ¿qué hacemos? En ese caso quedo más abochornado.

—¿Cómo no ha de querer fiarte —dijo Roque—, cuando te tiene por rico, te visita tan seguido y te quiere tanto?

—Todo está muy bien —le contesté—, pero ese mi tío es muy mezquino. Si supieras que a otro sobrino suyo que cierta vez se vio amenazado de llevar doscientos azotes en las calles públicas, no sólo no le favoreció sabiéndolo, sino que le escribió una esquela muy seca dándole a entender que si en dinero estribaba librarse de esa afrenta, que no contara con él, sino que la sufriera, pues la había merecido, ¿qué dijeras?

—Dijera —me contestó Roque— que eso lo hizo con un sobrino pobre; pero mis orejas apuesto a que no lo hace con un sobrino como tú. Mira, Pedrito, el hombre muy mezquino ordinariamente es muy codicioso, y su mismo interés lo hace ser franco cuando menos piensa; por eso dice el refrán, que la codicia rompe el saco, y otro dice, que siempre el estreñido muere de cursos. Sobre todo, hagamos la tentativa, que nada cuesta. Dile que apenas tienes en el baúl dos mil pesos; que piensas sacar dinero a réditos para quedar bien en este lance; que dentro de quince o veinte días te traerán o dinero o ganado de tu hacienda; cuéntale cuantas mentiras puedas, y regálale alguna cosa bonita a su mujer, convidando a los dos para padrinos; y cuando hayas hecho todo esto, dile cómo están los géneros y alhajas detenidos por falta de un fiador, y que tú, descansando en su amistad, lo propusiste por tal, creyendo que no te desairaría. Esto lo has de decir después de comer y después de haber llenado la copa cinco o seis veces, teniendo prevenido el coche a la puerta, y

móchame si no sucede todo a medida de nuestro deseo.

Convencido con la persuasión de Roque, me determiné a poner en práctica sus consejos, y todo sucedió al pie de la letra, según él me había pronosticado, porque apenas me dio el deseado *sí* mi dicho tío, cuando sin darle lugar a que se arrepintiera, nos embutimos en el coche, fuimos al cajón y se extendió la obligación en cabeza del tío en estos términos. —*Digo yo el licenciado don Nicanor Maceta: que por la presente me obligo en toda forma a satisfacer a don Nicasio Brundurín, de este comercio, la cantidad de un mil pesos, importe de los géneros que ha sacado de su casa al crédito mi sobrino don Pedro Sarmiento para las donas de su esposa, cuya obligación cumpliré pasado el plazo de un mes, en defecto del legítimo deudor mi expresado sobrino. Y para que conste lo firmé,* etcétera.

Recibió el don Nicasio su papelón muy satisfecho, y yo mis géneros, que metí en el coche, y nos fuimos a la platería donde se representó la misma escena, y me dieron un aderezo y cintillo de brillantitos que importó quinientos y pico de pesos.

Dejé en la sastrería los géneros dando al sastre las señas de la casa de mi novia y orden para que fuese a tomarle las medidas, le hiciese la ropa y le entregase de mi parte las alhajas.

Concluida esta diligencia, me volví a casa con el tío, quien me decía en el coche de cuando en cuando:

—Cuidado, Pedrito, por Dios, que no quedemos mal que estoy muy pobre.

Y yo le respondía con la mayor socarra:

—No tenga usted cuidado, que soy hombre de bien y tengo dinero.

En esto llegamos a casa, refrescamos, y mi tío se fue a la suya; cenamos, y después que Luisa se acostó, llamé a Roque y le dije:

—No hay duda, amigo, que tú tienes un expediente liberal para todo. Yo te doy las gracias por la bella industria que me diste para salir de mi primera apuración; pero falta salir de la segunda, que consiste en ver cómo se va Luisa de casa; porque ya ves que dos gatos en un costal se arañan. Ella no puede quedar en casa conmigo y Marianita, porque es muy celosa; mi mujer no será menos, y tendremos un infierno abreviado. Si una mujer celosa se compara en las Sagradas Letras a un escorpión, y se dice que no hay ira mayor que la ira de una mujer; que mejor sería vivir con un león y con un dragón que con una de éstas, ¿qué diré yo al vivir con dos mujeres celosas e iracundas? Así pues, Roque, ya ves que por manera alguna me conviene vivir con Luisa y mi mujer bajo de un techo; y siendo la última la que debe preferirse, no sé cómo desembarazarme de la primera, mayormente cuando no me ha dado motivo; pero ello es fuerza que salga de mi casa, y no sé el modo.

—Eso es lo de menos —me dijo Roque—, ¿me das licencia de que la enamore?

—Haz lo que quieras —le respondí.

—Pues entonces —continuó él—, haz de cuenta que está todo remediado. ¿Qué mujer es más dura que una peña? Y en una peña hace mella una poca de agua cayendo con continuación. Yo te prometo rendirla en cuatro días. No la quiero; pero sólo por servirte la seduciré lo mejor que pueda, y cuando logre sus favores, aplazaré un rato crítico, en el que tú, hallándonos en parte sospechosa, puedas, si quieres, darle una paliza, suponiendo tener mucha razón y echarla de tu casa en el instante, sin que ella tenga boca para reconvenirte.

Concebí que el proyecto de Roque era demasiado injusto y traidor; pero me convine con él, porque no encontré otro más eficaz; y así, dándole mis veces, esperaba con ansia el apurado momento de lanzar a Luisa de mi casa.

Roque, que, no siendo mal mozo, era muy lépero, y con reales que

yo le franqueé para la empresa, se valió de cuantas artes le sugirió su genio para la conquista de la incauta Luisa, la que no le fue muy difícil conseguir, como que ella no estaba acostumbrada a resistir estos ataques; y así a pocos tiros de Roque rindió la plaza de su falsa fidelidad, y el general señaló día, hora y lugar para la entrega.

Convenidos los dos, me dio el parte compactado, y cuando la miserable estaba enajenada deleitándose en los brazos de su nuevo y traidor amante, entré yo, como de sorpresa, fingiendo ura cólera y unos celos implacables, y dándole algunas bofetadas y el lío de su ropa que previne, la puse en la puerta de la calle.

La infeliz se me arrodilló, lloró, perjuró e hizo cuanto pudo para satisfacerme; pero nada me satisfizo, como que yo no había menester sus satisfacciones sino su ausencia. En fin, la pobre se fue llorando, y yo y Roque nos quedamos riendo y celebrando la facilidad con que se había desvanecido el formidable espectro que detenía mi casamiento.

Pasados ocho días de su ausencia, se celebraron mis bodas con el lujo posible, sin faltar la buena mesa y baile que suele tener el primer lugar en tales ocasiones.

A la mesa asistieron mis parientes y amigos, y muchos más entrometidos a quienes yo no conocía, pero que se metieron a título de sinvergüenzas aduladores, y yo no podía echarlos de mi casa sin bochorno; pero ello es que acortaron la ración a los legítimamente convidados, y fueron causa de que la pobre gente de la cocina se quedase sin comer.

Concluida la comida se dispuso el baile, que duró hasta las tres de la mañana, y hubiera durado hasta el amanecer si un lance gracioso y de peligro no lo hubiera interrumpido.

Fue el caso, que estando la sala llena de gente, no sé por qué motivo tocante a una mujer, de repente se levantaron de sus asientos dos hombres decentes, y habiéndose maltratado de palabra un corto instante, llegaron a las manos, y el uno de ellos, afianzando a su enemigo del peinado, se quedó con el casquete en las manos, y el contrario apareció secular en todo el traje, y sólo fraile en el cerquillo.

En este momento depuso la ira el enemigo; la mujer, objeto de la riña, desapareció del baile; todos los circunstantes convirtieron en risa el temor de la pendencia, y el religioso hubiera querido ser hormiga para esconderse debajo de la alfombra.

En tan ridículas circunstancias salió en su traje aquel buen religioso, que os he dicho que era tío de mi mujer, el que por muchas instancias y con la ocasión de haberse casado su sobrina había asistido a la mesa públicamente y se divertía un rato con el baile, casi escondido en la recámara. Salió de ella, digo, y lleno de una santa cólera, encarándose con el religioso disfrazado, le dijo:

"Ni sé si hablarle a usted como a religioso o como a secular, pues todo me parece en este instante, porque de todo tiene como el murciélago de la fábula, que cuando le convenía ser ave, alegaba tener alas, y cuando terrestre, lo pretendía probar con sus tetas. Usted por la cabeza parece religioso, y por el cuerpo secular; y así vuelvo a decir, que no sé por qué tenerlo y cómo tratarlo, aunque la buena filosofía me dicta que es usted religioso, porque es más creíble que un religioso extraviado se disfrace en traje de secular para ir a un baile, que no que un secular se abra cerquillo para el mismo efecto. Pero siendo usted religioso ¿no advierte que con presentarse en un baile en semejante traje da a entender que se avergüenza de tener hábitos, porque éstos no parecen bien en los bailes? ¿No está pregonando su relajación y cometiendo una interrumpida apostasía? ¿No ve que infringe el voto de la obediencia? ¿No reflexiona que escandaliza a sus hermanos que lo saben y a los seculares que lo conocen, pues es muy

raro el religioso que no es conocido por algunos individuos en un baile? ¿No atiende a que quita el crédito a sus prelados injustamente, pues los seculares poco instruidos creerán que el disimulo o la indolencia de sus superiores produce estas licencias desordenadas, cuando los que tenemos en las religiones el cargo de gobernar a los demás, por más que hagamos, no podemos muchas veces contener a los díscolos ni penetrar los infernales arbitrios de que se valen para eludir nuestro celo y vigilancia? Y si esto es sólo por el hecho de presentarse en un baile vestido de secular, ¿qué será por venir con mujeres y suscitar en tales concurrencias riñas y pendencias por ellas con la ocasión perversa de los celos?

"No quiero aquí saber ni quién es, ni en qué religión ha profesado; bástame ver en usted un fraile y considerar que yo lo soy, para avergonzarme de su exceso. Pero, hermano de mi alma, ¿qué más hará el secular más escandaloso en tales lances cuando ve que un religioso que ha profesado la virtud, que ha jurado separarse del mundo y refrenar sus pasiones, es el primero que lo escandaliza con su perverso ejemplo? ¿Qué dirán los señores que conocen a usted y están presenciando este lance? Los prudentes lo atribuirán a la humana fragilidad, de la que no está el hombre libre, no digo en los claustros, pero ni en el mismo apostolado; pero los impíos, los necios e imprudentes no sólo murmurarán su liviandad, sino que vejarán su misma religión diciendo: los frailes de tal parte son enamorados, curros, valentones y fandangueros, como fulano; cediendo, sin ninguna justicia, en deshonor de su santa religión, el escándalo personal que acaba usted de darles con su mal ejemplo.

"Quizá, y sin quizá, algunas determinadas religiones son el objeto de la befa privada en boca de los libertinos imprudentes por esta causa... Pero ¿qué dije *privada*? La mofa pública y general que han sufrido casi todas las religiones, no la ha motivado sino el mal proceder de algunos de sus hijos escandalosos y desnaturalizados.

"No por esto se crea que yo soy un fraile que me escandalizo de nada ni me hago el santo. Soy pecador, ¡ojalá no fuera!, sé que el descuido de usted ni es el primero ni el más atroz de los que el mundo ha visto; sé también que hay ocasiones en que es indispensable a los religiosos asistir a los bailes; pero sé que en estas ocasiones pueden estar con sus hábitos, que nada indecorosos son cuando visten a un individuo religioso; sé que la sola asistencia de un fraile en un baile con licencia tácita o expresa de su prelado, no es pecado; sé que no es menester que el dicho religioso en tales lances juegue, baile, riña, corteje ni escandalice de modo alguno a los seculares; antes sí, tiene en los mismos bailes y concurrencias un lugar muy amplio para edificarlos y honrar su religión sin afectación ni monería. Lo mismo dijera de los clérigos si me perteneciera. Y esto ¿cómo se puede lograr a poca costa? Con no manifestar inclinación a ellos ni tenerla en efecto, y con portarse como religiosos cuando la política u otro accidente nos obligue a asistir a las funciones de los seculares.

"No soy tan rigorista que tenga por crimen todo género de concurrencia pública con los seglares. No, señor; la profesión religiosa no nos prohíbe la civilización, que le es tan natural y decente a todo hombre; antes muchas ocasiones debemos prestarnos a las más festivas concurrencias, si no queremos cargar con las notas de impolíticos y cerriles. Tales son, por ejemplo, la bendición de una casa o hacienda, el parabién de un empleo o la asistencia a su posesión, una cantamisa, un bautismo, un casamiento y otras funciones semejantes.

"En una palabra: en mi concepto no es lo malo que tal cual vez asista un religioso a estos actos, sino que sea frecuente en ellos, y que

no asista como quien es, sino como un secular escandaloso.

"La virtud no está reñida con la civilización. Jesucristo, que nos vino a enseñar con su vida y su ejemplo el camino del cielo, nos dejó autorizada esta verdad, ya asistiendo a las bodas y convites públicos que le hacían, y ya familiarizándose con los pecadores como con la Samaritana y el Publicano. ¿Pero cómo asistía el Señor a tales partes, para qué, y cuál era el fruto que sacaba de sus asistencias? Asistía como la misma santidad; asistía para edificar con su ejemplo, instruir con su doctrina y favorecer a los hombres con sus gracias, siendo el fruto de tan divinas asistencias la conversión de muchos pecadores extraviados. ¡Oh! Si los religiosos que asisten a funciones y convites profanos no fueran sino a edificar a los concurrentes con sus modestos ejemplos, ¡qué diferente concepto no formarían de ellos los seglares, y cuántas llanezas y atrevimientos pecaminosos se excusarían con su respetable presencia!

"¡Eh, basta de sermón! Si he excedido los límites de una represión fraternal, sépase que ha sido, no para confusión de este religioso, sino para su enmienda y escarmiento; lo he hecho en este lugar porque en este lugar ha delinquido, y al que en público peca se debe corregir públicamente; y, por último, he dicho, señores, lo que habéis oído, para que se advierta que si hay algunos pocos frailes relajados que escandalicen, también hay muchos que abominen el escándalo y que edifiquen con su buen ejemplo. Ustedes continúen divirtiéndose y pasen buena noche."

Diciendo esto, se entró mi tío a la recámara que se le destinó, llevándose de la mano al avergonzado religioso. Los más de los bailadores ya se habían ido porque no les acomodó el sermón; los músicos se estaban durmiendo, mis padrinos y yo teníamos ganas de acostarnos, y con esto, pagó Roque lo que se debía a los dichos músicos, se fueron todos a sus casas y nos recogimos.

Al siguiente día nos levantamos tarde yo y mi esposa, a hora en que ya el tío había llevado al frailecito a su convento, aunque, según después supimos, sólo lo dejó en su celda, acompañándolo como amigo, sin acusarlo ante su prelado, como él temía.

Se pasaron como quince días de gustos en compañía de mi esposa, a quien amaba más cada día, así porque era bonita, como porque ella procuraba ganarme la voluntad; pero como en esta vida no puede haber gusto permanente, y es tan cierto que la tristeza y el llanto siempre van pisándole la falda al gozo, sucedió que se cumplió el plazo puesto al cajonero y al platero, y cada uno por su parte comenzó a urgirme por su dinero.

Yo, tan lejos estaba de poder pagarles, que ya se me había arrancado de raíz, y tenía que estar enviando varias cosas al Parián y al Montepío a excusas de mi mujer, porque no conociera tan presto la flaqueza de mi bolsa.

Los acreedores, viendo que a la primera y segunda reconvención no les pagué, dieron sobre el pobre abogado, y éste, no queriendo desembolsar lo que no había aprovechado, me aturdía a esquelas y recados, los que yo contestaba con palabritas de buena crianza, dándole esperanzas y concluyendo con que pagara por mí que yo le pagaría después; mas eso solamente era lo que él procuraba excusar.

No sufrieron más dilación los acreedores, sino que se presentaron al juez contra el abogado, manifestando la obligación que había otorgado de pagar en defecto mío. El juez, que no era lego, al ver la obligación, se sonrió y les dijo a los demandantes que aquella obligación era ilegal, y que ellos vieran lo que hacían, porque tenían perdido su dinero, en virtud de una ley expresa [1] que dice: "Y para remediar el imponderable abuso que con el mismo motivo de bodas se experimenta en estos tiempos: mando que los mercaderes, plateros de oro y plata, lonjistas, ni otro género de personas, por sí ni por interposición de otras personas, puedan en tiempo alguno pedir, demandar, ni deducir en juicio las mercaderías y géneros que dieren al fiado para dichas bodas a cualesquiera personas de cualquier estado, calidad y condición que sean." [2]

Fríos se quedaron los pobres acreedores con esta noticia; pero no desmayaron, sino que pusieron el negocio en la audiencia. El abogado, que se vio acosado por dos enemigos en un tribunal tan serio, trató de defenderse y halló la ley, que citó a su favor; pero no le valió, pues los señores de la audiencia sentenciaron que en clase de multa pagara el licenciado la cantidad demandada, pues o había obrado con demasiada malicia o ignorancia en el caso, y de cualquier manera era acreedor a la pena, o bien por la mala fe con que había obrado engañando a los demandantes, o bien por la crasa ignorancia de la ley que tenían en contra, lo que era no disculpable en un letrado.

Con esto el miserable tío escupió la plata mal de su grado, y siguió la demanda contra mí, que sabedor ya de cuanto había ocurrido, protestando siempre pagar a mejora de fortuna, me afiancé de la misma ley para librarme de la ejecución, y se declaró no tener lugar dicha demanda judicialmente.

En este estado quedó el asunto y

---

[1] Aut. 4. tít. 12, lib. 7 de la *Recop.* en el párrafo 26.

[2] Don Marcos Gutiérrez en su *Febrero* reformado, en comprobación de esta decisión legal, trae el caso ejecutoriado entre don Antonio Zorraquín, mercader y don Eugenio Cachurro, su deudor de más de doce mil reales que le prestó para su boda. El citado mercader puso pleito ejecutivo al segundo el año de 1760, exigiéndolo de paga; el juez declaró por nula la escritura de obligación como hecha contra ley expresa, y el consejo confirmó la sentencia en apelación. *Febrero*, p. 1, tomo 2, cap. 18, párrafo 25.

perdido el dinero del tío, a quien jamás le pagué. Mal hecho por mi parte; pero justo castigo de la codicia, adulación y miseria del licenciado.

En éstas y las otras se pasaron como tres meses, tiempo en que, no pudiendo ocultarle ya a mi mujer mis ningunas proporciones, fue preciso ir vendiendo y empeñando la ropa y alhajitas de los dos para mantener el lujo de comedia a que me había acostumbrado, de modo que los amigos no extrañaran los almuercitos, bailes y bureos que estaban acostumbrados a disfrutar.

Mi esposa sola era la que no estaba contenta con ver su ropero vacío. Entonces conoció que yo no era un joven rico, como ella había pensado, sino un pobre vanidoso, flojo e inútil que nada tardaría en reducirla a la miseria; y como no se me había entregado por amor sino por interés, luego que se cercioró de la falta de éste, comenzó a resfriarse en su cariño, y ya no usaba conmigo los extremos que antes.

Yo, de la misma manera, empecé a advertir que ya no la amaba con la ternura que al principo, y aun me acordaba con dolor de la pobre Luisa. Ya se ve, cómo tampoco me casé por amor, sino por otros fines poco honestos, deslumbrado con la hermosura de Mariana y agitado por la privación de mi apetito, luego que éste se satisfizo con la posesión del objeto que deseaba, se fue entibiando mi amor insensiblemente, y más cuando advertí que ya mi esposa no tenía aquellos colores rozagantes que de doncella; y, para decirlo de una vez, luego que yo satisfice los primeros ímpetus de la lascivia, ya no me pareció ni la mitad de lo que me había parecido al principio. Ella, luego que conoció que yo era un pelado y que no podía disfrutar conmigo la buena vida que se prometió, también me veía ya de distinto modo, y ambos comenzando a vernos con desvío, seguimos tratándonos con desprecio, y acabamos aborreciéndonos de muerte.

Ya muy cerca de este último paso sucedió que estaba yo debiendo cuatro meses de casa, y el casero no podía cobrar un real por más visitas que me hacía. No faltó de mis más queridos amigos quien le dijera cómo yo estaba tan pobre, y que no se descuidara; bien que aunque esto no se lo hubiera dicho, mi pobreza ya se echaba de ver por encima de la ropa, pues ésta no era con el lujo que yo acostumbraba; las visitas se iban retirando de mi casa con la misma prisa que si fuera de un lazarino; mi mujer no se presentaba sino vestida muy llanamente, porque no tenía ningunas galas; el ajuar de la casa consistía en sillas, canapés, mesas, escribanías, roperos, seis pantallas, un par de bombas, cuatro santos, mi cama y otras maritatas de poco valor; y para remate de todo, mi tío el fiador, viendo que no le pagaba, no sólo quebró la amistad enteramente, sino que se constituyó mi más declarado enemigo, y no quedó uno, ni ninguno de cuantos me conocían, que no supieran que yo le había hecho perder más de talega y media, pues a todos se los contaba, añadiendo que no tenía esperanza de juntarse con su dinero, porque yo era un pelagatos, farolón y pícaro de marca.

No parece este vil proceder de mi tío sino al de la gente ordinaria que no está contenta si no pregona por todo el mundo quiénes son sus deudores, de cuánto y cómo contrajeron las deudas, sin descuidarse, por otra parte, de cobrar lo que se les debe. Por esto el discreto Bocángel dice:

No debas a gente ruin,
pues mientras estás debiendo,
cobran primero en tu fama
y después en tu dinero.

Con semejantes clarines de mi pobreza, claro está que el casero no se descuidaría en cobrarme. Así fue. Viendo que yo no daba traza de pagarle, que la casa corría, que mi suerte iba de mal en peor, y que no le valían sus reconvenciones extrajudiciales, se presentó a un juez, quien, después de oírme, me concedió el plazo perentorio de tres días para que le pagara, amenazándome con ejecución y embargo en el caso contrario.

Yo dije amén, por quitarme de cuestiones, y me fui a casa con Roque, quien me aconsejó que vendiera todos mis muebles al almonedero que me los había vendido, pues ninguno los pagaría mejor; que recibiera el dinero, me mudara a una vivienda chica con la cama, trastos de cocina y lo muy preciso, pero por otro barrio lejos de donde vivíamos; que despidiera en el día a las dos criadas para quitarnos de testigos, mas que comiéramos de la fonda, y hechas estas diligencias, la víspera del día en que temía el embargo, por la noche me saliera de la casa dejándole las llaves al almonedero.

Como yo era tan puntual en poner en práctica los consejos de Roque, hice al pie de la letra y con su auxilio cuanto me propuse esta vez. Él fue a buscar la casa y la aseguró, y yo, en los dos días, traté de mudar mi cama y algunos pocos muebles, los más precisos. Al día tercero llamó Roque al almonedero, quien vino al instante, y yo le dije que tenía que salir de México al siguiente sin falta alguna; que si me quería comprar los muebles que dejaba en la casa, que lo prefería a él para vendérselos, porque mejor que nadie sabía lo que habían costado, y que si no los quería que me lo avisara para buscar marchantes; en inteligencia de que me importaba verificar el trato en el mismo día, pues tenía que salir al siguiente.

El almonedero me dijo que sí, sin dilatarse; pero comenzó a ponerles mil defectos que no conoció al tiempo de venderlos.

—Esto es antiguo —me decía—; esto ya no se usa: esto está quebrado y compuesto; esto está medio apolillado; esto es de madera ordinaria; esto está soldado; a esto le falta esta pieza; a esto la otra; esto está desdorado; ésta es pintura

ordinaria— y así le fue poniendo a todo sus defectos y haciéndomelos conocer; hasta que yo, enfadado, le di en ochenta pesos todo lo que le había pasado en ciento sesenta; pero por fin cerramos el trato, y me ofreció venir con el dinero a las oraciones de la noche.

No faltó a su palabra. Vino muy puntual con el dinero; me lo entregó y me exigió un recibo, expresando en él haberle yo vendido en aquella cantidad tal y tal mueble de mi casa, con las señas particulares de cada cosa. Yo, que deseaba afianzar aquellos reales y mudarme, se lo di a su entera satisfacción con las llaves de la casa, encargándole las volviera al casero, y sin más ni más, cogí el dinero y me metí en un coche (que me tenía prevenido Roque) con mi esposa, despidiéndome del almonedero, y guiando el cochero para la casa nueva que Roque le dijo.

Luego que llegamos a ella, advirtió mi esposa que era peor y más reducida que la que tenía antes de casarse, con menos ajuar y sin una muchacha de a doce reales. La infeliz se contristó y manifestó su sentimiento con imprudencia; yo me incomodé con sus delicadezas echándole en cara la ninguna dote que llevó a mi poder; tuvimos la primera riña en que desahogamos nuestros corazones, y desde aquel instante se declaró nuestro mutuo aborrecimiento. Pero dejemos nuestro infeliz matrimonio en este estado, y pasemos a ver lo que sucedió al día siguiente en mi antigua casa.

No parece sino que los accidentes aciagos se rigen a las veces por un genio malhechor para que sucedan en los instantes críticos de la desgracia; porque en el mismo día tercero que el almonedero fue con las llaves a sacar los muebles vendidos y en la misma hora, llegó el casero con el escribano, que llevaba a raja tablas la orden de proceder al embargo de mis bienes.

Abrió el almonedero y entró con sus cargadores para desocupar la casa, y el casero con el escribano y los suyos para el mismo efecto. Aquí fue ello. Luego que los dos se vieron y se comunicaron el motivo de su ida a aquella casa, comenzaron a altercar sobre quién debía ser preferido. El casero alegaba la orden del juez, y el almonedero mi recibo. Los dos tenían razón y demandaban en justicia; pero uno solo era quien debía quedarse con mis muebles, que no bastaban para satisfacer a dos. El casero ya se conformaba con que se dividiera el infante y se quedara cada uno con la mitad; pero el almonedero, que había desembolsado su plata, no entraba por ese aro.

Por último, después de mil inútiles altercaciones, se convinieron en que los muebles se quedasen en la casa, inventariados y depositados en poder del sujeto más prudente de la vecindad hasta la sentencia del juez, el que declaró pertenecerle todos al almonedero, como que tenía constancia de habérselos yo vendido, quedando al casero su derecho a salvo para repetir contra mí en caso de hallarme. Todo esto lo supe por Roque, que no se descuidaba en saber el último fin de mis negocios. Pasada esta bulla, y considerándome yo seguro, pues a título de insolvente no me podía hacer ningún daño el casero, sólo trataba de divertirme sin hacer caso de mi esposa, y sin saber las obligaciones que me imponía el matrimonio. Con semejante errado proceder me divertí alegremente mientras duraron los ochenta pesos. Concluidos éstos, comenzó mi pobre mujer a experimentar los rigores de la indigencia, y a saber lo que era estar casada con un hombre que se había enlazado con ella como el caballo y el mulo, que no tienen entendimiento. Naturalmente, comenzó a hostigarse de mí más y más, y a manifestarme su aborrecimiento. Yo, por consiguiente, la aborrecía más a cada instante, y como era un pícaro, no se me daba nada de tenerla en cueros y muerta de hambre.

En estas apuradas circunstancias, mi suegra, con los chismes de mi mujer, me mortificaba demasiado. Todos los días eran pleitos y reconvenciones infinitas sin faltar aquello de "¡ojalá yo hubiera sabido quién era usted! Seguro está que no se hubiera casado con mi hija, pues a ella no le faltaban mejores novios". Todo esto era echar leña al fuego, pues lejos de amar a mi mujer, la aborrecía más con tan cáusticas reconvenciones.

Mi mal natural, más que el carácter y figura de mi mujer, me la hicieron aborrecible, junto con las imprudencias de la suegra; pero la verdad, mi esposa no estaba despreciable; prueba de ello fue que concebí unos celos endiablados de un vecino que vivía frente de nosotros.

Di en que pretendía a mi mujer y que ésta le correspondía, y sin tener más datos positivos, le di una vida infernal, como muchos maridos que, teniendo mujeres buenas, las hacen malas con sus celos majaderos.

La infeliz muchacha, que aunque deseaba lujo y desahogo, era demasiado fiel, luego que se vio tratar tan mal por causa de aquel hombre de quien yo la celaba, propuso vengarse por los mismos filos por donde yo la hería; y así, fingió corresponder a sus solicitudes por darme qué sentir y que yo la creyera infiel. Fue una necedad; pero lo hizo provocada por mis imprudentes celos. ¡Oh, cómo aconsejara yo a todos los consortes que no se dejaran dominar de esta maldita pasión, pues muchas veces es causa de que se hagan cuerpos las sombras y realidades las sospechas!

Si cuando no había nada, la celaba y la molía sin cesar, ¿qué no haría cuando ella misma estaba empeñada en darme qué sentir? Fácil es concebirlo; aunque yo no sé cómo combinar el aborrecimiento que le tenía con los celos que me abrasaban, pues si es cierto el común proloquio de que *donde no hay amor no hay celos*, seguramente yo no debería haber sido celoso; si no es que se discurra que no siendo los celos otra cosa que una furiosa envidia agitada por la vanidad de nuestro amor propio, nos exalta hasta la más rabiosa cólera cuando sabemos o presumimos que algún rival nuestro quiere posesionarse del objeto que nos pertenece por algún título, y en este caso claro es que no celamos porque amamos, sino porque concebimos que nos agravian, y aquí bien se puede verificar celo sin amor, y concluir que en lo general es falsísimo el refrán vulgar citado.

Lo primero que hice fue mudar a mi pobre esposa a una accesoria muy húmeda y despreciable, por los arrabales del barrio de Santa Ana.

A seguida de esto, no teniendo ya qué vender ni qué empeñar, le dije a Roque que buscara mejor abrigo, pues yo no estaba en estado de poder darle una tortilla; lo puso en práctica al momento, y le faltó desde entonces a mi esposa el trivial alivio que tenía con él, ya haciéndole sus mandados, y ya también consolándola, y aun algunas ocasiones socorriéndola con el medio o el real que él agenciaba. Esto me hace pensar que Roque era de los malos por necesidad más que por la malicia de su carácter, pues las malas acciones a que se prostituía y los inicuos consejos que me daba se pueden atribuir al conato que tenía en lisonjearme estrechado por su estado miserable; pero, por otra parte, él era muy fiel, comedido, atento, agradecido, y sobre todo poseía un corazón sensible y pronto para remitir una injuria y condolerse de una infelicidad. En la serie de mi vida he observado que hay muchos Roques en el mundo, esto es, muchos hombres naturalmente buenos, a quienes la miseria empuja, digámoslo así, hasta los umbrales del delito. Cierto es que el hombre antes debería perecer que delinquir; pero yo siempre haría lugar a la disculpa en favor del que cometió un crimen estrechado por la suma indigencia; y agravaría la pena al que lo cometiese por la pravedad de su carácter.

Finalmente, Roque se despidió de mi casa, y mi pobre mujer comenzó a experimentar los malos tratamientos de un marido pícaro que la aborrecía, aunque ella, lejos de valerse de la prudencia para docilitarme, me irritaba más y más con su genio orgulloso e iracundo. Ya se ve, como que tampoco me amaba.

Todos los días había disputas, altercaciones y riñas, de las que siempre le tocaba la peor parte, pues remataba yo a puntapiés y bofetones los enojos, y de este modo desquitaba mi coraje; ella se quedaba llorando y maltratada, y yo me salía a la calle a divertir el mal rato.

A veces no aparecía yo en casa hasta pasados los ocho o diez días del pleito, y entonces iba a reñir de nuevo por cualquiera friolera y a requerir a mi mujer sobre celos, siendo lo más vil de estas reconvenciones que eran sin haberle yo dejado un real para comer, pareciéndome en esto a muchos maridos sinvergüenzas que se acuerdan que tienen mujer para celarla y servirse de ella como de criadas, pero no para cuidar de su subsistencia; sin advertir que el honor de la mujer está anexo a la cocina, y que cuando el brasero o chimenea no humea en la casa, el hombre no debe gritar en ella; [3] porque las miserables mujeres, aunque sean más honradas

[3] Esto se entiende cuando no humea por holgazanería, inutilidad o mala versación del marido, como en el caso de Perico; pero cuando no humea por su pobreza, entonces la mujer siempre debe ser fiel, y aun ayudarle a su marido; porque Dios, cuando creó la mujer al primer hombre, no dijo: hagámosle una ama a quien sirva, ni una ociosa a quien mantenga, sino una mujer que le ayude como a su semejante. *Faciamos ei adjutorium simile sibi.*

* *Otra:* La moral del lugar anotado y de la nota anterior no es pura. Por más pícaro y abandonado que sea uno de los consortes en el cumplimiento de sus obligaciones, no por esto se exime el otro del deber de cumplir con las suyas, y así es, que en ningún caso la mujer debe ser infiel a su marido, ni éste tampoco a su mujer.—E.

que las Lucrecias, no tienen vientres de camaleones para mantenerse con el aire.

Mi desgraciada esposa sufría, en medio del odio con que me veía, sus desnudeces y trabajos, sin atreverse a vivir con su madre, que era la única que la visitaba, consolaba y socorría (al fin madre), porque las dos me temían mucho, y yo había amenazado a mi mujer de muerte siempre que desamparara la casa. Ni aun el religioso, su tío, quería mezclarse en nuestras cosas.

He dicho que entre mis malas cualidades tenía la buena de poseer un corazón sensible, y creo que si mi esposa, en vez de irritarme desde el principio con su orgullo, y de haberme persuadido de que me era infiel, me hubiera sobrellevado con cariño y prudencia, yo no hubiera sido tan cruel con ella; pero hay mujeres que tienen la gracia para echar a perder a los mejores hombres.

Las enfermedades y la mala vida cada día ponían a mi mujer en peor estado. A eso se agregaba su preñez, con lo que se puso no sólo flaca, descolorida y pecosa, sino molesta, iracunda e insufrible.

Más la aborrecía yo en este estado y menos asistía en la casa. Una noche que por accidente estaba en ella, comenzó a quejarse de fuertes dolores y a rogarme que por Dios fuera a llamar a su madre, porque se sentía muy mala. Este lenguaje sumiso poco acostumbrado en ella, junto con sus dolorosos ayes, hicieron una nueva impresión en mi corazón, y mirándola con lástima desde aquel punto, sin acordarme de su genio iracundo y poco amante, corrí a traer a su madre, quien luego que vino advirtió que aquellos conatos y dolores indicaban un mal parto, y que era indispensable una partera.

Luego que me impuse de la enfermedad y de la necesidad de la facultativa, rogué a una vecina fuera a buscarla mientras iba yo a solicitar dinero.

Ella fue corriendo; la halló y la llevó a casa, y yo empeñé mi capote, que era la mejor alhaja que me había quedado y no estaba de lo peor, sobre el que me prestaron cuatro pesos a volver cinco. ¡Gracias comunes de los usureros que tienen hecho el firme propósito de que se los lleve el diablo!

Muy contento llegué a casa con mis cuatro pesos, a hora en que la ignorantísima partera le había arrancado el feto con las uñas y con otro instrumento infernal,[4] rasgándole de camino las entrañas y causándole un flujo de sangre tan copioso, que no bastando a contenerlo la pericia de un buen cirujano, le quitó la vida al segundo día del sacrificio, habiéndosele ministrado los socorros espirituales.

¡Oh, muerte, y qué misterios nos revela tu fatal advenimiento! Luego que yo vi a la infeliz Mariana tendida exánime en su cama atormentadora, pues se reducía a unos pocos trapos y un petate, y escuché las tiernas lágrimas de su madre, despertó mi sensibilidad, pues a cada instante le decía: ¡Ay, hija desdichada! ¡Ay, dulce trozo de mi corazón! ¿Quién te había de decir que habías de morir en tal miseria, por haberte casado con un hombre que no te merecía, y que te trató no como un esposo, sino como un verdugo y un tirano?

A éstas añadía otras expresiones más duras y sensibles que despedazaban mi corazón, de modo que no pude contener mis sentimientos.

En aquel momento advertí que me había casado no con los fines santos a que se debe contraer el matrimonio, sino como el caballo y el mulo, que carecen de entendimiento; conocí que mi mujer era naturalmente fiel y buena, y yo la hice enfadosa en fuerza de hostigarla con mis inicuos tratamientos; vi que era hermosa, pues aunque exangüe y sin vital aliento, mani-

---

[4] Hay parteras tan ignorantes que creen facilitar los partos con las uñas, y hay otras que sustituyen a las naturales unas uñas de plata u otro metal para el mismo efecto. ¡Cuidado con las parteras!

festaba su rostro difunto las gracias de una desventurada juventud, y conocí que yo había sido el autor de tan fatal tragedia.

Entonces... (¡qué tarde!) me arrepentí de mis villanos procederes; reflexioné que mi esposa ni era fea ni del natural que yo la juzgaba, pues si no me amaba tenía mil justísimas razones, porque yo mismo labré un diablo de la materia de que podía haber formado un ángel,[5] y atumultadas en mi espíritu las pasiones del dolor y el arrepentimiento, desahogué todo su ímpetu abalanzándome al frío cadáver de mi difunta esposa.

¡Oh instante fúnebre y terrible a mi cansada imaginación! ¡Qué de abrazos le di! ¡Qué de besos imprimí en sus labios amoratados! ¡Qué de expresiones dulcísimas la dije! ¡Qué de perdones no pedí a un cuerpo que ni podía agradecer mis lisonjas ni remitir mis agravios!... ¡Espíritu de mi infeliz consorte, no me demandes ante Dios los injustos disgustos que te causé; recibe, sí, en recompensa de ellos, los votos que tengo ofrecidos por ti al Dueño de las misericordias ante sus inmaculados altares!

Por último, después de una escena que no soy capaz de pintar con sus mismos colores, me quitaron de allí por la fuerza, y al cuerpo de mi esposa se le dio sepultura no sé cómo, aunque presumo que tuvo en

[5] No hay que hacer; los hombres mil veces tienen la culpa de que sus mujeres sean malas. Las mujeres, y, más las mujeres que se casan muy niñas, regularmente están en disposición de ser lo que los maridos quieren que sean.

ello mucha parte el empeño y diligencia del tío fraile.

Mi suegra, luego que se acabó el funeral (sepultándose con el cadáver el desgraciado fruto de su vientre), se despidió de mí para siempre, dándome las gracias por las buenas cuentas que le había dado de su hija; y yo aquella noche, no pudiendo resistir a los sentimientos de la Naturaleza, me encerré en el cuartito a llorar mi viudez y soledad.

Entregado a las más tristes imaginaciones no pude dormir ni un corto rato en toda la noche, pues apenas cerraba los ojos cuando despertaba estremeciéndome, agitado por el pavor de mi conciencia, que me representaba con la mayor viveza a mi esposa, a la que creía ver junto a mí, y que, lanzándome unas miradas terribles, me decía:

—¡Cruel! ¿Para qué me sedujiste y apartaste del amable lado de mi madre? ¿Para qué juraste que me amabas y te enlazaste conmigo con el vínculo más tierno y más estrecho, y para qué te llamaste padre de ese infante abortado por tu causa, si al fin no habías de ser sino un verdugo de tu esposa y de tu hijo?

Semejantes cargos me parecía escuchar de la fría boca de mi infeliz esposa, y lleno de susto y de congoja, esperaba que el sol disipara las negras sombras de la noche para salir de aquella habitación funesta que tanto me acordaba mis indignos procederes.

Amaneció por fin, y como en todo el cuarto no había cosa que valiera un real, me salí de él y di la llave a una vecina mía con ánimo de apartarme de una vez de aquellos lúgubres recintos.

CAPÍTULO XI

LO HICE COMO LO PROPUSE, y me fui a andar las calles sin destino, lleno de confusión, sin medio real ni arbitrio de tenerlo, y con bastante hambre, pues ni había cenado la noche anterior ni me había desayunado aquel día. En este fatal estado me dirigí a mi antigua guarida, al truco de la Alcaicería, a ver si hallaba en él a alguno de mis primeros conocidos que se doliera de mis penas, y tal vez me las socorriera de algún modo, a lo menos la ejecutiva de mi estómago.

No me equivoqué en la primera parte, porque hallé en el truco a casi todos los antiguos concurrentes, los que, luego que me vieron, conocieron y se impusieron de mi deplorable estado; y en vez de compadecerse de mi suerte, trataron de burlarse alegremente de mi desgracia, diciéndome:

—¡Oh, señor don Pedro! ¡Cómo se conoce que los pobres hedemos a muertos! Cuando usted tuvo su bonanza no se volvió a acordar para nada de nosotros ni de los favores que nos debió. Si nos encontraba en alguna calle, se hacía de la vista gorda y pasaba sin saludarnos; si alguno de nosotros le hablaba, hacía que no nos conocía; si lo ocupábamos alguna vez, nos mandaba desairar con Roque, aquel su barbero que también anda ya hecho un andrajo, y finalmente manifestó en su bonanza todo el desprecio que le fue posible hacia nosotros. Señor don Pedro, el dinero tiene la gracia, para algunos, de hacerlos olvidadizos con sus mejores amigos si son pobres. Usted, cuando tuvo dinero, procuró no rozarse con nosotros por pobres, y así ahora que está pelado, váyase allá con sus amigos los señores de capas y casacas, y no vuelva a poner aquí los pies mientras que no traiga un peso qué jugar, porque nosotros no queremos juntarnos con su merced.

De este modo me insultó cada uno lo mejor que pudo, y yo no tuve más oportuna respuesta que marcharme, como suelen decir, con la cola entre las piernas, reflexionando que cuanto me habían dicho era cierto, y era fuerza que yo recogiera el fruto de mi vanidad y mis locuras.

Como el hambre me apuraba, traté de ir a pedir algún socorro a los amigos que me habían comido medio lado y se habían divertido a mi costa.

No me fue difícil hallarlos, pero ¡cuál fue mi cólera y mi congoja cuando, después de avergonzarme con todos presentándome a su vista en un estado tan indecente, después de referirles mis miserias y provocar su piedad con aquella energía que sabe usar la indigencia en tales ocasiones, sólo escuché desprecios, sátiras y burletas!

Unos me decían:

—Usted tiene la culpa de verse en ese estado; si no hubiera sido calavera, hoy tendría qué comer.

Otros:

—Amigo, yo apenas alcanzo para mantener a mi familia; todavía está usted mozo y robusto, siente plaza en un regimiento, que el rey es padre de pobres.

Otros, fingiendo una grande admiración me decían:

—¡Válgame Dios! ¿Y cómo se le arrancó a usted tan pronto?

Yo lo decía, y ellos replicaban:

—Aquellos gastos y vanidades de usted no podían tener otro fin.

Otros:

—Vaya usted con esas quejas a los ricos, que a ellos se les debe pedir limosna y no a los pobres como yo.

Así me iban todos despidiendo, y los más piadosos me hacían creer que se compadecían de mi desgracia, pero que no la podían remediar.

De esta suerte, triste, despechado y hambriento, salí de todas partes, sin que hubiera habido uno de tantos que se lisonjeaban de llamarse mis amigos que me hubiera dado siquiera un pocillo de chocolate.

A mí ya no me cogían muy de nuevo estas ingratitudes; pero no me había aprovechado de sus lecciones. Pensaba que todos los que se dicen amigos en el mundo lo eran de las personas y no de sus intereses; mas entonces y después he visto que hay muchos amigos, pero muy pocas amistades.

La falsedad de los amigos es muy antigua en el mundo. En el libro más santo y verdadero se leen todas estas sentencias: [1] *Hay amigos de tiempos, que no permanecen en el día de la tribulación. Hay amigos muy puntuales a la mesa, que no serán así en el día de la necesidad.* En el mismo lugar se dice: *Dichoso el que ha hallado un amigo verdadero. En el tiempo de su tribulación permanécele fiel. Sé fiel con el amigo en su pobreza. Yo no me confundiré o avergonzaré de saludar a mi amigo; no me excusaré de él, y si me viniere algún mal por su causa, lo sufriré.* Alabando al buen amigo, dice: *Que el amigo fiel es una robusta protección, que el que lo halló encontró un tesoro, y, por último, dice: Que ninguna comparación es propia para ensalzar al fiel amigo, ni junto a su bondad es digna la ponderación del oro ni de la plata.*

¿Pero quién será este desintere-

[1] *Eclesiást.* Cap. 6, Vs. 8, 10, 14, 15 y 17; Cap. 22, Vs. 28 y 31; Cap. 26, Vs. 12 y 23.

sado, este prudente, este fiel y este amigo verdadero? *El que teme a Dios,* dice el mismo *Eclesiástico, ése sabrá tener una buena amistad.*

Lejos estaba yo en esos tiempos de saber estas cosas, ni de valerme de los escarmientos que el mismo mundo me proporcionaba; y así es que, sin sentir más que las penas actuales que me afligían, viendo que la esperanza que yo tenía en mis falsos amigos se había acabado, que no hallaba abrigo ni consuelo en parte alguna, y, que mi hambre crecía por momentos, eché mano de mi pobre chupa para venderla, como lo hice, y me fui a almorzar, sobrándome creo que ocho o diez reales.

El día lo pasé adivinando en dónde me quedaría en la noche; pero cuando ésta llegó se me juntó el cielo con la tierra, no teniendo un *jacal* en donde recogerme.

En este estado determiné arrojarme a la casa del sastre que me hizo la ropa, y pedirle que por Dios me hospedara en esa noche.

Con esta determinación iba yo por la calle de los Mesones, cuando vi en una accesoria a Luisa, nada indecente. Parecióme más bonita que nunca, y creyendo volver a lazar su amistad, y valerme de ella para aliviar mis males, me acerqué a su puerta, y con una voz muy expresiva le dije:

—Luisa, querida Luisa, ¿me conoces?

Ella se acordó, sin duda, de mi voz; pero para certificarse, me dijo:

—No, señor, ¿quién es usted?

A lo que contesté:

—Yo soy Pedro Sarmiento, aquel Pedro que te ha querido tanto, y que cuando tuvo proporciones te sostuvo en un grado de decencia y señorío al que tú jamás hubieras llegado por tu propia virtud.

—¡Ah, sí! —decía la socarrona Luisa—. Usted es, señor Periquillo Sarniento, el que fue mozo del difunto Chanfaina, y el que me echó a bofetadas de su casa. Ya me acuerdo, y cierto que tengo harto que agradecerle.

—Bien está Luisa —le respondí—; pero tu infidelidad con Roque dio margen a aquel atropellamiento.

—Ya eso pasó —decía Luisa—, y ahora ¿qué quiere usted?

—¿Qué he de querer? Volver a disfrutar tus caricias.

—¿Pues no ve usted —contestó— que eso es tontera? Vaya, no me haga burla, ni se meta con las infieles. Váyase con Dios, no venga mi marido y lo halle platicando conmigo.

—Pues hija, ¿qué, te has casado?

—Sí, señor, me he casado y con un muchacho muy hombre de bien, que me quiere mucho y yo a él. ¿Pues qué, pensaba usted que me había de faltar? No, señor; si usted me escupió, otro me recogió. En fin, yo no quiero pláticas con usted.

Diciendo esto se entró, y me hubiera dado con la puerta en la cara si yo, tan atrevido como incrédulo de su nuevo estado, no me hubiera metido detrás de ella.

Así lo hice, y la pobre Luisa, toda asustada, quiso salirse a la calle; pero no pudo, porque yo la afiancé de los brazos, y forcejeando los dos, ella por salirse y yo por detenerla, fue a dar sobre la cama. Comenzó a alzar la voz para defenderse, y casi a gritos me decía:

—Váyase usted, señor Perico, o señor diablo, que soy casada y no trato de ofender a mi marido.

La puerta de la accesoria se quedó entreabierta; yo estaba ciego, y ni atendí a esto, ni previne que sus gritos, que esforzaba a cada instante, podían alborotar a los que pasaban por la calle y exponerme, cuando menos, a un bochorno.

¡Ojalá nomás hubiera parado en esto! Pero el cielo me preparaba castigo más condigno a mi crimen. Como había de entrar Sancho o Martín, entró el marido de Luisa, y tan perturbada estaba ésta, tratando de desasirse de mí, como enajenado yo por hacerla que de nuevo se rindiera a mis atrevidas seducciones; de suerte que ninguno de los dos advertimos que su marido, entrecerrando mejor la puerta, ha-

bía estado mirando la escena el tiempo que le bastó para certificarse de la inocencia de su mujer y de mis execrables intentos.

Cuando se satisfizo de ambas cosas, partió sobre mí como un rayo desprendido de la nube, y sin decir más palabras que éstas, "Pícaro, así se fuerza a una mujer honrada", me clavó un puñal por entre las costillas con tal furia que la cacha no entró porque no cupo.

—¡Jesús me valga! —dije yo al tiempo de caer al suelo revolcándome en mi sangre.

Mi caída fue de espaldas, y el irritado marido, queriendo concluir la obra comenzada, alzó el brazo armado apuntándome la segunda puñalada al corazón. Entonces yo, lleno de miedo, le dije:

—Por María Santísima, que me deje usted confesar, y aunque me mate después.

Esta voz, o el patrocinio de esta Señora, mediante la invocación de su dulce nombre, contuvo a aquel hombre enojado, y tirando el puñal, me dijo:

—Válgate ese divino nombre que siempre he respetado.

A este tiempo ya estaba el aposento lleno de gente; los serenos aseguraron al heridor; la pobre Luisa estaba desmayada del susto, y el confesor a mi lado.

Me medio confesé, no sé cómo; porque quién sabe cómo se hacen las confesiones, los arrepentimientos y propósitos en unos lances tan apurados en que el hombre apenas basta para luchar con los dolores de las heridas y el temor de la muerte.

Pasada esta ceremonia, que en mi conciencia no fue otra cosa, atendida mi ninguna disposición, perdonado mi enemigo con la boca, y trasladado éste a la cárcel con su esposa injustamente, sólo se decía de mí que moría sin remedio; porque me desangraba demasiado, sin haber quien me restañara la sangre, o que siquiera me tapara la herida, ni aun cierto cirujano que por casualidad entró allí, pues todos decían que era preciso que interviniera orden

de la justicia para estas urgentísi-
mas diligencias.

La efusión de sangre que padecía
era copiosa, y me debilitaba por
momentos; la basca anunciaba mi
próxima muerte; toda la naturaleza
humana se conmovía al dolor y al
deseo de socorrerme a la presencia
de mi cadavérico semblante; pero
nadie se determinaba a impartirme
los auxilios que le dictaba su caridad, ni aun a moverme de aquel
sitio, hasta que quiso Dios que con
la orden del juez llegó la camilla y
me condujeron a la cárcel.

Pusiéronme en la enfermería, y
como era de noche, tardó en llegar
el cirujano; y cuando vino, haciendo
ponerme boca abajo, me introdujo
la tienta, que me dolió más que el
puñal; me puso una vela en la herida para saber si el pulmón estaba
roto e hizo no sé cuántas más ma-
niobras, y concluidas, ocurrió a res-
tañarme la sangre, que le costó poco
trabajo en virtud de la mucha que
yo había echado.

Después me dieron atole o no sé
qué otro confortativo semejante, de-
clarando que la herida no era
mortal.

Aquella noche la pasé como Dios
quiso, y al día siguiente me llevaron al hospital, donde no extrañé ni
la prolijidad del médico, ni la asistencia de la enfermería de la cárcel.

Allí, en la cama, di mis declaraciones y disculpas, que acordes con
las de Luisa, bastaron para ponerla
en libertad con su marido.

A los veinte días me dio por bueno el cirujano, y atendiendo los jueces a mis descargos y al tiempo y
dolencias que había padecido, me
pusieron en libertad, notificándome
que jamás volviese a pasar por los
umbrales de Luisa, lo que yo prometí cumplir de todo corazón, como
que no era para menos el susto que
había llevado.

Cátenme ustedes fuera del hospital, en la calle como siempre y sin
medio en la bolsa; porque no sé si
los serenos, los enfermeros de la
cárcel o los del hospital, me hicieron el favor de robarme los pocos
que me sobraron de la venta de mi
chupa, aunque algunos de ellos fueron sin duda.

Fuera del hospital traté siempre
de buscar destino que siquiera me
diera qué comer. Por accidente se
me puso en la cabeza entrar a misa
en la parroquia de San Miguel.

La oí con mucha devoción, y al
salir de ella encontré en la puerta
de la iglesia a un antiguo conocido,
con quien comuniqué mis trabajos.
Éste me dijo que era el sacristán
de allí y necesitaba un ayudante,
que si yo quería, me acomodaría en
su servicio.

—En la hora —le dije—; pero me
has de dar de almorzar, que tengo
mucha hambre.

El pobre lo hizo así; me quedé
con él, y cátenme aquí ya de aprendiz de sacristán.

CAPÍTULO XII

EN EL QUE SE REFIERE CÓMO PERIQUILLO SE METIÓ A SACRISTÁN, LA
AVENTURA QUE LE PASÓ CON UN CADÁVER, SU INGRESO EN LA COFRADÍA
DE LOS MENDIGOS Y OTRAS COSILLAS TAN CIERTAS COMO CURIOSAS

SI TODOS LOS HOMBRES dieran al público sus vidas escritas con la sencillez y exactitud que yo, aparecerían una multitud de Periquillos en el mundo, cuyos altos y bajos, favorables y adversas aventuras se nos esconden, porque cada uno procura ocultarnos sus deslices.

Los pasajes de mi vida que os he referido y los que me faltan que escribir, nada tienen, hijos míos, de violentos, raros ni fabulosos; son bastante naturales, comunes y ciertos. No sólo por mí han pasado, sino que los más de ellos acaso acontecen diariamente a los Pericos encubiertos y vergonzantes. Yo sólo os ruego lo que otras veces, esto es, que no leáis mi vida por un mero pasatiempo; sino que de entre mis extravíos, acaecimientos ridículos, largas digresiones y lances burlescos, procuréis aprovechar las máximas de la sólida moral que van sembradas, imitando la virtud donde la conociereis, huyendo del vicio y escarmentando siempre en las cabezas de los malos castigados. Esto será saber entresacar el grano de la paja, y de este modo leeréis no sólo con gusto, sino con fruto, el presente capítulo y los que siguen.

Acomodado de sota-sacristán con un corto salario y un escaso plato que me proporcionó mi patrón, comencé a servirle en cuanto me mandaba.

No me fue difícil agradarle, porque un muchacho de doce años, hijo de él, me aleccionó no sólo en mis obligaciones, sino en el modo de tener mis percances; y así pronto aprendí a esconder las chorreaduras de las velas y aun cabos enteros para venderlos; a sisar el vino a los padres, a importunar a los novios y a los padrinos de bautismo para que me diesen las propinas, y a hacer mayores estafas y robillos, de los que no formaba el menor escrúpulo.

En poco tiempo fui maestro, y ya mi jefe se descuidaba conmigo enteramente. Una virtud y un defecto más que llevé al oficio, se me olvidaron a poco tiempo de aprendiz.

La virtud era un aparente respeto que conservaba a las imágenes y cosas sagradas, y el defecto era el mucho miedo que tenía a los muertos; pero todo se acabó. Al principio, cuando pasaba por delante del sagrario, hincaba ambas rodillas, y cuando me levantaba de noche a atizar la lámpara temblaba de miedo, y hasta mi sombra y el ruido de los gatos se me figuraban difuntos que se levantaban de sus sepulcros. Pero después me hice tan irreverente, que cuando pasaba por frente del tabernáculo, me contentaba, cuando más, con dar un brinquillo a modo de indio danzante, y llegaba con mi sacrílega osadía hasta pararme sobre el ara.

Así como al augusto sacramento, a las imágenes, vasos y paramentos sagrados les perdí el respeto con el trato, así les perdí el miedo a los muertos después que los empecé a manejar con confianza para echarlos a la sepultura.

Mi compañero el aprendiz me sirvió de mucho, porque cuando yo entré al oficio, ya él tenía adelantado bastante, y así me hizo atrevido e irreverente; bien que yo, en recompensa, le enseñé a robar de un modo o dos que no habían llegado a su noticia.

El primero fue el de quedarse con un tanto a proporción de lo que colectaba para misas, y el segundo, a despojar a los muertos y muertas que no iban de mal pelaje a la hoya.

Una noche, por estas gracias, me sucedió una aventura que, si no me costó la vida, por lo menos me costó el empleo.

Fue el caso, que sepultando una tarde yo y mi compañero el muchacho a una señora rica que había muerto de repente, al meterla en el cajón advertí que le relumbraba una mano que se le medio salió de la manga de la mortaja. Al instante y con todo disimulo se la metí, echándole encima un tompiate de cal según es costumbre. Mientras que los acompañantes gorgoriteaban y el coro les ayudaba con la música, tuve lugar de decirle al compañero:

—Camarada, no aprietes mucho, que tenemos despojos y buenos.

Con esto, dando propiamente un martillazo en el clavo y ciento en el cajón, encerramos a la difunta en el sepulcro, cuidando también de no amontonar mucha tierra encima para que nos fuera más fácil la exhumación. El entierro se concluyó, y los dolientes y mirones se fueron a sus casas creyendo que quedaba tan enterrado el cadáver como el que más.

Luego que me quedé solo con el sacristancillo, le dije lo que había observado en la mano de la muerta, y que no podía menos sino ser un buen cintillo que por un grosero descuido u otra casualidad imprevista se le hubiese quedado.

El muchacho parece que lo dudaba, pues me decía:

—Cuando no sea cintillo, ella es muerta rica, y a lo menos ha de tener rosario y buena ropa; y así no debemos perder esta fortuna que se nos ha metido por las puertas, y más teniendo ahorrado el trabajo de desclavar el cajón, pues los clavos apenas agujerarían la tapa. Ello es que no es de perder esta ocasión.

Resueltos de esta manera, esperamos que dieran las doce de la noche, hora en que el sacristán mayor dormía en lo más profundo de su sueño, y prevenidos de una vela encendida bajamos a la iglesia.

Comenzamos a trabajar en la maniobra de sacar tierra hasta que descubrimos el cajón, el que sacamos y desclavamos con gran tiento.

Levantada la tapa, sacamos fuera el cadáver y lo paramos, arrimándose mi compañero con él al altar inmediato, teniéndolo de las espaldas sobre su pecho con mil trabajos, porque no podía ser de otro modo el despojo, en virtud de que el cuerpo había adquirido una rigidez o tiesura extraordinaria.

En esta disposición acudí yo a las manos, que para mí era lo más interesante. Saqué la derecha y vi que tenía, en efecto, un muy regular cintillo, el que me costó muchas gotas de sudor para sacarlo, ya por no sé qué temor que jamás me faltaba en estas ocasiones, y ya por las fuerzas que hacía, tanto para ayudársela a tener al compañero, como para sacarle el cintillo, porque tenía la mano casi cerrada y los dedos medio hinchados y muy encogidos; pero ello es que al fin me vi con él en mi mano.

Pasamos a registrar y ver el estado de la demás ropa, y observé que el compañero no se equivocó en haberla creído buena, porque la camisa era muy fina, las enaguas blancas lo mismo; tenía las de encima casi nuevas de fino cabo de China, un ceñidor de seda, un pañuelo de cambray, un rosario con su medalla que me quedé sin saber de qué era, y sus buenas medias de seda.

—Todo eso es plata —me decía mi camarada—; pero, ¿cómo haremos para desnudarla?, porque este diablo de muerta está más tiesa que un palo.

—No te apures —le dije—, cógele los brazos y ábreselos, teniéndola en cruz, mientras que yo le desato el ceñidor, que debe ser la primera diligencia.

Así lo hizo el compañero. con harto trabajo, porque los nervios de los brazos apetecían recobrar el primer estado en que los dejó la muerte.

La difunta era medio vieja y tenía una cara respetable; nuestro atrevimiento era punible; la soledad y oscuridad del templo nos llenaba de pavor, y así procurábamos apresurar el mal paso cuanto nos era dable.

Para esto me afanaba en desatar el ceñidor, que estaba anudado por detrás, pero tan ciegamente que por más que hacía no podía desatarlo. Entonces le dije al compañero que yo le sujetaría los brazos, mientras que él lo desataba, como que estaba más cómodo.

Así se determinó hacer de común acuerdo. Le afiancé los brazos, levantó mi compañero la mortaja y comenzó a procurar desatarla; pero no conseguía nada por la misma razón que yo.

En prosecución de su diligencia, se cargaba sobre el cadáver, y yo lo apretaba contra él porque ya me lo echaba encima, y como yo estaba abajo de la tarima me vencía la superioridad del peso, que es decir que teníamos el cadáver en prensa.

Tanto hizo mi compañero, y tanto apretamos a la pobre muerta, que le echamos fuera un poco de aire que se le habría quedado en el estómago; esto conjeturo ahora que sería, pero en aquel instante y en lo más riguroso de los apretones, sólo atendimos a que la muerta se quejó y me echó un tufo tan asqueroso en las narices, que aturdido con él y con el susto del quejido, me descoyunté todo y le solté los brazos que, recobrando el estado que tenían, se cruzaron sobre mi pescuezo a tiempo que un maldito gato saltó sobre el altar y tiró la vela, dejándonos atenidos a la triste y opaca luz de la lámpara.

Excusado parece decir que con tantas casualidades, viniéndose el cuerpo sobre mí, y acobardándome imponderablemente, caí privado bajo del amortajado peso a las orillas de su misma sepultura.

El cuitado ayudante, cuando oyó quejar a la señora muerta, vio que me abrazaba y caía sobre mí y al feroz gato saltando junto de él, creyó que nos llevaban los diablos en castigo de nuestro atrevimiento, y sin tener aliento para ver el fin de la escena cayó también sin habla por su lado.

El susto no fue tan trivial que nos diera lugar a recobrarnos prontamente. Permanecimos sin sentido tirados junto a la muerta hasta las cuatro de la mañana, hora en que levantándose el sacristán y no encontrándonos en su cuarto, creyó que estaríamos en la sacristía previniendo los ornamentos para que dijera misa el señor cura, que era madrugador.

Con este pensamiento se dirigió a la sacristía, y no hallándonos en ella fue a buscarnos a la iglesia. ¡Pero cuál fue su sorpresa cuando vio el sepulcro abierto, la difunta exhumada y tirada en el suelo, acompañada de nosotros, que no dábamos señales de estar vivos! No pudo menos sino dar parte del suceso al señor cura, quien luego que nos vio en la referida situación, hizo que bajaran sus mozos y nos llevaran adentro, procediendo en el momento a sepultar el cadáver otra vez.

Hecha esta diligencia, trató de que nos curaran y reanimaran con álcalis, ventosas, ligaduras, lana quemada y cuanto conjeturó sería útil en semejante lance.

Con tantos auxilios nos recobramos del desmayo y tomamos cada uno un pocillo de chocolate del mismo cura, el que luego que nos vio fuera de riesgo nos preguntó la causa de lo que habíamos padecido y de lo que había visto.

Yo, advirtiendo que el hecho era innegable, confesé ingenuamente todo lo ocurrido, presentándole al cura el cintillo, quien luego que oyó nuestra relación, tuvo que hacer bastante para contener la risa; pero acordándose que era él responsable de estos desaciertos, encargó el castigo de mi compañero a su padre, y a mí me dijo que me mudara en el día, agradeciéndole mucho que no nos enviara a la cárcel, donde me aplicarían la pena que señalan las leyes contra los que quebrantaban los sepulcros, desentierran los cadáveres y les roban hábitos, alhajas u otra cosa.

—Esta pena —decía el cura—, sepa usted para que otra vez no incurra en igual delito, es que si las sepulturas se quebrantan con fuerza de armas, tienen los infractores pena de muerte; y si es sin ellas clandestinamente, como ahora, deben ser condenados a las labores del rey. Pero yo, que caritativamente quiero excusarlo de esta pena, no puedo mantenerlo en mi curato, porque quien se atreve a un cadáver por robarle un cintillo, con más facilidad se atreverá a despojar una imagen o un altar mañana que otro día. Conque váyase usted y no lo vuelva a ver en mi parroquia.

Diciendo esto, se retiró el cura; a mi compañero le dio su padre una buena zurra de latigazos y yo me marché para la calle antes que otra cosa sucediera.

Volví a tomar mi acostumbrado trote en estas aventuras desventuradas. Los truquitos, las calles, las pulquerías y los mesones eran mis asilos ordinarios, y no tenía mejores amigos ni camaradas que tahúres, borrachos, ociosos, ladroncillos y todo género de *léperos*, pues ellos me solían proporcionar algún bocado frío, harta bebida y ruines posadas.

Cuatro meses permanecí de sacristán haciendo mis estafillas, con las cuales, más que con mi ratero salario, compré tal cual miserable trapillo que di al traste a los quince días de mi expulsión.

Me acuerdo que un día, no teniendo qué comer, encontré a un amigo frente de la catedral por el Portal de las Flores, y pidiéndole medio real para el efecto, me dijo:

—No tengo blanca; estoy en la misma que tú, y quería que me llevaras a almorzar a la Alcaicería,

que según he oído a la vieja bodegonera, allá te tiene cuanto ha guardado, dos o tres reales.

—En verdad que así es —le dije—, pero con el gusto de mis bonanzas se me habían olvidado. Me admiro mucho de la buena conciencia de la bodegonera; si otra fuera, ya eso estaba perdido.

En esto nos fuimos a comer como pudimos, y concluida la comida, se fue mi amigo por su lado y yo por el mío a seguir experimentando mis trabajos como antes.

Ya hecho un piltro, sucio, flaco, descolorido y enfermo en fuerza de la mala vida que pasaba, me hice amigo de un andrajoso como yo, a quien contándole mis desgracias, y que no me había valido ni acogerme a la Iglesia, como si hubiera sido el delincuente más alevoso del mundo, me dijo que él tenía un arbitrio que darme, que cuando no me proporcionara riquezas, a lo menos me daría de comer sin trabajar, que era fácil y no costaba nada emprenderlo, que algunos amigos suyos vivían de él, que yo estaba en el estado de abrazarlo, y que si quería no me arrepentiría en ningún tiempo.

—Pues, ¿no he de querer? —le respondí—, si ya estoy que ladro de hambre y los piojos me comen vivo.

—Pues bien —dijo el deshilachado—, vamos a casa, que a las nueve van llegando mis discípulos, y después que cene usted oirá las lecciones que les doy y los adelantamientos de mis alumnos.

Así lo hice. Llegamos a las ocho de la noche a la casita, que era un cuarto de casa de atoleras por allá por el barrio de Necatitlán, muy indecente, sucio y hediondo. Allí no había sino un braserito de barro que llaman anafe, cuatro o seis petates enrollados y arrimados a la pared, un escaño o banco de palo, una estampa de no sé qué santo en una de las paredes con una repisa de tejamanil, dos o tres cajetes con orines, un banquito de zapatero, muchas muletas en un rincón, algunos tompeates y porción de ollitas por otro, una tabla con parches, aceites

y ungüentos y otras iguales baratijas.

De que yo fui mirando la casa y
el fatal ajuar de ella, comencé a
desconfiar de la seguridad del proyecto que acababa de indicar el tra-
poso, y él, conjeturando mi desconfianza por la mala cara que estaba
poniendo, me dijo:

—Señor Perico, yo sé lo que le
vendo. Esta vivienda tan ruin, estos
petates y muebles que ve, no son
tan despreciables e inservibles como
a usted le parecen. Todo esto ayuda
para el proyecto, porque...

A este tiempo fueron llegando de
uno en uno y de dos en dos hasta
ocho o nueve vagabundos, todos rotos, sucios, emparchados y dados al
diablo; pero lo que más me admiró
fue ver que conforme iban entrando arrimaban unos sus muletas a
un rincón y andaban muy bien con
sus dos pies; otros se quitaban los
parches que manifestaban y quedaban con su cutis limpio y sano; otros
se quitaban unas grandes y pobladas
barbas y cabelleras canas con las
que me habían parecido viejos, y
quedaban de una edad regular; otros
se enderezaban o desencorvaban al
entrar, y todos dejaban en la puerta del cuartito sus enfermedades y
males, y aparecían los hombres y
aun una mujer que entró, muy útiles
para tomar el fusil, y ella para moler un almud de maíz en un metate.
Entonces, lleno de la más justa admiración, le dije a mi desastrado
amigo:

—¿Qué es esto? ¿Es usted algún
santo cuya sola presencia obra los
milagros que yo veo, pues aquí todos llegan cojos, ciegos, mancos, tu-
llidos, leprosos, decrépitos y lisia-
dos, y apenas pisan los umbrales
de esta asquerosa habitación, cuando se ven no sólo restituidos a su
antigua salud, sino hasta remoza-
dos, maravilla que no la he oído
predicar de los santos más pondera-
dos en milagros?

Rióse el despilfarrado con tantas
ganas, que cada extremo de su abierta boca besaba la punta de sus orejas. Sus compañeros le hacían el bajo

del mismo modo, y cuando descan-
saron un poco, me dijo el susodicho:

—Amigo, ni yo ni mis compañeros
somos santos ni nos hemos juntado
con quien lo sea, y esto créalo usted sin que lo juremos. Estos milagros que a usted pasman no los
hacemos nosotros, sino los fieles
cristianos, a cuya caridad nos ate-
nemos para enfermar por las mañanas y sanar a la noche de todas
nuestras dolencias. De manera que
si los fieles no fueran tan piadosos,
nosotros ni nos enfermaríamos ni
sanaríamos con tanta facilidad.

—Pues ahora estoy más en ayu-
nas que antes, y deseo con más ansias saber cómo se obran tantos pro-
digios y cómo se pueden verificar
en virtud de la piedad de los cristianos, y deseara —añadí— que usted me hiciera favor de no dejarme
con la duda.

—Pues, amigo —me contestó el
roto—, a bien que es usted de confianza y le importa guardar el secreto. Nosotros ni somos ciegos, ni
cojos, ni corcovados como parece-
mos en las calles. Somos unos
pobres mendigos que echando relaciones, multiplicando plegarias, llorando desdichas, y porfiando y moliendo a todo el mundo, sacamos
mendrugo al fin. Comemos, bebe-
mos (y no agua), jugamos, y algunos mantenemos nuestras *pichicua-
racas* [1] como Anita (esta Anita era
la trapientona rolliza y no muy fea
que acababa de entrar con un chi-
quillo en brazos, amasia [2] del patrón o del mendigo mayor, que era
quien me hablaba). El modo es
—proseguía el desastrado— fingirse
ciegos, baldados, cojos, leprosos y
desdichados de todos modos; llorar,
pedir, rogar, echar relaciones, decir
en las calles blasfemias y desatinos,
e importunar al que se presente de
cuantas maneras se pueda, a fin de
sacar raja, como lo hacemos. Ya

[1] Con este nombre suele designarse
la amiga o mujer con quien se vive en
amistad ilícita.—E.
[2] Lo mismo que manceba, amiga o
barragana.—E.

tiene usted aquí todo lo milagroso del oficio y el gran proyecto que le ofrecí para no morirse de hambre. Ello es menester no ser tontos, porque el tonto para nada es bueno, ni para bien ni para mal. Si usted sabe valerse de mis consejos comerá, beberá y hará lo que quiera, según sea su habilidad, pues la paga será como su trabajo; pero si es tonto, vergonzoso o cobarde, no tendrá nada. Éstos que usted ve, a mí me deben sus adelantos; pero saben hacer su diligencia. Ahora lo verá usted.

En esto fueron todos dando sus cuentas en clase de conversación, de lo que habían buscado en el día, y cada uno enseñó sus ollitas y tompeates llenos de mendrugos y sobras de los platos ajenos, a más de algunos realillos que habían juntado. Llegó a lo último la dicha Anita, y sólo presentó cinco reales, diciendo:

—Como este diablo de muchacho está curtido, apenas he comido hoy y he juntado esto poco, pero mañana me la pagará.

Admirado yo con esta relación, traté de informarme de raíz cómo podía contribuir aquel tierno niño al oficio de los mendigos, y supe con el mayor dolor que aquella indigna madre y despiadada mujer pellizcaba al pobre inocente cuando pedía limosna, a fin de conmover a los fieles y excitar su caridad con la vehemencia de sus gritos.

No me escandalicé poco con semejante inhumanidad; pero advirtiendo lo fácil y socorrido del oficio, disimulé cuanto pude y me decidí a entrar de aprendiz desde aquella hora.

Era cosa célebre oír contar a aquellos tunantes los arbitrios de que se valían para sacar los medios de las faltriqueras más estreñidas. Unos decían que se fingían ciegos, otros insultados, otros asimplados, otros leprosos y todos muertos de hambre.

Mi amigo, el jefe o maestro de la cuadrilla, me dijo:

—¿Pues ve usted? Yo soy quien les he dictado a cada uno de estos pobres el modo con que han de buscar la vida, y por cierto que ninguno está arrepentido de seguir mis consejos; contentándome yo con lo poco que ellos me quieren dar para pasar la mía, pues ya estoy jubilado y quiero descansar, porque he trabajado mucho en la carrera. Si usted quiere seguirla, dígame cuál es su vocación para habilitarlo de lo necesario. Si quiere ser cojo, le daremos muletas; si baldado o tullido, su arrastradera de cuero; si llagado, parches y trapos llenos de aceites; si anciano decrépito, sus barbas y cabellera; si asimplado, usted sabrá lo que ha menester, y, en fin, para todo tendrá los instrumentos precisos, entrando en esto los tompeates, ollas, trapos y bordones o báculos que necesite. En inteligencia que ha de vivir con nosotros, no ha de ser zonzo para pedir, ni corto para retirarse al primer desdén que le hagan; ha de tener entendido que no siempre dan limosnas los hombres por Dios; muchas veces las dan por ellos y algunas por el diablo. Por ellos, cuando las dan por quitarse de encima a un hombre que los persigue dos cuadras sin temer sus excusas ni sus baldones; y por el diablo cuando dan limosna por quedar bien y ser tenidos por liberales, especialmente delante de las mujeres. Yo me he envejecido en este honroso destino, y sé por experiencia que hay hombres que jamás dan medio a un pobre sino cuando están delante de las muchachas a quienes quieren agradar, ya sea porque los tengan por francos, o ya por quitarse de delante a aquellos testigos importunos, que acaso con su tenacidad les hacen mala obra en sus galanteos o les interrumpen sus conversaciones seductoras. Esto digo a usted para que no se canse al primer *perdone por Dios* que le digan, sino que siga, prosiga y persiga al que conozca que tiene dinero, y no lo deje hasta que no le afloje su pitanza. Procure ser importuno, que así sacará mendrugo. Acometa a los que vayan con mujeres antes que a los que vayan solos. No pida a militares, frailes, colegiales ni trapientos, pues todos estos individuos profesan la santa pobreza, aunque no todos con voto; y, por último, no pierda de vista el ejemplo de sus compañeros, que él le enseñará lo que debe hacer, y las fórmulas que ha de observar para pedir a cada uno según su clase.

Yo le di a mi nuevo maestro las gracias por sus lecciones y le dije que mi vocación era de ciego, pues consideraba que me costaría poco trabajo fingir una gota serena y andar con un palo como a tientas, y tenía observado que ningún pobre suele conmover a lástima mejor que un ciego.

—Está bien —me contestó mi desaliñado director—; pero ¿sabe usted algunas relaciones?

—¡Qué he de saber —le respondí—, si nunca me he metido a este ejercicio!

—Pues, amigo —continuó él—, es fuerza que las sepa, porque ciego sin relaciones es título sin renta, pobre sin gracia y cuerpo sin alma; y así es menester que aprenda algunas, como la *Oración del justo juez, el Despedimiento del cuerpo y del alma,* y algunos ejemplos e historias de que abundan los ciegos falsos y verdaderos, las mismas que oirá usted relatar a sus compañeros, para que elija las que quiera que le enseñen. También es necesario que sepa usted el orden de pedir según los tiempos del año y días de la semana; y así los lunes pedirá por la Divina Providencia, por San Cayetano y por las almas del purgatorio; los martes, por el Señor San Antonio de Padua; los miércoles, por la preciosa sangre; los jueves, por el Santísimo Sacramento; los viernes, por los dolores de María Santísima; los sábados, por la pureza de la Virgen, y los domingos, por toda la corte del cielo. No hay que descuidarse en pedir por los santos que tienen más devotos, especialmente en sus días, y así ha de ver el almanaque para saber cuándo es San Juan Nepomuceno. Se-

ñor San José, San Luis Gonzaga, Santa Gertrudis, etc., como también debe usted tener presente el pedir según los tiempos. En Semana Santa pedirá por la pasión del Señor; el día de muertos, por las benditas ánimas; el mes de diciembre, por Nuestra Señora de Guadalupe; y así en todos los tiempos irá pidiendo por los santos y festividades del día; y cuando no se acuerde, pedirá por el santo del día que es hoy, como lo hacen los compañeros. Éstas parecen frivolidades, pero no son sino astucias indispensables del oficio, porque con estas plegarias a tiempo, se excita mejor la piedad y devoción y aflojan el mediecillo los caritativos cristianos.

En esto se pusieron aquellos pillos a decir sesenta romances y referir doscientos ejemplos y milagros apócrifos, y cada uno de ellos preñado de doscientas mil tonterías y barbaridades, que algunas de ellas podían pasar por herejías o cuando menos por blasfemias.

Aturdido me quedé al escuchar tantos despropósitos juntos, y decía entre mí: ¿Cómo es posible que no haya quien contenga estos abusos, y quien les ponga una mordaza a estos locos? ¿Cómo no se advierte que el auditorio que los rodea y atiende se compone de la gente más idiota y necia de la plebe, la que está muy bien dispuesta para impregnarse de los desatinos que éstos desparraman en sus espíritus, y para abrazar cuantos errores les introducen por sus oídos? ¿Cómo no se reflexiona que estos espantos y milagros apócrifos que éstos predican, unas veces inducen a los tontos a una ciega confianza en la misericordia de Dios, con tal que den limosna; otras a creer tal el valimiento de sus santos que se los representan más allá que el mismo Poder Divino,[3] y todas o las más, llenando sus cabezas de mentiras,

---

[3] Los que hayan tenido la paciencia de atender a muchas relaciones de mendigos sabrán que no hay aquí nada de falso.

espantos, milagros y revelaciones? Sin duda todo esto merece atención y reforma, y sería muy útil que todos los ciegos que piden por medio de sus relaciones, presentaran éstas en los pueblos a los curas, y en la capital y demás ciudades a algunos señores eclesiásticos destinados a examinarlas, los que jamás les permitieran predicar sino la explicación de la doctrina cristiana; trozos históricos, eclesiásticos o profanos; descripciones geográficas de algunos reinos o ciudades y cosas semejantes, pero cualesquiera cosas de éstas, bien hechas, en buen verso y mejor ensayadas; y de ninguna manera se les dejara pregonar tanta fábula que nos venden con nombre de ejemplos.

Parece trivial mi reflexión, mas si se observara, el tiempo diría el beneficio que de ella podría resultar al pueblo rudo, y los errores que impediría se propagasen.

En estas consideraciones me entretenía conmigo cuando me llamaron a cenar, de lo que no me pesó, porque tenía hambre.

Sentámonos en rueda en un petate y sin otro mantel que el mismo tule de que estaba tejido; nos sirvió la Anita un buen cazuelón de chile con queso, huevos, chorizos y longaniza; pero todo tan bien frito y sazonado, que sólo su olor era capaz de provocar el apetito más esquivo.

Luego que dimos vuelta a la cazuela, nos trajo un calabazo o *guaje* grande, lleno de aguardiente de caña, un vaso y otra cazuela de frijoles fritos con mucho aceite, cebolla, queso, chilitos y aceitunas, acompañado todo del pan necesario.

Cada uno de nosotros habilitó su plato, y comenzó el calabazo a andar la rueda, y cuando ya estábamos alegritos, me dijo el capataz de los mendigos:

—¿Qué le parece a usted, camarada, de esta vida? ¿Se la pasará mejor un conde?

—A fe que no —le contesté—, y a mí me acomoda demasiado, y doy mil gracias a Dios de que ya encon-

tré lo que he buscado con tanta ansia desde que tengo uso de razón, que era un oficio o modo de vivir sin trabajar; porque yo es verdad que siempre he comido, si no ya me hubiera muerto; pero siempre ¿qué trabajo no me ha costado? ¿Qué vergüenzas no he pasado? ¿Qué amos imprudentes no he tenido que sufrir? ¿A qué riesgos no me he expuesto? ¿Qué lisonjas no he tenido que distribuir, y qué sustos y aun garrotazos no he padecido? Mas ahora, señores, ¡cuánta no es mi dicha! ¿Y quién no envidiará mi fortuna al verme admitido en la honradísima clase de los señores mendigos, en cuya respetable corporación se come y se bebe tan bien sin trabajar? Se viste, se juega y se pasea sin riesgo; se disfrutan las comodidades posibles sin más costo que desprenderse de cierta vergüencilla que no puede menos que ocuparme los primeros días, pero vencida esta dificultad, que para mí no será cosa mayor, después diablo como todos, y aleluya. Yo, señor capitán y señores, ilustres compañeros, les doy mil y diez mil agradecimientos, suplicándoles me reciban bajo su poderosa protección, ofreciéndoles en justa recompensa no separarme de su preclara compañía el tiempo que Dios me concediere de vida, y emplearla toda en servicio de vuestras liberales personas.

Toda la comparsa soltó la carcajada luego que concluí mi desatinada arenga, y me ofrecieron su amistad, consejos e instrucciones. Se le dio otra vuelta al calabazo, y no tardamos mucho en verle el fondo, así como se lo vimos a las cazuelas.

Nos fuimos a acostar en los petates, que cierto que son camas bien incómodas, y más, juntas con el poco abrigo. Sin embargo, dormimos muy bien a merced del aguardiente que nos narcotizó o adormeció luego que nos tiramos a lo largo.

Al día siguiente se levantó Anita la primera, dejando dormida a su infeliz criatura; fue a traer atole y pambazos y nos desayunamos.

Luego que pasó el tosco desayuno, se fueron todos marchando para la calle con sus respectivas insignias. Yo me envolví la cabeza con unos trapos sucios, me colgué un tompeate con una olla al hombro, tomé mi palo, un perrito bien enseñado para que me guiase y salí por mi lado.

Al principio me costaba algún trabajillo pedir; pero poco a poco me fui haciendo a las armas, y salí tan buen oficial, que a los quince días ya comía y bebía grandemente, y a la noche traía seis y siete reales, y a veces más, a la posada.

Algún tiempo me mantuve a expensas de la piedad de los fieles mis amados hermanos y compañeros. De día hacía yo muy bien mi diligencia, pero mejor de noche, pues como entonces no tenía gota de vergüenza, importunaba con mis ayes a todo el mundo con tan lastimosas plegarias, que pocos se escapaban de tributarme sus mediecillos.

Una de estas noches, estando parado junto a la santa imagen del Refugio pidiendo con la mayor aflicción, ponderando mi necesidad y diciendo que no había comido en todo el día, aunque tenía en el estómago bastante alimento y algunos tragos del de caña, pasó un hombre decente a quien le acometí con mis acostumbrados quejumbres, y él deteniéndose a escucharme, me dijo:

—Hermano, me siento inclinado a socorrerlo, pero no tengo dinero en la bolsa. Si usted quiere, venga conmigo que no le pesará.

—Sea por amor de Dios —le dije—, yo iré con su merced a recibir su bendita caridad; pero es menester que tenga tantita paciencia, porque yo no miro, y necesito de ir junto a su buena persona.

—Esto es lo de menos —dijo el caballero—; yo, que deseo socorrerlo, hermano, nada perderé en servirle de lazarillo. Venga usted.

Tomóme de una mano y me llevó a su casa. Luego que llegamos me metió a su gabinete y me sentó frente de él en la mesa, donde había bastante luz.

¡Qué corrido no me quedé al advertir que el tal sujeto era puntualmente el mismo que me había dado tantos consejos en el mesón y me había guardado mi dinero! Pero como era ciego por entonces disimulé, y el sujeto dicho me habló de esta manera:

—Amigo, yo me alegro de que usted no me conozca por la vista, aunque siento mucho su fatal ceguedad que lo ha conducido al estado infeliz de pedir limosna, pudiendo estar en la situación de darla. No crea que lo pretendo reprender. Voy a socorrerlo, pero también a aconsejarle. Si usted no está muy ciego, bien me conocerá como yo lo conozco, y se acordará que soy el mismo que fui su depositario en el mesón. Sí, es fuerza que se acuerde, pues no ha pasado tanto tiempo; y si yo conocí a usted casi sin luz, en semejante despilfarrado traje y únicamente por la voz, usted ¿cómo no me ha de conocer mirándome muy bien, a favor de esta hermosa llama que nos alumbra, en mi antiguo traje, oyendo el eco de mi voz y recordando las señas que le doy? Ni me crea usted tan cándido que presuma que verdaderamente está usted ciego de los ojos del cuerpo, por más que esos andrajos me indiquen la ceguedad de su espíritu. Bien conozco que la situación de usted será tan infeliz que lo habrá obligado a abrazar esta carrera tan indecente por no meterse a robar; pero, amigo, sepa usted que no es otra cosa que un holgazán impune, una sanguijuela del Estado y tolerado ladrón, pero ladrón muy vil y muy digno del más severo castigo, porque es un ladrón de los legítimos pobres. Sí, señor, usted y sus infames compañeros no hacen más que defraudar el socorro a los realmente necesitados. Ustedes tienen la culpa de que yo y otros como yo, jamás demos medio real a un mendigo, porque estamos satisfechos de que los más que piden limosna pueden trabajar y ser útiles; y si no lo hacen, es porque han hallado un asilo seguro en la piedad mal entendida de los fieles, que piensan que la caridad consiste en dar indiscretamente. No, señor, la caridad debe ser bien ordenada; debe darse limosna, pero saberse antes a quién, cómo, cuándo, para qué, dónde y en qué se distribuye por los que la reciben; no todos los que piden necesitan pedir; no todos los que dicen que están en la última miseria, lo están en efecto; ni a todos los que se les da limosna la merecen. Mil veces se hace un perjuicio al mismo tiempo que se piensa beneficiar, y lo peor es que este perjuicio es trascendental al Estado, pues se mantienen ociosos y viciosos con lo mismo que se podían mantener los verdaderos pobres, que son los legítimos acreedores a los socorros públicos. Ni me crea usted sobre mi palabra. Oiga algo de lo mucho que han dicho sobre esto hombres sabios y profundos en la mejor política. Un autor [4] dice:

La mendicidad habitual aleja la vergüenza y hace al hombre enemigo de la industria... El verdadero pobre es el imposibilitado de trabajar. Consentir que el hábil pida limosna, es quitar a aquél y al cuerpo nacional el producto de su aplicación. Si se dirige mal la limosna, a favor del mendigo voluntario, degenera la caridad, reina de las virtudes, en protectora de los vicios; hallar muchos en ella la comida segura, es uno de los mayores estorbos de la aplicación. La falta de ocupación en la gente causa vicios, estragos y ruinas contra la misma inclinación de los más que se corrompen (como me parece que ha sucedido a usted). *Sin estudios o ejercicios, se entorpecen los hombres y los entendimientos. La potestad política más respetable en proporciones degradará su mérito al extremo de bárbara, no cultivando sus talentos.*

"El señor don Melchor Rafael de Macanaz, en su representación he-

cha al rey don Felipe V, expresando los notorios males que causan la despoblación... y otros daños sumamente atendibles y dignos de reparo, con las advertencias generales para su universal remedio, hablando de los mendigos, dice: *No se permitan pordioseros, porque a veces los que de día parecen baldados, de noche están aptos para robar. Además que en ninguna corte culta se permiten.* Poco antes, dice: *Si les va bien pidiendo limosna, no trabajan, se entregan gustosos al abandono, y... se convierten en viciosos.* [5]

"Mas estas advertencias, aunque sean muy juiciosas, no pueden serlo más que las que tenemos con mucha anticipación en las sagradas letras. Al primer hombre maldijo Dios diciéndole que comería con el sudor de su rostro. Después, dijo que el jornalero es digno de su jornal; y en otra parte, que el buey que arara (ésta es la ley que observan los israelitas), que al buey que arara o trillara no se le atara la boca; dándonos a entender que el que trabaja debe comer de su trabajo, así como el que sirve al altar, debe comer del altar.

"Por último, el apóstol San Pablo, siendo acreedor a los caritativos socorros de los fieles, no quiso molestarlos, sino que trabajaba con sus manos para ganar la vida [6] y así se los escribió a los Tesalonicenses en la *Epístola 2*, cap. 3. *Bien sabéis* —les dice— *que nadie tuvo que mantenerme de limosna, y que por no seros gravoso, trabajaba de día y de noche... y así el que no quiera trabajar que no coma: quoniam si quis non vult operari nec manducet.*

"En vista de esto, amigo, ¿cuál será la justa disculpa que tendrá ningún flojo ni floja para pretender mantenerse a costa de la piedad mal entendida de los fieles, defraudando

---

[4] El licenciado don Francisco Peñaranda, en su *Resolución universal sobre el sistema económico y político más conveniente a España.*

[5] Tomo VII del *Semanario erudito,* a fojas 199 y 203.

[6] Hemos de advertir que San Pedro era noble y caballero romano, y no se avergonzaba de trabajar para comer.

de paso el socorro a los que legítimamente lo merecen?

"Si usted me dijere que aunque
quieran trabajar, muchos no hallan
en qué, le responderé: que pueden
darse algunos casos de éstos por falta de agricultura, comercio, mari-
na, industria, etc.; pero no son
tantos como se suponen. Y si no, re-
paremos en la multitud de vagos que
andan encontrándose en las calles,
tirados en ellas mismas, ebrios, arrimados a las esquinas, metidos en
los trucos, pulquerías y tabernas,
así hombres como mujeres; pregun-
temos y hallaremos que muchos de
ellos tienen oficio, y otros y otras
robustez y salud para servir. De-
jémoslos aquí e indaguemos por la
ciudad si hay artesanos que necesi-
ten de oficiales, y casas donde falten criados y criadas, y hallando
que hay muchos de unos y otros me-
nesterosos, concluiremos que la
abundancia de vagos y viciosos (en
cuyo número entran los falsos mendigos), no tanto debe su origen a la
falta de trabajo que ellos suponen,
cuanto a la holgazanería con que
están congeniados.

"No me fuera difícil señalar los
medios para extirpar la mendicidad,
a lo menos en este reino; pero este
paso ya lo darán otros alguna vez.[7]
A más de que a mí no me toca dic-
tar proyectos económicos generales,
sino darle a usted buenos consejos
particulares como amigo.

"En virtud de esto, si usted se
halla en disposición de ser hombre
de bien, de trabajar y separarse de
la vil carrera que ha abrazado, yo
estoy con ganas de socorrerlo con
alguna friolerilla que podrá apro-
vecharle, tal vez con la experiencia
que tiene, más que los tres mil pesos
que se sacó de la lotería."

Yo, avergonzado y confundido
con el puñado de verdades que
aquel buen hombre me acababa de
estrellar en los ojos, le dije que desde luego estaba pronto a todo y se

lo aseguraba; pero que no tenía
conocimientos para solicitar destino.

El caballero, que conocía mi regular letra, me ofreció interesarse
con un su amigo que se acababa de
despachar de subdelegado de Tixtla, para que me llevase en su compañía en clase de escribiente. Agradecí su favor, y él, sacando de un
cofre cincuenta pesos, los puso en
mi mano y me dijo:

—Tenga usted veinticinco pesos
que le doy, y veinticinco que le de-
vuelvo, y son estos mismos que se-
ñalé delante de usted, pues siempre me persuadí a que sucedería lo
que ha pasado, y que al fin usted
propio, mirándose acosado de la pobreza y sin arbitrio, me pediría un
socorro tarde o temprano; pero pues
este lance lo anticipó la casualidad
de haberlo encontrado, tómelo usted y cuénteme el modo con que se
metió a mendigo, pues me persuado
que a usted lo sedujeron.

Yo le conté todo lo que me había
pasado, al pie de la letra, sin olvidar
el infernal arbitrio que tenía la perversa Anita de pellizcar a su inocente hijito para hacerlo llorar y
conmover a los incautos, contándoles cómo lloraba de hambre.

Pateaba el caballero de cólera al
oír esta inhumanidad, y no pudo menos que rogarme lo acompañara a
enseñarle la casa, jurándome ocultar
no sólo mi persona sino mi nombre.

No me pude excusar a sus ruegos, pues por más que me daban
lástima mis compañeros, los cincuenta pesos me estimulaban imperiosamente a condescender con
los ruegos de mi generoso bienhechor; y así, vistiéndome otros desechos y capotillo viejo que él me
dio, salimos de la casa y fuimos derechos a la de un alcalde de corte,
que informado de todos los porme-
nores del asunto, le facilitó a mi
protector un escribano y doce mi-
nistriles, con los que sin perder
tiempo nos dirigimos a la triste choza de los falsos mendigos.

Yo me quedé oculto entre los alguaciles, y éstos cayeron a toda la
cuadrilla con la masa en las manos.

---

[7] Algo se dijo sobre esto en el número 9 del 2° tomo de *El Pensador
Mexicano*.

Los amarraron y los llevaron a la cárcel, juntamente con los parches, aceites, muletas y tompeates, pues decía el escribano que todo aquello se llevara con los reos, pues era el cuerpo del delito.

Quedaron en la cárcel, y yo me volví a casa de mi patrón, con quien estuve en clase de arrimado mientras el subdelegado (que luego me admitió entre sus dependientes) disponía su viaje.

Breve y sumariamente se concluyó la causa de los mendigos. La Anita fue a acabar de criar a su hijo a San Lucas, y los demás a ganar el sustento al castillo de San Juan de Ulúa.

Yo, con los cincuenta pesos, me surtí de lo que me hacía más falta, y habiéndome granjeado la voluntad del subdelegado desde México, llegó el día en que partiéramos para Tixtla.

Entonces me despedí de mi bienhechor dándole muy justos agradecimientos, y salí con mi nuevo amo para mi destino, donde hice los progresos que leeréis en el capítulo siguiente:

CAPÍTULO XIII

EN EL QUE REFIERE PERIQUILLO CÓMO LE FUE CON EL SUBDELEGADO; EL
CARÁCTER DE ÉSTE Y SU MAL MODO DE PROCEDER; EL DEL CURA DEL PARTIDO;
LA CAPITULACIÓN QUE SUFRIÓ DICHO JUEZ; CÓMO DESEMPEÑÓ PERICO LA
TENENCIA DE JUSTICIA, Y FINALMENTE EL HONRADO MODO CON QUE LO
SACARON DEL PUEBLO

Si como los muchachos de la escuela me pusieron por mal nombre Periquillo Sarniento, me ponen Periquillo Saltador, seguramente digo ahora que habían pronosticado mis aventuras, porque tan presto saltaba yo de un destino a otro y de una suerte adversa a otra favorable.

Vedme, pues, pasando de sacristán a mendigo, y de mendigo a escribiente del subdelegado de Tixtla, con quien me fue tan bien desde los primeros días, que me comenzó a manifestar harto cariño, y para colmo de mi felicidad, a poco tiempo se descompuso con él su director, y se fue de su casa y de su pueblo.

Mi amo era uno de los subdelegados tomineros e interesables, y trataba, según me decía, no sólo de desquitar los gastos que había erogado para conseguir la vara, sino de sacar un buen principalillo de la subdelegación en los cinco años.

Con tan rectas y justificadas intenciones no omitía medio alguno para engrosar su bolsa, aunque fuera el más inicuo, ilegal y prohibido. Él era comericante, y tenía sus repartimientos; con esto fiaba sus géneros a buen precio a los labradores, y se hacía pagar en semillas a menos valor del que tenía al tiempo de la cosecha; cobraba sus deudas puntual y rigurosamente, y como a él le pagaran, se desentendía de la justicia de los demás acreedores, sin quedarles a estos pobres otro recurso para cobrar que interesar a mi amo en alguna parte de la deuda.

A pesar de estar abolida la costumbre de pagar el *marco de plata* que cobraban los subdelegados, como por vía de multa, a los que caían por delito de incontinencia, mi amo no entendía de esto, sino que tenía sus espiones, por cuyo conducto sabía la vida y milagros de todos los vecinos, y no sólo cobraba el dicho marco a los que se denunciaban incontinentes, sino que les arrancaba unas multas exorbitantes a proporción de sus facultades, y luego que las pagaban los dejaba ir, amonestándoles que cuidado con la reincidencia, porque la pagarían doble. Apenas salían del juzgado cuando se iban a su casa otra vez. Los dejaba descansar unos días, y luego les caía de repente y les arrancaba más dinero. Pobre labrador hubo de éstos que en multas se le fue la abundante cosecha de un año. Otro se quedó sin su ranchito por la misma causa; otro tendero quebró, y los muy pobres se quedaron sin camisa.

Éstas y otras gracias semejantes tenía mi amo, pero así como era habilísimo para exprimir a sus súbditos, así era tonto para dirigir el juzgado, y mucho más para defenderse de sus enemigos, que no le faltaban, y muchos, ¡gracias a su buena conducta!

En estos trabajos se halló metido y arrojado luego que se le fue el director, que era quien lo hacía todo, pues él no era más que una esponja para chupar al pueblo, y un firmón para autorizar los procesos y las correspondencias de oficio.

No hallaba qué hacerse el pobre, ni sabía cómo instruir una sumaria, formalizar un testamento, ni responder una carta.

Yo, viendo que ni atrás ni adelante daba puntada en la materia, me comedí una vez a formar un proceso y a contestar un oficio, y le gustó tanto mi estilo y habilidad, que desde aquel día me acomodó de su director y me hizo dueño de todas sus confianzas, de manera que no había trácala ni enredo suyo que yo no supiera bien a fondo, y del que no lo ayudara a salir con mis marañas perniciosas.

Fácilmente nos llevamos con la mayor familiaridad, y como ya le sabía sus podridas, él tenía que disimular las mías, con lo que si él solo era un diablo, él y yo éramos dos diablos con quienes no se podía averiguar el triste pueblo; porque él hacía sus diabluras por su lado, y yo por el mío hacía las que podía.

Con tan buen par de pillos, revestidos el uno de la autoridad ordinaria y el otro del disimulo más procaz, rabiaban los infelices indios, gemían las castas, se quejaban los blancos, se desesperaban los pobres, se daban al diablo los riquillos, y todo el pueblo nos toleraba por la fuerza en lo público y nos llenaba de maldiciones en secreto.

Sería menester cerrar los ojos y taparse los oídos si estampara yo en este lugar las atrocidades que cometimos entre los dos en menos de un año, según fueron de terribles y escandalosas; sin embargo, diré las menos, y las referiré de paso, así para que los lectores no se queden enteramente con la duda, como para que gradúen por los menos malos cuáles serían los crímenes más atroces que cometimos.

Siempre en los pueblos hay algunos pobretones que hacen la barba a los subdelegados con todas sus fuerzas, y procuran ganarse su voluntad prostituyéndose a las mayores vilezas.

A uno de éstos le daba dinero el subdelegado por mi mano para que fuera a poner montes de albures, avisándonos en qué parte. Este tuno cogía el dinero, seducía a cuantos podía y nos enviaba a avisar en dónde estaba. Con su aviso formábamos la ronda, les caíamos, los encerrábamos en la cárcel y les robábamos cuanto podíamos; repitiendo estos indignos arbitrios, y el pillo sus viles intrigas cuantas veces queríamos.

Contraviniendo a todas las reales órdenes que favorecen a los indios, nos servíamos de estos infelices a nuestro antojo, haciéndoles trabajar en cuanto queríamos y aprovechándonos de su trabajo.

Por cualquier pretexto publicábamos bandos, cuyas penas pecuniarias impuestas en ellos exigíamos sin piedad a los infractores. Pero ¡qué bandos y para qué cosas tan extrañas! Supongamos: para que no anduviesen burros, puercos ni gallinas fuera de los corrales; otros, para que tuviesen gatos los tenderos; otros, para que nadie fuera a misa descalzo, y todos a este modo.

He dicho que publicábamos y hacíamos en común estas fechorías, porque así era en realidad; los dos hacíamos cuanto queríamos ayudándonos mutuamente. Yo aconsejaba mis diabluras, y el subdelegado las autorizaba, con cuyo método padecían bastante los vecinos, menos tres o cuatro que eran los más pudientes del lugar.

Éstos nos pechaban grandemente, y el subdelegado les sufría cuanto querían. Ellos eran usureros, monopolistas, ladrones y consumidores de la sustancia de los pobres del pueblo; unos comerciantes y otros labradores ricos. A más de esto eran soberbísimos. A cualquier pobre indio, o porque les cobraba sus jornales, o porque les regateaba, o porque quería trabajar con otros amos menos crueles, lo maltrataban y golpeaban con más libertad que si fuera su esclavo.

Mandaban estos régulos tolerados por el juez, en su director, en el juzgado y en la cárcel; y así ponían en ella a quien querían por quítame allá esas pajas.

No por ser tan avarientos ni por verse malquistos del pueblo, dejaban de ser escandalosos. Dos de ellos tenían en sus casas a sus amigas con tanto descaro, que las llevaban a visita a la del señor juez, teniendo éste a mucho honor estos ratos, y convidándose para bautizar al hijo de una de ellas que estaba para ver la luz del mundo, como sucedió en efecto.

Sólo a estos cuatro pícaros respetábamos; pero a los demás los exprimíamos y mortificábamos siempre que podíamos. Eso sí, el delincuente que tenía dinero, hermana, hija o mujer bonita, bien podía estar seguro de quedar impune, fuera cual fuere el delito cometido; porque como yo era el secretario, el escribano, el escribiente, el director y el alcahuete del subdelegado, hacía las causas según quería, y los reos corrían la suerte que les destinaba.

Los molletes venían al asesor como yo los frangollaba; éste dictaminaba según lo que leía autorizado por el juez y salían las sentencias endiabladas; no por ignorancia del letrado, ni por injusticia de los jueces, sino por la sobrada malicia del subdelegado y su director.

Lo peor era que en teniendo los reos plata o faldas que los protegieran, aunque hubiera parte agraviada que pidiera, salían libres y sin más costas que las que tenían adelantadas, a pesar de sus enemigos; pero si era pobre o tenía una mujer muy honrada en su familia, ya se podía componer, porque le cargábamos la ley hasta lo último, y cuando no era muy delincuente tenía que sufrir ocho o diez meses de prisión; y aunque nos amontonara escritos sobre escritos, hacíamos tanto caso de ellos como de las coplas de la Zarabanda.

Por otra parte, el señor cura alternaba con nosotros para mortificar a los pobres vecinos. Yo quisiera callar las malas cualidades de este eclesiástico; pero es indispensable

decir algo de ellas por la conexión que tuvo en mi salida de aquel pueblo.

Él era bastantemente instruido, doctor en cánones, nada escandaloso y demasiado atento; mas estas prendas se deslucían con su sórdido interés y declarada codicia. Ya se deja entender que no tenía caridad, y se sabe que donde falta este sólido cimiento no puede fabricarse el hermoso edificio de las virtudes.

Así sucedía con nuestro cura. Era muy enérgico en el púlpito, puntual en su ministerio, dulce en su conversación, afable en su trato, obsequioso en su casa, modesto en la calle, y hubiera sido un párroco excelente, si no se hubiera conocido la moneda en el mundo; mas ésta era la piedra de toque que descubría el falso oro de sus virtudes morales y políticas. Tenía harta gracia para hacerse amar y disimular su condición, mientras no se le llegaba a un tomín; pero como le pareciera que se defraudaba a su bolsa el más ratero interés, adiós amistades, buena crianza, palabras dulces y genio amable; allí concluía todo, y se le veía representar otro personaje muy diverso del que solía, porque entonces era el hombre más cruel y falto de urbanidad y caridad con sus feligreses. A todo lo que no era darle dinero estaba inexorable; jamás le afectaron las miserias de los infelices, y las lágrimas de la desgraciada viuda y del huérfano triste no bastaban a enternecer su corazón.

Pero para que se vea que hay de todo en el mundo, os he de contar un pasaje que presencié entre muchos.

Con ocasión de unas fiestas en Tixtla, convidó nuestro cura al de Chilapa, el bachiller don Benigno Franco, hombre de bello genio, virtuoso sin hipocresía y corriente en toda sociedad, quien fue a las dichas fiestas, y una tarde que estaban disponiendo en el curato divertirse con una malilla mientras era hora de ir a la comedia, entró una pobre mujer llorando amargamente con una criatura de pecho en los brazos y otra como de tres años de la mano. Sus lágrimas manifestaban su íntima aflicción y sus andrajos su legítima pobreza.

—¿Qué quieres, hija? —le dijo el cura de Tixtla.

Y la pobre, bebiéndose las lágrimas, le respondió:

—Señor cura, desde antenoche murió mi marido, no me ha dejado más bienes que estas criaturas, no tengo nada que vender ni con qué amortajarlo, ni aun velas que poner al cuerpo; apenas he juntado de limosna estos doce reales que traigo a su mercé; y a esta misma hora, no hemos comido ni yo ni esta muchachita; le ruego a su mercé que por el siglo de su madre y por Dios, me haga la caridad de enterrarlo, que yo hilaré en el torno y le abonaré dos reales cada semana.

—Hija —dijo el cura—, ¿qué calidad tenía tu marido?

—Español, señor.

—¿Español? Pues te faltan seis pesos para completar los derechos, que ésos previene el arancel; toma, léelo...

Diciendo esto, le puso el arancel en las manos, y la infeliz viuda, regándolo con el agua del dolor, le dijo:

—¡Ay, señor cura! ¿Para qué quiero este papel si no sé leer? Lo que ruego a su mercé es que por Dios entierre a mi marido.

—Pues, hija —decía el cura con gran socarra—, ya te entiendo; pero no puedo hacer estos favores; tengo que mantenerme y que pagar al padre vicario. Anda, mira a don Blas, a don Agustín o a otro de los señores que tienen dinero, y ruégales que te suplan por tu trabajo el que te falta y mandaré sepultar el cadáver.

—Señor cura —decía la pobre mujer—, ya he visto a todos los señores y ninguno quiere.

—Pues alquílate; métete a servir.

—¿Dónde me han de querer, señor, con estas criaturas?

—Pues anda, mira lo que haces y no me muelas —decía el cura muy enfadado—; que a mí no me han dado el curato para fiar los emolumentos, ni me fía el tendero, ni el carnicero, ni nadie.

—Señor —instaba la infeliz—, ya el cadáver se comienza a corromper y no se puede sufrir en la vecindad.

—Pues cómetelo, porque si no traes cabales los siete pesos y medio, no creas que lo entierre por más plagas que me llores. ¡Quién no conoce a ustedes, sinvergüenzas, embusteras! Tienen para fandangos y almuercitos en vida de sus maridos, para estrenar todos los días zapatos, enaguas y otras cosas, y no tienen para pagar los derechos al pobre cura. Anda noramala, y no me incomodes más.

La desdichada mujer salió de allí confusa, atormentada y llena de vergüenza por el áspero tratamiento de su cura, cuya dureza y falta de caridad nos escandalizó a todos los que presenciamos el lance; pero a poco rato de haber salido la expresada viuda, volvió a entrar presurosa, y poniendo sobre la mesa los siete y medio pesos, le dijo al cura:

—Ya está aquí el dinero, señor; hágame usted el favor de que vaya el padre vicario a enterrar a mi marido.

—¿Qué le parece a usted de estas cosas, compañero? —dijo nuestro cura al de Chilapa, enredando con él la conversación—. ¿No son unos pícaros muchos de mis feligreses? ¿Ve usted cómo esta bribona traía el dinero prevenido y se hacía una desdichada por ver si yo la creía y enterraba a su marido de coca? A otro cura de menos experiencia que yo, ¿no se la hubiera pegado ésta con tantas lágrimas fingidas?

El cura Franco, como si lo estuviera reprendiendo su prelado, bajaba los ojos, enmudecía, mudaba de color cada rato, y de cuando en cuando veía a la desgraciada viuda con tal ahinco, que parecía quererla decir alguna cosa.

Todos estábamos pendientes de esta escena sin poder averiguar qué misterio tenía la turbación del cura don Benigno; pero el de Tixtla, encarándose severamente a la mujer y echándose el dinero en la bolsa, le dijo:

—Está bien, sinvergüenza, se enterrará tu marido; pero será mañana en castigo de tus picardías, embustera.

—No soy embustera, señor cura —dijo la triste mujer con la mayor aflicción—; soy una infeliz; el dinero me lo han dado de limosna ahora mismo.

—¿Ahora mismo? Ésa es otra mentira —decía el cura—; ¿y quién te lo ha dado?

Entonces la mujer, soltando la criatura que llevaba de la mano y tomando en un brazo a la de pecho, se arroja a los pies del cura de Chilapa, lo abraza por las rodillas, reclina sobre ellas la cabeza y se desata en un mar de llanto sin poder articular una palabra. Su hijita, la que andaba, lloraba también al ver llorar a su madre; nuestro cura se quedó atónito; el de Chilapa se inclinó rodándosele las lágrimas y porfiaba por levantar a la afligida, y todos nosotros estábamos absortos con semejante espectáculo.

Por fin, la misma mujer, luego que calmó algún tanto su dolor, rompió el silencio diciendo a su benefactor:

—Padre, permítame usted que le bese los pies y se los riegue con mis lágrimas en señal de mi agradecimiento.

Y volviéndose a nosotros, prosiguió:

—Sí, señores: este padre, que no será sólo un señor sacerdote, sino un ángel bajado de los cielos, luego que salí me llamó a solas en el corredor, me dio doce pesos y me dijo casi llorando: "Anda, hijita, paga el entierro y no digas quién te ha socorrido." Pero yo fuera la mujer más ingrata del mundo si no gritara quién me ha hecho tan grande caridad. Perdóñeme que lo haya dicho, porque a más de que quería agradecerle públicamente este favor, me dolió mucho mi corazón al verme maltratar tanto de mi cura, que me trataba de embustera.

Los dos curas se quedaron mutuamente sonrojados y no osaban mirarse uno al otro, ambos confundidos; el de Tixtla por ver su codicia reprendida, y el de Chilapa por advertir su caridad preconizada. El padre vicario, con la mayor prudencia, pretextando ir a hacer el entierro a la misma hora, sacó de allí a la mujer, y el subdelegado hizo sentar a los convidados y se comenzó la diversión del juego, con la que se distrajeron todos.

Ya dije que fui testigo de este pasaje, así como de los torpes arbitrios que se daba nuestro cura para habilitar su cofre de dinero. Uno de ellos . ra pensionar a los indios para que en la Semana Santa le pagasen un tanto por cada efigie de Jesucristo que sacaban en la procesión que llaman *de los Cristos;* pero no por vía de limosna ni para ayuda de las funciones de la iglesia, pues éstas las pagaban aparte, sino con el nombre de derechos, que cobraba a proporción del tamaño de las imágenes; v. gr., por un Cristo de dos varas, cobraba dos pesos; por el de media vara, doce reales; por el de una tercia, un peso, y así se graduaban los tamaños hasta de a medio real. Yo me limpié las legañas para leer el arancel, y no hallé prefijados en él tales derechos.

El Viernes Santo salía en la procesión que llaman del Santo Entierro; había en la carrera de la dicha procesión una porción de altares, que llaman posas, y en cada uno de ellos pagaban los indios multitud de pesetas, pidiendo en cada vez *un responso por el alma del Señor,* y el bendito cura se guardaba los tomines, cantaba la oración de la Santa Cruz y dejaba a aquellos pobres sumergidos en su ignorancia y piadosa superstición. Pero ¿qué más? Le constaba que el día de finados llevaban los indios sus ofrendas y las ponían en sus casas, creyendo que mientras más fruta, tamales, atole, mole y otras viandas ofrecían, tanto más alivio tenían las almas de sus deudos; y aun había indios tan idiotas, que mientras estaban en la iglesia, estaban echando pedazos de fruta y otras cosas por los agujeros de los sepulcros. Repito que el cura sabía, y muy bien, el origen y espíritu de estos abusos, pero jamás les predicó contra él, ni se los reprendió; y con este silencio apoyaba sus supersticiones, o más bien las autorizaba, quedándose aquellos infelices ciegos, porque no había quien los sacara de su error. Ya sería de desear que sólo en Tixtla y en aquel tiempo hubieran acontecido estos abusos; pero la lástima es que hasta el día hay muchos Tixtlas. ¡Quiera Dios que todos los pueblos del reino se purguen de éstas y otras semejantes boberías a merced del celo, caridad y eficacia de los señores curas!

Fácil es concebir que siendo el subdelegado tan tominero y no siendo menos el cura, rara vez había paz entre los dos; siempre andaban a mátame o te mataré, porque es cierto que dos gatos no pueden estar bien en un costal. Ambos trataban de hacer su negocio cuanto antes y de exprimir al pueblo cada uno por su lado. Con esto, a cada paso se formaban competencias, de que nacían quejas y disgustos. Por ejemplo: el cura, sin ser de su instituto, perseguía a los incontinentes libres, por ver si los casaba y percibía los derechos; el subdelegado hacía lo mismo por percibir las multas; cogía el cura a algunos, los reclamaba el juez secular, los negaba el eclesiástico, y he aquí formada ya una competencia de jurisdicciones.

En éstas y las otras los pobres eran los lázaros, y regularmente ellos pagaban el pato o con la prisión o con el desembolso que sufrían, siendo los miserables indios la parte más flaca sobre que descargaba el interés de ambos traficantes.

A excepción de cuatro riquillos consentidos que con su dinero compraban la impunidad de sus delitos, nadie podía ver al cura ni al subdelegado. Ya algunos habían representado en México contra ellos por sus agravios particulares; mas sus quejas se eludían fácilmente, como que siempre había testigos que depusieran contra ellos y en favor de los agraviantes, haciendo pasar a los que se quejaban por unos calumniadores cavilosos.

Pero como el crimen no puede estar mucho tiempo sin castigo, sucedió que los indios principales con su gobernador pasaron a esta capital, hostigados ya de los malos tratamientos de sus jueces, y sin meterse por entonces con el cura, acusaron en forma al subdelegado, presentando a la Real Audiencia un terrible escrito contra él, que contenía unos capítulos tan criminales como éstos:

Que el subdelegado comerciaba y tenía repartimientos.

Que obligaba a los hijos del pueblo a comprarle fiado, y les exigía la paga en semillas y a menos precio al del corriente.

Que los obligaba a trabajar en sus labores por el jornal que quería, y al que se resistía o no iba, lo azotaba y encarcelaba.

Que permitía la pública incontinencia a todo el que tenía para estarle pagando multas cada rato.

Que por quinientos pesos solapó y puso en libertad a un asesino alevoso.

Que por tercera persona armaba juegos, y luego sacrificaba a cuantos cogía en ellos.

Que ocupaba a los indios en el servicio de su casa sin pagarles nada.

Que se hacía servir de las indias, llevando a su casa tres cada semana con el nombre de semaneras, sin darles nada, y no se libraban de esta servidumbre ni las mismas hijas del gobernador.

Que les exigía a los indios los mismos derechos en sus demandas que los que cobraba de los españoles.

Que los días de *tianguis* él era el primer regatón que abarcaba los efectos que andaban más escasos, los hacía llevar a su tienda y después los vendía a los pobres a subido precio.

Últimamente, que comerciaba con los reales tributos.

Tales eran los cargos que hacían en el escrito, que concluía pidiendo se llamase al subdelegado a contestar en la capital; que fuera a Tixtla un comisionado para que, acompañado del justicia interino, procediese a la averiguación de la verdad, y resultando cierta la acusación, se depusiera del empleo, obligándolo a resarcir los daños particulares que había inferido a los hijos del pueblo.

La Real Audiencia decretó de conformidad con lo que los indios suplicaban, y despachó un comisionado.

Toda esta tempestad se prevenía en México sin saber nosotros nada ni aun inferirlo de la ausencia de los indios, porque éstos fingieron que iban a mandar hacer una imagen. Con esto le cogió de nuevo a mi amo la notificación que le hizo el comisionado una tarde que estaba tomando fresco en el corredor de las casas reales, y se reducía a que cesando desde aquel momento sus funciones, nombrase un lugarteniente, saliese del pueblo dentro de tres días, y dentro de ocho se presentara en la capital a responder a los cargos de que lo acusaban.

Frío se quedó mi amo con semejante receta; pero no tuvo otra cosa que hacer que salir a trompa y cuezco, dejándome de encargado de justicia.

Cuando yo me vi solo y con toda la autoridad de juez a cuestas, comencé a hacer de las mías a mi entera satisfacción. En primer lugar desterré a una muchacha bonita del pueblo porque vivía en incontinencia. Así sonó, pero el legítimo motivo fue porque no quiso condescender con mis solicitudes, a pesar de ofrecerle toda mi judicial interinaria protección. Después, mediante un regalito de trescientos pesos, acriminé a un pobre, cuyo principal delito era tener mujer bonita y sin honor, y se logró con mi habilidad despacharlo a un presidio, que-

dándose su mujer viviendo libremente con su querido.

A seguida requerí y amenacé a todos los que estaban incursos en el mismo delito, y ellos, temerosos de que no les desterrara a sus amadas como lo sabía hacer, me pagaban las multas que quería, y me regalaban para que no los moliera muy seguido.

Tampoco dejé de anular las más formales escrituras, revolver testamentos, extraviar instrumentos públicos como obligaciones o fianzas, ni de cometer otras torpezas semejantes. Últimamente, yo en un mes que duré de encargado o suplente de juez, hice más diabluras que el propietario, y me acabé de malquistar con todos los vecinos.

Para coronar la obra, puse juego público en las casas reales, y la noche que me ganaban, salía de ronda a perseguir a los demás jugadores privados, de suerte que había noches que a las doce de la noche salían los tahúres de mi casa a las suyas, y entraban a la cárcel los pobretes que yo encontraba jugando en la calle, y con las multas que les exigía me desquitaba del todo o de la mayor parte de lo que había perdido.

Una noche me dieron tal entrada, que no teniendo un real mío, descerrajé las cajas de comunidad y perdí todo el dinero que había en ellas; mas esto no lo hice con tal precaución que dejaran otros de advertirlo y ponerlo en noticia del cura y del gobernador, los cuales, como responsables de aquel dinero, y sabiendo que yo no tenía tras qué caer, representaron luego a la capital acompañando su informe de certificaciones privadas que recogieron no sólo de los vecinos honrados del lugar, sino del mismo comisionado; pero esto lo hicieron con tal secreto que no me pasó por las narices.

El cura fue el que convocó al gobernador, quien hizo el informe, recogió las certificaciones, las remitió a México y fue el principal agente de mi ruina, según he dicho; y esto, no por amor al pueblo ni por celo de la caridad, sino porque había concebido el quedarse con la mayor parte de aquel dinero so pretexto de componer la iglesia, como ya se lo había propuesto a los indios, y éstos parece que se iban disponiendo a ello. Con esto, cuando supo mi aventura y perdió las esperanzas de soplarse el dinero, se voló y trató de perderme, como lo hizo.

Para alivio de mis males, el subdelegado, no teniendo qué responder ni con qué disculparse de los cargos de que los indios y otros vecinos lo acusaron, apeló a la disculpa de los necios, y dijo: que a él le cogía de nuevo que aquéllos fueran crímenes; que él era lego; que jamás había sido juez y no entendía de nada; que se había valido de mí como de su director; que todas aquellas injusticias yo se las había dictado; y que así yo debía ser el responsable, como que de mí se fiaba enteramente.

Estas disculpas, pintadas con la pluma de un abogado hábil, no dejaron de hacerse lugar en el íntegro juicio de la audiencia, si no para creer al subdelegado inocente, a lo menos para rebajarle la culpa en la que, no sin razón, consideraron los señores que yo tenía la mayor parte, y más cuando casi al tiempo de hacer este juicio recibieron el informe del cura, en el que vieron que yo cometía más atrocidades que el subdelegado.

Entonces (yo hubiera pensado de igual modo) cargaron sobre mí el rigor de la ley que amenazaba a mi amo; disculparon a éste en mucha parte; lo tuvieron por un tonto e inepto para ser juez; lo depusieron del empleo, y exigieron de los fiadores el reintegro de los reales intereses, dejando su derecho a salvo a los particulares agraviados para que repitiesen sus perjuicios contra el subdelegado a mejora de fortuna, porque en aquel caso se manifestó insolvente, y enviaron siete soldados a Tixtla para que me condujesen a México en un macho

con silla de pita y calcetas de Vizcaya.[1]

Tan ajeno estaba yo de lo que me había de suceder, que la tarde que llegaron los soldados estaba jugando con el cura y el comisionado una malilla de campo de a real el paso. No pensaba entonces en más que en resarcirme de cuatro codillos que me habían pegado uno tras otro. Cabalmente me habían dado un *solo* que era tendido, y estaba yo hueco con él, cuando en esto que llegan los soldados y entran en la sala, y como esta gente no entiende de cumplimientos, sin muchas ceremonias preguntaron quién era el encargado de justicia. Y luego que supieron que yo era, me intimaron el arresto, y sin dejarme jugar la mano, me levantaron de la mesa, dieron un papel al cura y me condujeron a la cárcel.

El papel me hago el cargo que contendría la real provisión de la audiencia y el sujeto que debía quedar gobernando el pueblo. Lo cierto es que yo entré a la cárcel y los presos me hicieron mucha burla, y se desquitaron en poco tiempo de cuantos trabajos les hice yo pasar en todo el mes.

Al día siguiente bien temprano y sin desayunarme, me plantaron mi par de grillos, me montaron sobre un macho aparejado y me condujeron a México, poniéndome en la cárcel de corte.

Cuando entré en esta triste prisión, me acordé del maldito aguacero de orines con que me bañaron otros presos la vez primera que tuve el honor de visitarla, del feroz tratamiento del presidente, de mi amigo don Antonio, del Aguilucho y de todas mis fatales ocurrencias, y me consolaba con que no me iría tan mal, ya porque tenía seis pesos en la bolsa, y ya porque Chanfaina había muerto y no podía caer en su poder.

Sin embargo, los seis pesos concluyeron pronto, y yo no dejé de pasar

[1] En un macho aparejado y con grillos.—E.

nuevos trabajos de aquellos que son anexos a la pobreza, y más en tales lugares.

Entre tanto siguió mi causa sus trámites corrientes; yo no tuve con qué disculparme; me hallé confeso y convicto, y la Real Sala me sentenció al servicio del rey por ocho años en las milicias de Manila, cuya bandera estaba puesta en México por entonces.

En efecto, llegó el día en que me sacaron de allí, me pasaron por cajas y me llevaron al cuartel.

Me encajaron mi vestido de recluta, y vedme aquí ya de soldado, cuya repentina transformación sirvió para hacerme más respetuoso a las leyes por temor, aunque no mejor en mis costumbres.

Así que yo vi la irremediable, traté de conformarme con mi suerte, y aparentar que estaba contentísimo con la vida y carrera militar.

Tan bien fingí esta conformidad, que en cuatro días aprendí el ejercicio perfectamente; siempre estaba puntual a las listas, revistas, centinelas y toda clase de fatigas; procuraba andar muy limpio y aseado, y adulaba al coronel cuanto me era posible.

En un día de su santo le envié unas octavas que estaban como mías; pero me pulí en escribirlas, y el coronel, enamorado de mi letra y de mi talento, según dijo, me relevó de todo servicio y me hizo su asistente.

Entonces ya logré más satisfacciones, y vi y observé en la tropa muchas cosas que sabréis en el capítulo que sigue:

CAPÍTULO XIV

AQUÍ CUENTA PERIQUILLO LA FORTUNA QUE TUVO EN SER ASISTENTE DEL
CORONEL, EL CARÁCTER DE ÉSTE, SU EMBARQUE PARA MANILA Y OTRAS
COSILLAS PASADERAS

CUANDO A LOS HOMBRES no los contiene la razón, los suele contener el temor del castigo. Así me sucedió en esta época en que, temeroso de sufrir los castigos que había visto padecer a algunos de mis compañeros, traté de ser hombre de bien a pura fuerza, o a lo menos de fingirlo, con lo que logré no experimentar los rigores de las ordenanzas militares, y con mis hipocresías y adulaciones me capté la voluntad del coronel, quien, como dije, me llevó a su casa y me acomodó de su asistente.

Si sin ninguna protección en la tropa procuré granjearme la estimación de mis jefes, ¿qué no haría después que comencé a percibir el fruto de mis fingimientos con el aprecio del coronel? Fácil es concebirlo.

Yo le escribía a la mano cuanto se le ofrecía, hacía los mandados de la casa bien y breve, lo rasuraba y peinaba a su gusto, servía de mayordomo y cuidaba del gasto doméstico con puntualidad, eficacia y economía, y en recompensa contaba con el plato, los desechos del coronel, que eran muy buenos y pudiera haberlos lucido un oficial, algunos pesitos de cuando en cuando, mi entero y absoluto relevo de toda fatiga, que no era lo menos, tal cual libertad para pasearme y mucha estimación del caballero coronel, que ciertamente era lo que más me amarraba. Al fin, yo había tenido buenos principios y me obligaba más el cariño que el interés. Ello es que llegué a querer y a respetar al coronel como a mi padre, y él llegó a corresponder mi afecto con el amor de tal.

Sea por la estimación que me tenía, o por lo que yo le servía con la pluma, pocos ratos faltaba de su mesa, y era tal la confianza que hacía de mí, que me permitía presenciar cuantas conversaciones tenía. Esto me proporcionó saber algunas cosas que regularmente ignoran los soldados, y quién sabe si algunos oficiales.

El carácter del coronel era muy atento, afable y circunspecto; su edad sería de cincuenta años; su instrucción mucha, porque no sólo era buen militar, sino buen jurista, por cuyo motivo todos los días era frecuentada su casa de los mejores oficiales de otros regimientos, que o iban a consultarle algunas cosas o a platicar con él y divertirse. Entre las consultas particulares que yo oí, o a lo menos que me parecieron tales, fue la siguiente:

Un día entraron juntos a casa dos oficiales, un sargento mayor y otro capitán. Después de las acostumbradas salutaciones, dijo el mayor:

—Mi coronel, Dios los cría y ellos se juntan. Mi camarada y yo necesitamos de las luces de usted y nos hemos juntado para traerle las molestias a pares.

—Yo tendré complacencia en servir a ustedes en lo que pueda —respondió el coronel—; digan ustedes lo que ocurre.

Entonces el mayor dijo:

—No gastemos el tiempo en cumplimientos. Se le va a hacer consejo de guerra a un soldado, por haber muerto a un hombre con aparien-

323

cia de justicia, porque lo mató por celos que concibió contra él y su mujer. Es verdad que no lo halló *in fraganti;* pero las sospechas y los antecedentes que tenía de la ilícita amistad que llevaba con ella fueron vehementes, y ciertamente lo disculpan, pero como yo soy el fiscal de la causa, no debo alegar nada en su defensa, sino acriminarlo y sacarlo reo del último suplicio. El defensor ha de apurar cuantas excepciones le favorecen para salvarlo, y cate usted que mi pedimento fiscal quedará desairadísimo. Por esto venía a consultar con usted para que me diga en qué términos se hará la acusación, porque el defensor no burle mi pedimento.

—"Hay mucho que decir a usted en el particular —dijo el coronel—; primeramente, la causa por que aparece cometido el homicidio es de adulterio. Adulterio quiere decir *violatio alterius thori,* violación de lecho ajeno, porque la mujer es reputada lecho del marido.

"En nuestro derecho hay muchas leyes que imponen penas a los adúlteros. La 3 del título 4, libro 3 del *Fuero juzgo,* manda que los adúlteros sean entregados al marido, para que éste haga de ellos lo que quiera. Otras leyes son conformes en esta pena; pero añaden que el marido no puede matar a uno y dejar al otro vivo. La ley 15, título 17, part. 7, manda que pierda la adúltera las arras y dote, y sea reclusa. La 5, título 20, libro 8, de la *Recopilación,* manda que cuando el marido, por su propia autoridad, mate a los adúlteros, no tenga derecho sobre los bienes de la mujer. Esta ley parece que trata de sujetar la arbitrariedad de los maridos, ensanchada por las leyes 13, del título 17, part. 7, y 4 del título 4, libro 3 del *Fuero juzgo,* que permiten al marido matar a los adúlteros.

"Aunque hay todo esto, la ilustración de los tiempos ha modificado estas penas, y no habrá usted oído el caso de entregar los adúlteros al marido para que éste disponga de ellos a su antojo; lo más que se practica es perdonar al marido porque mató a los adúlteros, o más bien se debe decir, conmutarle la pena capital en un destierro, según fueren las circunstancias; bien que puede haberlas tales que sea justicia ponerlo en completa libertad, después de justificado el hecho de que sin darle motivo alguno a la mujer, la halla el marido en el acto de la ofensa; pero por lo que toca a los adúlteros, lo regular es, como dice el doctor Berni en su *Práctica criminal,* encerrar a la mujer en una clausura y desterrar al cómplice, si son de mediana esfera; y si son plebeyos, poner a la una en la cárcel, y despachar al otro al presidio. Esto se entiende después de admitida y probada la acusación, la cual solamente puede hacer el marido y el padre, hermano o tío de la adúltera en su caso, y no otro alguno. La mujer no puede acusar al marido de adulterio por no seguírsele deshonra, como lo expresa la ley 1 del título 17, part. 7. Sin embargo, en los tribunales se admite la acusación de la mujer, y la justicia pone remedio.

"No puede instarse la acusación de adulterio contra un solo adúltero; es menester acusar a ambos.

"El autor que acabo de citar a usted, al folio 8, dice, y dice bien, que como nadie busca testigos para cometer adulterio, admite el derecho pruebas de conjeturas; pero deben ser vehementes, y tales, que por ellas se venga en conocimiento del delito... porque en caso de duda, más pronto se deben absolver que condenar. Las presunciones que denotan con claridad el adulterio son: cuando testigos dignos de fe y crédito, aunque sean de la propia casa, declaran que han visto a Pedro y a Marcia en una misma cama, o lugar sospechoso, o solos en estos lugares, o encerrados en un cuarto, o desnudos, o besándose o abrazándose. Sobre esto hablan con extensión varios intérpretes.

"Las excepciones que favorecen a la mujer adúltera son las siguientes: Primera, cuando el marido emprende querella sobre la causa de

adulterio y despúes la deja con ánimo de no seguirla. Segunda, cuando
el marido dice ante el juez que no
quiere acusar porque está satisfecho
de la conducta de su mujer, o cosa
semejante. Tercera, cuando el marido recibe a su mujer en su lecho
después de saber que es adúltera.
Cuarta, cuando el marido fuere sabedor y consentidor. En este caso,
lejos de poder presentarse como actor contra su mujer, es reo de leno-
cinio. Quinta, cuando la mujer fuere
forzada. Sexta, cuando padeció engaño y cometió adulterio pensando que
estaba con su marido. Y séptima,
cuando el marido, abjurando la fe
y la religión católica, abraza otras
sectas diversas y se hace moro, judío o hereje. En tales casos queda
libre la mujer adúltera de la acusación del marido, y se halla favorecida por las leyes 7 y 8 del título 17, part. 7; y 6, 7 y 8 del título
9, part. 4.

"Ya ve usted, en compendio, lo
que es adulterio, cuáles son sus penas, quién puede acusar de él, cuáles son las excepciones que favorecen a la mujer y qué se entiende por
sospechas o presunciones vehementes. En vista de esto, usted, que
está impuesto en la causa, sabrá
cómo ha de formular la acusación."

—Es que las sospechas son vehe-
mentísimas —dijo el mayor—; porque, a más de que hay testigos que
deponen haber visto al ya muerto
con la mujer del soldado, éste ya le
había reconvenido e intimado que no
entrara a su casa; y, sin embargo
de esto, él entraba, y cuando lo
mató, lo halló solo con su mujer,
en confianza de que estaba de guardia, la que él abandonó instigado
de su celo, y encontró atrancada
la puerta, que abrió de un empujón.
Esto me hace creer que por necesidad haré yo una acusación floja.

—¿Pues qué, usted pretende que
muera el reo aunque no lo merezca? —dijo el coronel.

—No, señor —repuso el sargento—, no deseo que muera; pero
como soy el fiscal, debo desvanecer
sus defensas, desentenderme de sus

excepciones y agravar su delito. Ésta es mi obligación.

—Se equivoca usted, señor mayor
—dijo el coronel—, en pensar que
su obligación es acriminar a los
reos. El fiscal no es otra cosa que
el defensor de la ley, y para cumplir con su encargo, no tiene que
intentar el sacar reo precisamente
al acusado.[1]

—Conque, según eso —dijo el mayor—, yo cumpliré bien con exponer en el consejo la causa con la
misma cara que tiene, y pedir se
le aplique al reo una pena mode-
rada, o a lo más, la que prescribe
la ordenanza a los que abandonan la
guardia.

—Así me parece que debe hacerse, y aun esa pena debe modificarse
en justicia, atendida la vehemente
pasión de los celos, sin la cual es
de creer que no hubiera desamparado la guardia, y de consiguiente
puede su defensor probar que este
delito militar, por el que en otro
caso merecería baquetas o la última
pena, según el tiempo, no lo cometió con entera deliberación, y como
las penas deben agravarse o disminuirse a proporción del intento con
que se cometen, se seguirá indudablemente que el consejo de guerra
le impondrá a ese soldado una pena

[1] El señor don Marcos Gutiérrez, en
el segundo tomo de su *Práctica criminal de España*, al fol. 9, dice:
"El cargo de fiscal es de suma confianza en los tribunales, y no corres-
ponderán a ésta los oficiales de estado
mayor que lo ejercen en los consejos
de guerra, si no procuran desempeñar-
le con rectitud y actividad, procediendo en sus acusaciones de buena fe, con
la mayor integridad y como defensores de la ley, sin calumniar ni ofender
a nadie injustamente; de modo que se
ha de buscar la verdad y no la gloria
de sacar delincuente con sofismas y
cavilaciones al que no lo es. El celo
por el bien público tiene sus límites,
cuya violación le convierte en celo
indiscreto e injusto, por lo que es un
grande error y una bárbara necedad
en algunos creer que el sargento mayor o el ayudante ha de acriminar y
agraviar al reo en su conclusión cuanto sea posible."

menos grave que la que previene la ordenanza, considerando que, como dijo el señor rey don Alonso el Sabio en una de sus leyes de Partida, *los primeros movimientos que mueven el corazón del ome no son en su poder.*[2]

—Quedo enteramente satisfecho —dijo el mayor— y agradecido a la prolijidad con que usted me ha hecho entender que no están los fiscales obligados a acriminar a los reos, ni a sacarlos delincuentes a pura fuerza, sino sólo a defender las leyes; aunque me parece que usted sería mejor para defensor que para fiscal.

—Eso ahora lo veremos —dijo el capitán—, pues yo soy defensor de otro soldado que mató a un hombre alevosamente, y no sé cómo sacarlo inocente, pues ésa es cabalmente mi obligación.

—Pues usted también se equivoca —dijo el coronel—, porque si su ahijado es homicida, y está probada la alevosía, poca esperanza puede tener en la defensa de usted, siempre que la haga con arreglo a su conciencia, pues *el que mata a otro debe morir,* dice Dios.[3] Se entiende, cuando no es en defensa propia, en un acto primo indeliberado, por una casualidad, en justa satisfacción de su honor vulnerado, como en el caso de adulterio, o por causa semejante; pero si la muerte se comete de hecho pensado, y no tiene ninguna de estas excepciones en su favor el homicida, es alevoso; debe morir se-

gún las leyes patrias, y ni aun goza la inmunidad del sagrado. Conque vea usted qué tal quedará con su defensa, cuando confiesa que su ahijado es alevoso.

—Es cierto —dijo el capitán—, pero tiene en su favor una excepción muy poderosa que lo defiende, y usted no ha mentado. A lo menos creo que se librará del último suplicio, aunque yo quisiera formar su defensa de modo que saliera en libertad, o cuando mucho sentenciado a comenzar su servicio de nuevo. Éste es mi empeño, y para esto he venido a aconsejarme de usted.

—¿Y cuál es la excepción que tiene en su abono? —preguntó el coronel, y el defensor dijo que el estar borracho cuando cometió el asesinato.

Rióse el coronel alegremente, y le dijo:

—Si como estaba borracho hubiera estado loco, seguramente usted quedaba bien, pero ¡borracho!, ¡borracho!... al palo debe ir ese hombre aunque lo defienda Cicerón.

—¿Cómo puede ser eso —decía el capitán—, cuando usted mismo ha dicho que las penas deben agravarse o disminuirse a proporción del intento y deliberación con que se cometen los delitos? Según esta doctrina, y probada la embriaguez de mi ahijado cuando mató al hombre, claro es que hizo la muerte sin plena deliberación, y de consiguiente no merece la pena capital.

—Así parece que debía ser a primera vista, pero *las leyes,* dice el señor Lardizábal, *deben hacer distinción, para la imposición de las penas, entre el que se embriagó por casualidad u otro motivo extraordinario y el que lo hace por hábito y costumbre. Al primero, si delinque estando privado de su juicio, se le debe disminuir, y tal vez remitir la pena, según las circunstancias; el segundo debe ser castigado como si hubiera cometido el delito estando en su acuerdo, sin tener respeto ninguno a la embriaguez, si no es acaso para aumentarle la pena, pues ciertamente no debería tenerse por*

---

[2] Esta doctrina es conforme a la razón y al espíritu de nuestras leyes. El señor Lardizábal, en su *Discurso sobre las penas,* dice: "que se disminuye la libertad también por causa intrínseca, y esto sucede cuando el ímpetu y fuerza de las pasiones es tanta que ofusca el ánimo, ciega el entendimiento y precipita cuasi involuntariamente al mal, como sucede en los primeros movimientos de ira, de cólera, de dolor y otras pasiones semejantes, en cuyo caso los delitos cometidos de esta suerte deben castigarse con menos severidad, que cuando se hacen a sangre fría y con entera deliberación".

[3] *Génesis,* cap. IX.

injusto el legislador que quisiese resucitar la ley de Pitaco, el cual imponía dos penas al que cometía un delito estando embriagado, una por el delito y otra por la embriaguez.[4]

"Este mismo autor cita sobre lo dicho unas palabras de Aristóteles, dignas de que usted las sepa para su inteligencia. Dice, pues, este político pagano: *Siempre que por ignorancia se cometa algún delito, no se hace voluntariamente, y por consiguiente no hay injuria. Pero si el mismo que comete el delito es causa de la ignorancia con que se comete, entonces hay verdaderamente injuria y derecho para acusarle, como sucede en los ebrios, los cuales, si cuando están poseídos del vino causan algún daño, hacen injuria, por cuanto ellos mismos fueron causa de su ignorancia, pues no debieron haber bebido tanto.*"

—Pues mal estamos —dijo el defensor—, porque los testigos que declararon que mi ahijado estaba ebrio cuando cometió el asesinato, afirmaron que acostumbraba embriagarse, y en este caso yo conozco que no le favorece la excepción.

—Ya se ve que no —dijo el coronel—, y más si se considera que en cualquier caso que el hombre cometa un delito embriagado, es en mi juicio reo de él; porque en ninguna ocasión debe arriesgarse a que se extravíe su razón. A más de que si se reflexiona seriamente, merece alguna indulgencia el ebrio que solamente comete delitos que no perjudican sino muy indirecta y remotamente a la sociedad; tales son las injurias que dice uno estando ebrio, aun cuando toquen al honor de alguno, por dos razones: la primera, porque el ebrio tiene la lengua muy fácil, y la experiencia enseña que no hay uno que no hable despropósitos con voz balbuciente; y la segunda, que por esta misma razón apenas habrá quien haga caudal de las producciones de un borracho.

[4] En los mismos términos se expresa el señor Lardizábal en su *Discurso sobre las penas* ya citado.

"No así cuando en el delito intervienen acción y otras circunstancias que claramente denotan bastante conocimiento y deliberación en lo que se hace, como el caso de un homicidio; pues entonces el agresor se previene de arma, busca el objeto de su ira, dispone la ocasión a su venganza y asegura el golpe fatal con tanta fuerza y tino como pudiera el hombre más en su juicio. Por cierto que yo jamás perdonaría la vida al que se la quitara a otro so pretexto de estar ebrio. Los que beben con demasía, lo que pierden es la vergüenza, y hay muchos que toman un poco de licor y se hacen más borrachos de lo que están, para con esta máscara cometer mil infamias y ponerse a cubierto de la pena que merecen; pero a más de que éstos no son acreedores a ninguna disculpa, aun cuando en realidad estén con la razón trastornada, la merecen menos, porque, aunque padezcan esta falta, la padecen por su causa y son acreedores a dos penas, como se ha dicho.

"Verdad es que la embriaguez es una locura pasajera; pero es una locura voluntaria, como dijo Séneca; y así como se reputa delincuente al suicida, aunque de su voluntad se quita la vida, así debe reputarse tal al que comete un crimen borracho, porque él de su voluntad se embriagó.

"Fuera de que, según mi modo de pensar, sólo en un caso es el ebrio acreedor a la indulgencia, y es cuando no está en estado de poder cometer ningún delito ni de dañar a otro. ¿Y cuándo será esto? Cuando está tirado y narcotizado en términos de no poder moverse, ni oír, ni conocer, ni hablar, o a lo más cuando no puede levantarse, y si habla es con lengua tartamuda y sin conocimiento. Ello será una paradoja, pero éste será mi modo de pensar toda la vida; porque mientras el borracho habla, anda, conoce, se enoja y se procura precaver de los peligros, es mentira que esté, como vulgarmente se dice, privado de razón. Cierto es que usa de ella trastornadamente en algunas cosas, pero la tiene y la usa con mucho acuerdo en su provecho. Yo, a lo menos, no he visto un borracho que se tire de una azotea abajo, ni que cuando hiere a otro le dé con el puño del cuchillo, ni que por darle a Juan le dé a Pedro, ni cosa semejante. Ellos son locos, es verdad; mas no hay loco que coma lumbre; y últimamente, yo, en clase de juez, había de tener por regla, para juzgar de la más o menos deliberación de un ebrio, el orden o desorden de sus acciones inmediatas, anteriores y posteriores al momento en que cometiera el crimen: de suerte, que si daba algunos pasos para cometer el delito, y daba otros para huir después de cometido, temeroso de la pena que merecía, sin duda que yo no usaba con él de misericordia, pues el que es dueño de sus pies mejor lo puede ser de su cabeza. En esta inteligencia, usted sabrá lo que hay en el particular acerca de su ahijado, y hará la defensa como le pareciere; pero si la ha de hacer como Dios y el rey mandan, creo que no puede defender a ese pobre."

—Pues qué —dijo el capitán—, ¿no consiste la gracia de un buen defensor en hacer por libertar a su ahijado, por criminal que sea, de la pena que merece? ¿Y no está empeñado, en obsequio de su obligación, en valerse de cuantos medios pueda para el efecto?

—No, señor —dijo el coronel—; la obligación del defensor es examinar si está justificado el delito; examinar la fuerza y el valor que tienen las pruebas que hay contra el reo; escudriñar la clase de los testigos y su modo de declarar; fondear si entienden lo que han dicho; ver si concuerdan entre sí en lo substancial del lugar, tiempo, modo, persona, ocasión y número, o si, por el contrario, van tan conformes en sus dichos, que pueda presumirse soborno; si hay en las declaraciones variedad o inverosimilitud, y otras cosas así; de modo que la obligación del defensor es alegar en favor de su cliente cuantas excepciones

le favorezcan en derecho, y examinar si la causa padece alguna nulidad para apoyar en esto su defensa; mas no le es lícito el valerse de medios siniestros e ilegales, como corromper testigos, presentar documentos falsos, censurar injustamente al fiscal, y usar otras diligencias como éstas, que se oponen a la justicia y a la moral.[5]

—Pues, camarada —dijo el mayor al capitán—, si no venimos a consultar con el señor coronel, íbamos a quedar frescos cada uno de nosotros por su lado. Usted, queriendo salvar a un delincuente, y yo tratando de acriminar al que no lo es, o a lo menos al que no lo es en el grado que yo suponía.

—Por eso es bueno —dijo el defensor— no fiarse uno de sí propio, y más en casos en que va la vida de un hombre de por medio, o el bien general de la República, sino sujetar su dictamen al mejor, como hemos hecho. Por mi parte doy a usted mil gracias, señor coronel, por su oportuno desengaño.

—Y yo se las repito también por el que me ha tocado —dijo el fiscal.

En esto variaron de conversación, y después de haber hablado un rato cosas de poca importancia, se despidieron.

De estas consultas presencié va-

---

[5] Esta doctrina es del autor citado, quien dice en su *Práctica criminal*, publicada en España de orden del Consejo, e impresa en Madrid en 1805, que la preocupación y vanidad de algunos defensores que fundan su honor en sacar bien a sus clientes, cualesquiera que sean los medios para conseguirlo, son sumamente vituperables, pues por una crasa ignorancia y una caridad muy mal entendida creen que para librar de la muerte a un infeliz es lícito valerse de cuantos medios se presenten, aun cuando sean tan injustos como los dichos.

La preocupación de los fiscales en pensar que deben conducir los reos al patíbulo, junto con la ya expresada de los defensores en figurarse que deben sacarlos inocentes, contribuye no poco a que se embrollen y dilaten las causas, en perjuicio de la recta administración de justicia.

rias, y comencé a sentir cierta gana de saber. Ello es que yo me desasné un poco a favor de las conversaciones de aquel hombre sabio y de su buena librería, que la tenía pequeña pero selecta, y no para mero adorno de su casa, sino de su entendimiento. Rara vez le faltaba un libro en la mano, y me decía frecuentemente:

"Hijo, no están reñidas las letras con las armas. El hombre siempre es hombre en cualquier clase que se halle, y debe alimentar su razón con la erudición y el estudio. Algunos oficiales he conocido que, aplicados únicamente a sus ordenanzas y a su Colón, no sólo no se han dedicado a ninguna clase de estudio ni lectura, sino que han visto los demás libros con cierto aire de indiferencia que parece desprecio, creyendo, y mal, que un militar no debe entender más que de su profesión, ni tiene necesidad de saber otra cosa; sin advertir que, como dice Saavedra en su Empresa 6, *una profesión sin noticia ni adorno de otras es una especie de ignorancia;* por eso también he visto que estos sujetos han tenido que representar al convidado de piedra en las conversaciones de gente instruida, quedándose, como dicen vulgarmente, como tontos en vísperas, sin hablar una palabra; y son los que han sabido tomar mejor partido que los que han querido meter su cuchara y salirse de la corta esfera a que han aislado su instrucción, que apenas lo han intentado cuando han prorrumpido en mil inepcias, granjeándose así, cuando menos, el concepto de ignorantes.

"Si tú, Pedro, llegares alguna vez a ser oficial, procura ilustrar tu entendimiento con los libros, y aplícate a ignorar cuanto menos puedas.

"No quiero que seas un omniscio, ni que faltes a tus precisas obligaciones por el estudio; pero sí que no mires con desdén los libros, ni creas que un militar, por serlo, está disculpado para chorrear disparates en cualquiera conversación, pues en este caso los que lo advierten, o lo tienen por un necio, pedante, o tal vez su falta de instrucción la atribuyen a la humildad de sus principios.

"Por el contrario, un militar instruido es apreciado en todas partes, hace número en la sociedad de los sabios, y él mismo recomienda su cuna manifestando su finura sin tener que acreditarla con el documento de sus divisas.

"No están, repito, reñidas las letras con las armas; antes aquéllas suelen ser y han sido mil veces ornamento y auxilio de éstas. Don Alonso, rey de Nápoles, preguntado que a quién debía más, sí a las armas o a las letras, respondió: *En los libros he aprendido las armas y los derechos de las armas.* Muchos militares ha habido que, penetrados de estos conocimientos, se han aplicado a las letras lo mismo que a las armas, y nos han dejado en sus escritos un eterno testimonio de que supieron manejar la pluma con la misma destreza que la espada. Tales fueron los Franciscos Santos, los Gerardos Lobos, los Ercillas y otros varios.

"Por lo que respecta a tu conducta en el caso supuesto, no debes ser menos cuidadoso. Debes vestirte decente sin afeminación, ser franco sin llaneza, valiente en la campaña, jovial y dulce en tu trato familiar con la gente, moderado en tus palabras y hombre de bien en todas tus acciones. No imites el ejemplo de los malos, no quieras parecer más bien hijo de Adonis que amigo de Marte; jamás seas hazañero ni baladrón, ni a título del carácter militar, según entienden mal algunos, seas obsceno en tus palabras ni grosero en tus acciones; ésta no es marcialidad, sino falta de educación y poca vergüenza. Un oficial es un caballero, y el carácter de un caballero debe ser atento, afable, cortés y comedido en todas ocasiones. Advierte que el rey no te condecora con el distintivo de oficial, ni condecora a nadie, para que se aumenten los provocativos, los atrevidos, los irreligiosos, los gorrones ni los pícaros; sino para que, bajo la dirección de unos hombres de honor, se asegure la defensa de la religión católica, su corona, y el bien y tranquilidad de sus estados.

"Reflexiona que lo que en un soldado merece pena como dos, en un oficial debe merecerla como cuatro, porque aquél, las más veces, será un pobre plebeyo sin nacimiento, sin principios, sin educación y acaso sin un mediano talento, y por consiguiente sus errores merecen alguna indulgencia; cuando, por el contrario, el oficial que se considera de buena cuna, instrucción y talento, seguramente debe reputarse más criminal, como que comete el mal con conocimiento, y se halla obligado a no cometerlo con dobles empeños que el soldado vulgar.

"Últimamente, si te hallares algún día en este caso, esto es, si algún día fueres oficial, lo que no es imposible, y por desgracia fueres de mala conducta, te aconsejo que no blasones de la limpieza de tu sangre, ni saques a la plaza las cenizas de tus buenos abuelos en su memoria, pues estas jactancias sólo servirán de hacerte más odioso a los ojos de los hombres de bien, porque mientras mejores hayan sido tus ascendientes, tanta más resultará tu perversidad, y tú propio darás a conocer tu mala inclinación, pues probarás que te empeñaste en ser malo no obstante haber tenido padres buenos, que es felicidad no bien conocida y agradecida en este mundo."

Tales eran los consejos que frecuentemente me daba el coronel, quien a un tiempo era mi jefe, mi amo, mi padre, mi amigo, mi maestro bienhechor, pues todos estos oficios hacía conmigo aquel buen hombre.

Sin embargo, como mi virtud no era sólida, o más bien no era virtud sino disimulo de mi malicia, no dejaba yo de hacer de las mías de cuando en cuando a excusas del coronel. Sabía visitar a mis amigos, que entonces eran soldados, pues no tenía otros que apetecieran mi amistad; iba al cuartel unas veces, y

otras a las almuercerías, bodegas de pulquerías y lupanares adonde me llevaban mis camaradas; jugaba mis alburillos muy seguido, cortejaba mis ninfas, y después que andaba estas tan inocentes estaciones y conocía que el jefe estaba en casa, me retiraba yo a ella a leer, a limpiar la casaca, a dar bola a las botas y a continuar mis hipócritas adulaciones.

El frecuente trato que tenía con los soldados me acabó de imponer en sus modales. Entre ellos era yo maldiciente, desvergonzado, malcriado, atrevido y grosero a toda prueba. Algunas veces me acordaba del buen ejemplo y sanas instrucciones del coronel; pero, ¿cómo había de dejar de hacer lo que todos hacían? ¿Qué hubieran dicho de mí si delante de ellos me hubiera yo abstenido de hacer o decir alguna picardía u obscenidad por observar los consejos de mi jefe? ¡Qué jácara no hubieran formado a mi cuenta si hubieran escuchado de mi boca los nombres de *Dios, conciencia, muerte, eternidad, premios o castigos divinos!* ¿Qué burla no me hubieran hecho si descuidándome hubiera intentado corregirlos con mi instrucción o con mi buen ejemplo, permitiendo que hubiera sido capaz de darlo? Mucha, sin duda; y así yo, por no malquistarme con tan buenos amigos, y porque no me llamaran el *mocho*, el *beato* o el *hipócrita*, concurría con ellos a todas sus maldades, y a pesar de que algunas me repugnaban, yo procuraba distinguirme por malo entre los malos, atropellando con todos los respetos divinos y humanos a trueque de granjearme su estimación y los dulces y honoríficos epítetos de *veterano, buen pillo, corriente, marcial,* y otros así con que me condecoraban mis amigos. Lo único que estudiaba era el modo de que mis diabluras no llegaran a la noticia de mi jefe, así por no sufrir el castigo condigno, como por no perder la conveniencia que sabía por experiencia que era inmejorable.

En las tertulias que tenía con los

soldados, les oí algunas veces murmurar alegremente de los sargentos. De unos decían que eran crueles, de otros que eran ladrones y que se aprovechaban de su dinero comprando camisas, zapatos, etc., a un precio y cargándoselos a ellos a otro. En fin, hablaban de los pobres sargentos las tres mil leyes: Yo consideraba que tal vez serían calumnias y temeridades, pero no me atrevía a replicarles, porque como no había estado bajo el dominio de los sargentos el tiempo necesario para experimentarlos, no podía hablar con acierto en la materia.

Así pasé algunos meses hasta que llegó el día de partirnos para Acapulco, como lo hicimos, conduciendo los reclutas que habían de ser embarcados para Manila.

No hubo novedad en el camino; llegamos con felicidad a la ciudad de los reyes, puerto y fortaleza de San Diego de Acapulco. No me admiraron sus reales tamarindos, ni la ciudad, que por la humildad de sus edificios, mal temperamento y pésima situación, me pareció menos que muchos pueblos de indios que había visto; pero en cambio de este disgusto, tuve la sorprendente complacencia de ver por la primera vez el mar, el castillo y los navíos, que supuse serían todos como el *San Fernando Magallanes*, que estaba anclado en aquella bahía. A más de esto me divertí con las morenas del país, que aunque desagradables a la vista del que sale de México, son harto familiares y obsequiosas.

También regalé mi paladar con el pescado fresco, que lo hay muy bueno y en abundancia, y así con estas bagatelas entretuve las incomodidades que sufría con el calor y la poca sociedad, pues no tenía muchos amigos. A más de esto, la privación de las diversiones de esta ciudad y el temor de la navegación, que me urgía bastante, como urge al que jamás se ha embarcado y tiene que fiar su vida a la furia de los vientos y a la ninguna firmeza de las aguas, no dejaba de mortificarme algunas veces.

Llegó el día en que nos habíamos de dar a la vela. Se entregaron al capitán los forzados, nos embarcamos, se levantaron las anclas, cortaron los cables, y con el ¡buen viaje! gritado por los amigos y curiosos que estaban en el muelle, fuimos saliendo de la bocana a la ancha mar.

Desde este primer día nos pronosticó el cielo una feliz navegación, pues a poco de habernos alejado del puerto se levantó un viento favorable que, llenando las velas que se habían desplegado enteramente, nos hacía volar a mi entender con la mayor serenidad, pues a las cuatro horas de navegación ya no veía yo, ni con anteojos, las que llaman *Tetas de Coyuca*, que son los cerros más elevados del Sur, y la primera tierra que se descubre desde el mar.

Esto algo me entristeció, como que sabía lo largo de la navegación que me esperaba. Tampoco dejé de marearme y padecer mis náuseas y dolor de cabeza como bisoño en semejantes caminos; pero pasada esta tormenta, continué mi viaje alegremente.

CAPÍTULO XV

CUANDO ESTUVE RESTABLECIDO de mi accidente, subí a la cubierta y ya no vi nada de tierra, sino cielo, agua y el buque en que navegábamos, lo que no dejaba de atemorizarme bastante, y más cuando interiormente reflexionaba en todos los riesgos que me rodeaban. Ya se me ponía en la cabeza una tormenta deshecha; ya una calma o encalladura que nos hiciera morir de hambre; ya pensaba que el barco se estrellaba en un arrecife, y cada uno de nosotros salía por su respectiva tronera a ser pasto de los tiburones y tintoreras; ya temía un encuentro con algunos piratas y esperaba el temible *zafarrancho;* ya creía muy fácil un descuido con el fogón y se me representaba la embarcación ardiendo, escurriendo el alquitrán, y consumiéndose todo por la voracidad de las llamas, a pesar de las bombas, y que perdiendo el fuego el respeto a la Santa Bárbara, volábamos todos por esos aires de Dios para no volver a resollar hasta el último día de los tiempos.

En estas funestas consideraciones y nada pánicos temores pasaba algunos ratos del día, hasta que al cabo de un mes, viendo que nada adverso sucedía, los fui desechando poco a poco y haciéndome, como dicen, a las armas en tal grado que ya me era gustosa la navegación, pues en las noches de luna reflejaba ésta en las ondas, haciéndolas lucir como si fueran un espejo, lo que, junto con los repetidos celajes que se observaban por los horizon-

tes, nos divertía bastante, y más cuando el viento que soplaba en la popa era el que se quería para navegar aprisa y sin riesgo de nortes tempestuosos, pues entonces, descansando de maniobrar los marineros, gustábamos todos ya de la conversación de los comerciantes, oficialidad y pasajería decente que subían sobre cubierta a gozar de la hermosa noche, ya de los que tocaban y cantaban, y ya de la naturaleza pacífica cual se nos manifestaba en aquellos ratos.

Me acuerdo que en uno de ellos se puso a platicar conmigo un comerciante que se había hecho mi amigo, porque había menester la protección del coronel en Manila y veía la estimación que yo disfrutaba de él. En la conversación le conté los trabajos que había padecido en el discurso de mi vida, exagerándolos sin motivo.

Él lo escuchaba todo con fría indiferencia, lo que no dejó de escandalizarme; y por ver si era genial o lo afectaba, le dije:

—Cierto que somos desgraciados los mortales: ¡cuántos males nos rodean desde la cuna y cuántos daños padecemos, no ya de uno en uno, sino de generación en generación!

—¿Y qué se le da a usted de eso? —me dijo con mucha socarra—. ¿Los padece usted?

—No los padezco —le dije—, pero me lastima que los padezcan mis prójimos, a quienes debo considerar como a mis hermanos, o más bien como a partes de mí mismo.

—¡Oh!, vaya —dijo el comerciante—, usted es uno de los muchos preocupados que hay en el mundo: ¡ya se ve!, es usted un pobre soldado que no tiene motivo de ser instruido.

No dejé de incomodarme con tal disculpa; y así le dije:

—Quizá no soy tan lerdo como usted supone, y podré hacerle ver que no todos los soldados son de principios ordinarios ni carecen tal cual de instrucción; y si no, dígame usted, ¿por qué me juzga preocupado? ¿Por qué le dije que me dolían los males que padecía mi prójimo como si fuera mi hermano o una parte de mí mismo?

—Sí, señor, porque creer eso —me dijo— es una preocupación. Nosotros mismos somos nuestros hermanos, y harto haremos si vemos por nosotros solamente sin mezclarnos con el resto de los hombres, a no ser que nos redunde algún provecho particular de sus amistades.

—Según eso —le dije—, no deberemos ser amigos sino de aquellos que nos sirvan o nos den esperanzas de servirnos en algún tiempo.

—Cabalmente así debe ser —me contestó—, y aquí encaja bien el refrán que dice: *que el amigo que no da, y el cuchillo que no corta, que se pierdan poco importa,* y ya usted ve que los refranes son evangelios chiquitos.

—Yo entiendo —le dije— que no todos lo son; antes hay algunos falsos y disparatados de que no se debe hacer caudal, en cuyo número pongo el que usted acaba de citarme, pues habrá muchos amigos cuya amistad será utilísima aunque no den nada más que su estimación, sus consejos o su enseñanza, y cierto que la pérdida de éstos será sensible a quien conozca lo que valen.

—Ésas son pataratas —me contestó—; consejos, estimación, enseñanza y todo lo que no es dinero o cosa que lo valga, son fantasmas agradables que sólo pueden divertir muchachos, pero que no traen gota de utilidad. Yo, por mí, detesto de semejantes amigos; no, no me empeñaré en buscarlos, y si tengo alguno

sin esta diligencia, no se me dará nada de que se pierdan.

—¿Conque usted sólo será amigo del que le proporcione dinero?

—No hay otros que merezcan mi amistad —me respondió—; y las desgracias de éstos las sentiré por lo que puedan tocarme, que por lo demás cada uno se rasque con sus uñas.

Escandalizado al escuchar tan inefables máximas, mudé de conversación y a poco rato me separé de su lado.

Al día siguiente, estando peinando al coronel, le conté mi anterior conversación, y él me dijo:

"No te espantes, Pedro, de haber hallado tal dureza en ese comerciante, ni te escandalice su avaricia e interés. Hay muchos en el mundo que piensan y obran lo mismo que él: ése es un gran egoísta, y como tal, es ambicioso, cruel, y adulador; vicios comunes a los que piensan que para ellos solos se hizo el mundo; pero este sujeto, a más de egoísta tiene la desgracia de ser un necio, pues se jacta de sus mismos vicios y los descubre sin disfraz, que es por lo que te has escandalizado; mas sábete que este vicio está tan extendido en el mundo, que de cada cien hombres dudo que haya uno que no sea egoísta.

"Ya sabes que se entiende por egoísta el que se ama a sí propio con tal inmoderación que atropella los respetos más sagrados cuando trata de complacerse o de satisfacer sus pasiones. Según esto el egoísmo no sólo es un vicio temible, porque ha sido y es causa de cuantas desgracias han acaecido y acaecen a los mortales diariamente, sino que es un vicio el más detestable, pues es la raíz de todos los delitos que se cometen en el mundo; de suerte que nadie es criminal antes que ser egoísta. Todos pecan por darse gusto y porque se aman demasiado, que vale tanto como decir que todos pecan porque son egoístas, y mientras más egoístas son, por consecuencia, son más pecadores. Éstas son unas verdades que se sujetan a la demostración, y por ella tú conocerás qué pocos o raros no son egoístas en el mundo; pero hay esta diferencia: unos son egoístas tolerables y otros intolerables. Me explicaré. La mayor parte de los hombres o casi todos se aman demasiado, y así el bien que hacen como el mal que dejan de hacer no reconocen mejor principio que su particular interés, por más que lo palíen con nombrecitos brillantes que aparentan mucho, y nada se halla en ellos más que follaje. Esta clase de egoístas algunas veces son perjudiciales a la sociedad por esta causa, y muchas inútiles; pero como no se dejan de considerar con relación a los demás hombres, están dispuestos a servirles alguna vez, aunque no sea más que por el vano interés de que los tengan por benéficos, y por esto digo que son egoístas *tolerables*.

"Los otros son aquellos que haciéndose cada uno el centro del universo, se aman con tal desorden, que a su interés posponen los respetos más sagrados. Para éstos nada valen los preceptos de la religión, ni los más estrechos vínculos de la sangre o de la sociedad; por todo pasan como por un puente seguro, y jamás les afectan las calamidades de los hombres. Por esta depravada cualidad son soberbios, interesables, envidiosos y crueles, y por lo mismo son *intolerables*. De esta clase de egoístas es el comerciante cuya conversación te ha escandalizado justamente; mas por lo mismo que te repugna tal modo de pensar, has de procurar no contaminarte con él, advirtiendo que el amor propio es habilísimo para disminuir nuestros defectos a nuestros ojos y aun para hacérnoslos pasar por virtudes. Todos aborrecen el egoísmo, y nadie cree que es egoísta, por más que esté tan extendido este vicio. La regla que te puede asegurar de que no lo eres, es que te sientas movido a ser benéfico a tus semejantes, y que de hecho pospongas tus particulares intereses a los de tus hermanos; y cuando te halles connaturalizado con

esta máxima, podrás vivir satisfecho de que no eres egoísta."

De semejante manera me instruía siempre mi buen mentor, y no perdía las ocasiones que se le presentaban oportunas para el efecto, pero por desgracia entonces sembraba en tierra dura; sin embargo, a la vuelta de mis extravíos, muy mucho me han servido sus saludables advertencias.

Ya navegaba yo contento pensando que todo el monte era orégano y todo mar pacífico, cuando me sacó de este confiado error uno de aquellos accidentes de mar que no se sujetan a la práctica de los mejores pilotos.

Una noche que estaba enfermo el primer piloto, dejó encargado el cuidado de la brújula a un segundo, que aunque diestro en el manejo del timón, era mortal, y acosado del sueño se durmió sobre el banco sin que ninguno lo advirtiera, y todos los pasajeros hicimos lo mismo con la seguridad del tiempo favorable que nos hacía.

Como, dormido el pilotín, quedó el buque con la misma libertad que el caballo sin gobierno en la rienda, tomó el rumbo que quiso darle el aire, y en lo más tranquilo de nuestro sueño nos despertó el bronco ruido que hizo la quilla al arrastrarse en la arena.

El primero que advirtió la desgracia fue el buen piloto, que no había podido dormir a causa de sus dolencias. Inmediatamente, desde su camarote, comenzó a gritar:

—*Orza, orza, vira a babor... que nos varamos... banco... banco.*

Toda la tripulación, el contramaestre, los pasajeros y toda la gente despertó y se pusieron a maniobrar, pero ya no alcanzaban a remediar el mal las primeras recetas que había dictado el práctico piloto; lo más que hicieron fue amarrar el timón y recoger las lonas, con cuya diligencia no se enterró más la embarcación.

Los que en la navegación han experimentado semejante lance, se harán cargo cuál sería nuestra consternación, y más cuando luego que se advirtió la desgracia, se dio la orden de que se acortara a todos la ración de comida y bebida, lo que nos entristeció demasiado, y más a mí, que comía por siete. Todos manifestaron el abatimiento de sus espíritus en la tristeza de sus semblantes. Desde esa hora ya no hubo quien durmiera; todo era susto, y el funesto temor de morir de hambre y sed estacados en aquel promontorio de arena era el objeto de nuestras tristes conversaciones.

Se hizo una solemne junta de los pilotos y jefes, y en ella se determinó probar cuantos medios fueran posibles para libertarnos del riesgo que nos amenazaba, y en virtud de esta resolución se echaron al agua todos los botes y lanchas, desde las cuales tiraban del buque atado con cables; pero esta diligencia fue enteramente inútil, y a consecuencia se determinó ejecutar la última, y fue alijar o aligerar el navío, echando al mar cuanto peso fuera bastante para que sobreaguara.

Ya se sabe que la nao de China a su regreso de Acapulco no lleva más carga que víveres y plata; en esta virtud, supuesto que los víveres no se debían echar al agua, el decreto recayó sobre la plata. Se separó el caudal del rey, que llaman *situado*, y los marineros comenzaron a tirar baúles y cajones de dinero, según que los cogían y sin ninguna distinción.

Mi maestro y jefe abrió sus baúles, sacó sus papeles y dos mudas de ropa, y él mismo, junto conmigo, dio con ellos en el mar, sirviendo su ejemplo de un poderoso estímulo para que casi todos los señores oficiales y comerciantes hicieran lo mismo, si no alegres, porque nadie podía hacer este sacrificio contento, a lo menos conformes, porque no había esperanzas de libertar la vida de otra manera.

Mi coronel animaba a todos con prudencia y jovialidad. Luego que el barco comenzó a moverse y aligerarse, hizo suspender la maniobra un corto rato, que destinó para que

tomara la gente un poco de alimento y un trago de aguardiente, lo cual concluido, continuó la faena con el mismo fervor que al principio.

Mi jefe ya no tenía qué perder, pues hasta su catre, que era de acero, lo había echado al agua, y así sus exhortaciones iban precedidas del ejemplo, y por consiguiente sacaban el mejor fruto.

—Sobran minas, amigos —decía en el fervor de la fatiga—; con poco basta al hombre para vivir; los créditos de ustedes quedan seguros en este caso y libres de toda responsabilidad; lo único que se pierde es la ganancia; pero con el sacrificio de ésta compraremos todos nuestra futura existencia. Compraremos la vida con el dinero, y veremos que la vida es el mayor bien del hombre, y el primero a cuya conservación debemos atender; y el dinero, los pesos, las onzas de oro, no son más que pedazos de piedra beneficiados, sin los cuales puede vivir el hombre felizmente. Ea, pues, seamos liberales cuando nada perdemos, compremos nuestras vidas y las de tantos pobres que nos acompañan a costa de una tierra blanca o amarilla, o llámense metales de oro y plata, y no queramos perecer abrazados de nuestros tesoros como el codicioso Creso.

Con éstas y semejantes exhortaciones avaloraba mi amado coronel los ánimos decaídos de los que veían sepultada la utilidad de sus sudores en el abismo profundo de la mar; y así echando cada uno, como dicen, pecho por tierra, trabajaba en destruirse y asegurarse al mismo tiempo, arrojando al mar sus respectivos caudales, señalando el lugar con unas boyas; pero no bien hubieron tocado los baúles y cajones del egoísta (que veía frescamente la escena sentado sobre ellos), cuando juró, perjuró, blasfemó, ofreció galas considerables, e hizo cuantas diligencias pudo por librar sus intereses, pero no le valió; los marineros, gente pobre y que en estos casos no respeta ni Rey ni Roque, lo hicieron a un lado y arrojaron al mar sus baúles y cajones.

Quizá éstos eran los más pesados que llevaba el buque, pues luego que se vio libre de ellos comenzó a sobreaguar, y espiando el barco por la popa con el anclote esperanza y la ayuda del cabrestante, salimos a mar libre y se desencajó del banco en un momento.

No es posible ponderar el regocijo que ocupó los corazones de todos al verse libres de un riesgo del que pocas navegaciones escapan, y más que ya muchos habíamos creído morir de hambre. Sólo el práctico flojo y el miserable egoísta estaban ocupados de la mayor melancolía, que en este último pasó a la más funesta desesperación, pues cansado de llorar, jurar, renegar y desmecharse, viendo que el barco se apartaba del lugar donde dejaba su tesoro, lleno de rabia y ambición, dijo:

—¿Para qué quiero la vida sin dinero?

Y diciendo y haciendo, se arrojó al mar, sin que lo pudiéramos estorbar ninguno de cuantos estábamos a su lado.

En vano fue la diligencia de echar al agua una guíndola, pues como no sabía nadar, en cuanto cayó se fue a plomo y desapareció de nuestra vista, dejándonos llenos de compasión y espanto.

El piloto, que no soltaba la sonda de la mano, cuando se vio fuera de los bancos y en un lugar proporcionado, hizo fondear la nao y asegurarla con las anclas; se recogieron las velas, se amarró el timón y se echaron al mar todos los esquifes, botes y lanchas que llevábamos, y tripulándose con la gente más útil y algunos buenos buzos, se embarcó con ellos y fue a tentar la restauración de los caudales, lo que consiguió con tan feliz éxito, que ayudado del tiempo sereno que corría, a las veinticuatro horas ya estaban en el navío todos los baúles y cajones de plata que se habían tirado, hasta los del infeliz y avaro egoísta,

cuyo cuerpo tuvo menos suerte que su dinero, y quién sabe si su alma la tendría más desgraciada que su cuerpo.

Reembarcados los intereses en el navío y reconocidos por sus dueños por respectivas marcas, se hizo una general promesa a María Santísima en muy justa acción de gracias por tanto beneficio, y tomada razón de los cajones y baúles que pertenecían al egoísta, se entregaron en depósito al coronel para que los pusiera en manos de su desgraciada familia, que era más digna de poseerlos.

A los quince o veinte días de este suceso fue el de la Inmaculada Concepción de la Reina de los Ángeles, patrona de las Españas, con cuyo motivo se empavesó el barco y hubo todo el día una repetida y solemne salva de artillería, lo que me causó una agradable sorpresa, como causa a cualquiera que por primera vez ve una embarcación llena de gallardetes y banderas de diversos colores y figuras, que denotan las de cada nación, y las de las señales particulares que usan en el mar. A más de eso, el verlas colocar y quitar casi a un tiempo me causó no poca admiración, aunque yo no la manifesté, pues ya el coronel me había dicho que manifestar con vehemencia nuestra admiración por cualquier cosa, era señal de tontos, lo mismo que ver las cosas más raras con una indiferencia de mármol.

Este hombre, cuya memoria se perpetuó en la mía, no perdía, como he dicho, las ocasiones de instruirme, y según su loable sistema, que jamás seré bastante a agradecer, un día que lo peinaba, se acordó del desgraciado fin del egoísta y me dijo:

"¿Te acuerdas, hijo, del pobre de don Anselmo? ¡Pobrecito! Él se echó al mar y perdió la vida, y quizás el alma, por la falta de su dinero. ¡Ah, dinero, funesto motivo de la ruina temporal y eterna de los hombres! Días ha que un gentil llamó neciamente sagrada (mejor hubiera dicho maldita) el hambre del oro, y exclamó que ¿a qué no obligaría a los mortales? Hijo: nunca sean la plata ni el oro los resortes de tu corazón; jamás la codicia del interés sea el eje sobre que se mueva tu voluntad. Busca el dinero como medio accidental, y no como el único ni el necesario para pasar la vida. La liberal sabiduría de Dios cuando crió al hombre lo proveyó de cuanto necesitaba para vivir, sin acordarse para nada del dinero; séame lícita esta expresión para que me entiendas; crió Dios en la Naturaleza todo lo necesario para el hombre, menos pesos acuñados en ninguna casa de moneda, prueba de que éstos no son necesarios para su conservación. Mientras el hombre se contentó con atender a sus necesidades con sólo los auxilios de la Naturaleza, no extrañó para nada el dinero; pero después que se entregó al lujo, ya le fue preciso valerse de él para adquirir con facilidad lo que no podía conseguir de otra manera. Yo no condeno el uso de la moneda; conozco las ventajas que nos proporciona; pero me agrada mucho el pensamiento de los que han probado que no consisten las riquezas en la plata, sino en las producciones de la tierra, en la industria y en el trabajo de sus habitantes; y tengo por una imprudencia el empeño con que buscamos las riquezas de entre las entrañas de la tierra, desdeñándonos de recogerlas de su superficie con que tan liberal nos brinda. Si la felicidad y la abundancia no viene del campo, dice un sabio inglés, es en vano esperarla de otra parte.

"Muchas naciones han sido y son ricas sin tener una mina de oro o plata, y con su industria y trabajo saben recoger en sus senos el que se extrae de las Américas. La Inglaterra, la Holanda y el Asia son bastantes pruebas de esta verdad; así como es evidente que las mismas Américas, que han vaciado sus tesoros en la Europa, Asia y África, están en un estado deplorable.

"Poseer estos hermosos metales sin más trabajo que sacarlos de los peñascos que los cubren, es en mi entender una de las peores plagas que puede padecer un reino; porque esta riqueza, que es para el común de los habitantes una ilusión agradable, despierta la codicia de los extranjeros y enerva la industria y laborío de los naturales.

"No son éstas proposiciones metafísicas, antes tocan las puertas de la evidencia. Luego que en alguna parte se descubren una o dos minas ricas, se dice estar aquel pueblo en bonanza, y es precisamente cuando está peor. No bien se manifiestan las vetas cuando todo se encarece; se aumenta el lujo; se llena el pueblo de gentes extrañas, acaso las más viciosas; corrompen éstas a las naturales; en breve se convierte aquel real en un teatro escandaloso de crímenes; por todas partes sobran juegos, embriagueces, riñas, heridas, robos, muertes y todo género de desórdenes. Las más activas diligencias de la justicia no bastan a contener el mal ni en sus principios. Todo el mundo sabe que la gente minera es por lo regular viciosa, provocativa, soberbia y desperdiciada. Pero se dirá que estos defectos se notan en los operarios. Con que no me nieguen esto, que es más claro que la luz, me basta para probar lo que quiero.

"A más de lo dicho, en un mineral en bonanza o escasean los artesanos, o si hay algunos, se hacen pagar con exorbitancia su trabajo. Los labradores se disminuyen, o porque se dedican al comercio de metales, o porque no hay jornaleros suficientes para el cultivo de la tierra, y cátate ahí que dentro de poco tiempo aquel pueblo tiene una subsistencia precaria y dependiente de los comarcanos.

"Los muchachos pobres, que son los más, y los que algún día han de llegar a ser hombres, no se dedican ni los dedican sus padres a aprender ningún oficio, contentándose con enseñarlos a acarrear metales, o a espulgar las tierras, que vale tanto como enseñarlos a ociosos.

"Éste es el cuadro de un mineral en bonanza; su decantada riqueza se halla estancada en dos o tres dueños de las minas, y el resto del pueblo apenas subsiste de sus migajas. Yo he visto familias pereciendo a las orillas de los más ricos minerales.

"Esto quiere decir, que a proporción de lo que sucede en un pueblo mineral, sucede lo mismo, y con peores resultados, en un reino que abunda en oro y plata como las Indias. Por veinte o treinta poderosos que se cuentan en ellas, hay cuatro o cinco millones de personas que viven con una escasa medianía, y entre éstos muchas familias infelices.

"Si no me engaño, la razón de paridad es la misma en un reino que en un pueblo; y si desde un pueblo desciende la comparación a un particular, se han de observar los mismos efectos procedentes de las mismas causas. Hagamos una hipótesis con dos muchachos bajo nuestra absoluta dirección, que se llamen uno *Pobre* y el otro *Rico;* que a éste lo eduquemos en medio de la abundancia, y a aquél en medio de la necesidad.

"Es claro que el Rico, como que nada necesita, a nada se dedica y nada sabe; por el contrario, el Pobre, como que no tiene ningunos auxilios que lo lisonjeen, y por otro lado la necesidad lo estrecha a buscar arbitrios que le hagan menos pesada la vida, procura aplicarse a solicitarlos, y lo consigue al fin a costa del sudor de su rostro. En tal estado supongamos que al muchacho Rico le acaece alguna desgracia de aquellas que quitan este sobrenombre al que tiene dinero, y se ve reducido a la última indigencia. En este caso, que no es raro, sucede una cosa particular que parece paradoja: el Rico queda pobre y el Pobre queda rico, pues el muchacho que fue rico es más pobre que el muchacho Pobre, y el muchacho que nació pobre es más rico que

el que lo fue, como que su subsistencia no la mendiga de una fortuna accidental, sino del trabajo de sus manos.

"Esta misma comparación hago entre un reino que se atiene a sus minas y otro que subsiste por la industria, agricultura y comercio. Éste siempre florecerá, y aquél caminará a su ruina por la posta.

"No sólo el reino de las Indias, la España misma es una prueba cierta de esta verdad. Muchos políticos atribuyen la decadencia de su industria, agricultura, carácter,[1] población y comercio, no a otra causa que a las riquezas que presentaron sus colonias. Y si esto es así, como lo creo, yo aseguro que las Américas serían felices el día que en sus minerales no se hallara ni una sola veta de plata u oro. Entonces sus habitantes recurrirían a la agricultura, y no se verían como hoy tantos centenares de leguas de tierras baldías, que son por otra parte feracísimas; la dichosa pobreza alejaría de nuestras costas las embarcaciones extranjeras que vienen en pos del oro a vendernos lo mismo que tenemos en casa; y sus naturales, precisados por la necesidad, fomentaríamos la industria en cuantos ramos la divide el lujo o la comodidad de la vida; esto sería bastante para que se aumentaran los labradores y artesanos, de cuyo aumento resultarían infinitos matrimonios que no contraen los que ahora son inútiles y vagos; la multitud de enlaces produciría naturalmente una numerosa población que, extendiéndose por lo vasto de este fértil continente, daría hombres apreciables en todas las clases del Estado; los preciosos efectos que cuasi privativamente ofrece la Naturaleza a las Américas en abundancia, tales como la grana, algodón, azúcar, cacao, etc., etc., serían otros tantos renglones riquísimos que convidarían a las naciones a entablar con

[1] Entiéndase aquel antiguo vigor y desprecio del lujo que no conocieron los godos, visigodos, etc.

ellas un ventajoso y activo comercio, y finalmente un sinnúmero de circunstancias que precisamente debían enlazarse entre sí, y cuya descripción omito por no hacer más prolija mi digresión, harían el reino y su metrópoli más ricos, más felices y respetados de sus émulos que lo han sido desde la época de los Corteses y Pizarros.

"No creas que me he desviado mucho del asunto principal adonde dirijo mi conversación. Esto que te he dicho es para que adviertas que la abundancia de oro y plata está tan lejos de hacer la verdadera felicidad de los mortales, que antes ella misma puede ser causa de su ruina moral, así como lo es la decadencia política de los estados, y por tanto no debemos ni hacer mal uso del dinero, ni solicitarlo con tal afán, ni conservarlo con tal anhelo, que su pérdida nos cause una angustia irreparable, que tal vez nos conduzca a nuestra última ruina, como le sucedió al necio don Anselmo.

"Este desgraciado creyó que toda su felicidad pendía de la posesión de unos cuantos tepalcates brillantes; perdiólos en su concepto; la negra tristeza se apoderó de su avaro corazón, y no pudiendo resistirla, se precipitó al mar en el exceso de su desesperación, perdiendo de una vez el honor, la vida, y plegue a Dios no haya perdido el alma.

"Este funesto suceso lo presenciaste, y jamás te acordarás de él sin advertir que el oro no hace nuestra felicidad, que es un gran mal la avaricia, y que debemos huirla con el empeño posible.

"No pienses por esto que te predico el desprecio de las riquezas con aquel arte que muchos filósofos del paganismo, que hablaban mal de ellas por vengarse de la fortuna que se les había manifestado escasa. Ni menos te recomendaré ensalzando sobre las nubes la pobreza, cuando yo, gracias a Dios, no la padezco. No soy un hipócrita; quédese para Séneca decir en el seno de la abundancia: *que es pobre el que cree*

que lo es; que la Naturaleza se contenta con pan y agua, y para lograr esto nadie es pobre; que no es ningún mal sino para el que la rehusa, y otras cosas a este modo que no le entraban, como dicen, de dientes adentro, pues en la realidad, al tiempo que escribía esto disfrutaba la gracia de Nerón, era querido de su mujer, poseía grandes rentas, habitaba en palacios magníficos y se recreaba en deliciosos jardines.

"¡Qué cosa tan dulce —dice un autor— es moralizar y predicar virtud en medio de estos encantos! Pretender que el hombre mortal, viador y rodeado de pasiones sea enteramente perfecto, es una quimera. La virtud es más fácil de ensalzarse que de practicarse, y los autores pintan al hombre, no como es, sino como debe ser; por eso tratamos en el mundo pocos originales cuyos retratos manejamos en los libros. El mismo Séneca, penetrado de esta verdad, llega a decir: *que era imposible hallar entre los hombres una virtud tan cabal como la que él proponía, y que el mejor de los hombres era el que tenía menos defectos. Pro optimo est minime malus.* Así es que yo ni exijo de ti un desprecio total de los bienes de fortuna, ni menos te exhorto a que abraces una pobreza holgazana.[2] Si un brillante estado de opulencia pone al hombre en el riesgo de ser un inicuo por la facilidad que tiene de satisfacer sus pasiones, el miserable estado de la pobreza puede reducirlo a cometer los crímenes más viles.

"Estoy muy lejos de decirte que la pobreza hace sabios y virtuosos, como decía Horacio a Floro; menos te diré que el más pobre es más feliz, como que vive más libre e independiente, como he oído decir a muchos que envidian la suerte del pobre cargador; me acuerdo de la

---

[2] Con esta expresión dio a entender el coronel que no hablaba de pobreza evangélica, la que siempre es recomendable; pero no es para todos, pues no todos tenemos aquella disposición de espíritu que requiere.

graciosa definición que da Juvenal en la *Sátira III* de la decantada libertad del pobre, y no la envidio. Dice este genio festivo que su *libertad consiste en pedir perdón al que lo ha injuriado, y en besar la mano que lo golpea para poder escapar con algunos dientes en la boca.* ¡Grandes privilegios tiene la libertad de esta clase de pobres! A lo que se puede agregar su ninguna vergüenza y una resignación de mármol para sufrir las incomodidades de la vida; pero de esta pobreza debes huir.

"Yo lo que te aconsejo es que no hagas consistir tu felicidad en las riquezas; que no las desees ni las solicites con ansia; y tenidas, que no las adores ni te hagas esclavo de ellas; pero también te aconsejo que trabajes para subsistir, y últimamente, que apetezcas y vivas contento con la medianía, que es el estado más oportuno para pasar la vida tranquilamente.

"Este consejo es sabio y dictado por el mismo Dios en el cap. XXX, v. 9, de los *Proverbios*, en boca de aquel prudente que decía: *"Señor no me déis ni pobreza ni riquezas; concededme solamente lo necesario para pasar la vida; no sea que en teniendo mucho me ensoberbezca y os abandone diciendo: ¿quién es el Señor?, o que viéndome afligido por la pobreza me desespere y hurte o vulnere el nombre de mi Dios perjurando..."*

Aquí llegaba el coronel, cuando interrumpió su conversación el palmoteo y vocerío de los grumetes y gente de mar que gritaban alborozados sobre la cubierta:

—¡Tierra! ¡Tierra!

Al eco lisonjero de estas voces, todos abandonaron lo que hacían y subieron, unos con anteojos y otros sin ellos, para certificarse por su vista o por la ajena de si era realidad lo que habían anunciado los gritos de los muchachos.

Cuanto más avanzaba el navío sobre la costa, más se aseguraban todos de la realidad, lo que fue motivo para que el comandante mandara dar aquel día a la tripulación un buen refresco y ración doble, que recibieron con mayor gusto cuando el piloto, que ya estaba restablecido, aseguró que con la ayuda de Dios y el viento favorable que nos hacía, al día siguiente desembarcaríamos en Cavite.

Aquella noche y el resto del día prefijado se pasó en cantos, juegos y conversaciones agradables, y como a las cinco de la tarde dimos fondo en el deseado puerto.

La plana mayor comenzó a desembarcar en la misma hora, y yo logré esta anticipación con mi jefe. Al día siguiente se verificó el desembarque general, y concluido, trataron todos de pasar a Manila, que era el lugar de su residencia, siendo de los primeros nosotros, como que el coronel no tenía conexiones de comercio que lo detuvieran.

Llegamos a la ciudad, entregó mi coronel la gente forzada al gobernador, puso los caudales del egoísta en manos de su familia, ocultándole con prudencia el triste modo de su muerte, y nos fuimos para su casa, en la que le serví y acompañé ocho años, que eran los de mi condena, y en este tiempo me hice de un razonable capital por sus respetos.

...Nadie crea que es suyo el retrato, sino que hay muchos diablos que se parecen unos a otros. El que se hallare tiznado, procure lavarse, que esto le importa más que hacer crítica y examen de mi pensamiento, de mi locución, de mi idea, o de los demás defectos de la obra.

TORRES VILLARROEL.

En su prólogo de la
Barca de Aqueronte.

CAPÍTULO I

REFIERE PERIQUILLO SU BUENA CONDUCTA EN MANILA, EL DUELO ENTRE UN INGLÉS Y UN NEGRO, Y UNA DISCUSIONCILLA NO DESPRECIABLE

EXPERIMENTAMOS los hombres unas mutaciones morales en nosotros mismos de cuando en cuando, que tal vez no acertamos a adivinar su origen, así como en lo físico palpamos muchos efectos en la Naturaleza y no sabemos la causa que los produce, como sucede hasta hoy con la virtud atractiva del imán y con la eléctrica; por eso dijo el poeta que era feliz quien podía conocer la causa de las cosas.

Pero así como aprovechamos los efectos de los fenómenos físicos sin más averiguación, así yo aproveché en Manila el resultado de mi fenómeno moral sin meterme por entonces en inculcar su origen.

El caso fue, que ya por verme distante de mi patria, ya por libertarme de las incomodidades que me acarrearía el servicio en la tropa por ocho años, a que me sujetaba mi condena, o ya por el famoso tratamiento que me daba el coronel, que sería lo más cierto, yo procuré corresponder a sus confianzas, y fui en Manila un hombre de bien a toda prueba.

Cada día merecía al coronel más amor y más confianza, y tanta llegué a lograr, que yo era el que corría con todos sus intereses, y los giraba según quería; pero supe darme tan buenas trazas, que lejos de disiparlos, como se debía esperar de mí, los aumenté considerablemente comerciando en cuanto podía con seguridad.

Mi coronel sabía mis industrias; mas como veía que ya no aprovechaba nada para mí, y antes bien tenía sobre la mesa un libro que hice y titulé: *Cuaderno económico* donde consta el estado de los haberes de mi amo, se complacía en ello y cacareaba la honradez de su hijo. Así me llamaba este buen hombre.

Como los sujetos principales de Manila veían el trato que me daba el coronel, la confianza que hacía de mí y el cariño que me dispensaba, todos los que apreciaban su amistad me distinguían y estimaban en más que a un simple asistente, y este mismo aprecio que yo lograba entre las personas decentes era un freno que me contenía para no dar que decir en aquella ciudad. Tan cierto es que el amor propio bien ordenado no es un vicio, sino un principio de virtud.

Como mi vida fue arreglada en aquellos ocho años, no me acaecieron aventuras peligrosas ni que merezcan referirse. Ya os he dicho que el hombre de bien tiene pocas desgracias que contar. Sin embargo, presencié algunos lancecillos no comunes. Uno de ellos fue el siguiente:

Un año, que con ocasión de comercio habían pasado del puerto a la ciudad algunos extranjeros, iba por una calle un comerciante rico, pero negro. Debía de ser su negocio muy importante, porque iba demasiado violento y distraído, y en su precipitada carrera no pudo excusarse de darle un encontrón a un oficial inglés que iba cortejando a una criollita principal: pero el encontrón o atropellamiento fue tan recio, que a no sostenerlo la manileña, va a dar al suelo mal de su grado. Con todo eso, del esquinazo que llevó se le cayó el sombrero y se le descompuso el peinado.

No fue bastante la vanidad del oficialito a resistir tamaña pesadumbre, sino que inmediatamente corrió hacia el negro tirando de la espada. El pobre negro se sorprendió, porque no llevaba armas, y quizá creyó que allí llegaba el término de sus días. La señorita y otros que acompañaban al oficial lo contuvieron, aunque él no cesaba de echar bravatas en las que mezclaba mil protestas de vindicar su honor ultrajado por un negro.

Tanto negreó y vilipendió al inculpable moreno, que éste le dijo en lengua inglesa:

—Señor, callemos; mañana espero a usted para darle satisfacción con una pistola en el parque.

El oficial contestó aceptando, y se serenó la cosa, o pareció serenarse.

Yo, que presencié el pasaje y medio entendía algo de inglés, como supe la hora y el lugar señalado para el duelo, tuve cuidado de estar puntual allí mismo, por ver en qué paraban.

En efecto, al tiempo aplazado llegaron ambos, cada uno con un amigo que nombraba padrino. Luego que se reconocieron, el negro sacó dos pistolas, y presentándolas al oficial, le dijo:

—Señor, yo ayer no traté de ofender el honor de usted; el atropellarlo fue una casualidad imprevista; usted se cansó de maltratarme y aun quería herirme o matarme; yo no tenía armas con qué defenderme de la fuerza en el instante del enojo de usted, y conociendo que el emplazarlo a un duelo sería el medio más pronto para detenerlo y dar lugar a que se serenara, lo verifiqué y vine ahora a darle satisfacción con una pistola, como le dije.

—Pues bien —dijo el inglés—, despachemos, que aunque no me es lícito ni decente el medir mi valor con un negro, sin embargo, seguro de castigar a un villano osado, acepté el desafío. Reconozcamos las pistolas.

—Está bien —dijo el negro—, pero sepa usted que el que ayer no trató de ofenderlo, tampoco ha venido hoy a este lugar con tal designio. El empeñarse un hombre de la clase de usted en morir o quitar la vida a otro hombre por una bagatela semejante, me parece que lejos de ser honor es capricho, como lo es sin duda el tenerse por agraviado por una casualidad imprevista; pero si la satisfacción que he dado a usted no vale nada, y es preciso que sea muriendo o matando, yo no quiero ser reo de un asesinato, ni exponerme a morir sin delito, como debe suceder si usted me acierta o yo le acierto el tiro. Así pues, sin rehusar el desafío, quede bien el más afortunado, y la suerte decida en favor del que tuviere justicia. Tome usted las dos pistolas; una de ellas está cargada con dos balas y la otra está vacía; barájelas usted, revuélvalas, deme la que quiera, partamos, y quede la ventaja por quien quedare.

El oficial se sorprendió con tal propuesta; los testigos decían que éste no era el orden de los duelos; que ambos debían reñir con armas iguales, y otras cosas que no convencían a nuestro negro, pues él insistía en que así debía verificarse el duelo, para tener el consuelo de que si mataba a su contrario, el cielo lo ordenaba o lo favorecía para ello especialmente; y si moría era sin culpa, sino por la disposición del acaso como pudiera en un naufragio. A esto añadía, que pues el partido no era ventajoso a nadie, pues ninguno de los dos sabía a quién le tocaría la pistola descargada, el rehusar tal propuesta no podía menos que deber atribuirse a cobardía.

No bien oyó esta palabra el ardiente joven, cuando, sin hacer aprecio a las reflexiones de los testigos, barajó las pistolas, y tomando la que le pareció, dio la otra al negro.

Volviéronse ambos las espaldas, anduvieron un corto trecho, y dándose las caras al descubrir, disparó el oficial al negro, pero sin fruto, porque él se escogió la pistola vacía.

Se quedó aturdido en el lance creyendo con todos los testigos ser víctima indefesa de la cólera del negro; pero éste, con la mayor generosidad, le dijo:

—Señor, los dos hemos quedado bien; el duelo se ha concluido; usted no ha podido hacer más que aceptarlo con las condiciones que puse, y yo tampoco pude hacer sino lo mismo. El tirar o no tirar pende de mi arbitrio; pero si jamás quise ofender a usted, ¿cómo he de querer ahora viéndolo desarmado? Seamos amigos, si usted quiere darse por satisfecho; pero si no puede estarlo sino con mi sangre, tome la pistola con balas y diríjalas a mi pecho.

Diciendo esto, le presentó el arma horrible al oficial, quien, conmovido con semejante generosidad, tomó la pistola, la descargó en el aire, y arrojándose al negro con los brazos abiertos, lo estrechó en ellos diciéndole con la mayor ternura:

—Sí, míster, somos amigos y lo seremos eternamente; dispensad mi vanidad y mi locura. Nunca creí que los negros fueran capaces de tener almas tan grandes.

—Es preocupación que aún tienen muchos sectarios —dijo el negro, quien abrazó al oficial con toda expresión.

Cuantos presenciamos el lance nos interesamos en que se confirmara aquella nueva amistad, y yo, que era el menos conocido de ellos, no tuve embarazo para ofrecerme por amigo, suplicándoles me recibieran en tercio y aceptaran el agasajo que quería hacerles llevándoles a tomar un ponche o una sangría en el café más inmediato.

Agradecieron todos mi obsequio, y fuimos al café, donde mandé poner un buen refresco. Tomamos alegremente lo que apetecimos, y yo, deseando oír producir al negro, les dije:

—Señores, para mí fue un enigma la última expresión que usted dijo de que jamás creyó que los negros fueran capaces de tener almas

generosas, y la que usted contestó a ella diciendo que era preocupación tal modo de pensar, y cierto que yo hasta hoy he pensado como mi capitán, y apreciara aprender de la boca de usted las razones fundamentales que tiene para asegurar que es preocupación tal pensamiento.

—Yo siento —dijo el prudente negro— verme comprometido entre el respeto y la gratitud. Ya sabe usted que toda conversación que incluya alguna comparación es odiosa. Para hablar a usted claramente, es menester comparar, y entonces quizá se enojará mi buen amigo el señor oficial, y en tal caso me comprometo con él; si no satisfago el gusto de usted, falto a la gratitud que debo a su amistad, y así...

—No, no, míster —dijo el oficial—; yo deseo no sólo complacer a usted y hacerle ver que si tengo preocupaciones no soy indócil, sino que aprecio salir de cuantas pueda; y también quiero que estos señores tengan el gusto que quieren de oír hablar a usted sobre el asunto, y mucho más me congratulo de que haya entre usted y yo un tercero en discordia que ventile por mí esta cuestión.

—Pues siendo así —dijo el negro dirigiéndome la palabra—, sepa usted que el pensar que un negro es menos que un blanco, generalmente es una preocupación opuesta a los principios de la razón, a la humanidad y a la virtud moral. Prescindo ahora de si está admitida por algunas religiones particulares, o si la sostiene el comercio, la ambición, la vanidad o el despotismo.

"Pero yo quiero que de ustedes el que se halle más surtido de razones contrarias a esta proposición arguya y me convenza si pudiere.

"Sé y he leído algo de lo mucho que en este siglo han escrito plumas sabias y sensibles en favor de mi opinión; pero sé también que estas doctrinas se han quedado en meras teorías, porque en la práctica yo no hallo diferencia entre lo que hacían con los negros los europeos en el siglo XVII y lo que hacen hoy. Entonces la codicia acercaba a las playas de mis paisanos sus embarcaciones, que llenaban de éstos, o por intereses o por fuerza; las hacían vomitar en sus puertos y traficaban indignamente con la sangre humana.

"En la navegación ¿cuál era el trato que nos daban? El más soez e inhumano. Yo no quiero citar a ustedes historias que han escrito vuestros compatriotas, guiados de la verdad, porque supongo que lo sabréis, y también por no estremecer vuestra sensibilidad; porque, ¿quién oirá sin dolor que en cierta ocasión, porque lloraba en el navío el hijo de una negra infeliz y con su inocente llanto quitaba el sueño al capitán, éste mandó que arrojaran al mar a aquella criatura desgraciada, como se verificó con escándalo de la Naturaleza?

"Si era en el servicio que hacían mis paisanos y vuestros semejantes a los señores que los compraban, ¿qué pasaje tenían? Nada más cruel. Dígalo la isla de Haití, que hoy llaman Santo Domingo; dígalo la de Cuba o la Habana, donde con una calesa o una golosina con que habilitaban a los esclavos, los obligaban a tributar a los amos un tanto diario fijamente como en rédito del dinero que se había dado por ellos. Y si los negros no lograban fletes suficientes ¿qué sufrían? Azotes. Y las negras, ¿qué hacían cuando no podían vender sus golosinas? Prostituirse. ¡Cuevas de la Habana! ¡Paseos de Guanabacoa!, hablad por mí.

"Y si aquellas negras resultaban con el fruto de su lubricidad o necesidad en las casas de sus amos, ¿qué se hacía? Nada; recibir con gusto el resultado del crimen, como que de él se aprovechaban los amos en otro esclavito más.

"Lo peor es que, para el caso, lo mismo que en la Habana se hacía a proporción en todas partes, y yo en el día no advierto diferencia en la materia entre aquel siglo y el presente. Crueldades, desacatos e injurias contra la humanidad se cometieron entonces; e injurias, desacatos y crueldades se cometen hoy contra la misma, bajo iguales pretextos.

"*La humanidad*, dice el célebre Buffon, *grita contra estos odiosos tratamientos que ha introducido la codicia, y que acaso renovaría todos los días, si nuestras leyes, poniendo freno a la brutalidad de los amos, no hubieran cuidado de hacer algo menor la miseria de sus esclavos; se les hace trabajar mucho y se les da de comer poco, aun de los alimentos más ordinarios, dando por motivo que los negros toleran fácilmente el hambre, que con la porción que necesita un europeo para una comida, tienen ellos bastante para tres días, y que por poco que coman y duerman, están siempre igualmente robustos y con iguales fuerzas para el trabajo. ¿Pero cómo unos hombres que tengan algún resto de sentimiento de humanidad pueden adoptar tan crueles máximas, erigirlas en preocupaciones y pretender justificar con ellas los horribles excesos a que la sed del oro los conduce? Dejémonos de tan bárbaros hombres...*

"Es verdad que los gobiernos cultos han repugnado este ilícito y descarado comercio, y sin lisonjear a España, el suyo ha sido de los más opuestos. Usted —me dijo el negro—, usted como español sabrá muy bien las restricciones que sus reyes han puesto en este tráfico, y sabrá las ordenanzas que sobre el tratamiento de esclavos mandó observar Carlos III; pero todo esto no ha bastado a que se sobresea en un comercio tan impuro. No me admiro; éste es uno de los gajes de la codicia. ¿Qué no hará el hombre? ¿Qué crimen no cometerá cuando trata de satisfacer esta pasión? Lo que me admira y me escandaliza es ver estos comercios tolerados y estos malos tratamientos consentidos en aquellas naciones donde dicen reina la religión de la paz, y en aquellas en que se recomienda el amor del semejante como el propio del individuo. Yo deseo, señores, que me descifréis este enigma. ¿Cómo cumpliré bien los preceptos de aquella religión que me obliga a amar al prójimo como a mí mismo, y a no hacer a nadie el daño que repugno, comprando por un vil interés a un pobre negro, haciéndolo esclavo de servicio, obligándolo a tributarme a fuer de un amo tirano, descuidándome de su felicidad y acaso de su subsistencia, y tratándolo a veces quizá poco menos que bestia? Yo no sé, repito, cómo cumpliré en medio de estas iniquidades con aquellas santas obligaciones. Si ustedes saben cómo se concierta todo esto, os agradeceré me lo enseñéis, por si algún día se me antojare ser cristiano y comprar negros como si fueran caballos. Lo peor es que sé por datos ciertos que hablar con esta claridad no se suele permitir a los cristianos por razones que llaman de Estado o qué sé yo; lo cierto es que si esto fuere así, jamás me aficionaré a tal religión; pero creo que son calumnias de los que no la apetecen.

"Sentado esto, he de concluir con que el mal tratamiento, el rigor y desprecio con que se han visto y se ven los negros no reconoce otro origen que la altanería de los blancos, y ésta consiste en creerlos inferiores por su naturaleza, lo que, como dije, es una vieja e irracional preocupación.

"Todos vosotros los europeos no reconocéis sino un hombre, principio y origen de los demás; a lo menos los cristianos no reconocen otro progenitor que Adán, del que, como de un árbol robusto, descienden o se derivan todas las generaciones del universo. Si esto es así, y lo creen y confiesan de buena fe, es preciso argüírles de necios cuando hacen distinción de las generaciones, sólo porque se diferencian en colores, cuando esta variedad es efecto o del clima o de los alimentos, o si queréis, de alguna propiedad que la sangre ha adquirido y ha transmiti-

do a tal y tal posteridad por herencia. Cuando leéis que los negros desprecian a los blancos por serlo, no dudáis de tenerlos por unos necios; pero jamás os juzgáis con igual severidad cuando pensáis de la misma manera que ellos.

"Si el tener a los negros en menos es por sus costumbres, que llamáis bárbaras, por su educación bozal, y por su ninguna civilización europea, deberíais advertir que a cada nación le parecen bárbaras e inciviles las costumbres ajenas. Un fino europeo será en el Senegal, en el Congo, Cabo Verde, etc., un bárbaro, pues ignorará aquellos ritos religiosos, aquellas leyes civiles, aquellas costumbres provinciales y, por fin, aquellos idiomas. Transportad con el entendimiento a un sabio cortesano de París en medio de tales países, y lo veréis hecho un tronco, que apenas podrá, a costa de mil señas, dar a entender que tiene hambre. Luego, si cada religión tiene sus ritos, cada nación sus leyes y cada provincia sus costumbres, es un error crasísimo el calificar de necios y salvajes a cuantos no coinciden con nuestro modo de pensar, aun cuando éste sea el más ajustado a la Naturaleza, pues si los demás ignoran estos requisitos por una ignorancia inculpable, no se les debe atribuir a delito.

"Yo entiendo que el fondo del hombre está sembrado por igual de las semillas del vicio y de la virtud; su corazón es el terreno oportunamente dispuesto a que fructifique uno u otra, según su inclinación o su educación. En aquélla influyen el clima, los alimentos y la organización particular del individuo, y en ésta la religión, el gobierno, los usos patrios, y el más o menos cuidado de los padres. Luego nada hay que extrañar que varíen tanto las naciones en sus costumbres, cuando son tan diversos sus climas, ritos, usos y gobiernos.

"Por consiguiente, es un error calificar de bárbaros a los individuos de aquella o aquellas naciones o pueblos que no suscriben a nuestros usos, o porque los ignoran, o porque no los quieren admitir. Las costumbres más sagradas de una nación son tenidas por abusos en otras, y aun los pueblos más cultos y civilizados de Europa, con el transcurso de los tiempos, han desechado como inepcias mil envejecidas costumbres que veneraban como dogmas civiles.

"De lo dicho se debe deducir: que despreciar a los negros por su color y por la diferencia de su religión y costumbres es un error; el maltratarlos por ello, crueldad; y el persuadirse a que no son capaces de tener almas grandes que sepan cultivar las virtudes morales, es una preocupación demasiado crasa, como dije al señor oficial, y preocupación de que os tiene harto desengañados la experiencia, pues entre vosotros han florecido negros sabios, negros valientes, justos, desinteresados, sensibles, agradecidos, y aun héroes admirables."

Calló el negro, y nosotros, no teniendo qué responder, callamos también, hasta que el oficial dijo:

—Yo estoy convencido de esas verdades, más por el ejemplo de usted que por sus razones, y creo desde hoy que los negros son tan hombres como los blancos, susceptibles de vicios y virtudes como nosotros, y sin más distintivo accidental que el color, por el cual solamente no se debe en justicia calificar el interior del animal que piensa, ni menos apreciarlo o abatirlo.

Iba a interrumpirse la tertulia cuando yo, que deseaba escuchar al negro todavía, llené los vasos, hice que brindáramos a la salud de nuestros semejantes los negros, y concluida esta agradable ceremonia, dije al nuestro:

—Míster, es cierto que todos los hombres descendemos, después de la primera causa, de un principio creado, llámese Adán, o como usted quiera; es igualmente cierto que, según este natural principio, estamos todos ligados íntimamente con cierto parentesco o conexión innegable, de modo que el emperador de Alemania, aunque no quiera, es pariente del más vil ladrón, y el rey de Francia lo es del último trapero de mi tierra, por más que no se conozcan ni lo crean; ello es que todos los hombres somos deudos los unos de los otros, pues que en todos circula la sangre de nuestro progenitor, y conforme a esto, es una preocupación, como usted dice, o una quijotería el despreciar al negro por negro; una crueldad venderlo y comprarlo, y una tiranía indisimulable el maltratarlo.

"Yo convengo en esto de buena gana, pues semejante trato es repugnante al hombre racional; mas limitando lo que usted llama desprecio a cierto aire de señorío con que el rey mira a sus vasallos, el jefe a sus subalternos, el prelado a sus súbditos, el amo a sus criados, y el noble a los plebeyos, me parece que esto está muy bien puesto en el orden económico del mundo; porque si porque todos somos hijos de un padre y componemos una misma familia, nos tratamos de un mismo modo, seguramente perdidas las ideas de sumisión, inferioridad y obediencia, el universo sería un caos en el que todos quisieran ser superiores, todos reyes, jueces, nobles y magistrados; y entonces ¿quién obedecería? ¿Quién daría las leyes? ¿Quién contendría al perverso con el temor del castigo? ¿Y quién pondría a cubierto la seguridad individual del ciudadano? Todo se confundiría, y las voces de igualdad y libertad fueran sinónimas de la anarquía y del desenfreno de todas las pasiones. Cada hombre se juzgará libre para erigirse en superior de los demás; la natural soberbia calificaría de justas las atrocidades de cada uno, y en este caso, nadie se reconocería sujeto a ninguna religión, sometido a ningún gobierno, ni dependiente de ninguna ley, pues todos querrían ser legisladores y pontífices universales; y ya ve usted que en esta triste hipótesis todos serían asesinatos, robos, estupros, sacrilegios y crímenes.

"Pero, por dicha nuestra, el hombre, viendo desde los principios que tal estado de libertad brutal le era demasiado nociva, se sujetó por gusto y no por fuerza, admitió religiones y gobiernos, juró sus leyes e inclinó su cerviz bajo el yugo de los reyes o de los jefes de las repúblicas. De esta sujeción dictada por un egoísmo bien ordenado, nacieron las diferencias de superiores e inferiores que advertimos en todas las clases del Estado, y en virtud de la justificación de esta alternativa, no me parece violento que los amos traten a sus criados con autoridad, ni que éstos los reconozcan con sumisión, y siendo los negros esclavos unos criados adquiridos con un particular derecho en virtud del dinero que costaron, es fácil concebir que deben vivir más sujetos y obedientes a sus amos, y que en éstos reside doble autoridad para mandarlos."

Callé, y me dijo el negro:

—Español, yo no sé hablar con lisonja; usted me dispense si le incomoda mi sinceridad; pero ha dicho algunas verdades que yo no he negado, y de ellas quiere deducir una conclusión que jamás concederé. Es inconcuso que el orden jerárquico está bien establecido en el mundo, y entre los negros y los que llamáis salvajes hay alguna especie de sociedad, la cual, aun cuando esté sembrada de mil errores, lo mismo que sus religiones, prueba que en aquel estado de barbarie tienen aquellos hombres alguna idea de la Divinidad y de la necesidad de vivir dependientes, que es lo que vosotros los europeos llamáis vivir en sociedad. Según esto, es preciso que reconozcan superiores y se sujeten a algunas leyes. La Naturaleza y la fortuna misma dictan cierta clase de subordinaciones a los unos, y confieren cierta autoridad a los otros; y así, ¿en qué nación, por bárbara que sea, no se reconoce el padre autorizado para mandar al hijo, y éste constituido en la obli-

gación de obedecerlo? Yo no he oído decir de una sola que esté excluida de esos innatos sentimientos. Los mismos tiene el hombre respecto de su mujer, y ésta de su marido; el amo respecto de su criado; el señor respecto de sus vasallos; éstos de aquéllos, y así de todos. ¿Y en qué nación o pueblo, de los que llaman salvajes, vuelvo a decir, dejarán los hombres de estar ligados entre sí con alguna de estas conexiones? En ninguno, porque en todos hay hombres y mujeres, hijos y padres, viejos y mozos. Luego, pensar que hay algún pueblo en el mundo donde los hombres vivan en una absoluta independencia y disfruten una libertad tan brutal que cada uno obre según su antojo, sin el más mínimo respeto y subordinación a otro hombre, es pensar una quimera, pues no sólo no ha habido tal nación, mientan como quieran los viajeros, pero ni la pudiera haber, porque el hombre, siempre soberbio, no aspiraría sino a satisfacer sus pasiones a toda costa, y cada uno, queriendo hacer lo mismo, se querría erigir en un tirano de los demás, y de este tumultuoso desorden se seguiría, sin falta, la ruina de sus individuos. Hasta aquí vamos de acuerdo usted y yo. Tampoco me parece fuera de la razón que los amos y toda clase de superiores se manejen con alguna circunspección con sus súbditos. Esto está en el orden, pues si todos se trataran con una misma igualdad, éstos perderían el respeto a aquéllos, a cuya pérdida seguiría la insubordinación, a ésta el insulto, y a éste el trastorno general de los estados. Mas no puedo coincidir con que esta cierta gravedad, o seriedad, pase al los superiores a ser ceño, orgullo y altivez. Estoy seguro de que así como con lo primero se harán amables, con lo segundo se harán aborrecibles. Es una preocupación pensar que la gravedad se opone a la afabilidad, cuando ambas cosas cooperan a hacer amable y respetable al superior. Cosa ridícula sería que éste se expusiera a que le faltaran al debido respeto los inferiores, haciéndose con ellos uno mismo; pero también es cosa abominable el tratar a un superior que a todas horas ve al súbdito erguido el cuello, rezongando escasísimas palabras, encapotando los ojos y arrugando las narices como perro dogo. Esto, lejos de ser virtud, es vicio; no es gravedad, sino quijotería. Nadie compra más barato los corazones de los hombres que los superiores, y tanto menos les cuestan, cuanto más elevado es el grado de superioridad. Una mirada apacible, una respuesta suave, un tratamiento cortés, cuesta poco y vale mucho para captarse una voluntad; pero por desgracia la afabilidad apenas se conoce entre los grandes. La usan, sí; mas la usan con los que han menester, no con los que los han menester a ellos.

"Yo he viajado por algunas provincias de la Europa y en todas he observado este proceder no sólo en los grandes superiores, sino en cualquier rico... ¿qué digo rico? Un atrapalmejas, un empleado en una oficina, un mayordomo de casa grande, un cajerillo, un cualquiera que disfrute tal cual protección del amo o jefe principal, ya se maneja con el que lo va a ocupar por fuerza, con más orgullo y grosería que acaso el mismo en cuyo favor apoya su soberbia. ¡Infelices!, no saben que aquellos que sufren sus desaires son los primeros que abominan su inurbana conducta y maldicen

sus *altísimas* personas en los cafés, calles y tertulias, sin descuidarse en indagar sus cunas y los modos acaso vergonzosos con que lograron entronizarse.

"Me he alargado, señores; mas ustedes bien reflexionarán que yo sé conciliar la gravedad conveniente a un amo, o sea el superior que fuere, con la afabilidad y el trato humano debido a todos los hombres; y usted, español, advertirá que unas son las leyes de la sociedad, y otras las preocupaciones de la soberbia; que por lo que toca al *doble derecho* que usted dijo que tienen los amos de los negros para mandarlos, no digo nada, porque creo que lo dijo por mero pasatiempo, pues no puede ignorar que no hay derecho divino ni humano que califique de justo el comerciar con la sangre de los hombres."

Diciendo esto se levantó nuestro negro, y sin exigir respuesta a lo que no la tenía, brindó con nosotros por última vez, y abrazándonos y ofreciéndonos todos recíprocamente nuestras personas y amistad, nos retiramos a nuestras casas.

Algunos días después tuve la satisfacción de verme a ratos con mis dos amigos, el oficial y el negro, llevándolos a casa del coronel, quien les hacía mucho agasajo; pero me duró poco esta satisfacción, porque al mes del suceso referido, se hicieron a la vela para Londres.

CAPÍTULO II

PROSIGUE NUESTRO AUTOR CONTANDO SU BUENA CONDUCTA Y FORTUNA
EN MANILA. REFIERE SU LICENCIA, LA MUERTE DEL CORONEL, SU FUNERAL
Y OTRAS FRIOLERILLAS PASADERAS

EN LOS OCHO AÑOS QUE VIVÍ con el coronel, me manejé con honradez, y con la misma correspondí a sus confianzas, y esto me proporcionó algunas razonables ventajas, pues mi jefe, como me amaba y tenía dinero, me franqueaba el que yo le pedía para comprar varias anchetas en el año, que daba por su medio a algunos comerciantes para que me las vendiesen en Acapulco. Ya se sabe que en los efectos de China, y más en aquellos tiempos y a la sombra de las *cajas* que llaman *de permiso,* dejaban de utilidad un ciento por ciento, y tal vez más. Con esto es fácil concebir que en cuatro viajes felices que logré hicieran mis comisionados, comenzando con el principalillo de mil pesos, al cabo de los ocho años ya yo contaba míos como cosa de ocho mil, adquiridos con facilidad y conservados con la misma, pues no tenía en qué gastarlos, ni amigos que me los disiparan.

El día mismo que se cumplieron los ocho años de mi condena, contados desde el día en que me pasaron por cajas [1] en México, me llamó el coronel y me dijo:

—Ya has cumplido a mi lado el tiempo que debías haber cumplido entre la tropa como por castigo, según la sentencia que merecieron en México tus extravíos. En mi compañía te has portado con honor, y yo te he querido con verdad, y te

lo he manifestado con las obras. Has adquirido, desterrado y en tierra ajena, un principalito que no pudiste lograr libre en tu patria; esto, más que a fortuna, debes atribuirlo al arreglo de tus costumbres, lo que te enseña que la mejor suerte del hombre es su mejor conducta, y que la mejor patria es aquella donde se dedica a trabajar con hombría de bien. Hasta hoy has tenido el nombre de asistente, aunque no el trato; pero desde este instante ya estás relevado de este cargo, ya estás libre, toma tu licencia; ya sabes que tienes en mi poder ocho mil pesos, y así, si quieres volver a tu patria, prevén tus cosas para cuando salga la nao.

—Señor —le dije yo enternecido por su generosidad—, no sé cómo significar a V. S. mi gratitud por los muchos y grandes favores que le he debido, y siento mucho la proposición de V. S., pues ciertamente, aunque celebro mi libertad de la tropa, no quisiera separarme de esta casa, sino quedarme en ella aunque fuera de último criado; pues bien conozco que desechándome V. S., pierdo no a mi jefe ni a mi amo, sino a mi bienhechor, a mi mejor amigo, a mi padre.

—Vamos, deja eso —dijo el coronel—; el decirte lo que has oído, no es porque esté descontento contigo ni quiera echarte de mi casa (que debes contar por tuya), sino por ponerte en entera posesión de tu libertad, pues aunque me has servido como hijo, viniste a mi lado como presidiario, y por más que no hubieras querido, hubieras estado

---

[1] Se llama "pasar por cajas" el acto de tomar razón, en la tesorería general, del nuevo soldado, que libremente o por castigo ha sentado plaza, extendiéndose su correspondiente filiación.—E.

351

en Manila este tiempo. Fuera de esto considero que el amor de la patria, aunque es una preocupación, es una preocupación de aquellas que, a más de ser inocentes en sí, pueden ser principio de algunas virtudes cívicas y morales. Ya te he dicho, y has leído, que el hombre debe ser en el mundo un cosmopolita o paisano de todos sus semejantes, y que la patria del filósofo es el mundo; pero como no todos los hombres son filósofos, es preciso coincidir, o a lo menos disimular sus envejecidas ideas, porque es ardua, si no imposible empresa, el reducirlos al punto céntrico de la razón; y la preocupación de distinguir con cierto amor particular el lugar de nuestro nacimiento es muy antigua, muy radicada y muy santificada por el común de los hombres. Te acordarás que has leído que Ovidio gemía en el Ponto, no tanto por la intemperie del clima, ni por el miedo de los Getas, naciones bárbaras, guerreras y crueles, cuanto por la carencia de Roma, su patria; has leído sus cartas y visto en ellas los esfuerzos que hizo para que a lo menos le acercaran el destierro, sin perdonar cuantas adulaciones pudo, hasta hacer dios a Augusto César, que lo desterró. Pero ¿qué me entretengo en citar este ejemplo del amor de la patria, cuando tú mismo has visto que un indio del pueblo de *Ixtacalco* no trocara su jacal por el palacio del virrey de México? En efecto, sea preocupación o lo que fuere, este amor de la tierra en que nacemos no sé qué tiene de violento, que es menester ser muy filósofo para desprendernos de él, o lo peor es que no podemos desentendernos de esta particular obligación sin incurrir en las feas notas de ingratos, viles y traidores. Por esto, pues, Pedrillo, quise enterarte de la libertad, que ya disfrutas, y porque pensé que tu mayor satisfacción sería restituirte a tu patria y al seno de tus amigos y parientes.

—Muy bien está eso, señor —dije yo—; justo será amar a la patria

por haber nacido en ella o por las conexiones que ligan a los hombres entre sí, pero eso que se quede para los que se consideren hijos de su patria y para aquellos con quienes ésta haya hecho los oficios de madre, pero no para mí, con quien se ha portado como madrastra. En mis amigos he advertido el más sórdido interés de su particular provecho, de modo que cuando he tenido un peso he contado un sinfín de amigos, y luego que me han visto sin blanca, han dado media vuelta a la derecha, me han dejado en mis miserias, y hasta se han avergonzado de hablarme; en mis parientes he visto el peor desconocimiento, y la mayor ingratitud en mis paisanos. ¿Conque a semejante tierra será capaz que yo la ame como patria por sus naturales? No, señor; mejor es reconocerla madre por sus casas y paseos, por su *Orilla, Ixtacalco* y *Santa Anita,* por su *San Agustín de las Cuevas, San Ángel y Tacubaya,* y por estas cosas así. De verdad aseguro a V. S. que no la extraño por otros motivos. Ni un alma de allá me debe la memoria más mínima, al paso que hasta sueño la fiesta de *Santiago,* y hasta las almuercerías de las *Cañitas* y de *Nana Rosa.*[2]

—No, no te esfuerces mucho en persuadirme ese tu modo de pensar —dijo el coronel—; pero sábete que eres muy amuchachado y muy

[2] Fueron mentadas antiguamente las sabrosas enchiladas y bocaditos que se hacían tras de Regina en un jacal de cañas, de donde la almuercería tomó el nombre de *La Cañitas.* En tiempos posteriores se puso un bodegón inmediato a la misma iglesia, con el mismo nombre, pero sin la antigua fama, que ya también desapareció.

A orillas de la acequia en el Paseo de la Viga había un jardincito donde *Nana Rosa,* que vivió cerca de cien años, con su afabilidad y genialidades atraía a los mexicanos a pasar en su casa alegres días de campo, haciéndose pagar muy bien los almuerzos que condimentaba, y hasta hoy hacen papel en los libros de cocina los *envueltos de Nana Rosa.*—E.

injusto. Verdad es que no sólo para ti, sino para muchos es la patria madrastra; pero prescindiendo de razones políticas que embarazan en cualquier parte la igualdad de fortunas en todos sus naturales, has de advertir que muchos por su mala cabeza tienen la culpa de perecer en sus patrias por más que sus paisanos sean benéficos; porque, ¿quién querrá exponer su dinero ni franquear su casa a un joven disipado y lleno de vicios? Ninguno, y en tal caso los tales pícaros ¿deberán quejarse de sus patrias y de sus paisanos, o más bien de su estragada conducta? Tú mismo eres un testigo irrefragable de esta verdad; me has contado tu vida pasada; examínala y verás cómo las miserias que padeciste en México, hasta llegar a verte en una cárcel, reputado por ladrón, y por fin confinado a un presidio, no te las granjeó tu patria ni la mala índole de tus paisanos, sino tus locuras y tus perversos amigos.

Mientras que el coronel hacía este sólido discurso, di un repaso a los anales de mi vida, y vi de bulto que todo era como me lo decía, y entre mí confirmaba sus asertos, acordándome tanto de los malos amigos que me extraviaron, como Januario, Martín Pelayo, el Aguilucho y otros, como de otros amigos buenos que trataron de reducirme con sus consejos, y aun me socorrieron con su dinero, como don Antonio, el mesonero, el trapiento, etcétera, y así, interiormente convencido, dije a mi jefe:

—Señor, no hay duda que todo es como usía me lo dice; conozco que aún estoy muy en bruto, y necesito muchos golpes de la sana doctrina de usía para limarme, y por lo mismo no quisiera desamparar su casa.

—No hay motivo para eso —dijo el coronel—; siempre que tu conducta sea la que ha sido hasta aquí, ésta será tu casa y yo tu padre.

Le di un estrecho abrazo por su favor, y concluyó esta seria sesión

quedándome en su compañía con la confianza que siempre y disfrutando las mismas satisfacciones; pero estaba muy cerca el plazo de mi felicidad; se acabó presto.

Como a los dos meses de estar ya viviendo de paisano, un día, después de comer, le acometió a mi amo un insulto apoplético, tan grave y violento, que apenas le dio una corta tregua para recibir la absolución sacramental, y como a las oraciones de la noche, falleció en mis brazos, dejándome en el mayor pesar y desconsuelo.

Inmediatamente concurrió a casa lo más lucido de Manila; dispusieron amortajar el cadáver a lo militar, y cuanto era necesario en aquella hora, porque yo no estaba capaz de nada.

Como el interés es el demonio, no faltó quien luego tratara de que la justicia se apoderara de los bienes del difunto, asegurando que había muerto intestado; pero su confesor ocurrió prontamente al desengaño, pidiéndome la llave de su escribanía privada.

La di y sacaron el testamento cerrado que pocos días antes había otorgado mi amo, el que se leyó, y se supo que dejaba encargado su cumplimiento a su compadre el conde de San Tirso, caballero muy virtuoso y que lo amaba mucho.

El testamento se reducía, a que a su fallecimiento se pagasen de sus bienes las deudas que tuviese contraídas, y del remanente se hiciesen tres partes, y se diese una a una sobrina suya que tenía en España, en la ciudad de Burgos; otra a mí si estaba yo en su compañía, y la tercera a los pobres de Manila, o del lugar donde muriera, y en caso de no estar yo a su lado, se les adjudicara a dichos pobres la parte que se me destinaba.

Con esto se acabó la esperanza del manejo en los que pretendían el *intestato*, y se dio paso al funeral.

Al día siguiente, apenas se divulgó por la ciudad la muerte del coronel, cuando se llenó la casa de gente; ¿pero de qué gente? De doncellas pobres, de viudas miserables, de huérfanos desamparados y otros semejantes infelices, a quienes mi amo socorría con el mayor silencio, cuya subsistencia dependía de su caridad.

Estaba el cadáver en el féretro, en medio de la sala, rodeado de todas aquellas familias desgraciadas que lloraban amargamente su orfandad en la muerte de su benefactor, a quien con la mayor ternura le cogían las manos, se las besaban, y regándolas con el agua del dolor, decían a gritos:

—Ha muerto nuestro bienhechor, nuestro padre, nuestro mejor amigo.... ¿Quién nos consolará? ¿Quién suplirá su falta?

Ni la publicidad, ni la concurrencia de los grandes señores que suelen solemnizar estas funciones por cumplimiento, bastaba a contener a tanto miserable que se consideraba desamparado y sujeto desde aquel momento al duro yugo de la indigencia. Todos lloraban, gemían y suspiraban, y aun cuando daban treguas a su llanto, publicaban la bondad de su benefactor con la tristeza de sus semblantes.

No desampararon el cadáver hasta que lo cubrió la tierra. La música fúnebre lograba las más dulces consonancias con los tristes gemidos de los pobres, legítimos dolientes del difunto, y las bóvedas del sagrado templo recibían en sus concavidades los últimos esfuerzos del más verdadero sentimiento.

Concluida esta religiosa ceremonia, me volví a la casa lleno de tal dolor, que en los nueve días no estuve apto ni para recibir los pésames.

Pasado este término, el albacea hizo los inventarios; se realizó todo, y se cumplió la voluntad del testador, entregándome la parte que me tocaba, que fueron tres mil y pico de pesos, los que recibí con harta pesadumbre por la causa que me hacía dueño de ellos.

Pasados cerca de tres meses me hallé más tranquilo, y no me acordaba tanto de mi padre y favorecedor; ya se ve que me duró la memoria mucho tiempo respecto de otros, pues he notado que hijos, mujeres y amigos de los difuntos, aun entre los que se precian de amantes, suelen olvidarlos más presto, y divertirse a este tiempo con la misma frescura que si no los hubieran conocido, a pesar de los vestidos negros que llevan y les recuerdan su memoria.

Como ya tenía más de once mil pesos míos y estaba bien conceptuado en Manila, procuré no extraviarme ni faltar al método de vida que había observado en tiempo del coronel, a pesar de los siniestros consejos y provocaciones de los malos amigos que nunca faltan a los hombres libres y con dinero; y esto lo hacía así por no disipar mis monedas, como por no perder el crédito de hombre de bien que había adquirido. ¡Qué cierto es que el amor al dinero y nuestro amor propio, aunque no son virtudes, suelen contenernos y ser causa de que no nos prostituyamos a los vicios!

De este evidente principio nace esta necesaria consecuencia: que mientras menos tiene que perder el hombre, es más pícaro, o cuando no lo sea, está más expuesto a serlo. Por eso los hombres más pobres y los más soeces de las repúblicas son los más perdidos y viciosos, porque no tienen ni honor ni intereses que perder; y por lo mismo están más propensos a cometer cualquier delito y a emprender cualquiera acción por vil y detestable que sea; y por esto también dicta la razón que se debería procurar con el mayor empeño por todos los superiores, que sus súbditos no se educasen vagos e inútiles.

Pero dejando estas reflexiones para los que tienen el cargo de mandar a los demás, y volviendo a mí, digo: que viéndome solo en Manila y con dinero, me picó el deseo de volver a mi patria, así para que viesen mis paisanos la mudanza de mi conducta, como para lucir y disfrutar en México de mi caudal, que ya lo podía nombrar de esta manera, según mis cuentas.

Para esto empleé con tiempo mis monedas, comprando bien barato, y cuando fue tiempo de que la nao se alistara para Acapulco, me despedí de todos mis amigos y de los de mi amo, a cuya memoria, antes que otra cosa, dispuse que se le hiciese un solemne novenario de misas, lo que se me tuvo muy a bien, y concluido esto, salí para Cavite y me embarqué con todos mis intereses.

CAPÍTULO III

EN EL QUE NUESTRO AUTOR CUENTA CÓMO SE EMBARCÓ PARA ACAPULCO; SU NAUFRAGIO; EL BUEN ACOGIMIENTO QUE TUVO EN UNA ISLA DONDE ARRIBÓ, CON OTRAS COSILLAS CURIOSAS

¡QUÉ DELICIOSOS SON AQUELLOS fantásticos jardines en que solemos pasearnos a merced de nuestros deseos! ¡Qué cuentas tan alegres nos hacemos cuando las hacemos sin la huéspeda, esto es, cuando no prevenimos lo adverso que puede suceder, o lo más cierto, cuando no advertimos que la alta Providencia puede tener decretadas cosas muy distintas de las que nos imaginamos!

Tales fueron las que yo hice en Manila cuando me embarqué con mi ancheta para Acapulco. Once mil pesos empleados en barata, decía yo, realizados con estimación en México, producirán veintiocho o treinta mil; éstos, puestos en giro con el comercio de Veracruz, en un par de años se hacen cincuenta o sesenta mil pesos. Con semejante principal, yo que no soy tonto ni muy feo, ¿por qué no he de pensar en casarme con una muchacha que tenga por lo menos otro tanto de dote? Y con un capital tan razonable, ¿por qué no he de buscar en otro par de años, ruinmente y libres de gastos, cuarenta o cincuenta talegas? Con éstas ¿por qué no he de poder lograr en Madrid un título de conde o marqués? Seguramente con menos dinero sé que otros lo han conseguido. Muy bien; pero siendo conde o marqués, ya me será indecoroso el ser comerciante con tienda pública; me llamarán el marqués del Alpín, o el conde de la Muselina; ¿y qué le hace? ¿Muchos no se han titulado y subido a tan altas cumbres por iguales escalones? Pero, sin embargo, es menester buscar otro giro por donde subsistir, siquiera para que no me muerdan mucho los envidiosos maldicientes. ¿Y qué giro será éste? El campo; sí, ¿cuál otro más propio y honorífico para un marqués que el campo? Compraré un par de haciendas de las mejores; las surtiré de fieles e inteligentes administradores, y contando por lo regular con la fertilidad de mi patria, levantaré unas cosechas abundantísimas, acopiaré muchos doblones, seré un hombre visible en México, contaré con las mejores estimaciones, y mi mujer, que sin duda será muy bonita y muy graciosa, se llevará todas las atenciones, ¿y por qué no se merecerá las de la virreina? Ya se ve que sí; la amará por su presencia, por su discreción y porque yo fomentaré esta amistad con los obsequios que saben ablandar a los peñascos. Ya que esté de punto la virreina y sea íntima amiga de mi mujer, ¿por qué no he de aprovechar su patrocinio? Me valdré de él; lograré la mayor estrechez con el virrey, y conseguida, con muy poco dinero beneficiaré un regimiento; seré coronel, y he aquí de un día a otro a Periquillo con tres galones y con un usía en el cuerpo más grande que una casa.

¿Parará en esto? No, señor; las haciendas aumentarán sus productos; mis cofres reventarán de doblones, y entonces mi amigo el virrey se retirará a España y yo me iré en su compañía. Él, por una parte bienquisto con el rey y por otra oprimido de mis favores, hará por mí cuanto pueda en el ministerio de Gracia y Justicia en el departamento de Indias; yo no me descuidaré en granjear la voluntad del secretario de Estado, y a pocos lances, a lo más dentro de dos años, consigo los despachos de virrey de México. Esto es de cajón, y tan fácil de hacerse como lo digo, y entonces... ¡Ah! ¡Qué gozo ocupará mi corazón el día que tome posesión del virreinato de mi tierra! ¡Oh! ¡Y cuántas adulaciones no me harán todos mis conocidos! ¡Qué de parientes y amigos no me resultarán, y cómo no temerán mi indignación todos los que me han visto con desprecio!

Fuera de esto, ¿qué días tan alegres no me pasaré en el gobierno de aquel vasto y dilatado reino? ¿Qué de dinero no juntaré por todos los medios posibles, sean los que sean? ¿Qué diversiones no disfrutaré? ¿Qué multitud de aduladores no me rodeará canonizando mis vicios como si fueran las virtudes más eminentes, aunque en el juicio de residencia no se vuelvan a acordar de mí, o tal vez sean mis peores enemigos? Pero, en fin, aquellos años, cuando menos, los pasaré anegado en las delicias, y no descuidándome en atesorar plata, con ella podré tapar las bocas de mis enemigos y comprar las de mis amigos, para que éstos abonen mi conducta y aquéllos callen mis defectos; y en este caso, he aquí un Periquillo, un hidalgo, según dicen, un hombre de mediana fortuna y si se quiere un pillo de primera, bonificado a la faz del rey y de los hombres buenos, por más que sus iniquidades gritarían la venganza entre los particulares agraviados.

Así, ni más ni menos, era mi modo de pensar en aquellos días primeros que navegaba para mi tierra, y si Dios hubiera llenado la medida de mis inicuos deseos, quién sabe si hoy estarían infinitas familias desgraciadas, la mía deshonrada y yo mismo decapitado en un patíbulo.

Siete días llevábamos de navegación, y en ellos tenía yo la cabeza llena de mil delirios con mi soñado virreinato. Bandas, bordados, exce-

lencias, obsequios, sumisiones, banquetes, vajillas, paseos, coches, lacayos, libreas y palacios eran los títeres que bailaban sin cesar en mi loco cerebro, y con los que se divertía mi tonta imaginación.

Tan acalorado estaba con estas simplezas, que aún no ponía la primera piedra a este vano edificio, cuando ya me hallaba revestido de cierta soberbia, con la que pretendía cobrar gajes de virrey sin pasar de un triste Periquillo; y en virtud de esto, hablaba poco y muy mesurado con los principales del barco, y menos o nada con mis iguales, tratando a mis inferiores con un aire de majestad el más ridículo.

Inmediatamente notaron todos mi repentina mutación, porque si antes me habían visto jovial y cariñoso, dentro de cuatro días me veían fastidioso, soberbio e intratable, por lo que unos me ridiculizaban, otros me hacían mil desaires, y todos me aborrecían con razón.

Yo advertía su poco cariño, pero decía a mis solas: "¿qué, conque esta gentuza me desprecie? ¿Para qué los necesita un virrey? El día que tome posesión de mi empleo, éstos que ahora se retiran de mí, serán los primeros que se pelarán las barbas por adularme". Así continuaba el nuevo Quijote en sus locuras caballerescas, que iban tan en aumento de día en día y de instante en instante, que a no permitir Dios que se revolvieran los vientos, ésta fuera la hora en que yo hubiera tomado posesión de una jaula en San Hipólito.

Fue el caso, que al anochecer del día séptimo de nuestra navegación comenzó a entoldarse el cielo y a oscurecerse el aire con negras y espesas nubes; el nordeste soplaba con fuerza en contra de nuestra dirección; a pocas horas creció la cerrazón, oscureciéndose los horizontes; comenzaron a desgajarse fuertes aguaceros, mezclándose con el agua multitud de rayos que, cruzando por la atmósfera, aterrorizaban los ojos que los veían.

A las seis horas de esta fatiga, se

levantó un sudeste furioso; los mares crecían por momentos y hacían unas olas tan grandes, que parecía que cada una de ellas iba a sepultar el navío. Con los fuertes huracanes y repetidos balances, no quedó un farol encendido; a tientas procuraban maniobrar los marineros; la terrible luz de los relámpagos servía de atemorizarnos más, pues unos a otros veíamos en nuestros pálidos semblantes pintada la imagen de la muerte, que por momentos esperábamos.

En este estado, un golpe de mar rompió el timón; otro el palo del bauprés, y una furiosa sacudida de viento quebró el mastelero del trinquete. Crujía la madera y las jarcias, sin poderse recoger los trapos que ya estaban hechos pedazos, porque no podía la gente detenerse en las vergas.

Como los vientos variaban y carecíamos del timón, bogaba el barco sobre las olas por donde aquéllas lo llevaban; no valió cerrar los escotillones para impedir que se llenara de agua con los golpes de mar, ni podíamos desaguar lo suficiente con el auxilio de las bombas.

En tan deplorable situación ya se deja entender cuál sería nuestra consternación, cuáles nuestros sustos, y cuán repetidos nuestros votos y promesas.

En tan críticas y apuradas circunstancias, llegó el fatal momento del sacrificio de las víctimas navegantes. Como el navío andaba de acá para allá lo mismo que una pelota, en una de éstas dio contra un arrecife tan fuerte golpe, que estrellándose en él, se abrió como granada desde la popa al combés, haciendo tanta agua, que no quedó más esperanza que encomendarse a Dios y repetir actos de contrición.

El capellán absolvió de montón, y todos se conformaron con su suerte a más no poder.

Yo, luego que advertí que el barco se hundía, trepé a la cubierta como gato, y la Divina Providencia me deparó en ella un tablón del que me así con todas mis fuerzas, porque había oído decir que valía mucho una tabla en un naufragio; pero apenas la había tomado, cuando me vi sobreaguar, y a la luz macilenta de un relámpago, vi frente de mis ojos acabarse de ir a pique todo el buque.

Entonces me sobrecogí del más íntimo terror, considerando que todos mis compañeros habían perecido y yo no podía dejar de correr igual funesta suerte.

Sin embargo, el amor de la vida y aquella tenaz esperanza que nos acompaña hasta perderla, alentaron mis desmayadas fuerzas, y afianzado de la tabla, haciendo promesas a millones e invocando a la madre de Dios bajo la advocación de Guadalupe, me anduve sosteniendo sobre las aguas, llevado a la discreción de las olas y de los vientos.

Unas veces el peso de las olas me hundía y otras el aire contenido en los poros de la tabla me hacía surgir sobre la superficie del agua.

Como hora y media batallaría yo entre estas ansias mortales sin ninguna humana esperanza de remedio, cuando, disipándose las nubes, sosegándose los mares y aquietándose los vientos, amaneció la aurora, más hermosa para mí en aquel punto que lo fue para el monarca más pacífico del universo. El sol no tardó en manifestar su bella y resplandeciente cara. Yo estaba casi desnudo y veía la extensión de los mares; pero acobardado mi espíritu con el pasado infortunio, y temeroso siempre de perder la vida en aquel piélago, no podía ver con entero placer las delicias de la Naturaleza.

Aferrado con mi tabla no trataba sino de sobreaguar, temiendo siempre la sorpresa de algún pez carnicero, cuando en esto que oí cerca de mí voces humanas. Alcé la cara, extendí la vista y observé que los que me gritaban eran unos pescadores que bogaban en un bote. Los miré con atención y observé que se acercaban hacia mí. Es imponderable el gusto que sintió mi corazón al ver que aquellos buenos hombres venían volando a mi socorro, y más cuando, abordándose el barquillo con mi tabla, extendieron los brazos y me pusieron en su bote.

Ya estaba yo enteramente desnudo y casi privado de sentido. En este estado me pusieron boca abajo y me hicieron arrojar porción de agua salada que había tragado. Luego me dieron unas friegas generales con paños de lana y me confortaron con espíritu de cuerno de ciervo que por acaso llevaba uno de ellos, después de lo cual me abrigaron y condujeron al muelle de una isla que estaba muy cerca de nosotros.

Al tiempo de desembarcarme, volví en mí del desmayo o pataleta que me acometió, y vi y advertí lo siguiente:

Me pusieron bajo un árbol copado que había en el muelle, y luego se juntó alrededor de mí porción de gente, entre la que distinguí algunos europeos. Todos me miraban y me hacían mil preguntas de mera curiosidad; pero ninguno se dedicaba a favorecerme. El que más hizo me dio una pequeña moneda del valor de medio real de nuestra tierra.

Los demás me compadecían con la boca y se retiraban diciendo: "¡Qué lástima!" "¡Pobrecito!" "Aún es mozo", y otras palabras vanas como éstas, y con tan oportunos socorros, se daban por contentos y se marchaban.

Los isleños pobres me veían, se enternecían, no me daban nada, pero no me molestaban con preguntas, o porque no nos habíamos de entender, o porque tenían más prudencia.

Sin embargo de la pobreza de esta gente, uno me llevó una taza de té y un pan, y otro me dio un capisayo roto, que yo agradecí con mil ceremonias y me lo encajé con mucho gusto, porque estaba en cueros y muerto de frío. Tal era el miserable estado del virrey futuro de Nueva España, que se contentó con el vestido de un plebeyo sangley, que por tal lo tuve. Bien que entonces ya no pensaba yo en virreinatos, palacios ni libreas, ni arrugaba las cejas para ver, ni economizaba las palabras; antes sí procuraba poner mi semblante de lo más halagüeño con todos, y más entumido que perro en barrio ajeno, afectaba la más cariñosa humildad. ¡Qué cierto es que muchos nos ensoberbecemos con el dinero, sin el cual tal vez seríamos humanos y tratables!

Tres o cuatro horas haría que estaba yo bajo la sombra del árbol robusto sin saber adónde irme, ni qué hacer en una tierra que reconocía tan extraña, cuando se llegó a mí un hombre, que me pareció isleño por el traje, y rico por lo costoso de él, porque vestía un ropón o túnica de raso azul bordado de oro con vueltas de felpa de marta, ligado con una banda de burato punzó,[1] también bordada de oro, que le caía hasta los pies, que apenas se le descubrían, cubiertos con unas sandalias o zapatos de terciopelo de color de oro. En una mano traía un bastón de caña de China con puño de oro, y en la otra una pipa del mismo metal. La cabeza la tenía descubierta y con poco pelo; pero en la coronilla o más abajo tenía una porción recogida como los zorongos de nuestras damas, el cual estaba adornado con una sortija de brillantes y una insignia que por entonces no supe lo que era.

Venían con él cuatro criados que le servían con la mayor sumisión, uno de los cuales traía un payo, como ellos dicen, o un paraguas, como decimos nosotros, el cual paraguas era de raso carmesí con franjas de oro, y también venía otro que por su traje me pareció europeo, como en efecto lo era, y nada menos que el intérprete español.

Luego que se acercó a mí, me miró con una atención muy patética, que manifestaba de a legua interesarse en mis desgracias, y por medio del intérprete me dijo:

—No te acongojes, náufrago infeliz, que los dioses del mar no te han llevado a las islas de las Velas,[2]

---

[1] Entre los sederos y tintoreros se llama así el color de púrpura más subido u oscuro de la seda.—E.

[2] Por otro nombre se conocen estas islas por las de los Ladrones.

donde hacen esclavos a los que el mar perdona. Ven a mi casa.

Diciendo esto, mandó a sus criados que me llevaran en hombros. Al instante se suscitó un leve murmullo entre los espectadores que remató un sinnúmero de vivas y exclamaciones.

Inmediatamente advertí que aquél era un personaje distinguido, porque todos le hacían muchas reverencias al pasar.

No me engañé en mi concepto, pues luego que llegué a su casa advertí que era un palacio, pero un palacio de la primera jerarquía. Me hizo poner en un cuarto decente; me proveyó de alimentos y vestidos a su uso, pero buenos, y me dejó descansar cuatro días.

Al cabo de ellos, cuando se informó de que yo estaba enteramente restablecido del quebranto que había padecido mi salud en el naufragio, entró en mi cuarto con el intérprete, y me dijo:

—Y bien, español, ¿es mejor mi casa que la mar? ¿Te hallas bien aquí? ¿Estás contento?

—Señor —le dije—, es muy notable la diferencia que me proponéis; vuestra casa es un palacio, es el asilo que me ha libertado de la indigencia y el más seguro puerto que he hallado después de mi naufragio; ¿no deberé estar contento en ella y reconocido a vuestra liberalidad y beneficencia?

Desde entonces me trató el isleño con el mayor cariño. Todos los días me visitaba y me puso maestros que me enseñaran su idioma, el que no tardé en aprender imperfectamente, así como él sabía el español, el inglés y francés, porque de todos entendía un poco, aunque lo chapurraba mucho con el suyo.

Sin embargo, yo hablaba mejor su idioma que él el mío, porque estaba en su tierra y me era preciso hablar y tratar con sus naturales. Ya se ve, no hay arte más pronto y eficaz para aprender un idioma, que la necesidad de tratar con los que lo hablan naturalmente.

A los dos o tres meses ya sabía yo lo bastante para poder entender al isleño sin intérprete, y entonces me dijo que era hermano del tután o virrey de la provincia, cuya capital era aquella isla llamada Saucheofú; que él era su segundo ayudante, y se llamaba Limahotón. A seguida se informó de mi nombre y de la causa de mi navegación por aquellos mares, como también de cuál era mi patria.

Yo le satisfice a todo, y él mostró condolerse de mi suerte, admirándose igualmente de algunas cosas que le conté del reino de Nueva España.

Al día siguiente a esta conversación me llevó a conocer a su hermano, a quien saludé con aquellas reverencias y ceremonias en que me habían instruido; y el tal tután me hizo bastante aprecio, pero con todo su cariño, me dijo:

—¿Y tú, qué sabes hacer? Porque aunque en esta provincia se usa la hospitalidad con todos los extranjeros pobres, o no pobres, que aportan a nuestras playas, sin embargo, con los que tratan de detenerse en nuestras ciudades no somos muy indulgentes, pasado cierto tiempo, sino que nos informamos de sus habilidades y oficios para ocuparlos en lo que saben hacer, o para aprender de ellos lo que ignoramos. El caso es que aquí nadie come nuestro arroz ni la sabrosa carne de nuestras vacas y peces sin ganarlo con el trabajo de sus manos. De manera, que al que no tiene ningún oficio o habilidad, se lo enseñamos, y dentro de uno o dos años ya se halla en estado de desquitar poco a poco lo que gasta el tesoro del rey en fomentarlo. En esta virtud, dime qué oficio sabes, para que mi hermano te recomiende en un taller donde ganes tu vida.

Sorprendido me quedé con tales avisos, porque no sabía hacer cosa de provecho con mis manos, y así le contesté al tután:

—Señor, yo soy noble en mi tierra, y por esto no tengo oficio alguno mecánico, porque es bajeza en los caballeros trabajar corporalmente.

Perdió su gravedad el mesurado mandarín al oír mi disculpa, y comenzó a reír a carcajadas, apretándose la barriga y tendiéndose sobre uno y otro cojín de los que tenía a los lados, y cuando se desahogó, me dijo:

—¿Conque en tu tierra es bajeza trabajar con las manos? Luego cada noble en tu tierra será un tután o potentado, y según eso todos los nobles serán muy ricos.

—No, señor —le dije—, no son príncipes todos los nobles, ni son todos ricos; antes hay innumerables que son pobrísimos, y tanto, que por su pobreza se hallan confundidos con la escoria del pueblo.

—Pues entonces —decía el tután—, siendo esos ejemplares repetidos, es menester creer que en tu tierra todos son locos caballerescos, pues mirando todos los días lo poco que vale la nobleza a los pobres, y sabiendo lo fácil que es que el rico llegue a ser pobre y se vea abatido aunque sea noble, tratan de criar a los hijos hechos unos holgazanes, exponiéndolos por esta especie de locura a que mañana u otro día perezcan en las garras de la indigencia. Fuera de esto, si en tu tierra los nobles no saben valerse de sus manos para buscar su alimento, tampoco sabrán valer a los demás, y entonces dime: ¿de qué sirve en tu tierra un noble o rico (que me parece que tú los juzgas iguales)? ¿De qué sirve uno de éstos, digo, al resto de sus conciudadanos? Seguramente un rico o noble será una carga pesadísima a la república.

—No, señor —le respondí—; a los nobles y a los ricos los dirigen sus padres por las dos carreras ilustres que hay, que son las armas y las letras, y en cualquiera de ellas son utilísimos a la sociedad.

—Muy bien me parece —dijo el virrey—. ¿Conque a las armas o a las letras está aislada toda la utilidad por venir de tus nobles? Yo no entiendo esas frases. Dime, ¿qué oficios son las armas y las letras?

—Señor —le contesté—, no son oficios sino profesiones, y si tuvieran el nombre de oficios, serían viles y nadie querría dedicarse a ellas. La carrera de las armas es aquella donde los jóvenes ilustres se dedican a aprender el arte de la guerra con el auxilio del estudio de las matemáticas, que les enseña a levantar planos de fortificación, a minar una fortaleza, a dirigir simétricamente los escuadrones, a bombear una ciudad, a disponer un combate naval, y a cosas semejantes, con cuya ciencia se hacen los nobles aptos para ser buenos generales y ser útiles a su patria, defendiéndola de las incursiones de los enemigos.

—Esa ciencia es noble en sí misma y demasiado útil a los ciudadanos —dijo el chino—, porque el deseo de la conservación individual de cada uno exige apreciar a los que se dedican a defenderlos. Muy noble y estimable carrera es la del soldado, pero dime: ¿por qué en tu tierra son tan exquisitos los soldados? ¿Qué, no son soldados todos los ciudadanos? Porque aquí no hay uno que no lo sea. Tú mismo, mientras vivas en nuestra compañía, serás soldado y estarás obligado a tomar las armas con todos, en caso de verse acometida la isla por enemigos.

—Señor —le dije—, en mi tierra no es así. Hay porciones de hombres destinados al servicio de las armas, pagados por el rey, que llaman ejército o regimiento; y esta clase de gente tiene obligación de presentarse sola delante de los enemigos, sin exigir de los demás, que llaman paisanaje, otra cosa que contribuciones de dinero para sostenerse, y esto no siempre, sino en los graves apuros.

—Terrible cosa son los usos de tu tierra —dijo el tután—; ¡pobre rey!, ¡pobres soldados, y pobres ciudadanos! ¡Qué gasto tendrá el rey! ¡Qué expuestos se verán los soldados, y qué mal defendidos los ciudadanos por unos brazos alquilados! ¿No fuera mejor que en caso de guerra todos los intereses y personas se reunieran bajo un único punto de defensa? ¡Con cuánto más empeño pelearían en este caso, y qué temor impondría al enemigo esta unión general! Un millón de hombres que un rey ponga en campaña a costa de mil trabajos y subsidios, no equivale a la quinta parte de la fuerza que opondría una nación compuesta de cinco millones de hombres útiles de que se compusiera la misma nación. En este caso habría más número de soldados, más valor, más resolución, más unión, más interés y menos gasto. A lo menos así lo practicamos nosotros, y somos invencibles para los tártaros, persas, africanos y europeos. Pero todo esto es conversación. Yo no entiendo de la política de tu rey, ni de los demás de Europa, y mucho menos tengo noticia del carácter de sus naciones; y pues ellos, que son los primeros interesados, así lo disponen, razón tendrán, aunque siempre me admiraré de este sistema. Mas supuesto que tú eres noble, dime, ¿eres soldado?

—No, señor —le dije—, mi carrera la hice por las letras.

—Bien —dijo el asiático—; ¿y qué has aprendido por las letras o las ciencias, que eso querrás decir?

Yo, pensando que aquél era un tonto; según había oído decir que lo eran todos los que no hablaban castellano, le respondí que era teólogo.

—¿Y qué es teólogo? —dijo el tután.

—Señor —le respondí—, es aquel hombre que hace estudio de la ciencia divina, o que pertenece a Dios.

—¡Hola! —dijo el tután—. Este hombre deberá ser eternamente adorable. ¿Conque tú conoces la esencia de tu Dios a lo menos? ¿Sabes cuáles son sus atributos y perfecciones, y tienes talento y poder para descorrer el velo a sus arcanos? Desde este instante serás para mí el mortal más digno de reverencia. Siéntate a mi lado, y dígnate ser mi consejero.

Me sorprendí otra vez con semejante ironía y le dije:

—Señor, los teólogos de mi tierra no saben quién es Dios ni son capaces de comprenderlo; mucho menos de tantear el fondo infinito de sus atributos, ni de descubrir sus arcanos. Son unos hombres que explican mejor que otros las propiedades de la Deidad y los misterios de la religión.

—Es decir —contestó el chino—, que en tu tierra se llaman teólogos los santones, sabios o sacerdotes que en la nuestra tienen noticias más profundas de la esencia de nuestros dioses, de nuestra religión o de sus dogmas; pero por saber sólo esto y enseñarlo no dejan de ser útiles a los demás con el trabajo de sus manos; y así a ti nada te servirá ser teólogo de tu tierra.

Viéndome yo tan atacado, y procurando salir de mi ataque a fuerza de mentiras, creyendo simplemente que el que me hablaba era un necio como yo, le dije que era médico.

—¡Oh! —dijo el virrey—. Ésa es gran ciencia, si tú no quieres que la llame oficio. ¡Médico! ¡Buena cosa! Un hombre que alarga la vida de los otros y los arranca de las manos del dolor es un tesoro en donde vive. Aquí están los cajones del rey abiertos para los buenos médicos inventores de algunos específicos que no han conocido los antiguos. Ésta no es ciencia en nuestra tierra, sino un oficio liberal, y al que no se dedican sino hombres muy sabios y experimentados. Tal vez tú serás uno de ellos y tendrás tu fortuna en tu habilidad; pero la veremos.

Diciendo esto, mandó traer una hierba de la maceta número diez de su jardín. Trajéronla, y poniéndomela en la mano, me dijo el tután:

—¿Contra qué enfermedad es esa hierba?

Quedéme embarazado con la pregunta, pues entendía tanto de botánica como de cometas cuando desatiné sobre éstos en Tlanepantla; pero acordándome de mi necio orgullo, tomé la hierba, la vi, la olí, la probé, y lleno de satisfacción dije:

—Esta hierba se parece a una que hay en mi tierra que se llama parietaria o *tianguispepetla,* no me acuerdo bien de ellas, pero ambas son febrífugas.

—¿Y qué son febrífugas? —preguntó el tután, a quien respondí que tenían especial virtud contra la fiebre o calentura.

—Pues me parece —dijo el tután— que tú eres tan médico como teólogo o soldado; porque esta hierba, tan lejos está de ser remedio contra la calentura, que antes es propísima para acarrearla, de suerte que tomadas cinco o seis hojitas en infusión de medio cuartillo de agua, encienden terriblemente en calentura al que las toma.

Descubierta tan vergonzosamente mi ignorancia, no tuve más escape que decir:

—Señor, los médicos de mi tierra no tienen obligación de conocer los caracteres particulares de las hierbas, ni de saber deducir las virtudes de cada una por principios generales. Básteles tener en la memoria los nombres de quinientas o seiscientas, con la noticia de las virtudes que les atribuyen los autores, para hacer uso de esa tradición a la cabecera de los enfermos, lo que se consigue fácilmente con el auxilio de las farmacopeas.

—Pues a ti no te será tan fácil —dijo el mandarín— persuadirme a que los médicos de tu tierra son tan generalmente ignorantes en materia del conocimiento de las hierbas, como dices. De los médicos como tú, no lo negaré; pero los que merezcan este nombre sin duda no estarán enterrados en tan grosera estupidez que, a más de deshonrar su profesión, sería causa de infinitos desastres en la sociedad.

—Eso no os haga fuerza, señor —le dije—, porque en mi tierra la ciencia menos protegida es la medicina. Hay colegios donde se dan lecciones del idioma latino, de filosofía, teología y ambos derechos; los hay donde se enseña mucho y bueno de química y física experimental, de mineralogía o del arte de conocer las piedras que tienen plata, y de otras cosas; pero en ninguna parte se enseña medicina. Es verdad que hay tres cátedras en la universidad, una de *prima,* otra de *vísperas* y la tercera de *methodo medendi,* donde se enseña alguna cosita, pero esto es un corto rato por las mañanas, y eso no todas las mañanas; porque a más de los jueves y días de fiesta, hay muchos días privilegiados que dan asueto a los estudiantes, los que por lo regular, como jóvenes, están más gustosos con el paseo que con el estudio. Por esta razón, entre otras, no son en mi tierra comunes los médicos verdaderamente tales, y si hay algunos que llegan a adquirir este nombre, es a costa de mucha aplicación y desvelos, y arrimándose a este o a aquel hábil profesor para aprovecharse de sus luces. Agregad a esto, que en mi tierra se parten los médicos o se divide la medicina en muchos ramos. Los que curan las enfermedades exteriores, como úlceras, fracturas o heridas, se llaman *cirujanos,* y éstos no pueden curar otras enfermedades sin incurrir en el enojo de los médicos, o sin granjearse su disimulo. Los que curan las enfermedades como fiebres, pleuresías, anasarcas, etc., se llaman *médicos;* son más estimados porque obran más a tientas que los cirujanos, y se premia su saber con títulos honoríficos literarios, como de bachilleres y doctores. Ambas clases de médicos, exteriores e interiores, tienen sus auxiliares que sangran, ponen y curan cáusticos, echan ventosas, aplican sanguijuelas, hacen otras cosas que no son para tomadas en boca, y éstos se llaman barberos y sangradores. Otros hay que confeccionan y despachan los remedios, los que de poco tiempo a esta parte están bien instruidos en la química y en la botánica, que es la que llamáis ciencia de las hierbas. Estos sí conocen y distinguen los *sexos* de las plantas, y hablan fácilmente de cálices, estambres y pistilos, gloriándose de saber genéricamente sus propiedades y virtudes. Éstos se llaman *boticarios,* y son de los auxiliares de los médicos.

—Atendríame yo a ellos —dijo el tután—, pues a lo menos se aplican a consultar a la Naturaleza en una parte tan necesaria a la medicina como el conocimiento de las clases y virtudes de las hierbas. En efecto, en tu tierra habrá boticarios que curarán con más acierto que muchos médicos. Cuanto me has dicho me ha admirado, porque veo la diferencia que hay entre los usos de una nación y los de otra. En la mía no se llama médico, ni ejercita este oficio, sino el que conoce bien a fondo la estructura del cuerpo humano, las causas por que padece, y el modo con que deben obrar los remedios que ordena; y a más de esto, no se parten como dices que se parten en tu tierra. Aquí el que cura es médico, cirujano, barbero, boticario y asistente. Fiado el enfermo a su cuidado, él lo ha de curar de la enfermedad de que se queja, sea externa o interna; ha de ordenar los remedios, los ha de hacer, los ha de ministrar, y ha de practicar cuantas diligencias considera oportunas a su alivio. Si el enfermo sana, le pagan, y si no, lo echan noramala; pero en cada nación hay sus usos. Lo cierto es que tú no eres médico, ni aun puedes servir para aprendiz de los de acá; y así di qué otra cosa sabes con que puedes ganar la vida.

Aturdido yo con los aprietos en que me ponía el chino a cada paso, le dije que tal vez sería útil para abogacía.

—¿Abogacía? —dijo él—. ¿Qué cosa es? ¿Es el arte de bogar en los barcos?

—No, señor —le dije—; la abogacía es aquella ciencia a que se dedican muchos hombres para instruirse en las leyes nacionales, y exponer el derecho de sus clientes ante los jueces.

Al oír esto, reclinóse el tután sobre la mesa poniéndose la mano en los ojos y guardando silencio un largo rato, al cabo del cual levantó la cabeza, y me dijo:

—¿Conque en tu tierra se llaman abogados aquellos hombres que aprenden las leyes del reino para defender con ellas a los que los ocupan, aclarando sus derechos delante de los tutanes o magistrados?

—Eso es, señor, y no más.

—¡Válgame Tien! —dijo el chino—. ¿Es posible que en tu tierra son tan ignorantes que no saben cuáles son sus derechos, ni las leyes que los condenan o favorecen? No me debían tan bajo concepto los europeos.

—Señor —le dije—, no es fácil que todos se impongan en las leyes por ser muchas, ni mucho menos en sus interpretaciones, las que sólo pueden hacer los abogados, porque tienen licencia para ello, y por eso se llaman *licenciados...*

—¿Cómo, cómo es eso de interpretaciones? —dijo el asiático—. ¿Pues qué, las leyes no se entienden según la letra del legislador? ¿Aún están sujetas al genio sofístico del intérprete? Si es así, lástima tengo a tus connaturales, y abomino el saber de sus abogados. Pero sea de esto lo que fuere, si tú no sabes más de lo que me has dicho, nada sabes; eres inútil, y es fuerza hacerte útil porque no vivas ocioso en mi patria. Limahotón, pon a este extranjero a que aprenda a cardar seda, a teñirla, a hilarla y a bordar con ella, y cuando me entregue un tapiz de su mano, yo le acomodaré de modo que sea rico. En fin, enséñale algo que le sirva para subsistir en su tierra y en la ajena.

Diciendo esto, se retiró, y yo me fui bien avergonzado con mi protector, pensando cómo aprendería al cabo de la vejez algún oficio en una tierra que no consentía inútiles ni vagos Periquillos.

CAPÍTULO IV

Os ACORDARÉIS QUE, apoyado desde mi primera juventud o desde mi pubertad en el consentimiento de mi cándida madre, me resistí a aprender oficio, y aborreciendo todo trabajo, me entregué desde entonces a la holgazanería. Habréis advertido que ésta fue causa de mi abatimiento; que por éste contraje las más soeces amistades, cuyos ejemplos no sólo me prostituyeron a los vicios, sino que me hicieron pagar bien caras las libertades que me tomaba, viéndome a cada paso despreciado de mis parientes, abandonado aun de mis amigos, golpeado de los brutos y de los hombres, calumniado de ladrón, sin honor, sin dinero, sin estimación, y arrastrando siempre una vida fatigosa y llena de miserias; y cuando reflexionéis en que a la edad de más de treinta años, después de salir desnudo de un naufragio, y de haber tenido la suerte de un buen acogimiento en la isla, me propusieron enseñarme algún arte con que no sólo pudiera subsistir sino llegar a hacerme rico, diréis: Forzosamente nuestro padre aquí abrió los ojos, y conociendo así la primitiva causa de sus pasadas desgracias, como el único medio de evitar las que podía temer en lo futuro, abrazaría gustoso el partido de aprender a solicitar el pan por su arbitrio y sin la mayor dependencia de los demás.

Así discurriréis tal vez con arreglo a la recta razón, y así debía haber sido; mas no fue así. Yo tenía terrible aversión al trabajo en cualquiera clase que fuera; me gustaba siempre la vida ociosa, y mantenerme a costa de los incautos y de los buenos; y si tal cual vez me medio sujetaba a una clase de trabajo, era o acosado del hambre, como cuando serví a Chanfaina, y fui sacristán, o lisonjeado con una vida regalona en la que trabajaba muy poco y tenía esperanzas de medrar mucho, como cuando serví al boticario, al médico y al coronel.

Después de todo, por una casualidad no esperada, me encontré una Jauja [1] con el difunto coronel, pero estas Jaujas no son para todos, ni se hallan todos los días. Yo debía haberlo considerado en la isla, y debía haberme dedicado a hacerme útil a mí mismo y a los demás hombres, con quienes hubiera de vivir en cualquier parte; pero lejos de esto, huyendo del trabajo y valiéndome de mis trapacerías, le dije a Limahotón (cuando lo vi resuelto a hacerme trabajar poniéndome a oficio) que yo no quería aprender nada porque no trataba de permanecer mucho tiempo en su tierra, sino de regresar a la mía, en la que no tenía necesidad de trabajar, pues era conde.

—¿Eres conde? —preguntó el asiático muy admirado.

—Sí, soy conde.

—¿Y qué es conde?

—Conde —dije yo— es un hombre noble y rico a quien ha dado

---

[1] Ciudad imaginaria que algunos, dando crédito a viajeros embusteros, buscaron inútilmente en la América española... Hoy sólo se usa de su nombre como sinónimo de *paraíso de delicias*...—E.

este título el rey por sus servicios
o los de sus antepasados. ·

—¿Conque en tu tierra —preguntó el chino— no es menester servir
a los reyes personalmente, basta que
lo hayan servido los ascendientes
para verse honrados con liberalidad
por los monarcas?

No dejó de atacarme la pregunta,
y le dije:

—La generosidad de mis reyes no
se contenta con premiar solamente
a los que efectivamente les sirven,
sino que extienden su favor a sus
hijos; y así yo fui hijo de un valiente general, a quien el rey hizo muchas mercedes, y por haber nacido
yo hijo suyo me hallé con dinero,
hecho mayorazgo, y con proporción
de haber sido conde, como lo soy por
los méritos de mi padre.

—Según eso también serás general —decía Limahotón.

—No soy general —le dije—,
pero soy conde.

—Yo no entiendo esto —decía el
chino—. ¿Conque tu padre batió
castillos, rindió ciudades, derrotó
ejércitos, en una palabra, afianzó la
corona en las cabezas de sus señores, y acaso perdería la vida en alguna refriega de ésas, y tú, sólo
porque fuiste hijo de aquel valiente
y leal caballero, te hallaste en estado de ser conde y rico de la noche
a la mañana, sin haber probado los
rigores de la campaña, y sin saber
qué cosa son los afanes del gabinete? A la verdad, en tu tierra deben
ser los nobles más comunes que en
la mía. Pero dime: estos nobles que
nacen y no se hacen, ¿en qué se
ejercitan en tu país? Supuesto que
no sirven ni en la campaña ni en
los bufetes de los príncipes, ni son
útiles ni en la paz ni en la guerra,
ni saben trabajar con la pluma ni
con la espada, ¿qué hacen, dime?
¿En qué se entretienen? ¿En qué
se ocupan? ¿Qué provecho saca de
ellos el rey o la república?

—¿Qué han de hacer?... —dije
yo, imbuido en mis flojas ideas—.
Tratan de divertirse, de pasearse, y
cuando más, trabajan en que no se
menoscabe su caudal. Si vieras las

casas de algunos condes y nobles
de mi tierra, si asistieras a sus mesas, si observaras su lujo, el número de sus criados, la magnificencia
de sus personas, lo aparatoso de sus
coches, lo grande de sus libreas, y
lo costoso y delicado de su tren, te
llenarías de asombro.

—¡Oh poderoso Tien! —dijo el
chino—. ¡Cuánto más valía ser conde o noble de tu tierra, que la tercera parte del rey de la mía! Yo
soy un noble, es verdad, y en tu
tierra sería un conde, pero ¿qué me
ha costado adquirir este título y
las rentas que gozo? Fatigas y riesgos en la guerra, y un sinnúmero
de incomodidades en la paz. Yo soy
un ayudante, o segundo del tután o
jefe principal de la provincia; tengo
honores, tengo rentas, pero soy un
fiel criado del rey y un esclavo de
sus vasallos. Sin contar con los servicios personales que he hecho para
lograr este destino, ahora que lo po-
seo, ¡cuántos son los desvelos y
padecimientos que tolero para sostenerlo y no perder mi reputación!
Sin duda, amigo, yo apreciaría más
ser conde en tu tierra que *loitia* [2]
en la mía. Pero después de todo, ¿tú
quieres volver a México, tu patria?

—Sí, señor —le dije—, y apetecería esa ocasión.

—Pues no te desconsueles —me
dijo Limahotón—; es fácil que con-
sigas lo que quieres. En una ense-
nada nuestra está fondeada una embarcación extranjera que llegó casi
destruida de un naufragio que padeció en estos mares pocos días antes de tu desgracia. La tal embarcación está acabándose de componer, y los pasajeros que vienen en
ella permanecen en la ciudad, esperando también que abonance el
tiempo. Luego que ambas cosas se
verifiquen, que será de aquí a tres
lunas, nos haremos a la vela, pues
yo deseo ver más mundo que el de
mi patria; mi hermano me aprueba
mi deseo; soy rico y puedo cumplirlo, pero esto resérvalo para ti solo.
Tengo dos amigos de los pasajeros
que me aman mucho, según dicen.

2 Un caballero.

EL PERIQUILLO

...on-
...orque
y todos los días vienen a c... pero
...migo. No te los he ens... ello,
te juzgaba un pob... mer mesa.
pues eres noble... conversa-
desde hoy te... me sacó
Conclu... se debía ser-
...ción, dijo ...rsonajes, y entre
... europeos, que fue-
... dijo Limahotón. Lue-
... la sala, dijo éste:
...á, señores, un conde de
...rras que arrojó el mar
desnudo a estas playas, y desea volver a su patria.

—Con mucho gusto llevaremos a
su señoría —dijo uno de los extranjeros, que era español.

Le manifesté mi gratitud, y nos
sentamos a comer.

El otro extranjero era inglés, joven muy alegre y tronera. Allí se
platicaron muchas cosas acerca de
mi naufragio. Después el español me
preguntó por mi patria, dije cuál
era, y comenzamos a enredar la conversación sobre las cosas particulares del reino.

El chino estaba admirado y contento oyendo tantas cosas que le cogían de nuevo, y yo no estaba menos, considerando que me estaba
granjeando su voluntad; pero por
poco echa a perder mi gusto la
curiosidad del español, pues me preguntó:

—¿Y cuál es el título de usted en
México? Porque yo a todos los conozco.

Halléme bien embarazado con la
pregunta, no sabiendo con qué nombre bautizar mi condazgo imaginario; pero acordándome de cuánto
importa en tales lances no turbarse,
le dije que me titulaba el conde *de
la Ruidera*.

—¡Haya caso! —decía el español—; pues apenas habrá tres años
que falto de México, y con motivo
de haber sido rico y cónsul en aquella capital tuve muchas conexiones
y conocí a todos los títulos; pero
no me acuerdo del de usted, con ser
tan ruidoso.

—No es mucho —le dije—, pues
cabalmente hace un año que titulé.

—¿Conque es título nuevo?

—Sí, señor.

—¿Y qué motivo tuvo usted para
pretender un título tan extravagante?

—El principal que tuve —contesté— fue considerar que un conde
mete mucho ruido en la ciudad donde vive, a expensas de su dinero,
y así me venía de molde la *Ruidera*
del título.

Se rió el español, y me dijo:

—Es graciosa la ocurrencia; pero
conforme a ella usted tendrá mucho
dinero para meter ese ruido, y a fe
que no todos los condes del mundo
se pueden titular tan ruidosamente.
Antes he oído decir:

Que en casa de los condes muchas
[veces
más suele ser el ruido que las nueces.

—Pues, señor, en la mía hasta la
hora de ésta son más las nueces que
el ruido, como espero en Dios lo
verá usted con sus ojos algún día.

—Yo lo celebro —dijo el español,
y variando la plática se concluyó
aquel acto, se levantaron los manteles, se despidieron de mí con el mayor cariño, y nos separamos.

A la noche fue un criado que me
llevó de parte del comerciante español un baúl con ropa blanca y
exterior, nueva y según el corte que
usamos. Lo entregó el criado con
una esquelita que decía: "Señor
conde: Sírvase V. S. usar esa ropa,
que le asentará mejor que los falde-
llines de estas tierras. Dispense lo
malo del obsequio por lo pronto, y
mande a su servidor—Ordóñez."

Recibí el baúl, contesté a lo grande en el mismo papel, y en esto se
hizo hora de cenar y recogernos.

Al día siguiente amanecí vestido
a la europea. En la mesa hubo que
reír y criticar con el joven inglés,
que era algo tronera, como dije, hablaba un castellano de los diablos,
y a más de eso tenía la imprudencia
de alabar todo lo de su tierra con
preferencia a las producciones del
país en que estaba, y delante de Li-

mahotón, el que se mosqueaba con
estas comparaciones; pero en esta
ocasión, murmurando el dicho inglés del pan que comía, no lo pudo
sufrir el chino, y amostazándose
más de lo que yo aguardaba de su
genio, le dijo:

—Míster, días hace que os honro
con mi mesa, y días hace que observo que os descomedís en mi presencia abatiendo los efectos, y aun los
ingenios de mi patria, por elogiar
los de la vuestra. Yo no repruebo
que nuestros países, usos, religión,
gobierno y alimentos os parezcan extraños; eso es preciso, y lo mismo
me sucedería en vuestro Londres.
Mucho menos repruebo que alabéis
vuestras leyes y costumbres y las
producciones de vuestra tierra. Justo es que cada uno ame con preferencia el país en que nació, y que
congeniando con sus costumbres,
climas y alimentos, los prefiera a los
de todo el mundo; pero no es justo
que esta alabanza sea apocando la
tierra en que vivís y delante del que
os sienta a su mesa. Si se habla de
religiones, vituperáis la mía y en-
salzáis la anglicana; si de leyes, me
aturdís con las cámaras; si de población, me contáis en vuestra capital un millón de hombres; si de
templos, me repetís la descripción
de la catedral de San Pablo y la
abadía de Westminster; si de paseos,
siempre os oigo alabar el Parque
de San James y el Green Park...
En fin, ya me tenéis la cabeza hecha
un mapa de Londres. Si como os
cansáis en alabar las cosas de vuestra tierra, despreciando o abatiendo
las de la mía, os contentárais con
referir sencillamente lo que se os
preguntara y viniera al caso, dejando que la alabanza y la comparación
la hicieran los oyentes, seguramente
os hicierais bien quisto; pero hablar mal del pan de mi tierra, y
decir que es mejor el de la vuestra,
cuando éste y no aquél os alimenta,
es una grosería que no me agrada,
ni agradará a ninguno que os escuche. Antes a todos hostigará vuestra
jactancia y os dirán que quién os
llamó a su tierra, y que si no os

acomo[...]
viento e[...]
desde luego[...]

Diciendo [...]
hotón sin aca[...]
despedirse de nin[...]
masiadamente enoja[...]

Todos nos quedam[...]
dos, y más que nadie [...]
quien explicando bien [...]
todo cuanto había dicho el a[...]
añadió:

—Nos avergonzó, pero tuvo [...]
zón, camarada. Usted ha traspasado
los límites de la urbanidad. En tierra extraña, y más cuando recibimos
favores de los patricios, debemos
conformarnos con sus usos y todo
lo demás, y si no nos acomodan,
marcharnos, pero nunca abatirlos ni
ponderar lo de nuestra tierra sobre
lo de la suya. El loitia ha dicho
bien. Aunque los panes de Londres,
de Madrid y de México sean mejores
que el de aquí, éste nos es útil y
mejor que ninguno, porque éste es
el que comemos, y es una villanía
no agradecer el bien que recibimos,
tratando de apocarlo delante de
quien nos lo hace. ¿Qué le parecería el señor conde de la Ruidera si
yo alabara el vino de San Lúcar
despreciando la bebida regional de
su tierra, que llaman pulque? ¿Qué
diría si ensalzara El Escorial, la
catedral de Sevilla y otras cosas
particulares de España, murmurando igualmente de la Alameda, del
Palacio y otras cosas de las Indias,
y esto en México mismo, en las
orejas y bigotes de los mexicanos,
y quizá en su misma casa y al mismo tiempo que me hacía un obsequio? Cuando me hiciera mucho favor, ¿no haría muy bien en tenerme
por un tonto, incivil y de ruines
principios? Pues en ese concepto ha
quedado usted con Limahotón, y a
fe de hombre de bien que le sobra
justicia.

Si el inglés se avergonzó con la
represión del chino, quedó más corrido con el remache del español;
pero aunque era un joven atolondrado, tenía entendimiento y docilidad; y así, convencido de su error,

trató con el español de que satisfa-
cieran al japón, como se hizo en
el momento, suplicándole saliera, y
éste, que en realidad era caballero,
se dio por satisfecho y quedamos todos tan amigos como siempre, guar-
dándose el inglés de menospreciar
nada del país en que habitaba.

Algunos días permanecimos en la
ciudad muy contentos, y yo más que
todos, porque me veía estimado y
obsequiado grandemente a merced
de mi título fingido, y en mi interior
me daba los plácemes de haber fra-
guado tal embuste, pues a la sombra de él estaba bien vestido, bien
tratado y con ciertos humillos de
título rico, que ya estaba por creer
que era de veras. Tales eran los cariños, obsequios y respetos que me
tributaban, especialmente el español y el chino, quienes estaban persuadidos de que yo les sería útil
en México. Ello es que lo pasé bien
en tierra y en la navegación, y esto
no lo hubiera conseguido si hubieran
sabido que mi título propio era el
de *Periquillo Sarniento;* pero el
mundo las más veces aprecia a los
hombres no por sus títulos reales
sino por los que dicen que tienen.

No por esto apruebo que sea bueno el fingir, por más que sea útil
al que finge; también al lenón y al
droguero le son útiles sus disimu-
los y sus trácalas, y, sin embargo,
no le son lícitas. Lo que quiero que
saquéis por fruto de este cuento es
que advirtáis cuán expuestos vivimos a que nos engañe un pícaro astuto pintándonos gigantes de nobleza, talento, riqueza y valimiento.
Nos creemos de su persuasión o de
lo que llaman *labia*, nos estafa si
puede, nos engaña siempre, y cuando conocemos la burla es cuando
no podemos remediarla. En todo
caso, hijos míos, estudiad al hombre,
observadlo, penetradlo en su alma;
ved sus operaciones, prescindiendo
de lo exterior de su vestido, títulos
ni rentas, y así que halléis alguno
que siempre hable verdad y no se
pegue al interés como el acero al
imán, fiaos de él, y decid: este hom-

bre es de bien, éste no me engaña-
rá, ni por él se me seguirá ningún
perjuicio; pero para hallar a este
hombre, pedidle a Diógenes presta-
da su linterna.

Volviendo a mi historieta, sabed
que cuando el asiático me tuvo por
un noble, no se desdeñó de acompa-
ñarse conmigo en lo público; antes
muchos días me sacaba a pasear a
su lado, manifestándome lo hermoso
de la ciudad.

El primer día que salí con él,
arrebató mi curiosidad un hombre
que en un papel estaba copiando
muy despacio unos caracteres que
estaban grabados en una piedra de
mármol que se veía fijada en la esquina de la calle.

Pregunté a mi amigo qué significaba aquello, y me respondió que
aquél estaba copiando una ley patria
que sin duda le interesaría.

—Pues qué —le dije—, ¿las leyes
patrias están escritas en las esquinas de las calles de tu tierra?

—Sí —me dijo—; en la ciudad están todas las leyes fijadas para que
se instruyan en ellas los ciudadanos.
Por eso mi hermano se admiró tanto cuando le hablaste de los abogados de tu tierra.

—Es verdad que tuvo razón —dije
yo—, porque ciertamente todos debíamos estar instruidos en las leyes
que nos gobiernan para deducir
nuestros derechos ante los jueces,
sin necesidad de valernos de otra
tercera persona que hiciera por nosotros estos oficios. Seguramente en
lo general saldrían mejor librados
los litigantes bajo este método, ya
porque se defenderían con más cuidado, y ya porque se ahorrarían de
un sinnúmero de gastos que impen-
den en agentes, procuradores, abogados y relatores. No me descuadra
esta costumbre de tu tierra, ni me
parece inaudita ni jamás practicada
en el mundo, porque me acuerdo de
haber leído en Plauto, que hablando
de lo inútiles o a lo menos de lo
poco respetadas que son las leyes
en una tierra donde reina la relajación de las costumbres, dice:

24

*...Eae miserae etiam
Ad parietem sunt fixae clavis ferreis,
[ubi
Malos mores adfigi nimis fuerat
[aequius.*

Arrugó el chino las cejas al escucharme, y me dijo:

—Conde, yo entiendo ma! el español y peor el inglés, pero esa lengua en que me acabáis de hablar la entiendo menos, porque no entiendo una palabra.

—¡Oh amigo! —le dije—; ésa es la lengua o el idioma de los sabios. Es el latino, y quiere decir lo que oíste: "que son infelices las leyes en estar fijadas en las paredes con clavos de fierro, cuando fuera más justo que estuvieran clavadas allí las malas costumbres". Lo que prueba que en Roma se fijaban las leyes públicamente en las paredes como se hace en esta ciudad.

—¿Conque eso quiere decir lo que me dijiste en latín? —preguntó Limahotón.

—Sí, eso quiere decir.

—¿Pues si lo sabes y lo puedes explicar en tu idioma, para qué hablas en lengua que no entiendo?

—¿Ya no dije que ésa es la lengua de los sabios? —le contesté—. ¿Cómo sabrías que yo entendía el latín, y que tenía buena memoria, pues te citaba las mismas palabras de Plauto, manifestando al mismo tiempo un rasgo de mi florida erudición? Si hay algún modo de pasar plaza de sabios en nuestras tierras es disparando latinajos de cuando en cuando.

—Eso será —dijo el chino— las veces que toque hablar entre los sabios, pues según tú dijiste, es la lengua de los sabios y ellos se entenderán con ella; pero no será costumbre hablar ese idioma entre gentes que no lo entienden.

—Poco sabes de mundo, Limahotón —le dije—; delante de los que no entienden el latín se ha de salpicar la conversación de latines para que tengan a uno por instruido; porque delante de los que lo entienden va uno muy expuesto a que le cojan un barbarismo, una cita falsa, un

anacronismo, una sílaba breve por una larga, y otras chucherías semejantes; y así no, entre los romancistas y las mujeres va segurísima la erudición y los *latinorum*. Yo he oído en mi tierra a muchos sujetos hablar en un estrado de señoras de códigos y digestos; de los sistemas de Ptolomeo, Cartesio, o Renato Descartes, y de Newton; del fluido eléctrico, materia prima, turbillones, atracciones, repulsiones, meteoros, fuegos fatuos, auroras boreales y mil cosas de éstas, y todo citando trozos enteros de los autores en latín; de modo que las pobres niñas, como no han entendido nada, se han quedado con la boca abierta diciendo: ¡mira qué caso!

—Así me he quedado yo —dijo el chino— al oírte desatinar en tu idioma y en el extraño: pero no porque no entiendo te tendré por sabio en mi vida; antes pienso que te falta mucho para serlo, pues la gracia del sabio está en darse a entender a cuantos lo escuchen; y si yo me hallara en tu tierra en una conversación de ésas que dices, me saldría de ella, teniendo a los que hablaban por unos ignorantes presumidos, y a los que los escuchaban por unos necios de remate, pues fingían divertirse y admirarse con lo que no entendían.

Viendo yo que mi pedantería no agradaba al chino, no dejé de correrme; pero disimulé y traté de lisonjearlo aplaudiendo las costumbres de su país, y así le dije:

—Después de todo, yo estoy encantado con esta bella providencia de que estén fijadas las leyes en los lugares más públicos de la ciudad. A fe que nadie podrá alegar ignorancia de la ley que lo favorece o de la que lo condena. Desde pequeñitos sabrán de memoria los muchachos el código de tu tierra; y no que en la mía parece que son las leyes unos arcanos cuyo descubrimiento está reservado para los juristas, y de esta ignorancia se saben valer los malos abogados con frecuencia para aturdir, enredar y pelar a los pobres litigantes. Y no pienses que esta ignorancia de las leyes depende del capricho de los legisladores, sino de la indolencia de los pueblos y de la turbamulta de los autores que se han metido a interpretarlas, y algunos tan larga y fastidiosamente, que para explicar o confundir lo determinado sobre una materia, v. gr., sobre el divorcio, han escrito diez librotes en folio, tamañotes, amigo, tamañotes, de modo que sólo de verlos por encima quitan las ganas de abrirlos.

—¿Conque, según eso —decía el chino—, también entre esos señores hay quienes pretenden parecer sabios a fuerza de palabras y discursos impertinentes?

—Ya se ve que sí hay —le contesté—, sobre que no hay ciencia que carezca de charlatanes. Si vieras lo que sobre esto dice un autorcito que tenía un amigo que murió poco hace de coronel en Manila, te rieras de gana.

—¿Sí? ¿Pues qué dice?

—¡Qué ha de decir! Escribió un librito titulado: *Declamaciones contra la charlatanería de los eruditos*, y en él pone de oro y azul a los charlatanes gramáticos, filósofos, anticuarios, historiadores, poetas, médicos... en una palabra, a cuantos profesan el charlatanismo a nombre de las ciencias, y tratando de los abogados malos, rábulas y leguleyos, lo menos que dice es esto:

"Ni son de mejor condición los indigestos citadores, familia abundantísima entre los letrados, porque si bien todas las profesiones abundan harto en pedantes, en la jurisprudencia no sé por cuál fatalidad ha sido siempre excesivo el número. Hayan de dar un parecer, hayan de pronunciar un voto, revuelven cuantos autores pueden haber a las manos; amontonan una enorme selva de citas, y recargando las márgenes de sus papelones, creen que merecen grandes premios por la habilidad de haber copiado de cien autores cosas inútiles e impertinentes...

"Deberíamos también decir algo aquí de los que profesan la *Rabulística*, llamada por Aristóteles *Arte de mentir*. Cuando los vemos semejarse a la necesidad, esto es, carecer de leyes; cuando para lograr nombre entre los ignorantes, se les ve echar mano de sutilezas ridículas, sofismas indecentes, sentencias de oráculos, clausulones de estrépito, y las demás artes de la más pestilente charlatanería; cuando abusando con pérfida abominación de las trampas que suministran lo versátil de las fórmulas y de las interpretaciones legales, deduciendo artículos de artículos, nuevas causas de las antiguas, dilatan los pleitos, oscurecen su conocimiento a los jueces, revuelven y enredan los cabos de la justicia, truecan y alteran las apariencias de los hechos para deslumbrar a los que han de decidir; y todo esto por la vil ganancia, por el interés sórdido, y a veces también por tema y terquedad inicua; cuando se les ve, digo..."

—Ya está —dijo Limahotón—, que eso es mucho hablar y mis orejas no se pagan de la murmuración.

—No, Loitia —le dije—, no es murmuración; es crítica juiciosa del autor. El murmurador o detractor es punible, porque descubre los defectos ajenos con el maldito objeto de dañar a su prójimo en el honor, y por esto siempre acusa la persona determinándola. El crítico, ya sea moral, ya satírico, no piensa en ninguna persona cuando escribe, y sólo reprende o ridiculiza los vicios en general con el loable deseo de que se abominen, y así Juan Burchardo, que es el autor cuyas palabras oíste, no habló mal de los abogados, sino de los vicios que observó en muchos, y no en todos, pues con los sabios y buenos no se mete.

—¿Luego también hay abogados buenos y sabios? —preguntó el chino.

A quien dije:

—Y como que los hay excelentes así en su conducta moral como en su sólida instrucción. Unos Solones son muchos de ellos en la justicia, y unos Demóstenes en la elocuencia, y claro es que éstos, lejos de merecer la sátira dicha, son acreedores a nuestra estimación y respetos.

—Con todo eso —dijo el chino—, si tú y ese autor cayerais en poder de los abogados malos y embrolladores, habíais de tener mal pleito.

—Si era su encono por sólo esto —le contesté—, sería añadir injusticia a su necedad, pues ni el autor ni yo hemos nombrado a Pedro, Sancho ni Martín; y así haría muy mal el abogado que se manifestara quejoso de nosotros, pues entonces él mismo se acusaba contra nuestra sencilla voluntad.

—Sea de esto lo que fuere —dijo el asiático—, yo estoy contento con la costumbre de mi patria, pues aquí no hemos menester abogados porque cada uno es su abogado cuando lo necesita, a lo menos en los casos comunes. Nadie tiene autoridad para interpretar las leyes, ni arbitrio para desentenderse de su observancia con pretexto de ignorarlas. Cuando el soberano deroga alguna o de cualquier modo la altera, inmediatamente se muda o se fija según debe de regir nuevamente, sin quedar escrita la antigua que estaba en su lugar. Finalmente, todos los padres están obligados, bajo graves penas, a enseñar a leer y escribir a sus hijos, y presentarlos instruidos a los jueces territoriales antes que cumplan los diez años de su edad, con lo que nadie tiene justo motivo para ignorar las leyes de su país.

—Muy bellas me parecen estas providencias —le dije—, y a más de muy útiles, muy fáciles de practicarse. Creo que en muchas ciudades de Europa admirarían este rasgo político de legislación, que no puede menos que ser origen de muchos bienes a los ciudadanos, ya excusándolos de litigios inoportunos, y ya siquiera librándolos de las socaliñas de los agentes, abogados y demás oficiales de pluma de que no se escapan por ahora cuando se ofrece. Pero ya te dije: este mal o la ignorancia que el pueblo padece de las leyes, así en mi patria como en Europa, no dimana de los reyes, pues éstos, interesados tanto en la felicidad de sus vasallos, cuanto en hacer que se obedezca su voluntad, no sólo quieren que todos sepan las leyes, sino que las hacen publicar y fijar en las calles apenas las sancionan; lo que sucede es, que no se fijan en lápidas de mármol como aquí, sino en pliegos de papel, materia muy frágil para que permanezca mucho tiempo. A los soldados se les leen las ordenanzas o leyes penales para que no aleguen ignorancia; y por fin, en el código español vemos expresada claramente esta voluntad de los monarcas, pues entre tantas leyes como tiene se leen las palabras siguientes: "Cá tenemos que todos los de nuestro señorío deben saber estas nuestras leyes.[3] Y debe la ley ser manifiesta, que todo hombre la pueda entender, y que ninguno por ella reciba engaño."[4] Todo lo que prueba, que si los pueblos viven ignorantes de sus derechos y necesitan mendigar su instrucción, cuando se les ofrece, de los que se dedican a ella, no es por voluntad de los reyes, sino por su desidia, por la licencia de los abogados, y lo que es más, por sus mismas envejecidas costumbres, contra las que no es fácil combatir.

—Tú me admiras, conde —decía el chino—. A la verdad que eres raro; unas veces te produces con demasiada ligereza, y otras con juicio como ahora. No te entiendo.

En esto llegamos a palacio y se concluyó nuestra conversación.

[3] Ley 31, tít. 14. Part. 5.
[4] Ley I, tít. 2, lib. 2 de la *Recop.*

CAPÍTULO V

EN EL QUE REFIERE PERIQUILLO CÓMO PRESENCIÓ UNOS SUPLICIOS EN AQUELLA CIUDAD; DICE LOS QUE FUERON, Y RELATA UNA CURIOSA CONVERSACIÓN SOBRE LAS LEYES PENALES, QUE PASÓ ENTRE EL CHINO Y EL ESPAÑOL

AL DÍA SIGUIENTE salimos a nuestro paseo acostumbrado, y habiendo andado por los parajes más públicos, hice ver a Limahotón que estaba admirado de no hallar un mendigo en toda la ciudad, a lo que él me contestó:

—Aquí no hay mendigos aunque hay pobres, porque aun de los que lo son, muchos tienen oficio con que mantenerse; y si no, son forzados a aprenderlo por el gobierno.

—¿Y cómo sabe el gobierno —le pregunté— los que tienen oficio y los que no?

—Fácilmente —me dijo—; ¿no adviertes que todos cuantos encontramos tienen una divisa particular en la piocha o remate del tocado de la cabeza?

Reflexioné que era según el chino me decía, y le dije:

—En verdad que es como me lo dices, y no había reparado en ella; ¿pero qué significan esas divisas?

—Yo te lo diré —me contestó.

En esto nos acercamos a un gran concurso que estaba junto en una plaza con no sé qué motivo, y allí me dijo mi amigo:

"Mira, aquél que tiene en la cabeza una cinta o listón ancho de seda nácar, es juez; aquél que la tiene amarilla, es médico; el otro que la tiene blanca, es sacerdote; el otro que se adorna con la azul, es adivino; aquél que la trae verde es comerciante; el de la morada, es astrólogo; el de la negra, músico; y así con las cintas anchas de seda, ya bordadas de estambre, y ya de este o el otro metal, se conocen los profesores de las ciencias y artes más principales.

"Los empleados en dignidad, ya con relación al gobierno político y militar, que aquí no se separan, ya en orden a la religión, se distinguen con sortijas de piedras en el pelo, y según son las piedras y las figuras de las sortijas, manifiestan sus graduaciones.

"Mi hermano, que es el virrey, o el segundo después del rey, ya lo viste, tiene una sortija de brillantes colocada sobre la coronilla del tocado, o en la parte más superior. Yo, que soy un chaen o visitador general en su nombre, la tengo también de brillantes, pero más angosta y caída para atrás; aquél que la tiene de rubíes es magistrado; aquél de la de esmeraldas, es el sacerdote principal; el de la de topacios es embajador, y así se distinguen los demás.

"Los nobles son los que visten túnicas o ropones de seda, y los que se han señalado en acciones de guerra, las traen bordadas de oro. Los plebeyos las usan de estambre o algodón.

"Los artesanos tienen sus divisas de colores, pero cortas y de lana. Aquéllos que ves con lazos blancos son tejedores de cocos y lienzos blancos; los de azules, son tejedores de todas sedas; los de verde, bordadores; los de rojo, sastres; los de amarillo, zapateros; los de negro, carpinteros, y así todos. Los verdugos no tienen cinta ni tocado alguno, traen las cabezas rapadas y un dogal atado a la cintura, del que pende un cuchillo.

"Los que veas que a más de estos distintivos, así hombres como mujeres, tienen una banda blanca, son solteros o gente que no se ha casado; los que la tienen roja, tienen mujer o mujeres, según sus facultades, y los que la tienen negra, son viudos.

"A más de estas señales, hay algunas otras particulares que pudieras observar fácilmente, como son las que usan los de otros reinos y provincias y los del nuestro en ciertos casos; por ejemplo, en los días de boda, de luto, de gala y otros; pero con lo que te he enseñado, te basta para que conozcas cuán fácil le es al gobierno saber el estado y oficio de cada uno sólo con verlo, y esto sin que tenga nadie lugar a fingirlo, pues cualquier juez subalterno, que hay muchos, tiene autoridad para examinar al que se le antoje en el oficio que dice que tiene, como le sea sospechoso, lo que se consigue con la trivial diligencia de hacerlo llamar y mandar que haga algún artefacto del oficio que dice tiene. Si lo hace, se va en paz y se le paga lo que ha hecho; si no lo hace, es conducido a la cárcel, y después de sufrir un severo castigo, se le obliga a aprender oficio dentro de la misma prisión, de la que no sale hasta que los maestros no certifican que está idóneo para trabajar públicamente.

"No sólo los jueces pueden hacer estos exámenes, los maestros respectivos de cada oficio están también autorizados para reconvenir y examinar a aquél de quien tengan sospechas que no sabe el oficio cuya divisa se pone; y de esta manera es muy difícil que haya en nuestra tierra uno que sea del todo vago o inútil."

—No puedo menos —le dije— que alabar la economía de tu país. Cierto que si todas las providencias que aquí rigen son tan buenas y recomendables como las que me has hecho conocer, tu tierra será la más feliz, y aquí se habrán realizado las ideas imaginarias de Aristóteles, Platón y otros políticos en el gobierno de sus arregladísimas repúblicas.

—Que sea la más feliz, yo no lo sé —dijo el chino—, porque no he visto otras; que no haya aquí crímenes ni criminales, como he oído decir que hay en todo el mundo, es equivocación pensarlo, porque los ciudadanos de aquí son hombres como en todas partes. Lo que sucede es que se procuran evitar los delitos con las leyes y se castigan con rigor los delincuentes. Mañana puntualmente es día de ejecución, y verás si los castigos son terribles.

Diciendo esto, nos retiramos a su casa, y no ocurrió cosa particular en aquel día; pero al amanecer del siguiente, me despertó temprano el ruido de la artillería, porque se disparó cuanta coronaba la muralla de la ciudad.

Me levanté asustado, me asomé por las ventanas de mi cuarto, y vi que andaba mucha gente de aquí acullá como alborotada. Pregunté a un criado si aquel movimiento indicaba alguna conmoción popular, o alguna invasión de enemigos exteriores. Y dicho criado me dijo que no tuviera miedo, que aquella bulla era porque aquel día había ejecución, y como eso se veía de tarde en tarde, concurría a la capital de la provincia innumerable gente de otras, y por eso había tanta en las calles, como también porque en tales días se cerraban las puertas de la ciudad y no se dejaba entrar y salir a nadie, ni era permitido abrir ninguna tienda de comercio, ni trabajar en ningún oficio hasta después de concluida la ejecución. Atónito estaba yo escuchando tales preparativos, y esperando ver sin duda cosas para mí extraordinarias.

En efecto, a pocas horas hicieron seña con tres cañonazos de que era tiempo de que se juntaran los jueces. Entonces me mandó llamar el chaen, y después de saludarme cortésmente, nos fuimos para la plaza mayor donde se había de verificar el suplicio.

Ya juntos todos los jueces en un gran tablado, acompañados de los extranjeros decentes, a quienes hicieron lugar por cumplimiento, se dispararon otros tres cañonazos, y comezaron a salir de la cárcel como setenta reos entre los verdugos y ministros de justicia.

Entonces los jueces volvieron a registrar los procesos para ver si alguno de aquellos infelices tenía alguna leve disculpa con que escapar, y no hallándola, hicieron seña de que se procediese a la ejecución, la que se comenzó, llenándonos de horror todos los forasteros con el rigor de los castigos; porque a unos los empalaban, a otros los ahorcaban, a otros los azotaban cruelísimamente en las pantorrillas con bejucos mojados, y así repartían los castigos.

Pero lo que nos dejó asombrados, fue ver que a algunos les señalaban las caras con unos fierros ardiendo y después les cortaban las manos derechas.

Ya se deja entender que aquellos pobres sentían los tormentos y ponían sus gritos en el cielo, y entretanto los jueces en el tablado se entretenían en fumar, parlar, refrescar y jugar a las damas, distrayéndose cuanto podían para no escuchar los gemidos de aquellas víctimas miserables.

Acabóse el funesto espectáculo a las tres de la tarde, a cuya hora nos fuimos a comer.

En la mesa se trató entre los concurrentes de las leyes penales, de cuya materia hablaron todos con acierto, a mi parecer, especialmente el español, que dijo:

"Cierto, señores, que es cosa dura el ser juez, y más en estas tierras, donde por razón de la costumbre tienen que presenciar los suplicios de los reos y atormentar sus almas sensibles con los gemidos de las víctimas de la justicia. La humanidad se resiente al ver un semejante nuestro entregado a los feroces verdugos, que sin piedad lo atormentan, y muchas veces lo privan de la vida añadiendo al dolor la ignominia.

"Un desgraciado de éstos, condenado a morir infame en una horca,

a sufrir la afrenta y el rigor de unos azotes públicos, o siquiera la separación de su patria y los trabajos anexos a un presidio, es para un alma piadosa un objeto atormentador. No sólo considera la aflicción material de aquel hombre en lo que siente su cuerpo, sino que se hace cargo de lo que padece su espíritu con la idea de la afrenta y con la ninguna esperanza de remedio; de aquella esperanza, digo, a que nos acogemos como a un asilo en los trabajos comunes de la vida.

"Estas reflexiones por sí solas son demasiado dolorosas, pero el hombre sensible no aisla a ellas la consideración; su ternura es mucha para olvidarse de aquellos sentimientos particulares que deben afligir al individuo puesto en sociedad.

"¡Qué congoja tendrá este pobrecito reo!, dice en su interior o a sus amigos; qué congoja tendrá al ver que la justicia lo arranca de los brazos de la esposa amable, que ya no volverá a besar a sus tiernos hijos ni a gozar la conversación de sus mejores amigos, sino que todos lo desampararán de una vez, y él a todos va a dejarlos por fuerza! ¿Y cómo los deja? ¡Oh dolor!, a la esposa, viuda, pobre, sola y abatida; a los hijos, huérfanos infelices y mal vistos, y a los amigos, escandalizados y acaso arrepentidos de la amistad que le profesaron.

"¿Parará aquí la reflexión de las almas humanas? No, se extiende todavía a aquellas familias miserables. Las busca con el pensamiento; las halla con la idea; penetra las paredes de sus albergues, y al verlas sumergidas en el dolor, la afrenta y desamparo, no puede menos aquel espíritu que sentirse agitado de la aflicción más penetrante, y en tal grado, que a poder él, arrancaría la víctima de las manos de los verdugos, y creyendo hacer un gran bien, la restituiría impune al seno de su adorada familia.

"Pero ¡infelices de nosotros si esta humanidad mal entendida dirigiera las cabezas y plumas de los magistrados! No se castigaría ningún crimen; serían ociosas las leyes; cada uno obraría según su gusto, y los ciudadanos, sin contar con ninguna seguridad individual, serían los unos víctimas del furor, fuerza y atrevimiento de los otros.

"En este triste caso serían ningunos los diques de la religión para contener al perverso; sería una quimera el pretender establecer cualquier gobierno; la justicia fuera desconocida, la razón ultrajada y la deidad desobedecida enteramente. ¿Y qué fuera de los hombres sin religión, sin gobierno, sin razón, sin justicia y sin Dios? Fácil es conocer que el mundo, en caso de existir, sería un caos de crímenes y abominaciones. Cada uno sería un tirano del otro a la vez que pudiera. Ni el padre cuidaría del hijo, ni éste tendría respeto al padre, ni el marido amara a su mujer, ni ésta fuera fiel al marido, y sobre estos malos principios, se destruiría todo cariño y gratitud recíproca en la sociedad, y entonces el más fuerte sería un verdugo del más débil, y a costa de éste contentaría sus pasiones, ya quitándole sus haberes, ya su mujer, ya sus hijos, ya su libertad y ya su vida.

"Tal fuera el espantoso cuadro del despotismo universal que se vería en el mundo si faltara el rigor de la justicia, o, por mejor decir, el freno de las leyes con que la justicia contiene al indómito, asegurando de paso al hombre arreglado y de conducta.

"Yo convendré, sin repugnancia, en que después de este raciocinio, un alma sensible no puede ver decapitar al reo más criminal con indiferencia. Aún diré más: los mismos jueces que sentencian al reo mojan primero la pluma en sus lágrimas que en la tinta cuando firman el *fallo* de su muerte. Estos actos fríos y sangrientos les son repugnantes como a hombres criados entre suaves costumbres; pero ellos no son árbitros de la ley, deben sujetarse a sus sanciones y no pueden dejar eludida la justicia con la indulgencia para con los reos, por más que su corazón se resienta, como de positivo sucede. Prueba de ello es que en mi tierra no asisten a estos actos fúnebres los jueces.

"¿Pero acaso porque estas terribles catástrofes aflijan nuestra sensibilidad, la razón ha de negar que son justas, útiles y necesarias al común de los ciudadanos? De ninguna manera. Cierto es que una alma tierna no mira padecer en el patíbulo a un delincuente, sino a un semejante suyo, a un hombre; y entonces prescinde de pensar en la justicia con que padece y solamente considera que padece; pero esto no es saber arreglar nuestras pasiones a la razón.

"A mí me ha sucedido en semejantes lances verter lágrimas de compasión en favor de un desdichado reo al verlo conducir al suplicio cuando no he reflexionado en la gravedad de sus delitos; mas cuando he detenido en éstos la consideración y me he acordado de que aquel que padece fue el que por satisfacer una fría venganza, o por robar tal vez una ratería, asesinó alevosamente a un hombre de bien, que con mil afanes sostenía a una decente y numerosa familia, que por su causa quedó entregada a las crueles garras de la indigencia, y que quizá el inocente desgraciado pereció para siempre por falta de los socorros espirituales que previene nuestra religión (hablo de la católica, señores); entonces yo no dudo que suscribiría de buena gana a la sentencia de su muerte, seguro de que en esto haría a la sociedad tan gran bien, con la debida proporción, como el que hace el diestro cirujano cuando corta la mano corrompida del enfermo para que no perezca todo el cuerpo.

"Así sucede a todo hombre sensato que conoce que estos dolorosos sacrificios los determina la justicia para la seguridad del Estado y de los ciudadanos.

"Si los hombres se sujetaran a las leyes de la equidad, si todos obraran según los estímulos de la recta razón, los castigos serían desconocidos; pero por desgracia se dejan dominar de sus pasiones, se desentienden de la razón, y como están demasiado propensos por su misma fragilidad a atropellar con ésta por satisfacer aquéllas, es necesario valerse, para contener la furia de sus ímpetus desordenados, del terror que impone el miedo de perder los bienes, la reputación, la libertad o la vida.

"Tenemos aquí fácilmente descubiertos el origen de las leyes penales, leyes justas, necesarias y santas. Si al hombre se le dejara obrar según sus inclinaciones, obrara con más ferocidad que los brutos. Ciertamente éstos no son capaces de apostárselas en ferocidad a un hombre cuando pierde los estribos de la razón. No hay perro que no sea agradecido a quien le da el pan; no hay caballo que no se sujete al freno; no hay gallina que repugne criar y cuidar a sus hijos por sí misma, y así de todos.

"Por último, ¿qué ocasión vemos que los brutos más carniceros se amontonen para quitarse la vida unos a otros en su especie, ni en las que les son extrañas? Y el hombre ¿cuántas veces desconoce la lealtad, la gratitud, el amor filial y todas las virtudes morales y se junta con otros para destruir su especie en cuanto puede?

"Un caballo obedece a una espuela, y un burro anda con la carga, por medio del palo; pero el hombre, cuando abandona la razón, es más indómito que el burro y el caballo, y de consiguiente necesario ha menester estímulos más duros para sujetarse. Tal es el temor de perder lo más apreciable, como es la vida.

"La justicia, o los jueces que la distribuyen, según las buenas leyes, no privan de la libertad o de la vida al reo por venganza, sino por necesidad. No le quita a Juan la vida precisamente porque mató a Pedro, sino también porque cuando aquél expía su delito en el suplicio, tenga el pueblo la confianza de que el Estado vela en su seguridad, y sepa que, así como castiga a aquél, cas-

tigará a cuantos incurran en igual crimen, que es lo mismo que imponer el escarmiento general con la muerte de un particular delincuente.

"De estos principios se penetraron las naciones cuando adoptaron las leyes criminales, leyes tan antiguas como el mismo mundo. Crió Dios al hombre, y sabiendo que desobedecería sus preceptos, antes de que lo verificara le informó de la pena a que lo condenaba. *No comas* —le dijo— *de la fruta de este árbol, porque si la comes, morirás.* Tan autorizado así está el obligar al hombre a obedecer la ley con el temor del castigo.

"Pero para que las penas produzcan los saludables efectos para que se inventaron, es menester [1] *que se deriven de la naturaleza de los delitos; que sean proporcionadas a ellos; que sean públicas, prontas, irremisibles y necesarias; que sean lo menos rigurosas que fuere posible, atendidas las circunstancias; finalmente, que sean dictadas por la misma ley.*

"En los suplicios que acabamos de ver, creo que no han faltado estas circunstancias, si se exceptúa la moderación, porque a la verdad me han parecido demasiado crueles, especialmente la de marcar con fierros ardiendo a muchos infelices, cortándoles después las manos derechas.

"Esta pena, en mi juicio, es harto cruel, porque después que castiga al delincuente con el dolor, lo deja infame para siempre con unas notas indelebles y lo hace infeliz e inútil en la sociedad, a causa del embarazo que le impone para trabajar, quitándole la mano.

"Ni me sorprenden como nuevas estas penas rigurosas. He leído que en Persia a los usureros les quiebran los dientes a martillazos, y a los panaderos fraudulentos los arrojan en un horno ardiendo. En Turquía a los mismos les dan de palos y multan por primera y segunda

[1] En los mismos términos se expresa el señor Lardizábal en su discurso sobre las penas.

vez, y por tercera los ahorcan en las puertas de sus casas, en las que permanece el cadáver colgado tres días. En Moscovia, a los defraudadores de la renta del tabaco se les azota hasta descubrirles los huesos. En nuestro mismo código tenemos leyes que imponen pena capital al que hace bancarrota fraudulentamente, y al ladrón casero en llegando la cantidad robada a cincuenta pesos; otras que mandan cortar la lengua y darles cien azotes a los blasfemos; otras que mandan cortar la mano al escribano falsario, y así otras que no están en uso a causa de la mudanza de los tiempos y dulcificación de las costumbres.

"El señor Lardizábal, hablando sobre esto, dice: *que no es la crueldad de las penas el mayor freno para contener los delitos, sino la infalibilidad del castigo.* El mismo, después de apuntar el rigor de algunos países, dice: *que, sin embargo, continúan siempre los malhechores como si no se castigaran con tal rigor,* y añade: *Así es preciso que suceda por una razón muy natural. Al paso que se aumenta la crueldad de los castigos, se endurecen los ánimos de los hombres, se llegan a familiarizar con ellos, y al cabo de tiempo no hacen ya bastante impresión para contener los impulsos y la fuerza siempre viva de las pasiones.*

"Todo esto he dicho, Loitia, para persuadiros a que os interéseis con el tután para que éste lo haga con el rey, a ver si se consigue la conmutación de este suplicio en otro menos cruel. No quisiera que ningún delincuente quedara impune; pero sí que no se castigara con tal rigor."

Calló, diciendo esto, el español, y el asiático, tomando la palabra, le contestó:

"Se conoce, extranjero, que sois harto piadoso y no dejáis de tener alguna instrucción; pero acordaos que *siendo el primero y principal fin de toda sociedad la seguridad de los ciudadanos y la salud de la república, síguese, por consecuencia necesaria, que éste es también el primero y general fin de las penas. La salud de la república es la suprema ley.*

"Acordaos también que *además de este fin general hay otros particulares subordinados a él, aunque igualmente necesarios, y sin los cuales no podía verificarse el general. Tales son la corrección del delincuente para hacerlo mejor, si puede ser, y para que no vuelva a perjudicar a la sociedad; el escarmiento y ejemplo para que los que no han pecado se abstengan de hacerlo; la seguridad de las personas y de los bienes de los ciudadanos; el resarcimiento o reparación del perjuicio causado al orden social o a los particulares.*[2]

"Os acordaréis de todos estos principios, y en su virtud, advertid que estas penas que os han parecido excesivas están conformes a ellos. Los que han muerto han compurgado los homicidos que han cometido, y han muerto con más o menos tormentos, según fueron más o menos agravantes las circunstancias de sus alevosías; porque si todas las penas deben ser correspondientes a los delitos, razón es que el que mató a otro con veneno, ahogado o de otra manera más cruel, sufra una muerte más rigurosa que aquel que privó a otro de la vida de una sola estocada, porque le hizo padecer menos. Ello es que aquí el que mata a otro alevosamente muere sin duda alguna.

"Los que habéis visto azotar son ladrones que se castigan por primera y segunda vez, y los que han sido herrados y mutilados son ladrones incorregibles. A éstos ningún agravio se les hace, pues aun cuando les cortan las manos, los inutilizan para que no roben más, porque ellos no son útiles para otra cosa. De esta maldita utilidad abomina la sociedad; quisiera que todo ladrón fuera inútil para dañarla, y de consiguiente se contenta con que la justicia los ponga en tal estado y

---

[2] Así también se expresa el señor Lardizábal en su discurso ya citado.

que los señale con el fuego para que los conozcan y se guarden de ellos aun estando sin la una mano, para que no tengan lugar de perjudicarlos con la que les queda.

"En la Europa me dicen que a un ladrón reincidente lo ahorcan; en mi tierra lo marcan y mutilan, y creo que se consigue mejor fruto. Primeramente el delincuente queda castigado y enmendado por fuerza, dejándolo gozar del mayor de los bienes, que es la vida. Los ciudadanos se ven seguros de él, y el ejemplo es duradero y eficaz.

"Ahorcan en Londres, en París o en otra parte a un ladrón de éstos, y pregunto: ¿lo saben todos? ¿Lo ven? ¿Saben que han ahorcado a tal hombre y por qué? Creeré que no; unos cuantos lo verán, sabrán el delito menos individuos, y muchísimos ignorarán del todo si ha muerto un ladrón.

"Aquí no es así; estos desgraciados que no quedan sino para solicitar el sustento pidiéndolo de puerta en puerta (únicos a quienes se les permite mendigar), son unos pregoneros de la rectitud de la justicia y unos testimonios andando del infeliz estado a que reduce al hombre la obstinación en sus crímenes.

"El ladrón ahorcado en Europa dura poco tiempo expuesto a la pública expectación, y de consiguiente dura poco el temor. Luego que se aparta de la vista del perverso aquel objeto fúnebre, se borra también la idea del castigo, y queda sin el menor retraente para continuar en sus delitos.

"En la Europa quedan aislados los escarmientos (si escarmentaran) a la ciudad donde se verifica el suplicio, y fuera de esto, los niños, cuyos débiles cerebros se impresionan mejor con lo que ven que con lo que oyen, no viendo padecer a los ladrones, sino oyendo siempre hablar de ellos con odio, lo más que consiguen es temerlos, como temerían a unos perros rabiosos; pero no conciben contra el robo todo el horror que fuera de desear.

"Aquí sucede todo lo contrario. El delincuente permanece entre los buenos y los malos, y por lo mismo el ejemplo permanece, y no aislado a una ciudad o villa, sino que se extiende a cuantas partes van estos infelices, y los niños se penetran de terror contra el robo y de temor al castigo, porque les entra por los ojos la lección más elocuente.

"Comparad ahora si será más útil ahorcar a un ladrón que herrarlo y mutilarlo; y si aún con todo lo que dije, persistís en que es mejor ahorcarlo, yo no me opondré a vuestro modo de pensar, porque sé que cada reino tiene sus leyes particulares y sus costumbres propias, que no es fácil abolir, así como no lo es introducir otras nuevas; y con esta salva dejemos a los legisladores el cuidado de enmendar las leyes defectuosas, según las variaciones de los siglos, contentándonos con obedecer las que nos rigen, de modo que no nos alcancen las penales."

Todos aplaudieron al chino, se levantaron los manteles y cada uno se retiró a su casa.

CAPÍTULO VI

CONTENTO Y ADMIRADO vivía yo con mi nuevo amigo. Contento por el buen trato que me daba, y admirado por oírlo discurrir todos los días con tanta franqueza sobre muchas materias que parecía que las profesaba a fondo. Es verdad que su estilo no era el que yo escribo, sino uno muy sublime y lleno de frases que regalaban nuestros oídos; pero como su locución era natural, añadía con ella nueva gracia a sus discursos.

Entre tanto yo gozaba de la buena vida, no me descuidaba en hacer mi negocio a la sombra de la amistad que el chaen me dispensaba, y así ponía mis palabras, interesaba mis súplicas, y hacía frecuentemente mis empeños por todos los que me ocupaban sin las manos vacías, y de esta suerte con semejante granjería llené un baúl de regalitos apreciables.

Todo esto se deja entender que era a excusas de mi favorecedor, pues era tan íntegro, que si hubiera penetrado mis malas artes acaso yo no salgo de aquella ciudad, pues me condena él mismo a un presidio; pero como no es muy fácil que un superior distinga al que le advierte del que lo adula y engaña, y más si está preocupado en favor de éste, se sigue que el malvado continúa sin recelo en sus picardías y los superiores imposibilitados de salir de sus engaños.

Advertido yo de estos secretos, procuraba hablarle siempre al loitia con la mayor circunspección, declarándome partidario tenaz de la justicia, mostrándome compasivo y nimiamente desinteresado, celoso del bien público, y en todo adherido a su modo de pensar, con lo que le lisonjeaba el gusto demasiado.

Era el chino sabio, juicioso y en todo bueno; pero ya estaba yo acostumbrado a valerme de la bondad de los hombres para engañarlos cuando podía; y así no me fue difícil engañar a éste. Procuré conocerle su genio; advertí que era justo, piadoso y desinteresado; le acometía siempre por estos flancos, y rara vez no conseguía mi pretensión.

En medio de esta bonanza no dejaba yo de sentir que me hubiese salido huero mi virreinato, y muchas veces no podía consolarme con mi fingido condazgo, aunque no me descuadraba que me regalaran las orejas con el título, pues todos los días me decían los extranjeros que visitaban al chaen: *conde, oiga V. S.; conde, mire V. S.; conde, tenga V. S.;* y daca el conde y torna el conde, y todo era condearme de arriba abajo. Hasta el pobre chino me condeaba en fuerza del ejemplo, y como veía que todos me trataban con respeto y cariño, se creyó que un conde era lo menos tanto como un tután en su tierra o un visir en la Turquía. Agreguen ustedes a este equivocado concepto la idea que formó de que yo le valdría mucho en México; y así procuraba asegurar mi protección, granjeándome por cuantos medios podía; y los extranjeros que lo habían menester a él, mirando lo que me quería, se empeñaban en adularlo expresándome su estimación; y así, engañados unos y otros, conspiraban sin querer a que yo perdiera el poco juicio que tenía, pues tanto me condeaban y usiaban; tanto me lisonjeaban, y tantas caricias y rendimientos me hacían, que ya estaba yo por creer que había nacido conde y no había llegado a mi noticia.

—¡Qué mano —decía yo a mis solas—, qué mano que yo sea conde y no lo sepa! Es verdad que yo me titulé; pero para ser conde, ¿qué importa que me titule yo o me titule el rey? Siendo titular, todo se sale allá. Ahora ¿qué más tiene que yo el mejor conde del universo? ¿Nobleza? No me falta. ¿Edad? Tengo la suficiente. ¿Ciencia? No la necesito, y ganas me sobran. Lo único que no tengo es dinero y méritos; mas esto es una friolera. ¿Acaso todos los condes son ricos y ameritados? ¿Cuántos hay que carecen de ambas cosas? Pues ánimo, Perico, que un garbanzo más no revienta una olla. Para conde nací, según mi genio, y conde soy y conde seré, pésele a quien le pesare, y por serlo haré cuantas diabluras pueda, a bien que no seré el primero que por ser conde sea un bribón.

En estos disparatados soliloquios me solía entretener de cuando en cuando, y me abstraía con ellos de tal modo que muchas veces me encerraba en mi gabinete, y era menester que me fuesen a llamar de parte del chaen, diciéndome que él y la corte me estaban esperando para comer. Entonces volvía yo en mí como de un letargo, y exclamaba:

—¡Santo Dios! No permitas que se radiquen en mi cerebro estas quiméricas ideas y me vuelva más loco de lo que soy.

La Divina Providencia quiso atender a mis oraciones, y que no parara yo en San Hipólito de conde, ya que había perdido la esperanza de entrar de virrey, así como entran y han entrado muchos tontos por dar en una majadería difícil, si no imposible.

A pocos días avisaron los extranjeros que el buque estaba listo, y que sólo estaban detenidos por la licencia del tután. Su hermano la consiguió fácilmente; y ya que todo estaba prevenido para embarcarnos, les comunicó el designio que tenía de pasar a la América con licencia del rey, gracia muy particular en la Asia.

Todos los pasajeros festejaron en la mesa su intención con muchos vivas, ofreciéndose a porfía a servirlo en cuanto pudieran. Al fin era toda gente bien nacida, y sabían a lo que obligan las leyes de la gratitud.

Llegó el día de embarcarnos, y cuando todos esperábamos a bordo el equipaje del chaen, vimos con admiración que se redujo a un catre, un criado, un baúl y una petaquilla.

Entonces, y cuando entró el chino, le preguntó el comerciante español que si aquel baúl estaba lleno de onzas de oro.

—No está —dijo el chino—; apenas habrá doscientas.

—Pues es muy poco dinero —le replicó el comerciante— para el viaje que intentáis hacer.

Se sonrió el chino y le dijo:

—Me sobra dinero para ver México y viajar por Europa.

—Vos sabéis lo que hacéis —dijo el español—; pero os repito que ese dinero es poco.

—Es harto —decía el chino—; yo cuento con el vuestro, con el de vuestros paisanos que nos acompañan y con el que guardan en sus arcas los ricos de vuestra tierra. Yo se los sacaré lícitamente y me sobrará para todo.

—Hacedme favor —replicó el español— de descifrarme este enigma. Si es por amistad, seguramente podéis contar con mi dinero y con el de mis compañeros; pero si es en línea de trato, no sé con qué nos podréis sacar un peso.

—Con pedazos de piedras y enfermedades de animales —dijo el chino—, y no me preguntéis más, que cuando estemos en México yo os descifraré el enigma.

Con esto quedamos todos perplejos, se levaron las anclas y nos entregamos a la mar, queriendo Dios que fuera nuestra navegación tan feliz que en tres meses llegamos viento en popa al puerto y ruin ciudad de Acapulco, que, a pesar de serlo tanto, me pareció al besar sus arenas más hermosas que la capital de México. Gozo muy natural a quien vuelve a ver, después de sufrir algunos trabajos, los cerros y casuchas de su patria.

Desembarcámonos muy contentos; descansamos ocho días, y en literas dispusimos nuestro viaje para México.

En el camino iba yo pensando cómo me separaría del chino y demás camaradas, dejándoles en la creencia de que era conde, sin pasar por un embustero, ni un ingrato grosero; pero por más que cavilé, no pude desembarazarme de las dificultades que pulsaba.

En esto avanzabamos leguas de terreno cada día, hasta que llegamos a esta ciudad y posamos todos en el mesón de la Herradura.

El chino, como que ignoraba los usos de mi patria, en todo hacía alto, y me confundía a preguntas, porque todo le cogía de nuevo, y me rogaba que no me separara de él hasta que tuviera alguna instrucción, lo que yo le prometí, y quedamos corrientes; pero los extranjeros me molían mucho con mi condazgo, particularmente el español, que me decía:

—Conde, ya dos días hace que estamos en México, y no parecen sus criados ni el coche de V. S. para conducirlo a su casa. Vamos, la verdad usted es conde... pues... no se incomode V. S., pero creo que es conde de cámara, así como hay gentileshombres de cámara.

Cuando me dijo esto, me incomodé y le dije:

—Crea usted o no que soy conde, nada me importa. Mi casa está en Guadalajara; de aquí a que vengan de allá por mí, se ha de pasar algún tiempo, y mientras, no puedo hacer el papel que usted espera; mas algún día sabremos quién es cada cual.

Con esto me dejó y no me volvió

a hablar palabra del condazgo. El chino, para descubrirle el enigma que le dijo al tiempo de embarcarnos, le sacó un cañutero lleno de brillantes exquisitos, y una cajita, como de polvos, surtida de hermosas perlas, y le dijo:

—Español, de estos cañuteros tengo quince, y cuarenta de estas cajitas; ¿qué dice usted,[1] me habilitarán de moneda a merced de ellos?

El comerciante, admirado con aquella riqueza, no se cansaba de ponderar los quilates de los diamantes, y lo grande, igual y orientado de las perlas, y así en medio de su abstracción, respondió:

—Si todos los brillantes y perlas son como éstas, en tanta cantidad, bien podrán dar dos millones de pesos. ¡Oh, qué riqueza! ¡Qué primor! ¡Qué hermosura!

—Yo diría —repuso el chino—, ¡qué bobería, qué locura y qué necedad la de los hombres que se pagan tanto de unas piedras y de unos humores endurecidos de las ostras, que acaso serán enfermedades, como las piedras que los hombres crían en las vejigas de la orina o los riñones! Amigo, los hombres aprecian lo difícil más que lo bello. Un brillante de éstos, cierto que es hermoso y de una solidez más que de pedernal; pero sobran piedras que equivalen a ellos en lo brillante, y que remiten a los ojos la luz que reflecta en ellos matizada con los colores del iris, que son los que nos envía el diamante y no más. Un pedazo de cristal hace el mismo brillo, y una sarta de cuentas de vidrio es más vistosa que una de perlas; pero los diamantes no son comunes, y las perlas se esconden en el fondo de la mar, y he aquí los motivos más sólidos por qué se estiman tanto. Si los hombres fueran más cuerdos, bajarían de estimación muchas cosas que la logran a merced de su locura. En uno de esos libros que ustedes me prestaron en el via-

[1] Había aprendido el chino en la navegación los tratamientos y modo de hablar de nosotros.

je, he visto escrito con escándalo que una tal Cleopatra obsequió a su querido Marco Antonio, dándole en un vaso de vino una perla desleída en vinagre, pero perla tan grande y exquisita, que dicen valía una ciudad. Nadie puede dudar que éste fue un exceso de locura de Cleopatra y una necia vanidad; pero yo no la culpo tanto. Es verdad que fue una extravagancia de mujer que, apasionada por un hombre, creyó obsequiarlo dándole aquella perla inestimable, en señal de que le daba lo más rico que tenía; pero esto nada tiene de particular en una mujer enamorada. La reputación, la libertad y la salud de las mujeres, creeré que valen más para ellas que la perla de Cleopatra, y con todo eso todos los días sacrifican a la pasión del amor y en obsequio de un hombre, que acaso no las ama, su salud, su libertad y su honor. A mí lo que me escandaliza no es la liberalidad de Cleopatra, sino el valor que tenía la perla; pero ya se ve, esto lo que prueba es que siempre los hombres han sido pagados de lo raro. A mí por ahora lo que me interesa es valerme de su preocupación para habilitarme de dinero.

—Pues lo conseguirá usted fácilmente —le dijo el español—, porque mientras haya hombres, no faltará quien pague los diamantes y las perlas; y mientras haya mujeres sobrará quien sacrifique a los hombres para que las compren. Esta tarde vendré con un lapidario, y le emplearé a usted diez o doce mil pesos.

Se llegó la hora de comer, y después de hacerlo, salió el comerciante a la calle, y a poco rato volvió con el inteligente y ajustó unos cuantos brillantes y cuatro hilos de perlas con tres hermosas calabacillas, pagando el dinero de contado.

A los tres días se separó de nuestra compañía, quedándonos el chino, yo, su criado y otro mozo de México que le solicité para que hiciera los mandados.

Todavía estaba creyendo mi amigo que yo era conde, y cada rato me decía:

—Conde, ¿cuándo vendrán de tu tierra por ti?

Yo le respondía lo primero que se me venía a la cabeza, y él quedaba muy satisfecho, pero no lo quedaba tanto el criado mexicano, que aunque me veía decente no advertía en mí el lujo de un conde; y tanto le llegó a chocar, que un día me dijo:

—Señor, perdone su merced; pero dígame ¿es conde de veras o se apellida ansí?

—Así me apellido —le respondí, y me quité de encima aquel curioso majadero.

Así lo iba yo pasando muy bien entre conde y no conde con mi chino, ganándole cada día más y más el afecto, y siendo depositario de su confianza y de su dinero con tanta libertad que yo mismo, temiendo no me picara la culebra del juego y fuera a hacer una de las mías, le daba las llaves del baúl y petaquilla, diciéndole que las guardara y me diese el dinero para el gasto. Él nunca las tomaba, hasta que una vez que instaba yo sobre ello se puso serio, y con su acostumbrada ingenuidad me dijo:

—Conde, días ha que porfías porque yo guarde mi dinero; guárdalo tú si quieres, que yo no desconfío de ti, porque eres noble, y de los nobles jamás se debe desconfiar, porque el que lo es, procura que sus acciones correspondan a sus principios; esto obliga a cualquier noble, aunque sea pobre; ¿cuánto no obligará a un noble visible y señalado en la sociedad como un conde? Conque así guarda las llaves y gasta con libertad en cuanto conozcas que es necesario a mi comodidad y decencia; porque te advierto que me hallo muy disgustado en esta casa, que es muy chica, incómoda, sucia y mal servida, siendo lo peor la mesa; y así hazme gusto de proporcionarme otra cosa mejor, y si todas las casas de tu tierra son así, avísame para conformarme de una vez.

Yo le di las gracias por su confianza, y le dije que supuesto quería tratarse como caballero que era, tenía dinero, y me comisionaba para ello, que perdiera cuidado, que en menos de ocho días se compondría todo.

A ese tiempo entró el criado mi paisano con el maestro barbero, quien luego que me vio se fue sobre mí con los brazos abiertos, y apretándome el pescuezo que ya me ahogaba, me decía:

—¡Bendito sea Dios, señor amo, que le vuelvo a ver y tan guapote! ¿Dónde ha estado usted? Porque después de la descolada que le dieron los malditos indios de Tula, ya no he vuelto a saber de usted para nada. Lo más que me dijo un su amigo fue que lo habían despachado a un presidio de soldado por no sé qué cosas que hizo en Tixtla; pero de entonces acá no he vuelto a tener razón de usted. Conque dígame, señor, ¿qué es de su vida?

Al decir esto me soltó, y conocí que mi amigote, que me acababa de hacer quedar tan mal, era el señor Andresillo, que me ayudaba a afeitar perros, desollar indios, desquijarar viejas y echar ayudas. No puedo negar que me alegré de verlo, porque el pobre era buen muchacho; pero hubiera dado no sé qué porque no hubiera sido tan extremoso y majadero como fue, haciéndome poner colorado y echando por tierra mi condazgo con sus sencillas preguntas delante del señor chino, que como nada lerdo advirtió que mi condazgo y riquezas eran trapacerías; pero disimuló y se dejó afeitar, y concluida esta diligencia, pagué a Andrés un peso por la barba, porque es fácil ser liberal con lo ajeno.

Andrés me volvió a abrazar y me dijo que lo visitara, que tenía muchas cosas que decirme, que su barbería estaba en la calle de la Merced junto a la casa del Pueblo. Con esto se fue, y mi amo el chino, a quien debo dar este nombre, me dijo con la mayor prudencia:

—Acabo de conocer que ni eres rico ni conde, y creo que te valiste de este artificio para vivir mejor a mi lado. Nada me hace fuerza, ni te tengo a mal que te proporcionaras tu mejor pasaje con una mentira inocente. Mucho menos pienses que has bajado de concepto para mí, porque eres pobre y no hay tal condazgo; yo te he juzgado hombre de bien, y por eso te he querido. Siempre que lo seas, continuarás logrando el mismo lugar en mi estimación, pues para mí no hay más conde que el hombre de bien, sea quien fuere, y el que sea un pícaro no me hará creer que es noble, aunque sea conde. Conque anda, no te avergüences; sígueme sirviendo como hasta aquí y señálate salario, que yo no sé cuánto ganan los criados como tú en tu tierra.

Aunque me avergoncé un poco de verme pasar en un momento en el concepto de mi amo de conde a criado, no me disgustó su cariño, ni menos la libertad que me concedía de señalarme salario a mi arbitrio y pagarme de mi mano; y así, procurando desechar la vergüencilla como si fuera mal pensamiento, procuré pasarme buena vida, comenzando por granjear a mi amo y darle gusto.

Con este pensamiento salí a buscar casa, y hallé una muy hermosa y con cuantas comodidades se pueden apetecer, y a más de esto barata y en buena calle, como es la que llaman de Don Juan Manuel.

A seguida, como ya sabía el modo, me conchavé con un almonedero, quien la adornó pronto y con mucha decencia. Después solicité un buen cocinero y un portero, y a lo último compré un famoso coche con dos troncos de mulas; encargué un cochero y un lacayo, les mandé hacer libreas a mi gusto, y cuando estaba todo prevenido, llevé a mi amo a que tomara posesión de su casa.

Hemos de estar en que yo no le había dado parte de nada de lo que estaba haciendo, ni tampoco le dije que aquella casa era suya, sino que le pregunté qué le parecía aquella casa, ajuar, coche y todo. Y cuando me respondió que aquello sí estaba regular, y no la casucha donde vivía, le di el consuelo de que supiera que era suyo. Me dio las gracias, me pidió la cuenta de lo gastado para apuntarlo en su diario económico, y se quedó allí con mucho gusto.

Yo no estaba menos contento; ya se ve, ¿quién había de estar disgustado con tan buena coca como me había encontrado? Tenía buena casa, buena mesa, ropa decente, muchas onzas a mi disposición, libertad, coche en qué andar y muy poco trabajo, si merece nombre de trabajo el mandar criados y darles gasto.

En fin, yo me hallé la bolita de oro con mi nuevo amo, quien, a más de ser muy rico, liberal y bueno, me quería más cada día porque yo estudiaba el modo de lisonjearlo. Me hacía muy circunspecto en su presencia, y tan económico, que reñía con los criados por un cabo de vela que se quedaba ardiendo, y por tantita paja que veía tirada por el patio; y así mi amo vivía confiado en que le cuidaba mucho sus intereses; pero no sabía que cuando salía solo no iban mis bolsas vacías de oro y plata, que gastaba alegremente con mis amigos y las amigas de ellos.

Ellos se admiraban de mi suerte y me rodeaban como moscas a la miel. Las muchachas me hacían más fiestas que perro hambriento a un hueso sabroso, y yo estaba envanecido con mi dicha.

Un día que iba solo en el coche a un almuerzo para que fui convidado en Jamaica, decía entre mí: ¡qué equivocado estaba mi padre cuando me predicaba que aprendiera oficio o me dedicara a trabajar en algo útil para subsistir, porque el que no trabajaba no comía! Eso sería en su tiempo, allá en tiempo del rey Perico; cuando se usaba que todo el mundo trabajara y los hombres se avergonzaban de ser inútiles y flojos; cuando no sólo los ricos sino hasta los reyes y sus mujeres hacían gala de trabajar algunas ocasiones con sus manos, y, finalmente, cuando los hombres usa-

ban gregüescos y empeñaban un bigote en cualquier suma. ¡Edad de fierro! ¡Siglo de oscuridad y torpeza!

¡Gracias a Dios que a ella se siguió la edad de oro y el siglo ilustrado en que vivimos, en el que no se confunde el noble con el plebeyo, ni el rico con el pobre! Quédense para los últimos los trabajos, las artes, las ciencias, la agricultura y la miseria, que nosotros bastante honramos las ciudades con nuestros coches, galas y libreas.

Si los plebeyos nos cultivan los campos y nos sirven con sus artefactos, bien les compensamos sus tareas pagándoles sus labores y hechuras como quieren, y derramando a manos llenas nuestras riquezas en el seno de la sociedad en los juegos, bailes, paseos y lujo que nos entretienen.

Para gastar el dinero como yo lo gasto, ¿qué ciencia ni trabajo se requiere para adquirirlo como yo lo he adquirido? ¿Qué habilidad se necesita sino una poquilla de labia y alguna fortuna? Así es que yo no soy conde, pero me raspo una vida de marqués. Acaso habrá condes y marqueses que no podrán tirar un peso con la franqueza que yo, porque les habrá costado mucho trabajo buscarlo, y les costará no menos conservarlo.

No hay duda, el que ha de ser rico y nació para serlo, lo ha de ser aunque no trabaje, aunque sea un flojo y una bestia; quizá por eso dice un refrán, que al que Dios le ha de dar, por la gatera le ha de entrar; así como el que nació pobre, aunque sea un Salomón, aunque sea muy hombre de bien y trabaje del día a la noche, jamás tendrá un peso, y aun cuando lo consiga, no le lucirá, se le volverá sal y agua, y morirá a oscuras aunque tenga velería.

Tales eran mis alocados discursos cuando me embriagaba con la libertad y la proporción que tenía de entregarme a los placeres, sin advertir que yo no era rico ni el dinero que gastaba era mío, y que, aun en caso de serlo, esta casualidad no me la había proporcionado la Providencia para ensoberbecerme ni ajar a mis semejantes, ni se me habían dado las riquezas para disiparlas en juegos ni excesos, sino para servirme de ellas con moderación y ser útil y benéfico a mis hermanos los pobres.

En nada de esto pensaba yo entonces, antes creía que el que tenía dinero tenía con él un salvoconducto para hacer cuanto quisiera y pudiera impunemente, por malo que fuere, sin tener la más mínima obligación de ser útil a los demás hombres para nada; y este falso y pernicioso concepto lo formé no sólo por mis depravadas inclinaciones, sino ayudado del mal ejemplo que me daban algunos ricos disipados, inútiles e inmorales; ejemplo en que no sólo apoyaba mi vieja holgazanería, sino que me hizo cruel a pesar de las semillas de sensibilidad que abrigaba mi corazón.

Engreído con el libre manejo que tenía del oro de mi amo; desvanecido con los buenos vestidos, casa y coche que disfrutaba de coca; aturdido con las adulaciones que me prodigaban infinitos aduladores de más que mediana esfera, que a cada paso celebraban mi talento, mi nobleza, mi garbo y mi liberalidad, cuyos elogios pagaba yo bien caros, y lo más pernicioso para mí, engañado con creer que había nacido para rico, para virrey o cuando menos para conde, miraba a mis iguales con desdén, a mis inferiores con desprecio, y a los pobres enfermos, andrajosos y desdichados, con asco; y me parece que con un odio criminal, sólo por pobres.

Excusado será decir que yo jamás socorría a un desvalido, cuando le regateaba las palabras, y en algunos casos en que me era indispensable hablar con ellos, salían mis expresiones destiladas por alambique: *bien, veremos, otro día, ya, pues, sí, no, vuelva,* y otros laconismos semejantes eran los que usaba con ellos la vez que no podía excusarme de contestarles, si no me in-

comodaba y los trataba con la mayor altanería, poniéndolos como un suelo, y aun amenazándoles de que los mandaría echar a palos de las escaleras.

Y no penséis que esto lo hacía con los que me pedían limosna, porque a nadie se le permitía entrar a hablarme con este objeto enfadoso; mis orgullos se gastaban con el casero, el sastre, el peluquero, el zapatero, la lavandera y otros infelices artesanos o sirvientes que justamente demandaban su trabajo; por señas que al fin tuvo que pagar mi amo más de dos mil pesos de estas drogas que yo le hice contraer, al mismo tiempo que en paseos, meriendas, coliseo y fiestas gastaba con profusión.

No había funcioncita de Santiago, Santa Ana, Ixtacalco, Ixtapalapa, y otras, a que yo no concurriera con mis amigos y amigas, gastando en ellas el oro con garbo. No había almuercería afamada donde algún día no les hiciera el gasto, ni casamiento, día de santo, cantamisa o alguna bullita de éstas donde no fuera convidado, y que no me costara más de lo que pensaba.

En fin, yo era perrito de todas bodas, engañando al pobre chino según quería, teniendo un corazón de miel para mis aduladores y de acíbar para los pobres. Una vez se arrojó a hablarme al bajar del coche un hombre pobre de ropa, pero al parecer decente en su nacimiento. Me expresó el infeliz estado en que se hallaba: enfermo, sin destino, sin protección, con tres criaturas muy pequeñas y una pobre mujer también enferma en una cama, a quienes no tenía qué llevarles para comer a aquella hora, siendo las dos de la tarde.

—Dios socorra a usted —le dije con mucha sequedad, y él entonces, hincándoseme delante en el descanso de la escalera; me dijo con las lágrimas en los ojos:

—Señor don Pedro, socórrame usted con una peseta, por Dios, que se muere de hambre mi familia, y yo soy un pobre vergonzante que no tengo ni el arbitrio de pedir de puerta en puerta, y me he determinado a pedirle a usted, confiado en que me socorrerá con esta pequeñez, siquiera porque se lo pido por el alma de mi hermano el difunto don Manuel Sarmiento, de quien se debe usted de acordar, y si no se acuerda, sepa que le hablo de su padre, el marido de doña Inés de Tagle, que vivió muchos años en la calle del Águila, donde usted nació, y murió en la de Tiburcio, después de haber sido relator de esta real audiencia, y. . .

—Basta —le dije—; las señas prueban que usted conoció a mi padre, pero no que es mi pariente, porque yo no tengo parientes pobres; vaya usted con Dios.

Diciendo esto, subí la escalera, dejándolo con la palabra en la boca sin socorro, y tan exasperado por mi mal acogimiento, que no tuvo más despique que hartarme a maldiciones, tratándome de cruel, ingrato, soberbio y desconocido. Los criados, que oyeron cómo se profería contra mí, por lisonjearme lo echaron a palos, y yo presencié la escena desde el corredor riéndome a carcajadas.

Comí y dormí buena siesta, y a la noche fui a una tertulia donde perdí quince onzas en el monte, y me volví a casa muy sereno y sin la menor pesadumbre; pero no tuve una peseta para socorrer a mi desdichado tío. Me dicen que hay muchos ricos que se manejan hoy como yo entonces; si es cierto, apenas se puede creer.

Así pasé dos o tres meses, hasta que Dios dijo: "basta".

CAPÍTULO VII

COMO NO HAY HOMBRE TAN MALO que no tenga alguna partida buena, yo, en medio de mis extravíos y disipación, conservaba algunas semillas de sensibilidad, aunque embotadas con mi soberbia, y tal cual respetillo y amor a mi religión, por cuyo motivo, y deseando conquistar a mi amo para que se hiciera cristiano, lo llevaba a las fiestas más lucidas que se hacían en algunos templos, cuya magnificencia lo sorprendía, y yo veía con gusto y edificación el gran respeto y devoción con que asistía a ellas, no sólo haciendo o imitando lo que veía hacer a los fieles, sino dando ejemplo de modestia a los irreverentes, porque después que estaba arrodillado todo el tiempo del sacrificio, no alzaba la vista, ni volvía la cabeza, ni charlaba, ni hacía otras acciones indevotas que muchos cristianos hacen en tales lugares, con ultraje del lugar y del divino culto.

Yo advertí que movía los labios como que rezaba, y como sabía que ignoraba nuestras oraciones y no tenía motivo para pensar que creía en nuestra religión, me hacía fuerza, y un día, por salir de dudas, le pregunté qué decía a Dios cuando oraba en el templo. A lo que me contestó:

—Yo no sé si tu Dios existe o no existe en aquel precioso relicario que me enseñas; pero pues tú lo dices y todos los cristianos lo creen, razones sólidas, pruebas y experiencias tendrán para asegurarlo. A más de esto, considero que en caso de ser cierto, el Dios que tú adoras no puede ser otro sino el mayor o el Dios de los Dioses, y a quien éstos viven sujetos y subordinados; seguramente adoráis a Laocón Izautey, que es el gobernador del cielo, y en esta creencia le digo: "Dios grande, a quien adoro en este templo, compadécete de mí y haz que te amen cuantos te conocen para que sean felices." Esta oración repito muchas veces.

Absorto me dejó el chino con su respuesta, y provocado con ella, trataba de que se enamorara más y más de nuestra religión, y que se instruyera en ella; pero como no me hallaba suficiente para esta empresa, le propuse que sería muy propio a su decencia y porte que tuviera en su casa un capellán.

—¿Qué es capellán? —me preguntó, y le dije que capellanes eran los ministros de la religión católica que vivían con los grandes señores como él, para decirles misa, confesarlos y administrarles los santos sacramentos en sus casas, previa la licencia de los obispos y los párrocos.

—Eso está muy bueno —me dijo— para vosotros los cristianos, que estáis instruidos en vuestra religión, que os obliga, y obedeceréis exactísimamente sus preceptos; pero no para mí que soy extranjero, ignorante de vuestros ritos, y que por lo mismo no los podré cumplir.

—No, señor —le dije—; no todos los que tienen capellanes cumplen exactamente con los preceptos de nuestra religión. Algunos hay que tienen capellanes por ceremonia, y tal vez no se confiesan con ellos en diez años, ni les oyen una misa en veinte meses.

—Pues entonces, ¿de qué sirven? —decía el chino.

—De mucho —le respondí—; sirven de decir misa a los criados dentro de la casa para que no salgan a la calle y hagan falta a sus obligaciones; sirven de adorno en la casa, de ostentación del lujo, de subir y bajar del coche a las señoras, de conversar en la mesa, y alguna ocasión de llevar una carta al correo, de cobrar una libranza, de hacer tercio a la malilla o de cosas semejantes.

—Eso es decir —repuso el chino— que en tu tierra los ricos mantienen en sus casas ministros de la religión más por lujo y vanidad que por devoción y éstos sirven más bien de adular que de corregir los vicios de sus amos, patronos o como les llames.

—No, no he dicho tanto —le repliqué—; no en todas las casas se manejan de una misma manera. Casas hay en donde se hace lo que te digo, y capellanes serviles que, no atendiendo al decoro debido a su carácter, se prostituyen a adular a los señores y señoras en términos de ser mandaderos y escuderos de éstas; pero hay otras casas que, no teniendo los capellanes por cumplimiento sino por devoción, les dan toda la estimación debida a su alta dignidad; ya se ve, que también estos capellanes no son unos cleriguitos de palillera, seculares disfrazados, tontos enredados en tafetán ni paño negro, ni son, en dos palabras, unos ignorantes inmorales que, con escándalo del pueblo y vilipendio de su carácter, den la mano a sus patronos para abreviarles el paso a los infiernos en su compañía, ya contemporizando con ellos infamemente en el confesionario, ya tolerándoles en la ocasión próxima voluntaria, ya absolviéndoles sus usuras, ya ampliándoles sus conciencias con unas opiniones laxísimas y nada seguras, ya apoyándoles sus más reprensibles extravíos, y ya,

en fin, confirmándolos en su error, no sólo con sus máximas, sino también con sus ejemplos detestables. Porque ¿qué hará una familia libertina si ve que el capellán, que es o debe ser un apóstol, un ministro del santuario, un perro que sin cesar ladre contra el vicio sin el menor miramiento a las personas, una pauta viva por cuyas líneas se reglen las acciones de los fieles, un maestro de la ley, un ángel, una guía segura, una luz clarísima y un Dios tutelar de la casa en que vive, que todo esto y más debe ser un sacerdote? ¿Qué hará, digo, una familia que se entrega a su dirección, si ve que el capellán es el primero que viste con lujo, que concurre a los bailes y a los juegos, que afecta en el estrado con las niñas las reverencias, mieles y monerías de los más frescos pisaverdes, etc., etc.? ¿Qué hará digo otra vez, sino canonizar sus vicios y tenerse por santa, cuando no imite en todo al capellán? Ya veo, señor, que usted dirá que es imposible que haya capellanes tan inmorales, y patronos tan necios que los tengan en sus casas; pero yo le digo que ¡ojalá fuera imposible!, no hubiera conocido yo algunos originales cuyos retratos le pinto; pero en cambio de éstos hay también, como insinué, casas santas y capellanes sabios y virtuosos, que su presencia, modestia y compostura solamente enfrenan no sólo a los criados y dependientes sino a los mismos señores, aunque sean condes y marqueses. Capellanes he conocido tan arreglados en su conducta y tan celosos de la honra de Dios que no se han embarazado para decir a sus patronos la verdad sin disimulo, reprendiéndoles seriamente sus vicios, estimulándolos a la virtud con sus persuasiones y ejemplos, y abandonando sus casas cuando han hallado una tenaz oposición a la razón.

—De estos capellanes me acomodan —dijo el chino—; y desde luego puedes solicitar uno de ellos para casa; pero ya te advierto que sea sabio y virtuoso, porque no lo quiero para mueble ni adorno. Si puede ser, búscamelo viejo, porque cuando las canas no prueben ciencia ni virtud, prueban a lo menos experiencia.

Con ese decreto partí yo contentísimo en solicitud del capellán, creyendo que había hecho algo bueno, y diciendo entre mí: ¡Válgame Dios! ¡Qué porción de verdades he dicho a mi amo en un instante! No hay duda, para misionero valgo lo que peso cuando estoy para ello. Pudiera coger un púlpito en las manos y andarme por esos mundos de Dios predicando lindezas, como decía Sancho a Don Quijote.

Pero ¿en qué estará que conociendo tan bien la verdad, sabiendo decirla, y alabando la virtud con ultraje del vicio, como lo hago a veces tan razonablemente en favor de otros, para mí sea tan para nada, que en la vida me predico un sermoncito?

¿En qué estará también que sea yo un Argos para ver los vicios de mis prójimos, y un Cíclope para no advertir los míos? ¿Por qué yo, que veo la paja del vecino, no vea la viga que traigo a cuestas? ¿Por qué, ya que quiero ser el reformador del mundo, no empiezo componiendo mis despilfarros, que infinitos tengo que componer? Y por fin, ¿por qué ya que me gusta dar buenos consejos, no los tomo para mí, cuando me los dan? Cierto que para diablo predicador no tengo precio.

Pero ya se ve, ¿qué me admiro de decir a veces unas verdades claras, de elogiar la virtud, ni reprobar el vicio, acaso con provecho de quien me oye, cuando esto no lo hago yo sino Dios, de quien dimana todo bien? Sí, en efecto, Dios se ha valido de mí para traer un buen ministro a este chino, tal vez para que abrace la religión católica; y como se valió de mí, ¿no se pudo haber valido de otro instrumento mejor o peor que yo? ¿Quién lo duda?

Pero la Divina Providencia no hace las cosas por acaso, sino ordenadas a nuestro bien, y según esto, ¿por qué no he de pensar que Dios me ha puesto todo esto en la cabeza, no sólo para que se bautice el chino, sino también para que yo me convierta y mude de vida?

Así debe ser, y yo estoy en el caso de no desperdiciar este auxilio, sino corresponderlo sin demora. Pero soy el diablo. Mientras no veo a mis amigos ni a mis queridas, pienso con juicio; pero en cuanto estoy con ellos y con ellas, se me olvidan los buenos propósitos que hago y vuelvo a mis andanzas.

No son éstos los primeros que hago, ni el primer sermón que me predico; varios he hecho, y siempre me he quedado tan Periquillo como siempre, semejante a la burra de Balaam, que después de amonestar al inicuo se quedó tan burra como era antes. ¿Pero siempre he de ser un obstinado? ¿No me docilitaré alguna vez a los suaves avisos de mi conciencia, y no responderé algún día a los llamamientos de Dios? ¿Por qué no? ¡Eh, vida nueva, señor Perico! Acordémonos que estamos empecatados de la cruz a la cola, que somos mortales, que hay infierno, que hay eternidad y que la muerte vendrá como el ladrón cuando no se espere, y nos cogerá desprevenidos, y entonces nos llevarán toditos los diablos en un brinco.

Pues no, a penitencia han tocado, Periquillo, penitencia y tente perro, que las cosas de esta vida hoy son y mañana no. Buscaré al capellán, lo encargaré de ciencia, prudencia y experiencia; me confesaré con él; me quitaré de las malas ocasiones; y adiós, tertulias; adiós, paseos, alameda, coliseo y visitas; adiós, almuercitos de Nana Rosa; adiós, billares y montecitos; adiós, amigos; adiós, Pepitas, Tulitas y Mariquitas; adiós, galas; adiós, disipación; adiós, mundo; un santo he de ser desde hoy, un santo.

¿Pero qué dirán los tunantes mis amigos y mis apasionadas? ¿Dirán que soy un mocho, un hipócrita, que por no gastar me he metido a buen vivir, y otras cosas que no me han de saber muy bien? Pero ¿qué tenemos con esto? Digan lo que quisieren, que ellos no me han de sacar del infierno.

Con estos buenos, aunque superficiales sentimientos, me entré en casa de don Prudencio, amigo mío y hombre de bien, que tenía tertulia en su casa. Le dije lo que solicitaba, y él me dijo:

—Puntualmente hay lo que usted busca. Mi tío el doctor don Eugenio Bonifacio es un eclesiástico viejo, de una conducta muy arreglada y un pozo de ciencia, según dicen los que saben. Ahora está muy pobre, porque le han concursado sus capellanías, y es tan bueno que no se ha querido meter en pleitos, porque dice que la tranquilidad de su espíritu vale más que todo el oro del mundo. Le propondré este destino, y creo que lo admitirá con mucho gusto. Voy a mandarlo llamar ahora mismo, porque el llanto debe ser sobre el difunto.

Diciendo esto, se salió don Prudencio; me sacaron chocolate, y mientras que lo tomé dieron las oraciones, y fueron entrando mis contertulios.

Se comenzó a armar la bola de hombres y mujeres, y los bandolones fueron despertando los ánimos dormidos y poniendo los pies en movimiento.

Como a las siete de la noche ya estaba la cosa bien caliente, y yo me había sostenido sin querer bailar nada, acordándome de mis buenos propósitos, causando a todos bastante novedad mi chiqueo, pues nadie me hizo bailar, aun después de gastar la saliva en muchos ruegos.

Yo bien quería bailar, sobre que estas fiestecillas eran mi flanco más débil; los pies me hormigueaban; pero quería ensayarme a firme en medio de la ocasión y mantenerme ileso entre las llamas, y así me decía:

—No, Perico, cuidado, no hay que desmayar; nadie es coronado si no pelea hasta el fin; ánimo, y acabemos lo comenzado; mantente tieso.

En estos interiores soliloquios me entretenía, satisfecho en que mis propósitos eran ciertos, pues me había sujetado a no bailar en dos horas, y había tenido esfuerzo para resistir no sólo a los ruegos y persuasiones de mis amigos, sino también a las porfiadas instancias de varias señoritas que no se cansaban de importunarme con que bailara, ya porque meneaba bien las patas, y ya porque tenía dinero. Poderosísima razón para ser bienquisto entre las damas.

Sin embargo, yo desairé a todas las rogonas, y hubiera desairado al preste Juan en aquel momento, pues no quería quebrantar mis promesas.

Pero a las siete y media fue entrando a la tertulia Anita la Blanda, muchacha linda como ella sola, zaragata como nadie, y mi coquetilla favorita. Con ésta tenía yo mis conversaciones en las tertulias; era mi inseparable compañera en las contradanzas, y no tenía más que hacer para que me distinguiera entre todos sino llevarla a su casa, después de hacerla cenar y tomar vino en la fonda, dejarla para otro día seis u ocho pesos, y hacerla unos cuantos cariños. Todo esto muy honradamente, porque iba siempre acompañada con su tía... pues... con su tía, que era una buena vieja.

Entró, digo, esa noche mi Anita vestida con un túnico azul nevado de tafetán con su guarnición blanca, su chal de punto blanco, zapatos del mismo color, media calada, y peinada a lo del día. Vestido muy sencillo; pero si con cualquiera me agradaba, esa noche me pareció una diosa con el que llevaba, porque sobre estos colores bajos resaltaban lo dorado de sus cabellos, lo negro de sus ojos, lo rosado de sus mejillas, lo purpúreo de sus labios y lo blanco de sus pechos.

Luego que se sentó en el estrado se me fueron los ojos tras ella; pero me hice disimulado, platicando con un amigo y haciendo por no verla; mas ella, advirtiendo mi disimulo, noticiosa de que no había querido bailar, y temiendo no estuviera yo sentido por algún motivo suyo, que me los daba cada rato, se llegó a mí y me dijo más tierna que mantequilla:

—Pedrillo, ¿no me has visto? Me dicen que no has querido bailar y que has estado muy triste; ¿qué tienes?

—Nada, señora —le dije con la mayor circunspección.

—¿Pues qué, estás enfermo?

—Sí, estoy —le dije—; tengo un dolor.

—¿Un dolor? —decía ella—. Pues no, mi alma, no lo sufras; el señor don Prudencio me estima; ven a la recámara, te mandaré hervir una poca de agua de manzanilla o de anís, y la tomarás. Será dolor flatoso.

—No es dolor de aire —le dije—; es más sólido y es dolor provechoso. Váyase usted a bailar.

Yo hablaba del dolor de mis pecados; pero la muchacha entendía que era enfermedad de mi cuerpo, y así, me instaba demasiado haciéndome mil caricias, hasta que, viendo mi resistencia y despego, se enfadó, me dejó y admitió a su lado a otro currutaquillo que siempre había sido mi rival y estaba alerta para aprovechar la ocasión de que yo la abandonara.

Luego que ella se la proporcionó, se sentó él con ella y la comenzó a requebrar con todas veras. La fortuna mía fue que era pobre, si no me desbanca en cuatro o cinco minutos, porque era más buen mozo que yo.

Advirtiendo el desdén de ella y la vehemente diligencia que hacía mi rival, se me encendió tal fuego de celos que eché a un lado mis reflexiones y se llevó el diablo mis proyectos.

Me levanté como un león furioso; fui a reconvenir al otro pobre con los términos más impolíticos y provocativos. La muchacha, que aunque loquilla era más prudente que yo, procuró disimular su diligencia y serenó la disputa, haciéndome muchos mimos, y quedamos tan amigos como siempre.

Luego que eché a las ancas mi conversión, bailé, bebí, retocé y desafié a Anita para que, cuerpo a cuerpo me diese satisfacción de los celos que me había causado. Ella se excusó diciéndome que estaban prohibidos los duelos, y más siendo tan desiguales.

En lo más fervoroso de mi chacota estaba yo, cuando don Prudencio me avisó que había llegado su tío el doctor, que pasara a contestar con él al gabinete para que de mi boca oyera la propuesta que le hacía.

No estaba yo para contestar con doctores, y así, hurtando un medio cuarto de hora, entré al gabinete y despaché muy breve todo el negocio, quedando con el padre en que a las ocho del día siguiente vendría por él para llevarlo a casa.

Quería el pobre sacerdote informarse despacio de todo lo que le había contado su sobrino; pero yo no me presté a sus deseos, diciéndole que otro día nos veríamos y le satisfaría a cuanto me quisiese preguntar. Con esto me despedí, quedando en el concepto de aquel buen eclesiástico por un tronera malcriado.

Así que me desprendí de él, me volví con Anita, y a las nueve, hora en que me recogía a lo más tarde por respeto a mi amo, y eso a costa de mil mentiras que le encajaba, la fui a dejar a su casa tan honrada como siempre, y me retiré a la mía.

Cuando llegué ya dormía el chino, y así yo cené muy bien y me fui a hacer lo mismo.

Al día siguiente, y a la hora citada, fui por el padre doctor, que ya me esperaba en casa de don Prudencio; lo hice subir en el coche y lo llevé a la presencia de mi amo.

Este respetable eclesiástico era alto, blanco, delgado, bien proporcionado de facciones; sus ojos eran negros y vivos, su semblante entre serio y afable, y su cabeza parecía un copo de nieve. Luego que entré a la sala donde estaba mi amo, le dije:

—Señor, este padre es el que he solicitado para capellán, según lo que hablamos ayer.

El chino, luego que lo vio, se levantó de su butaca y se fue a él con los brazos abiertos, y estrechándolo en ellos con el más cariñoso respeto, le dijo:

—Me doy de plácemes, señor, porque habéis venido a honrar esta casa, que desde ahora podéis contar por vuestra, y si vuestra conducta y sabiduría corresponden a lo emblanquecido de vuestra cabeza, seguramente yo seré vuestro mejor amigo. Os he traído a mi casa porque me dice Pedro que es costumbre de los señores de su tierra tener capellanes en sus casas. Yo, desde antes de salir de la mía, supe que era muy debido a la prudencia el conformarse con las costumbres de los países donde uno vive, especialmente cuando éstas no son perjudiciales, y así ya podéis quedaros aquí desde este momento, siendo de vuestro cargo sacrificar a vuestro Dios por mi salud, y hacer que todos mis criados vivan con arreglo a su religión, porque me parece que andan algo extraviados. También me instruiréis en vuestra creencia y dogmas, pues, aunque sea por curiosidad, deseo saberlos, y por fin, seréis mi maestro y me enseñaréis todo cuanto consideréis que debe saber de vuestra tierra un extranjero que ha venido a ella sólo por ver estos mundos; y por lo que toca al salario que habéis de gozar, vos mismo os lo tasaréis a vuestro gusto.

El capellán estuvo atento a cuanto le dijo mi amo, y así le contestó que haría cuanto estuviera de su parte para que la familia anduviese arreglada; que lo instruiría de buena gana, no sólo en los principios de la religión católica, sino en cuanto le preguntara y quisiera saber del reino; que acerca de su honorario, en teniendo mesa y ropa, con muy poco dinero le sobraba para sus necesidades; pero que supuesto le hacía cargo de la familia, era menester también que le confiriese cierta autoridad sobre ella, de modo que pudiera corregir a los díscolos y expeler en caso preciso a los incorregibles, pues sólo así le tendrían respeto y se conseguiría su buen deseo.

Parecióle muy bien a mi amo la propuesta, y le dijo que le daba toda la autoridad que él tenía en la casa para que enmendara cuanto fuera necesario. El capellán fue a llevar su cama, baúl y libros, y a solicitar la licencia para que hubiera oratorio privado.

Lo primero se hizo en el día, y lo segundo no se dificultó conseguir, de modo que a los quince días ya se decía misa en la casa.

De día en día se aumentaba la confianza que hacía mi amo del capellán y el amor que le iba tomando. Querían los más de los criados vivir a sus anchuras con él, así como vivían conmigo, pero no lo consiguieron; pronto los echó a la calle y acomodó otros buenos. La casa se convirtió en un conventito. Se oía misa todos los días, se rezaba el rosario todas las noches, se comulgaba cada mes, no había salidas ni paseos nocturnos, y a mí se me obligaba como a uno de tantos a la observancia de estas religiosas constituciones.

Ya se deja entender qué tal estaría yo con esta vida, desesperado precisamente, considerando que había buscado el cuervo que me sacara los ojo; sin embargo, disimulaba y sufría a más no poder, siquiera por no perder el manejo del dinero, la estimación que tenía en la calle y el coche de cuando en cuando.

Quisiera poner en mal al capellán y deshacerme de él; pero no me determinaba, porque veía lo mucho que mi amo lo quería. Desde que fue a la casa, sacaba a pasear a mi amo con frecuencia en coche y a pie, llevándolo, no sólo a templos, como yo, sino a los paseos, tertulias, visitas, coliseo y a cuantas partes había concurrencia, de suerte que en poco tiempo ya mi amo contaba con varios señores mexicanos que lo visitaban y le profesaban amistad, haciendo yo en la casa el papel más desairado, pues apenas me tenían por un mayordomo bien pagado.

Luego que venían de algún paseo, se encerraban a platicar mi amo y el capellán, quien en muy poco tiempo le enseñó a hablar y escribir el castellano perfectamente, y lo emprendió mi amo con tanto gusto y afición que todos los días escribía mucho, aunque yo no sabía qué, y leía todos los libros que el capellán le daba, con mucho fruto, porque tenía una feliz memoria.

De resultas de estas conferencias e instrucción, me tomó un día cuentas mi amo de su caudal con mucha prolijidad, como que sabía perfectamente la aritmética y conocía el valor de todas las monedas del reino. Yo le di las del Gran Capitán, y resultó que en dos o tres meses había gastado ocho mil pesos. Hizo el chino avaluar el coche, ropa, y menaje de casa; sumó cuánto montaba el gasto de casa, mesa y criados, y sacó por buena cuenta que yo había tirado tres mil pesos.

Sin embargo, fue tan prudente que sólo me lo hizo ver, y me pidió las llaves de los cofres, entregándoselas al capellán y encargándole el gasto económico de su casa.

Este golpe para mí fue mortal, no tanto por la vergüencilla que me causó el despojo de las llaves, cuanto por la falta que me hacían.

El capellán, desde que me conoció, formó de mí el concepto que debía, esto es, de que era yo un pícaro, y así creo que se lo hizo entender a mi amo, pues éste, a más de quitarme las llaves, me veía no sólo con seriedad, sino con cierto desdén, que lo juzgué precursor de mi expulsión de aquella Jauja.

Con este miedo me esforzaba cuanto podía por hacerle una barba finísima; y una vez que estaba trabajando en este tan apreciable ejercicio, a causa de que el capellán no estaba en casa y él estaba triste, le pregunté el motivo, y el chino sencillamente me dijo:

—Qué, ¿no se usa en tu tierra que los extranjeros tengan mujeres en sus casas?

—Sí, señor —le respondí—; los que quieren las tienen.

—Pues tráeme dos o tres que sean hermosas para que me sirvan y diviertan, que yo las pagaré bien, y si me gustan me casaré con ellas.

Halléme aquí un buen lugar para poner en mal al capellán, aunque injustamente, y así le dije que el capellán no quería que estuvieran en casa, que ése era el embarazo que yo pulsaba, pero que mujeres sobraban en México, muy bonitas y no muy caras.

—Pues tráelas —dijo el chino—, que el capellán no me puede privar de una satisfacción que la Naturaleza y mi religión me permiten.

—Con todo eso, señor —le repliqué—, el capellán es el demonio; no puede ver a las mujeres desde que una lo golpeó por otra en un paseo, y como está tan engreído con el favor de usted, querrá vengarse con las muchachas que yo traiga, y aun las echará a palos por más lindas que sean y usted las quiera.

Enojóse el chino, creyendo que el capellán le quitaría su gusto, y así enardecido, dijo:

—¿Qué es eso de echar a palos de mi casa a ninguna mujer que yo quiera? Lo echaré yo a él si tal atrevimiento tuviere. Anda y tráeme las mujeres más bellas que encuentres.

Contentísimo salí yo a buscar las madamas que me encargaron, creyendo que con el madurativo que había puesto, el capellán debía salir de casa, y yo debía volver a hacerme dueño de la confianza del chino.

No me gustaba mucho el oficio de alcahuete, ni jamás había probado mi habilidad para el efecto; me daba vergüenza ir a salir con tal embajada a las coquetas, porque no era viejo ni estaba trapiento; y así temía sus chocarrerías, y más que todo temblaba al considerar la prisa que se darían ellas mismas para quitarme el crédito; pero, sin embargo, el deseo de manejar dinero y verme libre del capellán me hizo atropellar con el pedacillo de honor que conservaba, y me determiné a la empresa. Llegué, vi y vencí con más facilidad que César. Buscar las cusquillas, hallarlas y persuadirlas a que vinieran conmigo a servir al chino, fue obra de un momento.

Muy ancho fui entrando al gabinete del chino con mis tres damiselas, a tiempo que estaba con él el capellán, quien luego que las vio y conoció por los modestos trajes, les preguntó encapotando las cejas que a quién buscaban.

Ellas se sorprendieron con tal pregunta, y hecha por un sacerdote conocido por su virtud, y así, sin poder hablar bien, le dijeron que yo las había llevado y no sabían para qué.

—Pues, hijas —les dijo el capellán—, vayan con Dios, que aquí no hay en qué destinarlas.

Salieron aquellas muchachas corridísimas y jurándome la venganza. El capellán se encaró conmigo, y me dijo:

—Sin perder un instante de tiempo, saca usted su catre y baúles y se muda, calumniador, falso y hombre infame. ¿No le basta ser un pícaro de por sí, sino también ser un alcahuete vil? ¿No está contento con lo que le ha estafado a este pobre hombre, sino que aún quiere que lo estafen esas locas? Y por fin, ¿no bastará condenarse, sino que quiere condenar a otros? ¡Eh, váyase con Dios antes de que haga llamar dos alguaciles y lo pongan donde merece!

Consideren ustedes cómo saldría yo de aquella casa, ardiéndome las orejas. Frente al zaguán estaban dos cargadores; los llamé, cargaron mis baúles y mi catre y me salí sin despedida.

Iba con mi casaca y mi palito tras de los cargadores, avergonzado hasta de mí mismo, considerando que todos aquellos ultrajes que había oído eran muy bien merecidos, y naturales efectos de mi mala conducta.

Torcía una esquina pensando irme a casa de alguno de mis amigos, cuando he aquí que por mi desgracia estaban allí las tres señoritas que acababan de salir corridas por mi causa, y no bien me conocieron, cuando una me afianzó del pelo, otra de los vuelos, y entre las tres me dieron tan furiosa tarea de araños y estrujones que en un abrir y cerrar de ojos me desmecharon, arañaron la cara e hicieron tiras mi ropa, sin descansar sus lenguas de maltratarme a cual más, repitiéndome sin cesar el retumbante título de alcahuete.

Por empeño de algunos hombres decentes que se llegaron a ser testigos de mis honras, me dejaron al fin, ya dije cómo, y lo peor fue que los cargadores, viéndome tan bien entretenido y asegurado, se marcharon con mis trastos, sin poder yo darles alcance porque no vi por dónde se fueron.

Así, todo molido a golpes, hecho pedazos y sin blanca, me hallé cerca de las oraciones de la noche frente a la plaza del Volador, siendo el objeto más ridículo para cuantos me miraban.

Me senté en un zaguán, y a las ocho me levanté con intenciones de irme a ahorcar.

CAPÍTULO VIII

EN EL QUE NUESTRO PERICO CUENTA CÓMO QUISO AHORCARSE; EL MOTIVO POR QUÉ NO LO HIZO; LA INGRATITUD QUE EXPERIMENTÓ CON UN AMIGO; EL ESPANTO QUE SUFRIÓ EN UN VELORIO; SU SALIDA DE ESTA CAPITAL Y OTRAS COSILLAS

Es VERDAD QUE muchas veces prueba Dios a los suyos en el crisol de la tribulación; pero más veces los impíos la padecen porque quieren. ¡Qué de ocasiones se quejan los hombres de los trabajos que padecen, y dicen que los persigue la desgracia, sin advertir que ellos se la merecen y acarrean por su descabellada conducta! Así decía yo la noche que me vi en el triste estado que os he dicho, y desesperado o aburrido de existir, traté de ahorcarme. Para efectuarlo vendí mi reloj en una tienda en lo primero que me dieron; me eché a pechos un cuartillo de aguardiente para tener valor y perder el juicio, o lo que era lo mismo, para no sentir cuándo me llevaba el diablo. Tal es el valor que infunde el aguardiente.

Ya con la porción del licor que os he dicho tenía en el estómago, compré una reata de a medio real, la doblé y guardé debajo del brazo, y marché con ella y con mi maldito designio para el paseo que llaman de la *Orilla*.

Llegué allí medio borracho como a las diez de la noche. La oscuridad, lo solo del paraje, los robustos árboles que abundan en él, la desesperación que tenía, y los vapores del valiente licor me convidaban a ejecutar mis inicuas intenciones.

Por fin me determiné, hice la lazada, previne una piedra que me amarré con mil trabajos a la cintura para que me hiciera peso, me encaramé en un escaño de madera que había junto a un árbol, para columpiarme con más facilidad, y hechas estas importantes diligencias, traté de asegurar el lazo en el árbol; pero esto debía ejecutarse enlazando el árbol con la misma reata para afianzar el extremo que me debía suspender.

Con el mayor fervor comencé a tirar la reata a la rama más robusta para verificar la lazada, pero no fue dable conseguirlo, porque el aguardiente perturbaba mi cabeza más y más y quitaba a mis pies la fijeza y el tino a mis manos; yo no pude hacer lo que quería. Cada rato caía en el suelo armado de mi reata y desesperación, prorrumpiendo en mil blasfemias y llamando a todo el infierno entero para que me ayudara a mi tan interesante negocio.

En estas y las otras se pasarían dos horas, cuando ya muy fatigado con mi piedra, trabajo y porrazos que llevaba, y advirtiendo que aun tenerme en pie me costaba suma dificultad, temeroso de que amaneciera y alguno me hallara ocupado en tan criminal empeño, hube de desistir más de fuerza que de gana, y quitándome la piedra, echando la reata a la acequia y buscando un lugar acomodado, volví cuanto tenía en el estómago, me acosté a dormir en la tierra pelada, y dormí con tanta satisfacción como pudiera en la cama más mullida.

El sueño de la embriaguez es pesadísimo, y tanto, que yo no hubiera sentido ni carretas que hubieran pasado sobre mí, así como no sentí a los que me hicieron el favor de desnudarme de mis trapos, sin embargo de que las cuscas malditas los habían dejado incodiciables.

Cuando se disiparon los espíritus del vino que ocupaban mi cerebro, desperté y me hallé como a las siete del día en camisa, que me dejaron de lástima. Consideradme en tal pelaje, a tal hora y en tal lugar. Todos los indios que pasaban por allí me veían y se reían; pero su risa inocente era para mí un terrible vejamen, que me llenaba de rabia, y tanta, que me arrepentía una y muchas veces de no haberme podido ahorcar.

En tan aciago lance se llegó a mí una pobre india vieja, que condolida de mi desgracia me preguntó la causa. Yo le dije que en la noche antecedente me habían robado; y la infeliz, llena de compasión, me llevó a su triste jacal, me dio atole y tortillas calientes con un pedazo de panocha, y me vistió con los desechos de sus hijos, que eran unos calzones de cuero sin forro, un cotón de manta rayada y muy viejo, un sombrero de petate y unos guaraches. Es decir, que me vistió en el traje de un indio infeliz; pero al fin me vistió, cubrió mis carnes, me abrigó, me socorrió, y cuanto pudo hizo en mi favor. Cada vez que me acuerdo de esta india benéfica se enternece mi corazón y la juzgo en su clase una heroína de caridad, pues me dio cuanto pudo, y sin más interés que hacerme beneficio sin ningún merecimiento de mi parte. Hoy mismo deseara conocerla para pagarla su generosidad. ¡Qué cierto es que en todas las clases del Estado hay almas benéficas, y que para serlo más se necesita corazón que dinero!

Últimamente, yo enternecido con la expresión que acababa de merecer a mi pobre india vieja, le di muchas gracias, la abracé tiernamente, le besé su arrugada cara y me marché para la calle.

Mi dirección era para la ciudad; pero al ver mi pelaje tan endiablado y al considerar que el día anterior me había paseado en coche y vestido a lo caballero, me detenía una por-ción de tiempo en andar, pues a cada paso que daba me parecía que movía una torre de plomo.

Como dos horas me anduve por la plazuela de San Pablo y todos aquellos andurriales, sin acabar de determinarme a entrar en la ciudad. En una de estas suspensiones me paré en un zaguán por la calle que llaman de Manito, y allí me estuve, como de centinela, hasta la una del día, hora en que ya el hambre me apuraba y no sabía dónde satisfacerla; cuando en esto que entró en aquella casa uno de mis mayores amigos, y a quien puntualmente el día anterior había convidado yo a almorzar con su mujer y sotacuñados.

Luego que él me vio, hizo alto; me miró con atención, y satisfecho de que yo era, quería hacerse el disimulado y meterse en su casa sin hablarme; pero yo, que pensaba hallar en él algún consuelo, no lo consentí, sino que atropellando con la vergüenza que me infundía mi indiado traje, lo tomé de un brazo y le dije:

—Yo soy, Anselmo, no me desconozcas; yo soy Pedro Sarmiento, tu amigo, y el mismo que te ha servido según sus proporciones. Este traje es el que me ha destinado mi desgracia. No vuelvas la cara ni finjas no conocerme; ya te dije quién soy; ayer paseamos juntos y me juraste que serías mi amigo eternamente, que te lisonjeabas de mi amistad y que deseabas ocasiones en que corresponderme las finezas que me debías. Ya se te proporciona esta ocasión, Anselmo. Ya tienes a las puertas de tu casa, sin saberlo, a tu infeliz amigo Sarmiento, desamparado en la mayor desgracia, sin tener a quién volver sus ojos, sin un jacal que lo abrigue ni una tortilla que lo alimente, vestido con un cotón de indio y unos calzones de gamuza indecentísimos, que le franqueó la caridad de una vieja miserable; los que, aunque cubren sus carnes, le impiden, por su misma indecencia, presentarse en México a implorar el favor de sus demás ami-

gos. Tú lo has sido mío, y muchas
veces me has honrado con ese dulce
nombre; desempéñalos, pues, y so-
córreme con unos trapos viejos y
algunas migajas de tu mesa.

—¿Qué piensas, pícaro —me dijo
el cruel amigo—; qué piensas que
soy algún bruto como tú, que me
has de engañar con cuatro mentiras? Don Pedro Sarmiento, a quien
te pareces un poco, es mi amigo, en
efecto; pero es un hombre fino, un
hombre de bien y un hombre de
proporciónes; no un pillastrón, va-
gante y encuerado. Vaya con Dios.

Sin esperar respuesta, se entró al
patio de su casa, dándome con la
puerta en la cara.

Es menester no decir cómo quedaría yo con tal desprecio, sino dejarlo a la consideración del lector,
porque suceden algunas fatalidades
en el mundo de tal tamaño, que
ninguna ponderación basta para
explicarlas con la energía que merecen, y sólo el silencio es su mejor
intérprete.

Entre la cólera y la desesperación,
la tristeza y el sentimiento, me quedé en el zaguán, cavilando sobre el
lance que acababa de pasar. Quisiera retirarme de aquellos recintos,
que me debían ser tan odiosos; quisiera esperar a Anselmo y hacerlo
pedazos entre mis manos; pero calmaba mi enojo cuando me acordaba
que había hablado bien de mí, y no
me conoció.

—No hay duda —decía yo—, él
es mi amigo y me quiere; este traje
y el mal pasaje de anoche tal vez
me desfigurarán de modo que no me
conozca; yo lo esperaré en este lugar, y si después que lo cerciore bien
que soy Pedro Sarmiento, él no me
quisiere conocer, me alejaré de su
vista como de la de un vestiglo,
detestaré su amistad, abominaré su
nombre y me iré por donde Dios
quisiere.

Así estuve batallando con mi imaginación hasta las oraciones de la
noche, a cuya hora bajó Anselmo
con un sable desnudo y me dijo:

—Parece que se ha hecho usted

piedra en mi casa; sálgase usted, que
voy a cerrar la puerta.

—Cuando le hablé a usted la primera ocasión —le dije—, fue creyendo que me conocía y era mi amigo, y valido de este sagrado título
me atreví a implorar su favor. Ahora
no le pido nada, sólo le digo que no
soy un pícaro como me dijo, ni me
valgo del nombre de don Pedro
Sarmiento, sino que soy el mismo,
y en prueba de ello acuérdese que
ayer fue usted conmigo y su querida
Manuelita, con los dos hermanos de
ésta y una criada, a la almuercería
de la Orilla, donde yo costeé el almuerzo, que fueron envueltos, gui-
sado de gallina, adobo y pulque de
tuna y de piña. Acuérdese usted que
costó el almuerzo ocho pesos, y
que los pagué en oro. Acuérdese que
cuando me lavé las manos me quité
un brillante, y aficionado de él su
dama, lo alabó mucho, se lo puso en
el dedo, y yo se lo regalé, por cuya
generosidad me dio usted muchas
gracias, ponderando mi liberalidad.
Acuérdese que paseando los dos solos por una de aquellas galeras, me
dijo que su mujer le había olido la
podrida (fueron palabras de usted),
que por este motivo tenía frecuentes riñas, y que usted pensaba abandonarla y llevarse a Manuelita a
Querétaro, donde se le proporcionaba destino. Acuérdese que a esto le
dije que no hiciera tal cosa, pues
sería añadir a una injusticia un
agravio; que sobrellevara a su mujer y procurara negarle todo cuanto
sabía, no darle motivo de sospecha,
hacerle cariño y manejarse con prudencia, pues al fin era su esposa y
madre de sus hijos. En fin, acuérdese que al separarnos subí al coche a Manuelita, y ésta pisó el túnico de coco en el estribo y lo rompió.
Éstas son muchas señas y muy privadas para que usted dude de mi
verdad. Si mi semblante está desfigurado y mi traje no corresponde
a quien soy, lo ha causado la
adversidad de mi suerte y las vici-
situdes de los hombres, de lo que
usted no está seguro, y quizá mañana se verá en situación más de-

plorable, que la mía. El negar que me conoce será una vil tenacidad, después que le doy tantas señas y después que me ha oído tanto tiempo, porque aunque los semblantes se desfiguren, las voces permanecen en su tono, y es muy difícil no conocer por la voz al que se ha tratado mucho tiempo.

—Todo cuanto usted ha charlado —dijo Anselmo— prueba que usted es un perillán de primera clase, y que para venir a pegarme un petardo me ha andado a los alcances y ha procurado indagar mi vida privada, valiéndose tal vez de la intriga con mi amigo Sarmiento para saber de él mis secretos; pero ha errado usted el camino de medio a medio. Ahora menos que nunca debe esperar de mí un maravedí; antes yo me recelaré de usted como de un pícaro refinado...

—Mátame con ese sable —le dije interrumpiéndole—, mátame, antes de que me lastime tu lengua con tales baldones, y baldones proferidos por un amigo. ¿Éste es, Anselmo, tu cariño? ¿Éstas tus correspondencias? ¿Éstas tus palabras? ¿Qué me dejas para un soez de la plebe, cuando tú que te precias de noble, obras con tanta bastardía, que no sólo no pagas los beneficios, sino que obstinadamente finges no conocer al mismo a quien se los debes? Anselmo, amigo, ya que no te compadeces de mí como del que lo fue tuyo, compadécete a lo menos de un infeliz que se acoge a tus puertas. Bien sabes que la religión obliga a todos los cristianos a ejercitar la caridad con los amigos y enemigos, con los propios y los extraños; y así no me consideres un amigo, considérame un infeliz, y por Dios...

—Por Dios —dijo aquel tigre—, que se vaya usted, que es tarde, y ya me es sospechosa su labia y su demora. Sí, ya creo que será un ladrón y estará haciendo hora de que se junten sus compañeros para asaltar mi casa. Váyase en enhoramala antes que mande llamar la guardia del vivac.

—¿Qué es eso de ladrón? —le dije lleno de ira—; el ladrón, el pícaro y el villano serás tú, mal nacido, canalla, ingrato.

No se atrevió Anselmo a hacer uso del sable, como yo temía, pero hizo uso de su lengua. Comenzó a gritar: "¡auxilio, auxilio... ladrones... ladrones!", cuyas voces me intimidaron más que el sable, y temiendo que se juntara la gente y me viera en la cárcel por este inicuo, me salí de su casa renegando de su amistad y de cuantos amigos hay en el mundo, poco más o menos parecidos al infame Anselmo.

Como a las ocho de la noche y abrigado con su lobreguez, me interné por la ciudad muerto de hambre y de cólera contra mi falso y desleal amigo.

—¡Ah! —decía yo—, si me hallara ahora con el brillante que le regalé ayer a la puerca de su amiga, tendría qué vender o qué empeñar para socorrer mi hambre; pero ahora, ¿qué empeñaré ni de qué me valdré, cuando no tengo cosa que valga un real sino la camisa? ¿Mas será posible que me quite la camisa? No hay remedio; no tengo cosa mejor; yo me la quito.

Haciendo este soliloquio, me la quité, y como estaba limpia y casi nueva, no me costó trabajo que me suplieran sobre ella ocho reales, con los que cené con hartas apetencias y compré cigarros.

En las diligencias del empeño y de la cenada se me fue el tiempo sin advertirlo, de suerte que cuando salí del bodegón eran las diez dadas, hora en que no hallé ningún arrastraderito abierto.

Desconsolado con que no me podían valer mis antiguas guaridas, determiné pasarme la noche vagando por las calles sin destino y temiendo en cada una caer en manos de una ronda, hasta que por fortuna encontré por el barrio de Santa Ana una accesoria abierta con ocasión de un velorio.

Me metí en ella sin que me llamaran, y vi un muerto tendido con sus cuatro velas, seis u ocho leperuscos haciendo el duelo, y una vieja durmiéndose junto al brasero con el aventador en la mano.

Saludé a los vivos con cortesía, y di medio real para ayuda del entierro del muerto.

Mi piedad movió la de aquellos prójimos, y recibiendo sus agradecimientos me quedé con ellos en buena paz y compañía.

Cuando llegué estaban contando cuentos; a las doce de la noche rezaron un rosario bostezando, cantaron un alabado muy mal y se soplaron cada uno un tecomate de champurrado muy bien, sin quedarme yo de mirón.

Como a la una de la mañana se acostó la vieja y roncó como un perro, y porque no hiciéramos todos lo mismo, sacó un caritativo una baraja y nos pusimos en un rincón a echar nuestros alburitos por el alma del difunto.

A mí se me arrancó brevecito, como que mi puntero era muy débil y la suerte estaba decidida en mi contra. Sin embargo, me quedé barajando de banco por ver si me ingeniaba; pero nuestra velita se acabó y no hubo otro arbitrio que tomar un cabo prestado al señor muerto.

Antes de esto había cerrado la accesoria, temiendo no pasara una ronda y nos hallara jugando. Quién sabe quién cerró, ni quién tenía la llave; el cuartito era redondo y tenía una ventana que caía a una acequia muy inmunda; el envigado estaba endemoniado de malo, y al muerto lo habían puesto, sin advertirlo, en una viga, a la que faltaba apoyo por un extremo; con esto, al ir uno de aquellos tristísimos dolientes por el cabito para seguir jugando, pisó la viga en que estaba el cadáver por donde estaba sin apoyo, y con su peso se hundió para adentro, y como levantó la viga, alzó también el cuerpo del difunto, lo que, visto para mí y mis camaradas, nos impuso tal horror, creyendo que el muerto se levantaba a castigarnos, que al punto nos levantamos todos atropellándonos unos a otros

por salir, y gritando cada cual las oraciones que sabía.

Fácil es concebir que luego luego nos quedamos a oscuras pasando y aun dando de hocicos sobre el muerto y el hundido, que sin cesar gritaba que se lo llevaba el diablo; la infeliz vieja no lo pasaba mejor, pues todos caíamos sobre ella la vez que nos tocaba; cada encontrón que se daba uno contra otro, pensaba que se lo daba con el muerto; crecía la aflicción por instantes porque no parecía la llave, hasta que uno advirtió abrir la ventana y salir por ella. A su ejemplo, todos hicimos lo mismo sin acordarnos de la acequia para nada. Con esto unos tras otros fuimos dejándonos caer en ella, y salimos hechos un asco de lodo y algo peor; pero al fin salimos sin hacer el menor aprecio de la pobre vieja, que se quedó a acompañar al difunto. Cada uno se fue por su parte a su casa, y yo a la del más trapiento de todos, que me manifestó alguna lástima.

Luego que llegamos a ella despertó a su mujer y le contó el espanto con la mayor formalidad, diciéndole cómo el muerto se había levantado y nos había golpeado a todos. La mujer no lo quería creer, y en la porfía se fue o no fue se nos pasó lo que faltaba de la noche, y a la luz del nuevo día creyó la mujer el espanto al ver lo descolorido de nuestras caras, que por lo que toca a la despeñada que nos dimos en el cieno, no puso la menor duda, porque luego que entramos se lo avisaron sus narices, y aunque no había luz ella creía que estábamos maqueados más que si lo viese.

En fin, la pobre lavó a su marido y a mí de pilón, quedándonos los dos cobijados con una frazada vieja entre tanto se secaron los trapos. Aunque los míos se encerraban en dos, a saber: el cotón y los calzones, porque el sombrero y guaraches se quedaron en la campaña, se tardaron en secar una porción de tiempo, de modo que ya mi amigo estaba vestido, y yo no podía moverme de un lugar.

La pobre mujer me dio un poco de atole y dos tortillas; lo bebí más de fuerza que de gana, y después, para divertir mi tristeza, amolé un carboncito, le hice punta, y en el reverso de una estampa que estaba tirada junto a mí, escribí las siguientes décimas:

Aprended, hombres, de mí,
lo que va de ayer a hoy;
que ayer conde y virrey fui
y hoy ni petatero soy.

Ninguno viva engañado
creyendo que la fortuna,
si es próspera, ha de ser una
sin volver su rostro airado.
Vivan todos con cuidado,
cada uno mire por sí,
que es la suerte baladí,
y se muda a cada instante:
yo soy un ejemplo andante:
Aprended, hombres, de mí.

Muy bien sé que son quimeras
las fortunas fabulosas,
pero hay épocas dichosas,
y llámense como quiera.
Si yo aprovechar supiera
una de éstas, cierto estoy
que no fuera como voy;
pero desprecié la dicha,
y ahora me miro en desdicha:
¡lo que va de ayer a hoy!

Ayer era un caballero
con un porte muy lucido;
y hoy me miro reducido
a unos calzones de cuero.
Ayer tuve harto dinero;
y hoy sin un maravedí,
me lloro, ¡triste de mí!
sintiendo mi presunción,
que aunque de imaginación
ayer conde y virrey fui.

En este mundo voltario
fui ayer médico y soldado,
barbero, subdelegado,
sacristán y boticario.
Fui fraile, fui secretario,
y aunque ahora tan pobre estoy,
fui comerciante en convoy,
estudiante y bachiller.
Pero ¡ay de mí, esto fue ayer,
y hoy ni petatero soy!

Luego que concluí mis coplillas, las procuré retener en la memoria,

y las pegué con atole en la puerta de la casita.

Ya mi cotón estaba seco, pero los calzones estaban empapados, y yo, que estaba desesperado por salir en busca de nuevas aventuras, no tuve paciencia para aguardar a que los secara el sol, sino que los cogí y los puse a secar junto al tlecuil, o fogón, en que la mujer hacía tortillas; mas habiendo salido a desaguar, cuando volví los hallé secos, pero achicharrados.

No puedo ponderar la pesadumbre que tuve al ver todo mi equipaje inservible. El amigo, luego que se informó de mi desgracia, me dio un poco de sebo de vaca, y me aconsejó que les diese una friega con él para que se suavizaran un poco.

En efecto, les apliqué el remedio, y quedaron más flexibles, pero no mejores, porque en donde les penetró bien el fuego, no valieron diligencias; saltaron los pedazos achicharrados y descubrieron más agujeros de los que eran menester, lo que no me gustó mucho, pues no tenía calzones blancos. Ello es que yo me los encajé, y como estaban ennegrecidos del hollín y llenos de agujeros, resaltaba lo blanco de mi piel por ellos mismos, y parecía yo tigre.

Advirtiendo esta ridiculez y queriendo remediarla, tomé un poco del mismo humo, y mezclándolo con otro poco de sebo, hice una tinta y con ella me pinté el pellejo, quedando así más pasadero.

Los dueños de la casa me compadecían, pero se reían de mis arbitrios, y sabedores de que mi intención era salirme de México en aquel instante a buscar fortuna, me dijeron que me fuera a Puebla, que allí tal vez hallaría destino. Al mismo tiempo me dieron unos frijoles que almorzar, y la mujer me puso un itacate de tortillas, un pedazo de carne asada y dos o tres chiles. Todo esto me lo envolvió en un trapito sucio, y yo me lo até a la cintura.

Así, después de haber almorzado y dádole las gracias, busqué un palo para que me sirviera de bordón, alcé un sombrero muy viejo de petate que estaba tirado en un muladar, me lo planté, me despedí de mis hospedadores y tomé el camino de la garita de San Lázaro.

Llegué al pueblo de Ayotla, donde dormí aquella noche sin más novedad que acabar, por vía de cena, con mi repuesto.

Al día siguiente me levanté temprano y seguí mi camino para Puebla, manteniéndome de limosna hasta llegar a Río Frío, donde me sucedieron las aventuras que vais a leer en el capítulo que sigue.

CAPÍTULO IX

NADA DE FABULOSO tiene la historia que habéis oído, queridos hijos míos; todo es cierto, todo es natural, todo pasó por mí, y mucho de este todo, o acaso más, ha pasado, pasa y puede pasar a cuantos viven entregados como yo al libertinaje y quieran sostenerse y aparentar en el mundo a costa ajena, sin tener oficio ni ejercicio ni querer ser útiles con su trabajo al resto de sus hermanos.

Si todos los hombres tuvieran valor y sinceridad para escribir los trabajos que han padecido moralizando y confesando ingenuamente su conducta, veríais, sin duda, una porción de *Periquillos descubiertos*, que ahora están solapados y disimulados, o por vergüenza o por hipocresía, y conoceríais más a fondo lo que os he dicho; esto es, que el hombre vicioso, flojo y disipado, padece más en la vida que el hombre arreglado y de buen vivir. Entendidos que en esta triste vida todos padecen; pero sin proporción padecen más en todas las clases de las repúblicas los malvados, sea por un orden natural de las cosas, o por un castigo de la Divina Providencia, empeñada en ejecutar su justicia aun en esta vida miserable.

Siendo yo uno de los perdidos, fuerza era que también me llorara desgraciado, creciendo mis desventuras a medida de mi maldad por una necesaria consecuencia, según los principios que llevamos establecidos.

Dejé pendiente mi historia diciéndoos cómo caminaba para Puebla, desnudo, hambriento, cansado, deshonrado entre los que sabían mi mala conducta, despreciado de mis amigos y abandonado de todo el mundo.

Así, lleno de una profunda melancolía y de los remordimientos interiores que devoraban mi corazón trayéndome a la memoria mil maldades, llegué un día al anochecer a una venta cerca de Río Frío, donde pedí por Dios que me dieran posada. Lo conseguí, que al fin Dios castiga, pero no destruye a sus hijos por más que éstos le sean ingratos. Cené lo que me dieron y dormí en un pajar, y teniendo a mucha bonanza encontrar alguna cosa blanda donde acostarme, pues las noches anteriores había dormido en la dura tierra.

A otro día madrugué, y el ventero, sabedor de mi ruta, me dijo que fuera con cuidado, porque había una cuadrilla de ladrones por aquel camino. Yo le agradecí su advertencia, pero no desistí de mi intento, seguro en que no teniendo qué me robaran, podía caminar tranquilamente delante de los ladrones, como nos dejó escrito Juvenal.

Empapado en mil funestos pensamientos iba yo con la cabeza cosida con el pecho y mi palo en la mano, cuando cerca de mí oí el tropel de caballos; alcé la cara y vi cuatro hombres montados y bien armados, que rodeándose de mí y teniéndome por indio, me dijeron:

—¿De dónde has salido hoy y de dónde vienes?

—Señores —les dije—, he salido de esta última venta y vengo de México para servir a ustedes.

Entonces conocieron que no era

indio, y uno de ellos, a quien yo tenía especies de haber visto algún
día, fijándome la vista, se echó del
caballo abajo, y abrazándome con
mucha ternura, me decía:

—¿Tú eres Periquillo, hermano?
¿Tú eres Periquillo? Sí, no hay
duda; las señas de tu cara son las
mismas; a mí no se me despintan
mis amigos. ¿No te acuerdas de mí?
¿No conoces a tu antiguo amigo el
Aguilucho, a quien debiste tantos
favores cuando estuvimos juntos en
la cárcel?

Entonces yo lo acabé de conocer
perfectamente, deseando aprovechar
aquella coyuntura favorable que me
proporcionaba la ocasión, lo apre-
te entre brazos con tal cariño que
el pobre Aguilucho me decía a media voz:

—Ya está, Perico, hermano, ya
está; por Dios, no me ahorques antes de tiempo.

—Ahora sí —decía yo lleno de
consuelo y entusiasmo—, ahora sí
que se acabaron mis trabajos, pues
he tenido la dicha de encontrar a
mi mejor amigo, a quien debí tantí-
simos favores y de quien espero me
socorra en la amarga situación en
que me hallo.

—¿Pues qué ha sido de tu vida,
hijo de mi alma? —me preguntó—.
¿Qué suerte has corrido? ¿Qué malas aventuras has pasado que te veo
tan otro y tan desfigurado de ropa?

—¡Qué ha de ser —le contesté—,
sino que soy el más desgraciado que
ha nacido de madre! Después que
me separé de mi amigo Juan Largo,
que, sin agravio de lo presente, era
tan hombre de bien y tan buen amigo como tú, he tenido mil aventuras
favorables y adversas; aunque si
vale decir verdad, más han sido las
malas que las buenas.

—Pues eso es cuento largo —me
dijo el mulatillo interrumpiéndo-
me—; sube a las ancas de mi caballo, nos encaramaremos sobre aquella loma, y allí podremos platicar
más despacio; porque en los caminos
reales espantamos la caza.

—No entiendo eso de espantar la
caza —le dije—, pues yo jamás he
visto cazar en caminos reales, sino
en los bosques y lugares no tran-
sitados por los hombres.

—Tanto así tienes de guaje [1] —me
dijo el Aguilucho—; pero cuando
sepas que nosotros no andamos a
caza de conejos ni de tigres sino de
hombres, no te hará fuerza lo que
te digo. Por ahora sube a caballo,
que es lo que te importa.

Yo obedecí su imperioso precepto;
subí y guiamos todos a un cerrito
que no estaba lejos del camino.

Luego que llegamos, nos apeamos,
escondieron los caballos tras de su
falda y nos sentamos entre un ma-
torral, desde donde veíamos muy
bien y sin poder ser vistos de cuantos pasaban en el camino real.

Ya en esta disposición sacó el
Aguilucho de un talego de cotense
un queso muy bueno, dos tortas de
pan y una botella de aguardiente.

Desenvainó un cuchillo de la bota
campanera, partió el pan y el queso,
y comenzaron todos a darle vuelta.

Acabada la comida nos dio por su
mano un traguito de aguardiente a
cada uno, pero tan poquito que apenas me llegó al galillo. Los ojos se
me iban tras de la botella y a los
otros también, mas él la guardó,
diciendo:

—No hay mayor locura en los
hombres que prostituirse a la bebida. Nadie debía emborracharse, pero
mucho menos los de nuestro oficio,
pues vamos muy arriesgados.

—¿Pues cuál es tu oficio? —le
pregunté muy admirado, y él sonriéndose me dijo:

—Cazador, y ya vez que un cazador borracho no puede hacer buena
puntería.

—Pero, en tal caso —le repliqué—, lo más que puede suceder es
hacer sin fruto la caravana o corre-
ría, mas hasta aquí no hay riesgo,
como dices.

—Sí hay —dijo él—; pueden ca-
zarnos a nosotros, y tan bien que
no nos quiten las esposas hasta después de muertos.

—No me hables con enigmas —le

_____
[1] Tan necio y bobo es.—E.

dije—, por vida tuya; explícame lo que hablas.

—Ahí lo sabrás —dijo él—; pero cuéntanos tus aventuras.

—Pues has de saber —le dije— que cuando fui a dar a la cárcel, donde tuve el honor de conocerte, fue de resultas de una manotadilla de amigos, que iba a dar a la casa de una viuda mi querido Juan Largo, en cuyo lance pudo haber sido preso de los soldados y serenos, pero tuvo la fortuna de escapar con tiempo en compañía de otro amigo suyo muy hábil y valiente que se llamaba Culás el Pípilo, muchacho bueno a las derechas, y que, según me decía Januario, había aprendido a robar con escritura...

—Buena sea la vida de usted —me dijo riéndose un negrito alto, chato y de unos ojillos muy vivos y pequeños—. Yo soy —continuó—, yo soy el tal Pípilo, aunque no muy guajolote, y me acuerdo de usted, y de la noche en que lo vi con el sereno cuando pasé corriendo. ¿Conque, en qué paró usted por fin, y cómo fue eso de que fuera a dar a la pita por nosotros?

Entonces les conté todas mis aventuras, que celebraron mucho, y me dijeron cómo Januario era capitán de cazadores de gentes, y andaba por otros rumbos no muy lejos de por allí; que ellos eran del arte, con otros tres compañeros que se habían extraviado algunos días antes, y los esperaban por horas con algunos buenos despojos; que el jefe de ellos era el señor Aguilucho; que aquel oficio era muy socorrido; que solía tener sus contingencias; pero que al fin se pasaba la vida y se tenían unos ratos famosos, y —por último, amigo —me decía el Pípilo—, si usted quiere alistarse en nuestras banderas, experimentar esta vida y salir de trabajos, bien podrá hacerlo, supuesta la amistad que lleva con nuestro capitán, y su gentil disposición, que pues ha sido soldado, no le cogerán de nuevo las fatigas de la guerra, los asaltos, los avances, las retiradas, ni nada de esto, que nunca falta entre nosotros.

—Amigo —le dije—, yo le estimo su convite y el deseo que tiene de hacerme beneficio; pero se ha engañado en su concepto creyéndome útil para el caso, pues para eso de campaña no es mi disposición gentil, sino hereje y judía, porque nada vale. Siempre he tenido miedo a que me aporreen, y he procurado evitar las ocasiones, y con todo esto no me ha valido. Una vez una vieja me estampó una chinela en la boca; otra, me puso al parto un payo a palos; otra, me molieron a trompones los presos de la cárcel en compañía del señor capitán Aguilucho, que no me dejará mentir; otra, me dieron una puñalada que por poco no la cuento; otra, me jorobaron a pedradas los indios de Tula; otra me quebró setenta ollas en la cabeza un indio *macuache;* otra, me desmecharon unas coscolinas; y por última, me aporreó un difunto en un velorio. Conque vean ustedes si soy desgraciado y con razón estoy acobardado.

—Vamos —dijo el Aguilucho—, ésas son delicadezas; los hombres no deben ser cobardes, mucho menos por niñerías. En esas pendencias que has tenido, Periquillo cobarde, ¿qué vara de mondongo te han sacado? ¿Con cuántas jícaras te han remendado el casco? ¿Qué costillas menos cuentas? ¿Ni qué pie ni mano echas de menos en tu cuerpo? Nada de esto te ha pasado; tú estás entero y verdadero, sin lacra ni cicatriz notable. Conque ésa es una cobardía vergonzosa o una grande conveniencia, porque me parece que tú eres más *convenienciero* [2] que cobarde, y quisieras pasarte buena vida sin arriesgarte a nada; pero, hijo, eso está verde, porque el que no se arriesga no pasa la mar, y los trabajos se hicieron para los hombres.

—Hermano —le dije—, no sólo es conveniencia, sino que soy miedoso de mío, y naturalmente no me hace buen estómago que me aporreen. Es cierto que en las malas aventuras que he tenido no me han sacado las

[2] Amigo de sus conveniencias y comodidades.—E.

tripas, ni me han quitado un brazo, ni una pierna, como dices; pero también es cierto que a excepción de la pendencia del indio, yo he llevado mis buenos porrazos sin buscarlos y sin provocar a nadie. Esto me ha hecho más cobarde; porque si sin meterme a valiente, y antes excusando las ocasiones, he salido tan mal librado, ¿qué fuera si yo hubiera sido valentón, espadachín y perdonavidas? Seguramente ya me hubieran despachado a los infiernos, a buen componer, haciéndome primero picadillo. Conque así no, hermano, yo no valgo nada para cazador. Si acaso quieren les serviré de escribiente para su mayoría, de marmitón o ranchero, de mayordomo, de guardarropa, de tesorero, de caballerizo, de médico y cirujano, que algo entiendo, de asesor, de barbero o cosa semejante; pero para esto de salir a campaña y batirme con los caminantes, ni por pienso. Si fuera cosa de hallarlos amarrados y durmiendo, tal vez haría algo de mi parte, y eso acompañado con ustedes; pero esto de salirles mano a mano, viniendo ellos con las suyas sueltas y prevenidas con un sable, una pistola o una escopeta, ¡Jesús me valga! Ni pensarlo, camaradas, ni pensarlo. Ya digo que tengo miedo, y cuidado, que confesar un hombre que tiene miedo es el mayor sacrificio que puede hacer a la verdad; porque reflexionen ustedes y verán que apenas habrá uno que haga alarde de buen mozo, de sabio, de rico y cosa así; antes no tienen embarazo para tenerse en menos que otros en hermosura, en talento, en riqueza o en habilidad; mas en tocándoles en lo valiente, ¡cuerpo de Cristo!, no hay un cobarde, siquiera con la boca; todos se vuelven Scipiones y Aníbales; nadie tiene miedo a otro, y cada uno se cree capaz de tenérsela con el mismo Fierabrás. Eso prueba que aunque no todos los hombres sean valientes, a lo menos todos quieren parecerlo cuando llega la ocasión, y tan lejos están de conocer y confesar su cobardía que el más tímido suele ser el que más bravea cuando no tiene delante al enemigo. Conque ser yo la excepción de la regla y venir confesando que tengo miedo, es prueba de que soy un hombre de bien a las derechas, pues no sé mentir, que es otra prenda tan apreciable como rara en los hombres.

—Mira cuánto has hablado, hermano —me dijo el Aguilón—; no en balde te llaman Periquillo. Pero dime, hombre, ¿cómo siendo tan cobarde, fuiste soldado? Porque ese ejercicio está tan reñido con el miedo como la luz con las tinieblas.

—Eso no te haga fuerza —le contesté—; lo primero, que yo fui soldado de mantequilla, pues no pasé de un asistente flojo y regalón, sin saber no ya lo que es una campaña, pero ni siquiera las fatigas del servicio. Lo segundo, que no todos los soldados son valientes. ¿Cuántos van a fuerza a la campaña, que no irían si los generales al aproximarse al enemigo publicaran, como Gedeón, un bando para que el que se sintiera débil de espíritu se fuera a su casa? Yo aseguro que no pasarían de trescientos valientes en el ejército más lucido y numeroso, si no la llevaban muy cocida, o les instigaba la codicia del saco. Lo tercero y último, que no todos los que dicen que tienen valor saben lo que es valor. M. de la Rochefoucauld dice: *que el valor en el simple soldado, es una profesión peligrosa que toma para ganar su vida.* Explica las diferencias de valores, y concluye diciendo que *el perfecto valor consiste en hacer sin testigo lo que serían capaces de hacer delante de todo el mundo.* Conque ya ves que el ser soldado no es prueba de ser valientes.

—¡Caramba, Periquillo, y lo que sabes! —me dijo con ironía el Aguilucho—. Pero con todo tu saber estás en cueros; más sabemos nosotros que tú. En fin, que traigan los caballos, irás a ver nuestra casa, y si te acomodare te quedarás en nuestra compañía; pero no pienses que comerás de balde, pues has de trabajar en lo que puedas.

En esto fueron a traer los caballos, les apretaron las cinchas, y yo monté en las ancas del de el Aguilucho, que era famoso, y nos fuimos.

En el camino iba yo lisonjeándome interiormente de la habilidad que había tenido para engañar a los ladrones, exagerándoles mi cobardía, que no era tanta como les había pintado; pero tampoco tenía ganas de salir a robar a los caminos exponiendo mi persona.

—Si el modo con que éstos roban —decía yo a mi cotón— no fuera tan peligroso, con mil diablos me echara yo a robar, pues ya no me falta más que ser ladrón; pero esto de ponerme a que me cojan o me den un balazo, eso sí está endemoniado. ¡Dichosos aquellos ladrones que roban pacíficamente en sus casas sin el menor riesgo de sus personas! ¡Quién fuera uno de ellos!

En estas majaderías entretenía mi pensamiento, mientras que trepando cerros, bajando cuestas y haciendo mil rodeos, fuimos a dar a la entrada de una barranca muy profunda.

A poco de haber entrado en ella avistamos unas casas de madera, adonde llegamos y nos apeamos muy contentos; pero más alegres que nosotros salieron a recibirnos otros tres cazadores, que eran los que el Aguilucho me dijo que se habían extraviado pocos días antes que aquél.

Luego que vieron al Aguilón, le dieron muchos abrazos, y éste se los correspondió con gravedad. Entramos a la cueva y le manifestaron dos cajones de dinero, un baúl de ropa fina y un envoltorio de ropa también, pero más ordinaria, junto con una buena mula de carga y dos caballos excelentes.

—Esto es —decía uno de ellos— todo el fruto del negocio que hemos hecho en siete días que faltamos de tu lado.

—No esperaba yo menos de la viveza de ustedes —dijo el Aguilucho—; vamos a ver, repartámonos como hermanos.

Diciendo esto, comenzó a repartir la ropa entre todos, y el dinero se echó al granel en unos baúles que allí había, añadiendo el señor capitán:

—Ya saben ustedes que en el dinero no cabe repartición; y así cada uno tomará lo que guste, con mi aviso, para lo que necesite.

—A este pobre mozo —dijo señalándome— es menester que cada uno lo socorra, pues es mi amigo viejo; viene atenido a nosotros, y aunque es miedosillo, ahí se le quitará con el tiempo; tiene lo más, que es no ser tonto; da esperanzas.

Apenas oyeron la recomendación aquellos buenos prójimos, cuando todos a porfía me agasajaron. Uno me dio dos camisas de estopilla muy buenas; otro, una cotona de paño de primera, azul, guarnecida con cordón y flecos de oro; otro, unos calzones de terciopelo negro con botones de plata nuevos, y sin más defecto que tener el aforro ensangrentado; otro me habilitó de medias, calzoncillos y ceñidor; otro me regaló botas, zapatos y ataderos; otro me dio un sombrero tendido, de color de chocolate, de muy rico castor, con galoncito de oro al borde y una famosa toquilla, y el último me dio una buena manga de paño de grana, con su dragona de terciopelo negro, guarnecida con galón y flecos de plata.

Después que todos me habilitaron con lo que quisieron, el Aguilucho me regaló su mismo caballo, que era un tordillo quemado del mejor mérito, y me lo dio sin quitarle la silla, armas de pelo, freno ni cosa alguna. A esta galantería añadió la de regalarme sus buenas espuelas y tantos cuantos pesos pude sacar en seis puñados, y me mandaron vestir a toda prisa.

Concluida esta diligencia, hicieron una seña con un pito, y salieron cuatro muchachonas no feas y bien vestidas, las que nos saludaron muy afables, y luego nos sirvieron una buena mesa, y tal que yo no la esperaba semejante en aquellas barrancas tan ocultas y retiradas del comercio de los hombres.

Así se acabó la comida, me dijeron cómo aquellas señoras estaban destinadas al servicio común de todos, y tanto ellas entre sí, como ellos entre ellos, se llevaban como hermanos, sin andar con etiquetas y sin conocerse en aquella feliz Arcadia la maldita pasión de los celos.

Acabáronse estas inocentes conversaciones; mandaron ensillar los caballos del Aguilucho y del Pípilo, y se marcharon todos a ver si hallaban caza, dejándome solo con las mujeres, y diciéndome que me entretuviera en reconocer y limpiar las armas.

Yo jamás había limpiado una escopeta; pero las mujeres me enseñaron y se pusieron a ayudarme; y para hacer el trabajo llevadero, me preguntaron mi vida y milagros, y yo las entretuve contándoles mil mentiras, que creyeron como los artículos de la fe; y en pago de mi cuenta, me refirieron todas sus aventuras, que se reducían a decir que se habían extraviado y habían venido a dar con aquellos hombres desalmados; una, porque su madre la regañaba; otra, porque su marido era celoso; aquélla, porque el Pípilo la engañó, y la última, porque la tentó el diablo.

Así pretendía cada una disimular su lubricidad y hacerse tragar por una bendita; pero ya era yo perro viejo para que me la dieran a comer; conocía bien al común de las mujeres, y sabía que las más que se pierden es porque no se acomodan con la sujeción de los padres, maridos, amos o protectores.

Sin embargo, yo me hice tonto y alegre, y supe de este modo todos los arcanos de mis invictos compañeros; me dijeron cómo eran ladrones y daban asaltos de interés, que todos eran muy valientes, que rara vez salían sin volver habilitados, y que ya estaban ricos.

En prueba de esto me enseñaron un cuarto lleno de ropa, alhajas, baúles con dinero, armas de todas clases, sillas, frenos, espuelas y otras mil cosas, por las que eché de ver que en realidad eran ladrones por mayor; mas admirándome de que cómo no se apartaban de aquella vida que no podía ser muy buena ni muy segura, teniendo ya todos con qué pasarla, cuando no sin zozobras interiores, a lo menos sin sustos de la justicia y sin riesgo de los robados, me dijeron que era imposible que dejaran esa vida: lo uno, porque no podían sacar la cara sin exponerse a ser conocidos; y lo otro, porque el robar era vicio, lo mismo que el beber, jugar y fumar; y así que pretender quitar a aquellos señores de los caminos en clase de ladrones, sería lo mismo que querer quitarles las barajas a los tahúres y los vasos a los ebrios.

En esto estábamos, cuando ya al anochecer llegaron los valientes a casa; se apearon, y después de jugar y chacotear tres o cuatro horas, cenamos todos juntos muy contentos, y después nos fuimos a acostar, dándome para el efecto suficiente ropa y una piel curtida de cíbolo.

Yo advertí que se quedaban cuatro de guardia a la entrada de la barranca para hacer su cuarto de centinela como los soldados, y así me acosté y dormí con la mayor tranquilidad, como si estuviera en compañía de unos varones apostólicos; pero como a las tres de la mañana me la interrumpieron los gritos desaforados que dieron todos, unos pidiendo su carabina, otros su caballo y todos cacao,[3] como vulgarmente dicen.

El azoramiento de todos ellos, los gritos y llantos de las mujeres, el ruido de varios tiros que se oían a la entrada de la barranca y el alboroto general me tenían lelo. No hice más que sentarme en la cama y estarme hecho un tronco, esperando el fin de aquella terrible aventura, cuando entró una mujer, se llegó a mi rincón, y tropezando conmigo me conoció, y enfadada de mi flema, me dio un pescozón tan bien dado que me hizo poner en pie muy de prisa.

---

[3] *Pedir cacao* es frase familiar que significa confesarse vencido, o rendido a discreción.—E.

—Salga usted, collón —me decía—, mandria, amujerado, maricón;
ya la justicia nos ha caído y están
todos defendiéndose, y el muy sinvergüenza se está echadote como
un cochino. Ande usted para fuera,
socarrón, y coja ese sable que está
tras de la puerta, o si no yo le
exprimiré esta pistola en la barriga.

Esta fiesta era a oscuras, pero
de que yo oí decir exprimir pistolas,
salí como un rayo, porque no me
acomodaban esas chanzas.

Como mi salida fue en camisa y
con el sable que me dio la mujer,
me desconocieron los compañeros, y
juzgándome alguacil en pena, me
dieron una zafococa de cintarazos
que por poco me matan, y lo hubieran hecho muy fácilmente, según
las ganas que tenían, pues uno gritaba: "dale de filo, asegúralo, asegúralo"; pero a ese tiempo quiso
Dios que saliera la mujer con un
ocote ardiendo, a cuya luz me conocieron, y compadecidos de la fechoría que habían hecho, me llevaron a mi cama y me acostaron.

A poco rato se sosegó el alboroto,
y a éste siguió un profundo silencio
en los hombres y un incansable llanto en las mujeres. Yo, algo aliviado
de los golpes que llevé, al escuchar
los llantos y temiendo no fuera otro
susto que acarreara a mi cama alguna maldita mujer desaforada, me
levanté con tiempo, me medio vestí,
salí para la otra pieza y me encontré a todos los hombres y mujeres
rodeando un cadáver.

La sorpresa que me causó semejante funesto espectáculo fue terrible, y no pude sosegar hasta que me
dijeron cuanto había sucedido, y fue:
que los centinelas apostados de vigilancia vieron pasar cerca de ellos
y como con dirección a la barranca
una tropa de lobos, y creyendo que
eran alguaciles, les dispararon las
carabinas, a cuyo ruido se alborota-
ron los de abajo; subieron para la
cumbre, y pensando que dos de sus
compañeros que bajaron a avisar
eran alguaciles, le dispararon con
tan buen tino que a uno le quebra-

ron una pierna y al otro lo dejaron
muerto en el acto.

Cuando oí estas desgracias me di
de santos de que no hubiera yo sufrido sino cintarazos, y hasta creo
que se me aliviaron más mis dolores. Ya se ve, el hombre cuando
compara su suerte con otra más
ventajosa se cree desdichado; pero
si la compara con otra más infeliz,
entonces se consuela y no se lamen-
ta tanto de sus males. La lástima
es que no acostumbramos comparar-
nos con los más infelices, sino con
los más dichosos que nosotros, y por
eso se nos hacen intolerables nuestros trabajos.

En fin, amaneció el día, y a su llegada concluyó el velorio y sepulta-
ron al difunto. El Aguilucho me
dijo:

—Tú me dijiste que entendías de
médico; mira a ese compañero herido y dime los medicamentos que
han de traer de Puebla, que los traerán sin falta, porque todos los ven-
teros son amigos y compadres, y nos
harán el favor.

Quedéme aturdido con el encargo;
porque entendía de cirujía tanto
como de medicina, y no sabía qué
hacer, y así decía entre mí: si digo
que no soy cirujano sino médico, es
mala disculpa, pues le dije que entendía de todo; si empeoro al enfermo y lo despacho al purgatorio,
temo que me vaya peor que en Tula,
porque estos malditos son capaces
de matarme y quedarse muy frescos. ¡Virgen Santísima! ¿Qué haré?
Alúmbrame... Ánimas benditas,
ayudadme... Santo mío, San Juan
Nepomuceno, pon tiento en mi lengua...

Todas estas deprecaciones hacía
yo interiormente sin acabar de responder, fingiendo que estaba inspec-
cionando la herida, hasta que el
Aguilucho enfadado con mi pacho-
rra me dijo:

—¿Por fin, a qué horas despa-
chas? ¿Qué se trae?

No pude disimular más, y así le
dije:

—Mira, no se puede ensamblar la
pierna, porque el hueso está hecho

astillas (y era verdad). Es menester cortarla por la fractura de la tibia, pero para esto se necesitan instrumentos y yo no los tengo.

—¿Y qué instrumentos se han menester? —preguntó el Aguilucho.

—Una navaja curva —le respondí— y una sierra inglesa para aserrar el hueso y quitarle los picos.

—Está bien —dijo el Aguilucho, y se fueron.

A la noche vinieron con un tranchete de zapatero y una sierra de gallo. Sin perder tiempo nos pusimos a la operación. ¡Válgame Dios! ¡Cuánto hice padecer a aquel pobre! No quisiera acordarme de semejante sacrificio. Yo le corté la pierna como quien tasajea un trozo de pulpa de carnero. El infeliz gritaba y lloraba amargamente; pero no le valió, porque todos lo tenían afianzado. Pasé después a aserrarle los picos del hueso, como yo decía, y en esta operación se desmayó, así por los insufribles dolores que sentía, como por la mucha sangre que había perdido, y no hallaba yo modo de contenérsela, hasta que con una hebra de pita le amarré las venas y aprovechando su desmayo le cautericé las carne con una plancha ardiendo. Entonces volvió en sí y gritaba más recio; pero algo se le contuvo la hemorragia.

Finalmente, a mí no me valió el aceite de palo, el azúcar y romero en polvo, estiércol de caballo, ni cuantos remedios de éstos le aplicaba; cada rato se le soltaban las vendas y le salía la sangre en arroyos. Esto, junto con lo mal curado de lo restante, hizo que el debilísimo paciente se gangrenara pronto, y tronara dentro de dos días.

Todos se incomodaron conmigo atribuyendo aquella muerte a mi impericia, y con sobrada razón; pero yo tuve tal labia para disculparme con la falta de auxilios a la mano, que al fin lo creyeron, enterraron al muerto y quedamos amigos. ¡Cuántas averías hacen los hombres más

o menos funestas por meterse a lo que no entienden!

Así pasé después sin novedad como dos meses, escribiendo los apuntes que querían, rasurándolos y quedándome de día a cuidar el serrallo de mis amos, amigos y compañeros. Una noche, de los cinco que salieron volvieron cuatro muy confusos, porque les mataron uno en cierta campaña que tuvieron; pero no perdieron el ánimo, antes propusieron vengarse al otro día.

—Son tres —decían—, y tres mozos; éstos no valen nada, y así el partido está por nosotros; nos la han de pagar por los huesos de mi madre. Mañana han de pasar por Río Frío; allí nos veremos.

Acabadas estas amenazas, cenaron y se acostaron. Yo hice lo mismo, pero no muy a gusto, reflexionando que se iba desmembrando la compañía, y acordándome de echar mi barba en remojo, porque veía pelar muy seguido la de mis vecinos.

Pensaba en desertarme, pero no me atrevía porque ignoraba la salida de aquel encantado laberinto; ni aun osaba comunicar mi secreto a las mujeres, temeroso de que me descubrieran.

En estos cálculos pasé la noche, y a otro día muy de madrugada me levantaron y me hicieron vestir. Yo lo hice luego luego. Después ensillaron mi caballo y me pusieron dos pistolas en la cintura, una cartuchera y un sable; me acomodaron una mojarra en la bota, y me pusieron una carabina en la mano.

—¿Para qué son tantas armas? —preguntaba yo espantado.

—¿Para qué han de ser, bestia? —decía el Aguilón—, para que ofendas y te defiendas.

—Pues nada haré seguramente —decía yo—, porque para ofender no tengo valor y para defenderme me falta habilidad. Yo, en los casos apurados, me atengo a mis talones, porque corro más que una liebre, y así para mí todo es excusado.

Enfadóse el Aguilucho con mi cobardía, y sacando el sable, me dijo muy enojado:

—Vive Dios, bribón, cobarde, que si no montas a caballo y no nos acompañas, aquí te llevan los demonios.

Yo, al verlo tan enojado, hice de tripas corazón, fingiendo que mi miedo era chanza, y que era capaz de salir al encuentro del demonio si viniera en traje de caminante con dinero; se dieron por satisfechos, seguimos nuestro camino con designio de salirles a los viandantes, robarlos y matarlos; pero no sucedió según lo pensaron.

CAPÍTULO X

EN EL QUE NUESTRO AUTOR CUENTA LAS AVENTURAS QUE LE ACAECIERON EN COMPAÑÍA DE LOS LADRONES; EL TRISTE ESPECTÁCULO QUE SE LE PRESENTÓ EN EL CADÁVER DE UN AJUSTICIADO, Y EL PRINCIPIO DE SU CONVERSIÓN

AUNQUE MUCHAS VECES PERMITE Dios que el malvado ejecute sus malas intenciones, o para acrisolar al justo, o para castigar al perverso, no siempre permite que se verifiquen sus designios. Su providencia, que vela sobre la conservación de sus criaturas, mil veces embaraza o destruye los inicuos proyectos para que las unas no sean pasto de las ferocidad de las otras.

Así sucedió al Aguilucho y sus compañeros la mañana que salimos a sorprender a los viandantes.

Serían las seis cuando desde la cumbre de una loma los vimos venir por el camino real. Venían los tres por delante con sus escopetas en las manos; luego seguían cuatro caballos ensillados de vacío, esto es, sin jinetes; a seguida venían cuatro mulas cargadas con baúles, catres y almofreces, que se conocía lo que era de lejos, a pesar de venir cubiertas las cargas con unas mangas azules, y por fin venían de retaguardia los tres mozos.

Luego que el Aguilucho los vio, se prometió la venganza y un buen despojo, y así nos hizo ocultar tras un repecho que hacía la loma en su falda, y nos dijo:

—Ahora es tiempo, compañeros, de manifestar nuestro valor y aprovechar un buen lance, porque sin duda son mercaderes que van a emplear a Veracruz y toda su carga se compondrá de reales y ropa fina. Lo que importa es no cortarse, sino acometerles con denuedo, asegurados en que la ventaja está por nosotros, pues somos cinco y ellos son sólo tres; que los mozos, gente alquilada y cobarde, no deben darnos cuidado. Tomarán correr a los primeros tiros; y así, tú, Perico, yo y el Pípilo les saldremos de frente en cuanto lleguen a buena distancia, quiero decir, a tiro de escopeta, y el Zurdo y el Chato les tomarán la retaguardia para llamarles la atención por detrás. Si se rinden de bueno a bueno, no hay más que hacer que quitarles las armas, amarrarlos y traerlos a este cerro, de donde los dejaremos ir a la noche; pero si se resisten y nos hacen fuego, no hay que dar cuartel; todos mueran.

Tanto la vista de los enemigos, que por instantes se acercaban, como la consideración del riesgo que me amenazaba, me hacían temblar como un azogado, sin poder disimular el miedo, de modo que mi temor se hizo sensible, porque como mis piernas temblaban tanto, hacían las cadenillas de las espuelas un sonecillo tan perceptible con los estribos, que llamó la atención del Aguilucho, quien, advirtiendo mi miedo, echando fuego por los ojos, me dijo:

—¿Que estás temblando, sinvergüenza, amujerado? ¿Piensas que vas a reñir con un ejército de leones? ¿No adviertes, bribón, que son hombres como tú, y solos tres contra cinco? ¿No ves que no vas solo, sino con cuatro hombres, y muy hombres, que se van a exponer al mismo riesgo y te sabrán defender como a las niñas de sus ojos? ¿Tan fácil es que tú perezcas y no alguno de nosotros? Y por fin, supón que te dieron un balazo y te mataron, ¿qué cosa nueva y nunca vista es ésa? ¿Has de morir de parto, collonote, o te has de quedar en el mundo para dar fe de la venida del Anticristo? ¿Qué, quieres tener dinero, comer y vestir bien y ensillar buenos caballos de flojón, encerrado entre vidrieras y sin ningún riesgo? Pues eso está verde, hermano; con algún riesgo se alquila la casa. Si me dices, como me has dicho, que has conocido ladrones que roban y pasean sin el menor peligro, te diré que es verdad; pero no todos pueden robar de igual modo. Unos roban militarmente, quiero decir, en el campo y exponiendo el pellejo, y otros roban cortesanamente, esto es, en las ciudades, paseando bien y sin exponerse a perder la vida; pero esto no todos lo consiguen, aunque los más lo desean. Conque cuidado con las collonerías, porque te daré un balazo antes que vuelvas las ancas del caballo.

Asustado yo con tan áspera reprensión y tan temida amenaza, le dije que no tenía miedo, y que si temblaba era de puro frío; que entraríamos al ataque y vería cuál era mi valor.

—Dios lo haga —dijo el Aguilón—, aunque lo dudo mucho.

En esto llegaron los caminantes a la distancia prefijada por el Aguilucho. Se desprendieron de nuestra compañía el Chato y el Zurdo y les tomaron la retaguardia al mismo tiempo que el Pípilo, yo y el Aguilucho les salimos al frente con las escopetas prevenidas, gritándoles:

—Párense todos, si no quieren morir a nuestras manos.

A nuestras voces saltaron de sobre las cargas cuatro hombres armados, que ocuparon en el momento los caballos vacíos y se dirigieron contra el Zurdo y el Chato, los cuales, recibiéndolos con las bocas de sus carabinas, mataron a uno y ellos huyeron como liebres.

Los tres viandantes se echaron sobre nosotros, matándonos al Pípilo en el primer tiro. Yo disparé mi escopeta con mala intención, pero sólo se logró el tiro en un caballo, que tiré al suelo.

Cuando el Aguilucho se vio solo,

porque no contaba conmigo para nada, me dijo:

—Ya éste no es partido; un compañero ha muerto, dos han huido, los contrarios son nueve, huyamos.

Al decir esto, quiso volver la grupa de su caballo; pero no pudo, porque éste se le armó, de modo que, a pesar de que cargábamos y disparábamos aprisa, no haciendo daño y lloviendo sobre nosotros los balazos, temíamos nos cogieran con arma blanca, porque se iban acercando a nosotros los tres viandantes a todo trapo, sin tener miedo a nuestras escopetas.

Entonces el Aguilucho se echó a tierra, matando a su caballo de un culatazo que le dio en la cabeza, y al subir a las ancas del mío, le dispararon una bala tan bien dirigida, que le pasó las sienes y cayó muerto.

Casi por mi cuerpo pasó la bala, pues me llevó un pedazo de la cotona. La sangre del infeliz Aguilucho salpicó mi ropa. Yo no tuve más lugar que decirle:

—Jesús te valga —y viéndome solo y con tantos enemigos encima, arrimé las espuelas a mi caballo y eché a huir por aquel camino más ligero que una flecha. La fortuna fue que el caballo era excelente y corría tanto como yo quería. Ello es que al cuarto de hora ya no veía ni el polvo de mis perseguidores.

Extravié veredas, y aunque pensé ir a dar el triste parte de lo acaecido a las madamas de la casa, no me determiné, ya porque no sabía el camino, y ya porque, aunque lo hubiera sabido, temía mucho volver a aquellas desgraciadas guaridas.

Cansado, lleno de miedo y con el caballo fatigado, me hallé como a las doce del día en un solo y agradable bosquecillo.

Allí desocupé la silla; aflojé las cinchas al caballo, le quité el freno, le di agua en un arroyo, lo puse a pacer la verde grama; me senté bajo un árbol muy fresco y sombrío, y me entregué a las más serias consideraciones.

"No hay duda —decía yo—, la holgazanería, el libertinaje y el vicio no pueden ser los medios seguros para lograr nuestra felicidad verdadera. La verdadera felicidad en esta vida no consiste ni puede consistir en otra cosa que en la tranquilidad de espíritu en cualquier fortuna; y ésta no la puede conseguir el criminal, por más que pase alegre aquellos ratos en que satisface sus pasiones; pero a esta efímera alegría sucede una languidez intolerable, un fastidio de muchas horas y unos remordimientos continuos, pagando en estos tan largos y gravosos tributos aquel placer mezquino que quizá compró a costa de mil crímenes, sustos y comprometimientos.

"Éstas son unas verdades concedidas por todo el que reflexione atentamente sobre ellas. Mi padre me las advertía desde muy joven; el coronel no dejaba de repetírmelas; yo las he leído en los libros y tal vez las he oído en los púlpitos, ¿pero qué más? El mundo, los amigos, mi experiencia han sido unos constantes maestros que no han cesado de recordarme estas lecciones en el discurso de mi vida, a pesar de la ingratitud con que yo he desatendido sus avisos.

"El mundo —dije—, sí, el mundo, mis malos amigos, los funestos sucesos de mi vida, todo ha conspirado uniformemente a mi desengaño, aunque por distintos rumbos; porque un mundo falaz y novelero, un mal amigo vicioso y lisonjero, una desgracia que nos acarrea nuestra conducta disipada, y todos los males de la vida son maestros que nos enseñan a reglar nuestras acciones y a mejorar nuestro modo de vivir. Ello es cierto que malos maestros pueden dar buenas lecciones. La infidelidad de un amigo, la perfidia de una mujer, la trácala que nos hizo el lisonjero, los golpes que nos hizo sufrir el agraviado, la prisión a que nos redujo la justicia por nuestra culpa, la enfermedad que padecimos por nuestro exceso, y otras cosas así, a la verdad que son ingratas a nuestro espíritu y a nuestro cuerpo; pero la experiencia de

ellas debía hacernos sacar frutos dulces de sus mismas amargas raíces.

"¿Y qué mejor fruto podíamos sacar de estas dolorosas experiencias que el escarmiento para gobernarnos en lo futuro? Entonces ya nos guardaríamos de tener amigos indistintamente y sin saber cuáles son las señas del verdadero amigo; nos sabríamos recelar de las mujeres sin fiar nuestro corazón a cualquiera; huiríamos de los lisonjeros como de unas fieras mansas pero traidoras; trataríamos de no agraviar a nadie para no exponernos a recibir los golpes de la venganza; cuidaríamos de manejarnos honradamente para no padecer los rigores de las cárceles; enfrenaríamos nuestros apetitos sensuales para no lidiar con las enfermedades, y por fin, haríamos por vivir conforme a las leyes divinas y humanas para no volver a experimentar esos trabajos y lograr la verdadera felicidad, que, como digo, es el fruto de la buena conciencia.

"Esto conseguiríamos si supiéramos aprovecharnos de la experiencia; pero la lástima es que no aprendemos por más frecuentes que sean las lecciones.

"Dígalo yo. ¿Qué de trabajos, qué de desaires, qué de vergüenzas, qué de ingratitudes, qué de golpes, prisiones, sustos, congojas y contratiempos no he pasado? ¿A qué riesgos no me he expuesto, y en qué situación tan deplorable me veo? Yo he tenido que sufrir azotes y represiones de los maestros; golpes de toros y caballos; zapatazos, baños de agua hirviendo, amenazas y desvergüenzas de las viejas; deslealtades, burlas y desprecios de los malos amigos; palos de payos, desaires de cortesanos, ingratitudes de parientes, abominaciones de extraños, lanzamientos de los amos, vejaciones de tunos, prisiones de la justicia, ollazos de indios, heridas dadas con razón por casados agraviados por mí, trabajos de hospitales, araños de coquetas, sustos de muertos y velorios, robos de pícaros y trescientas mil desventuras, que lejos de servirme de escarmiento, no parece sino que las primeras me han sido unos estímulos eficaces para exponerme a las segundas.

"¿Qué tengo ya que perder? El lustre de mi nacimiento se halla opacado con mis vergonzosos extravíos, mi salud arruinada con mis excesos, los bienes de fortuna perdidos con mi constante disipación, amigos buenos no los conozco, y los malos me desprecian y abandonan. Mi conciencia se halla agitada por los remordimientos de mis crímenes; no puedo reposar con sosiego, y la felicidad tras que corro, parece que es una fantasma aérea que al quererla asir se deshace entre mis manos.

"Todo, pues, lo he perdido. No tengo más que la vida y el alma que cuidar. Es lo último que me queda, pero también lo más apreciable.

"Dios se interesa en que no me pierda eternamente. ¡Cuántas veces pude haber perdido la vida a manos de los hombres, en poder de los brutos, en medio de la mar y aun a mis propias manos! Innumerables. Hoy pudo haber sido el último de mis días. A mi lado cayó el Pípilo, a otro el Aguilucho, y las balas, unas tras otras, cruzaban crujiendo el aire junto de mis orejas, y balas que ciertamente se dirigían a mi persona, y balas que me pasaban la muerte por los ojos.

"Como aquéllos murieron, ¿no pude yo haber muerto? Como hubo balas bien dirigidas para ellos, ¿no pudo haber alguna para mí? ¿Yo me libré de ellas por mi propia virtud y agilidad? Claro es que no. Una mano invisible y Todopoderosa fue la que las desviaba de mi cuerpo con el piadoso fin de que no me perdiera para siempre. ¿Y qué méritos tengo contraídos para haberle debido tal cuidado? ¡Oh Dios, yo me avergüenzo al acordarme que toda mi vida ha sido una cadena de crímenes no interrumpida! He corrido por la niñez y la juventud como un loco furioso, atropellando por todos los respetos más sagrados, y me hallo en la virilidad con más años y delitos que en mi pubertad y adolescencia.

"Treinta y tantos años cuento de vida, y de una vida pecaminosa y relajada. Sin embargo, aún no es tarde, aún tengo tiempo para convertirme de veras y mudar de conducta. Si me entristece lo largo de mi vida relajada, consuéleme saber que el Gran Padre de familias es muy liberal y bondadoso, y tanto paga al que entra a la mañana a su viña como al que empieza a trabajar en ella por la tarde. Esto es hecho, enmendémonos."

Diciendo esto, lleno de temor y compunción, aderecé el caballo, subí en él, y me dirigí al pueblo o venta de San Martín.

Llegué cerca de las siete de la noche, pedí de cenar y mandé que desensillaran y cuidaran de mi caballo a título de valor, pues no llevaba un real.

Después que cené, salí a tomar fresco al portalillo de la venta, donde estaba otro pasajero en la misma diligencia.

Nos saludamos cortésmente y enredamos la conversación hasta hacerse familiar, siendo el asunto principal el suceso acaecido aquel día con los ladrones. Me dijo cómo había salido de Puebla y caminaba para Calpulalpan, teniendo que hacer una corta demora en Apam.

Yo le dije que iba para este último pueblo, de donde tenía que pasar a México, y así podríamos ir acompañados, porque yo tenía mucho recelo de los ladrones.

—Se debe tener —me contestó el pasajero—, pero con los sustos que han llevado de la semana pasada a esta parte, es regular que no se rehagan tan presto las gavillas. En pocos días les han pillado seis, han colgado uno y han quedado tendidos en el campo cuatro. Conque ya ve usted que son de menos en su cuenta once, y a este paso los días son un soplo.

Como yo no había visto coger a nadie, sabía que los muertos eran dos, y me constaba que apenas éramos cinco, le dije con un aire de duda:

—Dable puede ser eso, pero temo que hayan engañado a usted, porque son muchos los ladrones agotados.

—No, no me han engañado —dijo él—; lo sé bien, sobre que soy teniente de la Acordada, tengo las filiaciones de todos, sé sus nombres, los parajes por donde roban, las averías que han hecho, y los que han caído hasta hoy; vea usted si lo sabré o no.

Frío me quedé cuando le oí decir que era teniente, aunque me consolé al advertir que yo no había salido más que a una campaña, y era imposible que nadie me conociera por ladrón.

Entonces le di todo crédito, y le pregunté que por qué rumbos habían cogido a los demás. A lo que me contestó que por entre Otumba y Teotihuacán.

Parlamos largo rato sobre otras cosas, y a lo último le dije cómo yo tenía sobrada razón para temer a los ladrones, pues era perseguido de ellos.

—Vea usted —le decía muy formal—, no me han salido esos ladrones, pero anoche se me huyó el mozo con la mula del almofrés y me dejó sin un real, pues se llevó los únicos doscientos pesos que yo llevaba en mi baúl.

—¡Qué picardía! —decía el teniente muy compadecido—. Ya ese pícaro estará con ellos. ¿Cómo se llama? ¿Qué señas tiene?

Yo le dije lo que se me puso, y él lo escribió con mucha eficacia en un librito de memoria; y así que concluyó nos entramos a acostar.

Me convidó con su cuarto; yo admití y me fui a dormir con él. Luego que vio mis pistolas se enamoró de ellas y trató de comprármelas. Con el credo en la boca se las vendí en veinticinco pesos, temiendo no se apareciera su dueño por allí. Ello es que se las dejé y me habilité de dinero sin pensar.

Nos acostamos, y a otro día muy temprano nos pusimos en camino, en el que no ocurrió cosa particular. Llegamos a Apam, donde fingí salir a buscar a un amigo, y al día siguiente nos separamos y yo continué mi viaje para México.

Aquella noche dormí en Teotihuacán, donde me informé de cómo en la semana anterior habían derrotado a los ladrones, cogiendo al cabecilla, a quien habían colgado a la salida del pueblo.

Con estas noticias, lleno de miedo, procuré dormir, y a otro día a las seis de la mañana ensillé, y encomendándome a Dios de corazón, seguí mi marcha.

Como una legua o poco más había andado cuando vi afianzado contra un árbol y sostenido por una estaca el cadáver de un ajusticiado, con su saco blanco y montera adornada con una cruz de paño rojo que le quedaba en la parte delantera de la cabeza sobre la frente, y las manos amarradas.

Acerquéme a verlo despacio; pero ¿cómo me quedaría cuando advertí y conocí en aquel deforme cadáver a mi antiguo e infeliz amigo Januario? Los cabellos se me erizaron; la sangre se me enfrió; el corazón me palpitaba reciamente; la lengua se me anudó en la garganta; mi frente se cubrió de un sudor mortal, y perdida la elasticidad de mis nervios, iba a caer del caballo abajo en fuerza de la congoja de mi espíritu.

Pero quiso Dios ayudar mi ánimo desfallecido, y haciendo yo mismo un impulso extraordinario de valor, me procuré recobrar poco a poco de la turbación que me oprimía.

En aquel momento me acordé de sus extravíos, de sus depravados consejos, ejemplos y máximas infernales; sentí mucho su desgracia; lloré por él, al fin lo traté de amigo y nos criamos juntos; pero también le di a Dios muy cordiales gracias porque me había separado de su amistad, pues con ella y con mi mala disposición fijamente hubiera sido ladrón como él, y tal vez a aquella hora me sostendría el árbol de enfrente.

Confirmé más y más mis propósitos de mudar de vida, procurando aprovechar desde aquel punto las lecciones del mundo y sacar fruto de las maldades y adversidades de los hombres; y empapado en estas rectas consideraciones, saqué mi mojarra, y en la corteza del árbol donde estaba Januario grabé el siguiente:

SONETO [1]

¿Conque al fin se castigan los delitos,
y el crimen siempre su cabeza erguida
no llevará? Januario, aunque sin vida,
desde ese tronco lo publica a gritos.
¡Oh, amigo malogrado! Estos distritos
salteador te sufrieron y homicida;
pero una muerte infame y merecida
cortó el hilo de excesos tan malditos.
Tú me inculcaste máximas falaces
que mil veces seguí con desacierto;
mas hoy suspenso del dogal deshaces
las ilusiones. Tu cadáver yerto
predica desengaño, y las veraces
lecciones tomo que me das ya muerto.

Concluido mi soneto, me fui por mi camino encomendándolo a Dios muy de veras.

Procuré entrar en México de noche, paré en el mesón de Santo Tomas, cené, y estando paseándome en el corredor, oí llanto de mujeres en uno de los cuartos.

La curiosidad o la lástima me acercó a la puerta, y poniéndome a acechar, oí que un viejo decía:

—Vamos, hijas, ya no lloren, no hay remedio, ¿qué hemos de hacer? La justicia debió hacer su oficio, el muchacho dio en maleta desde chico, no le valieron mis consejos, mis amenazas, ni mis castigos; él dio en que se había de perder, y por fin se salió con ello.

[1] En el manuscrito que para esta edición se ha tenido a la vista, y de cuya autenticidad no se responde, aunque no faltan datos para creerlo del Pensador, se halla el soneto corregido del modo que ahora se publica.

Del mismo manuscrito se han tomado otras correcciones que se advertirán, si se compara esta edición con las anteriores.—E.

—Pero lo siento —decía una pobre vieja—; al fin era mi sobrino.

—Yo también lo siento —decía el anciano—, y prueba de ello son las diligencias y el dinero que he gastado por librarlo; pero no fue capaz. ¡Válgate Dios por Januario desgraciado! Eh, hija, no llores; mira, nadie sabe que es nuestro pariente, todos lo tienen por huérfano de la casa. La pobre Poncianita ¡cuánto se avergonzará de este suceso! Pero al fin ya la muchacha es monja, y aunque se supiera su parentesco, monja se había de quedar; encomiéndalo a Dios, y acostémonos para irnos muy de mañana.

Acabaron de hablar mis vecinos, y a mí no me quedó duda en que eran don Martín y su esposa. Yo me fui a recoger, y a otro día madrugué para hablarles, lo que conseguí con disimulo, conociéndolos bien y sin darme a conocer de ellos. Supe que habían venido de la hacienda y se iban a establecer a tierra adentro. Me despedí de sus buenas personas, de las que ya no he sabido. Es regular que hayan muerto, porque las pesadumbres, las enfermedades y los muchos años no pueden acarrear sino la muerte.

Fuíme a misa bien temprano, volví a desayunarme, y no salí en todo el día, ocupándome en hacer las más serias reflexiones sobre mi vida pasada, y en afirmar los propósitos que había hecho de enmendar la venidera.

Una de las cosas por donde conocí que aquel propósito era firme y no como los anteriores, fue que, pudiendo sacar algún dinero del caballo, manga, sombrero, sable y espuelas, pues todo era bueno y de valor, no me determiné, no sólo temeroso de que me conocieran alguna pieza, como me conocieron en otro tiempo la capa del doctor Purgante, sino escrupulizando justamente, porque aquello no era mío, y por tanto no podía ni debía enajenarlo.

Propuse, pues, conservar aquellos muebles hasta entregárselos al confesor, con intención de pagar las pistolas que vendí, siempre que Dios me diera con qué, y supiera de su dueño.

Con esta determinación me salí cerca del anochecer a dar una vuelta por las calles sin destino fijo. Pasé por el templo de La Profesa; que estaba abierto; me entré a él con ánimo de rezar una estación y salirme.

Estaban puntualmente leyendo los puntos de meditación; me encomendé a Dios aquel rato lo mejor que pude, y oí el sermón que predicó un sacerdote harto sabio. Su asunto fue sobre la infelicidad de los que desprecian los últimos auxilios, y la incertidumbre que tenemos de saber cuál es el último. Concluyó el orador probando que jamás faltan auxilios, y que debemos aprovecharnos de ellos, temiendo no sea alguno el último, y despreciándolo, o nos corte Dios los pasos cerrando la medida de nuestros crímenes, o nos endurezca el corazón cayendo en la impenitencia final.

¡Pero con qué espíritu y energía esforzaba el orador estas verdades!

—La mayor desgracia —decía lleno de un santo celo—, la mayor desgracia que puede acaecer al hombre en esta vida es la impenitencia final. En tan infeliz estado los cielos o los infiernos abiertos serían para el impenitente objetos de la más fría indiferencia. Su empedernido corazón no sería susceptible del amor a Dios, ni el temor de la eternidad, y cierto en que hay premios y castigos perdurables, ni aspiraría a los unos, ni procuraría libertarse de los otros. Llovían sobre Faraón y el Egipto las plagas; los castigos eran frecuentes, y Faraón perseveraba en su ciega obstinación, porque *su corazón se había endurecido,* como nos dicen las sagradas letras: *induratum est cor Faraonis.* Por tanto, oyentes míos, *si alguno de vosotros ha oído hoy la voz del Señor, no quiera endurecer su corazón;* si se siente inspirado por algún auxilio, no debe despreciarlo ni dilatar su conversión para mañana, pues no sabe si despreciando este auxilio ya no habrá otro y se endurecerá su corazón. *Hodie si vocem ejus audieritis, nolite obdurare corda vestra,* nos dice el santo rey profeta. Hoy, pues, en este mismo instante debemos abrir el corazón si toca a él la gracia del Señor; hoy debemos responder a su voz si nos llama, sin esperar a mañana, porque no sabemos si mañana viviremos, y porque no sea que cuando queramos implorar la misericordia de Dios, Su Majestad nos desconozca como a las vírgenes necias, y siendo inútiles nuestras diligencias se cumpla en nosotros aquel terrible anatema con que el mismo Señor amenaza a los obstinados pecadores. *Os llamé,* les dice, *y no me oísteis; toqué vuestro corazón y no me lo franqueasteis; yo también a la hora de vuestra muerte me reiré y me burlaré de vuestros ruegos.*

Por semejante estilo fue el sermón que oí y que me llenó de tal pavor que luego que el padre bajó del púlpito, me entré tras él y le supliqué me oyera dos palabras de penitencia.

El buen sacerdote condescendió a mi súplica con la mayor dulzura y caridad; y luego que se informó de mi vida en compendio, y se satisfizo de que era verdadero mi propósito, me emplazó para el día siguiente a las cinco y media de la mañana, hora en que acababa de decir la misa de prima, previniéndome que lo esperara en aquel mismo lugar, que era un rincón oscuro de la sacristía. Quedamos en eso, y me fui al mesón, más consolado.

Al día siguiente me levanté temprano; oí su misa y le esperé donde me dijo.

No me quiso confesar entonces, porque me dijo que era necesario que hiciera una confesión general; que tenía una bella ocasión que aprovechar si quería, pues en esa tarde se comenzaba la tanda de ejercicios, los que él había de dar, y tenía proporción de que yo entrara si quería.

—Yo cómo que quiero, padre —le dije—, si a esto aspiro, a hacer una buena confesión.

—Pues bien —me contestó—, disponga usted sus cosas y a la tarde venga; dígale su nombre al padre portero y no se meta en más.

Dicho esto, se levantó, y yo me retiré más contento que la noche anterior, aunque no dejó de admirarme lo que me dijo el confesor de que dijera mi nombre en la portería, pues él no me lo había preguntado.

No obstante, no me metí en averiguaciones.

Llegué al mesón, comí a la hora regular, pagué lo que debía, encargué mi caballo, dejando para su comida, y a las tres me fui para la Casa Profesa.

CAPÍTULO XI

EN EL QUE PERIQUILLO CUENTA CÓMO. ENTRÓ A EJERCICIOS EN LA PROFESA; SU ENCUENTRO CON ROQUE; QUIÉN FUE SU CONFESOR, LOS FAVORES QUE LE DEBIÓ, NO SIENDO ENTRE ÉSTOS EL MENOR HABERLE ACOMODADO EN UNA TIENDA

INMEDIATAMENTE QUE LLEGUÉ A LA portería de la Profesa di el recado de parte del padre que iba a dar los ejercicios. El portero me preguntó mi nombre; lo dije; entonces vio un papel y me dijo:

—Está bien, que metan su cama de usted.

—Ya está aquí —le dije—; la traigo a cuestas.

—Pues entre usted.

Entré con él y me llevó a un cuarto donde estaba otro, diciéndome:

—Éste es el cuarto de usted y el señor, su compañero.

Diciendo esto se fue, y yo, luego que le iba a hablar al compañero, conocí que era el pobre Roque, mi condiscípulo, amigo y fámulo antiguo. Él también me conoció, y después que nos abrazamos con la ternura imaginable, nos preguntamos recíprocamente y nos dimos cuenta de nuestras aventuras.

Admirado se quedó Roque al saber mis sucesos. Yo no me admiré mucho de los suyos, porque como él no había sido tan extraviado como yo, no había sufrido tanto, y sus aventurillas no habían pasado de comunes.

Al fin le dije:

—Yo me alegro mucho de que nos hayamos encontrado en este santo claustro, y que los que algún día corrimos juntos por la senda de la iniquidad, nos veamos juntos también aquí, animados de unos mismos sentimientos para implorar la gracia.

—Yo tengo el mismo gusto —me dijo Roque—, y a este gusto añado la satisfacción que tengo de pedirte perdón, como de facto te lo pido, de aquellos malos consejos que te di, pues aunque yo lo hacía por lisonjearte y granjearme más tu protección, hostigado por mi miseria, no es disculpa; antes debería haberte aconsejado bien, y aun perdido tu casa y amistad, que haberte inducido a la maldad.

—Yo poco había menester —le dije—; no tengas escrúpulo de eso. Créete que sin tus persuasiones habría siempre obrado tan mal como obré.

—¿Pero ahora tratas de mudar de vida seriamente? —me dijo Roque.

—Ésa es mi intención, sin duda —le contesté—, y con este designio me he venido a encerrar estos ocho días.

—Me alegro mucho —continuó Roque—; pero, hombre, no sean tus cosas por la Virgen; ya somos grandes, y ya tú le has visto al lobo, no sólo las orejas sino todo el cuerpo; y así debes pensar con seriedad.

—No me disgusta tu fervor —le dije—; sin duda eres bueno para fraile, y te había de asentar lo misionero.

—No pienso en ser predicador —me contestó—, porque no me considero ni con estudios ni con el espíritu propio para el caso; pero sí pienso en ser fraile, y por eso he venido a tomar estos santos ejercicios. Ya estoy admitido en San Francisco, y si Dios me ayuda y es su voluntad, pienso salir de aquí y entrar al noviciado luego luego.

—Me alegro, Roque, me alegro.

Tú has pensado con juicio, aunque dice el refrán que el lobo, harto de carne, se mete a fraile.

—Ése es uno de tantos refranes vulgares y tontos que tenemos —decía Roque—. Aun cuando quisieras decirme que después que di al mundo las primicias de mi juventud y ahora que tengo un pie en la vejez, quiero sujetarme al claustro y vivir bajo obediencia, no dirías mal; pero ¿acaso porque fuimos malos muchachos y malos jóvenes, hemos de ser también malos viejos? No, Perico; alguna vez se ha de pensar con juicio; jamás es tarde para la conversión; y otro refrán también dice, que más vale tarde que nunca.

—No, no te enojes, Roquillo —le dije—, haces muy bien; ésta es una chanza, ya conoces mi genio, que naturalmente es jovial, y más con amigos de tanta confianza como tú; pero haces muy bien en pensar de esta suerte, y yo procuraré sacar fruto de tu enojo.

—¡Qué enojo ni qué calabaza! —decía Roque—, ya conozco que hablas con chocarrería; pero te digo lo que hay en el particular.

En esto tocaron la campana y nos fuimos a la plática preparatoria.

Concluidos los ejercicios de aquella noche, entró el portero a mi cuarto y me dijo de parte de mi confesor que después de la misa de prima en capilla lo esperara en la sacristía. Leímos yo y Roque en los libros buenos que había en la mesa hasta que fue hora de cenar, y después de esto nos recogimos, habilitándome Roque de una sábana y una almohada.

Al día siguiente me levanté temprano, oí la misa de prima, esperé al padre y comencé a hacer mi confesión general, enamorándome más cada día de la prudencia y suavidad del confesor.

El séptimo se concluyó la confesión a satisfacción del confesor y con harto consuelo de mi espíritu. El padre me dijo que el día siguiente era la comunión general; que comulgara y no fuera a desayunarme a mi cuarto sino a su apo-

sento, que era el número siete, saliendo de la capilla sobre la derecha. Así se lo prometí y nos separamos.

Increíble será para quien no tenga conocimiento de estas cosas, el gusto y sosiego con que yo dormí aquella noche. Parece que me habían aliviado de un enorme peso o que se había disipado una espesa niebla que oprimía mi corazón, y así era la verdad.

Al día siguiente nos levantamos, aseamos y fuimos a la capilla, donde después de los ejercicios acostumbrados se dijo la misa de gracias con la mayor solemnidad, y después que comulgó el preste, comulgamos todos por su mano llenos del más dulce e inexplicable júbilo.

Concluida la misa y habiendo dado gracias, fueron todos a desayunarse al chocolatero, y yo, después que me despedí de Roque con el mayor cariño, fui a hacer lo mismo en compañía de mi confesor, que ya me esperaba en su aposento.

¡Pero cuál fue mi sorpresa, cuando, creyendo yo que era algún padre a quien no conocía sino de ocho días a aquella fecha, fui mirando que era mi confesor el mismísimo Martín Pelayo, mi viejo amigo y excelente consejero!

Al advertir que ya no era un Martín Pelayo a secas, ni un muchacho bailador y atolondrado, sino un sacerdote sabio, ejemplar y circunspecto, y que a éste y no a un extraño le había contado todas mis gracias, no dejé de ruborizarme; a lo menos me lo debió conocer el padre en la cara, pues tratando de ensancharme el espíritu, me dijo:

—¿Qué, no te acuerdas de mí, Pedrito? ¿No me das un abrazo? Vamos, dámelo, pero muy apretado. ¡Cuántos deseos tenía yo de verte y de saber tus aventuras! Aventuras propias de un pobre muchacho sin experiencia ni sujeción.

Entonces nos abrazamos estrechamente, y luego me hizo sentar a tomar chocolate, y continuó diciéndome:

—Toda vergüenza que tengas de haberte confesado conmigo es excusada, cuando sabes que he sido peor que tú, y tan peor que fui tu maestro en la disipación. Acaso mis malos consejos coadyuvaron a disiparte, de lo que me pesa mucho; pero Dios ha querido darme el placer de ser tu director espiritual y de reemplazar con máximas de sólida moral los perversos consejos que te di algunas veces. Porque ese espíritu no se acobardara con la vergüenza, traté siempre de confesarte en lo oscuro, y tapándome la cara con el pañuelo, mas luego que logré absolverte, quise manifestarme tu amigo. Nada de cuanto me has dicho me coge de nuevo. Yo habré cometido todos los crímenes que tú; ante Dios soy delincuente, y si no me he visto en los mismos trabajos y me he sujetado un poco más temprano, ha sido por un efecto especial de su misericordia. Conque así, no estés delante de mí con vergüenza. En el confesionario soy tu padre, aquí soy tu hermano; allí hago las veces de un juez, aquí desempeño el título de amigo, que siempre he sido tuyo, y ahora con doble motivo. En vista de esto, me has de tratar aquí como aquí, y allá como allá.

Fácil es concebir que con tan suave y prudente estilo me ensanchó demasiado el espíritu, y comencé a perderle la vergüenza, mucho más cuando no permitió que le hablara de usted sino de tú, como siempre. Entre la conversación, le dije:

—Hermano, ya que te he debido tanto cuanto no puedo pagarte y me has dicho que el caballo, la manga, el sable y todo esto debo restituirlo, te digo que lo deseo demasiado; porque me parece que tengo un sambenito, y temo que no me vaya a suceder con esto otra burla peor que la que me sucedió con la del doctor Purgante. Cierto es que yo no me robé estas cosas; pero sea como fuere, son robadas, y yo no las debo tener en mi poder un instante. Yo quisiera quitármelas de encima lo más presto y ponerlas en tu poder para que, o avisando de ello en la Acordada, o al público

por medio de la *Gaceta* o de cualquiera otra manera, se le vuelva todo a su dueño lo más pronto, o no se le vuelva; el fin es que me quites este sobrehueso, porque si lo bien habido se lo lleva el diablo, lo mal habido ya sabes el fin que tiene.

—Todo eso está muy bueno —me dijo Pelayo—, pero ¿tienes otra ropa que ponerte?

—¡Qué he de tener! —le dije—. No hay más que esto y seis pesos que han sobrado de las pistolas.

—Pues ahí tienes —decía Martín—; como por ahora no puedes deshacerte de todo, pues te hallas en extrema y legítima necesidad de cubrir tus carnes, aunque sea con lo robado. Sin embargo, veremos lo que se hace. Pero dime: ¿qué giro piensas tomar? ¿En qué quieres destinarte? ¿O de qué arbitrio imaginas subsistir? Porque para vivir es menester comer, y para tener qué comer es necesario trabajar, y a ti te es esto tan preciso que mientras no apoyes en algún trabajo tu subsistencia, estás muy expuesto a abandonar tus buenos deseos, olvidar tus recientes propósitos y volver a la vida antigua.

—No lo permita Dios —le dije con harta tristeza—; pero, hermano mío, ¿qué haré si no tengo en esta ciudad a quién volver mis ojos, ni de quién valerme para que me proporcione un destino o dónde servir, aunque fuera de portero? Mis parientes me niegan por pobre; mis amigos me desconocen por lo mismo, y todos me abandonan, ya por calavera, o ya porque no tengo blanca, que es lo más cierto, pues si tuviera dinero, me sobraran amigos y parientes, aunque fuera el diablo, como me han sobrado cuando lo he tenido; porque lo que éstos buscan es dinero, no conducta, y como tengan que estafar, nadie se mete en averiguar de dónde viene. Venga de donde viniere, el caso es que haya que chupar, y aunque sea el chupado más indigno que Satánas, amado con Gestas y Judas, nada importa; los lisonjeros paniaguados incensarán al ídolo que los favorece por más criminal que sea, y con la mayor desvergüenza alabarán sus vicios como pudieran las virtudes más heroicas. Lo siento, hermano, pero esto lo sé por una continua experiencia. Estos amigos pícaros que me perdieron y que pierden a tantos en el mundo, saben el arte maldito de disfrazar los vicios con nombres de virtudes. A la disipación llaman liberalidad; al juego diversión honesta, por más que por modo de diversión se pierdan los caudales; a la lubricidad, cortesanía; a la embriaguez, placer; a la soberbia, autoridad; a la vanidad, circunspección; a la grosería, franqueza; a la chocarrería, gracia; a la estupidez, prudencia; a la hipocresía, virtud; a la provocación, valor; a la cobardía, recato; a la locuacidad, elocuencia; a la zoncería, humildad; a la simpleza, sencillez; a la... pero ¿para qué es cansarte, cuando sabes mejor que yo lo que es el mundo y lo que son tales amigos? En virtud de eso, yo no sé qué hacer ni de quién valerme.

—No te apures —me dijo el padre Pelayo—, yo haré por ti cuanto pueda. Fía en la Suprema Providencia; pero no te descuides, porque hemos de estar en esta triste vida a Dios rogando y con el mazo dando.

—Su Majestad te pague los consuelos y consejos —le dije—; pero, hermano, yo quisiera que te interesaras con tus amigos a efecto de que logre algún destino, sea el que fuere, seguro de que no te haré quedar mal.

—Ahora mismo me ha ocurrido una especie —me dijo—; espérame aquí.

Al decir esto se fue a la calle, y yo me quedé leyendo hasta las doce del día, a cuya hora volvió mi amigo.

En cuanto entró, me dijo:

—Albricias, Pedro, ya hay destino. Esta tarde te llevo para que te ajustes con el que ha de ser tu patrón, con quien te tengo muy recomendado. Él es amigo mío y mi hijo espiritual; con esto lo conozco,

y estoy seguro de sus bellas circunstancias. Vaya, tú debes dar a Dios mil gracias por este nuevo favor, y manejarte a su lado con conducta, pues ya es tiempo de pensar con juicio. Acuérdate siempre de las desgracias que has sufrido, y reflexiona en los pagos que dan el mundo y los malos amigos. Vamos a comer.

Le di los debidos agradecimientos, se puso la mesa, comimos, y concluido esto, rezamos un padrenuestro por el alma de nuestro infeliz amigo Januario. Dormimos siesta, y a las cuatro, después de tomar chocolate, salí en un coche con el padre Pelayo a la casa del que iba a ser mi amo.

En cuanto me vio parece que le confronté, porque me trató con mucha urbanidad y cariño. Tal debió de ser el buen informe que de mí le hizo nuestro confesor y amigo.

Era hombre viudo, sin hijos, rico y liberal, circunstancias que lo debían hacer buen amo, como lo fue en efecto.

El destino era cuidar como administrador el mesón del pueblo llamado San Agustín de las Cuevas, que sabéis dista cuatro leguas de la capital, y girar una buena tienda que tenía en dicho pueblo, debiendo partirse a medias entre mí y el amo las utilidades que ambos tratos produjeran.

Se deja entender que admití en el momento, llenando a Pelayo de agradecimientos; y habiendo quedado corrientes, y aplazado el día en que debía recibir, nos fuimos yo y mi amigo Martín para la Profesa.

En la noche platicamos sobre varios asuntos, rematando Pelayo la conversación con encargarme que me manejara con honradez y no le hiciera quedar mal. Se lo prometí así, y nos recogimos.

Al día siguiente me dejó mi amigo en su aposento, y a poco rato volvió habilitado de géneros y sastre; hizo me tomara medida de capa y vestido, y habiéndole dado no sé qué dinero, lo despidió.

Si me admiró la generosidad del padre Pelayo, y si yo no hallaría expresiones con qué significarle mi gratitud, fácil es conjeturarlo. El me dijo:

—Te he suplido este dinero y he hecho estas diligencias por tres motivos: porque no maltrates más esa ropa que no es tuya; porque no te exponga ella misma a un bochorno, y porque tu amo te trate como a un hombre fino y civilizado, y no como a un payo silvestre. Hace mucho al caso el traje en este mundo, y aunque no debemos vestirnos con profanidad, debemos vestirnos con decencia y según nuestros principios y destinos.

A los tres días vino el sastre con la ropa; me planté con capote y chaquetita, pero al estilo de México. Pelayo fue conmigo al mesón, donde le entregué el caballo y sus arneses; volvimos a la Profesa, hice una lista de todo lo que le entregaba, y al otro día puso Martín todo aquello en poder del capitán de la Acordada, para que éste solicitara sus dueños o viera lo que hacía.

No restando ya más que hacer sobre esto, y llegado el día en que había de recibir la tienda y el mesón, fuimos a San Agustín de las Cuevas; me entregué de todo a satisfacción; mi amo y el padre volvieron a México, y yo me quedé en aquel pueblo manejándome con la mayor conducta, que el cielo me premió con el aumento de mis intereses y una serie de felicidades temporales.

CAPÍTULO XII

EN EL QUE REFIERE PERIQUILLO SU CONDUCTA EN SAN AGUSTÍN DE LAS
CUEVAS, Y LA AVENTURA DEL AMIGO ANSELMO, CON OTROS EPISODIOS NADA
INGRATOS

Así COMO SE DICE QUE EL SABIO vence su estrella, se pudiera decir con más seguridad que el hombre de bien con su conducta constantemente arreglada domina casi siempre su fortuna, por siniestra que sea.

Tal dominio experimenté yo, aun en las ocasiones que observé un proceder honrado por hipocresía; bien que luego que trastrabillaba y me descaraba con el vicio, volvían mis adversas aventuras como llovidas.

Desengañado con esta dolorosa y repentina observación, traté de pensar seriamente, considerando que ya tenía más de treinta y siete años, edad harto propia para reflexionar con juicio. Procuré manejarme con honor y no dar qué decir en aquel pueblo.

Cada mes, en un domingo, venía a México, me confesaba con mi amigo Pelayo, y con él me iba después a pasar el resto del día en la casa y compañía de mi amo, quien me manifestaba cada vez más confianza y más cariño. A la tarde salía a pasear a la alameda o a otras partes.

Cuántas veces me decía Pelayo: "Sal, expláyate, diviértete. No está la virtud reñida con la alegría ni con la honesta diversión. La hermosura del campo, para recreo de los sentidos y la comunicación recíproca de los hombres por medio de la explicación de sus conceptos para desahogo de sus almas, es bendita por el mismo Dios, pues Su Majestad crió así la belleza, aromas, sabores, virtudes y matices de las plantas, flores y frutos, como la viveza, gracias, penetración y subli-

midad de los entendimientos, y todo lo hizo, crió y destinó para recreo y utilidad del hombre; y si no ¿a qué fin sería dotar a las criaturas subalternas de bellezas, y al racional de espíritu para percibirlas, si no nos había de ser lícito ejercitar sobre ellas nuestro talento ni sentidos? Sería una creación inútil por una parte, y por otra una tiranía que degradaría a la deidad, pues probaría que había criado entes espectables y deliciosos, y nos había dotado de apetitos, prohibiéndonos la aplicación de éstos y la fruición de aquéllos. Pena que los gentiles la hallaron digna de ser castigo infernal para los crueles y avaros como Tántalo, a quien concedieron la vista inmediata de las manzanas y el agua que llegaban a su boca, y no podía satisfacer su sed ni su hambre.

"Ya se ve que esto sería un absurdo pensarlo, pero, aunque sin malicia, no forman mejor concepto de la Divinidad los que creen que se ofende de nuestras diversiones inocentes.

"El abuso y no el uso es lo que se prohíbe hasta en las obras de virtud. Yo tengo esta opinión por muy segura, y como tal te la aconsejo: *no peques y diviértete cuanto quieras,* porque Dios nos quiere santos, no monos, ridículos, hurones, ni tristes. Eso quédese para los hipócritas, que los justos, en esta expresión del santo David, deben alegrarse y regocijarse en el Señor, y pueden muy bien cantar y saltar con su bendición al son de la cítara, la lira y el salterio.

"Frases son éstas con que el santo rey explica que Dios no quiere mustios ni zonzos. El yugo de la ley del Señor es suave y su carga muy ligera. Cualquier cristiano puede gozar de aquella diversión que no sea pecaminosa y arriesgada. Ninguna dejará de serlo, ni la asistencia a los templos, si el corazón está corrompido y mal dispuesto; y cualquiera no lo será, aunque sea un baile y unas bodas, si asistimos a ellas con intención recta y con ánimo de no prevaricar. Las ocasiones son próximas y debemos huir los peligros cuando tenemos experimentada nuestra debilidad. Conque así diviértete, según te dicte una prudente observación."

Fiado en éstos y otros muchos iguales documentos, me salía yo a pasear buenamente; y aunque encontraba a muchos de aquellos briboncillos que se habían llamado mis amigos, procuraba hacer que no los veía, y si no lo podía excusar, me desembarazaba con decirles que estaba destinado fuera de México y que me iba a la noche, con lo que perdían la esperanza de estafarme y seducirme.

En una de estas lícitas paseadas me habló a la mano un muchachito muy maltratado de ropa, pero bonito de cara, pidiéndome un socorro por amor de Dios para su pobre madre, que estaba enferma en cama y sin tener qué comer.

Como estas palabras las acompañaba con muchas lágrimas y con aquella sencillez propia de un niño de seis años, lo creí, y compadeciéndome del estado infeliz que me pintó, le dije que me llevara a su casa.

Luego que entré en ella vi que era cierto cuanto me dijo, porque en un cuarto, que llaman redondo (que era toda la casa), yacía sobre unos indecentes bancos de cama una señora como de veinticinco años de edad, sin más colchón, sábanas ni almohada que un petate, una frazada y un envoltorio de trapos a la cabecera. En un rincón de la misma cama estaba tirado un niño como

de un año, ético y extenuado, que de cuando en cuando estiraba los secos pechos de su débil madre, exprimiéndoles el poco jugo que podía.

Por el sucio aposentillo andaba una güerita de tres años, bonita a la verdad, pero hecha pedazos, y manifestando en lo descolorido de su cara el hambre que le había robado lo rozagante de sus mejillas.

En el brasero no había lumbre ni para encender un cigarro, y todo el ajuar era correspondiente a tal miseria.

No pudo menos que conmover mi sensibilidad una escena tan infeliz; y así, sentándome junto a la enferma, en su misma cama, le dije:

—Señora, lastimado de las miserias que de usted me contó este niño, determiné venir con él a asegurarme de su verdad, y por cierto que el original es más infeliz que el retrato que me hizo esta criatura. Pero pues estoy satisfecho, no quiero que mi venida a ver a usted le sea enteramente infructuosa. Dígame usted quién es, qué padece y cómo ha llegado a tan deplorable situación, pues aunque con esta relación no consiga otra cosa que disipar la tristeza que me parece la agobia, no será mal conseguir, pues ya sabe que nuestras penas se alivian cuando nos las comunican con confianza.

—Señor —dijo la pobre enferma, con una voz lánguida y harto triste—, señor, mis penas son de tal naturaleza, que pienso que al referirlas, lejos de servirme de algún consuelo, renovarán las llagas de que adolece mi corazón; pero, sin embargo, sería yo una ingrata descortés si, aunque a costa de algún sacrificio, dejara de satisfacer la curiosidad de usted...

—No, señora —le dije—, no permita Dios que exigiera de usted ningún sacrificio. Creía que la relación de sus desdichas le serviría de refrigerio en medio de ellas; pero no siendo así, no se aflija. Tenga usted este poco que tengo en la bolsa y sufra con resignación sus trabajos, ofreciéndoselos al Señor y confiando en su amplísima Providencia, que no la desamparará, pues es un Padre amante que cuando nos prueba nos amerita y premia, y cuando nos castiga es con suavidad, y aun así le queda la mano adolorida. Yo tendré cuidado de que un sacerdote amigo mío venga a ver a usted y le imparta los auxilios espirituales y temporales que pueda. Conque, adiós.

Diciendo esto, le puse cuatro pesos en la cama y me levanté para salirme; mas la señora no lo permitió; antes, incorporándose como mejor pudo en su triste lecho, con los ojos llenos de agua, me dijo:

"No se vaya usted tan presto, ni quiera privarme del consuelo que me dan sus palabras. Suplico a usted que se siente; quiero contarle mis desventuras, y creo que ya me será alivio el comunicárselas a un sujeto que sin mérito mío manifiesta tanto interés en mi desgraciada suerte.

"Yo me llamo María Guadalupe Rosana; mis padres fueron nobles y honrados y, aunque no ricos, tenían lo suficiente para criarme, como me criaron, con regalo. Nada apetecía yo en mi casa; era querida como hija y contemplada como hija única. Así viví hasta la edad de quince años, en cuyo tiempo fue Dios servido de llevarse a mi padre, y mi madre, no pudiendo resistir este golpe, lo siguió al sepulcro dentro de dos meses.

"Sería largo de contar los muchos trabajos que sufrí y los riesgos a que se vio expuesto mi honor en el tiempo de mi orfandad. Hoy estaba en una casa, mañana en otra, aquí me hacían un desaire, allí me intentaban seducir, y en ninguna encontraba un asilo seguro ni una protección inocente.

"Tres años anduve de aquí para allí, experimentando lo que Dios sabe, hasta que cansada de esta vida, temiendo mi perdición y deseando asegurar mi honor y mi subsistencia, me rendí a las amorosas y repetidas instancias del padre de estas criaturas. Me casé por fin, y en cuatro o cinco años jamás me dio mi esposo motivo de arrepentirme. Cada día estaba yo más contenta con mi estado; pero habrá poco más de un año que mi dicho esposo, olvidado de sus obligaciones y prendado de una buena mujer que, como muchas, tuvo arte para hacerlo mal marido y mal padre, me ha dado una vida bastante infeliz y me ha hecho sufrir hambres, pobrezas, desnudeces, enfermedades y otros mil trabajos, que aún son pocos para satisfacción de mis pecados. La disipación de mi marido nos acarreó a todos el fruto que era natural; éste fue la última miseria en que me ve usted y él se mira.

"Cuando fue hombre de bien sostenía su casa con decencia, porque tenía un cajoncito bien surtido en el Parián y contaba con todos los géneros y efectos de los comerciantes, en virtud del buen concepto que se tenía granjeado con su buena conducta; pero cuando comenzó a extraviarse con la compañía de sus malos amigos, y cuando se aficionó de su otra señora, todo se perdió por momentos. El cajoncito bajó de crédito con su ausencia; el cajero hacía lo que quería, fiado en la misma; porque mi esposo no iba al Parián sino a sacar dinero y no a otra cosa; la casa nuestra estaba de lo más desatendida, los muchachos abandonados, yo mal vista, los criados descontentos y todo dado a la trampa.

"Es verdad que cuando a mí me pagaba casa de a diez pesos y me tenía reducida a dos túnicos y a seis reales de gasto, tenía para pagar a su dama casa de veinte, dos criadas, mucha ropa y abundantes paseos y diversiones; pero así salió ello.

"Al paso que crecían los gastos se menoscababan los arbitrios. Dio con el cajón al traste prontamente, y la señorita, en cuanto lo vio pobre, lo abandonó y se enredó con otro. A seguida vendió mi marido la poca ropa y ajuar que le había quedado, y el casero cargó con el colchón, el baúl y lo poco que se había reservado, echándonos a la calle, y entonces no tuvimos más remedio que abrigarnos en esta húmeda, indecente e incómoda accesoria.

"Pero como cuando los trabajos acometen a los hombres llegan de tropel, sucedió que los acreedores de mi marido, sabedores de su descubierto, y satisfechos de que había disipado el principal en juegos y bureos, se presentaron y dieron con él en una prisión, donde lo tienen hasta que no les facilite un fiador de seis mil pesos que les debe. Esto es imposible, pues no tiene quien le fíe ni en seis reales, ni aun sus amigos, que me decía que tenía muchos, y algunos con proporciones; aunque ya se sabe que en el estado de la tribulación se desaparecen los amigos.

"La miseria, la humedad de esta incómoda habitación y el tormento que padece mi espíritu, me han postrado en esta cama no sé de qué mal, pues yo que lo padezco no lo conozco; lo cierto es que creo que mi muerte se aproxima por instantes, y esta infeliz chiquita expirará primero de hambre, pues no tienen mis enjutos pechos con qué alimentarla; estas otras dos criaturas que darán expuestas a la más dolorosa orfandad; mi esposo entregado a la crueldad de sus acreedores, y todo sufrirá el trágico fin que le espera.

"Ésta, señor, es mi desgraciada historia. Ved si con razón dije que mis penas son de las que no se alivian con contarlas. ¡Ay, esposo mío! ¡Ay, Anselmo, a qué estado tan lamentable nos condujo tu desarreglado proceder!..."

—Perdone usted, señora —le dije—. ¿Quién es ese Anselmo de quien usted se queja?

—¿Quién ha de ser, señor, sino mi pobre marido, a quien no puedo dejar de amar, por más que alguna vez me fuera ingrato?

—Ése es un carácter noble —le dije.

Y a seguida me informé y quedé plenamente satisfecho de que su marido era aquel mi amigo Anselmo, que no me conoció, o no me

quiso conocer, cuando imploré su caridad en medio de mi mayor abatimiento; pero no acordándome entonces de su ingratitud sino de su desdicha y de la que padecía su triste e inocente familia, procuré aliviarla con lo que pude.

Consolé otra vez a la pobre enferma; hice llamar a una vieja vecina que la quería mucho y solía llevarle un bocadito al mediodía, y ofreciéndole un buen salario se quedó allí sirviéndola con mucho gusto.

Salí a la calle, vi a mi amo, le conté el pasaje, le pedí dinero a mi cuenta, lo hice entrar en un coche y lo llevé a que fuera testigo de la miserable suerte de aquellas inocentes víctimas de la indigencia.

Mi amo, que era muy sensible y compasivo, luego que vio aquel triste grupo de infelices, manifestó su generosidad y el interés que tomaba en su remedio.

Lo primero que hizo fue mandar un médico y una chichigua, para que se encargasen de la enferma y de la criatura. En esa noche envió de su casa colchón, sábanas, almohadas y varias cosas que urgían con necesidad a la enferma.

No me dejó ir a San Agustín por entonces, y al día siguiente me mandó buscar una viviendita en alto. La solicité con empeño, y a la mayor brevedad mudé a ella a la señora y a su familia.

Con el dinero que pedí, habilité de ropa a los chiquillos, y no restando más que hacer por entonces, me despedí de la señora, quien no se cansaba de llenarme de bendiciones y dar agradecimientos a millares. Cada rato me preguntaba por mi nombre y lugar donde vivía. Yo no quise darle razón, porque no era menester; antes le decía que aquella gratitud la merecía mi amo, que era quien la había socorrido, pues yo no era sino un débil instrumento de que Dios se había servido para el efecto.

—Sin embargo —decía la pobre toda enternecida—, sin embargo de que ese caballero haya gastado más que usted en nuestro favor, usted ha

sido la causa de todo. Sí, usted le
habló, usted lo trajo y por usted
logramos tantos favores. Él es un
hombre benéfico, no lo dudo, ni soy
capaz de agradecerle ni pagarle lo
bueno que ha hecho conmigo y mis
criaturas; pero usted es, a más de
benéfico, generoso, pues gasta con
liberalidad siendo un dependiente,
y...
—Ya está, señora, ya está —le
dije—; restablézcase usted, que es
lo que nos importa, y adiós, hasta
el domingo.
—¿Viene usted el domingo a verme y a sus hijos?
—Sí, señora, vengo.
Les compré fruta a los mucha-
chitos, los abracé y me despedí no
sin lágrimas en los ojos por la ternura que me causó oírme llamar
de papá por aquellos inocentes niñitos, que no sabían cómo manifestarme su gratitud sino apretándome
las rodillas con sus bracitos y quedándose llorando, rogándome que no
me fuera. Trabajo me costó desprenderme de aquellas agradecidas
criaturas; pero por fin me fui a mi
destino, reencargándolas a mi amo
y a Pelayo.
Al domingo siguiente vine sin falta. No estaba mi amo en casa, y
así, en cuanto dejé el caballo, fui
a ver cómo estaba la enferma y sus
niños; pero ¡cuál fue mi gusto cuando la hallé muy restablecida y aseada, jugando en el estrado con sus
niños! Tan entretenida estaba con
esta inocente diversión, que no me
había visto, hasta que diciéndole yo:
—Me alegro mucho, señorita, me
alegro.
Alzó la cara, me vio, y conocién-
dome se levantó y llena de un entusiasmo imponderable y de un gozo
que le rebosaba por sobre la ropa,
comenzó a gritar:
—Anselmo, Anselmo, ven breve,
ven a conocer al que deseas. Anda,
ven; aquí está nuestro bienhechor
y nuestro padre.
Los niños se rodearon de mí, y
estirándome de la capa me llevaron al estrado al tiempo que salió
de la recámara Anselmo.

Sorprendióse al verme, fijó en
mí la vista, y cuando se satisfizo
de que yo era el mismo Pedro a
quien había despreciado y tratado
de calumniar de ladrón, luchando
entre la gratitud y la vergüenza,
quería y no quería hablarme; más
de una vez intentó echarme los brazos al cuello, y dos veces estuvo
para volverse a la recámara.
En una de éstas, mirándome con
ternura y rubor, me dijo:
—Señor... yo agradezco... —y
no pudiendo pronunciar otra palabra, bajó los ojos.
Yo, conociendo el contraste de pasiones con que batallaba aquel pobre corazón, procuré ensancharlo
del mejor modo, y así, tomando a
mi amigo de un brazo, y estrechándolo entre los míos, le dije:
—¡Qué señor ni qué droga! ¿No
me conoces, Anselmo? ¿No conoces
a tu antiguo amigo Pedro Sarmiento? ¿Para qué son esas extrañezas
y esas vergüenzas con quien te ha
amado tanto tiempo? Vamos, depón
ese rubor, reprime esas lágrimas y
reconoce de una vez que soy tu
amigo.
Entonces Anselmo, que había estado oyéndome con la cabeza recli-
nada sobre mi hombro izquierdo,
alentado con mis palabras, alzó la
cara, y volviéndose a su esposa, le
dijo:
—¿Y tú sabes, querida mía, quién
es este hombre benéfico que tanto
nos ha favorecido?
—No, no he tenido el gusto de
saberlo —dijo la señora—; sólo re-
conozco en él un singular bienhechor, a quien todos debemos la vida, la subsistencia y el honor.
—Pues sábete, hija mía, que este
señor es don Pedro Sarmiento, mi
antiguo amigo, a quien debí mil favores y a quien le correspondí con
la mayor villanía en las circunstancias más críticas en que necesitaba
mis auxilios.
Hincóse a este tiempo, y abrazándome tiernamente me decía:
—Perdóname, querido Pedro; soy
un vil y un ingrato, mas tú eres
caballero y el único hombre digno

del dulce título de amigo. Desde hoy te reconoceré por mi padre, por mi libertador y por el amparo de mi esposa y de mis hijos, a quienes hice desgraciados por mis excesos. No te acuerdes de mi ingratitud; no paguen estos inocentes lo que yo sólo merecí... seremos tus esclavos... nuestra dicha consistirá en servirte... y...

—Por Dios, Anselmo, basta —le dije, levantándolo y apretándolo en el pecho—. Basta, soy tu amigo y lo seré siempre que me honres con tu amistad. Serénate y hablemos de otra cosa. Acaricia a tus niños, que lloran porque te ven llorar. Consuela a esta señora, que te atiende entre la aflicción y la sorpresa. Yo no he hecho sino cumplir en muy poco con los naturales sentimientos de mi corazón. Cuando hice lo que pude por tu familia, fui condolido de su infeliz situación, y sabiendo que era tuya, cuya sola circunstancia sobraba para que, cumpliendo con los deberes de la amistad, hiciera en su obsequio lo posible. Pero, después de todo, Dios es quien ha querido socorrerte; dale a Su Majestad las gracias y no vuelvas a acordarte de lo pasado por vida de tus niños.

Quería yo despedirme, pero la señora no lo consintió; tenía el almuerzo prevenido, y me detuvo a almorzar.

Nos sentamos juntos muy gustosos, y en la mesa me informaron cómo Pelayo y mi amo habían desempeñado tan bien mi encargo, que, no contentos con socorrer a la enferma y su familia, solicitaron a los acreedores de Anselmo, y a pesar de hallar a algunos inexorables, rogaron tanto y se empeñaron tanto que al fin consiguieron la remisión de la deuda hasta mejora de fortuna; y para que Anselmo pudiera sostener a su familia, lo colocó mi amo de mayordomo en una de sus haciendas, adonde debía partir luego que se acabara de restablecer su esposa.

Estas noticias me colmaron de gozo, considerando que Dios se había valido de mí para hacer feliz a aquella pobre familia, a la que di los plácemes, y luego me despedí de todos entre mil abrazos, lágrimas y cariñosas expresiones.

A mi amo y a Pelayo les di también muchos agradecimientos por lo que habían hecho, y a la tarde me volví a mi destino, sintiendo no sé qué dulce satisfacción en mi corazón por el mucho bien que había resultado a aquella triste familia por mi medio.

¡La contemplaba dentro de ocho días tan otra de como la había hallado! Ella, decía yo entre mí, estaba sepultada en la indigencia. El padre, entregado sin honor y sin recurso a la voracidad de sus acreedores, y confundido con la escoria del pueblo y en un lóbrego calabozo; su mujer, con el espíritu atormentado y desfallecida de hambre, en una accesoria indecente; las criaturas desnudas, flacas, expuestas a morirse o a perderse, y ahora todo ha cambiado de semblante. Ya Anselmo tiene libertad; su esposa salud y marido; los niños padre, y todos entre sí disfrutan los mayores consuelos. ¡Bendita sea la infinita Providencia de Dios, que tanto cuidado tiene de sus criaturas! ¡Y bendita la caridad de mi amo y de Pelayo, que arrancó de las crueles garras de la miseria a esta familia desgraciada y la restituyó al seno de la felicidad en que se encuentra! ¡Cómo se acordará el Todopoderoso de esta acción para recompensarla con demasía en la hora inevitable de su muerte! ¡Con qué indelebles caracteres no estarán escritos en el libro de la vida los pasos y gastos que ambos han dado y erogado en su obsequio! ¡Qué felices son los ricos que emplean tan santamente sus monedas y las atesoran en los sacos que no corroe la polilla! ¡Y de qué dulces placeres no se privan los que no saben hacer bien a sus semejantes! Porque la complacencia que siente el corazón sensible cuando hace un beneficio, cuando socorre una miseria o de cualquier modo enjuga las lágrimas del afligido, es imponderable, y sólo el que la experimenta podrá, no pintarla dignamente, pero a lo menos, bosquejarla con algún colorido.

No hay remedio, sólo los dulces transportes que siente el alma cuando acaba de hacer un beneficio, deberían ser un estímulo poderoso para que todos los hombres fueran benéficos, aun sin la esperanza de los premios eternos. No sé cómo hay avaros, no sé cómo hay hombres tan crueles que, teniendo sus cofres llenos de pesos, ven perecer con la mayor frialdad a sus desdichados semejantes. Ellos miran con ojos enjutos la amarillez con que el hambre y la enfermedad pintan las caras de muchos miserables; escuchan como una suave música los ayes y gemidos de la viuda y el pupilo; sus manos no se ablandan aun regadas con las lágrimas del huérfano y del oprimido... en una palabra, su corazón y sus sentidos son de bronce, duros, impenetrables e inflexibles a la pena, al dolor del hombre y a las más puras sensaciones de la Naturaleza.

Es verdad que hay mendigos falsos y pobres a quienes no se les debe dar limosna, pero también es verdad que hay muchos legítimamente necesitados, especialmente entre tantas familias decentes, que con nombre de vergonzantes gimen en silencio y sufren escondidas sus miserias. A éstas debía buscarse para socorrerse, pero éstas son a las que menos se atiende por lo común.

Entretenido con estas serias consideraciones, llegué a San Angustín de las Cuevas.

En el tal pueblo procuré manejarme con arreglo, haciendo el bien que podía a cuantos me ocupaban, y granjeándome de esta suerte la benevolencia general.

Así como me sentía inclinado a hacer bien, no me olvidé de restaurar el mal que había causado. Pagué cuanto debía a los caseros y al tío abogado; aunque no volví a admitir la amistad de éste ni de otros amigos ingratos, interesables y egoístas.

Tuve la satisfacción de ver a mi amo siempre contento y descansando en mi buen proceder, y fui testigo de la reforma de Anselmo y felicidad de su familia, pues la hacienda en que estaba acomodado se me entregó en administración.

Sólo al pobre trapiento no lo hallé por más que lo solicité para pagarle su generoso hospedaje; lo más que conseguí fue saber que se llamaba Tadeo.

Tampoco hallé a nana Felipa, la fiel criada de mi madre, ni a otras personas que me favorecieron algún día. De unas me dijeron que habían muerto, y de otras que no sabían su paradero; pero yo hice mis diligencias por hallarlas.

Continuaba sirviendo a mi amo y sirviéndome a mí en mi triste pueblo, muy gustoso con la ayuda de un cajero fiel que tenía acomodado, hombre muy de bien, viudo, y que, según me contaba, tenía una hija como de catorce años en el colegio de las Niñas.

Descansaba yo enteramente en su buena conducta y lo procuraba granjear por lo útil que me era. Llamábase don Hilario, y le daba tal aire al trapiento, que más de dos veces estuve por creer que era el mismo, y por desengañarme le hacía dos mil preguntas, que me respondía ambigua o negativamente, de modo que siempre me quedaba en mi duda, hasta que un impensado accidente me proporcionó descubrir quién era en realidad este sujeto.

CAPÍTULO XIII

EN EL QUE REFIERE PERICO LA AVENTURA DEL MISÁNTROPO, LA HISTORIA DE
ÉSTE Y EL DESENLACE DEL PARADERO DEL TRAPIENTO, QUE NO ES MUY
DESPRECIABLE

AUNQUE MI CAJERO ERA, como he dicho, muy hombre de bien, exactísimo en el cumplimiento de su obligación, y poco amigo de pasear, los domingos que no venía yo a la ciudad cerraba la tienda por la tarde, tomaba mi escopeta, le hacía llevar la suya, y nos salíamos a divertir por los arrabales del pueblo. Esta amistad y agrado mío le era muy satisfactorio a mi buen dependiente, y yo lo hacía con estudio, pues a más de que él se lo merecía, consideraba yo que sin perder nada granjeaba mucho, pues vería aquellos intereses más como de un amigo que como de un amo, y así trabajaría con más gusto. Jamás me equivoqué en este juicio, ni se equivocará en el mismo todo el que sepa hacer distinción entre sus dependientes, tratando a los hombres de bien con amor y particular confianza, seguro de que los hará mejores.

En una de las tardes que andábamos a caza de conejos, vimos venir hacia nosotros un caballo desbocado, pero en tan precipitada carrera, que por más que hicimos no fue posible detenerlo; antes, si no nos hacemos a un lado, nos arroja al suelo contra nuestra voluntad.

Lástima nos daba el pobre jinete, a quien no valían nada las diligencias que hacía con las riendas para contenerlo. Creímos su muerte próxima por la furia de aquel ciego bruto, y más cuando vimos que, desviándose del camino real, corrió derecho por una vereda, y encontrándose con una cerca de piedras de la huerta de un indio, quiso saltarla, y no pudiendo, cayó en tierra, cogiendo debajo la pierna del jinete.

El golpe que el caballo llevó fue tan grande, que pensamos que se había matado y al jinete también, porque ni uno ni otro se movían.

Compadecidos de semejante desgracia corrimos a favorecer al hombre, pero éste, apenas vio que nos acercábamos a él, procuró medio enderezarse, y arrancando una pistola de la silla, la cazó, dirigiéndonos la puntería, y con una ronca y colérica voz nos dijo:

—Enemigos malditos de la especie humana, matadme si a eso venís, y arrancadme esta vida infeliz que arrastro... ¿Qué hacéis perversos? ¿Por qué os detenéis, crueles? Este bruto no ha podido cuitarme la vida que detesto, ni son los brutos capaces de hacerme tanto mal. A vosotros, animales feroces, a vosotros está reservado el destruir a vuestros semejantes.

Mientras que aquel hombre nos insultaba con éstos y otros iguales baldones, yo lo observaba con miedo y atención, y cierto que su figura imponía temor y lástima. Su vestido negro y tan roto, que en parte descubría sus carnes blancas; y su cara descolorida y poblada de larga barba; sus ojos hundidos, tristes y furiosos; su cabellera descompuesta; su voz ronca; su ademán desesperado, y todo él manifestaba el estado más lastimoso de su suerte y de su espíritu.

Mi cajero me decía:

—Vámonos, dejemos a este ingrato, no sea que perdamos la vida cuando intentamos darla a este monstruo.

—No, amigo —le dije—; Dios, que ve nuestras sanas intenciones, nos la guardará. Este infeliz no es ingrato como usted piensa. Acaso nos juzga ladrones porque nos ve con las escopetas en las manos, o será algún pobrecito que ha perdido el juicio o está para perderlo por alguna causa muy grave; pero sea lo que fuere, de ninguna manera conviene dejarlo en este estado. La humanidad y la religión nos mandan socorrerlo. Hagámoslo.

Esto platicamos fingiendo que no lo veíamos y que queríamos retirarnos, mientras él no cesaba de injuriarnos lo peor que podía; pero viendo que no le hacíamos caso y le teníamos vueltas las espaldas, procuró sacar la pierna azotando con el látigo al caballo para que se levantara; mas éste no podía, y el hombre, deseando desquitar su enojo, le disparó la pistola en la cabeza, pero en vano, porque no dio fuego.

Entonces registró la cazueleja, y hallándola sin pólvora, trataba de cebarla, cuando, aprovechando nosotros aquel instante favorable, corrimos hacia él, y afianzándole los brazos, le quitó mi cajero las pistolas, yo alcé al caballo de la cola y sacamos de esta suerte de debajo de él al triste roto, que, enfurecido más con la violencia que reconocido al beneficio que acababa de recibir, se esforzaba a maltratarnos, diciéndonos:

—Os cansáis en vano, ladrones insolentes y atrevidos. Nada tengo que me llevéis. Si queréis el caballo y estos trapos, lleváoslos, y quitadme la vida como os dije, seguros de que me haréis un gran favor.

—No somos ladrones, caballero —le dije—; somos unos hombres de honor, que paseándonos por ahí hemos visto la desgracia de usted y, obligados por la humanidad y la religión, hemos querido aliviarlo en su mal, y así no pague con injurias esta prueba de la verdadera amistad que le profesamos.

—¡Bárbaros! —nos respondió el hombre puesto en pie—; ¡bárbaros! ¿Aún tenéis descaro para profanar con vuestros impuros labios las sagradas voces de honor, amistad y religión? ¡Crueles! Esas palabras no están bien en la indigna boca de los enemigos de Dios y de los hombres.

—Seguramente este pobre está loco, como usted ha pensado —me dijo mi cajero.

Entonces se le encaró el roto, y le dijo:

—No, no estoy loco, indigno; pluguiera a Dios que jamás hubiera tenido juicio para no haber tenido tanto que sentir de vosotros.

—¿De nosotros? —preguntaba muy admirado mi cajero.

—Sí, cruel, de vosotros y de vuestros semejantes.

—Pues, ¿quiénes somos nosotros?

—¿Quiénes sois? —decía el roto—. Sois unos impíos, crueles, ladrones, ingratos, asesinos, sacrílegos, aduladores, intrigantes, avaros, mentirosos, inicuos, malvados y cuanto malo hay en el mundo. Bien os conozco, infames. Sois hombres, y no podéis dejar de ser lo que os he dicho, porque todos los hombres lo son. Sí, viles, sí, os conozco, os detesto, os abomino; apartaos de mí o matadme, porque vuestra presencia me es más fastidiosa que la muerte misma; pero id asegurados en que no estoy loco sino cuando miro a los hombres y recuerdo sus maquinaciones infernales, sus procederes malditos, sus dobleces, sus iniquidades y cuanto me han hecho padecer con todas ellas. Idos, idos.

Lejos de incomodarme con aquel infeliz, lo compadecí de corazón, conociendo que si no estaba loco, estaba próximo a serlo; y más lo compadecí cuando advertí por sus palabras que era un hombre fino, que manifestaba bastante talento, y si aborrecía al género humano, no procedía esta fatal misantropía de malicia de corazón, sino de los resentimientos que obraban en su espíritu furiosamente cuando se acordaba de los agravios que le habían hecho sufrir algunos de los muchos mortales inicuos que viven en el mundo.

Al tiempo que hacía estas consideraciones, reflexionaba que no es buen medio para amansar a un demente oponerse a sus ideas, sino contemporizar con ellas por extravagantes que sean; y así, aprovechando este recuerdo, le dije al cajero:

—El señor dice muy bien. Los hombres generalmente son depravados, odiosos y malignos. Días ha que se lo he dicho a usted, don Hilario, y usted me tenía por injusto, pero gracias a Dios que encontramos a otro hombre que piensa con el acierto que yo.

—Tal es la experiencia que tengo de ellos —dijo el misántropo—, y tales son los males que me han hecho.

—Si vamos a recordar agravios —le dije— y a aborrecer a los hombres por los que nos han inferido, nadie tiene más motivo para odiarlos que yo, porque a nadie han perjudicado como a mí.

—Eso no puede ser —contestó el misántropo—; nadie ha sufrido mayores daños ni crueldades de los malditos hombres que el infeliz que usted mira. ¡Si supiera mi vida!...

—Si oyera usted mis aventuras —le contesté—, aborrecería más a los pésimos mortales, y confesara que debajo del sol no hay quien haya padecido más que yo.

—Pues bien —decía—; refiérame los motivos que tiene para aborrecerlos y quejarse de ellos, y yo le contaré los míos; entonces veremos quién de los dos se queja con más justicia.

Éste era el punto adonde quería yo reducirlo, y así le dije:

—Convengo en la propuesta, pero para eso es necesario que vayamos a casa. Sírvase usted pasar a ella y contestaremos.

—Sea enhorabuena —dijo el misántropo—; vamos.

Al dar el primer paso cayó al suelo porque estaba muy lastimado de un pie. Lo levantamos entre los dos, y apoyándose en nuestros brazos lo llevamos a casa.

Fuimos entrando al pueblo, representando la escena más ridícula, porque el enlutado roto iba rengueando en medio de nosotros dos, que lo llevábamos con nuestras escopetas al hombro, y estirando al caballo, cojo también, que tal quedó del porrazo.

Semejante espectáculo concilió muy presto la curiosidad del vulgo novelero, y como con la ocasión de haber fiestas en el pueblo había concurrido mucha gente, en un instante nos vimos rodeados de ella.

Algo se incomodó el misántropo con semejantes testigos, y más cuando uno de los mirones dijo en alta voz:

—Sin duda éste era un gran ladronazo y estos señores lo han cogido, y lastimado lo llevan a la cárcel.

Entonces, brotando fuego por los ojos, me dijo:

—¿Ve usted quiénes son los hombres? ¿Ve usted qué fáciles son para pensar de sus semejantes del peor modo? Al instante que me ven me tienen por ladrón. ¿Por qué no me juzgan enfermo y desvalido? ¿Por qué no creen que ustedes me socorren, sino que antes su caridad la suponen justicia y rigor? ¡Ah! ¡Malditos sean los hombres!

—¿Quién hace caso —le dije— del vulgo, cuando sabemos que es un monstruo de muchas cabezas, con muy poco o ningún entendimiento? El vulgo se compone de la gente más idiota del pueblo, y ésta no sabe pensar, y cuando piensa alguna cosa es casi siempre mal, pues no conociendo las leyes de la crítica, discurre por las primeras apariencias que le ministran los objetos materiales que se le presentan, y como sus discursos no se arreglan a la recta razón, las más veces son desatinados, y los forma tales con la misma ignorancia que un loco; pero así como no debemos agraviarnos por las injurias que nos diga un loco, porque no sabe lo que dice, tampoco debemos hacer aprecio de los dicterios ni opiniones perversas del vulgo, porque es un loco y no sabe lo que piensa ni lo que habla.

En esto llegamos a la casa; hice desensillar el caballo y dispuse que al momento lo curasen con el mayor esmero. Vinieron los albéitares, lo reconocieron, lo curaron; hice que le pusieran caballeriza separada, la mandé asear y que se le echara mucho maíz y cebada, y destiné un mozo para que lo cuidara prolijamente. Todo esto fue delante del misántropo, quien, admirado del cuidado que me debía su bestia, me dijo:

—Mucho aprecia usted a los caballos.

—Más estimo a los hombres —le dije.

—¿Cómo puede ser eso —me dijo—, cuando no ha veinte minutos que me aseguró usted que los aborrecía?

—Así es —le contesté—; aborrezco a los hombres malos, o más bien las maldades de los hombres, pero a los hombres buenos como usted los amo entrañablemente, los deseo servir en cuanto puedo, y cuanto más infelices son, más los amo y más me intereso en sus alivios.

Al oír estas palabras, que pronuncié con el posible entusiasmo, advertí no sé qué agradable mutación en la frente del misántropo, y sin dar lugar a reflexiones lo metimos a mi sala, donde tomamos chocolate, dulce y agua.

Concluido el parco refresco, me preguntó mis desgracias: yo le supliqué me refiriera las suyas, y él, procediendo con mucha cortesía, se determinó a darme gusto, a tiempo que un mozo avisó que buscaban a don Hilario. Salió éste, y entre tanto el misántropo me dijo:

—Es muy larga mi historia para contársela con la brevedad que deseo; pero sepa usted que yo, lejos de deber ningún beneficio a los hombres, de cuantos he tratado he recibido mil males. Algunos mortales numeran entre sus primeros favorecedores a sus padres, gloriándose de ellos justamente, y teniendo sus fa-

vores por justísimos y necesarios; mas yo, ¡infeliz de mí!, no puedo lisonjear mi memoria con las caricias paternales como todos, porque no conocí a mi cruel padre, ni aun supe cómo era mi indigna madre. No se escandalice usted con estas duras expresiones hasta saber los motivos que tengo para proferirlas.

A este tiempo entró mi cajero muy contento, y aunque quise que me descubriera el motivo de su gusto, no lo pude conseguir, pues me dijo que acabaría de oír al misántropo y luego me daría una nueva que no podía menos de darme gusto.

Ved aquí excitada mi curiosidad con dos motivos. El primero, por saber las aventuras del misántropo, y el segundo, por cerciorarme de la buena aventura de mi dependiente; mas como éste quería que aquél continuara, se lo rogué, y continuó de esta suerte:

"Dije, señor —prosiguió el misántropo—, que tengo razón para aborrecer entre los hombres en primer lugar a mi padre y a mi madre. ¡Tales fueron conmigo de ingratos y desconocidos! Mi padre fue el marqués de Baltimore, sujeto bien conocido por su título y su riqueza. Este infame me hubo en doña Clisterna Camoëns, oriunda de Portugal. Ésta era hija de padres muy nobles, pero pobres y virtuosos. El inicuo marqués enamoró a Clisterna por satisfacer su apetito, y ésta se dejó persuadir más por su locura que por creer que se casaría con ella el marqués; porque siendo rico y de título no era fácil semejante enlace, pues ya se sabe que los ricos muy rara vez se casan con las pobres, mucho menos siendo aquéllos titulados. Ordinariamente los casamientos de los ricos se reducen a tales y tan vergonzosos pactos, que más bien se podrían celebrar en el Consulado por lo que tienen de comercio, que en el provisorato por lo que tienen de sacramento. Se consultan los caudales primero que las voluntades y calidades de los novios. No es mucho, según tal sistema, ver tan frecuentes pleitos ma-

trimoniales originados por los enlaces que hace el interés y no la inclinación de los contrayentes. Como
el marqués no enamoró a Clisterna
con los fines santos que exige el matrimonio, sino por satisfacer su pasión al apetito, luego que lo contentó y ésta le dijo que estaba grá-
vida, buscó un pretexto de aquellos
que los hombres hallan fácilmente
para abandonar a las mujeres, y ya
no la volvió a ver ni acordarse del
hijo que dejaba depositado en sus
entrañas. ¿A este cruel podré amarlo ni nombrarlo con el tierno nombre
de padre? La tal Clisterna tuvo harta
habilidad para disimular el entume-
cimiento de su vientre, haciendo pasar sus bascas y achaques por otra
enfermedad de su sexo, con los auxilios de un médico y una criada que
había terciado en sus amores. No se
descuidó en tomar cuantos estimulantes pudo para abortar, pero el
cielo no permitió se lograran sus
inicuos intentos. Se llegó al plazo natural en que debía yo ver la luz del
mundo. El parto fue feliz, porque
Clisterna no padeció mucho, y prontamente se halló desembarazada de
mí, y libre del riesgo de que, por
entonces, se descubriera su liviandad. Inmediatamente me envolvió en
unos trapos, me puso un papel que
decía que era hijo de buenos padres
y que no estaba bautizado, y me entregó a su confidenta para que me
sacara de casa. ¿Merecerá esta
cruel el tierno nombre de madre?
¿Será digna de mi amor y gratitud? ¡Ah, mujer impía! Tú, con escándalo de las fieras y con horror
de la naturaleza, apenas contra tu
voluntad me pariste, cuando me
arrojaste de tu casa. Te avergon-
zaste de parecer madre, pero de-
pusiste el rubor para serlo. Ningún
respeto te contuvo para prostituirte
y concebirme; pero para parirme,
¡cuántos!; para criarme a tus pechos, ¡qué imposibles! Nada tengo
que agradecerte, mujer inicua, y
mucho por qué odiarte mientras me
dure la vida, esta vida de que tantas veces me quisiste privar con
bebedizos... pero apartemos la vis-

ta de este monstruo, que por desgracia tiene tantos semejantes en el
mundo.

"La bribona criada, tan cruel
como su ama, como a las diez de la
noche salió conmigo y me tiró en
los umbrales de la primera accesoria que encontró.

"Allí quedé verdaderamente expuesto a morirme de frío o a ser
pasto de los hambrientos perros. La
gana de mamar o la inclemencia del
aire me obligaron a llorar naturalmente, y la vehemencia de mi llanto despertó a los dueños de la casa.
Conocieron que era recién nacido
por la voz; se levantaron, abrieron, me vieron, me recogieron con
la mayor caridad, y mi padre (así
lo he nombrado toda mi vida), dándome muchos besos, me dejó en el
regazo de mi madre, y a esa hora
salió corriendo a buscar una chichigua.

"Con mil trabajos la halló, pero
volvió con ella muy contento. A
otro día trataron de bautizarme,
siendo mis padrinos los mismos que
me adoptaron por hijo. Estos señores eran muy pobres, pero muy bien
nacidos, piadosos y cristianos.

"Avergonzándose, pidiendo prestado, endrogándose, vendiendo y
empeñando cuanto poco tenían, lograron criarme, educarme, darme estudios y hacerme hombre; y yo tuve
la dulce satisfacción, después que
me vi colocado con un regular sueldo en una oficina, de mantenerlos,
chiquearlos, asistirlos en su enfermedad y cerrar los ojos de cada uno
con el verdadero cariño de hijo.

"Ellos me contaron del cruel marqués y de la impía Clisterna todo
lo que os he dicho, después que, al
cabo de tiempo, lo supieron de boca
de la misma criada, de quien tan ciega confianza hizo Clisterna. Al re-
ferírmelo me estrechaban en sus
brazos; si me veían contento, se ale-
graban; si triste, se compungían y
no sabían cómo alegrarme; si enfermo, me atendían con el mayor
esmero, y jamás me nombraron sino
con el amable epíteto de hijo; ni
yo podía tratarlos sino de padres,

y de este mismo modo los amaba...
¡Ay, señores! ¿Y no tuve razón de
hacerlo así? Ellos desempeñaron por
caridad las obligaciones que la naturaleza impuso a mis legítimos padres. Mi padre suplió las veces del
marqués de Baltimore, hombre indigno, no sólo del título de marqués, sino de ser contado entre los
hombres de bien. Su esposa desempeñó muy bien el oficio de Clisterna, mujer tirana a quien jamás daré el amable y tierno nombre de
madre.

"Cuando me vi sin el amparo y
sombra de mis amantes padrinos,
conocí que los amé mucho y que
eran acreedores a mayor amor del
que yo fui capaz de profesarles. Desde entonces no he conocido y tratado otros mortales más sinceros, más
inocentes, más benéficos ni más
dignos de ser amados. Todos cuantos he tratado han sido ingratos,
odiosos y malignos, hasta una mujer en quien tuve la debilidad de
depositar todos mis afectos entre-
gándole mi corazón.

"Ésta fue una cruel hermosa, hija
de un rico, con quien tenía celebrados contratos matrimoniales. Ella
mil veces me ofreció su corazón y
su mano; otras tantas me aseguró
que me amaba y que su fe sería
eterna; y de la noche a la mañana se entró en un convento, y, perjura indigna, ofreció a Dios un alma que había jurado que era mía.
Ella me escribió una carta llena
de improperios que mi amor no merecía; ella sedujo a su padre atri-
buyéndome crímenes que no había
cometido, para que se declarara,
como se declaró, mi eterno y poderoso enemigo; y ella, en fin, no contenta con ser ingrata y perjura,
comprometió contra mí a cuantos
pudo para que me persiguieran y
dañaran, contándose entre éstos un
don Tadeo, hermano suyo, que, afec-
tándome la más tierna amistad, me
había dicho que tendría mucho gusto en llamarse mi cuñado. ¡Ah, crueles!"

Mientras que el misántropo contaba su historia, advertí que mi ca-

jero lo atendía con sumo cuidado,
y desde que tocó el punto de sus
mal correspondidos amores, mudaba su semblante de color a cada rato, hasta que, no pudiendo sufrir
más, le interrumpió diciéndole:

—Dispense usted, señor: ¿cómo
se llamaba esa señora de quien usted está quejoso?

—Isabel.

—¿Y usted?

—Yo, Jacobo, al servicio de usted.

Entonces el cajero se levantó y,
estrechándolo entre sus brazos, le
decía con la mayor ternura:

—Buen Jacobo, amigo desgraciado, yo soy tu amigo Tadeo, sí, soy
el hermano de la infeliz Isabel, tu
prometida amante. Ninguna queja
debes tener de mí ni de ella. Ella
murió amándote, o más bien, murió
en fuerza del mucho amor que te
tuvo; yo hice cuanto pude por in-
formarte de su suerte, de su fallecimiento y constancia; pero no me
fue posible saber de ti por más que
hice. Cuanto padeciste tú, mi hermana y yo, fue ocasionado por el interés de mi padre, quien por sostener el mayorazgo de mi hermano
Damián impidió el casamiento de
Isabel, forzó a Antonio a ser clérigo, y a mí me dejó pereciendo
en compañía de mi infeliz madre,
que Dios perdone. Conque no tengas
queja de la pobre Isabel, ni de tu
buen amigo Tadeo, que quizá la suma Providencia ha permitido este
raro encuentro para que te desagra-
vie, te alivie y recompense en cuanto pueda tu virtud.

A todo esto estaba como enajenado el misántropo, y yo, acordándome
del cuento del trapiento y oyendo
que el dicho cajero no se llamaba
Hilario sino Tadeo, y que concor-
daba bien cuanto me contó aquél
con lo que éste acababa de referir,
le dije:

—Don Hilario, don Tadeo, o como
usted se llame, dígame usted por
vida suya y con la ingenuidad que
acostumbra, ¿se ha visto usted alguna vez calumniado de ladrón?
¿Ha vivido en alguna accesoria?

¿Ha tenido o tiene más hijos que la niña que me dice? Y por fin, ¿se llama Tadeo o Hilario?

—Señor —me dijo—, me he visto calumniado de ladrón, he vivido en accesoria, he tenido dos niños, a más de Rosalía, que han muerto, y en efecto me llamo Tadeo, y no Hilario.

—Pues sírvase usted decirme cómo fue esa calumnia.

—Estando yo una tarde —me dijo— parado en un zaguán, cerca del Factor y en el pelaje más despreciable, un mocetoncillo que iba con unos soldados se afirmó en que yo le había dado a vender una capa de golilla, que resultó robada, con la que se habían robado unos libros, una peluca y qué sé yo qué más. Los soldados me llevaron ante el juez; éste, por fortuna, me conocía y a toda mi familia; sabía cuál era mi conducta y la causa de mis desgracias, y no dudó asegurar que estaba yo inocente, y prometió probarlo siempre que se le manifestara al que me calumnió; pero esto no pudo ser, porque los soldados ya lo habían soltado; con esto me dejaron en libertad.

—¿Y qué hizo usted, don Tadeo —le pregunté—, llegó usted a ver a su calumniador? ¿Supo quién era? Y si lo vio, ¿qué hizo para vindicarse? Es regular que lo pusiera usted en la cárcel.

—No, señor —me dijo—; pasó en la misma tarde por mi casa, lo conocí, lo metí en ella, y cuando lo convencí de que era hombre de bien, lo hospedé en mi casa esa noche, mi madre le curó unas ligeras roturas de cabeza y lo dejé ir en paz.

—¿Y cómo se llamaba ese pícaro que calumnió a usted? —le pregunté.

Y don Tadeo me contestó que no lo sabía ni se lo había querido preguntar. Entonces yo, lleno de júbilo que no soy bastante a explicar, me abracé de don Tadeo, y el misántropo, satisfecho del buen proceder de su amigo y creyéndome algo bueno, se abrazó de nosotros, y en un nudo que expresaba el cariño y la confianza, se enlazaron nuestros brazos; nuestras lágrimas manifestaban los sentimientos de la gratitud, la reconciliación y la amistad, y un enfático silencio aclaraba elocuente las nobles pasiones de nuestras almas.

Yo, antes que todos, interrumpí aquel éxtasis misterioso, y dije a don Tadeo:

—Yo, yo soy, noble amigo, aquel mismo que cuando me prostituí agravié a usted imputándole un robo que no había cometido; yo soy a quien benefició el extremo de su caridad; yo quien sé todas sus desgracias; yo quien lo he tenido por mi sirviente; y yo, por último, soy quien tendré por mucha honra que desde hoy me asiente entre sus amigos.

Ésta mi sincera confesión no hizo más que confirmar a aquellos señores en que yo era hombre de bien a toda prueba, y así, después de que más despacio nos contamos nuestras aventuras, confirmamos nuestras amistades y juramos conservarlas para siempre.

El misántropo, enteramente mudado, dijo:

—Cierto, señores, que tengo mucho que agradecer a mi caballo, porque me condujo a un pueblo adonde yo no pensaba venir... pero ¿qué hablo? Al cielo, a la Providencia, al Dios de las bondades es a quien debo agradecer semejante impensado beneficio. Por uno de aquellos estudiados designios de la deidad, que los hombres necios llamamos contingencias, se desbocó mi caballo a tiempo que ustedes me vieron y porfiaron por traerme a su casa, en donde he visto el desenlace de mis desgracias con una felicidad no esperada; pues es felicidad satisfacerme, aunque tarde, de la constante fidelidad de mi amada y de mi buen amigo Tadeo. Ya conozco que es un desatino aborrecer al género humano por las ingratitudes de muchos de sus individuos, y que, por más inicuos que haya, no faltan algunos beneméritos, agradecidos, finos, leales, sensibles, virtuosos y hombres de bien a toda prueba.

Es menester hacer justicia a los buenos, por más que abunden los malos. Yo los conozco, y en prueba de ello pido a ustedes que me perdonen del loco concepto que me debían.

—Deja eso —dijo Tadeo—; yo he sido, soy y seré tu amigo mientras viva. Estoy persuadido de que la misma bondad de tu genio, tu sencillez, tu sensibilidad y tu virtud te hicieron creer que todos los hombres se manejaban como debían, según el orden de la razón, y habiendo experimentado que no' era así, incurriste en otro error más grosero, creyendo que no había hombre bueno en el mundo, o cuando menos, que éstos eran demasiado raros, y según esta equivocación no era muy extraña tu misantropía; pero ya ves que no es como lo has pensado, y que, susceptible al error, creiste que yo e Isabel te fuimos ingratos, al mismo tiempo que ésta murió por amarte, y yo no he perdonado diligencia por saber de ti y confirmarte en mi amistad. Yo también pensaba que los hombres prostituidos al vicio jamás podían mudar enteramente de conducta; creía que, conservando los resabios del libertinaje, les sería muy difícil el sujetarse a la razón y ser benéficos, y hoy, con la mayor complacencia, me ha desengañado mi amo y mi amigo don Pedro, cuya conducta en el tiempo que le he servido me ha edificado con su arreglo...

—Calle usted, señor don Tadeo —le dije—; no me avergüence recordando mis extravíos y elogiando mi debido proceder. Mucho menos me trate de amo, sino de amigo, de cuyo título me lisonjeo. Yo acomodé a usted en mi servicio sin saber quién era, y en el tiempo que me ha acompañado tengo harto que agradecerle. En este tiempo todas han sido felicidades para mí, siendo la última el feliz encuentro y satisfacción del caballero don Jacobo.

—No es la última felicidad que usted sabe —me dijo mi cajero—; aún resta otra que ustedes dos escucharán con gusto. Oigan esta carta que acabo de recibir. Dice así: *Señor don Tadeo Mayoli.—México, 10 de octubre, etc. Mi amigo y señor: Ha fallecido su hermano de usted el señor don Damián, y debiendo recaer en usted el mayorazgo que poseía por haber muerto sin sucesor, la Real Audiencia ha declarado a usted legítimo heredero del vínculo, por lo que, después de darle los plácemes debidos, le suplico se sirva venir cuanto antes a la capital para enterarlo del testamento de su señor hermano y ponerlo en posesión de sus intereses, en cumplimiento de la orden superior que para el efecto obra en el oficio de mi cargo.*

"Aprecio esta ocasión para ofrecerme a la disposición de usted como su afectísimo amigo y atento servidor, Q. B. S. M.—Fermín Gutiérrez.

"Este sujeto es el escribano ante quien se otorgó el testamento. En virtud de esta carta tengo que partir para México cuanto antes. A usted, señor don Pedro, mi amigo, mi amo y favorecedor, le doy las gracias por el bien que me ha hecho y por el buen trato que me ha dado en su casa, ofreciéndole mis cortos haberes y suplicándole no olvide, en cualquier fortuna, que soy y he de ser su amigo; y a ti, querido Jacobo, te ofrezco mis intereses con igual sinceridad, y para desenojarte de los agravios que te infirió mi padre negándote a mi hermana por ser tú pobre, pongo a tu disposición mis haberes con la mano de mi hija, si la quisieres. Es muchacha tierna, bien criada y nada fea. Si gustas, enlázate con ella, que ya que no es Isabel, es Rosalía, quiero decirte que es rama del mismo tronco."

El misántropo, o don Jacobo, no sabía cómo agradecer a Tadeo su expresión; pero se hallaba avergonzado por ser pobre y por dudar si sería agradable a su hija, mas éste lo ensanchó diciéndole:

—No es defecto para mí la pobreza donde concurren tan nobles cualidades; aún no eres viejo y creo que mi hija te amará así que yo la informe de quién eres.

Pasados estos cariñosos coloquios, tratamos de vestir con decencia a Jacobo, y al día siguiente hizo Tadeo traer un coche y se fueron en él para México, dejándome bien triste la ausencia de tan buenos amigos.

A pocos días me escribieron haberse casado Jacobo y Rosalía, y que vivían en el seno del gusto y la tranquilidad.

Murió a poco el administrador de la hacienda en donde estaba Anselmo, y mi amo me escribió mandándome que fuera a recibirla.

Con esta ocasión fui a la hacienda y tuve la agradable satisfacción de ver a mi amigo y a su familia, que me recibió con el mayor cariño y expresión.

Desde aquel día fue Anselmo mi dependiente, y yo un testigo de su buena conducta. Los hombres de fina educación y entendimiento, cuando se resuelven a ser hombres de bien, casi siempre desempeñan este título lisonjero.

Yo me volví a San Agustín y viví tranquilo muchos años.

CAPÍTULO XIV

EN EL QUE PERIQUILLO CUENTA SUS SEGUNDAS NUPCIAS Y OTRAS COSAS
INTERESANTES PARA LA INTELIGENCIA DE ESTA VERDADERA HISTORIA

No ME QUEDÉ muy contento con la ausencia de don Tadeo; su falta cada día me era más sensible, porque no me fue fácil hallar un dependiente bueno en mucho tiempo. Varios tuve, pero todos me salieron averiados, pues el que no era ebrio, era jugador; el que no era jugador, enamoraba; el que no enamoraba, era flojo; el que no tenía este defecto, era inútil, y el que era hábil, sabía darle sus desconocidas al cajón.

Entonces advertí cuán difícil es hallar un dependiente enteramente bueno, y cómo se deben apreciar cuando se encuentran.

Sin embargo de mi soledad, no dejaba yo de venir a México con frecuencia a mis negocios. Visitaba a mi amo, a quien cada día merecía más pruebas de confianza y amistad, y no dejaba de ver a Pelayo, ya en la iglesia, ya en su casa, y siempre lo hallaba padre y amigo verdadero.

Casualmente encontré un día al padre capellán de mi amo el chino en el cuarto de mi amigo Pelayo. Este padre capellán tenía mucha retentiva o conservaba fijamente las ideas que aprendía con viveza, y como por mí disfrutaba el acomodo que tenía y fue causa de que saliera yo de la casa de su patrón, retuvo muy bien en su fantasía mi figura, y al instante que me vio me reconoció, y mirando que el padre Pelayo me hacía mucho aprecio, me habló con el mismo, y satisfecho de la mutación de mis costumbres por sus preguntas, por el asiento de mi conversación y por el informe de Pelayo, se me dio por

conocido, alabó mi reforma, procuró confirmarme en ella con sus buenos consejos, me dio las gracias por el influjo que había tenido en su colocación, me aseguró en su amistad y me llevó a la casa del asiático a pesar de mi resistencia, porque le tenía yo mucha vergüenza.

Luego que entramos, le dijo el capellán:

—Aquí tiene usted a su antiguo amigo y dependiente don Pedro Sarmiento, de quien tantas veces hemos hecho memoria. Ya es digno de la amistad de usted, porque no es un joven vicioso ni atolondrado, sino un hombre de juicio y de una conducta arreglada a las leyes del honor y de la religión.

Entonces mi amo se levantó de su butaca, y dándome un apretado abrazo, me dijo:

—Mucho gusto tengo de verte otra vez y de saber que por fin te has enmendado y has sabido aprovecharte del entendimiento que te dio el cielo. Siéntate; hoy comerás conmigo, y créete que te serviré en cuanto pueda mientras que seas hombre de bien, porque desde que te conocí te quise, y por lo mismo sentí tu ausencia, deseaba verte, y hoy que lo he conseguido, estoy harto contento y placentero.

Le di mil gracias por su favor; comimos, le informé de mi situación y en dónde estaba, le ofrecí mis cortos haberes, le supliqué que honrara mi casa de cuando en cuando, y después de recibir de él las más tiernas demostraciones de cariño, me marché para mi San Agustín de las Cuevas, aunque ya no se disolvió la amistad recíproca entre el asiático, su capellán y yo, porque los visitaba en México, los obsequiaba en mi casa cuando me visitaban, nos regalábamos mutuamente y nos llegamos a tratar con la mayor afabilidad y cariño.

También en uno de los días que venía a México encontré al pobre Andresillo muy roto y despilfarrado; me habló con mucho respeto y estimación, me llevó casi a fuerza a su casa, me dio su buena mujer de almorzar, y el pobre no supo qué hacerse conmigo para manifestarme su gratitud.

Yo me compadecí de su situación, y le pregunté que por qué estaba tan de capa caída, que si no valía nada su oficio, que si él jugaba o era muy disipadora su mujer.

—Nada de eso hay, señor —me dijo Andrés—; yo ni conozco la baraja, no soy tan chambón en mi oficio, y mi mujer es inmejorable, porque se pasa de económica a mezquina; pero está México, señor, hecho una lástima. Para diez que se hacen la barba, hay diez mil barberos; ya sabe su mercé que en las ciudades grandes sobra todo, y así creo que hay más barberos que barbados en México. Solamente los domingos y fiestas de guardar rapo quince o veinte a medio real, y en la semana no llegan a seis. Esto de dar sangrías, echar ventosas o sanguijuelas, curar cáusticos y cosas samejantes, apenas lo pruebo; con esto no tengo para mantenerme, porque en la ciudad se gasta doble que en los pueblos, y como primero es comer que nada, cate usted que lo poco que gano me lo como, y no tengo con qué vestirme, ni con qué pagar la accesoria.

Condolido yo con la sencilla narración de Andrés, le propuse que si quería irse a mi casa lo acomodaría de cajero, dándole lugar a que buscara lo que pudiera con su oficio.

El infeliz vio el cielo abierto con semejante propuesta, que admitió en el momento, y desde luego dispuso sus cosas de modo que en el mismo día se fue conmigo.

Él era vulgar, pero no tonto. Fácilmente aprendió el mecanismo de una tienda, y me salió tan hombre de bien, que en puntos de despacho y fidelidad no extrañaba yo a mi buen amigo don Tadeo, a quien tampoco dejé de visitar, ni a su yerno don Jacobo, a quien visité en su casa con frecuencia, y tuve el gusto de verlo casado y contento con la señorita doña Rosalía, a la que vi muy niña cuando la conocí por hija del trapiento.

Estas amistades tuve y conservé cuando fui hombre de bien, y jamás hubo motivo de arrepentirme de ellas. Prueba evidente de que la buena y verdadera amistad no es tan rara como parece; pero ésta se halla entre los buenos, no entre los pícaros, aduladores y viciosos.

Cosa de cuatro años viví muy contento en el estado de viudo en San Agustín de las Cuevas, adelantando a mi amo su principal, contando quieto y sosegado seis u ocho mil pesos míos, visitando muy gustoso a mi amo, al chino, a Roque, a Pelayo, a Jacobo y a Tadeo, y durmiendo con aquella tranquilidad que permite una conciencia libre de remordimientos.

Una tarde, estando paséandome bajo los portales de la tienda, vi llegar al mesón, que estaba inmediato, una pobre mujer estirando un burro, el que conducía a un viejo miserable. El burro ya no podía andar, y si daba algunos pasos era acosado por una muchachilla que venía también azotándole las ancas con una vara.

Entraron al mesón, y a poco rato se me presentó la niña, que era como de catorce años, muy blanca, rota, descalza, muy bonita y llena de congoja; tartamudeando las palabras y derramando lágrimas en abundancia, me dijo:

—Señor, sé que usted es el dueño del mesón; mi padre viene muriéndose y mi madre también. Por Dios, denos usted posada, que no tenemos ni medio con que pagar, porque nos han robado en el camino.

He dicho que yo debí a Dios un alma sensible y me condolía de los males de mis semejantes en medio de mis locuras y extravíos. Según esto, fácil es concebir que en este momento me interesé desde luego en la suerte de aquellos infelices. En efecto, me pareció muy poco el mandar alojarlos en el mesón, y así respondí a la mensajera:

—Niña, no llores; anda y haz que tu padre y tu madre vengan a mi casa, y diles que no se aflijan.

La niña se fue corriendo muy contenta, y a pocos minutos volvió con sus ancianos padres. Los hice entrar en mi casa, ordené que les dieran un cuarto limpio y que los asistieran con mucho cuidado.

Conforme a mis órdenes, Andrés dispuso que les pusieran camas y que les dieran de cenar muy bien, sin perdonar cuanto gasto consideró necesario a su alivio.

Yo me alegré de verlo tan liberal en los casos en que una extrema necesidad lo exigía, y a las diez de la noche, deseando saber quiénes eran mis huéspedes, entré a su cuartito y hallé al pobre viejo acostado sobre un colchoncito de paja; su esposa, que era una señora como de cuarenta años o poco menos, estaba junto a su cabecera, y la niña sentada a los pies de la misma cama.

Luego que me vieron, se levantaron la señora y la niña, y el anciano quiso hacer lo mismo, mas yo no lo consentí, antes hice sentar a las pobres mujeres, y yo me acomodé inmediato al enfermo.

Le pregunté de dónde era, qué padecía y cuándo o cómo lo habían robado.

El triste anciano, manifestando la congoja de su espíritu, suspiró y me dijo:

—Señor, los más de los acaecimientos de mi vida son lastimosos; usted, a lo que parece, es bastante compasivo, y para los corazones sensibles no es obsequio el referirles lástimas.

—Es cierto, amigo —le contesté—, que para los que aman como deben a sus semejantes es ingrata la relación de sus miserias; pero también puede ser motivo de que experimenten alguna dulzura interior, especialmente cuando las pueden aliviar de algún modo. Yo me hallo en este caso, y así quiero oír los infortunios de usted, no por mera curiosidad, sino por ver si puedo serle útil de alguna manera.

—Pues, señor —continuó el pobre anciano—, si ése es sólo el piadoso designio de usted, oiga en compendio mis desgracias. Mis padres fueron nobles y ricos, y yo me hubiera gozado la herencia que me dejaron si hubiera sido mi albacea hombre de bien; pero éste disipó mis haberes y me vi reducido a la miseria. En este estado serví a un caballero rico que me quiso como padre, y me dejó cuanto tuvo a su fallecimiento. Me incliné al comercio y, de resultas de un contrabando, perdí todos mis bienes de la noche a la mañana. Cuando comenzaba a reponerme, a costa de mucho trabajo, me dio gana de casarme, y lo verifiqué con esta pobre señora, a quien he hecho desgraciada. Era hermosa; la llevé a México, la vio un marqués, se apasionó de ella, halló una honrada resistencia en mi esposa y trató de vengarse con la mayor villanía; me imputó un crimen que no había cometido y me redujo a una prisión. Por fin, a la hora de su muerte le tocó Dios y me volvió mi honor y los intereses que perdí por su causa. Salí de la prisión y...

—Perdone usted, señor —le interrumpí diciéndole—, ¿cómo se llama usted?

—Antonio.

—¡Antonio!

—Sí, señor.

—¿Tuvo usted algún amigo en la cárcel a quien socorrió en los últimos días de su prisión?

—Sí, tuve —me dijo— a un pobre joven que era conocido por Periquillo Sarniento, muchacho bien nacido, de fina educación, de no vulgares talentos y de buen corazón, harto dispuesto para haber sido hombre de bien; pero por su desgracia se dio a la amistad de algunos pícaros, éstos lo pervirtieron, y por su causa se vio en aquella cárcel. Yo, conociendo sus prendas morales, lo quise, le hice el bien que pude, y aun le encargué me escribiera a Orizaba su paradero. El mismo encargo hice a su escribano, un tal Chanfaina, a quien le dejé cien pesos para que agitara su negocio y le diera de comer mientras estuviera en la cárcel; pero ni uno ni otro me escribieron jamás. Del escribano nada siento, y acaso se aprovecharía de mi dinero, pero de Periquillo siempre sentiré su ingratitud.

—Con razón, señor —le dije—, fue un ingrato; debía haber conservado la amistad de un hombre tan benéfico y liberal como usted. Quién sabe cuáles habrán sido sus fines; pero si usted lo viera ahora, ¿lo quisiera como antes?

—Sí, lo quisiera, amigo —me dijo—; lo amaría como siempre.

—¿Aunque fuera un pícaro?

—Aunque fuera. En los hombres debemos aborrecer los vicios, no las personas. Yo, desde que conocí a ese mozo, viví persuadido de que sus crímenes eran más bien imitados de sus malos amigos que nacidos de malicia de su carácter. Pero es menester advertir, que así como la virtud tiene grados de bondad, así el vicio los tiene de malicia. Una misma acción buena puede ser más o menos buena, y una mala, más o menos mala, según las circunstancias que mediaron al tiempo de su ejecución. Dar una limosna siempre es bueno; pero darla en ciertas ocasiones a ciertas personas, y tal vez darla a un pobre que no tiene nada superfluo, es mejor ya porque se da con más orden, y ya porque hace mayor sacrificio el pobre cuando da alguna limosna que el rico, y por consiguiente hace o tiene más mérito. Lo mismo digo de las acciones malas. Ya sabemos que robar es malo; pero el robo que hace el pobre acosado de la necesidad es menos malo o tiene menos malicia que el robo o defraudación que hace el rico que no tiene necesidad ninguna, y será mucho peor o en extremo

malo si roba o defrauda a los pobres. Así es que debemos examinar las circunstancias en que los hombres hacen sus acciones, sean las que fueren, para juzgar con justicia de su mérito o demérito. Yo conocí que el tal muchacho Periquillo era malo por el estímulo de sus malos amigos, más bien que por la malicia de su corazón, pues vivía persuadido de que, quitándole estos provocativos enemigos, él de por sí estaba bien dispuesto a la virtud.

—Pero, amigo —le dije—, si lo viera usted ahora en estado de no poderlo servir en lo más mínimo, ¿lo amara?

—En dudarlo me agravia usted —me respondió—; pues ¿qué, usted se persuade de que yo en mi vida he amado y apreciado a los hombres por el bien que me puedan hacer? Eso es un error. Al hombre se ha de amar por sus virtudes particulares y no por el interés que de ellas nos resulte. El hombre bueno es acreedor a nuestra amistad aunque no sea dueño de un real; y el que no tenga un corazón emponzoñado y maligno es digno de nuestra conmiseración por más crímenes que cometa, pues acaso delinque o por necesidad o por ignorancia, como creo que lo hacía mi Periquillo, a quien abrazaría si ahora lo viera.

—Pues, digno amigo —le dije arrojándome a sus brazos—, tenga usted la satisfacción que desea. Yo soy Pedro Sarmiento, aquel Periquillo a quien tanto favor hizo en la cárcel; yo soy aquel joven extraviado, yo el ingrato o tonto que ya no le volví a escribir, y yo el que, desengañado del mundo, he variado de conducta y logro la inexplicable satisfacción de apretarlo ahora entre mis brazos.

El buen viejo lloraba enternecido al escuchar estas cosas. Yo lo dejé y fui a abrazar y consolar a su mujer, que también lloraba por ver enternecido a su marido, y la inocente criatura derramaba sus lagrimillas sabiendo apenas por qué. La abracé también, le hice sus zorroclocos, y pasados aquellos primeros transportes, me acabó de contar don Antonio sus trabajos, que pararon en que, viniendo para México a poner a su hija en un convento, con designio de radicarse en esta capital, habiendo realizado todos sus bienecillos que había adquirido en Acapulco, en el camino le salieron unos ladrones, lo robaron y le mataron al viejo mozo Domingo, que los sirvió siempre con la mayor fidelidad. Que ellos, en tan deplorable situación, se valieron de un relicario de oro que conservó su hija o se escapó de los ladrones, y el que vendieron para comprar un jumento, en el que llegó a mi casa don Antonio muy enfermo de disentería, habiendo tenido que caminar los tres, sin un medio real, como treinta leguas, manteniéndose de limosna hasta que llegaron a mi casa.

Cuando mi amigo don Antonio concluyó su conversación, le dije:

—No hay que afligirse. Esta casa y cuanto tengo es de usted y de toda su familia. A toda la amo de corazón por ser de usted, y desde hoy es usted el amo de esta casa.

En aquella hora los hice pasar a mi recámara, les di buenos colchones, cenamos juntos y nos recogimos.

Al día siguiente saqué géneros de la tienda y mandé que les hicieran ropa nueva. Hice traer un médico de México para que asistiera a don Antonio y a su mujer, que también estaba enferma, con cuyo auxilio se restablecieron en poco tiempo.

Cuando se vieron aliviados, convalecientes y surtidos de ropa enteramente, me dijo don Antonio:

—Siento, mi buen amigo, el haber molestado a usted tantos días; no tengo expresiones para manifestarle mi gratitud, ni cosa que lo valga para pagarle el beneficio que me ha hecho; pero sería un impolítico y un necio si permaneciera siéndole gravoso por más tiempo, y así me voy en mi burro como antes, rogándole que si Dios mudare mi fortuna, usted se servirá de ella como propia.

—Calle usted, señor —le dije—.

¿Cómo era capaz que usted se fuera de mi casa atenido a una suerte casual? Yo fui favorecido de usted, fui su pobre, y hoy soy su amigo, y si quiere seré su hijo y haremos todos una misma familia. He examinado y observado las bellas prendas de la niña Margarita, tiene edad suficiente, la amo con pasión, es inocente y agradecida. Si mi honesto deseo es compatible con la voluntad de usted y de su esposa, yo seré muy dichoso con tal enlace y manifestaré en cuanto pueda que a ella la adoro y a ustedes los estimo.

El buen viejo se quedó algo suspenso al escucharme, pero pasados tres instantes de suspensión me dijo:

—Don Pedro, nosotros ganamos mucho en que se verifique semejante matrimonio. A la verdad que, considerándolo con arreglo a nuestra infeliz situación, no lo podemos esperar mejor. La muchacha tiene cerca de quince años, y es algo bonitilla; ya yo estoy viejo y enfermo, poco he de durar; su pobre madre no está sana, ni cuenta con ninguna protección para sostenerla después de mis días. Por lo regular, si ella no se casa mientras vivo, acaso quedará para pasto de los lobos y será una joven desgraciada. Pensamiento es éste que me quita el sueño muchas noches. Esto es decir, amigo, que yo deseo casar a mi hija cuanto antes; pero, como padre al fin, quisiera casarla no con un rico ni con un marqués, pero sí con un hombre de bien, con experiencia del mundo, y a quien yo conociera que se casaba con ella por su virtud y no por su tal cual hermosura. Todas estas cualidades y muchas más adornan a usted y en mi concepto lo hacen digno de mujer de mejores prendas que las pocas que me parece tiene Margarita; pero es preciso considerar que a usted le han de faltar pocos años para cuarenta, según su aspecto, y suponiendo que tenga usted treinta y seis o treinta y siete, ésa es una edad bastante para ser padre de la novia, y esto puede detenerla para querer a usted. Sé dos cosas bien comunes. La una, que un moderado exceso en la edad de un hombre respecto a la de la mujer, tan lejos está de ser defecto, que antes debería verse como circunstancia precisa para contraerse los matrimonios, pues cuando los jóvenes se casan tan muchachos como sus novias, por lo regular sucede que acaban mal los matrimonios, porque siendo más débil el sexo femenino que el masculino, y teniendo que sufrir más demérito en el estado conyugal que en otro alguno, sucede que a los dos o tres partos se pone fea la mujer, y como en el caso de que hablamos los muchachos no tienen por lo común otra mira al contraer el matrimonio que la posesión de un objeto hermoso, sucede también, por lo común, que acabada la belleza de la mujer, se acaba el amor del hombre, pues cuando es de treinta o treinta y seis años, ya su mujer parece de cincuenta, le es un objeto despreciable y la aborrece injustamente. Esta razón, entre otras, debería ser la más poderosa para que ni los hombres se casaran muy temprano, ni las niñas se enlazaran con muchachos; pero es ardua empresa el sujetar la inclinación de ambos sexos a la razón en una edad en que la naturaleza domina con tanto imperio en los hombres. Lo cierto es que los matrimonios que celebran los viejos son ridículos, y los que hacen los niños, desgraciados las más veces. Esto quiere decir que yo apruebo y me parece bien que usted se case con mi hija, pero ignoro si ella querrá casarse con usted. Es verdad, y ésta es la otra cosa que sé, es verdad que ella es muy dócil, muy inocente, me ama mucho, y hará lo que yo le mande; pero jamás la obligaré a que abrace un estado que no le incline, ni a que se una con quien no quiera, en caso que elija el matrimonio. En virtud de esto, usted, conocerá que el enlace de usted con mi hija no depende de mi arbitrio. En ella consiste; yo la dejaré en entera libertad sin violentar para nada su elección, y si quisiere, para mí será de lo más lisonjero.

Concluyó don Antonio su arenga, y yo le dije:

—Señor, si solamente éstos son los reparos de usted, todos están allanados a mi favor, y desde luego mi dicha será cierta si usted y la señora su esposa dan su beneplácito; porque antes de hablar a usted sobre el particular, examiné el carácter de su niña, y no sin admiración encontré en tan tiernos años una virtud muy sólida y unos sentimientos muy juiciosos. Ellos me han prendado más que su hermosura, pues ésta acaba con la edad o se disminuye con los achaques y enfermedades, que no respetan a las bellas. De buenas a primeras manifesté a su niña de usted mis sanas intenciones, y me contestó con estas palabras que conservaré siempre en la memoria:

—Señor —me dijo—, mi padre dice que usted es hombre de honor, y otras veces ha dicho que apetecería para mí un hombre de bien, aunque no fuera rico. Yo siempre creo a mi padre, porque no sabe mentir, y a usted lo quiero mucho después que lo ha socorrido; me parece que con casarme con usted aseguraría a mis pobres padres su descanso; y así, ya por no verlos padecer más, y ya porque quiero a usted por lo que ha hecho con ellos, y porque es hombre de bien, como dice mi padre, me casara con usted de buena gana; pero no sé si querrán mi padre y madre, y yo tengo vergüenza de decírselo.

—Ésta fue la sencilla respuesta de su niña de usted, tanto más elocuente cuanto más desnuda de artificio. En ella descubrí un gran fondo de sinceridad, de inocencia, de gratitud, de amor filial, de obediencia y de respeto a sus padres y bienhechores. Pensaba cómo significarle a usted mi deseo, mas queriendo usted separarse de mi casa me he precisado a descubrirme. De parte de los prometidos todo está hecho, resta sólo el consentimiento de usted y de su mamá, que les suplico me concedan.

Don Antonio era serio, pero afable; y así, después que me oyó se sonrió y, dándome una palmada en el hombro, me dijo:

—¡Oh, amigo! Si ya ustedes tenían hecho su enjuague, hemos gastado en vano la saliva. Vamos, no hay muchacha tonta para su conveniencia. Apruebo su elección; todo está corriente por nuestra parte; pero, si lo ha pensado usted bien, apresure el paso, que no es muy seguro que dos que se aman, aunque sea con fines lícitos, vivan por mucho tiempo desunidos bajo de un mismo techo.

Entendí el fundado y cristiano escrúpulo de mi suegro y, encargándole el cuidado de la tienda y del mesón, mandé en aquel momento ensillar mi caballo y marché para México.

Luego que llegué, conté a mi amo todo el pasaje, dándole parte de mis designios, los que aprobó tan de buena gana que se me ofreció para padrino. A Pelayo, como a mi confesor y como a mi amigo, le avisé también de mis intentos, y en prueba de cuánto le acomodaron, interesó sus respetos, y en el término de ocho días sacó mis licencias bien despachadas del provisorato.

En este tiempo visité a mi amo el chino y al padre capellán, a don Tadeo y a don Jacobo, convidándolos a todos para mi boda. Asimismo mandé convidar a Anselmo con su familia; compré las donas o arras, que regalé a mi novia, y como tenía dinero, facilité desde esta capital todo el que era menester para la disposición del festejo.

Un convoy de coches salió conmigo para San Agustín de las Cuevas el día en que determiné mi casamiento. Ya Anselmo estaba en mi casa con su familia, y su esposa, que elegí para madrina, había vestido y adornado a Margarita de todo gusto, aunque no de rigurosa moda, porque era discreta y sabía que el festín había de celebrarse en el campo, y yo quería que luciera en

él la inocencia y la abundancia, más bien que el lujo y ceremonia. Según este sistema, y con mis amplias facultades, dispuso Anselmo mi recibimiento y el festejo según quiso y sin perdonar gasto. Como a las seis y media de la mañana llegué a San Agustín, y me encontré en la sala de mi casa a mi novia vestida de túnico y mantilla negra, acompañada de sus padres; a Anselmo con su esposa y familia; a Andrés con la suya, y los criados de siempre.

Luego que pasaron las primeras salutaciones que prescribe la urbanidad, envió Anselmo a avisar al señor cura, quien inmediatamente fue a casa con los padres vicarios, los monacillos y todo lo necesario para darnos las manos. Se nos leyeron las amonestaciones privadas, se nos ratificó en nuestros dichos, y se concluyó aquel acto con la más general complacencia.

Al instante pasamos a la iglesia a recibir las bendiciones nupciales y a jurarnos de nuevo nuestro constante amor al pie de los altares.

Concluido el augusto sacrificio, nos volvimos a esperar al señor cura y a los padres vicarios. Se desnudó mi esposa de aquel traje, y mientras que la madrina la vestía de boda, entré yo en la cocina para ver qué tal disposición tenía Anselmo; mas éste lo hizo todo de tal suerte, que yo, que era el dueño de la función, me sorprendía con sus rarezas.

Una de ellas fue no hallar ni lumbre en el brasero. Salí a buscarlo bien avergonzado, y le dije:

—Hombre, ¿qué has hecho, por Dios? ¿Tanta gente de mi estimación en casa y no haber a estas horas ni prevención de almuerzo? ¿No te escribí que no te pararas en dinero para gastar cuanto se ofreciera? ¡Voto a mis penas! ¡Qué vergüenza me vas a hacer pasar, Anselmo! Si lo sé, no me valgo de ti seguramente.

—¡Pues cómo ha de ser, hijo! Ya sucedió —me respondió con mucha flema—; pero no te apures, yo tengo una familia que me estima en este pueblo, y allá nos vamos a al-

morzar todos, luego que lleguen el
señor cura y los vicarios.

—Ésa es peor tontera e impolítica
que todo —le dije—; ¿no consideras
que cómo nos hemos de ir a encajar
de repente más de veinte personas
a una casa, donde tal vez no tendré
yo el más mínimo conocimiento? Y
luego a almorzar y sin haberles avi-
sado.

—Como de esas imprudencias se
ven todos los días en el mundo —decía Anselmo—, en los casos apurados es menester ser algo sinvergüenzas para no pasarlo tan mal.

Renegaba yo de Anselmo y de su
flema, cuando nos llamaron diciéndonos que ya estaban en casa los
padres.

Salí a cumplimentarlos bien amostazado, y me hallé con mi esposa
transformada de cortesana en pas-
tora de la Arcadia; porque la madrina la vistió con un túnico de muy
fina muselina bordada de oro; le
puso zapatos de lama del mismo
metal y le atravesó una banda de
seda azul celeste con franjas de oro.
Tenía el pelo suelto sobre la espal-
da y recogido en la cabeza con un
lazo bordado, y cubierta con un
sombrerillo de raso también azul
con garzotas blancas.

Este sencillo traje me sorprendió
también, y me serenó algo la cólera
que me había dado el descuido de
Anselmo; porque, como mi novia era
hermosa y tan niña, me parecía con
aquel vestido una ninfa de las que
pintan los poetas. A todos les pareció lo mismo y la celebraban a
porfía.

Cuando Anselmo me vio un poco
sereno, dijo:

—Vámonos, señores, que ya es
tarde.

Salieron todos y yo con ellos al
lado de mi esposa, pensando con qué
pito iría a salir el socarrón de Anselmo; pero ¡cuál fue mi gusto
cuando llegando a una gran casa de
campo, que era de un conde rico,
fui mirando lo que no esperaba!

No quiso Anselmo que nos dila-
táramos en ver la casa, sino que nos
llevó en derechura a la huerta, que

era muy hermosa y muy bien culti-
vada.

Al momento que entramos en ella
salió a recibirnos una porción de jo-
vencitas muy graciosas, como de
doce a trece años, las que, vestidas
con sencillez y gallardía, teniendo
todas ramos de flores en las manos,
formaban unas contradanzas muy
vistosas al compás de los famosos
golpes de música de viento y de
cuerda que para el caso estaban prevenidos.

Esta alegre comitiva nos condujo
al centro de la huerta, en el que
había colocadas con harta simetría
muchas sillas decentes, y asimismo
el suelo estaba entapizado con alfombras.

Se gozaba del aire fresco sin que
los rayos del sol incomodaran para
nada, porque pendientes de los árboles estaban varios pabellones de
damascos encarnados, amarillos y
blancos, que daban sombra y hermosura a aquel lugar, en que se res-
piraban las delicias más puras e inocentes.

Pasado un corto rato, salieron de
un lado de la huerta porción de criadas y criados muy aseados, y tendiendo sobre las alfombras los manteles, nos sentamos a la redonda y
se nos sirvió un almuerzo bastante
limpio, abundante y sazonado, durante el cual nos divirtió la música
con sus cadencias, y las muchachas
con la suavidad de sus voces con
que cantaron muchos discretos epi-
talamios a mi esposa.

Acabado el almuerzo, nos fuimos
a pasear por la huerta hasta que
fue hora de comer, lo que también
se hizo allí por gusto de todos.

A las siete de la noche se sirvió
un buen refresco; hubo un rato de
baile hasta las doce, hora en que se
dio la cena, y concluida nos recogimos todos muy contentos.

Al día siguiente se despidieron los
señores convidados, dejándome mil
expresiones de afecto y ofreciéndose
con el mismo a mi disposición y de
mi esposa. Mi padrino, que saben
ustedes que fue mi amo, entendido
de que Anselmo había corrido con

el gasto general de la función, le pidió la cuenta para pagarla, deseando hacerme algún obsequio; pero se admiró demasiado cuando, esperando hallar una suma de seiscientos o más pesos, según la abundancia y magnificencia de la fiesta, encontró que todo ello no había pasado de doscientos.

Apenas lo creía, pero Anselmo le aseguró que no era más, y le decía:

—Señor, no son los festejos más lucidos los que cuestan más dinero, sino los que se hacen con más orden, y como la mejor disposición no es incompatible con la mayor economía, es claro que puede hacerse una función muy solemne sin desperdicios, que son en los que no se repara y los que hacen las funciones más costosas sin hacerlas más espléndidas.

—Es mucha verdad —dijo mi amo—, y supuesto que el gasto es tan corto, que lo gaste mi ahijado, que yo me reservo para mejor ocasión el hacerle su obsequio a mi ahijadita.

Diciendo esto se fue a México, Anselmo a su destino y yo a mi tienda.

Con el mayor consuelo y satisfacción vivía en mi nuevo estado, en la amable compañía de mi esposa y sus padres, a quienes amaba con aumento, y era correspondido de todos con el mismo.

Ya mi esposa os había dado a luz, queridos hijos míos, y fuisteis el nudo de nuestro amor, las delicias de vuestros abuelos y los más dignos objetos de mi atención; ya contabas tú, Juanita, dos años de edad, y tú, Carlos, uno, cuando vuestros abuelos pagaron el tributo debido a la naturaleza, llevándose pocos meses de diferencia en el viaje uno al otro.

Ambos murieron con aquella resignación y tranquilidad con que mueren los justos. Les di sepultura y honré sus funerales según mis proporciones. Vuestra madre quedó inconsolable con tal pérdida, y necesitó valerse de todas las consideraciones con que nos alivia en tales lances la religión católica, que puede ministrar auxilios sólidos a los verdaderos dolientes.

Pasado este cruel invierno, todo ha sido primavera, viviendo juntos vuestra madre, yo y vosotros, y disfrutando de una paz y de unos placeres inocentes en una medianía honrada, que, sin abastecerme para superfluidades, me ha dado todo lo necesario para no desear la suerte de los señores ricos y potentados.

Vuestro padrino fue mi amo, quien mientras vivió os quiso mucho, y en su muerte os confirmó su cariño con una acción nada común, que sabréis en el capítulo que sigue.

EXCUSEMOS CIRCUNLOQUIOS y vamos a la sustancia. Murió mi amable amo, padrino, compadre y protector; murió sin hijos ni herederos forzosos, y tratando de darme las últimas pruebas del cariño que me profesó, me dejó por único heredero de sus bienes, contándose entre éstos la hacienda que administraba yo en compañía de Anselmo, bajo las condiciones que expresó en su testamento, y que yo cumplí como su amigo, como su favorecido y como hombre de bien, que es el título de que más nos debemos lisonjear.

Si sentí la muerte de este buen hombre, no tengo para qué ponderarlo, cuando era necesario haber sido más que bruto para no haberlo amado con justicia.

Leí el testamento que otorgó a mi favor, y al llegar a la cláusula que decía que por lo bien que lo había servido, lo satisfecho que estaba de mi honrada conducta, y por cumplir el obsequio que había ofrecido a su ahijada, que era mi esposa, me donaba todos sus bienes, etcétera, no pude menos que regar aquellos renglones con mis lágrimas nacidas de amor y gratitud.

Asistí a sus funerales, vestí luto con toda mi familia, no por ceremonia, sino por manifestar mi justo sentimiento; cumplí todos sus comunicados exactamente y habiendo entrado en posesión de la herencia, disfruté de ella con la bendición de Dios y la suya.

No por verme con algún capital propio me desconocí, como había hecho otras veces, ni desconocí a mis buenos amigos. A todos los traté como siempre y los serví en lo que pude, especialmente a aquellos que en algún tiempo me habían favorecido de cualquier modo.

Entre éstos tuvo mucho lugar en mi estimación mi amo, el chino, a quien restituí como tres mil y pico de pesos que le disipé cuando viví en su casa; pero él no los quiso admitir, antes me escribió que era muy rico en su tierra, y en la mía no le faltaba nada; que se daba por satisfecho de aquella deuda, y me los devolvía para mis hijos. Concluyó esta carta diciéndome que estaba para regresar a su patria, sin querer ver más ciudades ni reinos que el de América, por tres razones: la primera, porque se hallaba quebrantada su salud; la segunda, porque, según las observaciones que había hecho, no podía menos el mundo que ser igual en todas partes, con muy poca diferencia, pues en todas partes los hombres eran hombres; y la tercera y principal, porque la guerra, que al principio no creyó que fuese sino un motín popular que se apagaría brevemente, se iba generalizando y enardeciendo por todas partes.

Yo admití su favor, dándole las debidas gracias por su generosidad, y el día que no lo esperaba, llegó a mi casa en un coche de camino, precedido de mozos y mulas que conducían su equipaje.

Hizo que parase el coche a la puerta de la tienda, y desde allí se despidió sobre la marcha. No lo permití yo; antes valiéndome de la suave violencia que sabe usar la amistad, io hice bajar del coche y que descargaran las mulas. A éstas, a los mozos y cocheros se les asistió en el mesón, y a mi amo en casa, en la que se expresó mi esposa para agasajarlo.

Mucho platicamos ese día, y entre tanto como hablamos, le pregunté:

—¿Qué escribía tanto cuando yo estaba en su casa?

—Si lo vieras —me dijo—, acaso te incomodarías, porque lo que escribí fueron unos apuntes críticos de los abusos que he notado en tu patria, ampliándolos con las noticias y explicaciones que oía al capellán, a quien después daba los cuadernos para que los corrigiera.

—¿Y qué se han hecho esos cuadernos, señor? ¿Los lleva usted ahí?

—No los llevo —me dijo—; dos años ha que se los remití a mi hermano el tután, con algunas cosas particulares de tu tierra.

—Pues tan lejos estaría yo de incomodarme, señor, con los tales apuntes, que antes apreciaría demasiado su lectura. ¿Quién tiene los borradores?

—El mismo capellán se queda con ellos —me respondió—; pero no sé por qué los reserva tanto que a nadie los ha querido prestar.

Propuse en mi interior no omitir diligencia alguna que me pareciera oportuna para lograr los tales cuadernos. Se hizo hora de comer, y comí con mi familia en compañía de aquel buen caballero.

A la tarde fuimos al campo a divertirnos con las escopetas, y pasando por donde tiró el caballo o se cayó con el misántropo, le conté la aventura de éste, que el asiático escuchó con mucho gusto.

A la noche volvimos a casa, se pasó el rato en buena conversación entre nosotros, el señor cura y otros señores que me favorecían con sus visitas, y cuando fue hora de cenar, lo hicimos y nos fuimos a recoger.

Al día siguiente madrugamos, y fui a dejar a mi querido amo hasta Cuernavaca, desde donde me volví a mi casa, después de haberme despedido de él con las más tiernas expresiones de amor y gratitud.

No pude olvidarme de los cuadernos que escribió, y desde luego comencé a solicitarlos con todo empeño por medio de mi buen amigo y confesor Martín Pelayo, como que sabía la amistad que llevaba con el doctor don Eugenio, capellán que fue de mi amo, el chino, y comentador o medio autor de dichos papeles.

No me ha disuadido claramente de mi solicitud, pero hasta ahora no los puedo ver en mis manos, porque dice el padre capellán que los está poniendo en limpio y que luego que concluya esta diligencia, me los prestará. Él es hombre de bien, y creo que cumplirá su palabra.

Cosa de dos años más viví en paz en aquel pueblo, visitando a ratos a mis amigos y recibiendo en correspondencia sus visitas, entregado al cumplimiento de mis obligaciones domésticas, que han sido las únicas que he tolerado; pues aunque varias veces me han querido hacer juez en el pueblo, jamás he accedido a esta solicitud, ni he pensado en obtener ningún empleo, acordándome de mi ineptitud y de que muchas veces los empleos infunden ciertos humillos que desvanecen al que los ocupa, y acaso dan al traste con la más constante virtud.

Mis atenciones, como he dicho, sólo han sido para educaros, asegurar vuestra subsistencia sin daño de tercero, y hacer el poco bien que he podido en reemplazo del escándalo y perjuicios que causaron mis extravíos; y mis diversiones y placeres han sido los más puros e inocentes, pues se han cifrado en el amor de mi mujer, de mis hijos y de mis buenos amigos. Últimamente, doy infinitas gracias a los cielos porque a lo menos no me envejecí en la carrera del vicio y la prostitución, sino que, aunque tarde, conocí mis yerros, los detesté, y evité caer en el precipicio adonde me despeñaban mis pasiones.

Aunque en realidad de verdad nunca es tarde para el arrepentimiento, y mientras que vive el hom-

bre siempre está en tiempo oportuno
para justificarse, no debemos vivir
en esta confianza, pues acaso en castigo de nuestra pertinacia y rebel-
día nos faltará esa oportunidad al
mismo tiempo de desearla.

Yo os he escrito mi vida sin disfraz; os he manifestado mis errores
y los motivos de ellos sin disimulo,
y por fin os he descubierto en mí
mismo cuáles son los dulces premios que halla el hombre cuando se
sujeta a vivir conforme a la recta
razón y a los sabios principios de
la sana moral.

No permita Dios que después de
mis días os abandonéis al vicio, y
toméis sólo el mal ejemplo de vuestro padre, quizá con la necia esperanza de enmendaros como él a la
mitad de la carrera de vuestra vida,
ni digáis en el secreto de vuestro
corazón: "Sigamos a nuestro padre
en sus yerros, que después lo se-
guiremos en la mudanza de su conducta, pues tal vez no se logren
esas inicuas esperanzas." Consagrad,
hijos míos, a Dios las primicias de
vuestros años, y así lograréis percibir temprano los dulces frutos de
la virtud, honrando la memoria de
vuestros padres, excusándoos las
desgracias que acompañan al crimen, siendo útiles al Estado y a
vosotros mismos, y pasando de una
felicidad temporal a gozar otra mayor que no se acaba.

Corté el hilo de mi historia; pero
acaso no serán muy inútiles mis últimas digresiones.

Dos años más, después de la ausencia de mi amo el chino, como
ya os dije, viví en San Agustín de
las Cuevas, hasta que me vi precisado a realizar mis intereses y
radicarme en esta ciudad, ya por
ver si en ella se restablecía mi salud debilitada por la edad y asal-
tada por una anasarca o hidropesía
general, y ya por poner aquéllos
a cubierto de las resultas de la in-
surrección que se suscitó en el reino el año de 1810. ¡Época verdaderamente fatal y desastrosa para
la Nueva España! ¡Época de horror,
de crimen, sangre y desolación!

¡Cuántas reflexiones pudiera haceros sobre el origen, progresos y
probables fines de esta guerra! Muy
fácil me sería hacer una reseña de
la historia de América, y dejaros
el campo abierto para que reflexio-
narais de parte de quién de los
contendientes está la razón, si de
la del gobierno español, o de los
americanos que pretenden hacerse
independientes de España; pero es
muy peligroso escribir sobre esto,
y en México el año de 1813. No
quiero comprometer vuestra seguridad, instruyéndoos en materias
políticas que no estáis en estado
de comprender. Por ahora básteos
saber que la guerra es el mayor
de todos los males para cualquiera
nación o reino; pero incomparable-
mente son más perjudiciales las
conmociones sangrientas dentro de
un mismo país, pues la ira, la venganza y la crueldad, inseparables
de toda guerra, se ceban en los
mismos ciudadanos que se arman
para destruirse mutuamente.

Bien conocieron esta verdad los
romanos como tan ejercitados con
estas calamidades intestinas. Entre
otros, son dignos de notarse Horacio y Lucano. El primero, reprendiendo a sus conciudadanos enfu-
recidos, les dice: "¿Adónde váis,
malvados? ¿Para qué empuñáis las
armas? ¿Por ventura se han te-
ñido poco los campos y los mares
con la sangre romana? Jamás los
lobos ni los leones han acostumbrado, como vosotros, ejercitar sus
encono sino con otras fieras sus
desiguales o diferentes en especie.
Y por ventura, aun cuando riñen,
¿es su furor más ciego que el vuestro? ¿Es su rabia más acre? ¿Es
su culpa tanta? Responded. ¿Pero
qué habéis de responder? Calláis;
vuestras caras se cubren de una
horrorosa amarillez y vuestras almas se llenan de terror conven-
cidas por vuestro mismo crimen."

De semejante modo se expresaba
el sensible Horacio, y Lucano hace
una viva descripción de los daños
que ocasiona una guerra civil, en
unos versos que os traduciré libre-

mente al castellano. Dice, pues, que en las conmociones populares

Perece la nobleza con la plebe
y anda de aquí acullá la cruel espada;
ningún pecho se libra de sus filos.
La roja sangre hasta las piedras mancha
de los sagrados templos; no defiende
a ninguno su edad; la vejez cana
ve sus días abreviar, y el triste infante
muere al principio de su vida ingrata.
¿Pero por qué delito el pobre viejo
ha de morir, y el niño, que no dañan?
¡Ah, que sólo vivir en tiempos tales
es grande crimen, sí, bastante causa!

Con más valentía pintó Erasmo todo el horror de la guerra, y se esfuerza cuando habla de las civiles. *Común cosa es* —dice— *el pelear: despedázase una gente con otra, un reino con otro reino, príncipe con príncipe, pueblo con pueblo, y lo que aun los étnicos tienen por impío, el deudo con el deudo, hermano con hermano, el hijo con el padre; y finalmente, lo que a mi parecer es más atroz, un cristiano con un hombre; y ¿qué sería (dígolo por la mayor de las atrocidades) si fuese un cristiano con otro cristiano? Pero, ¡oh ceguedad de nuestro entendimiento! ¡Que en lugar de abominar esto, haya quien lo aplauda, quien con alabanzas lo ensalce, quien, la cosa más abominable del mundo, la llame santa, y avivando el enojo de los príncipes, cebe el fuego hasta que suba al cielo la llama!*

Virgilio conoció que nada bueno había en la guerra y que todos debíamos pedir a Dios la duración de la paz. Por esto escribió: *Nulla salus bello, pacem te poscimus omnes.*

De todo esto debéis inferir cuán grande mal es la guerra, cuán justas son las razones que militan para excusarla, y que el ciudadano sólo debe tomar las armas cuando se interese el bien común de la patria.

Sólo en este caso se debe empuñar la espada y embrazar el broquel, y no en otros, por más lisonjeros que sean los fines que se propongan los comuneros, pues dichos fines son muy contingentes y aventurados, y las desgracias consecutivas a los principios y a los medios son siempre ciertas, funestas y generalmente perniciosas... pero apartemos la pluma de un asunto tan odioso por su naturaleza, y no queramos manchar las páginas de mi historia con los recuerdos de una época teñida con sangre americana.

Después de realizados mis bienes y radicado en México, traté de ponerme en cura, y los médicos dijeron que mi enfermedad era incurable. Todos convenían en el mismo fallo, y hubo pedante que para desengañarme de toda esperanza, apoyó su aforismo en la vejez, diciéndome en latín que los muchos años son una enfermedad muy grave. *Senectus ipsa est morbus.*

Yo, que sabía muy bien que era mortal y que ya había vivido mucho, no me dilaté en creerlo. Quise que no quise, me conformé con la sentencia de los médicos, conociendo que el conformarse con la voluntad de Dios a veces es trampa legal, pues queramos que no queramos se ha de cumplir en nosotros; hice, como suelen decir, de la necesidad virtud, y ya sólo traté de conservar mi poca salud paliativamente, pero sin esperanza de restablecerla del todo.

En este tiempo me visitaban mis amigos, y por una casualidad tuve otro nuevo, que fue un tal Lizardi, padrino de Carlos para su confirmación, escritor desgraciado en vuestra patria y conocido del público con el epíteto con que se distinguió cuando escribió en estos amargos tiempos, y fue el de *Pensador Mexicano.*

En el tiempo que llevo de conocerlo y tratarlo he advertido en él poca instrucción, menos talento, y últimamente ningún mérito (hablo con mi acostumbrada ingenuidad); pero en cambio de estas faltas, sé que no es embustero, falso, adulador ni hipócrita. Me consta que no se tiene ni por sabio ni por virtuoso; conoce sus faltas, las advierte, las confiesa y las detesta. Aunque es hombre, sabe que lo es; que tiene mil defectos, que está lleno de ignorancia y amor propio, que mil veces no advierte aquélla porque éste lo ciega, y últimamente, alabando sus producciones algunos sabios en mi presencia y en la suya, le he oído decir mil veces: "Señores, no se engañen, no soy sabio, instruido ni erudito; sé cuánto se necesita para desempeñar estos títulos; mis producciones os deslumbran, leídas a la primera vez, pero todas ellas no son más que oropel. Yo mismo me avergüenzo de ver impresos errores que no advertí al tiempo de escribirlos. La facilidad con que escribo no prueba acierto. Escribo mil veces en medio de la distracción de mi familia y de mis amigos; pero esto no justifica mis errores, pues debía escribir con sosiego y sujetar mis escritos a la lima, o no escribir, siguiendo el ejemplo de Virgilio o el consejo de Horacio; pero después que he escrito de este modo, y después que conozco por mi natural inclinación que no tengo paciencia para leer mucho, para escribir, borrar, enmendar, ni consultar despacio mis escritos, confieso que no hago como debo, y creo firmemente que me disculparán los sabios, atribuyendo a calor de mi fantasía la precipitación siempre culpable de mi pluma. Me acuerdo del juicio de los sabios, porque del de los necios no hago caso."

Al escuchar al Pensador tales expresiones, lo marqué por mi amigo, y conociendo que era hombre de bien, y que si alguna vez erraba era más por un entendimiento perturbado que por una depravada voluntad, lo numeré entre mis verdaderos amigos, y él se granjeó de tal modo mi afecto que lo hice dueño de mis más escondidas confianzas, y tanto nos hemos amado que puedo decir que soy uno mismo con el Pensador y él conmigo.

Un día de éstos en que ya estoy demasiadamente enfermo, y en que apenas puedo escribir los sucesos de mi vida, vino a visitarme, y estando sentada mi esposa en la orilla de mi cama y vosotros alrededor de ella, advirtiéndome fatigado de mis dolencias, y que no podía escribir más, le dije:

—Toma esos cuadernos, para que mis hijos se aprovechen de ellos después de mis días.

En ese instante dejé a mi amigo el Pensador mis comunicados y estos cuadernos para que los corrija y anote, pues me hallo muy enfermo...

NOTAS DEL PENSADOR

Hasta aquí escribió mi buen amigo don Pedro Sarmiento, a quien amé como a mí mismo, y lo asistí en su enfermedad hasta su muerte con el mayor cariño.

Hizo llamar al escribano y otorgó su testamento con las formalidades de estilo. En él declaró tener cincuenta mil pesos en reales efectivos, puestos a réditos seguros en poder del conde de San Telmo, según constaba del documento que manifestó certificado por escribano y debía obrar cosido con el testamento original, y seguía: "It. Declaro, que es mi voluntad que, pagadas del quinto de mis bienes las mandas forzosas y mi funeral, se distribuya lo sobrante en favor de pobres decentes, hombres de bien y casados, de este modo: si sobran nueve mil y pico de pesos, se socorrerán a nueve pobres de los dichos que manifiesten al albacea que queda nombrado certificación del cura de su parroquia en que conste son hombres de conducta arreglada, legítimos pobres, con familias pobres que sostener, con algún ejercicio o habilidad, no tontos ni inútiles, y a más de esto con fianza de un sujeto abonado que asegure con sus bienes responder por mil pesos que se le entregarán para que los gire y busque su vida con ellos, bien entendido de que el fiador será responsable a dicha cantidad, siempre que se le pruebe que su ahijado la ha malversado; pero si se perdiere por suerte del comercio, robo, quemazón o cosa semejante, quedarán libres así el fiador como el agraciado.

"Declaro: que aunque pudiera con nueve mil pesos hacer limosna a veinte, treinta, ciento o mil pobres, dándoles a cada uno una friolera, como suele hacerse, no lo he determinado, porque considero que éstos no son socorros verdaderos; y sí lo serán en el modo que digo, pues es mi voluntad, que después que los socorridos hagan su negocio y aseguren su subsistencia, devuelvan los mil pesos para que se socorran otros pobres.

"Declaro también: que aunque pudiera dejar limosna a viudas y a doncellas, no lo hago, porque a éstas siempre les dejan los más de los ricos, y no son las primeras necesitadas, sino los pobres hombres de bien, de quienes jamás o rara vez se acuerdan en los testamentos, creyendo, y mal, que con ser hombres tienen una mina abundante para sostener a sus familias."

De este modo fueron sus disposiciones testamentarias. Concluidas, se trató de administrarle los santos sacramentos de la Eucaristía y Extremaunción. Le dio el viático su muy útil y verdadero amigo el padre Pelayo. Asistieron a la función sus amigos don Tadeo, don Jacobo, Anselmo, Andrés, yo y otros muchos. La música y la solemnidad que acompañó este acto religioso infundía un respetuoso regocijo, que se aumentó en todos los asistentes al ver la ternura y devoción con que mi amigo recibió el Cuerpo del Señor Sacramentado. El perdón que a todos nos pidió de sus escándalos y extravíos, la exhortación que nos hizo y la unción que derramaba en sus palabras, arrancó las lágrimas de nuestros ojos, dejándonos llenos de edificación y de consuelo.

Pasados estos dulces transpor-

tes de su alma, se recogió, dio gracias, y a las dos horas hizo que entraran a su recámara su mujer y sus hijos.

Sentado yo a la cabecera, y rodeando su familia la cama, les dijo con la mayor tranquilidad:

"Esposa mía, hijos míos, no dudaréis que siempre os he amado, y que mis desvelos se han consagrado constantemente a vuestra verdadera felicidad. Ya es tiempo que me aparte de vosotros para no vernos hasta el último día de los siglos. El Autor de la Naturaleza llama a las puertas de mi vida; Él me la dio cuando quiso, y cuando quiere cumple la Naturaleza su término. No soy árbitro de mi existencia; conozco que mi muerte se acerca, y muero muy conforme y resignado en la divina voluntad. Excusad el exceso de vuestro sentimiento. Bien que sintáis la falta de mi vista como pedazos que habeis sido de mi corazón, deberéis moderar vuestra aflicción, considerando que soy mortal y que tarde o temprano mi espíritu debía desprenderse de la masa corruptible de mi cuerpo.

"Advertid que mi Dueño y el Dueño de mi vida es el que me la quita, porque la Naturaleza es inmutable en cumplir con los preceptos de su autor. Consolaos con esta cierta consideración y decid: *el Señor me dio un esposo, el Señor nos dio un padre, él nos lo quita, pues sea bendito el nombre del Señor.* Con esta resignación se consolaba el humilde Job en el extremo de sus amarguísimos trabajos.

"Estos pensamientos no inspiran el dolor ni la tristeza, sino antes unos consuelos y regocijos sólidos, que se fundan no menos que en la palabra de Dios y en las máximas de la sagrada religión que profesamos. Quédese la desesperación para el impío, y para el incrédulo la duda de nuestra futura existencia, mientras que el católico arrepentido y bien dispuesto confía con mucho fundamento que Dios, en cumplimiento de su palabra, le tiene perdonados sus delitos, y sus deudos, con la misma seguridad, piadosamente creen que no ha muerto, sino que ha pasado a mejor vida.

"Conque no lloreis, pedazos míos, no lloréis. Dios os queda para favoreceros y ampararos, y si cumplís sus divinos preceptos y confiáis en su altísima Providencia, estad seguros de que nada, nada os faltará para ser felices en ésta y en la otra vida.

"Procurad, sí, manejaros en la presente con juicio y honor en cualquiera que sea el estado que abrazareis. Tú, Margarita, si pasares a segundas nupcias, lo que no te impido, trata de conocer el carácter de tu esposo antes de que sea tu marido, pues hay muchos Periquillos en el mundo, aunque no todos conocen y detestan sus vicios como yo. Una vez conocido por hombre de bien y de virtud, y con la aprobación de mis amigos, únete con él enhorabuena; pero procura siempre captarle la voluntad alabándole sus virtudes y disimulándole sus defectos. Jamás te opongas a su gusto con altanería, y mucho menos en las cosas que te mandare justas; no disipes en modas, paseos ni extravagancias lo que te dejo para que vivas; no tomes por modelo de tu conducta a las mujeres vanas, soberbias y locas; imita a las prudentes y virtuosas. Aunque mis hijos ya son grandes, si tuvieres otros, no prefieras en cariño a ninguno; trátalos a todos igualmente, pues todos son tus hijos, y de este modo enseñarás a tu marido a portarse bien con los míos; los harás a todos hermanos y evitarás las envidias que suscita en estos casos la preferencia; sé económica, y no desperdicies en bureos lo que te dejo ni lo que tu marido adquiera; sábete que no es tan fácil ganar mil pesos como decir tuve mil pesos; pero decir tuve en medio de la miseria es sobremanera doloroso; últimamente, hija mía, haz por no olvidar las máximas que te he inspirado; huye la maldita pasión de los celos, que lejos de ser útil es perniciosa a las infelices mujeres y la total y última causa de su ruina; aunque tu marido, por desgracia, tenga un extravío, disimúlaselo, y entonces hazle más cariño y más aprecio, que yo te aseguro que él conocerá que tu mérito se aventaja al de las prostitutas que adora, y al fin se reducirá, te pedirá perdón y te amará con doble extremo.

"A vosotros, hijos de mi corazón, ¿qué puedo deciros? Que seáis humildes, atentos, afables, benéficos, corteses, honrados, veraces, sencillos, juiciosos, y enteramente hombres de bien. Os dejo escrita mi vida, para que veáis dónde se estrella por lo común la juventud incauta; para que sepáis dónde están los precipicios para huirlos, y para que, conociendo cuál es la virtud y cuántos los dulces frutos que promete, la profeséis y la sigáis desde vuestros primeros años.

"Por tanto: amad y honrad a Dios y observad sus preceptos; procurad ser útiles a vuestros semejantes; obedeced a los gobiernos, sean cuales fueren; vivid subordinados a las potestades que os mandan en su nombre; no hagáis a nadie daño, y el bien que podáis no os detengáis a hacerlo. Guardaos de tener muchos amigos. Este consejo os lo recomiendo con especialidad; ved que os hablo con experiencia. Un hombre solo, por malo que sea, si anda solo y sin amigos, él solo sabe sus crímenes; a nadie escandaliza en lo particular, y ninguno es testigo de ellos; cuando, por el contrario, el truchimán y el pícaro lleno de amigos tiene muchos a quienes dar mal ejemplo, y muchos que testifiquen sus infamias.

"Fuera de que, como veréis en mi vida, hay muchos amigos, pero pocas amistades. Amigos sobran en el tiempo favorable; pero pocos o ningunos en el adverso. Tened cuidado con los amigos y experimentadlos. Cuando hallareis uno desinteresado, verdadero y a todas luces hombre de bien, amadlo y conservadlo eternamente; pero cuando en el amigo advirtiereis interés, doblez o mala conducta, reprochadlo y jamás os fieis de su amistad.

"Por último: observad los consejos que mi padre me escribió en su última hora, cuando yo estaba en el noviciado, y os quedan escritos en el capítulo XII del tomo I de mi historia. Si cumplís exactamente, yo os aseguro que seréis más felices que vuestro padre."

Pasados estos y otros coloquios semejantes, abrazó don Pedro a sus hijos y a su mujer, les dio muchos besos y se despidió de ellos, haciéndome llorar amargamente, porque los extremos de la señora y los niños desmintieron toda la filosofía del razonamiento preventivo. Los llantos, las lágrimas y los extremos fueron lo mismo que si el enfermo no hubiera hablado una palabra.

Por fin quedó el paciente solo y me dijo:

—Ya es tiempo de desprenderme del mundo y de pensar solamente en que he ofendido a Dios y que deseo ofrecerle los dolores y ansias que padezco en sacrificio por mis iniquidades. Haz que venga mi confesor el padre Pelayo.

Como este eclesiástico era buen amigo no faltaba del lado de los suyos a la hora de la tribulación. Apenas se desnudó la muceta, cuando volvió a casa a consolar a su hijo espiritual. Antes que yo saliera de la recámara, entró él, y preguntó a don Pedro cómo se sentía.

"Voy por la posta —dijo el enfermo—; ya es tiempo de que no te apartes de mi cabecera, te lo ruego encarecidamente; no porque tenga miedo de los diablos, visiones ni fantasmas que dicen que se aparecen a esta hora a los moribundos. Sé que el pensar que todos los que mueren ven estos espectros es una vulgaridad, porque Dios no necesita valerse de estos títeres aéreos para castigar ni aterrorizar al pecador. La mala conciencia y los remordimentos de ella en esta hora son los únicos demonios y espantajos que mira el alma, confundida con el recuerdo de su mala vida, su ninguna penitencia y el temor servil de un Dios irritado y justiciero; lo demás son creederas del vulgo necio. Para lo que quiero que estés conmigo, es para que me impartas los auxilios necesarios en esta hora y derrames en mi corazón el suave bálsamo de tus exhortaciones y consuelos. No te apartes de mí hasta que expire, no sea que entre aquí algún devoto o devota que con el Ramillete u otro formulario semejante me empiece a jesusear, machacándome el alma con su frialdad y sonsonete, y quebrándome la cabeza con sus gritos desaforados. No quiero decir que no me digan Jesús, ni Dios permita que yo hablara tal idioma. Sé muy bien que este dulce nombre es sobre todo nombre; que a su invocación el cielo se goza, la tierra se humilla y el infierno tiembla; pero lo que no quiero es que se me plante a la cabecera algún buen hombre con un librito de los que te digo; que tal vez empiece a deletrear, y no pudiendo, tome la ordinaria cantinela de Jesús te ayude, Jesús te ampare, Jesús te favorezca, no saliendo de eso para nada, y que conociendo él mismo su frialdad quiera inspirarme fervor a fuerza de gritos, como lo he observado en otros moribundos. Por Dios, amigo, no consientas a mi lado éstos, que lejos de ayudarme a bien morir, me ayudarán a morir más presto. Tú sabes que en estos momentos lo que importa es mover al enfermo a contrición y confianza en la divina misericordia; hacerlo que repita en su corazón los actos de fe, esperanza y caridad; ensancharle el espíritu con la memoria de la bondad divina, acordándole que Jesucristo derramó por él su sangre y es su mediarero, y por fin ejercitándolo en actos de amor de Dios y avivándole los deseos de ver a Su Majestad en la gloria.

"Esto propiamente es ayudar a

bien morir, pero no pueden hacerlo todos, y los que tienen instrucción y gracia para ello no se valen de aquellos gritos con que los tontos, lejos de auxiliar al moribundo, lo espantan e incomodan.

"También te ruego que no consientas que las señoras viejas me acaben de despachar con buena intención echándome en la boca, y en estado agonizante, caldo de sustancia ni agua de la palata. Adviérteles que ésta es una preocupación con que abrevian la vida del enfermo y lo hacen morir con dobles ansias. Diles que tenemos dos cañones en la garganta llamados esófago y laringe. Por el uno pasa el aire al pulmón, y por el otro el alimento al estómago; mas es menester que les adviertas que el cañón por donde pasa el aire está primero que el otro por donde pasa el alimento. En el estado de sanidad, cuando tragamos tapamos con una valvulita, que se llama "glotis", el cañón del aire, y quedando cerrado con ella, pasa el alimento por encima al cañón del estómago como por sobre un puente. Esta operación se hace apretando la lengua al paladar en el acto de tragar, de modo que nadie tragará una poca de saliva sin apretar la lengua para tapar el cañón del aire, y cuando por un descuido no se hace esta diligencia y se va, aunque sea una gota de agua, lo que llaman irse al galillo, el pulmón, que no consiente más que el aire, al momento sacude aquel cuerpo extraño, y a veces con tal violencia que se arroja hasta por las narices dicho cuerpo, si es líquido. Cuando el agua, v. gr., que se ha ido al pulmón, pesa más que el aire que hay dentro, se ahoga el paciente; y si es poca, la arroja éste, como se ha dicho.

"Después que hagas esta explicación a las viejas, adviérteles que el agonizante ya no tiene fuerza, y acaso ni conocimiento para apretar la lengua; de consiguiente, cuanto le echan en la boca se va al pulmón, y si no tose, es o porque esta entraña está dañada, o porque ya no tiene fuerza para sacudir, con lo que expira el enfermo más breve. Diles todo esto, y que lo más seguro es humedecerles la boca con unos algodones mojados; aunque todas estas diligencias son más para consuelo de los asistentes que para alivio de los enfermos.

"En fin, Pelayo, por vida tuya haz que velen mi cadáver dos días, y no le den sepultura hasta que no estén bien satisfechos de que estoy verdaderamente muerto, pues no quiero ir a acabar de morir al camposanto como han ido tantos, especialmente mujeres parturientas, que, no teniendo sino un largo síncope, han muerto antes de tiempo, y los han enterrado vivos la precipitación de los dolientes."

Acabó don Pedro de hablar con el padre confesor estas cosas, y me dijo:

—Compadre, ya me siento demasiado débil; creo que se acerca la hora de la partida; haz llamar al vecino don Agapito (que era un excelente músico), y dile que ya es tiempo de que haga lo que le he prevenido.

Luego que el músico recibió el recado, salió a la calle, y a poco rato volvió con tres niños y seis músicos de flauta, violín y clave, y entró con ellos a la recámara.

Nos sorprendimos todos con esta escena inesperada, y más cuando comenzaron también los niños a entonar con sus dulces voces, y acompañados de la música, un himno compuesto para esta hora por el mismo don Pedro.

Nos enternecimos bastante en medio de la admiración con que ponderábamos el acierto con que nuestro amigo se hacía menos amargo aquel funesto paso. El padre Pelayo decía:

—Vean ustedes, mi amigo sí ha sabido el arte de ayudarse a bien morir. Con cualquier poco conocimiento que conserve, ¿cómo no le despertarán estas dulces voces y esta armoniosa música los tiernos efectos que su devoción ha consagrado al Ser Supremo?

En efecto, se cantó el siguiente:

HIMNO AL SER SUPREMO

Eterno Dios, inmenso,
omnipotente, sabio, justo y santo,
que proteges benigno
los seres que han salido de tus manos:
        el debido homenaje
a tu alta majestad te rindo grato,
porque en mis aflicciones
fuiste mi escudo, mi sostén, mi amparo.

Y cuando sumergido
en el cieno profundo busqué en vano
a quién volver mis ojos
entumecidos de llorar, e hinchados,
        extendiste en mi ayuda
tu generosa y compasiva mano,
que libre del peligro
al puerto me condujo ileso y salvo.

Tú, Señor, desde entonces
con impulso robusto has guiado
por el camino recto
mis vacilantes y extraviados pasos.

Mis vicios me avergüenzan;
mis delitos detesto; con mi llanto
haz, mi Dios, que se borren
los asientos del libro de los cargos.

Y en esta crítica hora
no te acuerdes, Señor, de mis pecados,
a los que me arrastraba
la inexperiencia de mis pocos años.

Recuerda solamente
que, aunque perverso, pecador, ingrato,
soy tu hijo, soy tu hechura,
soy obra, en fin, de tus divinas manos.

Si te ofendí yo mucho,
mucho me pesa, y mucho más te amo,
como a padre ofendido
que mis crímenes tiene perdonados.

Seguro en tus promesas
invoco tus piedades, y *en tus manos*
mi espíritu encomiendo.
Recíbelo, Señor, en tu regazo.

Dos veces se repitió el tierno himno, y en la segunda, al llegar a aquel verso que dice: *En tus manos mi espíritu encomiendo,* lo entregó nuestro Pedro en las manos del Señor, dejándonos llenos de ternura, devoción y consuelo.

A la noticia de su muerte, acaecida a fines del mismo año 1813, se extendió el dolor por toda la casa, manifestándolo en lágrimas no sólo su familia, sino sus amigos, sus criados y favorecidos que habían ido a ser testigos de su muerte.

Se veló el cadáver, según dijo, dos días, no desocupándose en ellos la casa, de sus amigos y beneficiados, que lloraban amargamente la falta de tan buen padre, amigo y bienhechor.

Por fin se trató de darle sepultura.

CAPÍTULO XVI

EN EL QUE EL "PENSADOR" REFIERE EL ENTIERRO DE PERICO, Y OTRAS COSAS
QUE LLEVAN AL LECTOR POR LA MANO AL FIN DE ESTA CIERTÍSIMA HISTORIA

A LOS DOS DÍAS se procedió al funeral, haciéndole las honras con toda solemnidad, y concluidas, se llevó el cadáver al camposanto, donde se le dio sepultura por especial encargo que me hizo.

El sepulcro se selló con una losa de tecal, especie de mármol que compró para el efecto su confesor, haciendo antes esculpir en ella el epitafio y la décima que el mismo difunto compuso antes de agravarse. Aquél era latino y los pondré por si agradare a los lectores.

HIC IACET
PETRUS SARMIENTO

(VULGO)
PERIQUILLO SARNIENTO
PECCATOR VITA
NIHIL MORTE.
QVISQVIS ADES
DEVM ORA
VT
IN AETERNUM VALEAT

Lo que en castellano dice:

AQUÍ YACE
PEDRO SARMIENTO,
COMÚNMENTE CONOCIDO
POR
PERIQUILLO SARNIENTO.
EN VIDA
NO FUE MÁS QUE UN
PECADOR:
NADA EN SU MUERTE.
PASAJERO,
SEAS QUIEN FUERES,
RUEGA A DIOS LE CONCEDA
EL ETERNO DESCANSO

DÉCIMA

Mira, considera, advierte,
por si vives descuidado,
que aquí yace un extraviado
que al fin logró santa muerte.
No todos tienen tal suerte;
antes debes advertir,
que si es lo común morir
según ha sido la vida,
para no errar la partida
lo seguro es bien vivir.

A todos sus amigos agradaron estas producciones del difunto por su propiedad y sencillez. El padre Pelayo tomó un carbón del incensario, y en la blanca pared del camposanto escribió, *currente cálamo,* o de improviso, el siguiente

SONETO

Yace aquí Periquillo, que en su vida
fue malo la mitad, y la otra bueno;
cuando de la virtud estuvo ajeno,
hasta llegó a intentar el ser suicida.
Tocóle Dios; la gracia halló acogida
en su pecho sensible y lo hizo ameno
vergel de la virtud. Él murió lleno
de caridad bien pura y encendida.
¡Cuántos imitadores, oh querido,
tienes en la maldad! Pero no tantos
enmendados hasta hoy te habrán segui-
[do.
Vamos tras del error y sus encantos
de mil en mil, y al hombre arrepentido
¿lo imitan muchos? No, sólo unos cuan-
[tos.

Con razón o sin ella alabamos todos el soneto del padre Pelayo, unos por cumplimiento y otros por afecto o inclinación al poeta.

A imitación de éste, escribió su amigo Anselmo la siguiente

DÉCIMA [1]

Ante ese cadáver yerto
me avergüenzo de mi trato;
fui con él amigo ingrato,
y le debo, aun cuando muerto,
mis alivios. Bien advierto
que fue mi mejor amigo.
De su virtud fui testigo,
y creo Dios lo perdonó,
pues en mí favoreció
y perdonó a su enemigo.

Como tenemos todos un poco de copleros a lo menos, fuimos escribiendo en la humildísima pared los versuchos que nos venían a la imaginación y a la mano. Leída la décima anterior, tomó el carbón su amigo don Jacobo, y escribió esta

OCTAVA

A este cadáver, que una losa fría
cubre de polvo, yo debí mi suerte;
encontréme con él un feliz día;
me libró del oprobio y de la muerte.
Dicen que malo fue, no lo sabía;
su virtud sólo supe, y ella advierte
que el que del vicio supo retirarse
es digno de sentirse y de llorarse.

Don Tadeo le quitó el carbón a Jacobo y escribió la siguiente

QUINTILLA

Yace aquí mi buen amigo
que me calumnió imprudente;
fui de su virtud testigo;
él me socorrió clemente,
y hoy su memoria bendigo.

Se le rodaban las lágrimas al maestro Andrés, al leer los elogios de su amo, y el padre Pelayo, conociendo cuánto debía de amarlo, por ver lo que producía, le dio el carbón, y por más que el pobre se excusaba de recibirlo, nos rodeamos de él, instándole a que escribiera alguna cosita. Ello nos costó trabajo persuadirlo pero, por

fin, hostigado con nuestras súplicas, cogió el tosco pincel y escribió esta

DÉCIMA

Me enseñó a rasurar perros
este mi amo; a sacar muelas
a las malditas agüelas,
y cuatrocientos mil yerros.
Pero no tendrá cencerros
de escrúpulos el *mortorio*,
porque también es notorio
que me enseñó buenas cosas,
y tendrá palmas gloriosas
al salir del Purgatorio.

Celebramos como era justo la décima del buen Andrés, y seguí yo a escribir mi copla, pero antes de comenzar me dijo el padre clérigo:

—Usted ha de escribir un soneto, pero no libre, sino con consonantes que finalicen en *ente, ante, unto* y *anto*.

—Eso es mucho pedir, padre capellán —le dije—. Sobre que me conozco *chamboncísimo* para esto de versos, ¿cómo quiere usted que haga soneto? Y luego con consonantes forzados. Sin tantas fuerzas es la composición del soneto el castigo que Apolo envió a los poetas, según dijo Boileau; conque ¿qué será con los requisitos que usted pide? A más de que los acrósticos, laberintos, pies forzados, equívocos, retruécanos y semejantes chismes ya prescribieron, y con mil razones, y sólo han quedado para ejemplares de la barbaridad y jerigonza de los pasados siglo.

—Todo eso está muy bien y es como usted lo dice —me contestó el padrecito—; pero como va usted a escribir esto entre amigos en un camposanto, y no para lucir en ninguna academia, está usted autorizado para hacer lo que pueda y darnos gusto. Algo hemos de hacer mientras que se acaba de colocar la piedra del sepulcro.

Parecióme impolítico porfiar, y así, contra mi voluntad, tomé el carbón y escribí este endemoniado

[1] Desgraciadamente faltan al manuscrito las últimas hojas, y de ahí es que no se pudieron corregir estos versos como se deseaba, no quedando otro arbitrio que dejarlos tales como se hallan en la edición anterior.—E.

SONETO

Por más que fuere el hombre delin-
[cuente,
por más que esté de la virtud distante,
por más malo que sea y extravagante,
desesperar no debe neciamente.
Si se convierte verdaderamente,
si a Dios quiere seguir con fe constante,
si su virtud no es falsa y vacilante,
Dios lo perdonará seguramente.
Según esto, es feliz nuestro difunto,
pues si en su mocedad delinquió tanto,
después fue de virtudes un conjunto.
Es verdad que pecó; mas con su llanto
sus errores lavó de todo punto;
fue pecador en vida y murió santo.

Alabaron mi verso como los demás; ya se ve, ¿qué cosa hay,
por mala que sea, que no tenga
algún admirador? Con decir que
alabaron el verso de Andrés y la
siguiente coplilla que le hicieron escribir al indio fiscal de San Agustín
de las Cuevas, que para asistir al
entierro de su amigo se vino a México luego que supo su muerte, se
dijo todo.

La dicha copla, después de muchos comentos que sobre ella hicimos a causa de que estaba inin-
teligible por su maldita letra, sacamos en limpio que decía:

Con ésta y no digo más:
aquí murió señor don Pegros,
que nos hizo mil favores,
so mercé no olvidaremos.

Ya no hubo quien quisiera escribir nada después que oyeron alabar la copla del indio; y así nos
entretuvimos en copiar los versos
con la ayuda de un lápiz que por
fortuna se encontró en la bolsa don
Tadeo.

Jamás esperaba yo que semejantes mamarrachos tuvieran la
aceptación que lograron. De unas
en otras se aumentaron tanto las
copias que en el día pasan seguramente de trescientas las que hay
en México y fuera de él.[2]

[2] Es de creerse que las copias de
que habla el Pensador son los ejemplares de este tomo, del que mandó tirar trescientos para la primera edición.—E.

Acabaron de poner la piedra, y
habiendo el padre Pelayo y otros
sacerdotes que fueron convidados
dicho los últimos responsos sobre
el sepulcro, tomamos los coches y
pasamos a dar el pésame y a cumplimentar a la señora viuda.

Todos los nueve días estuvo la
casa mortuoria llena de los íntimos amigos del difunto, y entre éstos fueron muchos pobres decentes
y abatidos, a quienes socorría en
silencio.

Ignorábamos hasta entonces que
diera tantas limosnas y tan bien
distribuidas. En su testamento dejó
un legado de dos mil pesos para
que yo los repartiera a estos pobres, según me pareciera y conforme a las sólitas que para el caso
me daba en el comunicado respectivo, en el que constaban en una
lista los nombres, casas, familias
y estados de los dichos.

Cumplí este encargo con la exactitud que todos los suyos; continué
visitando a la señora y sirviéndola
en lo que he podido, advirtiendo
siempre y aun admirando el juicio,
la conducta, la economía y el arreglo con que se maneja en su casa;
y así ha educado a sus hijos con
tino tan feliz, que ellos seguramente honrarán la memoria de su
padre y serán el consuelo de la
madre.

Pasado algún tiempo, y ya más
serena la señora, le pedí los cuadernos que escribió mi amigo, para
corregirlos y anotarlos, conforme
lo dejó encargado en su comunicado respectivo.

La señora me los dio y no me
costó poco trabajo coordinarlos y
corregirlos, según estaban de revueltos y mal escritos; pero por
fin hice lo que pude, se los llevé
y le pedí su permiso para darlos
a la prensa.

—No lo permita Dios —decía la
señora muy escandalizada—; ¿cómo
había yo de permitir que salieran a
la plaza las gracias de mi marido,
ni que los maldicientes se entretu-
vieran a su costa, despedazando sus
respetables huesos?

"Nada de eso ha de haber —le contesté—; gracias son en efecto las del difunto, pero gracias dignas de leerse y publicarse. Gracias son, pero de las muy raras, edificantes y divertidas. ¿Le parece a usted poca gracia, ni muy común, que en estos días haya quien conozca, confiese y deteste sus errores con tanta humildad y sencillez como mi compadre? No, señora; esto es muy admirable, y me atrevo a decir que inimitable. Hoy, el que hace más se contenta con conocer sus defectos, pero en eso de confesarlos no se piensa; y aun son muy raros estos conocimientos; lo común es cegarnos nuestro amor propio y obstinarnos en solapar nuestros vicios, ocultarlos con hipocresía y tal vez pretender que pasen por virtudes.

"Es verdad que don Pedro escribió sus cuadernos con el designio de que sólo sus hijos los leyeran; pero por fortuna éstos son los que menos necesitan su lectura, porque sobre los buenos y sólidos fundamentos que puso mi compadre para levantar el edificio de su educación política y cristiana, tienen una madre capaz de formarles bien el espíritu, de lo que ciertamente no se descuidará.

"En México, señora, y en todo el mundo, hay una porción de Periquillos a quienes puede ser más útil esta leyenda por la doctrina y la moral que encierra.

"Mi compadre manifiesta sus crímenes sin rebozo; pero no lisonjeándose de ellos, sino reprendiéndose por haberlos cometido. Pinta el delito, pero siempre acompañado del castigo, para que produzca el escarmiento como fruto.

"Del mismo modo refiere las buenas acciones, alabándolas para excitar a la imitación de las virtudes, Cuando refiere las que él hizo, lo hace sobre la marcha y sin afectar humildad ni soberbia.

"Escribió su vida en un estilo ni rastrero ni finchado; huye de hacer del sabio, usa un estilo casero y familiar, que es el que usamos todos comúnmente y con el que nos entendemos y damos a entender con más facilidad.

"Con este estudio no omite muchas veces valerse de los dicharachos y refranes del vulgo, porque su fin fue escribir para todos. Asimismo suele usar de la chanza, tal cual vez, para no hacer su obra demasiado seria, y por esta razón fastidiosa.

"Bien conocía su esposo de usted el carácter de los hombres, sabía que lo serio les cansa, y que un libro de esta clase, por bueno que sea, en tratando sobre asuntos morales, tiene por lo regular pocos lectores, cuando por el contrario le sobran a un escrito por el estilo del suyo.

"Un libro de éstos lo manosea con gusto el niño travieso, el joven disipado, la señorita modista y aun el pícaro y tuno descarado. Cuando estos individuos lo leen, lo menos en que piensan es sacar fruto de su lectura. Lo abren por curiosidad y lo leen con gusto, creyendo que sólo van a divertirse con los dichos y cuentecillos, y que éste fue el único objeto que se propuso su autor al escribirlo; pero cuando menos piensan, ya han bebido una porción de máximas morales que jamás hubieran leído escritas en un estilo serio y sentencioso. Estos libros son como las píldoras que se doran por encima para que se haga más pasadera la triaca saludable que contienen.

"Como ninguno cree que tales libros hablan con él determinadamente, lee con gusto lo picante de la sátira y aun le acomoda originales que conoce y en los que el autor no pensó; pero después que vuelve en sí del éxtasis delicioso de la diversión y reflexiona con seriedad que él es uno de los comprendidos en aquella crítica, lejos de incomodarse, procura tener presente la lección y se aprovecha de ella alguna vez.

"Los libros morales es cierto que enseñan, pero sólo por los oídos, y por eso se olvidan sus lecciones fácilmente. Éstos instruyen por los oídos y por los ojos. Pintan al hombre como él es, y pintan los estragos del vicio y los premios de la virtud en acaecimientos que todos los días suceden. Cuando leemos estos hechos nos parece que los estamos mirando, los retenemos en la memoria, los contamos a los amigos, citamos a los sujetos cuando se ofrece; nos acordamos de este o del otro individuo de la historia luego que vemos a otro que se le parece, y de consiguiente nos podemos aprovechar de la instrucción que nos ministró la anécdota. Conque vea usted, señora, si será justo dejar sepultado en el olvido el trabajo de su esposo cuando puede ser útil de algún modo.

"Yo no elogio la obra por su estilo ni por su método. Digo lo que puede ser, no lo que es en efecto. Mucho menos digo esto por adular a usted. Sé que su esposo era hombre, y siéndolo, nada podía hacer con entera perfección. Esto sería un milagro.

"La obrita tendrá muchos defectos; pero éstos no quitarán el mérito que en sí tienen las máximas morales que incluye, porque la verdad es verdad, dígala quien la diga, y dígala en el estilo que quisiere, y mucho menos se podrán tildar las rectas intenciones de su esposo, que fueron sacar triaca del veneno de sus extravíos, siendo útil de algún modo a sus hijos y a cuantos leyeran su vida, manifestándoles los daños que se deben esperar del vicio y la paz interior y aun felicidad temporal que es consiguiente a la virtud."

—Pues si a usted le parece —me dijo la señora— que puede ser útil esta obrita, publíquela y haga con ella lo que quiera.

Satisfechos mis deseos con esta licencia, traté de darla a luz sin perder tiempo. ¡Ojalá el éxito corresponda a las laudables intenciones del autor!

PEQUEÑO VOCABULARIO

DE LAS VOCES PROVINCIALES O DE ORIGEN MEXICANO USADAS EN ESTA OBRA, A MÁS DE LAS ANOTADAS EN SUS RESPECTIVOS LUGARES

A

Acocote, de *Acocotli.*—Huaje o calabazo prolongado de que usan los indios para extraer el aguamiel de los magueyes ya raspados.

Ahuizote, de *Ahuizotl.*—Cierto animalejo de agua como perrillo. Animal de mal agüero.

Atole.—Bebida y alimento regional muy sano y de fácil digestión, resultado de varias operaciones que se hacen con el maíz, de cuya pepita interior es una legítima horchata.

Axcan, Adverbio.—Ahora. Así, eso es, así es.

C

Cajete.—Vasija de barro poroso y sin barniz en que solía darse el pulque en las pulquerías a los que lo bebían allí mismo, y en ella adquiere cierto saborcillo agradable. Hoy se le han sustituido los vasos comunes.

Chambón.—Parece que es corrupción de *Chanflón,* adj. Hombre de pocos conocimientos o de poca destreza en su oficio o ejercicio.

Chichi. Chichigua.—Ama de leche, nodriza. Derivado de *Chichitl* en la acepción de bofes, porque también significa saliva. De esta misma voz se derivan *Chichini,* el que mama; *Chichinipul,* mamón; *Chichinalaapilol,* tetona o mujer de grandes tetas; *chichinalayoatl,* suero; *Chichinalayotl,* leche; y *Chichinalli,* teta.

Chilaquil.—Tortilla en caldo de chile, y por analogía, sombrero descompuesto o desarmado de modo que las faldas estén caídas o arrugadas.

Chile, de *Chilli.*—Ají o pimiento de América.

Chiquihuite, de *Chiquihuitl.*—Cesto o canasta.

Cisca.—Color encendido del rostro por la vergüenza.

Ciscarse. Verbo recíproco.—Avergonzarse, ponerse colorado de vergüenza.

Cuate.—Véase *Mellizo,* gemelo.

Cucharero, adj.—Ladrón, ratero.

G

Guaje o *huaje.*—Calabazo. Como adjetivo se aplica al hombre bobo, distraído y poco reflexivo.

Guajolote.—Pavo americano. También se aplica como adjetivo al hombre torpe en sus acciones y movimientos, distraído y poco reflexivo.

Guaracha. Guarache.—Cacle o sandalia.

J

Jacal, de *Xacalli.*—Choza, bohío o casa de paja, cañaveral o carrizo.

Jícara o *xícara.*—Vasija formada del fondo de un guaje o calabazo. Están comúnmente barnizadas y pintadas al estilo de China.

Jonuco.—Rincón o covacha pequeña, húmeda y oscura.

M

Macuache.—Indio bozal o semibárbaro. Suele también llamársele *Bacuache* o *Pacuache.*

Manga. Mangas.—Manta grande,

sin esquinas y redondeada en los dos extremos, con una abertura en el centro por donde se mete la cabeza. Se hacen de paño o de lana tejida en cordoncillo. Se forran de indiana u otro género de algodón, y se adorna la abertura del medio con terciopelo de color oscuro y flecos de seda, o con galones y flecos de plata u oro, cuyo adorno llaman *dragona*.

Mecapal, de *Mecapalli*.—Cordel con su frentero de piel curtida para llevar carga a cuestas.

Mecate, de *Mecatl*.—Cordel o soga.

Meco.—Indio bárbaro o salvaje; se les dice comúnmente a los que no lo son, por apodo.

Metate, de *Metlatl*.—Piedra lisa con tres pies, donde las mujeres, hincadas de rodillas, muelen el maíz.

Metlapil, de *Metlapilli*.—Mano o moledor de piedra, cuya forma es parecida a un huso, que sirve para moler el maíz en el metate.

Milpa, de *Milli*.—Heredad. Solar o pedazo de tierra en que siembran los indios maíz y otras semillas. Del mismo nombre se derivan *milpanecatl*, labrador o aldeano, y *milpantli*, linde entre heredades de muchos.

Molcajete.—Vasija de barro vidriado con tres pies pequeños, y áspero por dentro, que sirve de mortero o molino de mano. También se hacen de piedra compacta.

Mulato.—El que nace de español y negra, o viceversa; así como se llama *Mestizo* el que nace de español e india, o de indio y española, y *Lobo*, de negro e india o de indio y negra.

N

Nene, de *Nenetl*.—En mexicano significa la natura de la mujer y los monos o muñecos con que juegan los niños. Se aplica a toda clase de juguetes, y por desprecio, al hombre desmedrado o cobarde.

P

Petate, de *Petlatl*.—Estera.

Pichancha.—Cubeta de cuero o de madera de que hacen uso los tocineros para echar lejía o agua en las pailas donde se fabrica el jabón.

Pichicuaraca.—Se usa familiarmente para designar la amiga con quien se vive en ilícita mancebía.

Pilhuanejo, de *Pilhua*.—En mexicano significa la persona que tiene hijos, y usando de esta voz los indios recién conquistados para designar al fraile que los tenía a su cargo, se han llamado *Pilhuanejos* los mozos de los frailes.

Pilón.—Antiguamente se fabricaban unos panecitos o piloncillos de azúcar de la misma forma que los grandes, y se daba uno al que en las tiendas de pulpería o cacahuaterías, como se llamaban entonces, en las velerías y otras casas de comercio, compraba medio real de alguna cosa.

Después se generalizó más el nombre, llamándose *pilón* todo lo que se daba gratis, o como ganancia o premio al que compraba medio de cualquier cosa.

Más posteriormente se le dio al pilón un valor fijo, dividiéndose el real en dos medios, cuatro cuartillas y ocho tlacos; cada tlaco en dos mitades, y cada mitad en dos pilones, equivaliendo cada uno a seis cacaos, pues con éstos se suplía en el menudeo la falta de moneda de cobre.

En estos últimos tiempos se le dio otro valor, acuñándose monedas pequeñas de cobre por mitad de un tlaco u octavo, y se han llamado generalmente *pilones;* pero amortizado el cobre viejo, en la nueva acuñación no se han fabricado monedas de este valor.

R

Rancho.—Cortijo dependiente o separado de alguna hacienda de labor, o el lugar donde forman sus chozas los labradores para descansar en la noche, cuando queda a mucha distancia su pueblo.

Ranchero.—El que habita en estas chozas.

S

Socucho o *Sucucho.*—Pieza larga y muy angosta, que no pudiendo habitarse por no prestar comodidad para amueblarse convenientemente, sólo sirve como de bodega o prisión provisional.

Sombrero de petate.—Se llama así el construido de paja o palma, principalmente el ordinario que usan los indios.

T

Tapextle, de *Tlapextli.*—Camilla portátil, hecha de veras, para conducir enfermos, piezas grandes de loza, etc.

Tecolote, de *Tecolotl.*—Búho.

Tejamanil.—Tira delgada de madera como de una vara de largo y una sesma de ancho, que colocada de modo que un extremo quede debajo de la otra tira, suple la teja de barro, y de este modo se forman los tejados de madera.

Tejolote, de *Texolotl.*—Mano de piedra para moler en el molcajete.

Tencuas.—Labios desbordados o bordes lastimados. Metafóricamente se dice en mexicano *Tencuauitl,* hombre de mala boca. Se llaman *tencuas* comúnmente los que nacen con un labio roto, o los que han quedado así por alguna herida o golpe.

Tepalcate, de *Tecpalcatl.*—Tiesto o pedazo roto de vasijas de barro.

Tepehuaje.—Madera compacta y dura del árbol así llamado.

Tianguis.—Feria o día destinado en cada pueblo o lugar corto para la venta y compra de lo que se lleva de otras partes para su abastecimiento y consumo.

Tlecuil, de *Tlecuilli.*—Hogar u hornilla formado con tres piedras sobre las que se coloca el comal para las tortillas, o la olla para guisar la comida; en el espacio que dejan las piedras se acomoda la leña o el carbón.

Tlemole.—Guiso hecho con chile colorado molido, tomates y especias.

Tompiate.—Especie de banasto formado y tejido con palma en vez de mimbre.

Topil, de *Topile.*—Alguacil. *Topilli,* bordón, asta de lanza o vara de justicia.

Z

Zarape.—Especie de frazada tejida con cordoncillo y cargada de colores vivos, con abertura en el centro para meter la cabeza.

Zopilote, de *Zopilotl.*—Especie de aura o buitre.

Zarazón.—Se dice de los frutos y granos cuando empiezan a madurar o llenar, y metafóricamente se aplica a los bebedores cuando empiezan a emborracharse.

ÍNDICE

Pág.

Prólogo de JEFFERSON REA SPELL VII

Prólogo, Dedicatoria y Advertencias a los lectores 1

Prólogo de PERIQUILLO SARNIENTO 5

Advertencias Generales 7

CAP. I. Comienza Periquillo escribiendo el motivo que tuvo para dejar a sus hijos estos cuadernos, y da razón de sus padres, patria, nacimiento y demás ocurrencias de su infancia 11

CAP. II. En el que Periquillo da razón de su ingreso a la escuela, los progresos que hizo en ella y otras particularidades que sabrá el que las leyere, las oyere leer, o las preguntare 18

CAP. III. En el que Periquillo describe su tercera escuela, y la disputa de sus padres de ponerlo a oficio 25

CAP. IV. En el que Periquillo da razón en qué paró la conversación de sus padres y del resultado que tuvo, y fue que lo pusieron a estudiar, y los progresos que hizo 31

CAP. V. Escribe Periquillo su entrada al curso de artes, lo que aprendió, su acto general, su grado y otras curiosidades que sabrá el que las quiera saber 38

CAP. VI. En el que nuestro bachiller da razón de lo que le pasó en la hacienda, que es algo curioso y entretenido 43

CAP. VII. Prosigue nuestro actor contando los sucesos que le pasaron en la hacienda 50

CAP. VIII. En el que escribe Periquillo algunas aventuras que le pasaron en la hacienda y la vuelta a su casa 58

CAP. IX. Llega Periquillo a su casa y tiene una larga conversación con su padre sobre materias curiosas e interesantes 64

CAP. X. Concluye el padre de Periquillo su instrucción. Resuelve éste estudiar Teología. La abandona. Quiere su padre ponerlo a oficio: él se resiste, y se refieren otras cosillas 73

CAP. XI. Toma Periquillo el hábito de religioso y se arrepiente en el mismo día. Cuéntanse algunos intermedios relativos a esto 82

CAP. XII. Trátase sobre los malos y los buenos consejos; muerte del padre de Periquillo y salida de éste del convento 91

CAP. XIII. Trata Periquillo de quitarse el luto, y se discute sobre los abusos de los funerales, pésames, entierros, lutos, etc. 96

CAP. XIV. Critica Periquillo los bailes, y hace una larga y útil digresión hablando de la mala educación que dan muchos padres a sus hijos, y de los malos hijos que apesadumbran a sus padres .. 106

Pág.

CAP. XV. Escribe Periquillo la muerte de su madre, con otras cosillas
no del todo desagradables 116

CAP. XVI. Solo, pobre y desamparado Periquillo de sus parientes, se
encuentra con Juan Largo, y por su persuasión abraza la carrera
de los pillos en clase de *cócora* de los juegos 126

CAP. XVII. Prosigue Periquillo contando sus trabajos y sus bonanzas de jugador. Hace una seria crítica del juego, y le sucede una
aventura peligrosa que por poco no la cuenta 136

CAP. XVIII. Vuelve en sí Perico y se encuentra en el hospital. Critica los abusos de muchos de ellos. Visítalo Januario. Convalece.
Sale a la calle. Refiere sus trabajos. Indúcelo su maestro a ladrón,
él se resiste y discuten los dos sobre el robo 145

CAP. XIX. En el que nuestro autor refiere su prisión, el buen encuentro de un amigo que tuvo en ella, y la historia de éste 155

CAP. XX. Cuenta Periquillo lo que le pasó con el escribano, y don
Antonio continúa contándole su historia 165

CAP. XXI. Cuenta Periquillo la pesada burla que le hicieron los presos en el calabozo, y don Antonio concluye su historia 174

Prólogo en traje de cuento 187

CAP. I. Sale don Antonio de la cárcel; entrégase Periquillo a la amistad de los tunos sus compañeros, y lance que le pasó con el
Aguilucho 191

CAP. II. En el que Periquillo da razón del robo que le hicieron en la
cárcel; de la despedida de don Antonio; de los trabajos que pasó,
y de otras cosas que tal vez no desagradarán a los lectores 200

CAP. III. En el que escribe Periquillo su salida de la cárcel; hace una
crítica contra los malos escribanos, y refiere, por último, el motivo
por qué salió de la casa de Chanfaina y su desgraciado modo 211

CAP. IV. En el que Periquillo cuenta la acogida que le hizo un barbero, el motivo por qué se salió de su casa, su acomodo en una
botica y su salida de ésta, con otras aventuras curiosas 222

CAP. V. En el que refiere Periquillo cómo se acomodó con el doctor
Purgante, lo que aprendió a su lado, el robo que le hizo, su fuga
y las aventuras que le pasaron en Tula, donde se fingió médico .. 235

CAP. VI. Cuenta Periquillo varios acontecimientos que tuvo en Tula,
y lo que hubo de sufrir al señor cura 248

CAP. VII. En el que nuestro Perico cuenta cómo concluyó el cura
su sermón; la mala mano que tuvo en una peste y el endiablado
modo con que salió del pueblo, tratándose en dicho capítulo, por
vía de intermedio, algunas materias curiosas 256

CAP. VIII. En el que se cuenta la espantosa aventura del locero y
la historia del trapiento 263

CAP. IX. En el que cuenta Periquillo la bonanza que tuvo; el paradero del escribano Chanfaina; su reincidencia con Luisa, y otras
cosillas nada ingratas a la curiosidad de los lectores 275

Pág.

CAP. X. En el que se refiere cómo echó Periquillo a Luisa de su casa, y su casamiento con la niña Mariana 286

CAP. XI. En el que Periquillo cuenta la suerte de Luisa, y una sangrienta aventura que tuvo, con otras cosas deleitables y pasaderas . 298

CAP. XII. En el que se refiere cómo Periquillo se metió a sacristán, la aventura que le pasó con un cadáver, su ingreso en la cofradía de los mendigos y otras cosillas tan ciertas como curiosas 302

CAP. XIII. En el que refiere Periquillo cómo le fue con el subdelegado, el carácter de éste y su mal modo de proceder; el del cura del partido; la capitulación que sufrió dicho juez; cómo desempeñó Perico la tenencia de justicia, y finalmente el honrado modo con que lo sacaron del pueblo 314

CAP. XIV. Aquí cuenta Periquillo la fortuna que tuvo en ser asistente del coronel, el carácter de éste, su embarque para Manila y otras cosillas pasaderas 323

CAP. XV. En el que Periquillo cuenta la aventura funesta del egoísta y su desgraciado fin, de resultas de haberse encallado la nao; los consejos que por este motivo les dio el coronel y su feliz arribo a Manila 332

CAP. I. Refiere Periquillo su buena conducta en Manila, el duelo entre un inglés y un negro, y una discusioncilla no despreciable .. 343

CAP. II. Prosigue nuestro autor contando su buena conducta y fortuna en Manila. Refiere su licencia, la muerte del coronel, su funeral y otras friolerillas pasaderas 351

CAP. III. En el que nuestro autor cuenta cómo se embarcó para Acapulco; su naufragio; el buen acogimiento que tuvo en una isla donde arribó, con otras cosillas curiosas 356

CAP. IV. En el que nuestro Perico cuenta cómo se fingió conde en la isla; lo bien que pasó; lo que vio en ella, y las pláticas que hubo en la mesa con los extranjeros, que no son del todo despreciables 365

CAP. V. En el que refiere Periquillo cómo presenció unos suplicios en aquella ciudad; dice los que fueron, y relata una curiosa conversación sobre las leyes penales, que pasó entre el chino y el español 373

CAP. VI. En el que cuenta Perico la confianza que mereció al chino; la venida de éste con él a México, y los días felices que logró a su lado gastando mucho y tratándose como un conde 380

CAP. VII. En el que Perico cuenta el maldito modo con que salió de la casa del chino, con otras cosas muy bonitas, pero es menester leerlas para saberlas 388

CAP. VIII. En el que nuestro Perico cuenta cómo quiso ahorcarse; el motivo porque no lo hizo; la ingratitud que experimentó con un amigo; el espanto que sufrió en un velorio; su salida de esta capital, y otras cosillas 396

CAP. IX. En el que Periquillo refiere el encuentro que tuvo con unos

Pág.

ladrones; quiénes fueron éstos, el regalo que le hicieron y las aventuras que le pasaron en su compañía 403

Cap. X. En el que nuestro autor cuenta las aventuras que le acaeciéron en compañía de los ladrones, el triste espectáculo que se le presentó en el cadáver de un ajusticiado, y el principio de su conversión 412

Cap. XI. En el que Periquillo cuenta cómo entró a ejercicios en la Profesa; su encuentro con Roque; quién fue su confesor; los favores que le debió, no siendo entre éstos el menor haberle acomodado en una tienda 420

Cap. XII. En el que refiere Periquillo su conducta en San Agustín de las Cuevas, y la aventura del amigo Anselmo, con otros episodios nada ingratos 425

Cap. XIII. En el que refiere Perico la aventura del Misántropo, la historia de éste y el desenlace del paradero del Trapiento, que no es muy despreciable 432

Cap. XIV. En el que Periquillo cuenta sus segundas nupcias y otras cosas interesantes para la inteligencia de esta verdadera historia .. 441

Cap. XV. En el que Periquillo refiere la muerte de su amo, la despedida del chino, su última enfermedad, y el editor sigue contando lo demás hasta la muerte de nuestro héroe 450

Notas del Pensador 454

Cap. XVI. En el que *El Pensador* refiere el entierro de Perico, y otras cosas que llevan al lector por la mano al fin de esta ciertísima historia 460

Pequeño Vocabulario 465

*La impresión de este libro fué terminada el
2 de Febrero de 1984, en los talleres de
E. Penagos, S. A., Lago Wetter 152, la
edición consta de 30,000 ejemplares,
más sobrantes para reposición.*

COLECCIÓN "SEPAN CUANTOS..." *

128. **ALARCÓN, Pedro A.** de: *El Escándalo.* Prólogo de Juana de Ontañón. *Rústica.* $ 125.00

134. **ALARCÓN, Pedro A.** de: *El niño de la bola. El sombrero de tres picos. El capitán veneno.* Notas preliminares de Juana de Ontañón. *Rústica* 135.00

225. **ALAS "Clarín" Leopoldo:** *La Regenta.* Introducción de Jorge Ibargüengoitia. *Rústica* 280.00

126. **ALCOTT, Louisa M.:** *Mujercitas. Más cosas de Mujercitas. Rústica* 110.00

273. **ALCOTT, Louisa M.:** *Hombrecitos. Rústica* 125.00

182. **ALEMÁN, Mateo:** *Guzmán de Alfarache.* Introducción de Amancio Bolaño e Isla. 190.00

229. **ALFONSO EL SABIO:** *Cantigas de Santa María. Cantigas profanas. Primera crónica general. General e grand estoria. Espéculo. Las siete partidas. El setenario. Los libros de astronomía. El lapidario. Libros de ajedrez, dados y tablas. Una carta y dos testamentos. Antología.* Con un estudio preliminar de Margarita Peña y un vocabulario. *Rústica* 170.00

15. **ALIGHIERI, Dante:** *La Divina Comedia. La vida nueva.* Introducción de Francisco Montes de Oca. *Rústica* 155.00

61. **ALTAMIRANO, Ignacio M.:** *El Zarco, La Navidad en las Montañas.* Introducción de María del Carmen Millán. *Rústica* 100.00

62. **ALTAMIRANO, Ignacio M.:** *Clemencia. Cuentos de Invierno. Rústica* 125.00

275. **ALTAMIRANO, Ignacio M.:** *Paisajes y Leyendas. Tradiciones y costumbres de México.* Introducción de Jacqueline Covo. *Rústica* 140.00

43. **ALVAR, Manuel:** *Poesía tradicional de los judíos españoles. Rústica* 190.00

122. **ALVAR, Manuel:** *Cantares de Gesta medievales. Cantar de Roncesvalles. Cantar de los Siete Infantes de Lara. Cantar del Cerco de Zamora. Cantar de Rodrigo y el rey Fernando. Cantar de la Campana de Huesca. Rústica* 155.00

151. **ALVAR, Manuel:** *Antigua poesía española lírica y narrativa. Jarchas. Libro de Infancia y muerte de Jesús. Vida de Santa María Egipciaca. Disputa del alma y el cuerpo. Razón de amor con los denuestos del agua y el vino. Elena y María (disputa del clérigo y el caballero). El planto ¡ay Jerusalén! Historia troyana en prosa y verso. Rústica* 170.00

174. **ALVAR, Manuel:** *El romancero viejo y tradicional. Rústica* 190.00

244. **ÁLVAREZ QUINTERO, Serafín y Joaquín:** *Malvaloca. Amores y Amoríos. Puebla de las mujeres. Doña Clarines. El genio alegre.* Prólogo de Ofelia Garza de Del Castillo. *Rústica* 140.00

131. **AMADÍS DE GAULA:** Introducción de Arturo Souto. *Rústica* 155.00

157. **AMICIS, Edmundo:** *Corazón.* Prólogo de María Elvira Bermúdez. *Rústica* 125.00

83. **ANDERSEN, Hans Christian:** *Cuentos.* Prólogo de María Edmée Álvarez. *Rústica.* 140.00

301. **AQUINO, Tomás de:** *Tratado de la Ley. Tratado de la Justicia. Opúsculo sobre el gobierno de los Príncipes.* Traducción y estudio introductivo por Carlos Ignacio González, S. J. *Rústica* 350.00

317. **AQUINO, Tomás de:** *Suma Contra los Gentiles.* Traducción y estudio introductivo por Carlos Ignacio González, S. J. *Rústica* 540.00

76. **ARCIPRESTE DE HITA:** *Libro del Buen Amor.* Versión antigua, con prólogo y versión moderna de Amancio Bolaño e Isla. *Rústica* 190.00

67. **ARISTÓFANES:** *Las once comedias.* Versión directa del griego con introducción de Ángel María Garibay K. *Rústica* 190.00

70. **ARISTÓTELES:** *Ética Nicomaquea. Política.* Versión española e introducción de Antonio Gómez Robledo. *Rústica* 210.00

120. **ARISTÓTELES:** *Metafísica.* Estudio introductivo, análisis de los libros y revisión del texto por Francisco Larroyo. *Rústica* .... $ 155.00

124. **ARISTÓTELES:** *Tratado de Lógica (El Organón).* Estudio introductivo, preámbulos a los tratados y notas al texto por Francisco Larroyo. *Rústica* 280.00

* Los números que aparecen a la izquierda corresponden a la numeración de la Colección.

82. **ARRANGOIZ**, Francisco de Paula de: *México desde 1808 hasta 1867.* Prólogo de Martín Quirarte. *Rúbrica.* 560.00

195. **ARROYO,**-Anita: *Razón y pasión de Sor Juana. Rústica* 190.00

327. **AUTOS SACRAMENTALES.** (El auto sacramental antes de Calderón.) LOAS: Dice al Sacramento. A un pueblo. Loa del Auto de acusación contra el género humano. LÓPEZ DE YANGUAS: Farsa sacramental. ANÓNIMOS: Farsa sacramental de 1521. Los amores del alma con el Príncipe de la luz. Farsa sacramental de la residencia del Hombre. Auto de los Hierros de Adán. Farsa del entendimiento niño. SÁNCHEZ DE BADAJOZ: Farsa de la iglesia. TIMONEDA: Auto de la oveja perdida. Auto de la fuente de los siete sacramentos. Farsa del sacramento llamada premática del Pan. Auto de la Fe. LOPE DE VEGA: la adúltera perdonada. La siega. El pastor lobo y cabaña celestial. VALDIVIELSO: El hospital de los locos. La amistad en el peligro. El peregrino. La Serrana de Plasencia. TIRSO DE MOLINA: El colmenero divino. Los hermanos parecidos. MIRA DE AMESCUA: Pedro Telonario.—Selección, introducción y notas de Ricardo Arias. *Rústica* 350.00

293. **BACON**, Francisco: *Instauratio Magna. Novum Organum. Nueva Atlántida.* Estudio introductivo y análisis de las obras por Francisco Larroyo. *Rústica* 155.00

200. **BALBUENA**, Bernardo de: *La grandeza mexicana y Compendio apologético en alabanza de la poesía.* Prólogo de Luis Adolfo Domínguez. *Rústica* 125.00

53. **BALMES**, Jaime L.: *El Criterio.* Estudio preliminar de Guillermo Díaz-Plaja. *Rústica* 120.00

241. **BALMES**, Jaime: *Filosofía Elemental.* Estudio preliminar por Raúl Cardiel. *Rústica.* 155.00

112. **BALZAC**, Honorato de: *Eugenia Grandet. La Piel de Zapa.* Prólogo de Carmen Galindo. *Rústica* 140.00

314. **BALZAC**, Honorato de: *Papá Goriot.* Prólogo de Rafael Solana. Versión y notas de F. Benach. *Rústica* 140.00

335. **BARREDA**, Gabino: *La Educación Positivista.* Selección, estudio introductivo y preámbulos por Edmundo Escobar 195.00

334. *Batallas de la Revolución y sus Corridos.* Prólogo y preparación de Daniel Moreno. *Rústica* 155.00

17. **BECQUER**, Gustavo Adolfo: *Rimas, leyendas y narraciones.* Prólogo de Juana de Ontañón. *Rústica* 140.00

35. **BERCEO**, Gonzalo de: *Milagros de Nuestra Señora. Vida de Santo Domingo de Silos. Vida de San Millán de la Cogolla. Vida de Santa Oria. Martirio de San Lorenzo.* Versión antigua y moderna. Prólogo y versión moderna de Amancio Bolaño e Isla. *Rústica* 205.00

BESTEIRO, Julián. (Véase HESSEN, Juan.)

380. **BOCCACCIO**: *El Decamerón.* Prólogo de Francisco Montes de Oca. 1982. xlv-486 pp. *Rústica* 350.00

278. **BOTURINI BENADUCI**, Lorenzo: *Idea de una Nueva Historia General de la América Septentrional.* Estudio preliminar por Miguel León-Portilla. *Rústica* 350.00

119. **BRONTE**, Emily: *Cumbres Borrascosas.* Prólogo de Sergio Pitol. *Rústica* 125.00

104. **CABALLERO**, Fernán: *La Gaviota. La familia de Alvareda.* Prólogo de Salvador Reyes Nevares. *Rústica* 120.00

41. **CALDERÓN DE LA BARCA**, Pedro: *La Vida es sueño. El alcalde de Zalamea.* Prólogo de Guillermo Díaz-Plaja. *Rústica* 160.00

331. **CALDERÓN DE LA BARCA**, Pedro: *Autos Sacramentales: La cena del Rey Baltasar. El gran Teatro del Mundo. La hidalga del valle. Lo que va del hombre a Dios. Los encantos de la culpa. El divino Orfeo. Sueños hay que verdad son. La vida es sueño. El día mayor de los días.* Selección, introducción y notas de Ricardo Arias. *Rústica* 310.00

222. **CALDERÓN**, Fernando: *A ninguna de las tres. El torneo. Ana Bolena. Herman o la vuelta del cruzado.* Prólogo de María Edmée Alvarez. *Rústica* 170.00

74. **CALDERÓN DE LA BARCA**, Madame: *La vida en México.* Traducción y prólogo de Felipe Teixidor. *Rústica* 210.00

252. **CAMOENS**, Luis de: *Los Lusiadas.* Traducción, prólogo y notas de Ildefonso-Manuel Gil. *Rústica* 140.00

329. **CAMPOAMOR**, Ramón de: *Doloras. Poemas.* Introducción de Vicente Gaos. *Rústica* 350.00

279. **CANTAR DE ROLDÁN, EL:** Versión de Felipe Teixidor. *Rústica* .... $ 155.00

285. **CANTAR DE LOS NIBELUNGOS, EL:** Traducción al español e introducción de Marianne Oeste de Bopp. *Rústica* 140.00

307. **CARLYLE**, Tomás: *Los Héroes. El culto a los héroes y Lo heroico de la historia.* Estudio preliminar de Raúl Cardiel Reyes. *Rústica* 125.00

215. **CARROLL**, Lewis: *Alicia en el país de las maravillas. Al otro lado del espejo.* Ilustrado con grabados de John Terniel. Prólogo de Sergio Pitol. *Rústica* 160.00

57. CASAS, Fr. Bartolomé de las: *Los Inaios de México y Nueva España*. *Antología*. Edición, prólogo, apéndices y notas de Edmundo O'Gorman; con la colaboración de Jorge Alberto Manrique. *Rústica* 210.00

318. *Casidas de amor profano y místico*. Ibn Zaydun. Ibn Arabi. Estudio y traducción de Vicente Cantarino. *Rústica* 190.00

223. CASONA, Alejandro: *Flor de leyendas*. *La Sirena varada*. *La dama del alba*. *La barca sin pescador*. Prólogo de Antonio Magaña Esquivel. *Rústica* 155.00

249. CASONA, Alejandro: *Otra vez el diablo*. *Nuestra Natacha*. *Prohibido suicidarse en primavera*. *Los árboles mueren de pie*. Prólogo de Antonio Magaña Esquivel. *Rústica* 155.00

357. CASTELAR, Emilio: *Discursos*. *Recuerdos de Italia*. Selección e introducción de Arturo Souto A. *Rústica* 125.00

372. CASTRO, Américo: *La realidad histórica de España*. *Rústica* 300.00

263. CASTRO, Guillén de: *Las mocedades del Cid*. Prólogo de María Edmée Álvarez. *Rústica* 135.00

25. CERVANTES DE SALAZAR, Francisco: *México en 1554* y *Túmulo Imperial*. Edición, prólogo y notas de Edmundo O'Gorman. *Rústica* 140.00

6. CERVANTES SAAVEDRA, Miguel de: *El ingenioso hidalgo Don Quijote de la Mancha*. Prólogo y esquema biográfico por Américo Castro. *Rústica* 230.00

9. CERVANTES SAAVEDRA, Miguel de: *Novelas ejemplares*. Comentario de Sergio Fernández. *Rústica* 170.00

98. CERVANTES SAAVEDRA, Miguel de: *Entremeses*. Introducción de Arturo Souto. *Rústica* 120.00

20. CÉSAR, Cayo Julio: *Comentarios de la guerra de las Galias*. *Guerra civil*. Prólogo de Xavier Tavera 120.00

320. CETINA, Gutierre de: *Obras*. Introducción de Dr. D. Joaquín Hazañas y la Rúa. Presentación de Margarita Peña. *Rústica* 385.00

230. CICERÓN: *Los oficios o los deberes*. *De la vejez*. *De la amistad*. Prólogo de Joaquín Antonio Peñalosa. *Rústica* 125.00

234. CICERÓN: *Tratado de la República*. *Tratado de las leyes*. *Catilinaria*. *Rústica*. 140.00

CID: Véase *Poema de Mío Cid*.

137. CIEN MEJORES POESÍAS LÍRICAS DE LA LENGUA CASTELLANA (LAS). Selección y Advertencia Preliminar de Marcelino Menéndez y Pelayo. *Rústica* ... 125.00

29. CLAVIJERO, Francisco Javier: *Historia antigua de México*. Edición y prólogo de Mariano Cuevas. *Rústica* 330.00

143. CLAVIJERO, Francisco Javier: *Historia de la Antigua o Baja California*. PALOU. Fr. Francisco: *Vida de Fr. Junípero Serra y Misiones de la California Septentrional*. Estudios preliminares por Miguel León-Portilla. *Rústica* 330.00

69. COLOMA, P. Luis: *Boy*. Prólogo de Joaquín Antonio Peñalosa. *Rústica* 120.00

91. COLOMA, P. Luis: *Pequeñeces*. *Jeromín*. Prólogo de Joaquín Antonio Peñalosa. *Rústica* 155.00

167. COMENIO, Juan Amós: *Didáctica Magna*. Prólogo de Gabriel de la Mora. *Rústica* 230.00

340. COMTE, Augusto: *La filosofía positiva*. Proemio, estudio introductivo, selección y análisis de los textos por Francisco Larroyo. *Rústica* 230.00

341. CONAN DOYLE, Arthur: *Aventuras de Sherlock Holmes*. Un crimen extraño. El intérprete griego. Triunfos de Sherlock Holmes. Los tres estudiantes. El mendigo de la cicatriz. K.K.K. La muerte del coronel. Un protector original. El novio de Miss Sutherland. Las aventuras de una ciclista. El misterio de Boscombe. Policía fina. El casado sin mujer. La diadema de Berilos. El carbunclo azul. "Silver Blaze". Un empleo extraño. El ritual de los Musgrave. El Gloria Scott. El documento robado. Prólogo de María Elvira Bermúdez. 195.00

343. CONAN DOYLE, Arthur: *Aventuras de Sherlock Holmes*: El perro de Baskerville. La marca de los cuatro. El pulgar del ingeniero. La banda moteada. Nuevos triunfos de Sherlock Holmes. El enemigo de Napoleón. El campeón de Foot-Ball. El cordón de la campanilla. Los Cunningham's. Las dos manchas de Sangre ..... $ 175.00

345. CONAN DOYLE, Arthur: *Aventuras de Sherlock Holmes*: La resurrección de Sherlock Holmes. Nuevas y últimas aventuras de Sherlock Holmes. La caja de laca. El embudo de cuero, etc. 205.00

7. CORTÉS, Hernán: *Cartas de relación*. Nota preliminar de Manuel Alcalá. Ilustraciones. Un mapa plegado. *Rústica* 155.00

313. CORTINA, Martín: *Un Rosillo Inmortal*. (Leyenda de los llanos.) *Un tlacuache Vagabundo*. *Maravillas de Altepepan*. (Leyendas Mexicanas.) Introducción de Andrés Henestrosa. *Rústica* 155.00

181. COULANGES, Fustel de: *La ciudad antigua. (Estudio sobre el culto, el derecho y las instituciones de Grecia y Roma.)* Estudio preliminar de Daniel Moreno. Rústica 200.00

100. CRUZ, Sor Juana Inés de la: *Obras completas.* Prólogo de Francisco Monterde. Rústica 500.00

342. CUENTOS RUSOS: *Gógol - Turguénev - Dostoievski - Tolstoi - Garin - Chéjov Gorki - Andréiev - Kuprin - Artsibachev - Dimov - Tasin - Surguchov - Korolenko - Goncharov - Sholojov.* Introducción de Rosa María Phillips. 190.00

256. CUYAS ARMENGOL, Arturo: *Hace falta un muchacho.* Libro de orientación en la vida, para los adolescentes. Ilustrada por Juez. Rústica 125.00

382. CHATEAUBRIAND: *El genio del cristianismo.* Introducción de Arturo Souto. Rústica... 300.00

148. CHÁVEZ, Ezequiel A.: *Sor Juana Inés de la Cruz.* Ensayo de Psicología y de estimación del sentido de su vida para la historia de la cultura y de la formación de México. Rústica 190.00

42. DARÍO, Rubén: *Azul... El Salmo de la pluma. Cantos de vida y esperanza. anza. Otros poemas.* Edición de Antonio Oliver. Rústica 125.00

385. DARWIN, Carlos: *El origen de las especies.* Introducción de Richard E. Leakey. Rústica... 300.00

377. DAUDET, Alfonso: *Tartarín de Tarascón. Tartarín en los Alpes. Port-Tarascón.* Prólogo de Juan Antonio Guerrero. Rústica.. 170.00

140. DEFOE, Daniel: *Aventuras de Robinson Crusoe.* Prólogo de Salvador Reyes Nevares. Rústica 160.00

154. DELGADO, Rafael: *La Calandria.* Prólogo de Salvador Cruz. Rústica 155.00

280. DEMÓSTENES: *Discursos.* Estudio preliminar de Francisco Montes de Oca. Rústica 140.00

177. DESCARTES: *Discurso del método. Meditaciones metafísicas. Reglas para la dirección del espíritu. Principios de la filosofía.* Estudio introductivo, análisis de las obras y notas al texto por Francisco Larroyo. Rústica 135.00

5. DÍAZ DEL CASTILLO, Bernal: *Historia verdadera de la conquista de la Nueva España.* Introducción y notas de Joaquín Ramírez Cabañas. Con un mapa. Rústica 265.00

127. DICKENS, Carlos: *David Copperfield.* Introducción de Sergio Pitol. Rústica ... 230.00

310. DICKENS, Carlos: *Canción de Navidad. El grillo del hogar. Historia de dos Ciudades.* Estudio preliminar de María Edmée Álvarez. Rústica 190.00

362. DICKENS, Carlos: *Oliver Twist.* Prólogo de Rafael Solana. Rústica 220.00

28. DON JUAN MANUEL: *El conde Lucanor.* Versión antigua y moderna e introducción de Amancio Bolaño e Isla. Rústica 120.00

84. DOSTOIEVSKI, Fedor M.: *El príncipe idiota. El sepulcro de los vivos.* Notas preliminares de Rosa María Phillips. Rústica 155.00

106. DOSTOIEVSKI, Fedor M.: *Los hermanos Karamazov.* Prólogo de Rosa María Phillips. Rústica 190.00

108. DOSTOIEVSKI, Fedor M.: *Crimen y Castigo.* Introducción de Rosa María Phillips. Rústica 220.00

259. DOSTOIEVSKI, Fedor M.: *Las noches blancas. El jugador. Un ladrón honrado.* Prólogo de Rosa María Phillips. Rústica 140.00

73. DUMAS, Alejandro: *Los tres Mosqueteros.* Prólogo de Salvador Reyes Nevares. Rústica 155.00

75. DUMAS, Alejandro: *Veinte años después.* Rústica 190.00

346. DUMAS, Alejandro: *El Conde de Monte-Cristo.* Prólogo de Mauricio González de la Garza 385.00

349. DUMAS, Alejandro (hijo): *La Dama de las Camelias.* Introducción de Arturo Souto A. .... $ 120.00

364-365. DUMAS, Alejandro: *El vizconde de Bragelone.* 2 tomos. Rústica 800.00

309. ECA DE QUEIROZ: *El misterio de la carretera de Cintra. La ilustre Casa de Ramírez.* Prólogo de Monserrat Alfau. Rústica 155.00

283. EPICTETO: *Manual y Máximas.* MARCO AURELIO: *Soliloquios.* Estudio preliminar de Francisco Montes de Oca. Rústica 140.00

99. ERCILLA, Alonso de: *La Araucana.* Prólogo de Ofelia Garza de Del Castillo. Rústica 195.00

233. ESPINEL, Vicente: *Vida de Marcos Obregón.* Prólogo de Juan Pérez de Guzmán. Rústica 155.00

202. **ESPRONCEDA, José de:** *Obras poéticas. El Pelayo. Poesías líricas. El estudiante de Salamanca. El diablo mundo.* Prólogo de Juana de Ontañón. *Rústica* 155.00

11. **ESQUILO:** *Las siete tragedias.* Versión directa del griego, con una introducción de Ángel María Garibay K. *Rústica* 140.00

24. **EURIPIDES:** *Las diecinueve tragedias.* Versión directa del griego, con una introducción de Ángel María Garibay K. *Rústica* 180.00

16. **FABULAS:** *(Pensador Mexicano. Rosas Moreno. La Fontaine. Samaniego. Iriarte. Esopo. Fedro, etc.).* Selección y notas de María de Pina. *Rústica* 180.00

387. **FENELÓN:** *Aventuras de Telémaco.* Introducción de Janne Renée Becker. 300.00

1. **FERNANDEZ DE LIZARDI, José Joaquín:** *El Periquillo Sarniento.* Prólogo de J. Rea Spell. *Rústica* 190.00

71. **FERNANDEZ DE LIZARDI, José Joaquín:** *La Quijotita y su prima.* Introducción de María del Carmen Ruiz Castañeda. *Rústica.* 135.00

173. **FERNANDEZ DE MORATIN, Leandro:** *El sí de las niñas. La comedia nueva o el café. La derrota de los pedantes. Lección poética.* Prólogo de Manuel de Ezcurdia. *Rústica* 105.00

211. **FERRO GAY, Federico:** *Breve historia de la literatura italiana. Rústica* 250.00

352. **FLAUBERT, Gustavo:** *Madame Bovary. Costumbres de provincia.* Prólogo de José Arenas. *Rústica* 155.00

375. **FRANCE, Anatole:** *El crimen de un académico. La azucena roja. Tais.* Prólogo de Rafael Solana. *Rústica* 250.00

391. **FRANKLIN, Benjamín.** *Autobiografía y Otros Escritos.* Prólogo de Arturo Uslar Pietri. *Rústica.* 300.00

92. **FRIAS, Heriberto:** *Tomochic.* Prólogo y notas de James W. Brown. *Rústica* ... 150.00

354. **GABRIEL Y GALÁN, José María:** *Obras completas.* Introducción de Arturo Souto Alabarce 230.00

311. **GALVÁN, Manuel de J.:** *Enriquillo.* Leyenda histórica dominicana (1503-1533). Con un estudio de Concha Meléndez. *Rúbrica* 155.00

305. **GALLEGOS, Rómulo:** *Doña Bárbara.* Prólogo de Ignacio Díaz Ruiz. *Rústica* ... 125.00

368. **GAMIO, Manuel:** *Forjando patria.* Prólogo de Justino Fernández. *Rústica* 250.00

251. **GARCIA LORCA, Federico:** *Libro de Poemas. Poema del Cante Jondo. Romancero Gitano. Poeta en Nueva York. Odas. Llanto por Sánchez Mejía. Bodas de Sangre. Yerma.* Prólogo de Salvador Novo. *Rústica* 155.00

255. **GARCIA LORCA, Federico:** *Mariana Pineda. La zapatera prodigiosa. Así que pasen cinco años. Doña Rosita la soltera. La casa de Bernarda Alba. Primeras canciones. Canciones.* Prólogo de Salvador Novo. *Rústica* 155.00

164. **GARCIA MORENTE, Manuel:** *Lecciones Preliminares de Filosofía. Rústica* 170.00

22. **GARIBAY K., Ángel María:** *Panorama literario de los pueblos nahuas. Rústica* ... 140.00

31. **GARIBAY K., Ángel María:** *Mitología Griega. Dioses y héroes. Rústica* 190.00

373. **GAY, José Antonio:** *Historia de Oaxaca.* Prólogo de Pedro Vázquez Colmenares. *Rústica* 350.00

21. **GOETHE, J. W.:** *Fausto. Werther.* Introducción de Francisco Montes de Oca. *Rústica* 170.00

132. **GOGOL, Nikolai V.:** *Las almas muertas. La tercera orden de San Vladimiro. (Fragmentos de comedia inconclusa.)* Prólogo de Rosa María Phillips. *Rústica* ... 155.00

262. **GONGORA: Poesías, Romance. Letrillas. Redondillas. Décimas. Sonetos. Sonetos atribuidos. Soledades. Polifemo y Galatea. Panegírico. Poesías sueltas.** Prólogo de Anita Arroyo. *Rústica* 190.00

44. **GONZALEZ PEÑA, Carlos:** *Historia de la literatura mexicana. (Desde los orígenes hasta nuestros días.) Rústica* 155.00

254. **GORKI, Máximo:** *La madre. Mis confesiones.* Prólogo de Rosa María Phillips. *Rústica* .... $ 170.00

118. **GOYTORTÚA SANTOS, Jesús:** *Pensativa.* Premio "Lanz Duret" 1944. *Rústica.* 125.00

315. **GRACIÁN, Baltazar: El Discreto - El Criticón - El Héroe.** Introducción de Isabel C. Tarán. *Rústica* 220.00

121. **GRIMM, CUENTOS DE:** Prólogo y selección de María Edmée Álvarez. *Rústica.* 140.00

169. **GUIRALDES, Ricardo:** *Don Segundo Sombra.* Prólogo de María Edmée Alvarez. *Rústica* 105.00

19. **GUTIERREZ NAJERA, Manuel:** *Cuentos y Cuaresmas del Duque Job. Cuentos frágiles. Cuentos de color de humo. Primeros cuentos. Últimos cuentos.* Prólogo y Capítulos de novelas. Edición e introducción de Francisco Monterde. *Rústica* 170.00

187. HEGEL: *Enciclopedia de las ciencias filosóficas.* Estudio introductivo y análisis de la obra por Francisco Larroyo. *Rústica* 205.00

271. HEREDIA, José María: *Poesías completas.* Estudio preliminar de Raimundo Lazo. *Rústica* 125.00

216. HERNANDEZ José: *Martín Fierro.* Ensayo preliminar por Raimundo Lazo. *Rústica* 135.00

176. HERODOTO: *Los nueve libros de la historia.* Introducción de Edmundo O'Gorman. *Rústica* 230.00

323. HERRERA Y REISSIG, Julio: *Poesías.* Introducción de Ana Victoria Mondada. *Rústica* 155.00

205. HESIODO: *Teogonía. Los trabajos y los días. El escudo de Heracles. Idilios de Bión. Idilios de Mosco.* Himnos órficos. Prólogo de José Manuel Villalaz. *Rústica.* 115.00

351. HESSEN, Juan: *Teoría del Conocimiento.* MESSER, Augusto: *Realismo crítico.* BESTEIRO, Julián: *Los juicios sintéticos "a priori".* Preliminar y estudio introductivo por Francisco Larroyo 170.00

156. HOFFMAN, E. T. G.: *Cuentos.* Prólogo de Rosa María Phillips. *Rústica* 190.00

2. HOMERO: *La Ilíada.* Traducción de Luis Segalá y Estalella. Prólogo de Alfonso Reyes. *Rústica* 180.00

4. HOMERO: *La Odisea.* Traducción de Luis Segalá y Estalella. Prólogo de Alfonso Reyes. *Rústica* 180.00

240. HORACIO: *Odas y Épodos. Sátiras. Epístolas. Arte Poética.* Estudio preliminar de Francisco Montes de Oca. *Rústica* 155.00

77. HUGO, Víctor: *Los miserables.* Nota preliminar de Javier Peñalosa. *Rústica* ... 490.00

294. HUGO, Víctor: *Nuestra Señora de París.* Introducción de Arturo Souto. *Rústica.* 155.00

274. HUGON, Eduardo: *Las veinticuatro tesis tomistas.* Incluye, además: *Encíclica Aeterni Patris,* de León XIII. *Motu Proprio Doctoris Angelici,* de Pío X. *Motu Proprio non multo post,* de Benedicto XV. *Encíclica Studiorum Ducem,* de Pío XI. Análisis de la obra precedida de un estudio sobre los orígenes y desenvolvimiento de la Neoscolástica, por Francisco Larroyo. *Rústica* 170.00

39. HUMBOLDT, Alejandro de: *Ensayo político sobre el reino de la Nueva España.* Estudio preliminar, cotejos, notas y anexos de Juan A. Ortega y Medina. *Rústica* 545.00

326. HUME, David: *Tratado de la Naturaleza Humana.* Ensayo para introducir el método del razonamiento humano en los asuntos morales. Estudio introductivo y análisis de la obra por Francisco Larroyo. *Rústica* 310.00

78. IBARGÜENGOITIA, Antonio: *Filosofía Mexicana. En sus hombres y en sus textos. Rústica* 195.00

348. IBARGÜENGOITIA CHICO, Antonio: *Suma Filosófica Mexicana.* (Resumen de historia de la filosofía en México.) 155.00

303. IBSEN, Enrique: *Peer Gynt. Casa de Muñecas. Espectros. Un enemigo del pueblo. El pato silvestre. Juan Gabriel Borkman.* Versión y prólogo de Ana Victoria Mondada. *Rústica* 190.00

47. IGLESIAS, José María: *Revistas Históricas sobre la Intervención Francesa en México.* Introducción e Índice de Materias de Martín Quirarte. *Rústica* 620.00

63. INCLÁN, Luis G.: *Astucia. El jefe de los Hermanos de la Hoja o Los Charros Contrabandistas de la rama.* Prólogo de Salvador Novo. *Rústica* 275.00

207. INDIA LITERARIA (LA): *Mahabarata - Bagavad Gita - Los Vedas - Leyes de Manú - Poesía - Teatro - Cuentos - Apólogos y leyendas.* Antología-prólogo, introducciones históricas, notas y un vocabulario de hinduísmo por Teresa E. Rhode. *Rústica* 140.00

270. INGENIEROS, José: *El hombre mediocre.* Introducción de Raúl Carrancá y Rivas. *Rústica* .... $ 125.00

79. IRVING, Washington: *Cuentos de la Alhambra.* Introducción de Ofelia Garza de Del Castillo. *Rústica* 140.00

46. ISAACS, Jorge: *María.* Introducción de Daniel Moreno. *Rústica* 120.00

245. JENOFONTE: *La expedición de los diez mil. Recuerdos de Sócrates. El Banquete. Apología de Sócrates.* Estudio preliminar de Francisco Montes de Oca. *Rústica* ... 125.00

66. JIMÉNEZ, Juan Ramón: *Platero y Yo. Trescientos Poemas (1903-1953). Rústica.* 110.00

374. JOSEFO, Flavio: *La guerra de los judíos.* Prólogo de Salvador Marichalar. *Rústica* 300.00

23. JOYAS DE LA AMISTAD ENGARZADAS EN UNA ANTOLOGIA. Selección y nota preliminar de Salvador Novo. *Rústica* 140.00

390. JOYCE, James. *Retrato del Artista Adolescente. Gente de Dublin.* Prólogo de Antonio Marichalar. *Rústica* 300.00

203. KANT, Manuel: *Crítica de la razón pura*. Estudio introductivo y análisis de la obra por Francisco Larroyo. *Rústica* 280.00

212. KANT, Manuel: *Fundamentación de la metafísica de las costumbres. Crítica de la razón práctica. La paz perpetua*. Estudio introductivo y análisis de las obras por Francisco Larroyo. *Rústica* 200.00

246. KANT, Manuel: *Prolegómenos a toda Metafísica del Porvenir. Observaciones sobre el Sentimiento de lo Bello y lo Sublime. Crítica del Juicio.* Estudio introductivo y análisis de las obras por Francisco Larroyo. *Rústica* 230.00

30. KEMPIS, Tomás de: *Imitación de Cristo*. Introducción de Francisco Montes de Oca. *Rústica* 200.00

204. KIPLING, Rudyard: *El libro de las tierras vírgenes*. Introducción de Arturo Souto Alabarce. *Rústica* 155.00

155. LAGERLOFF, Selma: *El maravilloso viaje de Nils Holgersson*. Introducción de Palma Guillén de Nicolau. *Rústica* 140.00

272. LAMARTINE, Alfonso de: *Graziella. Rafael*. Estudio preliminar de Daniel Moreno. *Rústica* 140.00

93. LARRA, Mariano José de, "Fígaro": *Artículos*. Prólogo de Juana de Ontañón. *Rústica* 280.00

333. LARROYO, Francisco: *La Filosofía Iberoamericana. Historia, Formas, Temas, Polémica. Realizaciones* 280.00

34. LAZARILLO DE TORMES (EL) (Autor desconocido). *Vida del Buscón Don Pablos*, de Francisco de Quevedo. Estudio preliminar de ambas obras por Guillermo Díaz-Plaja. *Rústica* 125.00

38. LAZO, Raimundo: *Historia de la literatura hispanoamericana. El período colonial (1492-1780). Rústica* 155.00

65. LAZO, Raimundo: *Historia de la literatura hispanoamericana. El siglo XIX (1780-1914). Rústica* 155.00

179. LAZO, Raimundo: *La novela Andina. (Pasado y futuro. Alcides Arguedas, César Vallejo, Ciro Alegría, Jorge Icaza, José María Arguedas. Previsible misión de Vargas Llosa y los futuros narradores.) Rústica* 185.00

184. LAZO, Raimundo: *El romanticismo. (Lo romántico en la lírica hispanoamericana, del siglo XVI a 1970.) Rústica* 190.00

226. LAZO, Raimundo: *Gertrudis Gómez de Avellaneda. La mujer y la poesía lírica. Rústica* 125.00

103. LECTURA EN VOZ ALTA. La eligió Juan José Arreola. *Rústica* 120.00

321. LEIBNIZ, Godofredo G.: *Discurso de Metafísica. Sistema de la Naturaleza. Nuevo Tratado sobre el Entendimiento Humano. Monadología. Principios sobre la naturaleza y la gracia.* Estudio introductivo y análisis de las obras por Francisco Larroyo. *Rústica* 310.00

145. LEÓN, Fray Luis de: *La Perfecta Casada. Cantar de los Cantares. Poesías originales.* Introducción y notas de Joaquín Antonio Peñalosa. *Rústica* 190.00

247. LE SAGE: *Gil Blas de Santillana*. Traducción y prólogo de Francisco José de Isla. Y un estudio de Saint-Beuve. *Rústica* 280.00

48. LIBRO DE LOS SALMOS. Versión directa del hebreo y comentarios de José González Brown. *Rústica* 210.00

304. LIVIO, Tito: *Historia Romana. Primera Década*. Estudio preliminar de Francisco Montes de Oca. *Rústica* 180.00

276. LONDON, Jack: *El lobo de mar. El Mexicano*. Introducción de Arturo Souto Alabarce. *Rústica* 135.00

277. LONDON, Jack: *El llamado de la selva. Colmillo blanco. Rústica* .... $ 135.00

284. LONGO: *Dafnis y Cloe*. APULEYO: *El Asno de Oro*. Estudio preliminar de Francisco Montes de Oca. *Rústica* 140.00

12. LOPE DE VEGA Y CARPIO, Félix: *Fuenteovejuna. Peribáñez y el Comendador de Ocaña. El mejor alcalde, el Rey. El Caballero de Olmedo.* Biografía y presentación de las obras por J. M. Lope Blanch. *Rústica* 125.00

218. LÓPEZ Y FUENTES, Gregorio: *El indio*. Novela mexicana. Prólogo de Antonio Magaña Esquivel. *Rústica* 140.00

298. LÓPEZ-PORTILLO Y ROJAS, José: *Fuertes y Débiles*. Prólogo de Ramiro Villaseñor y Villaseñor. *Rústica* 190.00

297. LOTI, Pierre: *Las Desencantadas*. Introducción de Rafael Solana. *Rústica* 125.00

353. LUMMIS, Carlos F.: *Los Exploradores Españoles del Siglo XVI*. Prólogo de Rafael Altamira. *Rústica* 140.00

324. MAETERLINCK, Maurice: *El Pájaro Azul*. Introducción de Teresa del Conde. *Rústica* 110.00

178. MANZONI, Alejandro: *Los novios (Historia milanesa del siglo XVIII.* Con un estudio de Federico Baráibar. *Rústica* 210.00

152. MAQUIAVELO, Nicolás: *El príncipe.* Precedido de *Nicolás Maquiavelo en su quinto centenario,* por Antonio Gómez Robledo. *Rústica* 110.00

192. MARMOL, José: *Amalia.* Prólogo de Juan Carlos Ghiano. *Rústica* 230.00

367. MARQUEZ STERLING, Carlos: *José Martí.* Síntesis de una vida extraordinaria. *Rústica* 250.00

141. MARTI, José: Hombre apostólico y escritor. *Sus Mejores Páginas.* Estudio, notas y selección de textos, por Raimundo Lazo. *Rústica* 140.00

236. MARTI, José: *Ismaelillo. La edad de oro. Versos sencillos.* Prólogo de Raimundo Lazo. *Rústica* 125.00

338. MARTINEZ DE TOLEDO, Alfonso: *Arcipreste de Talavera o Corbacho.* Introducción de Arturo Souto Alabarce. Con un estudio del vocabulario del Corbacho y colección de refranes y alocuciones contenidos en el mismo por A. Steiger 190.00

214. MARTINEZ SIERRA, Gregorio: *Tú eres la paz. Canción de cuna.* Prólogo de María Edmée Álvarez. *Rústica* 155.00

193. MATEOS, Juan A.: *El Cerro de las campanas. (Memorias de un guerrillero.)* Prólogo de Clementina Díaz y de Ovando. *Rústica* 205.00

197. MATEOS, Juan A.: *El sol de mayo. (Memorias de la Intervención.)* Nota preliminar de Clementina Díaz y de Ovando. *Rústica* 155.00

344. MATOS MOCTEZUMA, Eduardo: *El negrito poeta mexicano y el dominicano. ¿Realidad o fantasía?* Exordio de Antonio Pompa y Pompa 125.00

336. MENÉNDEZ, Miguel Ángel: *Nayar* (Novela). Ilustró Cadena M. 100.00

370. MENÉNDEZ PELAYO, Marcelino: *Historia de los heterodoxos españoles.* Erasmistas y protestantes. Sectas místicas. Judaizantes y moriscos. Artes mágicas. Prólogo de Arturo Farinelli. *Rústica* 350.00

389. MENENDEZ PELAYO, Marcelino. *Historia de los heterodoxos españoles. Regalismo y enciclopedia. Los afrancesados y las Cortes de Cádiz. Reinados de Fernando VII e Isabel II. Krausismo y apologísticas católicos.* Prólogo de Arturo Farinelli. *Rústica* ....

MESSER, Augusto (véase HESSEN, Juan).

18. MIL Y UN SONETOS MEXICANOS. Selección y nota preliminar de Salvador Novo. *Rústica* 110.00

136. MIL Y UNA NOCHES, LAS: Prólogo de Teresa E. Rodhe. *Rústica* 190.00

194. MILTON, John: *El paraíso perdido.* Prólogo de Joaquín Antonio Peñalosa. *Rústica* 135.00

109. MIRÓ, Gabriel: *Figuras de la Pasión del Señor. Nuestro Padre San Daniel.* Prólogo de Juana de Ontañón. *Rústica* 155.00

68. MISTRAL, Gabriela: *Lecturas para Mujeres.* Gabriela Mistral (1922-1924) por Palma Guillén de Nicolau. *Rústica* 140.00

250. MISTRAL, Gabriela: *Desolación. Ternura. Tala. Lagar.* Introducción de Palma Guillén de Nicolau. *Rústica* 155.00

144. MOLIÉRE: *Comedias. (Tartufo. El burgués gentilhombre. El misántropo. El enfermo imaginario.)* Prólogo de Rafael Solana. *Rústica* 140.00

149. MOLIERE: *Comedias. (El avaro. Las preciosas ridículas. El médico a la fuerza. La escuela de las mujeres. Las mujeres sabias.)* Prólogo de Rafael Solana. *Rústica* .. 150.00

32. MOLINA, Tirso de: *El vergonzoso en palacio. El condenado por desconfiado. El burlador de Sevilla. La prudencia en la mujer.* Edición de Juana de Ontañón. *Rústica* 155.00

208. MONTALVO, Juan: *Capítulos que se le olvidaron a Cervantes.* Estudio introductivo de Gonzalo Zaldumbide. *Rústica* .... $ 155.00

281. MONTES DE OCA, Francisco: *Poesía hispanoamericana* 450.00

191. MONTESQUIEU: *Del espíritu de las leyes.* Estudio preliminar de Daniel Moreno. *Rústica* 280.00

282. MORO, Tomás: *Utopía.* Prólogo de Manuel Alcalá. *Rústica* 115.00

129. MOTOLINIA, Fray Toribio: *Historia de los Indios de la Nueva España.* Estudio crítico, apéndices, notas e índice de Edmundo O'Gorman. *Rústica* 190.00

286. NATORP, Pablo: *Propedéutica Filosófica. Kant y la Escuela de Marburgo. Curso de Pedagogía Social.* Presentación introductiva (el autor y su obra) y preámbulos a los capítulos por Francisco Larroyo. *Rústica* 155.00

171. NERVO, Amado: *Plenitud. Perlas Negras. Místicas. Los Jardines Interiores. El Estanque de los Lotos.* Prólogo de Ernesto Mejía Sánchez. *Rústica* 155.00

175. NERVO, Amado: *La amada inmóvil. Serenidad. Elevación. La última luna.* Prólogo de Ernesto Mejía Sánchez. *Rústica* 155.00

356. NÚÑEZ DE ARCE, Gaspar: *Poesías completas.* Prólogo de Arturo Souto A. *Rústica* 200.00

8. OCHO SIGLOS DE POESIA EN LENGUA ESPAÑOLA. Introducción y compilación de Francisco Montes de Oca. *Rústica* 245.00

45. O'GORMAN, Edmundo: *Historia de las Divisiones Territoriales de México. Rústica.* 230.00

316. OVIDIO: *Las Metamorfosis.* Estudio preliminar de Francisco Montes de Oca. *Rústica* 155.00

213. PALACIO VALDÉS, Armando: *La Hermana San Sulpicio.* Introducción de Joaquín Antonio Peñalosa. *Rústica* 190.00

125. PALMA, Ricardo: *Tradiciones peruanas.* Estudio y selección por Raimundo Lazo. *Rústica* 140.00

PALOU, Fr. Francisco: *Véase* Clavijero, Francisco Xavier.

266. PARDO BAZÁN, Emilia: *Los pazos de Ulloa.* Introducción de Arturo Souto Alabarce. *Rústica* 140.00

358. PARDO BAZÁN, Emilia: *San Francisco de Asís. (Siglo XIII.)* Prólogo de Marcelino Menéndez Pelayo. *Rústica* 250.00

3. PAYNO, Manuel: *Los Bandidos de Río Frío.* Edición y prólogo de Antonio Castro Leal. *Rústica* 420.00

80. PAYNO, Manuel: *El fistol del Diablo. Novela de costumbres mexicanas.* Texto establecido y Estudio preliminar de Antonio Castro Leal. *Rústica* 385.00

64. PEREDA, José María de: *Peñas Arriba. Sotileza.* Introducción de Soledad Anaya Solórzano. *Rústica* 190.00

165. PEREYRA, Carlos: *Hernán Cortés.* Prólogo de Martín Quirarte. *Rústica* 125.00

188. PÉREZ ESCRICH, Enrique: *El Mártir del Gólgota.* Prólogo de Joaquín Antonio Peñalosa. *Rústica* 190.00

69. PÉREZ GALDÓS, Benito: *Miau. Marianela.* Prólogo de Teresa Silva Tena. *Rústica.* .... *tica* 155.00

107. PÉREZ GALDÓS, Benito: *Doña Perfecta. Misericordia.* Nota preliminar de Teresa Silva Tena. *Rústica* 170.00

117. PÉREZ GALDÓS, Benito: *Episodios Nacionales: Trafalgar. La corte de Carlos IV.* Prólogo de María Eugenia Gaona. *Rústica.* 140.00

130. PÉREZ GALDÓS, Benito: *Episodios Nacionales: 19 de Marzo y el 2 de Mayo. Bailén.* Nota preliminar de Teresa Silva Tena. *Rústica* 110.00

158. PÉREZ GALDÓS, Benito: *Episodios Nacionales: Napoleón en Chamartín. Zaragoza.* Prólogo de Teresa Silva Tena. *Rústica* 155.00

166. PÉREZ GALDÓS, Benito: *Episodios Nacionales: Gerona. Cádiz.* Nota preliminar de Teresa Silva Tena. *Rústica* 155.00

185. PÉREZ GALDÓS, Benito: *Fortunata y Jacinta. (De historias de casadas.)* Introducción de Agustín Yáñez 400.00

289. PÉREZ GALDÓS, Benito: *Episodios Nacionales: Juan Martín el Empecinado. La Batalla de los Arapiles. Rústica* 125.00

378. PÉREZ GALDÓS, Benito: *La desheredada.* Prólogo de José Salavarría. 1982. *Rústica.* 225.00

383. PÉREZ GALDÓS, Benito: *El amigo Manso.* Prólogo de Joaquín Casalduero. 1982. 200 pp. *Rústica* 200.00

172. RIVERA, José Eustasio: *La Vorágine.* Prólogo de Cristina Barros Stivalet. *Rústica.* $ 120.00

87. RODÓ, José Enrique: *Ariel. Liberalismo y Jacobinismo.* Ensayos: *Rubén Darío, Bolívar, Montalvo.* Estudio preliminar, índice biográfico-cronológico y resumen bibliográfico por Raimundo Lazo 125.00

115. RODÓ, José Enrique: *Motivos de Proteo y Nuevos motivos de Proteo.* Prólogo de Raimundo Lazo. *Rústica* 120.00

88. ROJAS, Fernando de: *La Celestina.* Prólogo de Manuel de Ezcurdia. Con una cronología y dos glosarios. *Rústica.* 110.00

328. ROSTAND, Edmundo: *Cyrano de Bergerac.* Prólogo, estudio y notas de Ángeles Mendieta Alatorre. *Rústica* 170.00

113. ROUSSEAU, Juan Jacobo: *El Contrato Social o Principios de Derecho Político. Discurso sobre las Ciencias y las Artes. Discurso sobre el Origen de la Desigualdad.* Estudio preliminar de Daniel Moreno. *Rústica* 170.00

159. ROUSSEAU, Juan Jacobo: *Emilio o de la Educación.* Estudio Preliminar de Daniel Moreno. *Rústica* 180.00

265. **RUEDA, Lope de:** *Teatro completo. Eufemia. Armelina. De los engañados. Medora. Colloquio de Camila. Colloquio de Tymbria. Diálogo sobre la invención de las Calças. El deleitoso. Registro de representantes. Colloquio llamado prendas de amor. Coloquio en verso. Comedia llamada discordia y questión de amor. Auto de Naval y Abigail. Auto de los desposorios de Moisén. Farsa del sordo.* Introducción de Arturo Souto Alabarce. *Rúbrica.* 155.00

10. **RUIZ DE ALARCÓN, Juan:** *Cuatro comedias: Las paredes oyen. Los pechos privilegiados. La verdad sospechosa. Ganar amigos.* Estudio, texto y comentarios de Antonio Castro Leal. *Rústica* 140.00

51. **SABIDURIA DE ISRAEL:** *Tres obras de la cultura judía.* Traducciones directas de Ángel María Garibay K. *Rústica* 120.00

300. **SAHAGÚN, Fr. Bernardino de:** *Historia General de las cosas de Nueva España.* La dispuso para la prensa en esta nueva edición, con numeración, anotaciones y apéndices, Ángel Ma. Garibay K. *Rústica* 615.00

299. **SAINT-EXUPERY, Antoine de:** *El principito.* Nota preliminar y traducción de María de los Ángeles Porrúa. *Rústica* ....

322. **SAINT-PIERRE, Bernardino de:** *Pablo y Virginia.* Introducción de Arturo Souto Alabarce. *Rústica* 155.00

220. **SALGARI, Emilio:** *Sandokan. La mujer del pirata.* Prólogo de María Elvira Bermúdez. *Rústica* 125.00

239. **SALGARI, Emilio:** *Los piratas de la Malasia. Los estranguladores.* Nota preliminar de María Elvira Bermúdez. *Rústica* 125.09

242. **SALGARI, Emilio:** *Los dos rivales. Los tigres de la Malasia.* Nota preliminar de María Elvira Bermúdez. *Rústica* 125.00

257. **SALGARI, Emilio:** *El rey del mar. La reconquista de Mompracem.* Nota preliminar de María Elvira Bermúdez. *Rústica* 125.00

264. **SALGARI, Emilio:** *El falso Bracmán. La caída de un imperio.* Nota preliminar de María Elvira Bermúdez. *Rústica* 125.00

267. **SALGARI, Emilio:** *En los junglares de la India. El desquite de Yáñez.* Nota preliminar de María Elvira Bermúdez. *Rústica.* 125.00

292. **SALGARI, Emilio:** *El capitán Tormenta. El León de Damasco.* Nota preliminar de María Elvira Bermúdez. *Rústica* 120.00

296. **SALGARI, Emilio:** *El hijo del León de Damasco. La Galera del Bajá.* Nota preliminar de María Elvira Bermúdez. *Rústica.* 120.00

302. **SALGARI, Emilio:** *El Corsario Negro. La Venganza.* Nota preliminar de María Elvira Bermúdez. *Rústica* 120.00

306. **SALGARI, Emilio:** *La reina de los caribes. Honorata de Wan Guld. Rústica* ... 120.00

312. **SALGARI, Emilio:** *Yolanda. Morgan. Rústica* 120.00

363. **SALGARI, Emilio:** *Aventuras entre los pieles rojas. El rey de la pradera.* Prólogo de Elvira Bermúdez. *Rústica* 170.00

376. **SALGARI, Emilio:** *En las fronteras del Far-West. La cazadora de cabelleras.* Prólogo de María Elvira Bermúdez. 260 pp. *Rústica* 170.00

379. **SALGARI, Emilio:** *La soberana del campo de oro. El rey de los cangrejos.* Prólogo de María Elvira Bermúdez. 1982. xi-186 pp. *Rústica* 170.00

288. **SALUSTIO:** *La Conjuración de Catilina. La Guerra de Jugurta.* Estudio preliminar de Francisco Montes de Oca. *Rústica* 115.00

393. **SAMOSATA, Luciano de:** *Diálogos, Historia verdadera.* Introducción de Salvador Marichalar. *Rústica* 350.00

59. **SAN AGUSTIN:** *La Ciudad de Dios.* Introducción de Francisco Montes de Oca. *Rústica* .... $ 310.00

142. **SAN AGUSTIN:** *Confesiones.* Versión, introducción y notas de Francisco Montes de Oca. *Rústica.* 170.00

40. **SAN FRANCISCO DE ASÍS:** *Florecillas.* Introducción de Francisco Montes de Oca. *Rústica* 155.00

228. **SAN JUAN DE LA CRUZ:** *Subida del Monte Carmelo. Noche oscura. Cántico espiritual. Llama de amor viva. Poesías.* Prólogo de Gabriel de la Mora. *Rústica.* 220.00

199. **SAN PEDRO, Diego de:** *Cárcel de amor. Arnalte e Lucenda. Sermón. Poesías. Desprecio de la fortuna.* Seguidas de *Questión de amor.* Introducción de Arturo Souto Alabarce. *Rústica* 125.00

50. **SANTA TERESA DE JESÚS:** *Las moradas; Libro de su Vida.* Biografía de Juana de Ontañón. *Rústica.* 155.00

49. **SARMIENTO, Domingo F.:** *Facundo; Civilización y Barbarie. Vida de Juan*

Facundo Quiroga. Ensayo preliminar e índice cronológico por Raimundo Lazo. Rústica 120.00

138. SCOTT, Walter: Ivanhoe o El Cruzado. Introducción de Arturo Souto. Rústica. 190.00

281. SÉNECA: Tratados Filosóficos. Cartas. Estudio preliminar de Francisco Montes de Oca. Rústica 140.00

86. SHAKESPEARE: Hamlet. Penas por amor perdidas. Los dos hidalgos de Verona. Sueño de una noche de verano. Romeo y Julieta. Con notas preliminares y dos cronologías. Rústica 120.00

94. SHAKESPEARE: Otelo. La fierecilla domada. A vuestro gusto. El rey Lear. Con notas preliminares y dos cronologías. Rústica 120.00

96. SHAKESPEARE: Macbeth. El mercader de Venecia. Las alegres comadres de Windsor. Julio César. La tempestad. Con notas preliminares y dos cronologías. Rústica 120.00

160. SIENKIEWICZ, Enrique: Quo Vadis? Prólogo de José Manuel Villalaz. Rústica. 175.00

146. SIERRA, Justo: Juárez: su obra y su tiempo. Introducción de Agustín Yáñez. Rústica 230.00

81. SITIO DE QUERÉTARO: Según protagonistas y testigos. Selección y notas introductorias de Daniel Moreno. Rústica 210.00

14. SÓFOCLES: Las siete tragedias. Versión directa del griego con una introducción de Ángel María Garibay K. Rústica 155.00

89. SOLIS Y RIVADENEIRA, Antonio de: Historia de la Conquista de México. Prólogo y Apéndices de Edmundo O'Gorman. Notas de José Valero. Rústica 230.00

SOR JUANA INÉS DE LA CRUZ: Véase Cruz, Sor Juana Inés de la.

319. SPINOZA: Ética. Tratado teológico-político. Estudio introductivo, análisis de las obras y revisión del texto por Francisco Larroyo. Rústica 280.00

105. STENDHAL: La Cartuja de Parma. Introducción de Francisco Montes de Oca. Rústica 125.00

359. STENDHAL: Rojo y Negro. Introducción de Francisco Montes de Oca. Rústica. 250.00

110. STEVENSON, R. L.: La isla del Tesoro. Cuentos de los Mares del Sur. Prólogo de Sergio Pitol. Rústica 125.00

72. STOWE, Harriet Beecher: La cabaña del tío Tom. Introducción de Daniel Moreno. Rústica 140.00

355. SUETONIO: Los doce Césares. Introducción de Francisco Montes de Oca 230.00

196. SWIFT, Jonathan: Viajes de Gulliver. Traducción, prólogo y notas de Monserrat Alfau. Rústica 190.00

291. TÁCITO, Cornelio: Anales. Estudio preliminar de Francisco Montes de Oca. Rústica 185.00

33. TAGORE, Rabindranath: La luna nueva. El jardinero. El cartero del Rey, Las piedras hambrientas y otros cuentos. Estudio de Daniel Moreno. Rústica 140.00

232. TARACENA, Alfonso: Francisco I. Madero. Rústica 125.00

386. TARACENA, Alfonso: José Vasconcelos. Rústica 250.00

325. TEATRO ESPAÑOL CONTEMPORÁNEO: BENAVENTE: Los intereses creados. La Malquerida. MARQUINA: En Flandes se ha puesto el Sol. Hermanos ÁLVAREZ QUINTERO: Malvaloca. VALLE INCLÁN: El Embrujado. UNAMUNO: Sombras de Sueño. GARCIA LORCA: Bodas de Sangre. Introducciones y anotaciones por Joseph W. Zdenek y Guillermo I. Castillo-Feliú. Rústica 205.00

330. TEATRO ESPAÑOL CONTEMPORÁNEO: LOPEZ RUBIO: Celos del aire. MIHURA: Tres sombreros de copa. LUCA DE TENA: Don José, pepe y pepito. SASTRE: La mordaza. CALVO SOTELO: La muralla. PEMAN: Los tres etcéteras de Don Simón. NEVILLE: Alta fidelidad. PASO: Cosas de papá y mamá. OLMO: La camisa. RUIZ IRIARTE: Historia de un adulterio. Introducción y anotaciones por Joseph W. Zdenek y Guillermo I. Castillo-Feliú. Rústica ...... $ 230.00

350. TEIXIDOR, Felipe. Viajeros Mexicanos. (Siglos XIX y XX). Rústica 250.00

37. TEOGONIA E HISTORIA DE LOS MEXICANOS. Tres opúsculos del siglo XVI. Edición de Ángel María Garibay K. Rústica 125.00

253. TERENCIO: Comedias: La andriana. El eunuco. El atormentador de sí mismo. Los hermanos. La suegra. Formión. Estudio preliminar de Francisco Montes de Oca. Rústica 140.00

201. TOLSTOI, León: La Guerra y la Paz. De "La Guerra y la Paz" por Eva Alexandra Uchmany. Rústica 540.00

205. TOLSTOI, León: Ana Karennia. Prólogo de Fedro Guillén. Rústica 300.00

295. TOLSTOI, León: Cuentos Escogidos. Prólogo de Fedro Guillén. Rústica 155.00

394. TOLSTOI, León. *Infancia-Adolescencia-Juventud. Recuerdos.* Prólogo de Salvador Maricha- lar. *Rústica* 300.00

290. TUCIDIDES: *Historia de la Guerra del Peloponeso.* Introducción de Edmundo O'Gorman. *Rústica* 310.00

209. TWAIN, Mark: *Las aventuras de Tom Sawyer.* Introducción de Arturo Souto Alabarce. *Rústica* 115.00

337. TWAIN, Mark: *El príncipe y el mendigo.* Introducción de Arturo Souto Ala- barce. Versión de F. Benach 125.00

384. UNAMUNO, Miguel de: *Cómo se hace una novela. La tía Tula. San Manuel bueno, mártir y, tres historias más.* Retrato de Unamuno por J. Cassou y co- mentario de Unamuno. *Rústica.* 250.00

427. USIGLI, Rodolfo: *Corona de Sombra. Corona de Fuego. Corona de Luz. Rústica.* 170.00

52. VALDÉS, Juan de: *Diálogo de la Lengua.* Prólogo de Juan M. Lope Blanch. *Rústica* 120.00

56. VALERA, Juan: *Pepita Jiménez y Juanita la Larga.* Prólogo de Juana de Onta- ñón. *Rústica* 125.00

190. VALMIKI: *El Ramayana.* Prólogo de Teresa E. Rhode. *Rústica* 120.00

135. VALLE-INCLÁN, Ramón del: *Sonata de primavera. Sonata de estilo. Sonata de otoño. Sonata de invierno. (Memorias del marqués de Bradomín.)* Estudio preli- minar de Allen W. Phillips. *Rústica* 140.00

287. VALLE-INCLÁN, Ramón del: *Tirano Banderas.* Introducción de Arturo Souto Alabarce. *Rústica* 115.00

55. VARGAS MARTÍNEZ, Ubaldo: *Morelos. Siervo de la Nación. Rústica* 280.00

95. VARONA, Enrique José: *Textos escogidos.* Ensayo de interpretación, acotaciones y selección de Raimundo Lazo. *Rústica* 110.00

217. VELA, Arqueles: *El Modernismo.* Su filosofía. Su estética. Su técnica. *Rústica* ... 155.00

243. VELA, Arqueles: *Análisis de la expresión literaria. Rústica* 155.00

339. VÉLEZ DE GUEVARA, Luis: *El diablo .cojuelo. Reinar después de morir.* Intro- ducción de Arturo Souto Alabarce 120.00

111. VERNE, Julio: *De la Tierra a la Luna. Alrededor de la Luna.* Prólogo de María Elvira Bermúdez. *Rústica* 120.00

114. VERNE, Julio: *Veinte mil leguas de viaje submarino.* Nota de María Elvira Bermúdez. *Rústica* 170.00

116. VERNE, Julio: *Viaje al centro de la Tierra. El doctor Ox. Maese Zacarías. Un drama en los aires.* Nota de María Elvira Bermúdez. *Rústica* 120.00

123. VERNE, Julio: *La isla misteriosa.* Nota de María Elvira Bermúdez. *Rústica* 155.00

168. VERNE, Julio: *La vuelta al mundo en 80 días. Las tribulaciones de un chino en China. Rústica* 155.00

180. VERNE, Julio: *Miguel Strogoff.* Con una biografía de Julio Verne por María Elvira Bermúdez. *Rústica* 120.00

183. VERNE, Julio: *Cinco semanas en globo.* Prólogo de María Elvira Bermúdez. *Rústica* 140.00

186. VERNE, Julio: *Un capitán de quince años.* Prólogo de María Elvira Bermúdez. *Rústica* 120.00

139. VERNE, Julio: *Dos años de vacaciones.* Prólogo de María Elvira Bermúdez. *Rústica* 120.00

260. VERNE, Julio: *Los hijos del capitán Grant.* Nota preliminar de María Elvira Bermúdez. *Rústica* .... $ 120.00

361. VERNE, Julio: *El castillo de los carpatos. Las indias negras. Una ciudad flotante.* Nota preliminar de María Elvira Bermúdez. *Rústica* 200.00

163. VIDA Y HECHOS DE ESTEBANILLO GONZÁLEZ. Prólogo de Juana de Ontañón. *Rústica* 155.00

227. VILLAVERDE, Cirilo: *Cecilia Valdez.* Estudio crítico de Raimundo Lazo. *Rústica.* 190.00

147. VIRGILIO: *Eneida. Geórgicas. Bucólicas.* Edición revisada por Francisco Montes de Oca. *Rústica* 190.90

261. VITORIA, Francisco de: *Relecciones. Del estado, De los indios, y Del derecho de la guerra.* Con una introducción de Antonio Gómez Robledo. Del Colegio Nacional. *Rústica* 155.00

27. VOCES DE ORIENTE: *Antología de textos literarios del cercano Oriente.* Traduc- ciones, introducciones, compilación y notas de Ángel María Garibay K. *Rústica* 125.00

170. WALLACE, Lewis: *Ben-Hur*. Prólogo de Joaquín Antonio Peñalosa. *Rústica* ...   140.00

133. WILDE, Óscar: *El retrato de Dorian Gray. El príncipe feliz. El ruiseñor y la rosa. El crimen de Lord Arthur Saville. El fantasma de Canterville.* Traducción, prólogo y notas de Monserrat Alfau. *Rústica* 140.00

238. WILDE, Óscar: *La importancia de llamarse Ernesto. El abanico de Lady Windermere. Una mujer sin importancia. Un marido ideal. Salomé.* Traducción y prólogo de Monserrat Alfau. *Rústica* 140.00

161. WISEMAN, Cardenal: *Fabiola o la Iglesia de las Catacumbas.* Introducción de Joaquín Antonio Peñalosa. *Rústica* 155.00

90. ZARCO, Francisco: *Escritos literarios.* Selección, prólogo y notas de René Avilés. *Rústica* 135.00

269. ZEA, Leopoldo: *Conciencia y posibilidad del mexicano. El occidente y la conciencia de México.* Dos ensayos sobre México y lo mexicano. *Rústica* 210.00

58. ZORRILLA, José: *Don Juan Tenorio. El Puñal del Godo.* Prólogo de Salvador Novo. *Rústica* 140.00

155. ZORRILLA DE SAN MARTÍN, Juan: *Tabaré.* Estudio crítico por Raimundo Lazo. *Rústica* 140.00

PRECIOS SUJETOS A VARIACIÓN SIN PREVIO AVISO

EDITORIAL PORRUA, S. A.